승단정화운동의
이념과 방향

도서
출판 中道

┃ 간행사 ┃

　해방이후 우리나라에서는 많은 불교계 단체들이 명멸하였다. 좌우, 신구, 노소 단체들이 힘겨루기 양상을 보였다. 4.3 사건, 6.25 동란을 겪으면서 대부분의 단체들이 사라지고 휴전이 성립되어 사회는 안정 모드로 자리 잡기 시작했다. 선방을 지키는 수행승을 중심으로 정법을 지키자는 뜻들이 모여질 무렵 이승만 대통령의 '왜색승은 물러나야 한다'는 취지의 유시가 발표되자 전국의 선방 수행승들이 조계사에 모여 승려대회를 열었다. 그러나 사회 여론이나 행정부의 반응은 '중들의 밥그릇 싸움'이라는 멸시와 조롱이 대체적인 사회 분위기였다.

　1953년 여름 조계사에 머물고 있던 300여 명의 비구, 비구니들이 법당 문을 걸어 잠그고 단식 정진에 들어갔다. 3일째 도하 신문, 라디오에서 소식을 전하기 시작하자 관심을 갖기 시작했다. 그러나 그 때뿐 후속조치에 대한 소식이 없었다.

　다시 단식기도를 하자는 의견이 모아져 법당 문을 모두 걸어 잠그고 단식기도를 시작했다. 대중 단식의 영향력에 두려움을 느낀 대처승 측에서 500여 명의 불량배를 동원해 새벽 시간에 습격을 해 왔다. '동산이 죽여라, 효봉이 죽여라'는 아우성이 울리고 문이 부서지는 소리에 아수라장이 되었다. 기도도량을 외호하던 지효스님이 단식기도를 발의하고 큰스님들이 생명을 버리게 되고 한국불교가 이제 '결정적으로 망하는구나' 하는 좌절감에 참회의 심정으로 할복을 했다. 처음의 할복은 옷을 입어서 상처가 크지 않았고, 그래서 옷을 내리고 두 번 더 칼을 깊이 넣고 좌에서 우로 긋고 손잡이가 들어갈 정도로 깊이 내리 그었다.

　이러한 일련의 사태가 신문이나 방송을 통해서 알려지면서 사회에서는 비구승이어야 한다는 분위기가 형성되었다. 이후 그 동안 대처 측이 우선이던

회의 분위기가 비구 우선의 분위기로 바뀌었고, 한국불교의 정통성이 비구 측 조계종에 있다고 하는 것이 대법원 판결에서 판단됨에 따라 정화의 흐름이 결정되었다. 정화운동이 일단락되자 종단 내의 또 다른 분쟁이 속출하게 되었다. 정법구현이라는 이념을 살리자는 취지에 따라 무문관의 수행도량 건립운동이 일어났고 봉암사 결사의 의미도 부각되어 한국불교가 가야 할 지침이 되기도 하였다.

이번에 본 한일불교유학생교류회에서는 해방 이후의 정화운동에 관한 좋은 글과 논문 19편을 선정하여 『승단정화운동의 이념과 방향』이라는 책을 출간하게 되었다. 책은 2부로 구성되었는데, 먼저 '1부 승단정화운동의 이념'에는 「불교정화의 이념과 방법-청담순호와 퇴옹성철의 현실인식과 정화인식(고영섭)」과 「정화운동, 불교중흥 제일과제는 교단의 청정성 회복(박희승)」 등 10편의 글을 수록하고 있으며, '2부 승단정화운동의 방향과 역사'에는 총 9편의 글을 수록하였다.

또 본서에서는 근래에 발표된 논문뿐만 아니라 통합종단이 출현하기 시작한 1960년대 초반에 신문지상 등에 발표된 귀중한 글을 발췌하여 수록하였다. 첫 번째는 1963년에 동아일보에 기고한 조지훈시인의 「한국불교를 살리는 길」과 이에 대한 청담스님의 반론이다. 1963년 8월 12일에 조지훈시인의 글로 촉발된 논쟁은 9월 20일까지 각각 4편씩의 반론을 발표하면서 격렬하게 전개되었다. 두 번째는 1962년 7월에 『불교사상』 10호에 게재된 황성기선생의 「한국불교의 나아갈 길」이며, 셋째는 1964년 10월 11일부터 25일까지 3회에 걸쳐 『대한불교』에 게재된 법정스님의 「부처님 전상서」이다. 이 두 글에서는 통합종단의 출범 이후에도 어수선한 상황을 벗어나지 못한 안타까움을 드러내고 있고, 한편으로는 이에 대한 나름의 해결책을 제시하고 있기도 하다.

한일불교유학생교류회 상임대표 弘禪

▌ 편집자 서문 ▌

　대한불교조계종은 현대 한국불교를 대표하는 종단이다. 그런데 조계종단은 1954년부터 1962년까지 내적인 정체성 정비를 기하여 1962년 4월, 이른바 통합종단으로 재정립되었다. 이렇듯이 조계종단의 정체성 정비를 기한 그 움직임은 불교정화운동으로 이해, 회자, 연구되어 그간 적지 않은 연구가 축적되었다. 그런데 불교정화운동은 승단 내부에서 시작되었으며 승단의 정체성 정비를 위한 내적인 투쟁이자 갈등이었다. 그 갈등의 과정에서는 승려들의 정체성(비구승, 대처승)이 핵심적인 과제로 부각되었다. 그리하여 그 운동을 통하여 조계종단의 승려는 비구승으로 재정립되었고, 조계종단은 비구승단으로 재정비되었다. 운동이 종료된 이후에도 종단 내외에서는 승단정화를 종단 혁신의 좌표로 삼아야 한다는 지적이 끊이지 않았다. 그래서 본 저술의 책 제목을 『승단정화운동의 이념과 방향』이라고 정하였다.

　이렇게 조계종단의 승단정화운동은 조계종 차원에서 뿐만 아니라, 현대 한국불교사에서 매우 중요한 역사이었다. 그럼에도 불구하고 지금껏 승단정화운동, 불교정화운동에 대해서는 개별적인 연구는 나왔지만 이렇다 할 개론서, 역사서, 이념서 등은 나오지 않았다. 그 이유는 여러 측면에서 기인하겠지만 무엇보다도 종단·승단의 자기 성찰의 부재 및 역사의식의 빈곤을 지적하지 않을 수 없다. 그리고 불교학계의 사상, 신앙만을 중요시하게 여기는 풍토도 그 모순을 더하였다. 최근에 와서 고승 연구가 활발해지는 가운데 승단정화, 불교정화가 연구되고는 있지만 객관성, 보편성, 역사성이라는 측면에서는 아쉬운 점이 많다.

　이런 문제점을 인식한 한일불교유학생교류회의 운영을 담당하고 있는 제3기 운영진의 상임공동대표(홍선)는 교류회 차원에서 승단정화의 주제로 학술세미나를 두 차례 개최하였다. 그리고 3기의 성과를 집약하는 성과물로 승단

정화운동에 대한 연구 논문 등에서 불교사, 연구사 등에서 의미가 있는 것을 발췌, 선정한 논문 모음집을 발간할 것을 결정하였다. 그러면서 논문의 선정 및 수록에는 중도성, 비판성을 수용하기로 정하였다. 이 같은 결정에 승단정화에 관심이 많은 전임 대표인 현해스님, 현 집행부의 총무이사인 화랑스님, 차기 집행부의 공동대표단도 절대적인 지지 의사를 밝혔다. 그리고 중요하고, 의미가 있는 연구논문의 선정은 이 분야에 적지 않은 연구 성과를 낸 김광식(동국대) 교수가 담당하였다. 김광식 교수가 선정한 작업을 놓고 학회 차원에서 논의, 동의 과정을 거쳤음을 밝힌다.

이상과 같은 배경에서 나온 본 책자는 1부 승단정화운동의 이념(10건), 2부 승단정화운동의 방향과 역사(9건)로 구성하였다. 그러면 수록된 논문, 글들의 성격을 간략하게 제시하겠다.

1부에서는 승단정화운동의 이념, 사상 등과 유관한 논문을 배열하였다. 조지훈과 청담의 글은 정식 논문이 아닌 지상 논쟁의 글이다. 논쟁적인 이 글은 승단정화의 정체성을 극명하게 보여주는 글이다. 이들은 《동아일보》 지상에서 「韓國佛敎를 살리는 길-主로 宗團紛糾 解決에 대하여」(조지훈), 「하나의 誤解」(청담), 「獨善心의 牆壁-李靑潭師의 所論을 읽고」(조지훈), 「有問有答-趙芝薰氏의 두 번째 글을 읽고」(청담)이라는 기고를 통하여 논쟁을 하였다.

다음으로는 송월주의 「한국불교정화의 당위성」과 고영섭의 「불교정화의 이념과 방법」, 박희승의 「정화운동, 불교중흥 제일과제는 교단의 청정성 회복」, 능가의 「한국불교정화운동의 諸문제」라는 글이다. 송월주는 운동의 주역으로서, 고영섭은 강단의 교수로서 불교정화에 대한 당위성, 이념을 다루었다. 송월주의 글은 승단의 구성원, 책임자로서 운동의 이념을 당당하게 밝힌 것이 인상적이다. 그에 반해 고영섭의 글은 학자로서 객관적인 관점으로 청담과 성

철이라는 운동을 대하는 가장 극단적인 고승의 입장을 소개하였다. 박희승의
글은 정화운동은 교단 청정성 회복이라는 목적에서 나왔음을 개진한 글이다.
능가의 글도 운동 당시의 문제를 들추어낸 글이다. 능가는 운동의 현장에 있
었던 당사자이었기에 그의 회고, 판단은 사료적 가치가 높다.

　그 다음에 소개되는 덕산의「용성문도와 불교정화이념」, 황성기의「韓國佛
敎의 나아갈 길」, 변월주의「우리 宗團의 反省의 해로 自己淨化에 于先하기를」
이라는 글은 승단정화에 대한 중도적 비판성을 보여주는 글이다. 덕산은 용성
문도라는 사례를 통하여 불교정화의 이념의 계승 문제를 들추어냈다. 그리고
황성기와 변월주는 승단정화운동의 문제, 모순 등을 개진하였다. 이들은 태고
종 노선에서 활동하였고, 정화운동 당시에도 운동의 모순을 지적한 학자들이
었다.

　마지막으로 김광식의「불교 '淨化'의 성찰과 재인식」, 지명의「조계종 제 2정
화(종단 자체정화)의 필연성」이라는 글은 정화운동의 역사성과 성찰성을 보여주
고 있다. 김광식의 글은 불교정화의 긍정 및 부정의 양 측면의 재인식을 통하
여 종단 성찰에 나서야 함을, 지명은 불교정화의 모순과 부산물을 지적하면서
정화의 계승을 강조한 글이다.

　그러면 지금부터는 2부 승단정화운동의 방향과 역사에 나온 글을 소개하겠
다. 우선 서경수의「淨化의 소용돌이 25년」, 법정의「부처님 前上書」, 황인규
의「근현대 비구니와 정화운동」, 김광식의「정화운동의 전개과정과 성격」이라
는 글은 정화운동 당시의 흐름, 역사, 성격을 정리한 글이다. 서경수의 글은
운동의 현장성을, 법정의 글은 운동 당시의 문제점을, 황인규의 글은 운동의
동력으로 부상한 비구니의 참여를, 김광식의 글은 운동의 전개과정을 역사적
맥락으로 정리한 글이다.

그리고 이재헌의 「이승만대통령의 유시와 불교정화운동의 전개」, 정천구의 「불교정화를 통한 국가·불교 관계의 형성연구」라는 글은 운동에서의 국가권력 문제를 다룬 고찰이다. 이재헌의 글은 운동의 기폭제이었던 이승만의 유시를, 정천구는 불교와 국가 간의 관계라는 관점에서 운동에 접근하였다.

또한 이종익의 「大韓佛教曹溪宗의 再建維新의 方案」, 김광식의 「김지효의 꿈, 범어사 총림건설」, 유승무의 「정화운동의 사회적 결과」라는 글은 운동의 계승과 사회학적 관점에서의 운동의 결과를 다루었다. 이종익의 글은 운동을 계승하여 조계종단이 유신되어야 함을, 김광식의 글은 운동의 정신을 계승한 사례로 범어사 총림건설을 다루었다. 그리고 유승무의 글은 사회학적 관점에서 운동의 전개과정과 결과를 정리한 글이다.

지금껏 본 책자에 수록된 19편의 글의 개요와 성격을 요약, 제시하였다. 글의 내용과 가치는 독자들이 직접 읽고 판단해주시길 바라마지 않는다. 이 책자에 귀중한 글을 게재할 수 있도록 동의해주신 스님, 학자 등 관계자 여러분에게 감사를 드린다. 지면의 한계로 인하여 연구사적인 의의가 있는 글을 더욱 게재하지 못한 점을 양해 바란다.

이 책자가 불교 발전, 승단 재정비, 근현대 불교사 및 고승 연구 등에 일익이 되기를 바라면서 이만 마친다.

2016년 9월 6일

홍선, 현해, 화랑, 김광식

승단정화운동의 이념과 방향

■ 간행사 / 홍선
■ 편집자 서문 / 홍선, 현해, 화랑, 김광식

1부 : 승단정화운동의 이념

2부 : 승단정화운동의 방향과 역사

*불교정화운동 참고문헌

＊일러두기

1. 본서에 수록된 글들은 모두 이전에 발표된 것들을 재수록한 것이다.
   재수록에 있어서 저자와 학회, 출판사 등의 허락을 얻었음을 밝혀둔다.
2. 본서에 실린 글들은 원본을 그대로 전재(全載)하는 것을 원칙으로 하였다.
   그러나 명백한 오타나 잘못이 있는 경우에는 그것을 수정하였다.
3. 저자의 소속과 직위에 대해서는 원본이 발표된 시점의 소속과 직위를
   기록하였다.

승단정화운동의 이념과 방향

당시 언론을 통한 논쟁의 글

◉

韓國佛敎를 살리는 길(上)
主로 宗團紛糾 解決에 대하여*) **)

趙芝薫(시인, 종교단체 심의의원)

佛敎界의 분규는 그 동안 허다한 사회적 物議를 일으켰을 뿐 아니라 한국 佛敎 자체의 威儀를 여지없이 失墜시키고 宗敎運營이 破정에 直面하여 그 자체 만으로서는 再 蘇生할 수 없는 한심한 지경에 이르렀다.

佛敎의 淨化원칙에 있어서는 소위 比丘僧 측의 주장이 여론의 동정을 받는 게 사실이요 宗團의 통합 원칙에 있어서는 소위 帶妻僧 측의 주장이 여론의 지지를 받는 것도 사실이다. 雙方이 모두 淨化와 統合을 내세우면서도 그것은 自家의 엉노권 아래서만 성취한다는 我執과 獨善으로 차 있어서 永炭不相 容이 되고 만 것이다. 比丘僧 측의 先淨化後統合 원칙은, 帶妻僧은 중이 아니라하여 九十代의 老學僧조차 중이 아니라 하고, 帶妻僧 측의 先統合後淨化 原則은, 분규 이후 急造比丘僧들이 佛敎 의식도 모르고 禪의 不立文字를 방패로 하여 定規의 佛經學習도 거치지 않은 者들이 敎權을 농단하는 사실을 들어 그게 무슨 중이냐고 한다. 이와 같은 근본적 문제의 대립 때문에 수차의 협상은 결렬되었고, 정부당국의 조정도 이와 같은 敎理에 關한 문제에 있어 一方을 두둔하는 편파적 조정의 과오를 犯함으로써 統合의 實을 거두지 못했던 것이다. 雙方이 이 문제에 대한 양보가 없는 한 宗團을 나누는 수밖에 없고, 정부 당국도 兩派의 주장과 명분을 동등하게 살려서 統合을 종용하지 않으려면 그 조정에서 손을 떼고 신앙의 자유원칙에 의하여 宗團을 別個로 登錄承認할 수

---

*) 이하의 글은 조지훈시인과 청담스님이 《동아일보》의 지면을 통해서 1963년 8월~9월에 걸쳐서 전개한 논쟁을 수록한 것이다.

**) 본 기사는 《東亞日報》 1963. 08. 12.에 게재된 것이다.

밖에 없는 것이다. 그러나 한국 佛敎의 萎靡한 현상은, 이 兩派 宗團의 分立은 韓國佛敎의 衰微뿐 아니라 그 兩派가 함께 멸망의 길을 自取하는 결과에 이를 것을 우려케 하는 바 있다. 그러므로 筆者는 분규 當事者인 兩派의 中心人物의 아량 있는 餓意를 촉구하고 關係主務 당국인 文敎部가 공정하고 성의 있는 최후의 조정에 나서줄 것을 제의한다. 比丘, 帶妻 兩派의 주장은 모두 상식적으로도 一理가 있는 점에서 優劣이 없고 佛敎 그 자체 내의 敎理的 典據가 다 있어서 시비를 가릴 수 없다는 것을 정부 당국이나 사회 인사들은 동등하게 이해해 줘야 한다. 佛敎敎理와 佛敎史에 대한 지식도 없이 지레짐작으로 이 문제에 대해서 論斷하고 處決한 논설과 정책은 얼마나 많이 恣行되었는가 말이다. 그것은 분규의 조정과 統合을 위해서 功보다 害가 더 컸던 것이다. 佛敎界 當事者가 아닌 우리 局外의 사회인사의 이 문제에 대한 태도는, 그것이 獨身 修行 중심의 傳統佛敎를 좋아 하느냐, 大衆敎化 중심의 현대 佛敎를 좋아하느냐는 自家의 기호에 불과하다는 것을 알아야 한다는 말이다.

佛敎界의 분규는 지나치게 세속화한 佛敎의 淨化문제로 발단되었고, 그 淨化의 先決 문제로서 僧侶의 자격문제로 분열되었고, 그것이 그대로 암초가 되어 있다. 미리 말해두거니와 筆者는 比丘僧 側의 佛敎淨化 요구를 원칙적으로 지지한다. 그러나 이미 一세기 가까운 僧侶帶妻許容을 부정하고 이를 단순한 信徒로 간주하려는 그 獨善의 주장을 찬성하지 않는다. 마찬가지로 帶妻僧 측의 佛敎의 대중화 · 현대화란 시대적 요청을 지지한다. 그러나 세속화 一路의 내리막길을 달릴 뿐 敎化者의 威儀를 상실하고 帶妻蓄髮로 俗人과 다를 바 없는 生活을 하여 社會의 指彈을 받는 그 前轍에 대한 飜然의 覺醒이 없는 그 卑俗한 情性을 찬성할 수는 없는 것이다.

新羅高麗시대는 王公貴族을 비롯한 지식층의 인사들이 信佛함으로써 佛敎는 우리 정신생활과 문화 창조에 공헌하였다. 그러나 李朝의 排佛정책으로 佛敎는 山間佛敎가 되는 少數의 名僧을 除外하고는 一般的으로 무식한, 質的으로 떨어지는 사람들이 僧侶가 됨으로써 僧侶는 階級的으로 賤視되기에 이르렀다. 이러한 佛敎界를 혁신하기 위하여 佛敎는 市民佛敎 大衆佛敎의 기치를 들게 되었으니, 韓末부터 해방직전까지는 佛敎의 淨化방안이 도리어 僧侶帶妻운동으로 나타났던 것이다. 獨身생활에서 오는 墮落을 蘇生시키는 방법은 그 길밖에 없었던 것이다. 우리는 여기서 西歐의 宗敎개혁과 같은 의욕을 엿볼 수가 있었다. 僧侶帶妻는 倭佛敎의 영향이라지만, 三十三人의 한사람으로 유명한 排日志操의 士인 韓龍雲선생이 이 佛敎維新 政敎分離의 先鋒으로서 高宗年間에 이에 대한 上疏가 있었다는 사실에서 이러한 주장이 誣告란 것을 알 수 있다. 또 僧侶帶妻는 이때 비롯된 것도 아니요, 新羅시대에도 있었지만 新羅佛敎는 우리 佛敎史上 황금시대를 이루었던 것이다. 즉, 一然의 三國遺事에 보면 「有沙門廣德嚴莊 二人友善」이라하고, 그 廣德의 妻는 芬皇寺婢로서 十九應身之一이라 하였다. 沙門은 중인데 그가 妻가 있었으니 이것은 무엇을 말함인가 말이다. 獨身 帶妻가 문제가 아니다. 行儀 學德이 문제인 것이다. 그러나 法久弊生이라 한다. 李朝佛敎의 타락은 僧侶帶妻운동으로 淨化하였지만, 이러한 淨化는 이내 佛敎를 지나친 세속화로 타락시켜 寺刹境內에 帶妻俗生活을 영위하고 심지어 妾을 거느리는 住持도 있었으며, 도시의 寺刹은 遊興場化하고 獨身修行僧 禪房學林에 대한 괄시가 심해져서, 佛敎를 오늘의 이 지경에 빠뜨린 것은 帶妻僧들이 그 책임을 지지 않을 수 없게 되었다. 이것이 比丘僧 側의 淨化혁신을 盍成하였고, 그 領導權獨善主張의 감정적 激化를 도발한 것을 우리는 잘 알고 있다. 따라서 현 단계의 佛敎정화는 帶妻僧의 지나친 세속의 견제와 蘇生으로서만 實을 거둘 수 있다는 주장의 타당성을 승인해야 한다는 결론에 이르게 된다. 그러나 僧侶의 성분과 宗團의 역사와 구성으로 보아 帶妻僧의 완전배제는 宗團을 지리멸렬하게 하여 파괴의 위경에 놓았을 뿐 아니라, 그 동안의 경과로 보아 修行을 專業으로 삼고 世俗事務에 등한한 比丘僧들은 宗團을 운영할 능력이 없고 僧侶로서의 경력이 얕고 학문적 조예가 얕은 小將層이 대부분이어서 세력 유지를 위해서는 帶妻僧은 물론 淨化대상이 되는 사람들을 自派에 포섭하지 않을 수 없기 때문에 결과적으로는 淨化이념에 배치되는 舊態舊惡을 범하게 되고 묵인하게 되는 모순, 당착에 빠지게 된다. 政界의 縮圖가 바로 여기에도 펼쳐진 셈이다.

韓國佛敎를 살리는 길(下)
– 主로 宗團紛糾 解決策에 대하여*⁾

趙芝薰(시인, 종교단체 심의의원)

따라서 현 단계의 불교 宗團의 운영은 比丘僧들을 본연의 修行에 전력하도록 우선 優遇하여 돌려보냄으로서 실을 거둘 수 있다는 주장이 順理하다는 것이다. 바로 말해서, 지금의 승려의 질 저하는 排佛정책 하의 李朝시대나 倭帝시대보다도 더 심하다. 그러면 불교 宗團분규는 어떻게 해결해야 하는가. 그것은 淨化와 통합을 동시에 성취해야 한다는 大前提에서 출발하지 않으면 안 된다.

─── **佛敎淨化원칙**

① 獨身 · 帶妻를 막론하고 현재 僧籍에 있는 자의 승려로서의 기득권을 인정한다. (比丘僧, 帶妻僧의 호칭을 철폐하고 獨身僧을 修行僧, 帶妻僧을 敎化僧이라 부른다. 僧侶 재교육과 法階 재조정을 곧 실시하고 獨身修行과 學德敎化優待의 원칙을 확립한다.)

② 일체의 僧職者는 寺刹 경내에서 帶妻 세속 생활하는 것을 승인하지 않는다. (단 寺庵으로 승격하지 않은 布敎堂의 布敎師와 宗立 학교의 교직원에 한하여 예외를 둘 수 있다.)

---

*) 본 기사는《東亞日報》1963. 08. 13.에 게재된 것이다.

③ 국가의 徵召 또는 사회기관에 종사하는 승려의 休籍 제도를 둔다. (休籍은 기한부로 하고 승인을 받아 연장할 수 있으되 休籍 이유가 소멸된 지 一개년이 지나면 자동적으로 還俗이 된다. 休籍 기간 중에는 宗團의 선거권과 피선거권이 정지된다. 十년 이상 연속 休籍은 還俗으로 간주하고 還俗者는 一차에 한하여 復籍을 허용한다.)

④ 일체의 승려는 최소한도의 僧貌로서 削髮을 해야 한다. (但 休籍 기간 중의 蓄髮만을 허용한다.)

——— 佛敎宗團 통합원칙

① 單一宗團아래 修行僧團과 敎化僧團의 두 僧團을 둔다. 승려별 등록을 실시하여 자유로 一僧團 소속을 선택하게 한다. (但 修行僧團의 소속자격은 獨身僧으로 한다. 敎化僧團은 獨身帶妻를 不問한다. 이 등록에 의한 僧團別 僧籍을 통합 정리한다.)

〈別 表〉

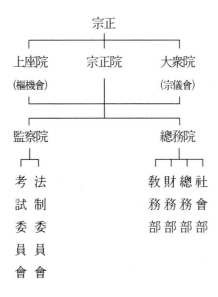

② 宗團기구를 옆의 表와 같이 개편한다.

(가) 宗正 1명 獨身僧으로 法臘五十 이상 上座院의원 중에서 上座院이 互選 推戴하고 임기는 五년으로 한다. 宗正궐위시는 一개월 이내 補選된 宗正의 임기도 五년으로 한다. 宗正院(新設)은 宗正의 秘書室이다.

上座院 副議長, 大衆院 副議長, 監察院長, 總務院長과 秘書 1명으로 구성한다.

(나) 上座院은 新設機關으로서 兩派의 獨身僧 法臘 四十이상 法階大禪師, 大敎師 이상의 자격자로 정원 十五명 修行僧團 八, 敎化僧團 七의 비율로 구성한다. 임기는 전원 終身, 上座院은 宗正선출권, 宗議再審議가 宗正의 자문을 받는다. 大衆院의 결의에 異議를 붙여 還付할 수 있다. 還付된 異議가 大衆院에서 부결될 때는 大衆院과의 공개회의에서 의결한다. 임기 三년의 正 副議 각 1명을 둔다.

(다) 大衆院은 宗會다. 종래의 宗會는 선출이 繁弊하고 인원이 많아 현상으로는 구성 불가능 할 뿐 아니라 독단의 위험과 분규의 가능성이 많으므로 간략화했다. 정원 三十명으로 修行僧團 十명, 敎化僧團 十명, 信徒團 十명(敎化僧團 七, 修行僧團 三人 추천)으로 구성한다. 僧臘 10歲 이상 임기 三년으로 최고 결의기관의 하나가 된다. 僧臘三十 이상의 正副議長 각 一명을 둔다. (임기 三년)

(라) 總務院은 宗務 행정기관으로 僧臘 三十 이상의 院長 一명 아래 敎務 財務 總務 社會의 四部와 그 아래 大局을 둔다. 임기는 모두 四년. 정원은 十五명 이내로 한다. 大衆院에서 선출 구성한다.

(마) 監察院은 宗務 감찰기관이다. 정원 十명. 僧臘 三十이상의 正副院長 각 一명과 僧臘 二十 이상의 위원으로 구성한다. 임기는 모두 四년, 大衆院에서 선출한다. 監察院은 休會 중의 大衆院 권한을 代行할 수 있다. 但 宗憲 개정, 大衆院 正副院長 및 總務院長 선거권을 代行하지 못한다. 大衆院의 권한을 代行하는 경우, 監察院은 大衆院에 대하여 책임을 진다. 監察院에 法制委員會와 考試委員會 구성의 權限을 준다.

③ 宗團機構 개편안에 의한 선거 구성에는 修行僧團과 敎化僧團의 分限에 따라 그 職立의 선출과 기관의 구성 비율을 미리 협약하여 결정 成文化해야 한다.

(가) 宗正이 선출된 派에서는 上座院과 大衆院 의장을 他派에 양보한다. 上座院과 大衆院의 부의장은 의장과 다른 派에서 선출하는 것을 원칙으로 한다.

(나) 監察院長은 修行僧團에서 總務院長은 敎化僧團에서 선출하는 것을 원칙으로 한다.

(다) 監察院은 修行僧團에서 선출하는 것을 원칙으로 하되 修行僧團(7) 敎化僧團(3)의 비율로 구성할 수 있다. 總務院長은 敎化僧團에서 선출하는 것을 원칙으로 하되 敎化部長一職을 修行僧團에 配定할 수 있다.

④ 모든 회의의 성립 및 의결 정원수를 모두 재적 三분의 二 이상으로 개정한다.

⑤ 승려자격, 淨化원칙, 宗團 기구 및 그 구성비율과 職立 배정은 합의 확정되는 대로 宗憲에 반영, 成文化하여 함부로 개정하지 못하도록 제한해야 한다. 佛敎宗團분규에 대한 원인과 경과를 분석 검토하여 이상과 같은 해결책을 세워보았다. 한국불교의 앞날을 위하여 분규 당사자인 兩派가 이 方案을 검토하여 수락하고 중간 조정에 應하여 合席토의할 것을 바란다면 정부 당국도 이를 적극 추진해야 할 것이다. 최후의 방법으로서 남은 分宗으로 訣別하기 전에 統一宗團의 新構成과 선출로써 淨化와 統合을 함께 성취하는 간편한 방법은 이 길밖에 없다고 생각한다. 名分과 勝癖과 實利에 아무런 지장이 없는 이 案이 兩派에 채택된다면 다행이겠다.

하나의 誤解(上)
趙芝薰씨의 〈韓國佛敎를 살리는 길〉을 읽고*)

李靑潭(조계종 중앙종회의장)

지난 8월 12日과 13日 이틀에 걸쳐 東亞日報 五면에 「韓國佛敎를 살리는 길」이라는 논문이 게재되었다. 필자는 우리 詩壇의 중진이요, 또 佛敎에도 관심을 가지고 있는 趙芝薰씨다. 먼저 氏에게, 평소에도 宗團紛糾 해결에 腐心하고 계신 그 호의에 대하여는 謝意를 표하여 마지않음을 밝혀둔다. 破邪顯正의 法戰에는 主張의 正當與否만이 있고 眞理는 妥協으로 成立될 수 없다. 이번에 발표한 氏의 提議에 대해서는 어디까지든지 氏의 私見이요, 또 民主社會에 있어서 어떠한 의견이건 자유스럽게 발표할 수 있는 권리가 아무에게든지 다 許與되어 있는 만큼 그것은 여기서 논평하려 하지 아니한다. 다만 그 議題가 「韓國佛敎를 살리는 길」이라 했고, 또 그 論調가 불교의 교리에까지 미치게 되니 氏의 論旨 가운데서 불교를 오해하고 계신 점만을 몇 가지 추려서 탈선된 바를 지적하여 그러한 글을 읽고 현혹됨이 없도록 하려 한다. 佛敎宗團도 역시 하나의 집단체임은 틀림없다. 그러므로 일반 集團體에 있어서 분열이 생겼을 때 피차 양보하여 통합을 해야 한다는 생각을 갖게 되는 것은 하나의 상식이다. 그러나 이러한 상식적인 견해는 원칙이 없고 단순히 이해관계에만 主要목적이 집중되었을 때에 해당되는 견해요, 진리를 위한 불교의 淨化운동과 같은 破邪顯正의 法戰에 한해서는 어느 편의 주장이 정당하냐가 문제지, 상식이거나 다수결이 문제가 아니다. 이러한 경우에 있어서 해결의 방도는 正邪를 揀擇把持하는 길 이외에는 타협이란 있을 수 없다. 원래 진리란 타협으로 인해

---

*) 본 기사는 《東亞日報》 1963. 08. 20.에 게재된 것이다.

서 다수결로 성립되는 것이 아니다. 超時空的 원칙이기 때문이다. 해가 東에
서 西로 沒하게 되는 것은 자연법칙이거나, 賢愚强弱을 불문하고 父는 父요,
子는 子며 兄은 兄이요, 弟는 弟인 것은 윤리의 원칙이라 고칠 수가 없는 것
이다.

理陰陽, 順四時하는 것이 人事요, 생활이지 逆理强作하는 것이 생활이요,
창조인 줄로 오인해서는 될 수 없다. 是를 是라 하고 非를 非라고 지적하는 것
이 偏頗요 고집이라고 생각하는 그 先入見 자체가 진리에 대한 邪見이요 公
論에 대한 我執임을 자각해야 할 것이다. 氏는 말하기를 「比丘・帶妻 양파의
주장은 모두 상식적으로 일리가 있는 점에서 優劣이 없고, 불교가 자체 내의
교리적 典據가 다 있어서 시비를 가릴 수가 없다는 것을 정부당국이나 사회
인사들은 동등하게 이해해 주어야 한다.」라고 하여 氏 자신의 불교를 잘 알지
못한다는 점을 고백했다. 불교는 지식이 아니요 종교인만큼 信修奉行하면 의
심할 것이 없다. 오직 지식이거나 상식적으로 잘 모르기 때문에 오해가 생기
는 것이다. 불교를 信修奉行해 보지 않은 者는 불교를 논의할 능력이 있을 수
없을 것이다. 氏는 또 이어서 「佛敎敎理와 佛敎史에 대한 지식도 없이 지레짐
작으로 문제에 대해서 논단하고 처결한 論說과 정책은 얼마나 많이 자행되었
는가 말이다.」라고 大聲叱咆했다. 이 말은 氏 자신에게 대한 自覺으로도 해당
될 줄로 안다. 氏는 또 「比丘僧 側의 佛敎淨化 요구를 원칙적으로 지지한다.
그러나 이미 一세기 가까운 僧侶帶妻 허용을 부정하고 이를 단순한 信徒로 간
주하려는 그 독선의 주장을 찬성하지 않는다. 마찬가지로 帶妻僧 側의 불교의
대중화 현대화란 시대적 요청을 지지한다.」라고 제의했다. 원칙이면 원칙이
었지, 그 원칙이 一세기나 變則으로 행세했다고 해서 원칙이 변할 수는 없다.
倭政 半세기 동안에 變節者도 많이 생겼고, 親日派도 많이 생겼다고 해서 우
리의 민족정기를 고취하는 것이 독선이라고 할 수 있을까. 또 불교의 대중화
거나 현대화라는 것은 제도상 방법론이지 불교의 원칙을 고쳐 僧을 俗化시킨
다든지, 교리를 변질시킬 수는 없는 노릇 아니겠는가.

俗人으로서 불교를 가장 오해하기 쉬운 일면이 있다. 불교는 인류의 본능을

무시하고 부자연한 금욕을 강요하는 종교라는 점이다. 물론 불교는 自然主義가 아니다. 그렇다고 부자연을 강요하지는 아니한다. 오직 일반생물과는 달리 본능 一路로 방임하는 自然外道가 아니라 숭고한 비자연을 大悟하여 생사를 초월하자는 修行을 위주로 하는 敎다.

그러므로 修行해 보지 않고 체득하지 못한 者는 겉으로 보아 관념유희와도 같고 정신통일로 환각세계를 창조하는 따위로 오인하기가 쉽다. 그러나 진심으로 修行해온 者는 言說의 敎거나 哲理를 체계화 하는 거나 이러한 生死心의 論理 구성이 아닌 것을 발견하면서부터 비로소 불교의 入門에 들어서게 되는 것임을 알아야 한다. 外息諸緣하고 內心無竭하여 心如墻壁이라야 可以入道다. 氏는 한국불교를 살리기에 앞서 자신부터 살리는 길을 찾도록 전하고 싶다.

하나의 誤解(下)
趙芝薰氏의 〈韓國佛敎를 살리는 길〉을 읽고*)

李靑潭(조계종 중앙종회의장)

또 政敎分立을 논의하면서 舊韓國當年에 高宗의 治敎에 의한 승려의 帶妻 허용이 불교와 하등의 관계가 있단 말인가?

다음에 氏는 三國遺事「廣德・嚴莊」兩人에 대한 故事까지 고증해 가면서 승려의 帶妻를 합리화시키려 무한 애를 썼다. 그러나「廣德・嚴莊」은 승려가 아니었으며 또 그 내용을 보면「廣德・嚴莊」章은 얼마나 속인의 생활을 염오했고 離垢의 淨行을 찬탄했는지를 알게 될 것이다.

그것은 승려의 신분으로 帶妻生活을 했다는 이야기가 아니오. 설사 속인의 신분으로라도 자기의 본처에게서까지 禁慾 생활에 철저했다는 淨行을 예찬한 이야기다. 씨의 인용한 의미와는 정반대의 기록이다. 古文까지 歪曲考證해 가며서까지 私見을 합리화시키려는 독선은 극히 위험하다고 생각된다.

氏의 말씀대로 信 修 奉 行하는 데에는 獨身 帶妻가 문제가 아니다.

종교생활은 항상 裏面 정신상 문제요 표면에 나타난 것으로 속단할 수는 없기 때문이다. 그러나 莫顯乎隱이며 莫顯乎微로 정신 裏面의 비밀로 부지불식간에 표면화되는 만큼 덕행은 가장이 될 수 없다. 言說로 아무로 수식해도 실행이 수반되지 않는 웅변은 권위가 없는 법이다. 「한국불교를 살리는 길」은 一言以蔽之하고 氏와 같은 신분들로부터 시비를 조장하지 말고 묵묵히 修行에 매진하는 길밖에 다시 다른 길이 없음을 자각하시기 바란다.

領導權 운운 하지마는 원래 권리라는 것은 의무를 실천함으로써 획득되는

---

*) 본 기사는《東亞日報》1963. 08. 2.1에 게재된 것이다.

因果上 직위다. 僧團의 領導權은 賢 不肖 간에 승려에게 있는 것이요, 속인은 아무리 聖者의 지위에 간 사람이라도 주어지는 권리가 아니다. 僧·俗의 구별도 정확한 판정을 못하는 氏로서 宗團의 淨化 또는 통합에 논평을 가한다는 것은 사진을 보고 실물의 감촉을 논하는 徒勞에 불과하다.

帶妻에 僧字를 붙여 帶妻僧이라는 말부터가 우리 한국의 佛敎에 대한 무식의 폭로며, 僧團을 小乘불교의 유전이라고 하고 帶妻를 菩薩道의 大乘불교라고 歪曲선전하는 外道는 우리나라 밖에는 없는 宗派다. 일본의 眞宗開祖 親鸞聖人도 末世에 태어난 박복한 중생 根氣로서는 佛戒를 준수할 수 없으므로 僧이라 참칭할 수 없고 俗에 만족할 수 없으므로 非僧非俗의 겸허한 참회의 他力本願을 위주로 하여 往生淨土發願을 開宗한 達人이다.

그는 새로운 종파를 창도함에 그쳤고 기성 宗團에 대한 재산권을 청구한 일도 없다. 우리 한국불교 宗團의 재산은 僧團의 부수물이요, 속인의 소유가 아니다.

누구나 僧行을 준수하는 法侶면 領導權을 향유할 수 있는 것이다. 의무인 僧行은 포기하고 권리만 주장한다는 것은 어느 편이 고집이며 어느 편이 독선인가 말이다. 妻子에 애착함과 求法者의 爲法忘軀의 境涯가 어떻다는 것을 체험 대결하지 못한 속인으로서는 논의할 境界가 아님을 명언해 둔다.

그밖에 체계화시킨 해결방법을 제시했으나 噴飯을 금할 수 없어 논평을 생략한다. 達磨大師가 梁武帝에게 한 말을 빌어서 결론짓자면 「少無功德」의 衍文의 長綴이라고밖에 볼 수 없다. 未免徠彌子의 妄言임을 謝한다.

獨善心의 墻壁－
李靑潭師의 所論을 읽고*⁾

趙芝薰(시인, 종교단체 심의의원)

【承前】*⁾ 氏는 말하기를『父는 父요 子는 子며 兄은 兄이요, 弟는 弟인 것은 倫理의 原則이라 고칠 수가 없다.』고 한다. 그렇다. 오늘 싸우고 있는 우리 佛敎의 두 派는 같은 佛子요 曹溪의 法孫이다. 兄이요, 아우며 아제비요 조카다. 氏는 이것은 外道로 돌아서 아니라고 부정한다. 또 氏는『理숲陽順四時하는 것이 人事요 생활이지 逆理强作하는 것이 생활이요 창조인 줄 오인해서는 될 수 없다.』고 하면서 氏 自身의 논조는 理숲陽順四時의 조화보다는 風雨 파란의 격돌과 不調和를 세우고 있다. 이는 氏의 주장으로서는 모순된 引喩요 타자에게 주는 善策이 아니라 氏 자신에게 돌아가야 할 自戒의 말인줄 안다. 또 『是를 是라 하고 非를 非라고 지적하는 것이 偏頗요 고집이라고 생각하는 그 先入見 자체가 진리에 대한 邪見이요 公論에 대한 我執이라.』하였다. 본래 分別은 없는 것, 分別이라 생각할 때 비로소 分別이 생기는 것이기 때문에 我執임은 자인한다.

  그러나 이 是非의 我執와 先入見은 분규쌍방에 먼저 있었고 필자의 견해를 오해라 하는 그 마음에 오해의 선입견이 먼저 있었다. 氏는 是非는 안 가릴 수 없다는 뜻으로 이 말을 썼지만 是非之心은 智之端이긴 해도 氏의 말씀도 지식이 아닌 불교에는 是非之心은 信修 奉行의 魔로서 坦然한 大道에 의혹을 增長하는 것임은 氏가 더 잘 알 것이다. 氏는 필자를『자신이 불교를 잘 알지 못한다는 점을 고백했다.』고 하나 필자는 불교를 아노라고도 모르노라고도 고백

---

*⁾ 본 기사는《東亞日報》1963. 08. 30.에 게재된 것이다.
*⁾ 본 기사의 앞에 8월 29일에 게재된 기사가 있었으나 구할 수 없었다.

한 적은 없다. 불교 분쟁에 대한 국외자의 논설과 정부 당국의 정책이 섣불리 아는 체 하는 것을 경계했을 뿐이다. 필자의 견해가 氏의 주장과 완전 일치했더라면 필자도 제법 불교를 안다는 認許를 받을 것을 그렇지 못함을 恨事라고 나 할 것인가. 불교 교리와 佛敎史에 지식도 없이 지레짐작으로 논단하지 말라는 충고를 필자 자신에게 대한 자책으로 타당하다고 하면서도 氏는 필자의 글의 어디가 불교 교리와 불교사에 근거 없는 지레짐작이란 것을 분명히 지적하지는 않았다. 氏는 필자에게 충고한 韓國佛敎를 살리기 전에 너 자신 살리는 길을 찾으란 말은 歡喜의 法門이니 이는 바로 우리가 불교계에 드리고 싶은 바이다. 修行과 敎化를 專業으로 해야 할 氏와 같은 모든 法載僧들이 본연의 자리에 돌아가는 것이 韓國사회를 정화하는 길이기 때문이다. 제 자신을 살리는 길은 물론 각자의 안에 있다. 그러나 禪을 닦는데도 佛陀가 澄得한 그 마음 바탕이 근거가 된다. 제 자신을 찾기 위해서 불교의 정신의 광명을 희구하는 모든 사람에게 한결같이 그러한 法門을 베푼다면 네 살길은 네가 찾으라고 방치한다면 무엇으로 불교가 衆生을 濟度할 것인가. 應病與藥對機說法 處染常淨 離邊處中은 정신의 醫王으로서의 佛陀가 베푼 萬古의 名方이다.

修行이란 과연 氏의 말대로 心如墻壁이라사 可以人道인지는 모르나 그런 死灰枯木 같이 活機를 缺해서는 敎化는 어려우리라 본다. 사회문제로서의 佛敎 문제의 논의조차 거부하는 氏의 독선은 修行의 信條인 心如墻壁을 어디에나 적용하는 모양이다. 氏는 또 필자를 古文까지 歪曲考證하였다고 誣告하였다. 古文에 있는 대로 인용했지 歪曲 조작한 적은 없다. 三國遺事는 승려가 지은 저술이요, 거기에 廣德을 沙門(比丘)이라 했기에 중 廣德의 芬皇寺婢를 아내로 삼아 隱居한 것을 鄕歌를 읽다가 알았을 뿐이다. 물론 그 故事는 氏의 말대로 離垢淨行을 讚嘆한 글이다. 그러나 氏는 廣德이 중이 아니라 하니 이는 僧 一然이 帶妻한 廣德을 중 아닌 줄 모르고 沙門이란 말을 잘못(?) 썼거나 氏가 沙門 廣德을 帶妻했다 하여 중 아니라고 옳게(?) 해석하거나 간에 필자는 본대로 인용했을 뿐 자의로 歪曲한 것은 하나도 없다. 이 사실이 못마땅하면 三國遺事의 저자 一然師를 공격할 일이지 필자의 歪曲처럼 악선전하는 것은 점잖지 못하다. 필자가 僧侶帶妻를 합리화 하려고 애를 썼다는 것도 우스운 말이다.

필자는 그런 고의의 閑事를 능할 閑人이 아니다. 필자는 승려가 아니요 帶妻者 보다는 獨身修行의 碩德을 더 欽仰하는 者이다. 僧侶帶妻가 창피하든지 마땅히 그래야 한다고 생각하든지 간에 그것은 승려의 論爭事이지만 이미 현실로 있었고 있는 사실 그 자체를 엄폐할 수는 없으니 쌍방이 허심탄회하게 前非를 뉘우쳐 정화하고 합심하여 신도를 指歸하고 사회의 기대에 副應해 주기를 바라는 者이다.

氏가 스스로의 글을 少無功德의 衍文이라 했듯이 이 一文도 동감이다. 그러나 속세의 법에 擊爭하고 官의 견제를 받고 필자와 같은 국외의 人에게 충고를 듣게 된 것은 우리 불교가 자초한 自侮임은 氏도 수긍하지 않을 수 없을 것이다. 統合이든 分宗이든 간에 하루 바삐 분쟁이 종식되고 이 땅에 佛日이 再輝하기를 축수한다. 妄言多謝. (끝)

有問有答(上)-
趙芝薰씨의 두 번째 글을 읽고*)

李靑潭(조계종 중앙종회의장)

지난 번 詩人 趙芝薰씨의 「韓國佛敎를 살리는 길」이라는 公開文을 읽고 一方으로 氏의 태도가 지나친 바가 없지는 않았으나 도시 宗團을 위한 護法精神의 所使로 여겨 오히려 감사하게 생각했고 다음으로는 약간 오해된 점이 있기에 그 오해된 몇 가지를 淨化運動에 全生涯를 바친 하나의 使徒로서 묵과할 수 없어 數言을 피력했더니 氏는 이제 직접 그 筆鋒을 山僧에게 돌려 시비를 걸어오고 있으니 실로 기대에 어그러짐이 크다.

當初에 氏가 추켜들고 나선 과제가 詩人 趙芝薰씨로서는 벅차고 格에 맞지 않는 문제인데다가 첫째 態度의 分限과 영역과 時宜에 있어서 맞지가 않고 둘째 論旨의 본의가 正鵠을 상실하고 있었다. 그러나 한갓 愛敎心의 호의라고 생각했기 때문에 數言을 응수했던 것이다. 그랬는데 이제 와서는 黑白을 밝힐 차비로 是非를 걸어오니 樹欲而風不止格이다.

도대체 氏는 어떠한 동기로서 「韓國佛敎를 살리는 길」이라는 글을 草하여 공개하게 되었는지 그 의도와 목적을 알 수 없다. 근 十年간이나 끌어 오다가 이제야 그 종식을 보게 되어 統合宗團이 성장해 가는 此際에 統合宗團에서 請託하지도 아니한 제의를 新聞紙上에 공개하여 曰可曰否 한다는 것은 아무래도 뒤늦은 느낌을 준다.

韓國의 重要詩人으로 氏가 우리 宗團이 개인도 아니요 수천 년의 전통과 엄연한 교리를 가지고 있는 宗敎集團에 대해서 시비를 건다는 것은 삼갈 줄

---

*) 본 기사는《東亞日報》1963. 09. 19.에 게재된 것이다.

알았어야 할 줄 안다. 護法精神에서 직시하기 안타까워 꼭 충고를 하고 싶을 경우라면 宗團에서 발행하는 기관지도 좋고 또 굳이 발표를 하지 않더라도 은밀한 가운데에서 宗團의 결의기관에 제의해도 될 수 있는 문제가 아니었겠는가.

터를 바꾸어 一개의 僧이 詩壇을 향하여 지도하듯이 제의를 했다거나 가까이는 氏의 詩作에 대하여 日可曰否 한다면 그것이 언론의 자유겠는가? 氏는 이러한 일을 어떻게 생각하겠는가. 그것도 詩論의 體系를 바로 세워가지고 하는 말도 아니요 약간의 들은 風月로 評한다면 이러한 탈선행위가 우리 지식층에서 환영될 수 있는 일일까? 이것이 명분과 영역을 뒤흔드는 혼란의 발단이 아닐까 하고 山僧으로는 하나의 기우를 일으켜 오기도 한다. 더구나 이번에는 문자의 시비까지 들고 나오니 啼得血流無用處라 不如戒口過殘春이다.

말이 나온 바에 氏를 山僧이 가르치는 위치에서가 아니라 독자가 오해할까봐 두어 군데만 氏가 잘못 인용한 문구를 해명하고 氏의 충고를 받아들여 山僧은 본연의 자리로 돌아갈까 한다.

「佛法僧」 三寶에서 말하는 僧의 定義는 出家하여 獨身으로 修道와 傳道하고 있는 比丘 · 比丘尼의 團體의 총칭이다. 또한 넓은 의미에서는 比丘와 比丘尼와 在家信徒와의 和合集團을 통칭해서 「상가야(僧伽耶)」라고도 한다. 氏는 아마 후자의 경우만을 가지고 말한 것 같다. 그러나 佛陀의 교시에 의하면 出家比丘와 在家信徒는 엄연히 구별되어 있다. 여기에는 너무나 뚜렷한 한계의 律制가 있으므로 혼동은 絶對로 있을 수 없다.

氏의 誤義는 아마 여기에서 생긴 것이 아닌가 생각된다. 그래서 아래와 같은 말을 한 것 같다.

『出世間法도 世間에 내려오면 世間法에 隨順하면서 교화하지 않을 수 없는 점에서 더욱 그런 줄 안다.』라고 하며 또한 『그리고 끝으로 宗敎는 同道의 이념으로 뭉친 것이기 때문에 분쟁이 있다 해도 관용과 양보로 타협해야 한다고 생각하는 것이 보통인데 氏는 종교집단의 싸움은 이러한 상식과는 정반대라고 하니 아연하지 아니할 수 없다.』라고 엉뚱한 결론을 내렸는데 현금까지 있

었던 宗團의 분규는 僧規僧風에 對한 同道의 이념이 아니었던 것을 氏는 잠깐
망각하고 결론을 지은 듯하다.

有問有答(下)-
趙芝薰씨의 두 번째 글을 읽고*)

李靑潭(조계종 중앙종회의장)

佛敎宗團은 氏의 말씀 그대로 出世間法을 가지고 世間 속으로 들어와서 衆生敎化를 사명으로 하는 단체이지만 世間 속에서 世俗과 동화되거나 타협하는 일은 있을 수 없다. 때로는 隨順도 하지마는 佛陀의 淸淨한 敎法에 크게 위배할 때에는「波羅夷(法海淸衆에서 除去함)」의 엄벌도 내린다. 그릇된 견해임을 자각하고 그 罪過를 참회하여 올 때에는 前非를 묻지 않고 관용할 수 있으나 絶對로 이념의 양보와 타협이 있을 수는 없는 것이다. 정신적 同道이 이념끼리 어떻게 분열이 있을 수 있으랴. 여기에서 氏의 논리는 중심을 잃었다. 懸崖撒手니 放下着이니 垂手入鄽니 하는 술어는 여기에 해당되는 말도 아니다. 處染常淨의 妙道는 아무나 行해지는 것은 아닌 것이다.

다음에 氏는 우리 宗團의 분규가 재산 싸움이라고 규정했으나 正鵠을 파악하지 못하면 그렇게 볼 수도 있다. 그러나 알고 보면 宗團의 재산은 父母와 妻子를 離別하고 出家하여 佛陀의 慧命을 相續하고 그들의 修道場인 寺院을 守護하는 淸淨法侶와 僧團에 속하는 것이요「중」의 자격을 상실하고 가정에서 처자권속과 世俗 생활을 보장할 목적으로 축적해 놓은 재산이 아니다. 出家僧侶로서의 三寶淨財를 수호하기 위한 淨化 투쟁을 재산권 투쟁이라고 판정하는 것은 큰 착각이라고 볼 수밖에 없다.

다음에 心如墻壁이라야 可以人道라는 法門을 枯木死灰의 無情物로 오인한 것은 실로 山僧은 또한 큰 환멸을 느꼈다. 氏는 禪을 닦는데도 佛陀가 澄得한

---

*) 본 기사는《東亞日報》1963. 09. 20.에 게재된 것이다.

그 마음 바탕이 근본이 된다고 말을 하면서도 그 마음 바탕이 離邊處中인 바로 心如墻壁의 中道인 那伽大定의 境涯인 것을 모르고 枯木死灰의 無情物로 禪의 개념을 잘못 이해하지 않았는가 하고 의심하는 바이다.

다음에 三國遺事 廣德 章에 대해서도 本文에 분명히 「文武王代, 有沙門廣德, 嚴莊二人, 友善, 日夕約曰, 先歸安養者須告之. 德, 隱居芬皇西里, 蒲鞋爲業, 挾妻子而居」라 하였다. 내용을 읽어보면 중노릇하던 廣德이가 「芬皇寺」에서 退俗하여 「芬皇寺의 西쪽 마을」에서 신을 얽어 生業을 해가면서 俗世에 隱居하여 妻子를 거느리고 俗人 생활을 했다는 이야기다. 그런즉 廣德이가 처자를 데리고 살면서도 僧權을 주장했다는 이야기가 아니다. 그것을 가지고 오늘날 帶妻者들의 행위를 합리화하고 변호하기 위한 考證의 자료로 인용한다면 이것은 정말 語不成說이다.

최후로 말할 것은 오늘 우리 宗團은 통합이 되어 발전 성장해 가고 있다. 부처님 당시에도 調達 같은 이가 있었고 예수에게도 「가롯 · 유다」가 있었으며 孔子 당시에도 盜跖이와 같은 者들이 있었다.

석가나 예수나 공자 같은 성현들이 무자비했고 독선적이었고 관용을 몰라서 그들과 타협하지 아니한 것은 아니다. 眞理와 非眞理의 사이에 어찌 타협이란 말이 있을 수 있는가.

氏의 언론자유도 존귀하지 않음은 아니나 우리 宗團에서 청탁하지 아니한 氏의 無風起浪이라고 아니할 수 없다. 끝으로 氏에게 충심으로 謝意를 表할 것이 있음을 밝혀둔다.

첫째 「통합이든 분종이든 간에 하루 바삐 분쟁이 종식되고 이 땅에 佛日이 再輝하기를 축수한다.」한 점이다. 氏의 마음을 비우고 축원한 보람 있어 이제 현 시점에서는 분쟁이 없음을 감사하는 바이며 다음으로는 氏 자신부터 「帶妻者 보다는 獨身修行의 碩德을 더 흠앙하는 者이다.」라고 하였다.

이제 十年을 끌어오던 佛教淨化의 첫 단계는 끝났다. 佛陀의 敎理와 전통을 망각하여 현실의 모든 문제를 타개할 통합종단은 이룩되었다. 이제 남은 것은 오직 現代人의 師表가 될 수 있는 徒弟養成과 우리말 옮김의 譯經事業과 現代

的 敎化의 布敎事業에 우리 出家와 在家의 四部大衆은 모든 힘을 합하여 나아
갈 뿐이다.

한국불교정화의 당위성*

◉

송월주(대한불교조계종 전 총무원장)

*본 글은 『교단정화운동과 조계종의 오늘』(선우도량 한국불교근현대사
연구회 · 불교신문사 편, 선우도량출판부, 2001)에 수록된 것이다.

1. 들어가는 말

오늘날 사람들이 불교를 이야기할 때 흔히 예술작품으로서의 불교문화재를 앞세운다. 불교문화재는 불교의 부산물에 불과한 것인데, 그것이 전면에 세워지는 이유는 무엇일까. 불교의 존재 이유인 '지혜와 덕이 높은 수행승[道人]'이 희박하기 때문일 것이다. 불교가 그 동안 우리나라에서 높은 긍지와 역사, 그리고 자부심을 가질 수 있었던 것도 오랜 역사와 함께, 밤하늘의 별처럼 빛나는 뛰어난 수행승들이 있었기 때문이다.

서민들의 따뜻한 가슴에 새겨져, 입에서 입으로 전해지는 수행자에 대한 경이로운 전설이 문화재보다 불교에 대한 이해에 있어 견실한 기반이 된다. 한국불교의 진면목은 민족의 사랑과 존경을 받는 수행승을 배출하는 데 있다. 의(義)를 위해 추상같은 방(棒)을 날리고, 힘없는 서민을 위해 분연히 할(喝)을 하는 수행승. 이러한 수행승이 바로 한국불교의 역사를 지탱해온 기둥이었고, 앞으로도 변함없이 불교를 이끌 지도자들이다.

수행하는 구도자를 흔히 운수납자·청풍납자라 부른다. 찌는 듯한 무더위에 숨이 막힐 때, 한 자락 서늘한 청풍(淸風)을 만난 것 같은 상쾌한 맛을 우리는 청풍납자의 이미지에서 얻는다. 녹음이 우거진 곳에 옥계수 흐르고, 처마 끝에 풍경소리 들려오는 듯한 곳에 회색빛으로 속세를 물리쳐낸 수좌가 벽을 향하고 앉아 삼세의 관문을 쪼고 있는 곳, 자비와 중생구제의 방편이 있는 곳, 고달픈 마음이 포근히 쉴 수 있는 곳, 사찰이 바로 그런 곳들이다. 금수강산, 방방곡곡에 세워진 대소 사암들은 모두 공부하는 수도자들의 공동 의지처였다. 삼의일발(三衣一鉢)을 걸망에 담아 등에 메고, 삼천리 명산대찰 어디라도 찾아가 수도하는 수좌들은 불교의 주인이었다.

그런데 그 수좌들이 수행처를 빼앗기고, 사찰을 찾아가면 오히려 걸망을 찢기거나 욕을 당하고 쫓겨나던 때가 있었다. 번거로움을 끊고 조용한 곳을 찾아 일념으로 화두를 들고, 운수행각하는 것을 '방일한다'고 욕하고, 묵묵정진하는 좌선을 무위도식으로 몰아세워, 수좌들을 괴롭히던 때가 있었다. 일제강점기가 바로 그런 시절이었다. 공부하는 수좌들에게 숙식제공을 거부한 변질자들이 교단에 출현하기 시작한 것은 일제가 한반도를 강점한 지 2년 후인 1912년부터였다. 한국불교는 그야말로 순식간에 무너져 버렸다. 승려들의 육식과 음주가 총독부에 의해 권장되고, 승려들의 취처는 주지직을 얻는 데 필요한 자격 요건이 되었다. 사원은 취처한 사람들의 살림집이 되고, 재물을 모으기 시작한 사원의 관리자들은 가람수호보다 사가(私家)짓고, 논·밭 사기에 열중했다. 사원은 퇴락해도 보수할 생각은 않고, 사원 방사는 유흥객들의 은밀한 휴식처로 제공되었고, 전망 좋은 누각은 무희장으로 변해버렸다. 돈 되는 일이면 사원에서 못할 일이 없었다.

반면 수행하는 비구승들은 소위 대처승들에게 쫓겨 궁벽한 암자나 암굴에 살거나, 움막집 토굴을 얽어 살았다. 수난은 이것만이 아니었다. 일본경찰은 수행자들을 불순분자로 분류, 추적·감시하기까지 했다. 한국불교 전통은 무너질 지경에 처했다. 그러나 한국불교가 여기서 사라질 종교는 아니었다. 정화운동이 감연히 일어나 한국불교를 다시 세운 것이다.

2. 정화운동은 일제하에서 싹텄다

1) 圓宗 李晦光의 음모

불교정화운동의 맥을 더듬어 올라가 보면, 그것은 일본불교와의 통합거부운동에서 비롯되고 있음을 보게 된다. 우선 대한제국 말년경의 불교사를 줄기만 훑어보자.

개화 바람에 자극 받은 조선은 1902년 동대문 밖에 원흥사를 세우고, 궁내부 산하에 社寺管理署를 설치해 전국의 사찰을 관리하기 시작했다. 원흥사를 대법산으로, 도내의 16개 수사찰을 중법산으로 지정해 관할지역의 사찰을 관리하게 하였다. 1904년(광무8년)에 사사관리서와 대법산제도를 폐지하였다.

1905년 을사보호조약이 체결되어 일본 통감부가 설치되고, 1906년에는 통감부가 다시 사원관리규칙을 발표하였다. 이 해에 불교연구회가 결성되고 봉선사의 洪月初師와 李寶潭師 등이 淨土宗(日本)으로 宗을 삼고, 은장을 만들어 배포하는 등, 日本勢를 업고 불교활동을 벌이는 인사들이 많이 나타났다. 한편으로는 원흥사에 명진학교를 세워 청년승려의 교육기관으로 삼았다.

1908년 3월 6일 활발해진 불교활동의 조류를 타고 '조선승려각사대표 52인 회의'를 원흥사에서 열고 원종을 설립하였다. 종정에 이회광사(師)를 추대하고, 원흥사에 원종종무원을 설치, 새로운 불교로 다시 태어나기 위한 준비를 하기 시작했다. 1910년 8월 22일 한일합병조약이 체결되고 29일에 護國詔書가 내려져 온 나라 안이 비분과 통곡으로 술렁댔다. 한반도의 암흑기가 열린 바로 이 때 이회광은 서둘러 일본으로 건너가 10월 6일에 日本曹洞宗管長弘津說三과 7개조로 된 聯合盟約을 체결했다. 연합맹약은 한국에는 알려지지 않고 비밀에 붙여졌으나, 민간경로를 통해 결국 내막이 드러나고 말았다. 맹약의 내용은 일본의 조동종이 한국에서 포교활동을 하는 데 편리하도록 편의와 시설(사찰)을 제공한다는 내용으로, 사실상 한국불교를 일본 조동종에 예속시키려는 의도를 담고 있었다.

이회광의 이런 음모에 격분한 승려들이 세를 결집하여 강력한 반대운동을 전개하기 시작했다. 1911년 1월 15일 朴漢永, 陳震應, 金鐘來, 韓龍雲, 金鶴傘, 長基林, 任晩聖 등이 주동이 되어 전라도와 지리산 일대의 스님들을 송광사로 모아 한국불교의 법맥이 臨濟宗統임을 선언하고, 임제종 임시종무원 관장에 선암사의 김경운스님을 추대했다. 한국불교와 일본 조동종이 통합될 수 없음을 강조한 이들은 이회광의 원종파들을 '親日賣宗하려 한다'고 비난했다. 송광사에 임제종 임시 종무소를 설치한 임제종 스님들은 총회를 쌍계사에서 열어, 종풍을 선양하기로 결의하고 한용운, 김학산, 장기림, 김종래, 임만성 등 5인을 범어사로 파견하여 주지 吳惺月스님의 적극적인 찬동을 얻었다.

이렇게 임제종을 표방하며 조동종에 통합되는 것을 반대하는 세력이 결집되어 남쪽에 거점을 확보하게 되자, 이 세력을 南堂이라 부르고 서울에 있는 원종세력을 北堂이라고 불렀다. 남당은 反日세력으로, 그리고 북당은 親日세력으로 그 색깔이 선명했다.

2) 臨濟宗운동과 항일 정신

남당과 북당이 첨예하게 대립되어 있는 가운데, 1911년 6월 3일 조선총독부는 전문 7조로 된 사찰령을 제정하여 공포했다.

사찰령

제1조 사찰을 병합, 이전 또는 폐지하고자 할 때는 조선총독의 허가를 받아야 하며, 그 기지(부지) 또는 명칭을 변경하고자 할 때도 위와 같음.

제2조 사찰의 기지(부지) 또 가람은 지방장관의 허가를 받지 아니하면, 전법 · 포교 · 법요집행 및 승니 지주(止住)의 목적 이외에 이를 사용하거나 사용케 하지 못함.

제3조 사찰의 본말관계, 승규 · 법식 등 기타 필요한 사법(寺法)은 각 본사가 이를 정하여 조선총독의 허가를 얻어야 함.

제4조 사찰에는 주지를 둠. 주지는 그 절에 속하는 일체의 재산을 관리하고, 사무(寺務)와 법요집행의 책임을 지며 대표함.

제5조 사찰에 속하는 토지 · 삼림 · 건물 · 석물 · 고문서 등 기타 귀중품은 조선총독의 허가를 받지 아니하면 이를 처분하지 못함.

제6조 전조의 규정을 위반하는 자는 2년 이하의 징역 또는 5백원 이하의 벌금에 처함.

제7조 본령에 규정한 것 이외에 사찰에 관하여 필요한 사항은 조선총독이 이를 정함.

전문 7조에 불과한 이 사찰령이라는 총독부의 불교시책이 어떻게 쓰일 것인지는 그 시행규칙을 봐야 한다. 그럼에도 의병들이 사찰을 근거로 하여 일본군과 싸웠던 일이 있었음을 생각하면 제2조의 의도가 어디에 있음을 알 수 있다. 제3조 · 제4조 · 제5조는 모두 불교를 완벽하게 장악 · 관리하는 장치였다. 독립운동자금을 스님들이 보태고 있었으므로 동산과 부동산의 처분을 완벽하게 통제해야 했던 것이다. 불전함에 투입된 불전까지 점검했던 일제였다.

총독부는 고삐를 늦추지 않고 한 달 후인 7월 8일 그 시행규칙을 공포했다. 전문 8조로 된 이 시행규칙의 골자는 총독부가 사실상의 주지 임명권을 갖는다는 것이었다. 30본사의 주지는 총독의 인가를 받아야 하고, 본사 이외의 말사주지는 도지사의 인가를 받아야 취임할 수 있게 한 것이다. 공포일로부터 시행된 이 규칙에 따라 11월 17일, 제1차 본사주지 인가가 단행되었다.

이러한 때 남당 임제종 운동에 적극 가담했던 범어사 주지 오성월사는 다른 주지들과 달랐다. 범어사 주지 인가를 받은 오성월사는 1912년 5월, 서울 인사동(당시 주소 경성 寺洞 28통 6호)에 48칸 짜리 한옥 한 채를 사서, 거기에 '조선임제종중앙포교당'이라는 간판을 달았다. 5월 26일에 현판식을 겸한 개원 법회가 사부대중 1천3백여 명이 참석한 가운데 성황리에 열렸다. 개원식에는 한용운스님이 취지를 설명하고 백용성스님이 설법을 했다. 그리고 이능화 · 정복운 두 거사가 축사를 했다. 남당의 시퍼런 기세는 일제 총독부의 엄호를 받고 있는 북당에 결코 밀리지 않았다. 남당의 면면을 보면 한용운은 승려사회에서 최고의 지지도를 확보하고 있었고, 박한영사 · 진진응사 등은 한국불교 교단만이 아니라 승속을 망라하여 으뜸으로 꼽히는 대강백이었다. 김경운사는 이름난 선지식이고, 오성월사 · 백용성사 또한 명성이 높은 대도인들이었다.

인물 됨됨이로 보면 남당이 우세했지만 총독부의 정치적 보호를 받고 있는 북당의 세는 도나 법력으로 논할 바가 아니었다. 이회광사는 1911년 12월 4일에 해인사 주지인가를 받고 1912년 3월 13일에야 주지 진산식을 가졌다. 그는 선사이기보다는 강사였지만, 설법문 하기를 좋아했다. 게다가 能辯에 인물도 훤하게 생겨, 상궁 등 재가신도들이 많은 시주를 했다고 한다. 이런 이회광은 6월 17일에 30본사 주지회의를 원종종무원에 소집했다. 이회광은 그때까지 원종 종정 직함을 가지고 있었다. 이회광은 이 회의에 30본산 주지 이외에 원종종무원의 간부들까지 합석시켰다. 남당과의 대결에서 표로 누르겠다는 계산이었을 것이다.

17일 회의 벽두에 '조선불교의 종지와 호칭'이 안건으로 상정되어 남당과 북당은 대설전을 벌이기 시작했다. 여기서 빠뜨려서는 안 될 중요한 사실 한 가지가 있다. '원종'은 그 창립 당시 '조선불교임제원종'으로 호칭을 정하고도, '임제' 두 글자를 늘 감추고 있었다. 그 이유는 정토종이 이미 한국에 기반을 구축하고 세를 확장하여, 대한제국의 조정과 일본통감부, 그리고 그 후로는 총독부 측과 활발히 접촉하면서 지위를 굳히고 있었기 때문에 조동종 관계로 입장이 옹색했기 때문이다.

남당과 북당이 호칭 문제로 격돌하여 상호 자신의 입장을 옹호하면서도 북당의 입장이 옹색함을 서로 인식했다. 그러나 북당은 30본산주지회의를 소집하기 앞서 총독부 측과 협의하여 안건을 조정했으므로 북당의 주장은 총독부의 의사도 대변하고 있었다. 호칭 문제 토론이 하루에 끝나지 않고 다음날인 18일까지 연장되었다. 궁지에 몰린 북당이 막판에 타협안을 내 놓았다. 임제종도 원종도 다 쓰지 말고 '조선불교선교양종'으로 하자는 것이었다. 북당의 타협안을 남당이 받아들여 이틀에 걸친 공방이 끝나고 '조선불교선교양종'이 채택되었다. 친일세력 북당을 꺾으려는 남당의 결의는 일단 성공을 거두었다. 그러나 총독부의 보복이 곧 뒤따라왔다.

3. 일제의 청정수행비구 말살

1) 임제종 강제 철폐

1912년 6월 17일부터 22일까지 6일에 걸쳐 열린 30본산주지회의는 19일에 사법의 원칙을 채택하고 20일에 원종 종무원을 '조선선교양종 각본산주지회의원'으로 개정한 후 21일에 '회의원'의 유지를 위해 본산 재산의 일부를 추렴

키로 할 것을 결의했다. 22일에는 회의원의 초대원장에 강대련 용주사 주지를 선출했다. 이렇게 본사주지회의가 진행 중이던 21일 조선총독부는 원종 측의 이회광, 강대련과 임제종 측의 한용운을 총독부로 불러, 원종과 임제종의 간판을 철거하라고 명령했다. '조선불교선교양종'으로 남북당이 합의한 마당에 고집할 명분이 없어졌다. 그러나 한용운 스님은 임제종 간판을 철거하지 않았다.

5일 후인 6월 26일 총독부는 '사찰의 종지 칭호 남설을 금한다.'고 포고하고 임제종 간판을 철거해 버렸다. 총독부는 그 이유를 이렇게 설명했다. '…종지의 칭호는 수 백 년 전에 종문제도 釐革시에 선교양종으로 정하고, 이래 이동 증감이 없었는데 근래 조선임제종이라는 종지 칭호를 정한 것은 종파분할의 소인이 될 우려가 있기 때문이다.' 총독부는 이 날짜로 범어사를 관내에 두고 있는 경상남도지사를 비롯하여 각 도지사에서 임제종의 칭호를 사용하지 못하게 하라고 지시했다.

한편 30본산주지회의에서 채택한 사법의 기준은 나무랄 데 없는 청정수행 승가의 규범이었다. 이 표준 규범 이외에도 주지회의에서는 '취처하고 식육하는 승려는 일체 직임과 비구 구족계를 불허하고 처자는 사원에 居接함을 불허한다.'고 특별 결의했다. 1912년 6월 그 때 이미 한국의 불교사원에는 대처생활하는 승려가 있었던 것이다. 30본산주지회의는 그런 대처승을 사원에 붙이지 않겠다는 뜻을 결의로 표현한 것이다.

그런데 본산주지회의가 끝난 꼭 10일 후인 7월 2일 해인사(주지 이회광) 사법이 총독부의 관보에 실렸다. 전문 100조로 된 해인사 사법이 주지회의가 끝난 10일 만에 총독부의 인가를 받아 그 관보에 실린 것을 보면 해인사 사법은 본산주지회의를 열기 전에 이미 총독부 측과 협의를 거쳐 준비되어 있었던 것으로 보인다.

해인사법 제85조, 勤慎의 徵戒 4항에 규정하기를 '처자를 사찰 내에 살게 하거나 또는 여인을 사중에 머물며 자게 한 자'로 했다. 바르게 말하면 대처하여 처자와 함께 절에서 살림을 하거나, 여인을 절에 살게 한 자는 근신하게 한다는 뜻이다. 근신이 무엇인가, 조심하게 한다는 뜻이다. 조심하면 되고, 처자를 절 밖으로 내보낼 필요까지는 없다. 이렇게 대처승을 사실상 인정한 해인사 사법이 표준이 되어 한국사찰의 사법이 만들어졌다. 그래서 그 뒤에 제정한 다른 사법들은 하나같이 '해인사 사법 제○○조와 같음'이라고 규정했다. 겉치레로 청정수행을 표방하며 속으로 대처육식을 권장한 일제의 한국수행승 말살 음모가 해인사 사법을 통해 표출되기 시작한 것이다.

2) 총독부의 비구승 압박

1916년 1월 2일 상오 10시. 총독부 관저에서 30본산주지의 신년하례식이 열렸다. 신년벽두에 총독이 30본산주지를 초청하여 그의 관저에서 새해를 축하하는 인사를 나눈 것을 보면 조선총독부가 그들의 침략정책을 시행하는 데 있어 불교의 이용가치를 얼마만큼 높이 보고 있었는지 충분히 알게 해 준다.

당시의 조선총독은 '백작' 작위를 가지고 있는 寺內正毅였다. 그는 30본산주지들을 앉혀 놓고 이렇게 훈시했다. '심신을 불교진흥을 위해 바치고 아무쪼록 인민을 교화하여 정치상의 원조가 생하도록 하기 바란다.' 인민을 교화하라는 말은 조선인을 황국신민으로 만들라는 뜻이며, 정치상에 원조가 생하게 하라는 말은, 일제의 식민정치가 원활히 시행되도록 사회 분위기를 조성하라는 뜻이다. 불교교단이라는 한국 최대의 종교집단이 일제의 동화세력이 되면 일제는 '조선반도'를 다스리는데 어려움이 없을 것이었다.

일제는 30본산 주지들을 친일 동화세력으로 만들기 위해 회유책을 썼다. 총독 데라우찌는 관저 내의 식당으로 그들을 안내했다. 어육성찬 차려진 식탁 앞에 주지들을 앉혀 놓고 데라우찌는 그가 일본 천황으로부터 하사 받은 은잔을 들고 자리를 돌아다니며 주지들에게 일일이 술을 따라 권했다. 주지들은 아무도 그 잔을 거부하거나 사양하지 않았다. 주지들은 은잔을 받아 마시고 그 앞에 차려진 어육진수를 내키는 대로 먹었다. 말로는 청정지계를 읊조리고, 사법에도 그것을 명시했으면서 이날 아침 그들은 총독이 보는 앞에서 총

독이 권하는 대로 30명 본사주지 다 함께 계율을 내차버린 것이다. 데라우찌
는 이렇게 순진한 주지들을 보며 속으로 쾌재를 불렀을 것이다.

다음 날 오후 2시 데라우찌는 30본산연합사무소 강대련, 해인사 주지 이회
광, 통도사 주지 김구하사를 다시 총독부로 불렀다. 그리고 그는 그들에게 이
렇게 말했다. "사찰령이 발표된 후 일반사찰의 규제와 종교 · 교육의 기초가
확립된 것으로 생각되나 만약 이를 지키지 않으면 법령만 烏有에 돌아가고,
동시에 각 사에 좋지 않은 대영향이 파급하여 후회 막급하리니 대일층 주의
하라."

데라우찌는 승려들의 분발심을 일으켜 그것을 일제에 대한 충성심으로 전
환시키려 했던 것이다. "조선승려는 심산유곡에 독처하여 자선적 불교를 신수
하고, 인민에게 광포하지 아니하므로 불교가 국가나 인민에게 이익이 없는 소
이로 자연히 관계가 없어 일반 사회의 찬성을 얻지 못하였음은 즉 금일 이후
로는 주지 제군이 불교발전의 지도자가 되어 국가의 도덕을 안전케 하고 인민
의 복락을 증진케 하여, 정부의 사업을 보조하라." 주지들이 정부를 도울 것
을 거듭거듭 강조한 데라우찌 총독은 끝으로 가장 중요한 말을 했다. "승려의
사상을 관찰하면 대다수는 염세주의를 주장하고 사찰에 은거하여 국가 · 인
민 · 사찰에까지라도 추호도 이익이 없으니 이를 보호하거나 환영하여 어디에
쓰겠는가." 이 말은 그 자리에 불려간 3인의 영향력 있는 본사주지들이 앞장
서서 참선하는 수행비구들을 사원에서 배척하라는 것이다.

일제를 증오하고 일본이 끌고 들어온 신문화에 동요되지 않으며 짚신신고
바지저고리를 입고도 화려한 의관이나 양복을 비웃으며, 등등한 자존의식을
굽히지 않는 선승들을 일제는 조선의 승려사회가 적극적으로 거세시켜 주기
를 종용했다. 총독부의 수행비구 말살과 대처승 양성화 정책은 이때부터 노골
화되어, 큰 절은 모두 장가든 승려에게 우선적으로 주어지고 참선하는 비구들
은 절에서 푸대접 받기 시작했다. 푸대접은 배척으로 발전하여 비구승들이 걸
망지고 절에 찾아들면 때려서 내쫓거나 욕을 퍼붓고 걸망을 찢었다. 큰 절의
선방들이 문을 닫고 수좌들을 내쫓으니 쫓겨난 비구들은 외롭게 떨어진 빈한

한 암자 · 암굴, 혹은 토굴을 짓고 의지했다.

그러나 한국불교가 뿌리까지 뽑힌 것은 아니었다. 한용운 · 백용성 · 송만공 · 오성월스님을 중심으로 한 수행비구승들은 한사코 일제를 거부하며, 불교의 정법과 민족정기를 수호하려는 운동이 전개되고, 이순호(청담) · 박용하(이운허스님의 가명) 등 젊은 학인들의 불교교단 개혁을 지향하는 연대운동이 전개된 것이다.

4. 正法 · 正統 수호와 불교개혁

1) 일제통치 저항 위해 禪學院 창건

1912년 6월 임제종 포교원 간판을 내리고 범어사 포교당이라는 이름으로 존속된 인사동의 포교당은 그로부터 10년간 우국애교하는 이 나라의 대표적 선지식들인 한용운 · 진진응 · 김종수 · 김경운 · 김학산 · 박한영 · 백용성 · 오성월 · 송만공 · 강도봉 · 김석두 · 한설제 · 김남전 등이 모여서, 불교의 정법과 민족의 정기를 지키고 선풍을 진작할 방법을 숙의했다.

이렇게 와신상담하여 10년 세월을 두고 뜻을 굳히고 힘을 모아, 서울의 한복판에 크나큰 성과를 나타내 세웠다. 1921년 10월 서울 안국동에 선학원 본부를 창건했다. 목조 인법당인 본당건물과 요사채 한 동, 두 동의 건물로 지어졌다. 선학원을 짓기로 뜻을 모은 남전 · 석두스님 등의 출연과 상궁출신 신도들을 중심으로 한 신도들의 성금이 기본 자금이 되었다. 그리고 여기에 범어사에서 인사동에 마련해 주었던 교당을 헐어 약간의 고목재와 기와를 기증받고 다시 범어사로부터 현금 천원을 기부 받아 건축비로 썼다.

선학원이라고 이름 지은 것은, 사찰령이 시행되어 전국의 모든 사암이 사찰령과 사법에 종횡으로 묶여 암자의 주지까지 관의 허가를 받아야 취임할 수 있고, 모든 행사와 동산 · 부동산의 변동 상황까지 낱낱이 사찰을 받고 있었으

므로, 사암의 명칭을 사용하지 않음으로써 사찰령에 묶이지 않고 총독부의 통
치를 피하려 했기 때문이다. '본부'라고 격을 높인 것은 장차 각 지방에 지부
를 많이 두어 세를 확장하자는 의도였고 '禪'을 주제로 한 것은 '覺'이 '覺醒'을
포용하기 때문에 민족자존, 자주의식을 일깨워 일제를 이겨내자는 웅대한 의
지를 담아내자는 뜻에서였다.

  20년대 말의 어려움을 딛고 30년대 초 적음스님의 노력으로 활력을 되찾은
선학원은 이후 1931년 『선원』지를 창간하고, 같은 해 3월 선우부인회를 결성
하는 등 점차 위상을 높여갔다. 특히 1931년 3월 14일엔 선학원에서 全鮮首座
大會를 개최하였고, 교무원 종회에 중앙선원 설치를 건의했다. 교무원 종회는
그러나 '예산이 부족하다'며 선원 설치를 부결했다. 이처럼 제고된 위상을 바
탕으로 선학원은 1934년 12월 5일 재단법인 조선불교선리참구원으로 재출발
하였다. '재정자립과 선의 대중화'를 위해 조직을 개편한 것이다.

  새로운 조직에 걸맞은 내용을 채우기 위해 선학원은 1935년 3월 7~8일 조
선불교수좌대회를 개최하고, 조선불교선종 종무원을 발족시켰다. 종정에 신
혜월 · 송만공 · 방한암, 원장에 오성월, 부원장에 설석우, 이사에 김적음 · 정
운택 · 이올연, 선의원에 기석호 · 하용택 · 황용음 등이 각각 선임됐다. 선학
원은 중앙선원으로, 1932년 창설된 조선불교부인선원도 조선불교중앙부인선
원으로 각각 명칭이 변경됐다. 선학원은 자연스레 전국 선원의 대표성을 갖는
조직으로 격상됐다.

  그러나 일제가 어찌 선종을 용납하랴. 선종은 탄압에 눌려 활성화될 수 없
다. 그로부터 2년 후인 1937년 2월 27일 조선총독부 제1회의실에서는 참으로
통쾌한 일대 복수전이 벌어졌다. 조선불교선종 종정으로 추대되었던 송만공
선사가 그 때 어려움에 처해 있던 마곡사 대중들의 간곡한 청으로 잠깐 동안 마
곡사 주지직을 맡고 있던 중, 총독부회의에 소집되어 참석했다. 그 날 회의에
는 조선 13개도의 도지사와 31본산(화엄사가 본사로 승격되어 포함)주지가 함께 참석
하고 있었다. 회의가 열리자 일본인 총독 미나미는 이렇게 말했다. "조선불교
는 고유한 역사가 있고 과거엔 발전이 있었더라도 현재는 부패한 불교이며, 특

히 전날의 데라우찌 총독의 공로가 막대하니 이제는 마땅히 일본불교에 합쳐져야 한다.”

일제는 아마 ‘조선불교선교양종’을 해체하여 일본불교의 각 종파에 나누어 예속시키려 했는지 모른다. 첫머리에서 이야기 한 것처럼 일본의 조동종과 정토종이 침략 초기부터 한국불교를 흡수하고자 했고, 이때는 정토종의 거대한 가람들이 경향에 세워져 있었던 상황을 배경으로 떠올려 보면 수긍이 간다. 송만공 선사가 벌떡 자리에서 일어나 총독과 13개도지사, 30본산 주지들을 번쩍거리는 눈빛으로 훑어보며 우뢰같은 목소리로 제기했다. “淸淨本然하거늘 云何忽生山河大地오—본래 청정하여 한 물건도 없는데 어떻게 하여 홀연히 산하대지가 일어났느냐.” 이 경계는 견성도인이라야 할 수 있는 것이었다. 당연히 아무도 대답하는 사람이 없었다. 선사는 다시 벽력같은 할을 했다. “억!”

장내는 숨소리도 죽어 있었다. 선사는 말을 이었다. “전 총독 데라우찌는 조선불교를 망친 사람이다. 전국의 승려로 하여금 대처 · 음주 · 식욕을 마음대로 하게 하여 부처님의 계율을 파하게 한 불교의 죄인이다. 이 사람은 지금 마땅히 무간지옥에 떨어져 한량없는 고통을 받을 것이다. 정부에서 불교를 간섭하지 말라! 그것만이 불교진흥책이다.” 이렇게 해서 이날의 회의는 흐지부지 파하고 말았다.

선학원을 중심으로 수행비구승들은 잘 단결되어 있었다. 선학원 비구승들은 부패하고 타락하여 절망상태에 빠진 ‘조선불교’를 개혁할 기회가 오기만을 기다리며 그야말로 와신상담하고 있었다.

2) 수행승에게 修道場 달라—백용성 건백서, 이대전 진정서 제출

수행승들이 갈 곳이 없이 되어버린 기막힌 상황이 조선총독부의 술책에 의해 조성된 것임을 알면서도 행여 한 가닥 양심이라도 있을까 싶어 총독부에 호소하는 건백서와 진정서를 보낸 승사들이 있었다. 1926년 5월, 백용성스님이 사이또 일본 총독과 내무대신에게 건백서를 보냈다. ‘일본의 정책이 한국의 불교를 망치고 있으니 즉시 시정하라.'는 내용이었다.

이와 함께 석왕사 주지 이대진스님과 해인사 주지 오희진스님 등 1백 27명의 스님들이 연서로 진정서를 작성하여 총독부에 제출했다. 진정서는 目不忍見으로 부패하고 타락해버린 불교계의 실태를 한탄하고 그것이 불법이 아님을 지적했다. 그리고 이렇게 한탄·호소했다. "年老衲僧과 修行衲子가 자연히 사원 밖으로 내쫓기어 泣淚彷徨에 至하게 되었으니 今後에는 持戒四千大衆이 何處安住하리요." 진정서는 끝에 이렇게 호소했다. "파계승의 비구자격을 박탈하거나 아니면 지계승과 파계승을 구분하여 구분할 몇 개의 본산을 지계승에게 주든지 하라."

이런 건백서와 진정서에 대해 아무런 회답이 없자 백용성스님은 9월 제2차 건백서를 총독과 일본 내무대신에게 보냈다. 백용성스님의 이러한 불교계 숙청운동에 총독부는 보라는 듯이 역행조치를 취했다. 총독부는 그 해 10월에 사법을 개정할 것을 지시하고, 주지의 자격에 관한 조문을 삭제하든지 혹은 개정하여 비구계의 수지 여부에 구애됨이 없게 하라고 했다. 총독부는 노골적으로 승려의 파계행태를 고무하고 수행비구 도태에 박차를 가했다. 일제의 정책은 민족정신이 지주가 되어 있는 불교를 폐사시켜 마침내는 우리민족으로 하여금 정신의 의지처 없는 정신적 미아가 되게 하자는 것이 분명했다.

불교계의 썩어 가는 개탄스러운 상황을 1926년 5월 동아일보는 이렇게 전하고 있다. "조선승려도 차차로 敎旨에 벗어나는 일을 하기 시작하여 이즈음에 이르러서는 남녀승려를 막론하고 세속사람들과 어울려 좋은 비단옷과 맛있는 음식을 마음껏 하며, 남자 승려들은 장가를 들어 정욕생활을 하는 중 더욱이 작첩까지 하는 중들도 생기고, 여승들은 시집가며 또는 남자들과 성적생활까지 하게 되었으며, 그것도 유의 부족한지 아주 펼쳐놓고 아주 그와 같은 생활을 해보겠다는 생각으로 취처육식하는 것을 크게 선전하는 승려까지 많게 되었는 바, 이미 불교교지에 벗어나는 일로 조선불교를 망하게 할 장본인이라…."

넋 나간 사람들이 지배하는 교단의 교세는 얼마나 되었을까. 1912년에 조사된 통계에 의하면 전국의 사찰은 1천2백84곳, 승(남)은 6천8백43명, 니(여)승은 1천66명이었다. 이회광은 해인사 초대본산주지로 있다가 갖은 추문과 비행을 남기고 드디어 그를 총애했던 총독부에 의해 주지직을 취소당했다. 그는 해인사에서 쫓겨난 후로도 부지런히 일본을 건너다니면서 소위 '日鮮融和'를 떠들며 일본의 임제종과 야합하여 당시 한국불교를 일본에 예속시키려는 모의를 하고 다녔다. 일본에 유학 가 있던 청년학승이 집단으로 이회광에게 항의하면서 이 일이 세상에 알려져 이회광은 국내에서도 미움을 받았다. 이렇게 혼미한 암흑에 빠져있는 한국불교교단이었지만 그래도 젊은 학승들의 정신은 팔팔하게 살아 시퍼런 섬광을 번뜩였다. 젊은 학인들이 교단을 개혁하기로 뜻을 모은 것이다.

3) 조선불교학인대회

1928년 3월 14일 오후 2시 중앙교무원이 있는 각황사에서는 '조선불교학인대회'가 개막되었다. 이 학인대회는 당시 29세였던 이순호 수좌가 연상인 박용하스님과 함께 개최한 것이다. 이 두 수좌들은 개운사 불교전문강원에서 만난 사이로 대교과를 수학하고 있었다.

발기인 대회를 거듭하고 준비회의도 2회나 여는 치밀한 준비를 거쳐 회의가 열렸다. 그러나 이런 과정을 겪은 것이 순탄한 일은 아니었다. 처음에는 발기인 회의도 열지 못하고 서면결의를 할 정도로 제약이 심했다. 중앙교무원 측이 양해를 못했으면 아마 학인대회는 열리지 못했을 것이다. 그런 이유로 장소도 각황사로 정해졌다. 학인대회에는 개운사 · 건봉사 · 동화사 · 송광사 · 유점사 · 통도사 · 표충사 · 해인사 등 한국 굴지의 대강원 대표 46명이 참석했다. 의장 운허스님이 개회를 선언하고 청담스님이 취지를 설명했다.

대회에서는 상설기구로 '조선불교학인연맹'을 두고, 기관지로 『回光』을 간행하기로 결의했다. 젊은 학인들은 부패한 기성세대가 물러가고 자신들이 종단의 주역이 되면 자연히 정화가 되도록 청정지계를 엄격히 유지하고 참학에 힘써 사표의 자료를 충분히 갖출 것을 다짐했다. 게다가 강원 학제와 교과과목 도 변화시켜, 전통교육과 현대적 교양을 적절히 조화시키고자 노력했다. 학인 연맹은 경찰의 감시 속에서도 1932년 3월 15일 개운사 대원암에서 제4회 정 기 총회를 개최하고 4월 18일 오후 1시 통도사 불교전문강원에서 연맹의 중앙 기관을 인수하고 중앙상무집행위원을 선출했다. 그러나 양산경찰서에서 학인 연맹회의가 집회 허가가 없으므로 회의와 결의가 모두 무효이며 불법이므로 이후 집회를 인정할 수 없다고 통보했다. 이 통보는 연맹을 더 이상 존속시키 지 않겠다는 총독부의 통보였던 것이다. 일제의 이런 탄압 이후 '조선불교학 인연맹'은 차츰 힘을 잃어가기 시작했다.

5. 비구승 봉기, 정화운동 전개

1) 해방 직후 정화운동—봉은 본·말사 주지회의

일제의 탄압에 눌려 지하로 흐르던 불교개혁운동은 해방을 맞아 즉시 표면 화되었다. 1945년 8월 28일 경기도 광주군 언주면 삼성리(지금의 서울 삼성동) 봉 은사에서는 봉은 본·말사주지회의가 열렸다. 봉은사 주지 홍태욱스님이 소 집한 이 회의에서는 불교혁신책을 논의했으며, 봉은사 불교전문강원의 강사 이종익(법명 법운)씨가 불교혁신책을 입안·건의했다. 불교혁신운동에 앞장섰 던 이종익씨는 이후 '승려로서 취처했기에 재가거사'라고 스스로 선언하고, 뜻 있는 재가신도들과 함께 별세할 때까지 정화운동을 적극적으로 도우며 불교교 육과 대중포교를 하였다. 당시 봉은사 회의에서 결의한 5개항은 다음과 같다.

① 본산제를 폐지하고 道敎區制로 한다.

② 현재는 출가(독신) 재가(대처)를 막론하고 승려라고 하는 바, 이를 일괄하 여 교도라 부르기로 한다. 단 출가교도는 교적부에 승니라고 표시한다.

③ 안으로 수도교단을 재건하고, 밖으로 대중불교를 실현한다.

④ 사찰재산을 통합하여 수도 · 홍법 · 사회복지사업을 일원화한다.

⑤ 사찰은 수도 · 교화 · 홍법 · 기원 · 사회복지 5종 기관으로 구분하여 활동케 한다.

殺 · 盜 · 淫 · 妄 · 不飮酒의 기본 5계도 지키지 못하는 기득권층 대처승은 이렇게 표면화된 혁신운동에 당연히 강력한 저지책을 구사했다. 혁신회의 거점이었던 충무로 3가 일본인 사찰 묘심사에서 이종익 거사 등 혁신세력이 축출되고 불순한 좌익분자로 몰려 경찰의 감시와 조사를 받게 한 것 등이 그것이다.

2) 비구승의 궐기-불교정화대책위원회 구성과 운동 전개

한편 해방 후 그럭저럭 10년의 세월을 일제치하 불교와 다름없이 보내고 있던 8백여 명의 수좌들은 서울 안국동 선학원을 본산으로 하여, 7천여 명에 달하는 대처승의 불교 소위 왜색불교를 극복하기 위해 善策을 찾아 고심하고 있었다. 그러던 중, "농지분배정책 시행으로 농지의 소유권이 경작자에게 넘어가자, 사찰농지를 독신승에게 되돌려 줘서 문화재를 관리하게 하라."는 이승만 대통령의 유시가 1954년 5월 21일 발표되자, 그 동안 왜색불교를 극복하기 위한 운동에 나서기 시작했다.

물론 정화운동의 기운은 이보다 앞서 이미 여러 곳에서 감지되고 있었다. 1951년 曼庵스님은 백양사 고불총림에서 자율적으로 정화를 시행하고 있었다. 해방 직후 백양사에 고불총림을 구성한 만암스님은 비구승을 正法衆, 대처승을 護法衆이란 이름으로 승단을 사실상 이분하여 비구승을 정통으로 예우하고 있었다. 대처승의 기득권도 인정하고 있었지만, 당대에 그치게 했다. 종정이었던 만암스님은 또한 당시 총무원 집행부에 교단 정화대책 수립을 지시해 놓고 있었다. 그리하여 1952~53년 사이에 통도사와 불국사에서 회의를 열고, 정화대책 논의가 진행됐다.

대의스님 등 비구수좌들도 회의에 참석하여 의견을 개진했다. 특히 불국사 회의에서는 동화사·직지사 등 18개 사찰을 청정수행도량으로 양도하기로 결의하기까지 했다. 물론 실행되지는 못했다. 당해 사찰 주지들의 반발이 워낙 거셌던 것이다. 통도사·불국사 회의가 성과 없이 끝나자, 비구수좌스님들은 1953년 가을에 선학원에서 제1차 수좌대회를 열게 된다. 그러나 뚜렷한 방침을 정하지 못하고 동안거에 들어가고 만다.

1954년 6월 24일, 선학원에서는 비구승원로들을 소집하여 소회의를 열고 '불교정화추진발기회'를 개최하여 위원장에 정금오선사, 부위원장에 김적음 선사를 각각 선출하였다. 6월 25일에는 재경비구승을 소집하여 '교단정화운동추진준비위원회'를 구성하고 위원장에 정금오선사를 선출했다. 7월 초 전국 수좌의 안거 실태를 조사하고, 곧이어 선학원에서 개최될 전국비구승대표자대회의 참가 공문을 전국에 발송했다.

하안거 해제를 기다렸다가 마침내 1954년 8월 24~25양일간에 걸쳐 선학원에서 제1차 '전국비구승대표자회의'를 개최하고, 교단정화·도제양성·총림창설 등을 3대 목표로 정했다. 특히 종단의 종헌을 제정하기 위한 9인의 '종헌제정위원'과 정화사업을 추진하기 위한 대책위원 15인을 선출했다. 이때의 비구승 지도층은 정금오·김적음·하동산·이청담·이효봉 선사 등이었다. 1954년 9월 28~29일, 제2차 비구승대회를 선학원에서 열었는데 이 회의에 당시 종정 송만암 스님이 참석하여 "금반 정화 취지는 즉시 시방제불의 본원이니 비구승들은 백절불굴로 추진하라."고 훈시했다. 그러나 송만암 종정은 곧 돌아서서 정화를 반대하는 입장을 취했다.

이렇게 추진된 비구승대회는 1955년 8월 2일 조계사에서 전국승려대회를 열고 종헌을 결의했다. 그러나 이 날의 회의를 당국이 인정하지 아니하여 8월 12일에 전국승려대회를 다시 열고 종헌결의, 종정추대, 종회구성, 총무원구성 등을 결의했다. 초대 종정에 설석우 선사, 총무원장에 이청담 선사, 종회의장에 이효봉 선사, 감찰원장에 정금오 선사가 추대 선출되었다. 이렇게 새 종단이 발족되었음에도 대처승 측의 항거와 전면 소송제기로 8년 동안 중앙 종단과 전국의 여러 사찰에서 분쟁과 진통이 계속되었다. 당시 어려움을 선두에 서서 극복하고자 한 사람이 바로 이청담스님이었다. 스님은 54년부터 선배 고승들을 모시고 정화동지들과 함께, 정화운동을 주도하여 입적할 때까지 교단 정화와 불교발전에 크게 기여했다.

한편 당시 5 · 16으로 집권한 군사정권은 사회 안정을 목적으로 극한 상황에 처해 있는 비구 · 대처 간 분규를 수습하기 위해 비구승 측과 대처승 측이 동참하는 불교재건위원회 구성을 주선하게 되었다. 이 위원회에서 비구승 측(조계사 측)의 정화이념에 대해, 대처승(법륜사 측)들이 독신으로 사찰에 상주하며 수행할 것을 조건으로 승려의 기득권을 인정하는 것과, 중앙종회 재적의원 50명 중 비구승 측 32명, 대처승 측 18명으로 종회를 구성한다는 내용을 종헌에 적시했다. 특히 종조문제에 대한 異論을 지양하고 한국불교의 역사적 전통을 확립하기 위해, 우리나라에 남종선을 처음으로 전한 도의국사를 종조로 한다는 내용이 종헌에 명시됐다. 1962년 4월 11일, 마침내 정화이념에 의해 비구승들의 주도로 통합종단이 출범됐다. 초대 종정으로 이효봉 선사가 추대되면서 정화운동은 일단락을 짓고 종단은 서서히 안정되기 시작했다.

6. 결론

대처승들이 종권을 관장하고 있을 때도 불교정법을 지키며, 교단을 바로잡을 염원을 키워온 수행비구승들이 해방을 맞을 때까지 6백여 명이 엄존하고, 그들이 선학원에 집결하여 조선불교선종을 창립하는 등 비구승들이 거목처럼 솟아 숲을 이루고 있는데 어찌 정화 작업이 시동되지 않을 것인가. 이승만 대통령의 1954년 5월 1차 유시를 비롯한 8차까지의 수행비구승들에게 일어설 용기를 주었을 뿐이다. 불교정화사업은 한국불교사의 발전 과정에 있어 밟아 가지 않으면 안 될 역사적인 과정이었다. 이승만대통령의 유시가 아니더라도 정화는 일제 하 불교의 자체 모순 때문에 일어날 수밖에 없었던 것이다.

한국불교정화운동은 그 과정에 진통이 있었지만 이 땅에 일제불교의 잔재를 청산하여 우리의 민족전통문화를 회복하고, 율장정신에 의한 청정비구승단을 재건하여 승단의 본분인 지계와 수도를 통해 불조의 혜명을 계승하고, 救世度衆하고자 하는 역사적인 요청으로 일어났다. 정화운동은 당시는 물론 지금까지도 불교도 뿐 아니라 전 국민적인 지지와 호응 속에서 추진되어 왔던 대과업이었다.

우리는 이러한 정화정신을 계승해 21세기 사회에서 불교가 해야 될 일을 새로이 정립하는 계기로 삼아야 한다. 정화이념을 온존시키면서 새 시대에 적합한 이념으로의 탈바꿈을 이룩해내야 한다. 통합종단 출범 이후 조계종은 총무원장 중심제로의 종헌개정추진(1978~80년), 94년 4월 10일 개혁회의 출범과 뒤이은 개혁종단 발족, 98년 11월 30일 종헌·종법 수호 승려대회 결의에 의해 종단정통을 수호하는 등 최근에만도 종단 개혁을 위한 여러 진통들을 겪으면서도 종단은 발전하였다. 퇴락한 사찰 중건·중수, 기존 교육기관인 종립 동국대학교와 여러 종립 초·중·고등학교를 확충 발전시키고 새로이 여러 강원·선원을 개설하고, 포교사업도 불교방송국을 중앙과 지방에 6개나 설립하는 등 다양한 면에서 발전을 해왔다. 게다가 산중불교를 도시불교로 바꿔, 도심포교당 개설이 눈에 띄게 많아져 포교에 새로운 장을 열었다.

승려도제양성 차원에서 문을 연 중앙승가대 또한 정규대학으로 인가, 김포학사 이전을 눈앞에 두고 있다. 30여 년 동안 추진해온 팔만대장경의 한글화 사업 역시 마무리에 들어가는 등 역경 분야에서도 정화 이후 눈부신 발전을 했다. 팔만대장경 한글화와 동시에 팔만대장경 전산화도 거의 마무리 되었다. 게다가 중앙과 지방사찰들이 사회복지사업에도 손을 대, 전국에 1백여 곳 이상의 복지기관을 세우거나 위탁·관리하게 됐다. 여기서 노인과 장애우들을 위한 복지자비행을 지속적으로 펼치고 있다. 유치원·유아원 등 어린이를 위한 시설도 전국적으로 2백여 곳이나 운영하는 등 종단은 그야말로 여러 면에서 모범을 보이고 있다. 때문에 정화운동 이념으로 내세웠던 도제양성·포교·역경은 각 부분별로 상당한 성과를 거뒀다고 해도 과언이 아니다. 승가교육은 특히 기초→기본→전문(특수)→재교육 과정으로 정착됐고, 포교 또한 적지 않은 성과를 냈다. 과거 어느 때보다 교육 포교에 대한 여건도 좋아졌고, 교단 또한 여기에 관심을 집중하고 있다.

이제 여기서 한 걸음 더 나아가 중생들의 고통을 들어주는 '拔苦與樂', 다시 말해 '깨달음을 사회화'시켜 이 땅의 고통 받는 중생들을 위한 자비보살행 실천에 불교계는 더욱 많이 나서야 된다. 자비보살행 실천은 바로 불교의 사회적 존재 이유이며, 사회 곳곳에서 소외되고 고통 받는 이웃을 위한 보현행 실천이 바로 수행이다. 자비보살행 실천은 물론 사상적 · 이념적 면까지 확대시켜, 환경오염 생태계 파괴로 고통 받는 현대사회에 사상적 대안을 제시하는 데까지 나아가야 한다. 주지하다시피 '연기설' 등 불교의 가르침(세계관)은 환경 보전, 생명을 사랑하는 훌륭한 철학이다. 인간만을 위한 가르침이 아니라, 우주에 존재하는 모든 존재들에 가장 적합한 가르침이다. 이러한 부처님의 가르침을 전 지구적으로 활성화시켜, 고통 받는 중생들을 구제하는 것이, 시대적 변화를 선도해야 될 한국불교의 역사적 사명이라고 생각한다. 이는 물론 정화 이념의 시대적 變化와 適用에 다름 아니다.

정화는 이제 교단 승단 차원에서만 머물러서는 안 된다. 사회 지구적인 차원으로 승화될 때 정화운동에 참여했던 선각자들의 뜻이 올바르게 우리들에게 계승되는 것이며, 그것이 불교 본연의 자세에 부합되는 것이기도 하다. 앞으로 종단은 해이해진 지계 정신을 고쳐 다시 높이 세우고 정화운동을 계승하면서 수도와 교육, 대중포교에 전력해야 한다. 그리고 통신과 교통의 발달로 전 지구가 일일권 시대를 맞이한 지금, 우리 불교는 재가 신도들을 질적으로 향상시키고 양적으로 조직화해 대중포교와 정의구현, 그리고 각종 사회복지 사업을 실천해 우리 민족의 평화통일과 남북한의 사회문화적 통합을 이루는 데 향도 역할을 해야 한다. 인류적 문제인 환경보전을 통한 생명 사랑, 지구촌의 빈곤 타파, 이념 민족 문화의 차이로 일어나고 있는 세계 도처의 국지전쟁을 해소하고 인권을 존중하는 평화운동 등에도 방향을 제시하고 모든 NGO 운동에도 동참해야 한다.

불교정화의 이념과 방법 :

- 靑潭 淳浩와 退翁 性徹의 현실인식과 정화인식 - *

◉

고영섭(동국대 불교학과 교수)

*본 논문은 『문학 · 사학 · 철학』 11호(서울: 한국불교사연구소, 2007년)
에 수록된 것을 재수록한 것이다.

1. 화두 : 문제와 구상

역사에는 가정이 존재하지 않는다. '지금 여기'의 현실과 무관한 가정은 문제 해결에 아무런 도움을 주지 못한다. 때문에 국권 상실이 오늘의 아픈 현실의 원인(遠因)임에도 불구하고 '일제(日帝)에게 나라를 빼앗기지만 않았더라면'이라는 가정의 설정은 공허한 메아리가 될 뿐이다. 문제는 일제와 그로부터 생겨난 식민지 불교의 잔재 척결과 전통불교의 복원 시도를 위한 '정화'[1] 혹은 '법난'의 상처들이 우리 주변을 휩싸고 돌면서 아직도 아물지 않고 이따금씩 덧나고 있다는 데에 있다. 이 덧남이 마무리 되어 굳은살로 탈바꿈 될 수만 있다면 일제 청산을 계기로 '양분'되었던 비구-대처승[2] 대립의 인-연-과 속에

---

1) 『維摩經』과 『淨土三部經』 이래 다수의 경전에서 '불국토를 맑고 깨끗하게 한다'는 '淸淨佛國土'로부터 '淨土'의 개념이 나온 것처럼 '淨化' 역시 '淸淨敎團化' 또는 '淸淨僧團化'로부터 나온 것이라고 할 수 있다. '정화'에 대한 종래의 명명은 淨化運動을 비롯해서 '淨化', '淨化佛事와 '紛糾', '紛爭', '法難' 등으로 불려져 오고 있다. 당시 기득권을 가지고 있던 쪽(有妻僧 · 娶妻僧)에서는 '분규' 또는 '분쟁'을 주로 '法難'이라고 규정하였고, 교단의 청정화를 도모하였던 쪽(獨身僧 · 比尼僧)에서는 '정화불사' 혹은 '정화운동'을 주로 '淨化'라고 명명하였다. 때문에 두 교단의 인식의 차이가 반영된 이들 두 개념을 피해 이들을 아우를 수 있는 가치중립적인 '兩分'이라는 표현이 논의를 위해서는 더 적절하다고 볼 수 있다. 다만 이 논고는 조계종단의 불교사위원들이 집필하고 있는 현실을 감안하여 여기서는 '淨化'라는 개념을 사용하였다. 이들 두 기호가 함축하고 있는 의미처럼 한국불교계의 큰 '과제'이자 '상처'이기도 했던 일련의 역사는 여러 가지 문제들로 말미암아 아직까지 학문적으로 엄정하게 평가되고 있지 못하다. 논자는 한국불교현대사를 압축적으로 보여주고 있는 '정화'와 '법난' 이 두 기호가 정당한 평가를 거쳐 '갈등의 소원'을 넘어 '화해의 소통'으로 나아감으로써 불교의 힘과 역할이 우리 사회에 온전히 평가되고 인식되는 계기가 되기를 기대해 본다. 이 글 역시 특정 종단의 이해관계를 넘어 불교 전체의 미래적 지향을 고민하는 한 불교학도의 학문적 시론이라는 점을 강조해 두고자 한다.

2) 종단사간행위원회, 『태고종사』(서울 : 대한불교태고종, 2006), 505면. 태고종단에서는 '대처승'이란 말은 교단 분쟁 당시의 造作語이며 실은 '보살승'이 옳은 일컬음이라고 주장하고 있다. 또한 이 보살승은 소승이 아닌 대승의 보살승이라고 하고 있으며, 태고종이 지향하는 바도 대승보살행의 실천이며 그 구현에 있다고 역설하고 있다.

서 일어날 어느 정도의 덧남은 오히려 성숙을 위한 학습과정이었다고 여길 수 있을지도 모른다.

이처럼 지난 세기 중반 이래 시작되었던 '정화' 혹은 '법난'은 바로 오늘 한국 불교계가 지니고 있는 '상처'와 그로부터 생겨나는 '덧남'의 원인(遠因)이 되어 있다. 작은 상처도 자꾸만 만지면 손독이 올라 덧나게 마련이다. 그 덧남을 온전히 치유하기 위해서는 '원인'에 대한 근본적인 치유책이 제시되어야 한다. 그 '원인'을 치유하지 않고 주변부만을 치유하려 하는 한 완치는 이루어지지 않고 덧남만이 계속 반복될 것이다. 그리고 이 '덧남'이 온전히 아물지 않는 한 미래를 위한 도움대로서 굳은살은 자리 잡기 어려울 것이다.[3]

때문에 종종 한국불교의 정치적 성격으로 규정되고 있는 '호국불교'라는 개념이 한국불교의 '민족주의적 성격'을 보여주는 것이라고 해도 적어도 해방 후의 역사에서 이 용어의 숨은 의미는 '한국불교의 국가 종속적이고 친여적(親與的)인 정치 성향과 행위 패턴'을 지시하고 있다는 점에서 비판의 근거가 되고 있다.[4] 동시에 이 같은 정치 성향과 행위 패턴의 문제는 한국불교의 국가 종속적이고 친정부적인 정치 성향과 행위 패턴의 뿌리를 어디에서 찾아야 하는가라는 반문의 출발점이기도 하기 때문이다.

정화를 불교와 국가의 관계로 파악하려는 외적 계기의 측면에 집중해 보면 좀더 다양한 스펙트럼이 형성될 수 있다. 하지만 그것만으로는 정화의 본질을 온전히 그려내기 어려울 것이다. 반면에 불교계의 내분에만 맞추어 보는 내적

---

3) 불교정화에 대한 종래의 접근 방식은 '불교와 국가' 혹은 '불교와 정치의 관계에 대한 연구'와 같이 '불교와 사회과학적 연구'가 아니라 비교적 '불교 정화 운동'과 관련된 불교계의 내분에 맞추어져 있으며, 설사 불교와 국가 혹은 불교와 정치의 관계에 관한 종래 연구들이라 하더라도 대부분이 국가의 '종교정책'에만 맞춤으로써 국가 정책에 대한 불교 지도자들의 반응과 그 결과 등을 포함하는 입체적이고 역동적인 분석으로 나아가지 못했다는 것이 이 분야의 선행 연구에 대한 대체적인 평가이다.
4) 강인철, 「해방 후 불교와 국가 : 1945~1960」, 『사회와 역사』 제57집, 한국사회사학회, 2000, 80면.

원인 규명의 시선 역시 정화를 온전히 그려내는 데에는 한계가 있다. 하지만 논자는 외적 계기를 소홀히 하지 않되 내적 원인 규명에 중점을 두고 논의를 전개할 것이다. 그것이 보다 생산적인 논의로 이어질 가능성이 클 것으로 보기 때문이다.

21세기를 맞이한 한국불교계에는 외형적으로나마 약 반세기 전에 일어났던 정화 혹은 법난으로부터 비롯된 대립의 앙금이 물밑으로 가라 앉아있는 것처럼 보인다. 하여 수면 아래의 잠복이 '휴지' 또는 '종결'로 여겨질 때가 있다. 하지만 지난 2006년 '태고종사'의 간행에 대해 조계종이 보인 반응[5]처럼 현실적 이해관계가 걸린 어떤 특정한 사안이 발생할 때마다 그 앙금은 여전히 해소되지 않고 있다는 사실을 확인하게 된다. 지금도 정화 혹은 법난으로부터 비롯된 이해관계에 연루된 사람들이 살아있을 뿐만 아니라, 그 대립으로 인한 상처가 아물지 않고 덧나고 있기 때문이다.

그런데 사실상 희유하게도 우리 사회 전역에 걸쳐있었던 일제의 잔재를 가장 치열하게 청산해 낸 곳은 불교계였다. 이 때문에 청산의 상처 역시 제일 컸었다. 하여 불교계 스스로 과거의 상처를 미래의 굳은살로 탈바꿈시켜내지 못하는 한 상처를 해소할 길은 끝내 없게 될 것이다. 이 글에서는 불교계 안팎에서 정화의 주역으로서 활약했던 청담 순호(靑潭 淳浩, 1902~1971)와 퇴옹 성철(退翁 性徹, 1912~1993)의 현실인식과 정화인식을 통해 정화의 공과(功過)와 득실(得失)에 대해 살펴보고자 한다.

일본 식민지시대 불교로부터 비롯된 한국불교의 여러 부정적 요소들을 일소하고 전통불교의 복원과 발전적 계승의 문제를 함께 고민한 두 정화 주역의 현실관과 정화관을 살펴보는 것은 불교정화가 어떠한 이념과 방법으로 진행되었는지를 알 수 있는 지표가 되기 때문이다. 논자는 불교정화가 불교 교단

---

5) 대한불교태고종에서 2006년 『태고종사』를 간행하여 '법난'이라는 인식을 분명히 하자 조계종단에서는 『태고종사』의 '폐기' 혹은 '수거'를 요구하는 적극적인 문제제기가 있었다.

이 반드시 성찰하고 넘어가야할 과제라는 관점 위에서 논의를 전개해 보려고
한다.

2. 정화의 당위와 현실

우리 민족의 해방은 많은 변화와 개혁을 예고했다. 1905년의 을사늑약과
1910년의 경술국치 이래 우리 선열들은 국내외에서 목숨을 던지며 독립운동
과 민족해방운동을 멈추지 않았다. 1945년 연합군의 노력에 힘입어 일본이 항
복하면서 해방과 광복이 되자 우리 민족은 주체를 회복하는 듯 했다. 그러나
해방공간임에도 불구하고 우리는 민족의 주체성을 온전히 발휘할 수 없었다.
일본 지배체재는 무너졌지만 미국의 군정이 곧바로 새로운 지배체제를 형성
했기 때문이었다.

미군정은 좌우 대립을 빌미로 우리의 정치에 직접적으로 개입했다. 전국에
서는 김구의 임시정부를 비롯하여 이승만 계열과 박헌영 계열 그리고 여운형
계열 등이 치열한 경쟁 속에서 주도권 쟁탈전이 벌어졌다. 이 소용돌이 속에
서 김구와 여운형은 암살되었고 박헌영은 월북했으며 결국 미국과 연대한 이
승만 계열이 집권에 성공하였다. 하지만 미국과 소련을 주축으로 한 남북 신
탁통치를 계기로 분단이 이루어지면서 우리는 또 한 번의 민족적 상처를 피할
수 없게 되었다.

미 군정청은 신앙을 이유로 차별하는 군정청의 법령과 명령을 폐지한다고
하면서도 사찰령을 폐지하지 않았다.[6] 이로 인해 일제 식민지 불교의 연속과
변질이 이루어졌고 정화의 필요성이 제기되었다. 해서 식민지 불교의 연속과
변질은 불교정화의 당위를 불러 일으켰다. 때문에 불교정화의 목표는 '식민

---

6) 강석주 · 박경훈, 『불교근세백년』(서울 : 민족사, 2002 개정판), 198면.

지 불교 잔재의 청산'과 '한국 전통 불교의 복원'에 있었다. 이 목표를 향해 재야의 비구 측과 중앙의 대처 측은 종단의 주도권 쟁탈전을 벌이며 저마다 자신들을 정당화시키려고 했다.

결국 몇몇 뜻있는 재야의 비구 수좌들은 중앙 교단에 의지하지 않고 독자적으로 불교정화를 모색했다. 대표적인 정화의 모델은 청담─성철로 상징되는 봉암사와 만암(曼庵 宗憲, 1876~1957)으로 대표되는 백양사를 거점으로 한 자생적인 정화 그룹이었다. 처음 이들 비구 수좌들은 중앙 교단과 공동보조를 타진해 보려했다. 하지만 이들이 지향하는 정화의 이념과 방법과 달리 기득권을 가지고 있는 대처 측은 애초부터 교단을 공유하고자 하는 생각이 없었다.

중앙 교단 역시 사찰령 아래에서 비구 측과 대처 측이 종단의 종권 쟁탈전에 몰입해 있었다. 선학원을 거점으로 한 재야의 비구 측은 뜻있는 그룹들과 연합하여 혁신단체를 결성했다. 1946년 12월 3일 불교 혁신단체는 종래 교단과는 교계의 혁신사업을 함께 할 수 없다며 기존 교단을 전면 부정하면서 조선불교혁신회 · 불교청년당 · 혁명불교도동맹 · 조선불교학생동맹 · 불교여성동맹 · 재남이북승려회 등의 혁신단체를 연합한 '불교혁신총연맹'을 출범시켰다.

이들은 독자적인 불교도대회를 개최하고 새로운 교단을 세워 친일파의 숙청과 불교 관련 악법의 폐지, 교도제의 실시, 8교구제의 실시, 사찰 재정의 통합과 효율적 운용을 위한 5 · 3 · 2제 실시, 사찰 운영의 개방과 민주화 요구 등을 요구하였다. 그리고 기존 교단의 중앙교무회를 부정하고 1947년 5월 8~9일 태고사에서 불교도대회를 개최했다. 이 대회에서는 혁신운동의 가속화를 위해 새로운 교단인 조선불교총본원을 설립하고 이를 지지할 협력기관으로서 전국불교도총연맹을 결성하였다.

이 기구는 당면주장(當面主張) 10개안 중 제1 주장으로서 "진정한 수도자만이 승니의 권한을 향유케 한다"며 청정 지계 수행자 중심의 혁신을 위한 기본방향을 내세웠다. 당면주장에 제시된 10개 안은 일제 식민지 불교의 청산과 한국 전통불교 복원이라는 정화의 이념에도 부합되는 것이었다. 당시 선학원을 거점으로 구성한 불교혁신총연맹과 전국불교도총연맹의 주체들은 수도하는 승려에게 종단의 실권을 부여하자고 하였다.

'부처님 법대로 살아보자'며 당시 교단과는 무관하게 이루어졌던 봉암사 결사(1947~1950)의 이념 역시 동일한 지향 속에 있었다. 아울러 만암 종헌에 의해 주도된 호남의 고불총림(1947~1950)의 지향 역시 비구승들의 주장과 같은 맥락 속에 있었다. 다만 고불총림은 대처승을 역사적인 산물로 바라보고 현실을 인정하여 승려를 정법중(正法衆, 비구)과 호법중(護法衆, 대처)으로 이원화하여 포용하고 있다는 데에 그 독자성이 있다.[7] 이 같은 고불총림의 지향은 이후 봉암사 결사 이념과 더불어 불교정화의 이념에도 깊이 투영되었다고 할 수 있다.[8]

하지만 당시 교단 집행부를 이끌었던 대처쪽은 교단운영방침 6개안을 표방하였다. 중앙총무원 원장인 범산과 법린(梵山 金法麟, 1899~1964)은 당시 불교계의 정황을 "이색(異色)문화 종종색(種種色)의 사상들이 침습(侵襲)하여 온 현 교단"이라고 규정하였다.[9] 그러면서 그는 사찰령 폐지가 최종단계에 와 있음을 알리고 그 대안으로 해방 직후부터 시행키로 한 5 · 3 · 2제[10]의 시행으로 교

---

7) 이후 종정에 오른 蔓庵은 통합종단의 기본 노선으로 대처승을 '護法衆'으로 칭하면서 대처승의 존속을 인정한 뒤 대처승을 당대로만 제한하여 상좌를 받지 못하게 함으로써 역사적인 산물이자 현실인 대처승을 자연스럽게 정리해 가자는 입장을 지니고 있었다. 이는 고불총림의 강령 11개 항목 중 4항의 '法衆組織'과 5항의 '管衆推戴' 및 6항의 '職務分掌'의 관점을 잇는 것이었다.

8) 김광식, 「고불총림과 불교정화」, 『한국 현대불교사 연구』(서울 : 불교시대사, 2006), 77 -112면.

9) 金法麟, 「四月八日聖誕祭를 맞이하며」, 『佛敎』 7월호, 1947. 7, 3면.

10) 강석주 · 박경훈, 『불교근세백년』(서울 : 중앙일보사, 1980), 233면. 1945년 9월의 전국승려대회를 통해 본사를 중심으로 한 기존의 본산제를 폐지하고 도 단위로 '교구'를 신설하여 해당지역 사찰들을 관할하도록 한 교구제가 시행되었지만 중앙총무원과 각 도 교무원은 실질적인 본사 통제권을 행사하지 못하고 점점 단순한 연락기관으로 전락했다. 5 · 3 · 2제는 각 사찰의 유지비에 5할, 각 도 교구 유지 및 사업 기금에 3할, 중앙 사업비에 2할을 배당하도록 한 제도이다. 이것은 사찰재정의 위기와 다양한 사회적 활동을 전개해야 할 중앙 기구의 재정적 빈곤을 극복하기 위해 제기된 방책이었지만

계의 재단을 완성하자는 의견을 제시하였다. 이것은 해방 직후부터 불교계가 내세워 왔던 사찰령 폐지의 이행에 대한 긍정적인 인식 아래에서 나온 것이다.[11]

아울러 그는 혁신운동을 추진한 주도세력에 대해 교단 반역자로 단정하고 거기에 찬동한 개인 및 사원에 대해서는 징계를 가하겠다고 하였다. 그리고 교헌 개정 및 교도전(教徒典)의 제정은 불교대중화의 준비 단계의 조치이지 어떠한 거친 말이나 승단을 훼손하는 철없는 혁신론에 의거한 것이 아님을 밝히고 있다. 특히 그는 제6안에서 '비구승단으로 재귀(再歸)하는 것은 시대의 역행(逆行)'이라고 규정한 뒤, 불교대중화의 이론적 근거는 만해(萬海)선생의 불교유신정신(維新精神)에 입각하여 이루어지는 대승불교 해방불교의 승단임을 천명하고 있다.[12]

해방 이후 우리 민족의 과제는 전 분야에 걸쳐 있는 식민지 잔재를 청산하여 식민지 이전 대한 정부의 정통성을 회복하는 데에 있었다. 하지만 사회 전 분야의 청산작업은 쉽지 않았다. 때문에 그 어느 분야도 식민지 잔재 청산이 끝까지 이루어지지 않았다. 더욱이 '해방 공간 정치'의 과도한 흡입력과 동원력은 '해방'이라는 사태로 빚어진 집단적 흥분을 더욱 부채질 했다. 하여 짧은 해방 공간의 좌우 대립과 미국과 소련의 직간접적인 개입은 식민지 잔재의 청산을 어렵게 했다. 특히 종교 분야의 청산은 매우 어려웠다.

여기에 더하여 남북이 분단되자 식민지 잔재의 청산은 더욱 더 어려워졌다. 또 냉전 이데올로기가 우리 사회를 지배하면서 일제 청산에 대한 관심은 희미해지고 기존의 현실 상황을 인정하는 쪽으로 흘러갔다. 이와 더불어 기존의 현실 상황을 인정하는 쪽이 점점 주도권을 잡게 되었다. 끝내 온전한 일제 청

제대로 실행되지 않았다.

11) 김광식, 「전국불교도총연맹의 결성과 불교계 동향」, 『한국 근대불교의 현실인식』(서울 : 민족사, 1998), 327면.

12) 金法麟, 앞의 글, 4면.

산은 이루어지지 않았고 그로부터 우리 민족의 정체성 확립이 엷어져 갔다. 이 때문에 김영삼-김대중-노무현 정부에 이르기까지 일제청산 과제는 정치적 이슈로 재등장 하면서 지금까지 이어지고 있다.[13]

그러나 유독 불교만은 어느 종교도 해결하지 못했던 청산 작업을 마무리 하여 식민잔재를 청산하고 한국불교 전통을 계승한 조계종을 창종하였다. 이것은 종교사적 의미에서만 아니라 사회사적인 의미에서도 민족 정통성을 회복한 대표적인 사례로서 상징적인 의미를 지닌다.[14] 하지만 일제 지배가 낳은 구조적인 문제들과 함께 국가 권력의 분쟁 개입이 지속적으로 중요한 영향을 미쳤다는 점에서는 심각한 반성과 성찰이 요청된다.

즉 불교 분쟁은 국가의 공고한 통제 하에서 진행됨으로써 갈등의 당사자들로 하여금 국가 권력의 후원을 얻기 위한 경쟁적인 노력을 촉발했고 그 결과 불교 교단의 국가에 대한 자율성을 극히 낮은 수준에 머물게 했다. 다른 한편으로는 국가가 주도하는 장기적인 내분은 불교 자체의 조직적 통합 능력을 낮은 수준에 머물게 함으로써 불교계의 분열을 고착시켰다. 불교 내분이 정치권력에 의존하여 진행되고 때에 따라서는 법원의 판결이 교단의 운명을 좌우함에 따라 조직을 통합하고 갈등을 관리하는 능력은 더욱 감소하고, 사소한 갈등의 불씨도 장기적이고 파괴적인 분쟁으로 발전하기 쉽게 되었다.[15]

이와 달리 개신교와 천주교 및 유교 등의 다른 종교계에서는 단지 몇몇 인물의 교체로 모든 문제를 덮어 버렸다. 바로 이 점이 한국 현대사의 혼란을 증폭시켰다. 때문에 한국불교는 정화를 통하여 민족정신의 정통성 회복에는 성공했으나 그 과정에서 너무나 혹독한 대가를 치르고 말았다. 한국을 대표하는

---

13) '민족 정기'와 '푸른 역사'를 바로 세운다는 명분으로 시작된 김영삼, 김대중, 노무현 정부의 일련의 친일 청산 작업은 '친일인명사전 편찬' 및 '의문사규명위원회 구성' 등으로 나타났으나 원래의 뜻과는 달리 정략적으로 변질되어 정적을 제어하는 정치적 무기로 변주되기도 하였다.
14) 윤승용, 앞의 글, 167면.
15) 강인철, 앞의 글, 108-109면.

정신문화인 불교가 식민잔재를 청산했다는 것이 사회사적으로는 큰 의미가 있었을지 모르나 한국불교의 입장에서는 불교의 내부 역량을 너무 많이 소진하였다[16]는 평가를 피할 수 없다. 그리고 이러한 소진은 결국 미래 불교의 내포 심화와 외연 확대를 위한 인적 물적 역량의 고갈을 가속화시켰다.

그리하여 타종교에 비해 많은 인적 물적 자원 손실을 입는 바람에 이후 타종교와 경쟁을 위한 내부 발전 역량까지 탕진해 버린 셈이 되었다. 결국 비구 대처 분규로 인하여 사찰재산의 개인적인 횡령과 사찰 분규를 둘러싼 송사과정에서 정재 재산의 탕진이 많았다. 아울러 통합종단를 표방함에도 불구하고 정화의 결과로 인하여 청정비구 승단이 등장하면서 재가쪽의 유능한 인적 자원을 많이 상실했다.[17] 오늘 우리 사회의 지식사회의 지형도에서 불교지식인들의 분포도가 적은 것도 바로 이 때문이라고 할 수 있다.

국가의 강력한 개입 아래 진행된 불교계의 정화는 일제 식민지 불교의 진재 청산과 한국 전통 불교의 복원이라는 당위에는 부합했으나 그 실현 방안에서는 많은 문제점을 자아냈다. 무엇보다도 권력과 불교의 유착으로 표현되는 불교와 정치의 유착은 불교 교단의 정치적 종속의 심화로 이어졌다 하여 정화의 당위와 정화의 현실의 거리는 너무나 멀었고 이 거리를 좁히기 위해 셀 수 없는 인적 손실과 헬 수 없는 물적 손해가 뒤따랐다. 때문에 이 시기에 마땅히 이루어졌어야 할 인재양성을 위한 교육기관 건설과 언론 방송 및 출판문화 등에 대한 관심과 투자가 이루어지지 못했다.

이러한 실기(失期)는 이후 더욱 더 큰 희생을 요구하였고 그로 인한 상처는 계속되었다. 더욱이 오랜 정화과정은 정화의 이념을 퇴색시켰고 현실과 타협한 교단은 불교 대중들에 대한 고민을 상실한 채 내부 주도권 다툼으로 변질되었다. 지속적인 정화의 당위와 불교의 현실은 상충되었고 거기에서 비롯된 상처로 인해 덧남이 계속되었다. 이 모든 공과는 다음 세대에게 고스란히 계

---

16) 윤승용, 앞의 글, 167면.
17) 윤승용, 앞의 글, 167면.

승되어 지금도 여전히 잠복되어 있다고 할 수 있다.

해방 공간 전후로부터 청담과 성철은 이미 정화의 당위와 현실을 고뇌하며 '부처님 법대로' 함께 수행하기 위해 나름대로 결사를 준비하고 있었다. 이것은 근본주의적 지향을 띄고 있었다. 그리고 그것은 해인총림의 결성과 봉암사 결사로 이어졌다. 하지만 이들의 현실인식과 정화인식은 다분히 교단 내적인 것이어서 교단 외적인 문제에까지 능동적으로 대처하지 못했다는 한계 역시 있었다.

결국 청담과 성철은 정화의 명분과 이념 설정에는 앞섰으나 정화의 방법과 실현에는 서툴렀다고 할 수 있다. 하지만 명분과 이념 설정의 선도성에도 불구하고 방법과 실현이 서툴렀다면 이것은 정화에 대한 인식과 현실에 대한 인식에 분명히 문제가 있었음을 지적하지 않을 수 없다. 이념과 방법은 분리될 수 없는 것이기 때문이다. 그리고 이들이 말한 근본주의적 지향이 '불교 근본으로의 회귀'인지 아니면 '일제의 침입 이전 조선 불교로의 복원'인지도 분명하지 않다.

따라서 이념과 방법의 이러한 분리는 불교정화 현실의 각박함과 어려움을 보여주는 것이라 할 수 있을 것이다. 본디 이념과 방법은 분리될 수 없다는 관점에서 볼 때 정화 이념의 경직성과 소박성이 방법의 서투름과 왜소함으로 나타난 것은 아닌지 검토해 보지 않을 수 없는 것이다. 이 글의 논의의 초점 역시 이 지점에서 시작하고자 한다.

3. 정화의 이념과 성격

불교 '정화'의 이념과 성격을 온전히 이해하기 위해서는 먼저 '정화'의 개념이 규명되어야 할 것이다. 불교 전통 속에서는 심리적인 정화와 물리적인 정화를 분리하지 않고 있다. 원래 '정화'란 '불토(佛土) 혹은 예토(穢土) 또는 국토(國土)를 청정하게 한다'는 뜻이다. 여기서 '순수한', '청정한', '청정'의 뜻을 지닌 범어 '숫디'(suddhi)를 동사로 보면 중생제도를 위한 붇다의 교화활동을 말하는 것이며 동시에 대승보살의 활동을 말하는 것이 된다.

이것을 형용사로 보면 대승보살이 수행을 완성하고 드디어 성불하여 만든 청정한 세계를 일컫는다. 따라서 청정을 과정으로 볼 것이냐, 결과로 볼 것이냐에 따라 정화를 바라보는 견해가 달리 해석될 수 있다. 『유마경』(維摩經)이 역설하는 '마음이 청정하면 국토가 청정하다'[心淨則國土淸淨]는 기치와 『淨土三部經』이래 다수의 경전에서 '불국토를 맑고 깨끗하게 한다'[淸淨佛國土]는 언표에서 나온 '청정'은 불교가 지향하는 '맑아지고 깨끗해지는' 것이다.

여기서 청정의 대상은 '국토' 혹은 '불국토'가 된다. 그리고 '정토'(淨土)의 개념은 바로 '불국토를 청정하게 한다.'는 뜻에서 나온 것이다. 때문에 '청정'을 동사로 보게 되면 불국토를 청정하게 한다는 수행 과정의 뜻이지만, 이것을 형용사로 보게 되면 이미 수행을 완류하여 이룬 '청정한 불국토'가 된다 하여 불국토를 보살의 단계에서 볼 것이냐 아니면 부처의 단계에서 볼 것이냐의 관점에 따라 시간이 달라지는 것이다.

불교의 '정화' 혹은 '청정화'에서 '정'(淨[18]) 혹은 '청정'(淸淨)의 뜻은 동사로 보아야 한다. 청정을 동사로 보게 되면 승단 혹은 교단을 깨끗하게 한다는 것처럼 '정화'(淨化) 역시 '청정교단화'(淸淨敎團化) 또는 '청정승단화'(淸淨僧團化)의 줄임말로 풀이 할 수 있다. '변화'(變化)란 단어에서 '변'(變)이 '양적 변화'를 의미하고 '화'(化)가 질적 변화를 의미하는 것처럼 '정화' 역시 '양적 변화'의 '정'과 '질적 변화'의 '화'를 공유하고 있는 개념이라고 할 수 있다.

『유마힐소설경』「불국품」의 교설은 의보인 국토와 환경의 청정은 결국 정보인 내 마음의 청정에서 비롯된다고 역설한다.

---

18) 불교 율장에서 보이는 '淨'의 의미는 '깨끗한', '맑은'의 의미뿐만 아니라 수행에 아무런 무리가 없이 '괜찮은', 또는 '부합하는', 혹은 '합법적인' 등의 뜻을 지닌다.

　지혜가 깨끗해짐을 따라 그 마음이 깨끗하고, 그 마음이 깨끗해짐을 따
라 온갖 공덕이 깨끗하여 지느니라. 그러므로 보적이여! 만일 보살이
청정한 국토를 얻으려거든 마땅히 그 마음을 청정하게 가져야 한다. 그
마음이 깨끗하면 불국토가 깨끗하여 지느니라.[19)]

　이 경문은 중생의 지혜가 청정해지면 그 마음이 청정해지고 그 마음이 청정
해지면 국토가 청정해진다는 메시지를 주고 있다. 즉 인간의 삼업이 청정해지
면 국토도 청정해진다는 것이다. 행위에는 몸으로 짓는 세 가지[殺 · 盜 · 婬]와
입으로 짓는 네 가지[兩舌 · 惡口 · 綺語 · 妄語]와 생각으로 짓는 세 가지[貪 · 瞋 · 癡]
가 있다. 좋은 행위를 하면 십선업(十善業)이 되고 나쁜 행위를 하면 십악업(十
惡業)이 된다. 여기에서 이 십업설을 통한 십선업의 촉구는 불교의 청정관을 잘
보여주고 있다.[20)]

　『유마경』은 국토의 청정, 세간의 청정이 곧 내 지혜의 청정, 내 마음의 청정
으로부터 비롯됨을 역설하고 우리로 하여금 지혜와 마음의 청정을 촉구하고
있다. 이는 곧 정보가 청정하면 의보가 청정해진다는 것이다. 즉 보다 근원적
인 메시지는 의보 이전에 이미 정보에 내재되어 있다는 것이다. 때문에 '청정
화'의 과정은 불교의 궁극적인 지향인 자성청정심이자 법계체성지인 불심(佛
心)이며 불지(佛智)의 회복을 위한 노력을 말한다.

　해방 이후 불교 교단의 정화는 '당위'로 자리매김 되었다. 하지만 '당위'에 대
응하는 '현실'은 만만하지 않았다. 때문에 현실을 풀어가는 방법 속에서 다양
한 스펙트럼이 생겨났다. 그리고 그 빛의 아우라 속에서 정화가 무엇이며, 어
떻게 진행시켜야 하는가가 주요 관건이 되었다. 정화의 이념 설정에도 자율과

---

19) 『維摩詰所說經』上권 「佛國品」 제1(『高麗藏』 제9책, 979중 면; 『大正藏』 제14책, 538하
　　면). "隨智慧則其心淨, 隨其心淨則一切功德淨, 是故寶積! 若菩薩欲得淨土, 當淨其心,
　　隨其心淨則佛土淨."
20) 졸론, 「불교의 생태관」, 『연기와 자비의 생태학』(서울 : 연기사, 2001), 62면.

타율의 입장 및 이 둘을 아우른 절충의 입장이 있었다. 원칙적으로는 자율이었지만 정화의 단계와 기간 및 방법과 실현에 대해서는 저마다 입장의 차이를 지니고 있었다.

정화의 과정에서 이러한 입장이 극명하게 드러나지는 않았지만 문제 해결 방법에 대한 인식 차이는 분명히 엄존하였다. 이 차이로부터 정화의 스펙트럼은 더욱더 다양해졌다. 결국 정부 공권력의 도입으로까지 나아간 것은 정화 주역들의 인식의 차이로부터 비롯된 것이었다. 하지만 그것이 결국 오늘의 많은 부정적 요소까지 떠안게 될 것이란 사실을 안 사람은 지극히 드물었다.

1) 자율적 정화론

한국불교계의 '정화' 혹은 '법난' 또는 '분규'는 좁게는 1954년 11월 19일 이승만의 '정화 담화'[21]에서 1962년 4월 11일 통합종단의 탄생에 이르는 기간 동안 한국불교계에서 일어났던 승단의 청정 교단화를 위한 일련의 노력을 일컫는다. 넓게는 1945년 해방이후로부터 1970년 대처 측의 분리와 태고종단의 창종에 이르는 기간이기도 하며, 여기서 한걸음 더 나아가서는 그 이후 각 종단 내부에서 끊임없이 시도하고 있는 '혁신' 또는 '개혁'을 통한 현재적 변모까지 아울러 '정화'의 범주에 넣을 수 있을 것이다.[22]

---

21) 흔히 불교학계 일부에서 이승만 대통령의 淨化 '談話'를 淨化 '諭示'로 표현하는 경우가 있으나 이것은 적절한 표현이 아니다. '諭示'란 나라의 皇帝나 불교의 宗正이 내린 명령을 가리키는 표현이므로 '대통령의 담화'를 '황제의 명령'으로 표현할 근거는 어디에도 없다고 할 수 있다. 당시 일간지들은 분명히 대통령의 '대외적 발언'을 표현하는 '담화'로 기술했고 그것이 당대에 널리 유행했으므로 불교 교단 역시 그것을 그대로 수용하여 우리는 '정화 담화'라고 하면 될 것이다. 일부 신문과 불교계 신문에서 '유시'라고 표현한 적은 있으나 합당한 기호가 아니므로 반드시 교정해서 사용해야 한다는 것이 논자의 생각이다. 《서울신문》 1954년 11월 20일자.
22) '정화'를 1954년 11월 19일 이승만의 정화담화로부터 1962년 4월 11일까지 만으로 한정한다면 태고종단이 창종된 1970년까지를 놓치게 되며, 나아가 태고종단 창종 이후

때문에 '정화'라는 용어에는 이미 기존의 것에 대한 '개혁'과 '혁신'의 함의가
내재되어 있다. 여기서 기존의 것이란 우리가 일본에게 국권을 빼앗긴 결과로
생겨난 비주체적이고 몰역사적인 세계관에서 비롯되었던 불교계의 부정적인
현실 일반을 가리킨다.[23] 즉 정화의 대상이 되는 기존의 것은 일제의 강점으

조계종단 내부에서의 정화문제는 다루지 못하게 된다. 청담이 조계종단 유신재건안을
제출하면서 조계종단 탈퇴의 선언을 발표한 것은 '정화'의 시기를 한시적으로만 보아
서는 안 된다는 것을 암시해 주고 있다. 정화는 오늘도 조계종단 뿐만 아니라 각 종단
에서 계속되고 있다. 그 방향은 과거의 정화처럼 일제 식민지 잔재의 청산과 한국불교
복원의 문제에 한정하지 않고 부처님의 근본 가르침에 입각하여 대 사회적, 국가적, 인
류적인 문제까지 고민하는 미래지향적인 '개혁' 혹은 '혁신'의 모습까지 담보하는 정화
여야 할 것이다.
23) '정화' 혹은 '법난'에 대한 선행 연구는 종단 차원에서 온전히 다루어지지 않고 있다. 개
별적이고 산발적인 발표가 있기는 했지만 좀 더 총체적인 논의가 다루어져야 할 것이
라고 본다. 선행 연구로는 다음의 논구들이 있다. 배재민, 「불교 정화 운동의 현재적 조
명」, 『불교와 한국사회』 제3호, 1993; 노치준, 「해방 후 한국 종교 조직의 특성과 변천
에 관한 연구」, 한국정신문화연구원 편, 『현대 한국 종교 변동 연구』, 한국정신문화연
구원, 1993; 강인철, 「해방 후 불교와 국가 : 1945~1960」, 『사회와 역사』 제57집, 한국
사회사학회, 2000; 김광식, 「조지훈 · 이청담의 불교계 '분규' 논쟁」, 『근현대불교의 재
조명』(민족사, 2000); 김광식, 「불교 '정화'의 성찰과 재인식」, 『근현대불교의 재조명』
(민족사, 2000); 김광식, 「전국 비구승대표자 대회의 시말」, 『근현대불교의 재조명』(민
족사, 2000); 김광식, 「사찰정화대책위원회의 개요와 성격」, 『근현대불교의 재조명』(민
족사, 2000); 김광식, 「불교재건위원회의 개요와 성격」, 『근현대불교의 재조명』(민족
사, 2000); 김광식, 「정화운동의 전개과정과 성격」, 『근현대불교의 재조명』(서울 : 민족
사, 2000); 김광식, 「한국 현대불교와 정화운동」, 『근현대불교의 재조명』(서울 : 민족
사, 2000); 김광식, 「정화운동의 전개과정과 성격」, 『근현대불교의 재조명』(민족사,
2000); 김성환, 「한국불교의 회고와 반성」, 『정세연구』 6월호, 1994.; 윤승용, 「정화운
동과 21세기 한국불교」, 『교단정화운동과 조계종의 오늘』(선우도량 한국불교근현대사
연구회 · 불교신문사, 2001); 박승길, 「한국 현대사와 정화운동」, 『교단정화운동과 조
계종의 오늘』(선우도량 한국불교근현대사연구회 · 불교신문사, 2001); 박희승, 「불교
정화운동 연구」, 『불교평론』 제3호, 2000년 여름호; 김광식, 「청담의 민족불교와 영산
도」, 『마음사상』 제4집, 진주산업대학교 청담사상연구소, 2006년; 김종인, 「1960년대
한국불교와 성철의 활동 : 봉암사결사와 해인총림」, 백련불교문화재단, 2006; 김광식,
「이성철의 불교개혁론」, 『한국 현대불교사 연구』(서울 : 불교시대사, 2006). 이들 논의

로부터 비롯된 한국불교 교단의 부정적 행태와 결과를 지칭한다.

　다시 말하면 정화의 대상은 대처승(帶妻僧, 對妻[24]僧) 양산의 현실, 식육(食肉)의 문제[25], 대처 중심의 사찰 독점, 식민지시대에 배태된 적산(敵産) 자산의 처분 방법 등에 관련된 일련의 과제들을 말한다. 이들 과제는 다시 계율을 파괴한 대처[有妻]승의 배제 및 단절, 한국 전통불교를 계승하려는 수좌 및 비구승 중심의 교단 수립, 적산 자산의 교단 귀속화 등의 내용으로 환원된다. 나아가 이러한 정화의 이념적 근거는 선학원의 건립정신, 용성 진종이 주도한 대처식육 금지 건백서 제출 의지, 조선불교학인대회 및 청정 불교를 지향한 고승 유교법회(遺敎法會, 1941) 이념의 계승이라는 지점에서 찾을 수 있다.

　그런데 이 정화의 대상은 그동안 또렷이 드러나지 않고 물밑에서만 오르내렸다. 때문에 이들 문제들은 지금도 여전히 두 교단의 심층부에 배태되어 있으며 언제라도 재론될 여지가 남아있다. 뿐만 아니라 이들 문제늘은 한국불교계의 깊은 상처이자 잘못 다루면 언제나 덧날 수 있는 환후들이어서 가급적이면 언급을 삼가거나 도외시해 왔다. 그런데 '정화' 혹은 '법난'을 바라보는 조계종과 태고종 두 교단의 확연한 시각 차이와 쉽게 메울 수 없는 간극은 반세기가 지나도 여전하다는 점에서 더 이상 방치해서는 아니될 주제임을 시사해 주고 있다.

　두 종단은 수십 년간 갖은 갈등과 대립으로 부대끼어 오면서 지금도 본능적

　　들은 일부 자료들을 근거로 나름대로 정화의 의미를 밝혀내고 있지만 정화관련 기초자료의 미비로 충분한 분석과 논의에 이르지는 못하고 있다.
24)『高麗史』권5, 현종 20년(1029년) 6월 병진일 조에는 '아내가 있는 승려'라는 뜻에서 '有妻僧'으로 쓰고 있으며,『조선왕조실록』권28, 세조 8년 6월 10일 계유 조목 등『실록』곳곳에는 '帶妻僧'을 '아내를 마주 대하는 승려'라는 의미에서 '對妻僧'이라고 표기한 용례를 다수 볼 수 있다. 이러한 기록들은 고려시대나 조선시대에도 아내를 지닌 승려들이 다수였음을 보여주고 있다.
25) 1926년 龍城 震鐘 등 127명은 조선총독부에 建白書를 제출하여 帶妻食肉이 당시 불교계의 문제임을 지적하고, 차선책으로 有妻와 無妻 승려의 구분과 함께 無妻 승려를 위한 몇 개의 본산 전용 사찰을 요구한 적이 있었다.

으로 거부하는 인식이 배어있다. 해서 두 종단의 정체성을 확립하고 있는 『태고종사』와 『조계종사』에 투영된 두드러진 관점의 차이와 거리[26]의 현실에 비추어 볼 때 이 간극을 줄이기는 쉽지 않아 보인다. 무엇보다도 정화로부터 비롯된 여러 상처로부터 비롯된 갈등이 수면 아래로 잠복해 있어 언제 다시 폭발할지는 알 수 없다는 데에 문제의 심각성이 있다. 그리고 거기에는 타율적 정화로부터 비롯된 상처에 대한 깊은 반성과 성찰이 드리워져 있다.

자율이란 스스로의 의지로 자신의 행동을 규제하는 것을 일컫는다. 즉 자율은 자기 스스로 문제를 해결해 나가려는 관념이자 의지이다. 이를 칸트식으로 말하면 어떤 권위나 욕망에도 구애됨이 없이 실천이성에 의하여 스스로 세운 도덕률에 따르는 일을 말한다. 즉 자율이란 실천 이성이 스스로 보편적 도덕법을 세워 이에 따르는 일로서 이성 이외의 외적 권위나 자연적 욕망에는 구속되지 않는 것을 말한다.

때문에 정화로부터 비롯된 상처에 대한 깊은 반성과 성찰 위에서 생겨난 자율적 정화론은 정교 분리의 원칙에 의해 교단 내의 자율적 정화만이 교단의 인적 물적 정신적 토대를 탄탄히 세울 수 있다고 보는 관점이다. 즉 타율적 정화에 의한 공권력의 개입은 또 다른 문제를 안고 오게 될 것이므로 어떠한 경우라 하더라로 교단 자내의 힘으로 정화를 이루어내야 한다는 문제의식에 기초한 것이다. 다시 말해서 자율적 정화론은 타율적 정화론이 가져올 부정적 요인에 대한 통찰을 통해 보다 근원적인 문제인식에서 출발한 담론이라 할 수 있다.

이러한 자율적 정화론은 두 종단이 정화 이후에도 여전히 갈등의 원인으로 남아있는 공권력의 개입으로 인한 각종 부정적 요소의 윤회로부터 그 정당성이 확보된다. 이런 점은 이미 1935년에 제정된 '조선 불교 선종 종헌'에서 식민지 불교 정책에 대한 묵시적인 반대 의도가 감지되고 있는 점에서도 확인

---

26) 태고종사편찬위원회, 『태고종사』(서울 : 태고종, 2005) : 조계종사편찬위원회, 『조계종사』 고중세편-근현대편(조계종출판사, 2005).

된다.[27] 뿐만 아니라 혁신단체의 비구승들은 일제 당국의 승인과 협조를 얻어 자신들의 조직인 '선리참구원'을 재단 법인화하는데 진력했으며, 그럼으로써 보다 근본적인 수준에서 식민지 권력에 의존하고 식민지 현실을 인정했다고 볼 수 있다[28]는 평가에서도 알 수 있다.

그 결과 선리참구원의 재단 법인화는 선승들의 존립과 양적 확대를 보장해 준 가장 큰 힘이었고, 그런 면에서 어쩌면 일제 당국이야말로 선승들에게 가장 중요한 후원자였다고 할 수 있는 것이다. 때문에 비구승과 대처승은 모두 친일과 반일 진영에 혼재했던 것이 역사적 사실이고, 오히려 대부분의 선승들은 해방 직후에는 친일파 문제를 적극적으로 제기하지 않았던 편이다.[29] 이러한 문제는 소홀히 한 채 문제의 원인을 대상화하여 타자에게만 미루는 지점에서 불교정화의 근본적인 한계가 자리한다고 논자는 생각한다.

한편 일제시대(특히 1920년대)에 시찰령 폐지를 통한 '불교 교단의 자치' 운동을 주도했던 것은 한용운과 불교청년회·불교유신회 세력 등 모두 젊은 대처승이 주류였다. 그리고 1930년대에 반일적인 만당(卍黨) 운동을 주도한 젊은 엘리트 승려들 역시 거의 대처승이었다. 따라서 1920~30년대를 거치면서 '반일 세력은 청년 엘리트 대처승'이라는 관계가 성립되었던 반면, 비구승 가운데 조직적이고 지속적인 민족 운동을 벌인 사례는 거의 찾을 수 없다.[30] 해방 이후 이들 젊은 엘리트 대처승들은 불교 종권을 잡았고 1947년 5월 재야의 비구승들은 다양한 혁신적 단체들을 합작하여 전국불교도총연맹을 결성하고 중앙 교단에 맞섰다.

이런 맥락에서 비구승과 대처승의 차이는 '전통주의'와 '개혁주의'(혹은 근대주의)의 대립 구도하에서 제대로 읽히며, 불교의 근대화와 혁신, 대중화 바람

27) 김광식, 『한국 근대 불교의 현실 인식』(서울 : 민족사, 1998), 238면.
28) 김광식, 위의 책, 222~223면.
29) 강인철, 앞의 글, 88면.
30) 강인철, 앞의 글, 88면.

은 '개화승(開化僧)'의 맥을 잇는 신진 엘리트 대처승들이 몰고 온 것임이 분명
하다는 강인철의 주장은 설득력이 있다. 이 당시 비구는 200명, 대처승은
7,000명이었다. 하지만 통합종단이 들어선 직후인 1964년 즈음 승려 숫자는
11,899명으로 급증했다.[31] 비구 측은 숫자적 열세를 만회하기 위해 국가 권력
의 강력한 개입의 요청[32]과 '급조승'을 필요로 했고 이것은 이후 내내 승려교
육의 문제를 배태시켰다.[33]

---

31) 『대한불교』, 「1964년 교계백서」, 1964. 12. 27.
32) 강인철, 앞의 글, 81~82면. '비구-대처 갈등'을 국가에 의해 촉발되고 격화되었다는
점에서 갈등의 역사적 배경과 요인, 결과 등과 함께 그것의 종교정치학적 함의를 파악
해 보려는 강인철은 첫째, 해방 당시 비구승들은 극소수였을 뿐만 아니라 갈등과정에
서 폭넓은 평신도의 동원이 이루어지지 않았음에도 불구하고 1950년대 말경에는 절대
다수인 대처승과의 갈등에서 승리하여 종권을 장악할 수 있었다. 도대체 어떻게 이런
일이 가능할 수 있었는가? 국가 권력의 강력한 개입이 없이도 과연 이런 일이 가능했
을까?, 둘째, 불교 분규에 국가가 개입한 의도는 무엇인가? 국가는 언제, 왜, 그리고
어떻게 종교적 갈등에 개입하는가?, 셋째, 국가 개입의 종교적 결과는 무엇인가?라는
이론적 쟁점들을 제기하고 있으며 논자 역시 이러한 이론적 쟁점들의 제기에 전적으로
동의하고 있다.
33) 노치준, 「해방 후 한국 종교 조직의 특성과 변천에 관한 연구」, 한국정신문화연구원 편,
『현대 한국 종교 변동 연구』, 한국정신문화연구원, 1993, 103면. 불교정화가 시작된
1954년 5월 당시에는 1,000여 개의 사찰 가운데 900여 개소를 대처승이 점유하고 있
었다. 하지만 1955년 10월 경에는 대처승이 점유하는 사찰의 수가 450여 개로 감소하
였다. 1969년 11월 경에는 1,283개의 사찰 가운데 1,005개소가 비구승에 의해 움직여
지는 조계종에 등록했다. 나머지 278개 사찰만이 대처승에 의해 점유되거나 미등록 상
태로 남아 있었다. 배재민, 「불교 정화 운동의 현재적 조명」, 『불교와 한국사회』 제3호,
1993, 80~81면; 김성환, 「한국불교의 회고와 반성」, 『정세연구』 6월호, 1994, 37면. 이
당시 승려수의 변화는 정화의 진행과정을 읽는 지남이 된다. 1954년 정화 당시에 비구
승은 5백 명, 대처승은 7천 명으로 비구승은 전체 승려의 6.7%에 지나지 않았지만,
1955년에는 1천명을 넘어서고, 1959년에는 2천 7백 명으로 급격히 늘어났다. 반면 대
처승의 수는 분규 과정에서 1천 6백 명이 집단으로 이혼 소송을 내는 등 급감했다. 비
구승이 급증한 반면 대처승이 극감한 이유는 당시 결성된 和同委員會의 제안을 받은
일부 대처승들이 비구승들이 주관하는 종권 아래에서 사찰 주지를 맡기 위해 이혼을
단행하고 독신승의 신분 회복에 있다고 할 수 있다.

동시에 교화에 힘쓰지도 않으면서 1,300여 개에 이르는 사찰의 주지를 맡
는[34] 다수의 대처승들에 맞서기 위해 비구 측이 요청한 공권력의 개입은 또 다
른 정화의 대상을 만들어내는 결과를 초래했다. 즉 제1공화국을 마치 '그리스
도 국가'인 것처럼 운영한 이승만은 종교적 차별[35]을 조장하였고, 이로 인해
종교 지도자들의 불만이 누적되고 있었던 시점에 대처 측을 지지하던 그는 갑
자기 비구 측으로 지지의 방향을 전환하면서 정치적 반대 세력의 지지 기반으
로 기능할 수도 있는 종교 집단을 약화 내지 중립화하고, 나아가 포섭하려는
'정치적 책략'을 단행하였다.[36]

하지만 비구 측을 지지했던 이승만 정권[37]의 몰락과 박정희 정부의 등장은

34) 강석주 · 박경훈, 『불교근세백년』(민족사, 2002 개정판), 206면.
35) 강인철, 『한국 기독교와 국가 · 시민 사회 : 1945~1960』(서울 : 한국기독교역사연구소,
    1996), 185~190면. 이승만의 기독교 국가 지향은 1) 성탄절을 공휴일로 지정하고, 2)
    국가 주요 의식을 그리스도교식으로 거행하였으며, 3) 군종제도에 개신교와 천주교의
    참여만을 허용하고, 4) 개신교 목사들을 전국 형무소의 교무과장으로 임명한 것이 대
    표적인 것들이라고 할 수 있다.
36) 강인철, 앞의 글, 103~104면.
37) 강석주 · 박경훈, 위의 책, 240~241면. "비구 측에서 정화를 계획하고 있을 무렵 李承
    晩 대통령은 서울 교외의 봉국사를 찾아간 적이 있었다. 이때 이 대통령은 절에서 살
    림하는 것을 보고서 자기가 해외로 망명할 당시에는 절에 여자가 사는 것을 보지 못했
    는데, 어찌된 일 인가하고 측근에게 물었다고 한다. 그러나 그때까지만 해도 李 대통
    령에게는 比丘와 帶妻에 대한 구별이 없었던 것 같다. 그런데 이 대통령이 관악산의 어
    떤 암자를 찾아갔을 때 그 암자에는 일본에서 돌아온 승려가 일본 여인과 함께 살고 있
    었는데 일본 옷이 걸려있는 것을 보았고, 또 법당에 천황의 만수무강과 소위 皇軍의 무
    운장구를 비는 주련이 그대로 걸려 있는 것을 보고 한국불교에서 왜색을 일소해야 한
    다는 생각을 갖게 되었다고 한다. 또 충남의 灌燭寺를 찾아갔을 때는 당황한 주지가 장
    발을 감추기 위해 모자를 쓰고 양복 위에 장삼을 입고서 이 대통령을 맞았는데, 그 모
    양을 본 이 대통령은 불교계를 정화해야 한다는 생각을 더욱 굳혔다고 한다. 이때 대
    통령은 그 灌燭寺 주지에게 "자네 마누라는 둘이 있겠군" 했는데 과연 그에게는 두 사
    람의 아내가 있어 물은 이 대통령을 도리어 놀라게 했다고 한다. 어쨌든 1954년 5월,
    이 대통령은 당시 사찰의 모습을 직접 보고서 한국불교의 정화에 대한 諭示를 했는데,
    주로 왜색의 일소에 중점을 두고 있었다." 이 기록은 정화의 원인이 불교 내부에 있었

불교의 또 다른 종속을 예고했다. 이러한 종속과 간섭을 통해 비록 늦기는 했지만 자율적 정화론이 환기될 수 있었던 것이다. 이미 과거의 일이었기는 했지만 퇴옹 성철은 "외부의 힘을 입고 하는 정화운동은 원만한 결실을 거둘 수 없다."[38]며 파계사 성전암에 칩거하며 나오지 않았었다. '외부의 힘을 입는다.' 함은 국가 공권력의 도움을 뜻한다. 우리에게는 이미 정치에 종속된 종교가 종교 본연의 임무를 다할 수 없다는 사실을 일본 불교계의 한국 침투를 통해 뼈저리게 경험했던 역사가 있다. 그리고 우리는 그것으로 인한 갖은 불합리를 정화의 대상으로 설정했던 것이다.

그럼에도 불구하고 불교계가 다시 관성의 원리에 입각하여 '공권력의 개입'을 허용했다는 것 자체는 자율적 정화론이 얼마나 절실하고 간절하였던가를 반추해 주는 대목이다. 불교는 과거 현재 미래의 삼세를 확보한 종교이며 특히 미래 지향성을 지닌 종교이다. 그리고 과거의 원인과 미래의 결과까지 생각하면서 현재의 문제를 해결할 지혜의 길을 제시하고 있다. 즉 고통의 결과에 대한 자각(苦諦)과 그 원인 규명인 진단(集諦) 그리고 고통의 치유(滅諦)와 거기에 이르는 처방(道諦)의 활로를 열어주고 있다.

따라서 뿌리를 같이 해온 비구 측과 대처 측의 두 종단이 이제 대승적이고 미래적인 견지에서 불교의 대사회적 과제를 공동으로 인식해가는 일에 보다 집중해 간다면 그 차이와 간극도 어느 정도는 좁혀질 수 있을 것이라고 논자는 생각한다. 더욱이 이해 당사자들의 세대교체가 어느 정도 이루어진다면 문제를 해결할 수 있는 방안은 얼마든지 확보할 수 있을 것으로 보인다. 아쉽지만 자율적 정화론이 절실했다는 반성은 바로 이러한 현실에 대한 성찰에서 가능한 것이었다.

다는 것을 의미하고 있지만 이승만 정부가 어떻게 불교 분규에 개입하게 되었는가를 보여주는 한 사례가 되고 있다는 점에서 주목되는 기록이라고 할 수 있다.
38) 강석주 · 박경훈, 위의 책, 209면.

2) 타율적 정화론

불교정화의 주체와 정당성에 대해서는 비구 측과 대처 측 모두 일리 있는 주장을 내세우고 있다. 그런데 이들 주체들은 모두 자기의 입장에서 문제를 바라보기 때문에 그 입장 속에서만 듣게 되면 그 어느 쪽도 잘못한 것이 없는 것처럼 보이게 된다. 비구 측은 몇 개의 수행사찰을 달라고 했지만 대처 측이 허용하지 않았기 때문에 정화가 시작되었다고 주장하고 있다. 반면 대처 측은 비구 측이 공권력의 힘을 빌어 불교의 문제를 교단 바깥으로 끌고나가 오늘의 결과를 초래했다고 비판한다. 이러한 주장들은 일면에서는 일리 있는 주장이 되지만 다른 일면에서는 무리 있는 주장이 된다.

타율이란 자신의 의지로서가 아니라 남의 의지나 명령에 의하여 자기의 행동이 규제되는 일을 말한다. 즉 타율은 의지를 규정하는 법칙이 신의 뜻이나 자연적 충동 따위 의욕의 대상으로부터 부여되는 일이다. 칸트 철학에서 자율은 그 이전의 도덕률을 가리키는 개념으로 쓰인다. 타율적 정화론은 조속한 시일 내에 외부의 물리적 힘을 빌려서라도 교단을 바로 잡아야 한다는 조급함에 입각하여 정화를 추진하려는 관점이다. 이는 정화를 위해서는 방법은 문제 삼지 않으려는 태도와 일치한다.

이미 위에서 지적한 것처럼 불교 교단의 분규는 일제의 국권침탈에서 그 원인(遠因)을 찾을 수 있다고 했다. 하지만 불교 교단의 문제를 대자적인 외부의 문제로만 다루는 한 아무런 진전도 기대할 수 없게 된다. 아무리 대자적인 시각에서 풀어간다 하더라도 지금 여기의 현실을 바꿔가기 위해서는 즉자적인 반성과 노력이 전제되어야 한다. 그 반성과 노력의 근거는 곧 붇다의 가르침이 된다. 붇다가 가르친 평등과 화합의 공동체인 상가의 정신으로 되돌아가는 것이다. 그것은 곧 문제의 외적 계기에 앞서 내적 원인에서 찾아가려는 자세라고 할 수 있다.

우리는 어떠한 문제가 생기면 늘 문제가 생기기 이전의 상태로 되돌아가 문제를 해결하려고 해왔다. 하여 우리의 이상은 멀리는 붇다의 상가를 모델로 삼을 수 있을 것이다. 동시에 가까이는 그 모델을 이어왔던 동북아시아의 오랜 전통 속에서 유지되어왔던 교단 혹은 승단을 모범으로 삼을 수 있을 것이다. 1954년 당시 기득권을 가지고 있던 대처승(유처승, 취처승) 쪽에서는 독신승(비구승, 비구니승)들의 종권 탈취 기도를 '법난'이라고 규정했다.

하여 조계종의 '정화'와 태고종의 '법난'이라는 인식 속에는 종래 '기득권'의 유지와 새로운 '기득권'의 확보라는 시각이 내재해 있다. 때문에 '유지'와 '확보'에 담긴 비구-대처 두 입장의 차이는 대립될 수밖에 없었다. 당시의 문제는 이 대립을 어떻게 최소화하여 한 길로 나아가느냐에 달려 있었다. 이승만의 정화 담화로 본격화되었던 이 시기 정화 불사에 대해서 이념과 성격 규정 및 방법과 전개 과정에 대한 여러 시각이 엄존하는 까닭은 바로 이 때문이다.

즉 이승만의 정화 담화가 있기 이전부터 이미 교단 내에는 자율적 정화론이 존재하고 있었다는 시각이다. 이것은 정화의 원인과 기원을 일제 강점기 아래서 배태된 식민지 불교에서 그 원인을 찾으려는 내인론이라고 할 수 있다. 이와 달리 이승만의 정화명령과 같은 불교 교단 밖의 공권력이라는 물리적 힘을 불러들여서라도 교단 내의 친일적 잔재를 해소하자고 주장하는 쪽이 있었다. 이것은 외인론이라고 할 수 있다. 그리고 이 두 가지 관점을 종합하여 정치와 종교적인 관점에서 정화의 원인과 기원을 찾으려는 시각이 있다.

타율적 정화론은 교단 이외의 힘을 빌어서라도 정화라는 목적을 이루고 말겠다는 관점이라 할 수 있다. 정화가 진행되면서 이러한 관점은 비구 측과 대처 측 모두에게서 보이고 있다. 결국 종권을 장악하기 위해서 수단과 방법을 가리지 않으려 했던 비구-대처 양쪽의 몰주체성은 공권력을 개입시켰다. 물론 대처 측 정치 인사(박성하 등) 다수가 한민당과 함께 반 이승만 진영으로 합류하였던 점도 이승만이 대처 측의 지지에서 비구 측의 지지로 돌아선 주요 계기라는 점도 주목되어야 할 대목이다.[39]

뿐만 아니라 제3대 국회의원 선거 바로 다음날 정화 담화의 발표 시점에 주

---

39) 경향신문사 편, 『내가 겪은 20세기』(서울 : 경향신문사, 1974), 323면.

목해 보면, 일종의 '정치적 책략설' 역시 주목되는 것이다. 제2대 국회에서 정치 기반의 취약성을 노출했던 이승만 정권은 제3대 국회의원 선거를 통해 입법부를 장악하는데 성공했고, 이를 기반으로 이승만은 2년 앞으로 다가온 대통령 선거를 겨냥하여 본격적인 시민 사회(특히 종교부문)의 식민화에 나선 것이며 1950년대 후반 이승만 정부의 종교적 개입은 비단 불교만이 아니라 천주교·유교·천도교 등 주요 종교들을 망라한 전면적인 것이었다는 점에서, 국가에 의한 시민 사회의 강제적 포섭의 일환으로 불교계의 내분을 조장하고 개입했다는 것[40] 역시 타당한 지적이라고 생각된다.

이승만 정부는 8차에 걸쳐 정화 담화를 발표하였고 불교 분규에 대한 국가 개입이 상당히 오랜 기간 계속되었다는 점을 감안하면, 이승만 대통령이 사사오입 개헌 파동으로 야기된 지속적인 국내외적 비난 여론과 정치적 위기를 타개하기 위해 여론의 관심을 다른 곳(주로 친일 감정 조장)으로 돌릴 필요가 있었고, 그 일환으로 불교 분규를 조장했다는 지적 또한 옳은 지적이라고 논자는 생각한다. 결국 이러한 '관심 전환설'은 정화 담화의 내용이 '친일승' 내지 '왜색승'을 사찰에서 추방하자는 것이었던 만큼 국민의 관심을 끌만했고, 실제로도 정화 담화 발표 이후 불교 분규가 갑작스레 언론의 집중적인 관심사로 떠올랐다.[41]

더욱이 비구 측 인사가 먼저 이승만을 만나 불교정화의 필요성을 설득했다는 주장의 제기[42]에 따르면 더욱 그러하다. 결국 정권 유지의 필요성에 의해 국가가 능동적으로 불교 분쟁에 개입했음을 알 수 있으며, 그 결과 불교 교단은 정화의 대상이 되었다. 그리고 정부의 정화 개입의 빌미를 주었던 불교계의 타율성은 조선조 오백년의 통치와 총독부 40여 년의 지배 그리고 미군정 3년의 지배 이래 또다시 이승만 정권 이후 국가가 종교에 개입하는 계기가 되

---

40) 강인철, 앞의 글, 104면.
41) 강인철, 앞의 글, 104-105면.
42) 이청담, 「나의 편력」, 《매일경제신문》, 1069호, 매일경제신문사, 1969.

었다는 점에서 불교인들의 근원적인 반성을 촉구하지 않을 수 없게 된다.

일찍이 성균관이 '도덕의 본산'이라고 평가받고 있음에도 불구하고 오랜 기간 두 그룹으로 나뉘어 갈등한 적이 있었다. 불교계 역시 '자비의 문중'이라고 이해되고 있음에도 불구하고 오랜 기간 두 교단으로 나뉘어 길항해온 적이 있었다. 유자든 승려든 모두가 인간이며 이러한 역사가 인간의 역사이기에 가능했던 것인지도 모르겠다. 지금 여기의 인간의 일들을 다 헤아리기 어려운 점에서 보면 유자이든 승려이든 이들 모두가 인간이라는 조건으로부터 자유로울 수 없기 때문이다.

그런데 문제는 이렇게 너그럽게 모든 것을 용납하는 방향으로만 나아간다면 유교 교단과 불교 교단이 도덕이니 자비니 하는 깃발을 걸 합당한 이유는 없어지고 말 것이라는 데에 있다. 이들 교단이 내세우는 깃발이 정당성을 확보하기 위해서는 '자비'와 '도덕'에 걸 맞는 인격과 지성이 전제되어야 하는 것이다. 그런 것이 없이 단지 오랜 전통과 역사만을 강조하면서 모든 것을 당연한 기득권으로만 여기는 한 그것은 오래 가지 못하고 소멸하고 말 것이다. 이 때문에 우리는 역사의 엄정한 평가를 두려워하지 않을 수 없는 것이다.

때문에 무엇보다도 도덕성의 근거이자 기반인 지계(持戒)의 원칙이 요청되는 것이다. 그 원칙은 불교의 교단을 유지하는 이론적 근거인 율장(律藏)이라고 할 수 있다. 그리고 원칙은 구성원이 마땅히 지킬 수 있을 때 만들어지는 것이다. 구성원들이 그 원칙을 온전히 지킬 수 없게 되었음에도 불구하고 그 원칙을 바꾸지 않는다면 그것은 이미 존재 의미를 상실하게 될 것이다. 죽은 원칙은 이미 자기에게서나 타자에게서나 생명성을 상실한 것이기 때문이다.

따라서 불교 승단이 화합중을 표방하는 한 지계는 반드시 지켜나가야 될 원칙이 되는 것이다. 율장의 '부동주계'(不同住戒)처럼 이념이 달라 함께 할 수 없다면 바깥의 다른 곳에 나와 따로 머물게 하는 것이다. 이 계목을 시설한 것은 원칙을 유지하기 위해서라고 할 수 있다. 다만 일정한 기간 동안의 '부동주'를 마친 뒤에는 다시 '동주'를 위한 절차를 거쳐 화합의 승가 속으로 함께 나아가도록 하는 것이 불교의 화합정신일 것이다. 이렇게 된다면 갈등의 상처가 아물게 될 것이며 이내 화합의 굳은살로 자리 잡게 될 것이다.

3) 정치 종교적 정화론

정치와 종교적인 관점에서 정화를 파악하는 관점은 정화의 주체가 불교 교단이 아니라 국가와 정권이라고 보는 관점이다. 이 정화론은 자율적 정화론과 타율적 정화에도 속하지 않는 또 하나의 시각이라고 할 수 있다. 이것은 미군정과 결탁한 이승만 정부의 탈 민족주의적 성향이 불교를 억압하고 기독교를 암암리에 지원하였다는 견해에서 출발한다. 이러한 경향은 이미 미 군정기의 종교정책 중 불교정책의 부분에서 확인될 뿐만 아니라, 이승만 정부의 종교정책도 그러한 정책의 연속에 있다는 점에서 확인되는 것이다.

물론 이러한 시각이 자율적 정화론과 타율적 정화론과 확연히 구분되는 것은 아니다. 정화를 바라보는 시각에는 내인론과 외인론이 있을 수밖에 없다. 이것은 정화를 내적 요인과 외적 계기로 설명하는 관점이다. 이와 달리 정치 종교적 정화론은 미군정기의 종교정책과 이승만 정부의 종교정책 내에서 확인되는 외인론적 관점이다. 해서 이것은 내적 요인인 자율적 정화론과 외적 요인인 타율적 정화론으로만 해결되지 않는 또 하나의 요인으로 상정될 수 있다.

해방 공간을 맞이한 불교계가 서두른 것은 '일제 잔재의 청산'과 '한국불교의 정통성 회복'이었다. 하지만 미군정의 등장과 좌우익의 갈등으로 인해 이들 문제가 온전히 해결되기 어려웠다. 선과 교 및 비구와 대처의 갈등과 분열은 교권 투쟁으로 변질되었고, 여기에다 다시 친일과 반일 및 좌익과 우익의 대립은 일제 잔재 청산과 한국불교의 정통성 회복이란 본질을 왜곡시켰다. 특히 사찰과 교구와 중앙에 재산을 배당하는 5 · 3 · 2제도에 의한 재산통합과 재단법인 설립 과정에서 불교계 각 조직은 이해관계로 첨예하게 대립하였다.

아울러 대처승을 교도로 지칭하고 일선에서 제외하자는 제안과 교단을 조직화하는 교화운동의 계기로 삼자는 교도제 문제로 인해 미묘한 갈등이 생겨나면서 일본 총독부를 상대로 문제를 공유하고 해결하려던 시대와는 판이하게 다른 문제들이 야기되었다. 우선 미군정 아래에서도 존속되고 있던 사찰령의 폐지가 불교계의 가장 큰 과제였다. 당시 총무원장 김법린은 1947년 3월 원세훈(元世勳) 외 25의원의 연서를 얻어 사찰령과 포교규칙 등 4개 법령을 폐지할 것을 입법의원에 정식으로 제출하였다.[43] 이렇게 되자 미군정은 1947년 8월 8일 사찰령을 폐지하고 다시 입법의원을 통해 '사찰재산임시보호법'을 통과시켰다.

이 법의 주요 취지는 종교의 자유를 가로막는 사찰령 등 일제의 악법은 폐지하되 사찰의 재산을 보호할 수 있는 제도적인 장치를 마련하자는 데 있었다. 그리고 사찰의 재산을 관리하고 보호하는 제도적인 장치로 정부 대신 불교의 교정에게 권한을 부여하자는 것[44]이었다. 바로 이 대목에서 종권을 지닌 대처 측과 재야의 비구 측이 극렬하게 대립하였다. 하여 미군정은 10월 29일 사찰재산보호법 가운데 '사찰재산'이라는 것이 전 일본불교 사원의 재산도 포함된 것으로 해석할 수 있으며, 그렇게 되면 막대한 적산(敵産)이 조선불교라는 일개 종교단체로 귀속될 우려가 있다[45]며 이 법의 인준을 보류하였다.[46]

이렇게 되자 1946년 11월 12일에 총무원측과 대립 상태에 있던 10여 개의 혁신단체들은 개정된 법이 사찰령의 자구 수정에 지나지 않는다면서, 이 법의 철폐를 주장하는 항의문을 하지 중장, 입법의원의장, 군정장관, 민정장관, 대

---

43) 《동아일보》 1947. 3. 5.
44) 姜敦求, 「美軍政의 宗敎政策」, 『종교학연구』 제12집, 서울대종교학연구회, 1993, 15-42면.
45) 《경향신문》 1947. 11. 28.
46) William C. Kerr, Notes on Religious Situation in Korea, 1946. p. 73, CHQ/Records, Cie(A)09083-85. 미군정은 본디부터 일본불교의 적산을 한국불교계에 귀속시키고 싶지 않았으며, 불교사원에도 국보급 재보가 있기에 정부의 통제가 필요했기 때문이라고 주장하는 설도 있다. 이재헌, 「미군정의 종교정책과 불교계의 분열」, 『2007 불교사 연구위원 워크숍 : 정화운동의 재조명』, 8면. 재인용.

법원장 등 관계방면에 제출하기도 하였다.[47] 사찰령을 존속하려는 미군정의 종교정책은 결국 불교를 배제하고 기독교 중심의 국가를 만들겠다는 숨은 의도를 보여주는 것이었다.

그럼에도 불구하고 불교계는 이러한 미군정의 의도를 간파하지 못하고 교단의 분열로 나아가게 되었다. 결국 해방 공간 시기 불교계의 분열은 일본인이 남겨두고 간 적산의 귀속에 능동적으로 참여하지 못하였을 뿐만 아니라 정치 종교계로부터도 소외되기 시작했다. 1948년의 총선일자가 일요일인 5월 9일로 정해지자 기독교계에서는 강력히 반대하였고 결국 미군정은 선거일을 하루 늦춘 5월 10일 월요일로 변경하기도 했다.

대통령 취임선서에서 기독교인 선서를 한 이승만 정부의 출범은 이러한 소외의 정도를 잘 보여주고 있다. 이승만 정부는 새로운 나라를 건국하면서 모든 정책기조를 기독교 중심으로 운영하기 시작했다. 이미 미군정 행정고문 11명 중 6명이 기독교인 내지 현직 목사[48]였듯이 이승만 정부 역시 이러한 기조를 이어 정책 수립과정에서 기독교 국가로 경사되는 모습을 보여주었다. 미군정과 제1공화국 이래 기독교를 통해서 상당량의 구호물자가 해외로부터 유입되면서 기독교는 내내 공인교적 지위를 누렸고 기독교계는 그 보답으로 정권을 지지해 주었다.

이처럼 정치 종교적 정화론은 미군정과 결탁한 이승만 정부의 탈 민족주의적 성향이 불교를 억압하고 기독교를 암암리에 지원하였다는 관점이라고 할 수 있다. 이러한 경향은 이미 미 군정기의 종교정책 중 불교정책의 부분에서 확인될 뿐만 아니라, 이승만 정부의 종교정책도 그러한 정책의 연속에 있다고 보는 관점이다. 그리고 이 점에서 이 담론은 정화론의 한 담론으로서 그 정당

---

47) 《동아일보》 1947. 11. 14.
48) 陳德奎, 「미군정의 정치사적 인식」, 『해방전후사의 인식 1』(서울 : 한길사, 1990), 52면.
　　11인은 김성수, 김용순(기독교, 목사), 김동원(기독교, 목사), 이용설(기독교), 오영수,
　　송진우, 김용무, 강병순, 윤기익(기독교), 여운형(기독교), 조만식(기독교) 등이다.

성을 확보하고 있다.

따라서 정치 종교적 정화론은 자율적 정화론과 타율적 정화론만으로는 설명되지 않는 또 다른 정화론이라고 할 수 있다. 그리고 이 담론은 정화의 주체가 불교 교단이 아니라 국가와 정권이라는 점에 그 특징이 있다. 그것은 이승만 정부의 종교정책에 나타난 불교정책에서 확인되고 있다.

4. 정화의 방법과 전개

위에서 살펴본 것처럼 정화 이념의 사상적 토대를 불교 내부로부터 볼 것이냐, 아니면 불교 외부로부터 볼 것이냐, 혹은 이 두 가지와 다른 또 하나의 담론으로 볼 것이냐에 따라 다양한 관점이 도출될 수 있다. 이 시기에 있었던 정화의 성공 여부에 대한 평가는 다양할 수 있다. 재야에 있던 비구 측에서 보면 정화는 종권의 확보라는 면에서 성공한 것이 되겠지만 중앙에 있던 대처 측에서 보면 법난으로 표현하는 것처럼 종권의 상실이라는 면에서 보기 때문이다.

아직 분규의 소지가 남아있기는 하지만 독자적인 종단으로 출발하여 비구 측과 대처 측이라는 두 구도 아래 이루어지는 대립은 어느 정도 지양된 것이라는 점에서 보면 정화는 나름대로 성공적이라는 평가를 내릴 수는 있을 것이다. 그리고 정화가 이만큼이나마 성공적인 결과를 가져올 수 있었던 것은 국가 공권력의 개입이라는 기제가 크게 작용했음을 부인하기 어렵다.

하지만 국가의 외적 정화 못지않게 교단의 내적 정화의 성공 여부에 대한 평가 역시 중요한 논점이라고 할 수 있다. 청정 교단의 회복이라는 점에서는 논자 역시 정화를 성공적이었다고 평가하고 있다. 그리고 내적 정화가 나름대로 성공적이었다는 평가를 내릴 수 있는 근거는 정화 주역들의 헌신적인 노력에 의해서였다고 논자는 보고 있다.

특히 정화 주역들의 투철한 불교적 이념과 수행력 및 사상적 힘과 의지는 정화를 안과 밖 그리고 위와 아래에서 뒷받침하였고 그 결과 정화가 여기까지

가능했다고 평가할 수 있다. 다만 정화 이후에 일어나는 여러 부정적 요인들은 이후 지속적인 정화의 과정 속에서 풀어가야 할 과제라고 해야 할 것이다.

1955년 대처 측과 법정 소송이 진행될 당시 비구 측의 문건에는 정화 이념을 이렇게 정리하고 있다. 거기에 따르면 "1) 교단의 정화(교단체계 확립, 대처승 숙청), 2) 승단 정화(수도원 정비, 재래비구·비구니 재수련, 신도의 재지도, 현대적 포교), 3) 사찰정화(경내 숙정, 사설사원 정리, 유사불교단체 정리), 4) 도의확립과 생활안정을 꾀하여 국가정화를 한다. 5) 국제도의(國際道義) 확립과 원자력의 평화추진으로 세계평화를 꾀한다"라고 되어 있다. 이 문건은 교단 정화·승단 정화·사찰 정화·국가 정화·세계 평화의 다섯 단계를 통하여 정화를 점차적으로 이뤄나가겠다는 의지를 보여주고 있다.

정화 주역의 한 사람인 청담 순호 역시 종정 재직 시절부터 1) 교단의 정화, 2) 승려의 정화, 3) 신도의 정화를 내세운 적이 있었다. 이러한 단계적인 정화는 정화를 한꺼번에 다 이룰 수 없다는 깊은 인식에서 나온 것이라 할 수 있다. 지금까지의 정화는 교단의 정화였을 뿐 승려의 정화와 신도의 정화는 이제부터라는 인식이 투철했던 청담의 인식은 불교 교단 정화의 미래를 예견한 탁견이었다. 이러한 그의 인식은 퇴옹 성철과 함께 '부처님 법대로 수행하자'는 의지를 표방했던 해방 이후 봉암사 결사로부터 그 맥을 잇고 있다고 할 수 있다.

1) 봉암사 결사의 연속과 불연속

봉암사 결사는 불교정화의 두 주역인 청담 순호와 퇴옹 성철의 공동 수행과 총림 구상으로부터 시작되었다. 1928년 3월 전국학인대회를 주도하였던 적이 있던 청담은 1941년 수덕사에서 처음으로 성철을 만나 1942년 선학원에서 공동 수행을 하자고 약속하였다. 이들은 서로에게서 불교의 중흥 및 올곧은 수행을 통해 교단을 정화하고 전통불교를 복원하자는 뜻을 확인했다. 1944년 선산 도리사에 머물던 성철에게 문경 대승사로 오라고 편지를 보낸 청담은 해방 이전까지 대승사 쌍련선원에서 머물던 10여 명의 수좌들[49]과 함께 수행했다. 이때 속가의 여식이었던 묘엄은 당시의 상황을 아래와 같이 회고하고 있다.

> 큰 절 대승사 쌍련선원으로 갔더니, 아버지 순호 스님과 성철 스님께서 백지에 무언가 그리고 쓰고 있었다. 옆에서 가만히 들여다보니 아버지 순호 스님은 백지에다 부처님 당시의 영산회상도(靈山會上圖)를 그리고 있었다. 부처님께서 영취[축]산에서 법을 설하시던 당시의 광경 그대로, 우리도 그렇게 살아 보자는 계획을 만들고 있었던 것이다. 조실에는 효봉 스님을 모시고, 선방은 성철 스님이 맡고, 운허 스님과 춘원 이광수 선생에게는 경을 맡기고, 율원은 자운 스님이 맡고, 선원과 강원과 율원을 제대로 갖춘 총림(叢林)을 해인사에 세워 제대로 된 수행 생활을 하며 제대로 된 수행자를 양성하자는 원대한 계획을 세우고 있었던 것이다.[50]

위의 회고에서 눈에 띄는 것은 붇다 당시의 설법처인 '영산회상도'를 그리는 대목이다. 그리고 무엇보다도 주요한 대목은 '붇다 당시의 광경 그대로' '그렇게 살아보자'는 것이다. 이것은 불교 전통의 복원의 근거를 붇다 당시의 광경에 두고 있다는 것과 우리도 그렇게 살겠다는 다짐을 보여주고 있다는 점에서 이후 전개될 정화의 이념과 성격을 분명히 보여주고 있다는 점에서 주목되는 것이다.

또 강원과 선원과 염불원과 율원을 겸비한 종합수도장인 총림을 해인사에 세워 '제대로 된 수행 생활'을 하고 '제대로 된 수행자를 양성하자'는 목표를 두고 있다는 점은 이후 진행될 봉암사 결사의 정신과 불교정화의 정신과 이념을

---

49) 당시 대승사 선원에는 청담, 성철, 도우, 우봉 이외에도 청안, 자운, 서암 등 10여 명이 머무르며 수행하고 있었다.
50) 묘엄 스님 구술 · 윤청광 기록, 『회색고무신』(시공사, 2002), 150면.

그대로 담고 있는 것이라 할 수 있다. 청담과 성철은 대승사에서 이러한 결의를 하고 봉암사 선방을 개설하고자 했다. 1946년 선방이 준비되자 가을에 봉암사에 들어가 겨울을 보낸 뒤 1947년 동안거 해제 직후 당시 교단이 주관하는 가야총림에 참가하라는 통지로 인해 다시 해인사로 합류했다.

　해방공간의 교단이 1945년 9월 22~23일 전국승려대회 결의로 창설한 가야총림은 1946년 10월경 구체화되기 시작했다. 청담과 성철은 자신들이 대승사에서 구상했던 총림과 지향이 같다고 판단하고 청담과 성철이 1947년 하안거부터 가야총림에 합류했다. 하지만 최범술(교단 총무부장)과 임환경(주지)의 총림의 제방 운영에 대한 논의 중 특히 총림의 재정문제가 원만히 타결되지 않아 가야총림에 대한 참가와 불참으로 노선이 갈려지기 시작했다. 변두리의 쓸모없는 전답에서 나오는 양식 가지고는 먹고 살 수 없다는 항변이 핵심이었지만 더 이상 공부에 방해가 될 것으로 판단한 성철은 통도사 내원암으로 떠났고 청담은 총림에서 한 철은 나겠다며 가야총림에 잔류하였다.

　1947년 서울의 김법룡 거사가 소유하고 있던 수많은 불서와 장경이 청담과 성철에게 전해지면서 '수좌들이 살기에 적합한 곳'인 봉암사에 보관하면서 두 사람은 이전의 공동 수행을 봉암사에서 이뤄보자고 합의하였다. 1947년 가을 성철은 아직 가야총림에서 합류하지 못한 청담과 별도로 봉암사 결사를 내디뎠다. 이때의 상황은 성철의 증언에 잘 드러나 있다.

　　봉암사에 들어간 것은 정해년(丁亥年), 내 나이 그 때 36세 때입니다. 지금부터 36년 전입니다. 봉암사에 들어가게 된 근본동기는, 죽은 청담스님하고 자운스님하고 또 죽은 우봉스님하고, 그리고 나하고 넷인데, 우리가 어떻게 방침을 세웠느냐 하면, 전체적으로나 개인적으로나 임시적인 이익관계를 떠나서 오직 부처님 법대로만 한 번 살아보자. 무엇이든지 잘못된 것은 고치고 해서 부처님 법대로만 살아보자. 이것이 원(願)이었습니다. 즉 근본목표다 이 말입니다. 그렇다면 처소는 어디로 정하나? 물색한 결과 봉암사에 들어가게 되었습니다. 처음에 들어갈 때

에는 우봉 스님이 살림 맡고, 보문 스님하고 자운 스님하고, 나하고 이
렇게 넷이 들어갔습니다. 청담 스님은 해인사에서 가야총림(伽倻叢林)한
다고 처음 시작할 때에는 못 들어오고, 서로 약속은 했었지만 …….[51]

봉암사 결사의 계기는 청담, 성철, 자운, 우봉 네 사람이었고 이들은 '이익
관계를 떠나 오직 부처님법대로 살아보자'는 원으로 근본목표를 삼고 결사를
시작했다. 전체적으로나 개인적으로나 임시적인 이익을 떠나 수행을 위한 방
침을 최우선위에 두었던 것이다. 봉암사에 처음 입주한 사람은 성철, 자운, 우
봉, 보문 네 사람이었고 이후 보안, 법응 등이 가세하여 10여 명이 모여 대중
생활을 하였다. 수좌들은 부처님 당시의 법대로라는 방침 아래 순수불교를 지
향하기 시작했다.

이들은 제일 먼저 법당 정리를 위한 대중공사를 한 뒤에 부처님과 부처님의
제자들만 남겨 두고 칠성각과 칠성탱화, 산신각과 산신탱화, 산신탱화 및 목
발우를 마당에 모아놓고 불을 질러버렸다. 불공은 신도 자신의 성심 성의껏
하면 되는 것이므로 승려가 축원을 대신 할 수 없다고 했다. 영가 천도의 경우
에도 관련 경전만 읽어주는 형태로 바꾸어 기존 관행을 완전히 정비하였다.

하지만 종래 관행의 거부는 막심한 식량난에 부딪치게 되었고 우봉의 노력
으로 군에서 얻은 다대한 양곡 특배로 임시 모면을 하기에 이르렀다.[52] 봉암사
초기 생활은 탁발을 통해 어렵게 유지되었다. 그러나 부처님 법대로 산다는 소
문이 널리 퍼지면서 수좌들이 대거 동참하고 신자들의 후원이 물밀듯이 밀려
와 수행에 매진할 수 있는 환경이 확보되기 시작했다. 1948년 무렵 봉암사 결
사 대중이 증가하면서 성철은 결사의 이론적 기초와 방향을 세워가기 시작했
다.

51) 성철, 「1947년 봉암사 결사」, 『수다라』 제10집, 115면.
52) 성철, 『고경』 제9호, 1998년 봄, 5-6면.

자운 스님은 율장 연구에 여념이 없었고, 신춘(新春, 1948?)이 되어 월산 스님 기타 몇 스님들이 더 입주하였다. 나는 하기(下記)의 공주 규약 초안을 대중에게 제시하고 상세한 설명을 가하였다. 고불고조의 유칙(遺勅)을 완전하게 실행한다 함은 너무나 외람된 말이기는 하였지만 교단의 현황은 불조 교법이 전연 민멸(泯滅)하였으니 다소간이나마 복구시켜 보자는 것이 주안점이었다. 그리고 교법 복구의 원칙 하에 나의 수시 제안이 있을 것인 바, 그 제안에 오점이 발견되지 않는 한 대중은 무조건 추종할 것을 재삼 다짐하고 실천에 옮기게 되었다.[53]

고불 고조의 유칙을 완전하게 실행하려고 했던 성철의 회고에는 공주규약이 제시되게 된 배경이 나와 있다. 즉 성철은 당시 교단은 불조 교법이 전연 민멸하였다는 인식 아래 다소간이나마 교단을 복구시켜 보자고 했다. 특히 '교법 복구'의 원칙은 봉암사 결사의 이념이자 방향이며 이것은 '공주규약'(共住規約)이 제정되게 된 기본 전제였음을 알 수 있다. 나아가 성철은 '교법 복구'의 원칙 아래 '수시 제안'의 무조건 추종을 요청하고 있다.

성철의 제안은 대중들에 의해 무리 없이 수용되어 실천에 이르게 되었다. 여기에서 제시된 공주규약 18조목은 아래와 같다.[54]

1. 삼엄(森嚴)한 불계(佛戒)와 숭고(崇高)한 조훈(祖訓)을 근수역행(勤修力行)하여 구경대과(究竟大果)의 원만(圓滿) 속성(速成)을 기(其)함.
2. 여하(如何)한 사상(思想)과 제도(制度)를 막론(莫論)하고 불조교칙(佛祖教勅) 이외(以外)의 각자(各自) 사견(私見)은 절대(絕對) 배제(排除)함.
3. 일상(日常) 수공(需供)은 자주자치(自主自治)의 표치하(標幟下)에 운수(運水)

53) 성철, 『고경』 제9호, 6면.
54) 김광식, 「봉암사 결사의 전개와 성격」, 『한국 현대불교사 연구』(불교시대사, 2006), 58면.

반시(搬柴) 종전(種田) 파침(把針) 탁발(托鉢) 등 여하(如何)한 고역(苦役)도 불사(不辭)함.

4. 작인(作人)의 세조(稅租)와 단도(檀徒)의 특탁(特託)에 의한 생계(生計)는 차(此)를 단연(斷然) 청산(淸算)함.

5. 단도(壇徒)의 불전(佛前) 헌공(獻供)은 재래(齋來)기 현품(現品)과 지성(至誠)의 예배(禮拜)에 지(止)함.

6. 대소(大小) 이변(二便) 보청(普請) 급(及) 취침(就寢) 시(時)를 제(除)하고는 항상(恒常) 오조(五條) 직철(直裰)을 착용(着用)함.

7. 출원(出院) 유방(遊方)의 제(際)는 대립(戴笠) 진석(振錫)하고 필(必)히 단체(團體)를 요(要)함.

8. 가사(袈裟)는 마면(麻綿)에 한(限)하고 차(此)를 괴색(壞色)함.

9. 발우(鉢盂)는 와발(瓦鉢) 이외(以外)의 사용(使用)을 금(禁)함.

10. 일(日) 일차(一次) 능엄대주(楞嚴大呪)를 과송(課誦)함.

11. 매일(每日) 이시간(二時間) 이상(以上)의 노동(勞動)을 취(就)함.

12. 백월(白月) 흑월(黑月) 포살대계(布薩大戒)를 강송(講誦)함.

13. 불전(佛前) 헌공(獻供)은 과오(過誤)를 부득(不得)하며 조식(朝食)은 죽(粥)으로 정(定)함.

14. 좌차(坐次)는 계랍(戒臘)에 의함.

15. 당내(堂內)는 좌필면벽(坐必面壁)하야 호상(互相) 잡담(雜談)을 엄금(嚴禁)함.

16. 정각(定刻) 이외(以外)는 침와(寢臥)를 불허(不許)함.

17. 법반(法般) 물자(物資) 소당(所當)은 각자(各自) 변비(辨備)함.

18. 여외(餘外) 각칙(各則)은 청규(淸規) 급(及) 대소(大小) 율제(律制)에 의(依)함.
    우기(右記) 조장(條章)의 실천궁행(實踐躬行)을 거부(拒否)하는 자(者)는 연단공주(連單共住)를 부득(不得)함.

    지사(知事) 백(白)

봉암사 결사의 청규라 할 수 있는 이 공주규약은 이 결사가 지향하려 했던 불교 근본으로의 회귀를 상징적으로 보여주는 조목들로 짜여져 있다. 때문에 이 공주규약 18조목은 불계(佛戒)와 조훈(祖訓)을 기초로 한 불조 교칙을 불교 복원의 근거로 삼고 시도된 청규라고 할 수 있다. 동시에 붇다와 조사들의 교훈을 기반으로 한 이 공주규약은 평등과 화합의 공동체인 상가의 규범이라고 할 수 있다.

"고불고조의 유칙(遺勅)을 완전하게 실행한다 함은 너무나 외람된 말이기는 하였지만 교단의 현황은 불조 교법이 전연 민멸(泯滅)하였으니 다소간이나마 복구시켜 보자는 것이 주안점"이라는 성철의 회고에서 알 수 있는 것처럼 그 핵심은 일본의 불교 침탈로 인한 한국불교의 복원에 있었다. 그리고 근본불교로 돌아가는 것이든 일제의 침탈 이전 조선 후기의 불교로 돌아가는 것이든 주안점은 출가정신에 기초한 본분사를 복원하려는 것이었다.

때문에 이 결사에 참여한 수좌들의 현실인식은 일제 식민지 불교로 인한 불조 교칙의 민멸을 가장 큰 이유로 삼았다. 동시에 불조 교칙의 복구는 '부처님 법대로 사는 것'에서 출발하자는 데에 합의했다. 이것은 수좌들의 출가정신의 복원이자 정화의식의 발현이라고 할 수 있다. 하지만 3년간 이루어지던 결사는 1949년이 되어 빨치산이 출몰하면서 더 이상 지속되지 못했다. 경찰의 잦은 출입으로 수행에 지장이 생겼고 빨치산의 출현으로 수좌들의 생명이 위협받았다.

결국 1949년 9월부터 봉암사의 도서들이 부산의 묘관음사로 이전되면서 수좌 대중들도 고성의 문수암으로 옮겨갔으나 더 이상의 공동 수행은 이루어지지 못하였다. 하지만 봉암사 결사가 보여준 투철한 현실인식과 결사의 자생성, 지계성, 청정성 등은 한국불교사의 새로운 이정표를 열었다. 이러한 봉암사 결사 정신은 고스란히 이후 불교정화의 두 주역이었던 청담과 성철의 현실인식과 정화인식 속에 깊이 스며들어 갔다. 그리고 그것은 정화의 이념이 되었고 방법이 되었다.

하지만 불교정화의 이념은 봉암사 결사의 정신과 연속되는 면에서 건강했으나 그것을 실현하려 했던 주역들의 방법은 그것과 불연속되는 면에서 불건

강했다. 즉 이념이 옳으면 방법도 옳아야 할 텐데 그렇지 못했다는 것이다. 다시 말해서 방법이 건강하지 못했다는 것은 이념도 건강하지 못했다는 점을 시사하고 있다는 점이다. 바로 이 점은 이후에 진행된 정화의 공과와 득실 속에서 다시 검토될 수 있을 것이다.

따라서 봉암사 결사는 정화 주역들에게 정화 이념을 제공하고 불교의 복원을 도모했다는 점에서는 공(功)과 득(得)이라고 할 수 있지만, 그들이 그것을 감당하기에는 정치적 벽이 너무나 높고 현실적 거리가 너무나 멀어 실현되기 어려웠다는 점은 과(過)와 실(失)이라고 할 수 있다. 그리하여 정화 주역들과 그 주변에 나타나는 이념과 방법의 괴리가 이따금씩 덧나는 정화 후유증의 주요 원인이 되고 있는 것이다. 나아가 불교 대중화에 대한 고려가 부재하여 현대 불교와 연속될 수 있는 접점을 확보하지 못했다는 점은 봉암사 결사의 또 다른 한계로 지적될 수 있을 것이다.[55]

2) 정화 담화와 종조 시비

호남지역의 고불총림을 주도하였던 만암 종헌이 교정이 된 뒤(1951. 6. 20) 교단 중심부에서 구체화된 수좌 전용 사찰 할애의 문제는 불교정화 촉발의 결정적인 계기가 되었다. 처음 이 문제를 제기한 사람은 해방 공간 동안 혁신단체에 깊숙이 관계했던 선학원의 대의(李大義)였다. 1952년 봄 그는 만암 교정에게 수좌 전용 수행 사찰을 요구하는 진정서를 제출하였다.

이에 만암 교정은 독신승려 전용 수행 사찰을 제공하라는 유시를 내렸다. 이로 인해 1952년 11월의 통도사 정기 교무회의(종회)에서 그 원칙을 정하였고,

---

55) 김광식, 「봉암사 결사의 재조명」, 『봉암사 결사의 재조명과 역사적 의의』, 대한불교조계종 교육원 불학연구소, 2007. 10. 18, 44면. 아울러 이 결사에 오대산과 덕숭산 등의 문중 수좌들은 참석하지 않았다는 점은 이 결사의 지역적 한계로도 지적될 수 있는 점이라고 할 수 있다. 논자는 이러한 시각과 관련하여 봉암사 결사의 연속과 불연속에 대해 앞으로의 연구과제로 삼으려고 한다.

1953년 4월 불국사 법규위원회에서 이판 사찰로 18개 사찰을 수좌 측에게 제공하는 방침을 확정하였다. 하지만 만암 교정의 이러한 제의를 형식상 확인하는데 그치고 실행에 옮길 기미는 보이지 않았다. 비구승 측은 기회가 있을 때마다 계획을 실천에 옮기도록 촉구했으나 별다른 반응이 없었다.[56]

그러자 1954년 5월 20일 이승만 정부는 「대처승은 사찰에서 물러나라, 사찰의 토지를 반환하라」는 제1차 담화를 발표하였다.

> 지나간 40년 동안에 일인(日人)들이 저의 소위(所謂) 신도(神道)라는 것을 들여와서 저의 황제(皇帝)를 천신(天神)처럼 섬기는 제도를 만들어서 신사참배(神社參拜)를 시킬 적에 선교사(宣敎師) 얼마는 신사참배(神社參拜)를 거부(拒否)해서 한국(韓國)에서 축출(逐出) 당(當)한 사람들도 있었고 피박(被迫) 당(當)한 사람들도 몇이 되었으나, 우리 한인교도(韓人敎徒)들은 신사참배(神社參拜)를 거부(拒否)해서 옥중(獄中)에서 피박(被迫) 당(當)한 사람이 수(數)도 많고 죽은 사람도 여럿이 있었던 것이다. 동시(同時)에 일인(日人)들이 저의 소위(所謂) 불교(佛敎)라는 것을 한국(韓國)에 전파(傳播)해서 우리 불교(佛敎)에 하지 않는 모든 일 행(行)할 적에, 저의 소위(所謂) 사찰(寺刹)은 도시(都市)와 촌락(村落)에 섞여 있어서 승(僧)들이 가정(家庭)을 얻어 속인(俗人)들과 같이 살며 불도(佛道)를 행(行)해서 오던 것인데, 이 불교(佛敎)도 당초(當初)에 우리나라에 배웠다가 형식(形

---

56) 강석주 · 박경훈, 앞의 책, 206면. 이때 제안된 사찰은 동화사(대구), 내원사(양산), 직지사(김천), 보문사(강화), 신륵사(여주) 등 18개였다. 또 정화가 막 시작되던 1954년 5월 20일 즈음에는 종래 주지들이 이에 응하지 않았다. 정화 한 달 뒤 주지들은 비구들을 달래려고 48개 사찰을 제시했다는 설도 있다. 18개 사찰을 안 주려면 범어사와 통도사 2개 사찰, 통도사와 해인사와 송광사 삼보 사찰, 삼보 사찰 + 용주사와 법주사의 5개 사찰만이라도 달라고 요청했으나 대처들에게 거절당한 비구들은 본격적으로 분노를 표출하기 시작했다. 정화의 캐치프레이즈가 된 "불교 승단에 대처승 없다"라는 구호는 이때부터 나오기 시작했던 것으로 보인다.

式)은 우리를 모범(模範)하고 생활제도(生活制度)는 우리와 절대반대(絶對反對)로 되는 것으로 행(行)해 오던 것인데, 이것을 한인(韓人)들에게 시행(施行)하게 만들어서 한국(韓國)의 고상(高尙)한 불도(佛道)를 다 말살(抹殺)시켜 놓으려 한 것이다. 그 결과(結果)로 지금 승도(僧徒)들이라는 사람들은 숭(僧)인지 속인(俗人)인지 다 혼돈(混沌)되고 있으므로 우리나라 불교(佛敎)라는 것은 거의 다 유명무실(有名無實)로 되어 있는 것이다.[57]

이 담화에 나타난 정부의 태도는 표면적으로는 대처승은 사찰에서 물러나고 사찰의 토지를 비구승들에게 돌려주라는 것이었다. 그리고 그 명분은 '승들이 가정을 얻어 속인들과 같이 살며 불도를 행해서 오던 것'인데 '지금 승도들이라는 사람들은 승인지 속인인지 다 혼돈되고 있으므로 우리나라 불교라는 것은 거의 다 유명무실로 되어있는 것'에서 찾고 있다. 하지만 이미 앞에서 지적한 것처럼 그 이면에는 이승만 정권의 정치적이고 종교적인 책략이 없지 않은 것이어서 담화 내용을 표면 그대로만 받아들이기는 어려운 것이다.

당시 불교계는 정부의 강력한 입장에 접했지만 여전히 자체적으로 문제를 해결할 기미를 보이지 못했다. 농지 개혁과 6.25 전쟁으로 불교 사찰 경제는 극도로 피폐되었다. 이 때문에 이판승들의 수행 환경은 황폐화 되었고 사찰 경제 역시 일대 파탄이 일어났다. 더욱이 사판승들은 그들이 지니고 있는 자기 소유 사찰의 유지와 보호에 급급했다. 그 결과 그들 대부분은 이미 수행에 대한 의식이 오래 전에 탈각되어 있었기에 이판승들에게 수행처를 배려할 마음이 없었다.

농지개혁으로 말미암아 사찰경제(寺刹經濟)에 일대파탄이 일어났고, 승려생활에 큰 위협을 가져오자 …… 지금까지 수행에만 전심(專心)하던

57) 한국불교승단정화사 편찬위원회, 『한국불교승단정화사』(경주 : 대보사, 1996).

이판승들의 생활은 극도의 위태로운 지경에 이르렀고, 드디어 그들은
사판승들에게 생활 적선의 보장을 기대할 수 없게 되니, 그들도 이제는
자기 생존을 위하여 자신들이 직접 경제 주권을 장악해야 되겠다고 생
각하게 되었다. 그래서 처음에는 몇몇 절[寺]들의 운영권만을 넘겨 자치
자활(自治自活)하게 해달라고 요구했으나 이것이 거부되자, 마침내는 한
국불교 전체의 주권을 장악하겠다는 결심을 하고 전면 투쟁으로 발전
하게 되니, 이것이 불교 분규의 근인(近因)이다.[58]

　불교정화가 촉발된 결정적 계기는 내인론으로만 보면 이승만의 담화 이전
에 이미 불교 내부에 내재해 있었다. 수행사찰 몇 개만이라도 비구승들에게
주어졌다면 그렇게 치열하게 분규가 전개되지는 않았을 것이다. 때문에 정화
태동의 내적 원인은 불교 외부의 공권력의 개입에 의해 본격화 되었다기보다
는 오히려 불교 내부에서 점화시켰다고 해야 할 것이다.[59] 논자 역시 이 점을
충분히 공감하면서 논의를 전개하려고 있다.
　한편 정부의 담화에도 불구하고 비구 측과 대처 측은 자체적으로 사찰 문제
를 해소하지 못했다. 특히 대처승들은 수행 사찰의 할애에 대해 자기 자신의
문제를 넘어서서 생각하지 못했다. 몇몇 절들의 운영권만을 넘겨 자치자활하
게 해달라는 요구가 끝내 거부되자 교단의 정화는 한국불교 전체의 주권 장악
투쟁으로 발전하게 되었다. 그리고 사찰 경제의 기반인 토지의 문제는 결국

58) 황성기, 『불교사상의 본질과 한국불교의 제문제』(보림사, 1989), 306면; 황성기, 「한국
　　불교의 나아갈 길」, 『불교사상』 제10호, 1962. 7.
59) 강석주, 정화운동의 회고, 『선우도량』 제11호, 1997. 6, 245면. "만암스님이 불국사에
　　서 회의를 나갈 때 나도 갔는데 그때 독신승들에게 수행사찰 몇 개 만이라도 달라했지
　　요. 그것이 잘 되었으면 일이 커지지 않았어요. 통도사에서 회의를 했고 만암스님이 그
　　런 말을 해서 선학원에서 수좌대회를 한 번 했지요. 그래 가지고 정화운동이 시작되었
　　어요. 그런 와중에 이박사가 유시를 했지요. 유시가 도움이 되었는가는 모르지만 그전
　　부터 정화운동은 태동한 것이지요."

승려 자격 문제로 논의의 쟁점을 옮겨 갔다.

1954년 10월 10일 비구 측 대표 5인[60]과 대처 측은 승려 자격 문제에 대한 이견으로 인하여 타협이 이루어지지 않았다. 이 와중에서 만암 교정은 정화의 취지에는 찬성하지만 그 방법에 동의할 수 없다는 성명서를 발표하였다. 그 이유는 비구 측이 태고 보우(太古 普愚)를 부정하고 보조 지눌(普照 知訥)을 종조로 하였으며 태고사(太古寺)를 일방적으로 조계사(曹溪寺)로 바꿔버린 것에 대해 이는 '아버지와 할아버지를 바꾼 것'(換父易祖)이라며 반발하였다.

만암이 문제제기 한 환부역조는 지금까지 자신을 지탱하였던 정신적 기반을 뒤흔드는 것이었다. 동시에 조선 중기 이래 휴정의 문도들에 의해 정립되기 시작한 조계종의 뿌리를 근본적으로 뒤바꾸는 것이었다. 때문에 종래의 종조를 부정하고 새로운 종조를 확정하는 일은 자신의 정체성을 바꾸는 것이었다. 비구 측은 11월 3일 제2회 종회를 열고 만암을 교정에서 제외시키고[61] 동산 혜일(東山 慧日, 1890~1965)을 종정으로 선출하였다. 비구 측과 대처 측은 여전히 서로 타협하지 못하고 대립을 계속하였다.

그러자 이승만 정부는 다시 「왜식종교관을 버리라」는 제2차 정화 담화를 발표하였다.[62] 이 담화는 비구 측의 주장과 대동소이하였고 결과적으로 정부는

60) 이 때 비구승 대표 5명은 청담 순호, 금오 태전, 원허, 적음, 월하 등이다

61) 만암의 종조 인식에 대한 문제 제기를 정화주역들인 비구 측은 수용하지 않았다. 이러한 인식 때문에 '환부역조설'을 제기한 만암으로 하여금 정화 초기 역사에서부터 대처 측으로 활동하게 하는 결과를 초래했다. 결국 비구 측의 종헌 제정 과정에서 조계종 종명의 회복과 '태고종조론'를 강력히 주장한 김영수와 '도의종조론'을 주장한 권상로 그리고 '보조종조설'을 제기한 이재열과 이종익으로 삼분되어 극심한 대립을 낳았다. 결국 1954년 6월 20일 제정되었던 종헌에는 종조―도의, 태고(보우)―중흥조의 내용으로 정리되었으며 보조종조론은 조선 중기 이후 단일화된 당시의 태고법통 전통에서 벗어나는 것으로 학문적으로 근거가 없는 것으로 평가되었다. 하지만 이러한 종조 시비는 여기서 마무리 된 것이 아니라 잠시 휴전되었을 뿐이다. 이 시비는 1990년 초반 頓悟頓修―頓悟漸修 논쟁을 계기로 다시 점화되었으며 1994년 改革會議 宗憲에서는 道義―宗祖, 知訥―重闡祖, 太古―重興祖로 삼분시켜 일련의 논쟁을 봉합시켰다.

62) 「倭式宗敎觀 버리라」, 《서울신문》 1954. 11. 6. "지난간 40여 년 동안에는 日本이 韓人들

비구 측을 지원하는 모습으로 비춰졌다. 비구 측은 정부 담화의 지원에 힘입어 11월 5일에 한국불교의 상징적 공간인 태고사에 진입하였다. 그리고 종권을 지니고 있는 대처승 측에게 종권 및 사무 양도를 요구하였다.

비구 측의 태고사 진입은 점차 사회문제로 확산되었고 국회에서 논의가 확대될 빌미를 주었다. 결국 대처 측도 공권력의 압박과 불리한 사회 여론의 현실을 수용할 수밖에 없었다. 1954년 11월 20일부터 24일에 이르는 숙의 끝에 집행부의 퇴진을 결의하고 종권을 태고문손 계열인 대처 측 비구들에게 인계하기로 하였다.

청담과 수뇌부는 긴급회담을 갖고 태고사의 총무원으로 나아가 종권을 인계받기로 하였다. 하지만 태고사에 진입한 비구 측 대중은 종권 인수를 촉구했으나 대처 측의 미온적인 태도로 종권 인계가 이루어지지 않았고 더우기 상호 충돌까지 일어났다. 비구 측은 1954년 12월 전국 비구 · 비구니대회를 개최하여 경무대까지 시가행진을 하였다. 이 와중에서 이승만 정부는 불교 내부 정화에 개입하여 지속적으로 정화 담화를 발표하기에 이르렀다.

정부가 정화 담화를 발표하여 자체 해결을 촉구하였음에도 불구하고 여전히 비구 · 대처 양측은 타협하지 않았다. 그러자 이승만 정부의 문교부는 불교 정화 과정에 개입하여 사찰정화수습대책위원회를 구성하였다. 그리고 이 위원회에서 1955년 2월 4일에 이르러 비구와 대처 양측이 합의한 승려자격 8대 원칙을 결정하였다. 1) 독신, 2) 삭발염의, 3) 수도, 4) 20세 이상, 5) 부주초육(不酒草肉), 6) 불범사바라이(不犯四婆羅夷, 不殺生 · 不偸盜 · 不邪淫 · 不妄語), 7) 비불구자, 8) 3년 이상 승단생활 해온 자 등이다. 승려자격 문제는 다시 논쟁을 점화시켰고 공권력 개입의 빌미를 주었다. 이승만 정부의 8차에 걸친 담화의 내용은 아래와 같다.

―――――――――――――

을 일본화시키기 위하여 일본승들이 와서 한인들을 일본불교로 '부처'를 숭배케 한다고 하여 일본풍속으로 僧이 고기도 먹고 帶妻도 두고 못하는 일이 없게 만들어 놓았던 것이다 ……."

차수	발표일	내용	비고
1	1954. 5. 20.	「대처승은 사찰에서 물러나라, 사찰의 토지를 반환하라」	
2	1954. 11. 5.	「倭式宗教觀 버리라」	서울신문
3	1954. 11. 19.	「불교계 정화 희망- 李대통령 순리 해결을 종용」	서울신문
4	1954. 12. 17.	「順理로 解決하라, 帶妻僧은 물러가고」	서울신문
5	1955. 6. 16.	「還俗할 覺悟하라-李大統領 帶妻僧 處身에 談話」	중앙일보
6	1955. 7. 13. 7. 14. 7. 15.	사찰정화대책위원회 회의 1차 회의, 문교부차관실 사찰정화대책위원회 회의 2차 회의, 태고사 법당 사찰정화대책위원회 회의 3차 회의, 태고사 법당	조선일보[63]
7	1955. 8. 4.	「倭色僧侶는 물러가라-이대통령 불교문제에 언급」	동아일보
8	1955. 11. 8.	「佛教에 關한 件」 (대통령이 내무부장관과 문교부장관에게 지시한 공문[64])	

---

63) 종단사간행위원회, 『태고종사』, 330~337면. 제5차 정화담화는 정부 담화의 형식이 아니라 문교부의 참관 하에 사찰정화대책위원회의 3차례에 걸친 회의 내용을 발표하는 형식을 취하였다. 《조선일보》 1955. 7. 11. "그런데 15일 하오 3시부터 曹溪寺(실제 會議錄과 禪學院側 공고에는 太古寺라 하였음)에서 열린 사찰수습대책위원회에서는 5명의 비구 측 대표와 4명의 대처 측 대표들이 토의"하였으며 그 "결과로 전국승려대회를 소집하여 새로운 종회의원을 선출하기로 표결지었다고 하며 同 僧侶大會는 오는 8월 1일부터 同. 5일까지 5일간 曹溪寺(공고문에는 太古寺)에서 內務部에서 작성한 獨身僧 명단에 기재되어 있는 승려들이 모여 개최될 것이라고 한다"고 적고 있다.

64) 종단사간행위원회, 『태고종사』, 352~354면. 불교 분규 과정을 보고 받은 이승만 대통령은 비서관 구본준을 시켜서 내부무장관과 문교부장관에게 '佛教에 關한 件'이라는 공문을 하달하고 있다. 논의는 대체적으로 지금까지의 담화를 종합하고 있다. 『태고종사』에서는 이 공문의 형식을 취한 '記'에 대해 "이 여덟 번째의 유시 또한 예외일 수는 없지만 그 시기의 문제성과 또 마지막 유시라는 점 및 첫 번째 유시 이후로 줄곧 같은 망발을 되풀이하면서 끝내 전통 태고종단의 설자리를 여지없이 박탈해버린 치욕스런 법난의 역사적 증언으로 후세에 전하기 위해 전문을 실었다"라는 표현으로 이승만 정화

정부는 총 8차에 걸친 정화 담화를 발표했고 뒤이어 공권력을 투입시켜 불교계에 물리적인 영향력을 행하였다. 정교 분리의 원칙이 엄연함에도 불구하고 정부는 불교계 스스로가 자정의 능력을 상실했다는 판단을 그 명분으로 삼았다. 그리고 그 명분은 다분히 정치적인 시각에서 내린 주관적인 판단일 뿐이었다.

하지만 내인론에 근거하면 공권력을 불러들인 주체는 명백히 불교 교단의 외부가 아니라 내부에 있었다. 비구-대처 양측은 교단의 주도권을 잡기 위해 필요하다면 공권력의 부름도 마다하지 않았다. 그 결과 불교 교단은 공권력의 통제와 종속으로부터 자유롭지 못한 역사를 열어가고 말았다. 타율적 정화인식은 불교 분규에 정치권력이 개입하는 계기가 되었고 상당히 오랜 기간 동안 이러한 모습을 띄게 했다.

따라서 수행사찰 할애 문제와 종조 시비로 심화된 불교정화의 흐름은 정화에 대한 근본적인 성찰과 반성을 촉구하게 하였다. 그리고 그것은 청담과 성철의 정화 이념과 성격 규명 속에서 해명해 내야할 과제라고 해야 할 것이다.

2) 청담의 대자적 타개론

성철과 달리 청담은 불교정화의 전면에 서서 총 지휘를 한 인물이다. 때문에 그에게는 정화에 대한 이념과 방법이 어느 정도 정립되어 있었다고 볼 수 있다. 하지만 그 방법에는 성철의 자율적인 정화론과 즉자적인 타개론과 달리 타율적인 정화론과 대자적인 타개론이 어느 정도 개입되어 있다고 볼 수 있다. 그것은 결국 정화의 지형도를 변형시켰으며 끝내 그 스스로 종단을 탈퇴하는 극단에 이르는 빌미가 되었다.

대자(對自, für sich)는 타자에 대한 부정적 태도에 의해 자기 자신이 일정한 한

담화에 대해 '언급할 가치도 없다'고 평가하고 있다.

계를 소유하는 실재로서 독립성을 주장하는 상태를 일컫는다. 즉 헤겔의 변증법에서 즉자의 직접 상태로부터 발전한 제2의 단계를 말한다. 이는 바깥과의 끊임없는 관계 속에서 문제를 해결해 나가려는 태도를 말한다. 다시 말해서 다른 것과의 관계에 의하여 자기를 자각하고 자기 자신과 대립하는 것을 말한다.

정화에 대한 입장을 표명한 청담의 글에서 드러나고 있는 것처럼 그의 대자적 타개론은 정화 과정에서 구체적으로 드러나고 있다.[65] 특히 이러한 관점은 청담이 대처 측과 국가에 대하여 자기를 자각하고 자기 자신과 대립하는 대목에서 자신의 견해를 보여주는 대목에서 잘 나타나고 있다. 일찍이 청담은 이미 1928년 3월 각황사에서 열렸던 조선불교학인대회의 주도적인 역할을 하였다. 그는 이때부터 이미 '일본 식민지 불교의 영향으로 인한 세속화의 극복'과 '불교의 정통성 회복'으로 요약되는 불교정화의 당위성을 역설하였었다.

> 지금의 우리 불교는 너무 세속화되어 있으므로 우리 젊은 학인스님들
> 이 불교의 정통성 회복에 앞장서야 한다.[66]

청담의 인식은 불교의 세속화가 과도하다는 데에 있다. 이 때문에 그는 불교의 정통성 회복이 무엇보다도 시급함을 절실하게 느끼고 있었다. 이러한 그의 생각은 봉암사 결사에서 성철과 의기투합하여 진행시켰던 일련의 과정에서도 확인되고 있다. 그리고 뒷날 불교의 도총섭을 맡아 정화를 주도해 가면서 보여준 모습에서도 드러나고 있다.

근대 한국불교(韓國佛敎)의 정화운동(淨化運動)이란 불교와 불법을 두고

---

65) 청담의 정화에 대해서는 다음의 논문이 참고 된다. 김광식, 「이청담의 불교정화정신과 조선불교학인대회」, 『한국현대불교사연구』(서울 : 불교시대사, 2006); 김광식, 「이청담과 불교정화운동」, 『한국현대불교사연구』(서울 : 불교시대사, 2006).
66) 불교전기문화연구소 편, 『다시 태어나도 이 길을─청담큰스님 평전』(서울 : 불교영상, 1996), 184면.

하는 말이 아니라 교단을 구성하고 있는 승단(僧團)의 정화(淨化)를 말하는 것이다. 청정(淸淨)해야 할 승려(僧侶)가 본래의 의미를 상실하고 있을 때 마땅히 본사(本師) 세존(世尊)께서 정하신 율법(律法)에 따라 대치되는 요소는 제거해야 한다. 이 운동이 바로 '근대(近代) 한국불교(韓國佛敎)의 정화(淨化)'이다.[67]

그는 정화가 불교와 불법을 대상으로 하는 것이 아니라 '승단의 정화'임을 분명히 하고 있다. 그리고 '율법을 지켜야 하는 승려의 본래 의미의 회복'을 정화의 목표로 삼고 있음을 보여주고 있다. 하여 율법에 대치되는 요소는 제거할 것임을 분명히 천명하고 있다. 이러한 청담의 정화인식은 1968년 8월 12일 조계종단의 탈퇴를 선언하는 소명서(疏明書)에도 잘 나타나 있다.

본인이 이번에 조계종에서 탈퇴한다고 한 것은 한 종도(宗徒)로서, 소위 한 종단의 원로로서, 또는 정화운동의 횃불잡이로서 근 20년간 심혈을 기울여 보았으나, 나의 무능력과 부덕의 소치와 또는 시운(時運)의 탓인지, 잘되어 가는 일은 적고 잘못되는 일이 많으며, 종단은 정화재운(淨化在運)되기 보다 앞길이 어두워가기만 한다. 그러니 한 종단의 원로라는 입지에서 수수방관(袖手傍觀)하기는 마음 괴로운 일이므로, 차라리 그 권외인(圈外人)이 되는 것이 떳떳하다고 생각되며, 그 권외에서라도 나의 본원(本願)은 조금도 변함없기에 이번에 탈퇴를 선언하기에 이르렀던 것이다. …… 돌아보건대 8·15 광복과 아울러 우리 겨레에게는 조국재건(祖國再建)과 민족중흥(民族中興)의 큰 과업이 지워졌던 것이며, 우리 불교도에게는 특히 천 육백년(千六百年) 역사의 전통과 민족의 얼이 깃들어 있는 불교를 정화(淨化), 재건(再建)하므로써 상실되어 가는 인

---

67) 「나의 편력 119, 종단과 결별」, 《매일경제신문》 1969. 9. 3.

간을 되찾고 무너진 국민도의(國民道義)를 재건하며 혼탁한 사회를 정화하여, 구국제세(救國濟世)에 이바지하려고 일어선 것이 불교정화운동이었다.…… 그 '정화'(淨化)한 먼저 교단을 정화하여 안으로 '수도승단(修道僧團)·정법불교(正法佛敎)'를 확립하고 밖으로 새로운 교화운동(敎化運動)을 일으키어 '인간개조(人間改造)·도의재건(道義再建)·사회정화(社會淨化)의 과업을 수행함으로써 조국재건(祖國再建)의 터전을 마련하고 나아가서 세계평화에 이바지하려는 것이다.[68]

이처럼 청담의 정화 이념은 교단의 정화에 머물지 않는다. 즉 그는 교단을 정화하여 안으로는 '수도승단과 정법불교'를 확립하고, 밖으로는 새로운 교화운동을 일으켜 인간개조와 도의재건 및 사회정화를 거쳐 조국재건의 터전 마련과 세계 평화에까지 이바지하려 한다고 표방하고 있다. 이것은 그의 정화인식이 불교 교단의 정화를 넘어 세계 평화로까지 나아가는 붇다의 본래 정신을 지향하고 있음을 보여주는 대목이다.

하지만 정화 주역들과 주변의 현실을 고려하지 않은 채 정화에 대한 이러한 이념의 과잉은 정화에 대한 경직성을 도출할 수밖에 없었다. 아울러 불교계와 국민들에게 불교정화에 대한 시선을 극단적으로 보여 준 점도 없지 않다는 점에서 시사하는 점이 적지 않다. 그리고 이러한 이념의 경직성이 그의 탈종으로까지 이어진 것으로 보이고 있어 그의 정화인식이 지니고 있던 경직성은 지적되어야 할 대목이라고 할 수 있다.

1954년 5월 20일 이승만 대통령은 불교계 정화에 대한 담화를 발표했다. 이른바 공권력의 발동이 시작되었다. 이 담화는 비구 측과 대처 측 모두에게 큰 영향을 미쳤다. 한 동안 두 그룹은 공권력 개입이 미칠 영향을 자기중심적으로 이해하면서 사태의 추이를 관망했다. 대처 측의 종단 집행부는 6월 20일

---

68) 이청담, 「疏明書」, 《대한불교》, 1969. 8. 17.

교무회의를 소집하여 종헌 개정을 통해 비구승단과 교화승단의 공존을 시도
했다. 이와 달리 비구 측은 6월 24~25일에 선학원에서 불교정화추진위원회
와 교단정화추진위원회를 출범시키면서 정화에 본격적으로 나설 준비를 하
였다.

청담이 불교정화에 본격적으로 뛰어들어 중심에 선 것은 1954년 8월 24~25
일 선학원에서 열렸던 전국비구승대표자대회에서부터였다. 이 대회에는 전국
의 수좌 대표 60명이 참가하여 1) 교단 정리, 2) 승니 교양, 3) 종헌 제정이란
정화의 이념과 방법을 결정하였다. 이 세 가지 결정 사항은 이후 추진된 불교
정화의 이념과 성격 및 방향과 방법의 사상적 기반을 형성하였고 청담의 대자
적 정화론의 주축이 되었다.

우선 청담은 정화의 당위성 위에서 합의를 이끌어내기 위하여 지혜를 발휘
했다. 즉 강경파와 온건파가 대립할 것을 염두에 두고 1) 비구와 비구니는 동
거하지 말고 일절 거래를 말 것, 2) 승적을 새로이 할 것, 3) 사승 퇴속시는 다
시 스승을 정할 것, 4) 가정 정리가 완료되지 않은 승려는 속히 정리할 것이라
는 4개 항목의 자숙조건을 제시하였다. 이것은 앞으로 자신이 추진해 나갈 정
화의 방향을 암시한 것이었다.

종헌제정 작업과 정화불사에 더욱 전념하였던 청담은 9월 28~29일 선학원
에서 전국비구승대회를 개최했다. 이 대회에서 가장 문제가 된 것은 대처승의
승려 자격 문제였고 대처승을 호법대중으로 처리한다고 결론을 도출했다. 그
리고 9월 30일에는 전국비구승대회에서 선출된 종회의원들은 새롭게 종단 집
행부를 구성하였다. 이어 집행부는 이전 교정이었던 만암 종헌을 종정으로 유
임시켰고 나머지 간부는 모두 새롭게 교체하였다. 이러한 일련의 과정에서 정
부는 담화를 발표하면서 지원에 나서게 되었다.

1954년 11월 5일 이승만 정부의 「왜식종교관을 버리라」는 제2차 담화가 보
도되자 태고사에 진입한 비구 측 대중은 종권 인수를 촉구했으나 대처 측의
미온적인 태도로 이루어지지 않으면서 충돌이 일어났다. 이 담화는 비구 측의
주장과 대동소이하였고 결과적으로 비구 측을 지원하는 모습으로 비춰졌다.

청담과 수뇌부는 긴급회담을 갖고 태고사의 총무원으로 나아가 종권을 인계 받기로 하였다.

11월 19일 이승만 정부의 「불교계 정화 희망– 이대통령 순리 해결을 종용」 이라는 제3차 담화가 보도되면서 양측의 갈등은 심각한 대립으로 확산되었 다. 그리고 12월 17일 이승만 정부는 「순리로 해결하라, 대처승은 물러가라」라 는 제4차 정화 담화를 발표하였다.[69]

이(李)대통령은 십구(九)일 상오 "불교계의 정화를 위하여 순리로운 해 결을 하는 방도로서 불교도는 정부방침에 순응하라"라는 요지의 담화 를 발표하였다. 우리정부에서 해가려하는 것은 이전 한국에서 해가던 것을 할 수 있는대로 필요한 것은 복구하고 일인(日人)들이 들어와서 강 제와 세력으로 해서 한인들을 일본화시키려고 했던 것은 다 폐지시키 려는 것인데 이 정책은 정부에서나 민간에서나 동일한 보조로 나아가 야 할 것이다. 요사이 문제가 되어있는 일본식 중(僧)에 관해서 이 정책 을 행하는 방식으로는 정부에서 이 사실을 공포하고 일본식중을 다 내 보내라고 하면 무슨 다른 수가 없을 것이다. 이런 강제의 색태(色態)를 보이지 아니하고 순리(順理)로 일본식 중들이 이것을 양해하고 각각 형 편을 따라서 이 제도를 복종하면 이문제가 순리로 해결되고 가정 가진 중들이 민간에 섞여살면 아무 문제가 없을 것이므로 이 정책으로 행해 가지고 몇 번 성명했던 것이다. 그러므로 각각 개인들의 사사 의견을 줄여가지고 이론(理論)을 만들지 말 것이고 정부 관리들은 중앙(中央)이 나 지방이나 다 이 정책으로 한국불교가와 일본불교가를 나누어 놓고 일본식 중들은 차차 양보하고 충돌(衝突)없이 자발적으로 해나가도록 권면(勸勉)해야 할 것이고 여러 가지로 순리발심으로 해도 일본식 중들

69) 「順理로 解決하라, 帶妻僧은 물러가라」, 《서울신문》 1954. 12. 18.

이 짐짓 반항해서 쟁론(爭論)을 일으키려고 할 때에는 그제는 정부에서
이 정책을 포기(抛棄)하고 원칙대로 집행해 나가려는 것이니 이 의도를
잘 양해하는 중에서 각 개인에게나 전체에게 손해가 없기를 바라는 바
이다.[70]

　담화의 내용은 일본승들로 하여금 양보하고 충돌없이 자발적으로 해 나가
도록 하되 일본승들이 반항하면 정부에서 순리의 정칙을 포기하고 원칙대로
집행하려는 경고라고 할 수 있다. 이러한 경고의 담화는 내용은 부드러웠지만
논지는 강고했다. 이 담화 속에는 '대처승=친일세력'과 '비구승=항일세력'이
라는 비구 측의 구도가 투영되어 있었다. 하지만 이러한 단순 도식의 전선 수
립은 역사적 근거와 설득력이 약한 것이었다.

　1955년 6월 16일 이승만 정부는 「還俗할 覺悟하라-李大統領 帶妻僧 處身에
談話」라는 제5차 정화 담화를 발표하였다.[71] 제6차 정화 담화에 이어 1955년
8월 4일 이승만 정부는 「倭色僧侶는 물러가라-이대통령 불교문제에 언급」이
라는 제7차 정화 담화를 발표하였다.[72] 이 담화에 뒤이어 제8차 담화까지 발
표하기에 이르렀다. 이러한 담화를 접한 비구 측은 나름대로 힘을 얻어 대처
측과 대립했다.

　이대통령의 유시를 계기로 활기를 띤 정화운동의 초기 무렵에는 2백명
에 불과한 비구승으로는 전국의 사찰을 다 관리할 수가 없으니 몇 개의
사찰만을 비구 측에 할애하고 나머지는 대처승에게 당대만 맡기되, 사
찰에서는 가정생활을 하지 못하게 하자는 여론이 있었다. 그리고 그 같

은 생각을 가진 비구승들은 유시 이전에 정화를 하자 했을 때도 필요한 몇 개의 도량을 얻고자 하는 것이었으므로 우선 도량을 확보한 다음, 차차 도제(徒弟)를 양성하여 서서히 정화해 가야 한다고 하였다. 대처승의 기득권을 당대에 한해서 인정하는 이 제안은 종정 송만암스님의 뜻이기도 했다. 이효봉스님과 정금오스님도 같은 생각을 가진 스님들이었다. 한편 하동산스님과 이청담스님은 그러한 생각에는 반대의 입장이었고 과격한 편이었다. 종정 송만암스님은 이효봉스님과 정금오스님의 뜻을 대처 측에 알리고 조정을 주선했다. 그러나 자기가 가진 사찰을 내놓지 않으려는 것과 첨예화된 양측의 감정적 대립 때문에 종정스님의 뜻은 이루어지지 않았다.[73]

당시 대체적인 여론은 비구 측에게 수행 사찰 몇 개만 할애해 주고 나머지는 대처 측에게 당대에만 맡기고, 사찰에서는 가정생활을 하지 못하게 하자는 것이었다. 하지만 자기가 가진 사찰을 내놓지 않으려는 대처 측과 첨예화된 양측의 감정적 대립은 종정의 유시조차 설득력이 없었다. 이렇게 되자 비구 측은 자신들의 요구가 묵살당했다고 생각하기에 이르렀다. 이에 비구 측은 '불교에 대처승 없다'는 강공으로 대처 측을 몰아붙이기 시작했다.

결국 비구 대처 양측의 대립은 타협되지 않자 문교부가 개입하여 사찰정화 수습대책위원회가 구성되었다. 1955년 2월 4일에 이르러서는 승려자격 8대 원칙이 결정되었다.

1) 독신(獨身),
2) 삭발염의(削髮染衣),
3) 수도(修道),

73) 강석주 · 박경훈, 위의 책, 211면.

4) 20세(歲) 이상(以上),

5) 불주초육(不酒草肉),

6) 불범사바라이(不犯四婆羅夷, 不殺生, 不偸盜, 不邪淫, 不妄語),

7) 비불구자(非不具者),

8) 3년 이상 승단생활(僧團生活) 해온 자.[74]

제1항의 독신에 대한 원칙의 결정은 대처승의 신분이 당대까지만 수용된다는 것을 의미했다. 그리고 반드시 수도와 3년 이상 승단생활을 해온 자 등으로 결정한 것은 비구와 대처 측의 거리를 좁히는 대목이라 할 수 있다. 이러한 원칙에 비구 대처 양측이 합의했다는 것은 앞으로의 관계 개선을 시사하는 것으로 읽혀졌다. 그리고 승려자격이 양측의 합의로 결정되었음은 정화운동이 진일보한 것으로 이해되어졌다. 비록 이러한 합의에 이르기까지 정부의 개입이 있었지만 승려상에 대해 합의했다는 점에서 그 의미가 적지 않았다.

하지만 그것으로 정화가 매듭지어지지는 않았다. 결국 제8차에 이르는 정화 담화를 거치면서 비구 측과 대처 측은 대립을 계속하였고 불교정화는 극단으로 치달았다. 비구 측을 지지했던 이승만 정부의 하야는 대처 측의 복원을 이끌어 내었고 박정희 정부의 등장은 종교에 대한 국가 개입의 빌미를 주었다. 결국 1962년 통합종단의 탄생은 타율적인 정화로 매듭지어졌지만 그 불씨는 여전히 남아있었다.

청담은 1962년의 통합종단의 탄생 이후에도 대처 측 출신 대다수가 화동위원회를 주도하는 현실을 목도하면서 깊은 자괴감을 금하지 못했다. 이후 그는 조계종 종정으로서 불교개혁론을 제안했지만 종회에서 처리되지 않자 종단을 탈종하는 극단적인 선택의 길을 걷기에 이르렀다. 이는 대자적 타개론에 기초한 청담의 타율적 정화론 역시 태생적인 한계가 있었다는 것을 의미했다. 그

---

74) 김광식, 「정화운동의 전개과정과 성격」, 앞의 책, 332면 재인용.

리고 대중들과 공유되지 못하는 이념과 방법은 성공할 수 없다는 사실을 보여준 것이었다.

따라서 불교정화의 이념에서는 앞섰으나 방법은 그러지 못했다는 세간의 평가는 정당한 평가로 볼 수 없다는 것이 논자의 생각이다. 청담의 정화론은 성철과는 또 다른 점에서 설득력이 없지 않았지만 정화 이념이 과잉되었고 경직되었다는 점에서 그것 역시 처음부터 한계를 지니고 있었던 담론이라고 할 수 있다.

3) 성철의 즉자적 타개론

사실 성철은 비구-대처 분쟁에 능동적으로 참여하지 않고 수행불교의 전통을 견지했기 때문에 정화의 한 주역으로 보기는 힘들지도 모른다. 하지만 정화를 물리적인 국토의 청정화나 승단의 청정화만으로 한정지을 수 없다는 점에서 그 역시 정화의 주역으로 평가하는 데에 있어서 하등 문제가 되지 않는다. 그는 정화를 청담과 같이 대자적 타개의 담론이 아니라 자내의 힘과 이념에 의해 이루어져야 한다는 즉자적 타개론을 역설하였다.[75]

이미 앞에서 살펴본 것처럼 성철은 타율적 정화론으로는 이 문제를 해결할 수 없음을 분명히 보여주었다. 성철은 봉암사 결사의 방향을 불교의 근본 지향으로 잡게 했고 아울러 불교 본래의 '화합' 혹은 '육화'(六和)정신에 맞는 자율적 방법론에 의해 정화가 이루어져야 함을 몸소 수행불교의 전통을 견지하는 몸

---

75) 성철의 현실인식과 정화인식에 대해 논구로는 다음과 같은 글들이 있다. 김광식, 「이성철의 불교개혁론」, 『퇴옹 성철의 깨달음과 수행』(서울 : 예문서원, 2006); 허우성, 「간디와 성철」, 퇴옹 성철의 깨달음과 수행』(서울 : 예문서원, 2006); 박해당, 「성철 법맥론에 대한 비판적 검토」, 퇴옹 성철의 깨달음과 수행』(서울 : 예문서원, 2006); 조명제, 「백일법문과 근대불교학」, 『1960년대 전후 상황과 성철스님의 역할』(서울 : 대한불교조계종 백련불교문화재단, 2006); 신규탁, 「'정화'에 대한 퇴옹 성철의 사상」, 『한국불교학』 제49집, 한국불교학회, 2007. 11.

가짐으로 보여줌으로써 오늘날에도 여전히 후학들에게 영향을 미치고 있다.

성철은 당시의 승려들과 불자들이 무격신앙에 좌우되고 부처님 말씀에 근거하여 살고 있지 않음을 극력 비판하였다. 때문에 승려들의 위상을 높이고 신앙과 사상에 의해 불교정화를 해야 한다는 것이 그의 소박한 정화론이었다. 특히 승려들의 위상을 높이기 위해 그 스스로 보여준 치열한 수행자상은 여타 수행자들에게 귀감이 되었고 그것은 뒷날 수행자들의 이상적인 삶의 모습으로 자리매김 되었다.

고불 고조의 유칙과 유훈 및 청규와 교법 그리고 부처님 법대로를 지향한 그의 즉자적 정화론은 근본불교 지향으로 수렴되어 있었다. 하여 특히 불교의 근본이 중도사상에 있다고 단언하면서 대승불교의 어떤 경전이든지 중도사상에 입각해서 설법되어져 있다면 그것은 부처님 법이고, 그렇지 않으면 부처님 법이 아니라고 주장하는 대목에서 그의 근본주의 지향은 과도하게 설해져 있다고 평가받기도 한다.[76]

때문에 성철의 개혁론이란 이름으로 전해진 그의 정화론은 일종의 근본주의에 빠질 위험성이 없지 않다는 지적은 설득력이 있다고 할 수 있다. 이러한 관점은 최근 성철 관련 논문들에서 조심스럽게 제기되고 있다. 그리고 이러한 그의 생각이 정화의 명분과 이념 설정에는 앞섰으나 정화의 방법과 실현에는 서툴렀다고 평가받는 근거가 되고 있다. 동시에 그것은 정화의 명분과 이념 설정 및 방법과 실현에 서툴렀다면 그것은 처음부터 정화에 대한 인식에 문제가 있었던 것 아니냐는 지적이다.

다시 말해서 논의의 초점은 정화의 이념과 방법은 분리될 수 없다는 것이

---

76) 조명제, 앞의 글, 44~45면. 논자는 여기에서 그리고 그의 중도관은 일종의 환원론에 함몰된 우려가 없지 않다. 즉 2500여 년이라는 시간과 아시아라는 세계 공간에서 다양한 문화, 사상, 역사와 접촉하면서 형성된 불교의 사상과 문화는 그야말로 광대무면한 문화와 사상을 담고 있는데, 그것을 거꾸로 그 기원이나 원류로 환원하여, 중도라는 하나의 개념과 틀로 규정하는 것이 가능한 것인가?라는 근본적인 물음에 대답하기가 쉽지 않다고 주장하고 있다.

다. 물론 그가 말하는 근본주의적 지향이 '불교 근본만으로의 회귀'인지 아니면 '일제의 침입 이전 조선 불교로의 복원'인지는 분명하지 않다. 이것은 불교 정화 현실의 각박함과 어려움을 보여주는 것이라 할 수 있을 것이다. 이 때문에 성철 정화이념의 경직성과 소박성이 방법의 서투름과 왜소함으로 나타난 것은 아닌지 검토해 보지 않을 수 없는 것이다.

> 종교의 개혁이란 본시 교조의 근본사상에 입각해서 조금이라도 배치된다면 그것은 개혁이 아니고 역행이 되고 맙니다. 세월이 지나감에 따라 교법이 위배되고 폐단이 생기게 되는데, 변질된 폐단을 완전히 청소하고 교조의 근본사상으로 환원하는 것이 개혁이라고 봅니다.[77]

하여튼 성철의 근본불교 지향은 교조의 근본사상으로 환원하려는 데에 있었다. 그것은 그가 생각하는 개혁이 어디를 향하고 있는지를 나름대로 의미있게 보여주고 있다. 성철은 곧 불교의 근본으로 되돌아가는 것이 개혁이라고 이해하고 있으며, 불교정화를 통해 궁극적으로 나아갈 이상 역시 바로 부처님 당시 상황의 재현이었다고 할 수 있다. 논자는 이것을 성철의 즉자적인 개혁론이라고 명명하고 있다.

즉자(卽自, an sich)는 현상에서 독립한 그 스스로의 존재 자체이며 모든 현상적 외관으로부터 독립하여 실재함을 말한다. 헤겔의 변증법의 근본 개념으로서 대립이 발전하지 않은 채 잠재해 있는 사물의 발전 단계 중 제1단계를 일컫는 말이다. 이를 달리 말하면 다른 것과 관계를 갖지 않고 그 자체로서 존재하고 있는 일이나 그런 존재를 말한다.

이 같은 일련의 정부 방침에 힘입어 비구 측은 8월, 선학원에서 전국비

---

77) 《조선일보》 1984. 3. 17.

구승대표자대회를 갖고 불교정화운동을 시작했고, 9월에는 전국비구
승대회를 가졌다. 이 대회는 종정에 송만암스님, 부종정에 하동산(河東
山)스님, 도총섭(都摠攝)에 이청담스님, 총무원장에 박성하(朴性夏)스님
등으로 진용을 구성하고 정화운동을 추진하기로 정했다. 대부분의 비
구승이 참석한 대회에 오직 이성철스님만이 참석을 하지 않았다. 비구
승대표자회의를 마치고 찾아간 하동산스님에게 이성철스님은 "외부의
힘을 입고 하는 정화운동은 원만한 결실을 거둘 수 없다"고 말했다. 그
리고 이같이 예견한 스님은 파계사 성전암에 칩거하여 나오지 않았다.
어쩌면 스님은 오늘과 같은 한국불교의 상황을 예견했는지도 모른다.[78]

　이러한 성철의 태도는 '외부의 힘을 입고' 하는 정화가 아니라 '자기의 힘을
입고' 하는 정화가 진정한 정화임을 역설해 주고 있다. 이는 봉암사 결사가 지
향했던 자생성과 연속되고 있다. 이러한 자생성을 확보하기 위해 한동안 그는
파계사 성전암에 들어가 두문불출 하였던 것이다. 이것은 진정한 정화는 자기
의 힘으로부터 나오는 것임을 온몸으로 역설한 것이라고 할 수 있다. 이 부분
에서는 논자 역시 같은 생각을 지니고 있다.
　하지만 성철의 이러한 생각에 변화의 조짐이 보이기 시작했다. 그는 종정으
로서 1980년대에 출범한 비상종단의 출범을 계기로 자신의 불교개혁을 실행
에 옮기려고 했다. 그리고 그것은 봉암사 결사 정신과 나름대로 연속점이 있
었던 것으로 보인다. 결국 비상종단의 출범으로 인해 불교의 전통과 근본이
흔들릴 수 있다는 경험을 통해 비상종단 퇴진 이후 불교개혁에 대한 소신을
일단 접고 자신이 직접 그 문제를 제기하지 않는 방향[79]으로 갔지만 이러한 관
점은 정화에 대한 그의 입장이 즉자적 타개론으로만 고정되어 있지 않고 대자
적인 타개론으로 시도될 수 있었다는 사실을 보여준다.

---

78) 강석주 · 박경훈, 앞의 책, 209면.
79) 김광식, 「이성철의 불교개혁론」, 『한국현대불교사연구』(서울:불교시대사, 2006), 407면.

이처럼 그의 정화론은 근본주의 지향을 떠나 있는 것처럼 보이지는 않지만 그 나름대로 역동적인 지평을 지니고 있었다고 평가할 수 있다. 하지만 정화 주역들과 그 주변 사람들의 현실을 충분히 고려하지 못했다는 평가는 정화 이후 전개된 한국불교 현실 전반이 이것을 잘 말해주고 있다고 해야 할 것이다. 다만 그것이 성철 한 개인의 책임으로만 돌릴 수 없다고 하더라도 이후 한국불교에서 차지하는 그의 위상을 감안할 때 이러한 책임에서 그 역시 자유로울 수 없기 때문이다. 따라서 그의 '정화론' 혹은 '개혁론'은 '공'과 '득'의 관점에서만이 아니라 '과'와 '실'의 측면도 동시에 지니고 있다고 볼 수밖에 없다고 해야 할 것이다.

5. 불교정화에서 두 사람의 위상

붇다는 수행자에게 있어서는 좋은 벗[善友]은 자신의 수행에 있어 절반[半]이 아니라 전부[全]임을 일깨워 주었다. 즉 그는 '범행의 절반은 이른바 선지식·착한 벗·착함을 따르는 것이요, 악지식·나쁜 벗·나쁜 일을 따르는 것이 아니다'[80]이라고 했다. 이처럼 도반은 수행자에게 있어서 모든 것이라고 할 수 있다. 청담에게 있어 성철은 그런 존재였고, 성철에게 있어 청담 역시 그런 존재였다.

청담은 이미 1928년 3월 전국학인대회를 주도하였던 경험이 있었다. 1941년 수덕사에서 청담은 10년 연하의 성철과 처음으로 만나 의기투합하였다. 이들은 오래지 않아 1942년 선학원에서 공동 수행을 하자고 약속하였다. 그리고 서로에게서 불교의 중흥 및 올곧은 수행을 통해 교단을 정화하고 전통불교의 복원하자는 뜻을 확인했다. 1944년 선산 도리사에 머물던 성철에게 문경

---

80) 『雜阿含經』 제27, 726경(『高麗藏』 제18책, 977하 면; 『大正藏』 제2책, 195중 면).

대승사로 오라고 편지를 보낸 청담은 해방 이전까지 대승사 쌍련선원에서 머물던 10여 명의 수좌들과 함께 수행했다.

이를 계기로 두 사람은 동지로서 도반으로서 급격히 가까워지게 된다. 우선 청담과 성철은 대승사에서 이러한 결의를 하고 봉암사 선방을 개설하려고 했다. 오랜 노력 끝에 1946년 선방이 준비되자 두 사람은 가을철에 봉암사에 들어가 겨울을 함께 보내었다. 1947년 동안거 해제 직후 이들은 당시 교단이 주관하는 가야총림에 참가하라는 통지를 받게 되었다.

1945년 9월 22~23일 전국승려대회 결의로 창설한 가야총림은 1946년 10월경 구체화되기 시작했다. 청담과 성철은 자신들이 대승사에서 구상했던 총림과 지향이 같다고 판단하였다. 청담과 성철은 1947년 하안거부터 가야총림에 합류했다. 하지만 최범술(교단 총무부장)과 임환경(주지)이 제시한 총림의 제방 운영에 대한 논의 중 특히 총림의 재정문제가 원만히 타결되지 않아 가야총림에 대한 참가와 불참으로 노선이 갈려지기 시작했다.

항변의 핵심은 변두리의 쓸모없는 전답에서 나오는 양식 가지고는 먹고 살 수 없다는 것이었다. 하지만 이러한 항변으로 충돌하게 된다면 공부에 아무런 도움이 되지 않을 것으로 판단한 성철은 통도사 내원암으로 떠났다. 하지만 청담은 총림에서 한 철은 나겠다며 가야총림에 잔류하였다. 이 대목에서 대쪽 같은 성철의 성품과 보다 유연한 청담의 성품이 엿보인다. 또한 8척의 키인 성철과 5척 단구인 청담의 면모에도 서로 대비되는 점이 있다.

1947년 서울의 김법룡 거사가 소유하고 있던 수많은 불서와 장경이 청담과 성철에게 전해졌다. 두 사람은 '수좌들이 살기에 적합한 곳'인 봉암사에 이 책들을 보관하면서 이전에 못다한 공동 수행을 봉암사에서 다시 이뤄보자고 합의하였다. 1947년 가을 성철은 아직 가야총림에서 합류하지 못한 청담과 별도로 봉암사 결사를 시작하였다. 이때의 상황은 성철의 증언에 잘 드러나 있다. 이후 다시 만난 이들은 각기 봉암사 결사에서 만나 '부처님 법대로 살자'는 기치로 함께 생활하며 삼년을 함께 수행했다.

빨치산이 들끓고 경찰이 출동하기 시작하면서 봉암사 도량은 어수선해졌고 수좌들의 목숨까지 위험한 지경에 이르렀다. 결국 성철은 파계사로 떠났고 청담 역시 다른 수행처로 길을 떠났다. 하지만 이들의 관계는 끊이지 않고 오래도록 유지되었다. 그리고 두 사람은 이후 불교정화의 소용돌이 속에서 저마다 서 있는 자리에서 봉암사 결사의 정신을 이어갔다. 성철은 수행불교의 전통을 견지하면서 불교 내부에서 정화를 지속하였고, 청담은 저자의 한복판에서 정화를 주도하였다.

청담은 1954년에서부터 1962년 통합 종단이 서기까지 도총섭의 소임을 맡아 불교 교단의 정화에 헌신하였다. 성철 역시 경상도 일대의 사찰을 무대로 모범적인 수행 정진을 통해 교단 내부의 정화를 이끌었다. 이들은 정화시기 내내 교단의 중심이었을 뿐만 아니라 정화 이후에도 종정(청담, 성철)과 수행가풍의 재정립을 통해 불교정화의 소임을 다하였다. 그리고 봉암사에서 그들과 함께 수행을 하고 지도를 받은 혜암과 법전은 봉암사 결사 정신의 계승과 그 후광에 의해 이후 조계종의 종정에까지 오르게 되었다.

이들 두 사람은 불교정화에서 일정한 위상을 지니고 있으며 그것은 봉암사 결사로부터 비롯된 출가정신의 확보에서 비롯된 것이었다. 그리고 그것에 기초하여 이루어진 정화 이념은 비록 일정한 한계가 있기는 했지만 정화를 어느 정도 완수하였고 불교의 출가 문화를 우리 사회에 대중화시키는데 혁혁한 공헌을 했다. 따라서 두 사람이 불교정화와 불교 개혁에서 보여준 모습과 현실 속에는 우리시대의 모든 가능성과 한계성이 동시에 투영되어 있다고 할 수 있다. 그리고 바로 그 지점에서 불교정화를 대상화해서만 평가하고 판정하려는 자세 역시 조심스럽지 않을 수 없는 것이다.

6. 보림 : 정리와 과제

1) 얻은 것과 잃은 것

불교정화를 통해 얻은 것은 전통 불교의 복원이었다. 종래 전통 불교 의식과 청규 등은 정화 과정을 통해 어느 정도 복원될 수 있었다. 사의법(四依法)으로 표현되는 초기 율장의 출가정신이 최소한의 소유를 표방하고 있듯이 정화 주역들 역시 처음에는 몇 개의 수행 사찰 할애만을 요청할 정도로 소박한 수행자 정신에서 출발했다. 하지만 그러한 요구가 수용되지 않으면서 교단 정화의 불길이 드높이 치솟았다.

결국 정화과정에서 빚어진 산물은 새로운 정화의 대상이 되기에 이르렀다. 즉 전국 1,800여 개 사찰의 주지 발령을 위해 양산한 급조승과 그들 문하로부터 비롯된 무학승의 양산은 심각한 승려교육의 문제를 제기했다. 또 불교계 전체에 인재의 손실을 가져옴으로써 우리 사회 내에서의 위상 확보에도 일정한 차질이 있었다. 물론 이것을 반면교사 혹은 타산지석의 계기로 삼을 수만 있다면 오히려 긍정적인 점이 없지 않았다는 시선을 확보할 수도 있다.

그리고 국내의 어느 종교도 해결하지 못했던 청산 작업을 불교만이 마무리하여 식민잔재를 청산하고 한국불교 전통을 계승한 조계종을 창종하였다. 이것은 우리 종교사적 의미에서만이 아니라 사회사적인 의미에서도 주목되는 지점이다. 즉 여타 종교와 달리 민족 정통성을 회복한 대표적인 사례로서 상징적인 의미를 지닌다. 하지만 일제 지배가 낳은 구조적인 문제들과 함께 국가 권력의 분쟁 개입이 지속적으로 중요한 영향을 미쳤다는 점은 심각한 반성과 성찰이 동시에 요청된다.

즉 불교 분쟁은 국가의 공고한 통제 하에서 진행됨으로써 갈등의 당사자들로 하여금 국가 권력의 후원을 얻기 위한 경쟁적인 노력을 촉발했고 그 결과 불교 교단의 국가에 대한 자율성을 극히 낮은 수준에 머물게 했다. 이러한 의타성은 이후에도 여당 체질과 친여적인 성향에 머무르는 현실로 나타나고 있다는 점에서 불교정화를 통해서 잃은 점이라고 할 수 있다.

한국불교는 정화를 통하여 민족정신의 정통성 회복에는 성공했으나 그 과정에서 너무나 혹독한 대가를 치르고 말았다. 한국을 대표하는 정신문화인 불교가 식민잔재를 청산했다는 것이 사회사적으로는 큰 의미가 있었을지 모르나 한국불교의 입장에서는 불교의 내부 역량을 너무 많이 소진하였다는 평가를 피할 수 없다. 그리고 이러한 소진은 결국 미래 불교의 내포 심화와 외연 확대를 위한 인적 물적 역량의 고갈을 가속화시켰다.

그리하여 타종교에 비해 많은 인적 물적 자원 손실을 입는 바람에 이후 타종교와 경쟁을 위한 내부 발전 역량까지 탕진해 버린 셈이 되었다. 결국 비구 대처 분규로 인하여 사찰재산의 개인적인 횡령과 사찰 분규를 둘러싼 송사과 정에서 정재 재산의 탕진이 많았다. 아울러 통합종단를 표방함에도 불구하고 정화의 결과로 인하여 청정비구 승단이 등장하면서 재가족의 유능한 인적 자원을 많이 상실했다. 오늘 우리 사회의 지식사회의 지형도에서 불교지식인들의 분포도가 적은 것도 바로 이 때문이라고 할 수 있다.

또한 국가가 주도하는 장기적인 내분은 불교 자체의 조직적 통합 능력을 낮은 수준에 머물게 함으로써 불교계의 분열을 고착시켰다. 불교 내분이 정치권력에 의존하여 진행되고 때에 따라서는 법원의 판결이 교단의 운명을 좌우함에 따라 조직을 통합하고 갈등을 관리하는 능력은 더욱 감소하고, 사소한 갈등의 불씨도 장기적이고 파괴적인 분쟁으로 발전하기 쉽게 되었다.

이러한 점은 청정한 정신을 기초로 하는 불교의 본래 의미를 왜곡하는 방향으로 나아갈 경향이 있다는 점에서 잃은 점이라고 할 수 있다. 민족 문화의 7할 이상을 담보하고 있음에도 불구하고 정치 경제적 배경의 미비와 지식사회 속에 오피니언 그룹을 형성하고 있지 못한 현실은 불교에 대한 사회의 평가와 시선 역시 긍정적이지만은 않다는 점에서 잃은 점이 적지 않다고 할 수 있다.

2) 끝낸 것과 남은 것

일제 잔재의 청산은 어느 정도 끝낼 수 있었으나 남아있는 문제도 적지 않다. 특히 적산의 처리 문제와 분규 사찰 및 재산 그리고 정통성 문제 등은 지금도 해결되지 않은 상태로 남아 있다. 그리고 이러한 역사적 유산이 여전히 '한국불교의 국가 종속적이고 친여적(親與的)인 정치 성향과 행위 패턴'을 지시하고 있다는 점에서 끝내지 못하고 남은 문제가 되고 있다.

동시에 이 같은 정치 성향과 행위 패턴의 문제는 한국불교의 국가 종속적이고 친정부적인 정치 성향과 행위 패턴의 뿌리가 되고 있다는 점에서 정화 이후에도 아직 끝내지 못한 것이라고 할 수 있다.

국가의 강력한 개입 아래 진행된 불교계의 정화는 일제 식민지 불교의 잔재 청산과 한국 전통 불교의 복원이라는 당위에는 부합했으나 그 실현 방안에서는 많은 문제점을 자아냈다. 무엇보다도 권력과 불교의 유착으로 표현되는 불교와 정치의 유착은 불교 교단의 정치적 종속의 심화로 이어졌다. 하여 정화의 당위와 정화의 현실의 거리는 너무나 멀었고 이 거리를 좁히기 위해 셀 수 없는 인적 손실과 헬 수 없는 물적 손해가 뒤따랐다. 때문에 이 시기에 마땅히 이루어졌어야 할 인재양성을 위한 교육기관 건설과 언론 방송 및 출판문화 등에 대한 관심과 투자가 이루어지지 못했다.

이러한 실기(失期)는 이후 더욱 더 큰 희생을 요구하였고 그로 인한 상처는 여전히 남아있다. 더욱이 오랜 정화과정은 정화의 이념을 퇴색시켰고 현실과 타협한 교단은 불교 대중들에 대한 고민을 상실한 채 내부 주도권 다툼으로 변질되었다. 하여 지속적인 정화의 당위와 불교의 현실은 상충되었고 거기에서 비롯된 상처로 인해 덧남이 잠복해 있다. 이 모든 공과는 다음 세대에게 고스란히 계승되어 지금도 여전히 수면 아래에 잠들어 있다.

통합종단의 탄생 이후에도 대처 측 출신 대다수가 화동위원회를 주도하는 현실을 목도하면서 깊은 자괴감을 금하지 못했던 청담이 이후 조계종 종정으로서 자신이 제안한 불교개혁론이 처리되지 않자 종단을 탈종하는 극단적인 선택의 길을 걷기에 이르렀던 점이나, 1980년대에 출범한 비상종단의 출범을 계기로 자신의 불교개혁을 실행에 옮기려고 했던 성철이 비상종단의 출범으로 인해 불교의 전통과 근본이 흔들릴 수 있다는 경험을 통해 비상종단 퇴진 이후 불교개혁에 대한 소신을 일단 접고 자신이 직접 그 문제를 제기하지 않는 방향으로 나아갔던 점 등은 정화만으로는 해결할 수 없는 지점들이 여전히 엄존하고 있다는 사실을 보여주고 있다. 이는 그들이 세웠던 정화 이념과 방법의 괴리에서 실존적 인간으로서 경험했던 아픈 면모를 보여주고 있다.

이는 대자적 타개론에 기초한 청담의 타율적 정화론 역시 한계가 있었다는 것을 언표해 주고 있다. 그리고 즉자적 타개론에 기초한 자율적 정화론 역시 한계가 없지 않았다는 사실을 보여주고 있다. 결국 이것은 대중들과 공유되지 못하는 정화의 이념과 방법은 성공할 수 없다는 사실을 보여준 것이었다. 이념이 정당하다면 방법도 정당해야 한다는 것이 논자의 생각이다. 결과론적이지만 이념과 방법의 불가분리성이 정화의 완성을 열어가는 지름길임을 정화 주역들은 생각하지 못했던 것으로 보인다.

따라서 청담 순호와 퇴옹 성철의 현실인식과 정화인식이 불교정화의 이념과 성격 규명에서는 앞섰으나 방법과 전개 과정에서는 그러지 못했다는 세간의 평가는 정당한 평가로 볼 수 없다는 것이 논자의 생각이다. 물론 청담의 정화론은 성철과는 또 다른 점에서 설득력이 없지 않았지만 이념의 과잉과 경직 및 방법과 전개 과정의 거리로 인해 처음부터 한계를 지니고 있었던 담론이라고 할 수 있다. 이념과 방법의 어쩔 수 없는 분리는 결국 불교정화 현실의 각박함과 어려움을 보여주는 것이라 할 수 있을 것이다.

그리고 그것을 우리는 주체할 수 없는 인간들의 다양한 업식의 스펙트럼 때문이라고 말하지 않을 수 없을 지도 모른다. 결국 현 단계에서 우리가 할 일은 정화 이념의 경직성과 소박성이 조급함과 서투름으로 나타난 것은 아닌지의 반성과 그것을 통해 새로운 정화를 위한 타산지석과 반면교사로 삼는 일일 것이다.

정화운동,
불교중흥 제일과제는 교단의 청정성 회복*

◉

박희승(조계종 총무원 문화부 차장)

*이 글은 『불교평론』 50(서울 : 만해사상실천선양회, 2012)에 수록된 것
이다.

1. 시작하는 말

한국불교의 근현대사에서 가장 큰 역사적 사건은 교단의 재건과 정화운동일 것이다. 불교는 한반도에 전래된 이후 고려조까지 1천 년 동안 국교(國敎)의 위상과 역할을 해왔으나, 고려 말기 승풍의 타락과 유교 이념을 앞세운 신흥 사대부 세력이 조선을 개국하자 500년 동안 모진 시련을 겪어야 했다. 조선시대에 들어서, 교단의 해산과 승려의 환속 및 도성출입금지, 사찰의 폐쇄 등과 같은 가혹한 탄압을 감내해야 했다. 그럼에도 불교는 명맥을 이어와 개화기에 다시 경허, 용성 선사와 같은 걸출한 스님들이 결사운동을 통하여 선원을 재건하고 수행종풍을 회복하여 불교중흥의 씨앗을 뿌렸다.

그런 까닭에 일본제국주의가 한국을 식민지화하고 일본불교의 사상문화를 이식시키려 하거나 서양의 기독교 사상문화가 사회에 주된 흐름을 형성하여도 불교는 짧은 시간 안에 교단을 재건하고 국민의 정서와 문화에 자리매김할 수 있었다.

이 글은 한국불교 근현대사에서 한 분기점을 이루었던 1950년대 불교정화운동과 그 개혁적 성격을 앞선 연구 성과를 바탕으로 역사적 배경과 전개 과정을 살펴보면서 현재적 시점에서 평가하고 과제를 정리해 보고자 한다.

2. 정화운동의 배경과 원인

1) 일제강점기의 식민지 불교정책과 전통수호의 흐름

1954년 비구승들이 본격적으로 추진한 불교정화운동은 당시 불교계가 안고 있던 모순이 표면화된 결과다. 그렇다면 당시 불교계의 모순은 무엇인가? 불교교단의 핵심이자 삼보의 하나인 승려의 구성에서 대처승이 다수이고, 교단과 사찰 운영의 주류였음이 문제였다. 불교의 계율이나 전통에서 '대처승(帶妻

僧'이라는 제도는 성립될 수 없는 이단이다.

일제는 한국을 강점한 직후 사찰령을 제정하여 사찰을 30본산으로 나누어 각 본산별로 본말사법을 만들도록 강제한 뒤에 주지의 인사권과 재산처분권 등을 총독이 관장케 제도화하였다. 1926년 10월, 본말사법에 비구계 자격을 삭제하도록 종용하여 1929년까지 대부분의 본사가 이를 수용하게 된다. 이에 따라 처자식을 가진 승려도 본말사의 주지가 될 수 있게 되자 사찰은 급속히 세속화되어 갔다. 주지의 조건에 비구 조항을 삭제하여 대처승도 주지를 할 수 있도록 제도적으로 보장한 것이다. 이로 인하여 1920년대에 들어 한국불교계에 대처승이 확산되기 시작했고, 일제 말기에는 다수의 스님들이 대처화되었다.

그러자 당시 교계 일각에서는 이 대처승 제도에 반대하여 청정비구의 지계정신을 지키려는 운동이 전개되었다. 백용성 선사를 필두로 한 127명의 스님들이 1926년에 두 차례나 총독부에 대처 허용을 반대하는 건백서를 제출하였다. 이 건백서는 당시 《동아일보》(1926. 5. 19.)에 보도될 정도로 사회의 관심도 높았는데 기사의 요지는 이렇다.

취처육식은 ……불교 교지에 버스러진 일로 조선불교를 망케 할 장본이라 ……불교의 장래를 위하야 취처육식 등의 생활을 금하야 달라는 뜻의 장문 진정서를 제출하였다.

사찰이 대처승들의 생활공간이 되고 부인과 자식 등 부양가족이 생겨나자 필연적으로 경제 문제가 대두되었다. 자연 대처승들은 사찰 신도들의 시주금과 부속된 토지의 산물로 생계가 어렵자 사찰에서 음식점을 경영하거나 심지어 술과 고기를 팔고 기녀들을 고용하기도 하였다. 1935년 경기도에서 '28개 사암을 조사한바 개운사, 신흥사 등 10개사에서 30호가 음식점을 경영하여 250여 명의 승려들이 생활하고 있었다.'고 한다.

이와 같은 대처승들의 타락에 대하여 만공 스님은 1936년 총독부에서 열린

31본산주지회의에서 총독에게 이렇게 '할(喝)!'을 하였다.

> 일한 병합 이전에 우리 조선 사원 안에서 파계자에게는 뒤에 북을 울려
> 산문 밖으로 쫓아내어 우리 조선 승려들은 규모 있는 교단생활을 계승
> 하여 불조의 혜명을 이어왔습니다. 합병 이래로부터는 사찰령 등의 법
> 령이 반포되고 또한 삼십일본말사의 사법이 인가된 후로 소위 주지들
> 전단이 감행되자 승풍이 문란되었으니 곧 취처하는 승려와 음주식육을
> 공공연히 하는 것을 공인화 되어 이때부터 조선승려들 전부가 파계승
> 이 되고 말았습니다.
> 우리 불제자들에게는 무엇보다도 부처님의 법령인 계율이 지엄하니 이
> 율법에 의준하여 삼천 년이라는 장구한 동안에 교법을 계승하여 왔는데
> 일본불교도의 공공연하게 파계하는 영향을 받아 조선불교 승려들은 전
> 부가 파계승이 되어버렸으니 나는 이 책임이 전부 당국에서 이같이 불
> 철저한 법령으로써 조선불교를 간섭한 데서 인유한 바라고 생각합니다.
> 경에 말씀하기를 '한 비구로 하여금 파계케 한 죄악은 삼십아승지겁 동안
> 아비지옥을 간다.' 하였사오니 이 같은 칠천 명 승려로 하여금 일시에
> 파계케 한 공 이외에는 당국자에게 무슨 그리 대단한 업적이 있습니까?

당대의 선지식이 조선총독을 앞에 두고 일제의 정책이 한국불교를 어떻게
파계하고 있는지 적나라하게 비판한 것이다. 이러한 비판에 직면하자 총독부
는 서둘러 각 도지사에게 사찰정화 대책을 지시하였고, 각 도는 본산 주지들
에게 '승려의 부녀 기타 가족을 사찰 내에 상주시키며 속인적 생활을 함은 조
선 사찰의 승규에 적당치 않은바 금지할 것' 등 주의사항을 시달했다. 이처럼
총독부까지 나서서 사찰의 세속화를 막아보려 애썼지만, 승려의 대처화가 확
산될수록 사찰은 청정성을 잃어 가면서 타락상은 더욱 만연해 갔다.

이러한 타락은 광복 이후에도 개선되지 않았다. 일제강점기에 확산되던 대
처승들의 양복 착용과 머리를 기르는 세속화 풍조는 점점 일반화되어 공식적

인 교단 회의나 의식에서도 머리를 기르고 양복을 입은 채 참석할 정도로 승풍의 쇠퇴는 심각한 상황에 이르렀다. 당시 언론 보도에 의하면, 경찰 당국이 1947년과 1949년, 강력한 사찰 정화대책을 수립하기도 했다. 청정한 수행도량에서 대처승들이 가정생활과 호구지책으로 음주가무가 난무하는 유흥지로 타락해 가는 것에 대하여 일반 시민들의 비난 여론은 점증하였고 불교와 승려의 위상은 땅에 떨어지고 있었다.

그러나 이러한 불교계 상황에서도 한편에서는, 부처님의 정법을 지켜가려는 치열한 정진이 사찰의 한 귀퉁이 선원(禪院)을 중심으로 추진되었다. 1899년 해인사에서 경허 선사를 중심으로 제창된 결사와 선원 재건운동은 영호남의 사찰을 중심으로 적지 않은 선승들이 육성되었는데 이들은 일제의 회유와 탄압에도 굴하지 않고 한국불교의 전통을 지키고자 하였다. 참선을 하는 선승들은 대부분 부처님의 계율에 따라 청정 비구승으로 수행의 본분사에 매진하였다. 이들은 대처승들이 대다수인 사찰의 구석진 선방에서 오로지 참선에만 전념하면서 자신의 본분을 지키고자 하였는데, 일제의 억압이 심화될수록 비구승들은 대처승에 대한 문제의식이 깊어갔다.

일제강점기 동안 확산된 대처승제도로 말미암아 대처승이 된 주지들이 사찰을 책임지게 되자, 선원의 선승들은 청정 비구 전통을 지키면서도 점점 사찰 운영에서 배제되어 갔다. 그리하여 사찰은 자연스럽게 운영과 경제는 대처승 주지들이 맡고, 선원은 비구 선승들이 정진하는 공간으로 이원화되어 흔히 말하는 사판(事判)과 이판(理判)의 역할분담이 이루어졌다. 그러나 시간이 갈수록 사찰 운영의 권한을 가진 대처승 주지들이 선원에 대한 지원을 소홀히 하는 경향이 나타났다. 이에 대하여 선원의 비구승들은 반발하지 않을 수 없었다.

1919년 3·1운동 이후 총독부의 통치가 강화되자 전국의 뜻있는 비구 선승들은 사찰 선원 이외에 독자적인 공간 확보를 위해 1921년 서울 안국동에 선학원(禪學院)을 건립하였다. 이 선학원은 일제 사찰령의 간섭에서 벗어나기 위해 '사(寺)'라는 명칭을 사용하지 않고 '원(院)'자를 붙였다. 이후 광복 때까지 선승들의 거점이 되어 한국불교의 전통을 이어가는 산실이 되었으며, 광복 이후에는 교단 정화의 본산이 되었다.

이렇듯 일제하 대처승들이 주지를 맡아 사찰 운영의 전권을 행사하게 되자 부처님 당시부터 유래된 대중공의제는 파괴되고 청정 수행도량의 면모는 심각하게 위협받게 되었다. 그러나 이러한 대처승의 홀대와 경제적 곤궁 속에서도 선원과 비구 선승의 수는 꾸준히 세력을 유지하고 있었던 것으로 보인다. 1941년에는 58개 선원에 하안거 대중 5백40명, 동안거 대중 4백82명이 정진하고 있었다. 일제 말기인 1940년대에 선원 수가 50여 개를 넘고 선승들이 5백 명이 넘었다는 것은 상당한 의미가 있다. 즉 당시 선원에서 안거결제에 참가한 선승들은 대부분 비구·비구니였기 때문에 당시 전국 비구승·니의 수를 가늠해 볼 수 있는 근거가 될 수 있다. 그러므로 일제강점 말기 한국불교계에 비구승니 수는 최소 540명 이상이었던 것이 확실하고, 이들은 대처승에 비해 절대적으로 미약한 숫자였지만, 하안거와 동안거 기간 함께 정진할 정도로 수행력과 조직력을 갖춘 매우 정예화된 수행자들이었다.

2) 광복 이후 교단 개혁의 좌절과 농지개혁 대두

광복 이후 한국불교계의 과제는 일제강점기에 형성된 교단의 모순인 사찰령 폐지와 친일파, 대처승을 정화하면서 시대에 맞게 교단을 개혁하는 것이었다. 그러나 일제강점기 교단 운영의 책임을 맡았던 지암 종무총장 집행부가 자진해서 물러나자 이를 인수한 집행부는 거의 대부분 대처승들이었다. 1945년 9월 서울 태고사(조계사)에서 전국승려대회를 통해 출범한 집행부는 교단 이름을 '조선불교조계종'에서 '조선불교'로 바꾸고, 31본산제를 도 교무원제로 개혁하였다.

대부분 대처승이었던 교단 지도부는 일제강점기 교단의 근본 문제인 대처승 문제를 해결할 의지가 없었다. 이들은 일본불교계가 남긴 적산(敵産) 사찰과 정당 활동에만 관심이 있었다. 이에 반발하여 교단 개혁을 추진하려는 움직임이 청년불자들의 대중운동으로 나타났다. 불교청년당, 혁명불교도동맹,

조선불교혁신회, 불교여성총동맹 등의 개혁적인 단체들은 교단 지도부가 개혁에 미온적이자 연대를 꾀하며 교단 개혁을 압박하였다. 당시 불교개혁 세력은 교단혁신 즉 교단의 정화운동인 '교도제(敎徒制) 실시'를 강력히 요구하였다. 교도제란 '일제 잔재인 대처승을 일반 신도와 같은 교도로 하고 청정비구승만 승적을 부여하자'는 개혁안이었다.

또한 당시 선학원 쪽 선승들은 교단 집행부에 선승들의 교단 참여 보장, 중앙선원 확장, 지방선원 자치제 실시 등을 요구하였으나 거절당했다. 이에 비구선승들은 교단개혁 세력들은 연대를 모색하여 1946년 11월에 선학원에서 7개 단체가 연합하여 불교혁신총연맹 준비위원회를 조직하고 12월에는 조선불교혁신총연맹을 발족했다. 선학원계 비구선승들이 참여한 혁신총연맹은 교단 집행부의 무능과 현실 안주를 강력히 비판하면서 교단 개혁을 압박하였다.

교단 집행부에 대한 비판이 늘어나자 교단 간부들은 혁신총연맹을 좌익으로 매도하고 미군정 경찰의 탄압을 유도하였다. 이로 인하여 당시 경봉 스님과 석주 스님이 경찰에 연행되어 고초를 겪어야 했다. 혁신총연맹은 이에 반발하여 1947년 3월과 5월에 연달아 태고사에서 전국불교도대회를 개최하여 중앙교단 간부의 총사직과 교도제 실시를 위한 대중불교 실시안을 촉구하였다.

그러나 교단 집행부는 이를 받아들이지 않았다. 이에 혁신계는 1947년 5월에 불교도대회를 열어 총무원을 부정하고 조선불교총본원이라는 대안의 교단 집행부를 출범시켰다. 하지만, 혁신계의 총본원은 총무원과 미군정 경찰의 탄압, 그리고 핵심세력이 1948년 4월 평양에서 열린 전조선사회단체대표자 연석회의에 김구, 김규식과 함께 북으로 갔다가 내려오지 않아 점점 위축되어 갔다.

그런 한편 깊은 산중에서는 시대 현실에서 부처님 가르침을 더욱 깊이 고민하는 비구승들이 움직이고 있었다. 대표적인 곳이 가야산 해인사였다. 광복 이후 선승들은 수행종풍을 진작하기 위해 총림(叢林) 설립을 간절히 교단에 건의하였다. 교단도 이 총림 설립에는 관심을 가지고 협조하였다. 1946년 10월 총무원 직속기구로 가야총림을 세웠다. 총림은 수행기간을 3년으로 해서 50

명을 정원으로 추진하였다. 1947년 11월에 가야총림의 조실로 효봉 스님을 초
빙하였는데, 동참 인원은 110명에 달할 정도로 호응이 높았다.

해인사의 총림 운영과 별개로 일단의 비구승들이 1947년 문경 희양산 봉암
사에서 '부처님 법대로 살자'는 기치로 공주규약을 정하고 수행에 전념하니 이
것이 유명한 봉암사 결사이다. 이 결사를 처음 발의한 이는 성철, 청담, 자운,
보문 스님이었다. 이들은 칠성각과 불공과 천도재 등이 부처님 법에 어긋난다
며 없애고, 일본풍의 가사와 장삼 등을 없애고 전통적인 가사와 장삼을 만들
어 사용하였다. 숭유억불정책으로 천민의 위상으로 전락한 스님들의 위의를
세우기 위해 신도가 스님들에게 3배하는 전통도 이때 만들어졌다. 일부 비구
선승들이 규율이 너무 엄격하다며 떠나기도 했지만, 봉암사에서 제대로 결사
수행하고 있다는 소문은 전국으로 퍼져 1948년경에는 20~30명으로 늘었다.

봉암사 결사는 당시 불교계의 모순인 비구―대처 승려 문제와 이를 파생시
킨 불법에 대한 혼란스러운 인식을 쇄신하고자 추진한 수행결사였다. 이것은
결과적으로 조선조 이래 와해되었던 불법의 가치와 교단의 위상을 회복하기
위한 사상적 기반을 다지는 계기가 되었다. 이 결사를 계기로 조계종은 정체
성을 정립하기 시작했고, 의례와 복식도 통일시켜 나갈 기반을 마련하였던 것
이다. 그러나 이 역사적인 봉암사 결사도 1950년 6월 전쟁이 일어나자 중단될
수밖에 없었다. 하지만, 이 결사 정신과 체험은 비구승들에게 깊이 내면화되
어 새로운 수행 동력으로 확산되어 갔다.

봉암사 결사 이외에도 1947년 백양사에서 만암 스님을 중심으로 자체적인
고불총림을 만들어 결사운동을 추진하였다. 고불총림 역시 전통 수행종풍을
회복하려는 결사운동이었다. 만암 스님은 총림의 법회와 의식에서 비구승은
정법승, 대처승은 호법중으로 구분하여 모이도록 하고 대처승을 현실적으로
당대까지 인정하여 점진적으로 정화하고자 하였다. 만암 스님은 실제로 1951
년 교단의 제3대 교정에 취임하여 이러한 뜻을 교단적으로 추진하였다.

1950년 6·25전쟁은 한반도 전체는 물론이고 산사도 큰 피해를 입었다. 많
은 사찰이 전화로 불타고, 사찰의 문화유산도 소실되었다. 전쟁으로 교단의

행정력이 와해되어 이에 대한 집계조차 어려웠다. 6·25가 발발하자 교단 집행부는 부산 대각사로 이전하였다. 전쟁으로 국민의 경제적 곤란은 물론이지만, 사찰의 형편도 마찬가지였다. 가족의 생계를 책임져야 하는 대처승들의 처지는 더욱 곤궁한 것이었다. 사찰 경제가 어려워지자 선원에 양식을 대어주기는 더욱 어려워졌다.

이때 사찰을 더욱 어렵게 만든 국가적인 사업이 바로 농지개혁조치였다. 1949년 이승만정권은 국회에서 농지개혁법을 통과시켰다. 대한민국의 모든 농지는 경자유전의 원칙 아래 유상으로 몰수하여 유상으로 분배하는 국가 법령을 마련한 것이다. 이것은 대지주 농업 중심의 농경사회에서 산업사회로 넘어가기 위한 국가 정책이었다. 이로 인하여 전국 사찰은 대대로 전해온 방대한 농지 약 8백26만여 평을 하루아침에 몰수당하고, 별 가치도 없는 지가증권을 보상으로 받았다. 당시 사찰은 국보, 보물 등 많은 문화유산을 보유하면서 관리에 많은 부담을 지고 있었는데 여기에 대한 배려는 전혀 없었다. 또한, 신도 기반이 취약하여 경제적 기반은 전적으로 대대로 내려오던 토지와 산림에 의지하고 있었다.

그런데 정부가 농지개혁을 한다고 사찰 농지를 몰수하니 사찰은 엄청난 충격을 받았다. 교단 집행부는 여기에 제대로 된 대응을 하지 못했다. 이에 1951년에 지암 스님이 총무원장으로 추대되어 이 문제의 해결에 나서게 되었다. 지암 스님은 교단 차원의 사찰유지대책위원회를 조직하여 대정부 요구사항을 정리하는 등 적극적으로 나섰다. 그리하여 1952년 5월 7일, 총무원장 지암 스님과 김법린 국가고시위원장이 대통령 이승만을 면담하여 어느 정도 합의를 이뤄냈다. 당시 대통령은 불교계 요구사항에 대하여 사찰의 자경농은 부활시키고, 사찰에 도움이 되는 방향으로 지원하겠다고 약속하였다.

이승만 대통령은 1952년 4월과 12월 국무회의에서 불교계를 지원하는 발언을 하였다. 특히 1953년 5월에는 '사찰을 보호 유지하자'는 담화문을 발표하였다. 이러한 배경에 힘입어 1953년 7월에 내무·문교·농림부 장관이 연명으로 사찰농지의 재사정을 통한 반환 조치를 시행하였다. 그 내용은 사찰 승려, 국보 및 천연기념물, 대웅전과 부속건물을 농토 보유 기준으로 정하여 토지를 반환하는 것이었다. 이렇게 해서 사찰은 빼앗긴 농지를 어느 정도 되찾을 수 있었는데, 그 규모는 몰수된 8백26만 평 중 자경농지로 확인된 2백31만 평을 되찾게 되었다. 그러나 나머지 사찰의 농지 5백95만여 평은 몰수당하여 배분될 수밖에 없었다.

농지개혁의 결과 사찰은 심각한 경제적 곤란에 직면하였다. 사찰의 자경농지로 되찾은 농지에서 나오는 도지로는 대처승과 그 가족들의 생계를 겨우 꾸릴 수 있어서, 선원에서 수행하는 선승들의 식량을 대주기가 점점 어려워져 갔다. 까닭에 선원의 비구승들은 이 문제를 더욱더 심각하게 받아들이게 되었다. 즉, 부처님의 정법을 호지하고 수행을 통해 청정해야 할 도량이 대처승들의 가족 부양에 허덕대는 현실을 심각하게 받아들일 수밖에 없었던 것이다.

3. 정화운동의 전개과정

1) 교단의 자율적인 정화 논의와 무산

지금까지 살펴온 바와 같이 일제 식민통치의 유산인 승려의 대처 문제를 개혁하고 불교의 정체성을 확립하려는 시도는 한국전쟁을 계기로 중단되었으나 농지개혁을 계기로 생존권의 문제로 첨예화되었다.

1951년 백양사 고불총림을 이끌던 만암 스님이 교정에 추대되었다. 당대에 존경받던 선지식이었던 만암 스님이 교정이 되자, 선학원의 비구승 대의 스님은 몇 개 사찰이라도 좋으니 수도하기에 적당한 사찰을 수좌들에게 제공해 달라는 건의서를 교정에게 제출하였다. 만암 스님은 집행부에 이 의견을 수용한 정화대책 수립을 지시하였다. 지암 총무원장은 1952년 가을 통도사에서 정기 교무회의를 열어 교정 만암 스님의 뜻을 수용하기로 결의하였고, 1953년 4월에 불국사에서 개최된 교단의 법규위원회에서는 수좌 전용 사찰로 내놓을 18

개 사찰을 선정하였다.

그러나 수좌 사찰로 선정된 사찰의 대처승 주지들이 물러날 수 없다고 반발하자, 총무원은 이를 시행할 수가 없었다. 이에 비구승들은 1953년 가을에 수좌대회를 열어 대책을 논의했으나 뚜렷한 대안을 만들지 못하고 동안거에 들어갔다.

2) 1954년 이승만 대통령의 유시

1954년 5월 대통령 이승만은 갑자기 '대처승은 사찰 밖으로 나가라.'는 담화문을 발표하였다. 이것은 특정 종교계의 내부 문제에 대통령이 개입한 것으로 매우 부적절한 발언이었다. 그러나 대통령의 정화를 지지하는 담화는 섶에 불씨를 던진 것처럼 정화를 갈망하던 비구승들에게는 큰 힘이 되었다.

대통령의 갑작스러운 담화에 비구-대처승 양쪽 다 부산한 움직임 속에 6월, 교단 집행부는 중앙교무회를 열어 만암 교정이 지시한 정화 방안을 반영한 종헌 개정을 결의하였다. 그 주요 내용은 교단 명칭을 '조선불교'에서 '조계종'으로 환원하는 것과 교헌을 종헌으로 승려의 구성을 수행단과 교화단으로 이원화하는 것이었다. 여기서 수행단은 비구승, 교화단은 대처승을 말한다. 이 종헌 개정과 동시에 비구승들에게 48개 사찰을 수좌도량으로 제공한다는 방침을 세웠다.

그러나 비구승들은 6월에 선학원에 모여 대처승 중심의 교단 집행부와 별개로 불교교단 정화대책위원회를 조직하고, 8월에 전국비구승대표자대회와 9월에 전국비구승대회를 잇달아 개최하여 정화 방안을 담은 전면적인 종헌 개정안을 결의하였다. 비구승들이 만든 종헌에는 대처승을 승려로 인정하지 않고 재가자인 호법중으로 정리한 사항이 핵심이었다.

비구승들의 이러한 종헌 마련은 대처 측과는 입장이 완전히 달랐다는 것을 알 수가 있다. 그해 10월, 비구 측과 대처 측은 타협을 위한 대화를 시도하였지만, 별 진전이 없었다. 비구 측은 정법 중심으로 교단 운영제도를 개혁하자는 입장이었고, 대처 측은 현실을 유지하자는 입장이었기 때문이다. 이때 또다시 대통령 이승만의 정화 지지 담화가 발표되었다. 요지는 대처승은 왜색 종교관을 버리라는 것이었다.

3) 비구승들의 교단 접수 과정

대화로는 정화가 실현되기 어렵다는 판단을 하고 있던 비구승들은 대통령까지 정화를 지지하자 11월에 선학원에 모여, 조계사로 들어가서 종권을 인수받고자 하였다. 이때부터 종권을 접수하려는 비구 측과 이를 저지하려는 대처 측의 물리적 충돌이 시작되었다. 대처 측과 비구 측의 대립이 폭력적인 양상으로 나타나자 불교정화는 사회문제로 비화되었다. 대통령의 비구 측 지지도 영향이 있었겠지만, 언론과 국민 여론은 대체로 비구 측의 정화를 지지하는 쪽으로 흘러갔다.

사회 여론이 이렇듯 비구 측에 유리하게 전개되자, 11월 말 대처 측 종단 집행부는 종권을 비구승에 이양하고 총사직을 결의했다. 또 전국 사찰에 공문을 보내 대처승은 사찰 밖으로 나가라고 시달하였다. 그러나 생존권이 걸린 대처승들은 순순히 물러나지 않았다. 대처 측의 일부 강경파들은 비구승들의 퇴각을 요구하며 폭력적으로 충돌하기도 하였다. 1954년 12월, 비구 측은 전국승니대회를 열어 440여 명의 비구 · 비구니가 논의한 끝에 정화의 원칙을 재확인하였다. 이 무렵 문교부가 개입하였으나 양쪽의 입장은 요지부동이었다. 곧이어 다시 대통령 이승만의 정화 지지 담화가 나왔다. 대처승은 물러가고 순리에 따라 해결하라는 요지였다. 비구 측의 단호한 정화의지와 여러 차례 거듭된 대통령의 강력한 지지 담화에도 불구하고 대처 측의 저항은 완강했다. 정화가 별 진전 없이 1955년을 맞이하자 문교부는 새로운 중재로 양쪽이 참가하는 불교정화대책위원회를 구성하였다. 이 위원회는 승려 자격 8대 원칙을 정하고 이 기준에 부합하는 승려를 조사한 결과 1천189명이라고 집계하였다.

정부 당국은 이 8대 원칙에 맞는 승려들로 승려대회를 열어 종회의원 선출,

종헌 수정 등을 추진하고자 하였다. 이것은 비구 측 입장을 지지한 것이었다. 정부의 중재로 양쪽이 참여한 사찰정화대책위원회는 우여곡절 끝에 승려대회 개최를 결의하여 마침내 1955년 8월 12~13일에 전국승려대회가 조계사에서 열려 종회의원과 중앙간부 선출, 종헌 수정안 통과 등이 결의되었다. 종정은 석우 스님, 총무원장은 청담 스님, 감찰원장은 금오 스님이 추대되었다. 이로써 비구승들이 합법적으로 교단을 인수하게 되었다. 곧이어 사찰의 주지 인사를 단행하여 전국 6백23개 사찰의 주지 인선을 마무리 지었다.

4) 통합종단 대한불교조계종의 출범

1955년 8월의 전국승려대회를 기점으로 비구승들이 교단을 인수함으로써 불교정화의 큰 흐름은 정리되었다. 그러나 대처 측은 이에 불복하여 세속 법정에 제소하였다. 1심은 대처 측이 승소하고, 2심은 비구승이 승소한 후 대법원의 판결을 기다리던 중 4·19혁명이 일어났다. 이에 대처 측은 비구 측 종단을 독재자 이승만이 만든 관제단체로 규정하면서 폭력적으로 사찰을 접수하고자 하였다. 그러자 비구 측은 11월에 제2회 전국승려대회를 열어 불법대의를 수호하겠다는 결의를 다졌다. 이 와중에 1960년 11월 대법원에서 비구 측 승소를 파기환송하는 판결이 나왔다. 이에 비구 측 대표 6인은 대법원장실에서 항의의 표시로 할복을 시도하여 세상을 떠들썩하게 만들었다.

4·19혁명 이후 정화운동은 지루한 세속 법정의 다툼으로 난관에 봉착하였지만, 비구승 주도의 종단은 지속되었다. 그러던 차에 1961년 5·16쿠데타가 일어나 군부정권이 출범하였다. 군부정권은 불교정화를 분규로 인식하고 비구—대처 양쪽을 동등하게 대우하고 통합시키려고 불교재건위원회를 가동하려 하였다. 이에 대하여 비구 측은 불교정화의 당위성을 피력하며 강력히 이의제기를 하였다. 비구 측의 반발로 위원회 가동이 어렵자, 국가재건최고회의 의장 박정희는 두 차례나 담화를 발표하여 불교계의 반성과 조속한 문제 해결을 촉구하였다.

이러한 배경에서 1962년 1월에 출범한 것이 불교재건위원회이다. 위원회는 비구—대처 각 5인에 문교부 1인으로 구성하여 통합종단의 기틀을 만들고자 하였다. 몇 차례 회의 끝에 재건비상종회의원을 선출하고 1962년 2월 불교재건비상종회가 개원하여 종헌을 제정하였다. 그러나 역시 대처 측이 승려의 자격이 비구 측에 편향되었다고 반발하여 원만한 합의가 어려웠다. 이에 문교부는 재건비상종회를 해산하고, 비구—대처 각 5명과 사회 인사 5명으로 재건비상종회를 재구성하여 종헌의 일부를 수정하여 통과시켰다. 그럼에도 대처 측이 새 종헌도 인정하지 않자 군부정권은 뜻을 따르지 않는다면 강제권을 동원하겠다고 최후통첩하여 참여를 강제하였다. 1962년 3월 25일 마침내 종헌이 확정 공포되고, 이어 4월 1일에 재건비상종회에서 종정에 효봉 스님, 총무원장에 임석진 스님이 선출되었다. 이렇게 하여 1962년 4월 11일 통합종단 대한불교조계종은 개원식을 갖고 정식 출범하게 되었다.

4. 정화운동의 평가와 현재적 과제

지금까지 1950년대를 중심으로 교단 정화운동의 배경과 역사적 전개 과정을 살펴보았다. 이제 한국불교의 현대사에서 정화가 지니는 개혁적 성격을 정리해 보자.

첫째, 조계종단은 정화를 통하여 일제 식민통치의 잔재를 청산하고 불교의 정체성을 확립하게 되었다. 비록 일제강점기였지만, 조선조에 해체당한 교단을 재건하였다. 이 재건 교단에서 인천(人天)의 사표라는 승려가 파계행을 하여 타락하였을 때 이를 정화하여 부처님의 가르침에 맞는 승려상을 정립하여 정체성을 바로 세운 것이다.

둘째, 청정 승가상의 확립을 통한 조계종단의 위상 제고는 수행과 전법에 크게 기여하였다. 1910년경 한국불교의 신자 수가 2만여 명(인구 대비 1% 미만)이었고, 1942년경에는 24만여 명(인구 대비 1%)에 불과하였지만, 1985년 인구센서스 결과 8백만여 명, 1995년 1천만여 명으로 인구 대비 23%에 달하는 비약적 성장을 하였다. 이것은 바로 교단 정화운동의 긍정적인 성과라 판단한다.

다음으로 정화운동의 현재적 과제에 대하여 정리해 보자.

첫째, 교단 정화운동 과정에서 교단 구성원들의 자율적인 해결이 안 되고 세속 권력의 개입을 초래한 것은 크게 잘못된 일이다. 대의명분이 아무리 좋아도 그 과정 또한 여법해야 했다. 불교 교단 내부의 문제를 세속 정치권력의 개입을 통하여 해결한 사례는 이후 지금까지도 종단이 외부 의존성을 극복하지 못하는 한계로 남아 있다. 이는 크게 자성하고 쇄신해야 할 과제가 아닐 수 없다.

둘째, 교단 정화는 한국불교의 종파시대를 다시 열었다. 이제 종파시대에서 각 종단이 선의의 경쟁을 하면서 큰 교단으로 연합하는 노력이 필요하게 되었다.

셋째, 교단 정화의 성과로 비구 중심의 인식과 제도화가 강조되다 보니, 교단의 사부대중 공동체 의식과 제도가 미비하다. 비구니의 참종권 확대 문제, 재가신도의 참종권과 역할의 확대는 정화 이후 교단이 안고 있는 큰 과제다. 그런 의미에서 지금 조계종단이 추진하고 있는 '자정과 쇄신 결사운동'은 기대가 크다.

龍城門徒와 韓國佛敎淨化 理念[*]

◉

덕산(불교교단사연구소)

[*]本稿는 「용성문도와 불교정화 이념」, 불교교단사연구소·김광식, 『범어사와 불교정화운동』, 부산: 영광도서, 2008, pp.628-659에 게재되었던 것을 수정·보완한 것이다.

I. 머리말

本稿는 龍城禪師에서 비롯된 龍城門徒의 한국불교 승단정화이념과 그 계승의 문제를 중심으로 50년대 승단정화 이래 오늘에 이르기까지 용성문도의 동향과 그 각각의 행보들을 되돌아보고자 함에 그 목적이 있다. 본고는 50년대 승단정화의 功過를 떠나 승단정화에 지대한 역할을 담당한 龍城門徒 내지 東山門徒의 한 사람인 필자의 고뇌에서 비롯되었다. 필자는 동산대종사의 제자로 은사 열반 2주기를 맞이하여 1967년 은사 스님의 열반 당시 宗團葬과 법문 녹음 및 일기 등을 중심으로 『東山大宗師錫影帖』(이하 『석영첩』)을 발행했는데, 이 『석영첩』의 편집을 담당했었다.[1] 그러나 필자의 능력부족과 여러 가지 사정으로 은사인 동산대종사의 생애와 사상을 충분히 담아내지 못했다. 이 때문에 지금까지 심적으로 큰 부담을 갖고 있었다. 이러한 緣由로 필자는 이번 『동산대종사와 불교정화운동』,[2] 『범어사와 불교정화운동』[3]의 발간과 학술세미나에 적극적으로 동참하게 되었다.[4]

그리고 필자가 이 작업에 적극적으로 동참하게 된 특별한 이유는 94년 종단사태 내지 제도개혁을 중심으로 종단적인 분규와 문제점들을 검토하면서 50년대 승단정화와 94년 종단개혁이라고 하는 역사적인 사건에서 용성문도와

---

1) 필자의 1967년 『동산대종사 석영첩』은 만공어록과 경봉스님 법해, 효봉스님 법어집 출간에 큰 영향을 미쳤다. 그리고 구술과 논문으로 구성된 『동산대종사와 불교정화운동』과 『범어사와 불교정화운동』 발간됨으로써 그 영향으로 정금오대종사, 석암대종사, 보문대종사, 희찬대종사), 자운대종사의 행장에 대한 구술 작업이 실시되었거나 진행 중에 있다.
2) 동산문도회 · 김광식, 『동산대종사와 불교정화운동』, 부산: 영광도서, 2007.
3) 불교교단사연구소 · 김광식, 『범어사와 불교정화운동』, 부산: 영광도서, 2008.
4) 위 두 권의 동산대종사에 관한 구술과 논문집 출간은 불교정화에 참가했던 나웅능가 스님을 비롯해 당시 범어사 주지 대성스님과 중앙승가대학교 교수였던 홍선스님 등 문중의 주류가 동참했기에 가능했다. 다른 문중 스님으로는 당시 동국대 이사장 현해스님이 태고종사 출간과 관련하여 서신과 전화로 문제를 제기하고, 월탄스님과의 전화 통화가 필자로 하여금 문중 차원에서 추진하게 되었음을 밝혀둔다.

동산문도의 역할을 비교해 볼 필요성을 느꼈기 때문이었다.

필자는 승려로서 90년대 세 차례의 종단사태 가운데 94년 종단사태 때 제도권에 몸담고 있었다. 따라서 94년 종단사태의 진상과 그 배경에 관한 중요한 자료들을 정리해 두는 것이 필자의 소임이자 사명이라고 생각하였다. 그래서 당시 중앙종회와 원로회의 및 승려대회에 관한 기록 등 1차 자료를 정리하고 분석하면서 50년대 승단정화와 그 정화 이후 일어난 사건들과 비교하게 되었고, 이를 근거로 94년 종단사태를 새롭게 조명하게 되었다.

이러한 과정을 거치면서 얻은 결론이 50년대 승단정화와 94년 종단개혁을 양축으로 그간 발생한 사건들은 당시 시대상황과 종단사의 흐름은 물론 그 시대적 특징 및 주역들의 성향까지 보여주고 있어 종단사의 해명에 큰 몫을 할 것이라고 생각하게 되었다.

또한 종헌상의 종단 쟁사 해결법[5](종헌 제9조 1항 구족계/칠멸쟁법)과 올바른 전통에 반하는 승려대회와 같은 불법집회 개최와 실력행사를 통한 종권장악이라는 악순환이 되풀이 되는 원인과 문제점도 보다 구체적으로 파악할 수 있게 되었다. 그 외 종단적인 사건과 관련한 중앙종회와 원로회의의 회의록상의 각 의원들의 발언을 통해 사건의 실상은 물론 그 진의와 사태주역들의 행보를 이해할 수 있게 되었고, 종단사의 흐름도 유추할 수 있게 되었다.[6]

한편 조계종은 종립인 동국대학교와 중앙승가대학교를 소유하고 있다. 그

---

5) 이자랑, 「멸쟁법을 통해서 본 승단의 쟁사 해결 방법」, 불교교단사연구소 편, 『僧伽和合과 韓國佛敎의 未來』(서울: 혜민기획, 2005), pp.31-63; 마성, 「四種諍事와 七滅諍法의 意義」, 불교교단사연구소 편, 『僧伽和合과 曹溪宗의 未來』(서울: 혜민기획, 2014), pp.167-212.

6) 필자는 94년 개혁회의의 제도개혁과 관련, 몇 편의 논문을 발표했다. 「승쟁에 대한 석존의 교계와 4·10 승려대회」, 「조계종의 징계제도와 문제점」, 「불교법률에 있어서 범죄성립의 요건고찰」, 「용성문도와 조계종단의 오늘」, 「승가의 諍事와 破僧에 대한 석존의 교계」, 「94년 4·15 중앙종회 회의록 분석과 용성문도평가」, 「94년 종단사태와 칠보사 원로회의」, 「4·10 승려대회 '식순—기록' 분석과 사법부 판단」 등이다.

러나 종학연구소와 종단문제연구소와 같은 연구기관은 사실상 없다. 그리고 종단적인 사건은 종단적인 합의가 없는 한 그 연구 자체가 어렵다. 그런 점에서 동국대학교 교수들을 비롯해 불교학자들이 종단적인 사건에 대해 아예 연구할 엄두를 내지 않는 것 같다. 김광식 박사를 필두로 몇몇 재가 학자들이 50년대 불교정화와 94년 종단개혁에 관해 언급을 하고 있지만, 제도권에서 전개된 사건의 진상과 그 배경을 규명하는 데는 한계가 있다. 종단적인 사건은 그 와중에 있었던 승려가 누구보다도 잘 안다. 따라서 제도권의 요직에 있었던 승려가 직접 접근하여 서술하는 것이 보다 유익한 측면이 있을 것이라고 생각한다. 하지만 제도권에 있는 승려 역시 제도권에 있는 승려 역시 종단 내부 문제를 거론하는 데는 많은 부담이 있을 수밖에 없다. 그런 점에서 능력의 한계에도 불구하고 필자와 같은 입장에 있는 승려가 적격자라고 판단해서 이번 학술세미나(2007. 5. 8)에서 용성·동산·성철 3대에 걸친 문중 차원의 정화이념 문제를 살펴보기로 하였다.

필자를 비롯한 동산문도와 용성문도들에게는 개개인의 수행 등 제반 문제를 넘어 50년대 '僧團淨化'라고 하는 韓國佛敎敎團史上의 역사적인 사건에서 동산문도 내지 용성문도 차원의 역할을 확인하는 것은 문도로서 의무이기도 하다. 그래서 필자가 발표할 주제는 「용성문도와 불교정화이념」이라고 정하였다. 따라서 本稿에서는 용성문도와 정화이념 부분에서는 용성선사(1864~1940)의 참선만일결사 규칙과 건백서, 동산선사(1890~1965)가 참여한 선종 선서문, 성철선사(1912~1993)가 주도한 봉암사 결사의 공주규약을 중심으로 율장에 근거하여 정화이념을 검토할 것이다. 왜냐하면 정화세력의 주체가 당시 선원의 조실들이었고, 수좌들이 그 핵심적인 역할을 담당했기 때문이다. 용성선사의 '參禪萬日結社會 規則'을 중심으로 그 관련 부분에 대해서는 당대의 여타 청규와 다른 점과 특징을 살피면서 간략히 요약할 것이다. 그런 다음 승단정화의 원칙과 구체적인 방향까지 제시했다고 볼 수 있는 '건백서'를 비롯해 정화 이전 동산대종사가 참여한 1935년 수좌대회의 '선언문', 성철대종사가 주도한 '봉암사 결사의 공주규약' 순으로 용성문도의 승단정화 이념과 그 기본방향 및 50년대 한국불교와 승단정화에 미친 영향에 대해 살펴볼 것이다.

50년대 승단정화의 목적이 수행공간의 확보, 출가승단의 법통회복, 대처화로 대표되는 왜색불교 청산, 한국불교의 전통회복과 사찰정화이었지만, 그 핵심은 수행공간의 확보와 출가승단의 법통회복 및 한국불교의 전통회복이라고 인식하면서 용성문도가 이와 같은 한국불교와 승단정화이념의 형성에 미친 영향을 살펴볼 것이다. 이 같은 승단정화이념의 형성과 그 기본방향이 용성문도에 의해서만 제시된 것은 아니다. 하지만 만일 한국불교와 승단정화의 이념과 그 기본방향을 위와 같이 전제한다면 자연스럽게 용성선사의 '참선만일결사회 규칙'(1925)과 1·2차 '건백서'(1926)를 비롯해 동산선사가 참여한 1935년 수좌대회 '선언문' 그리고 성철선사가 주도한 '봉암사 결사의 공주규약'에 귀착될 수 있을 것이다. 용성선사의 건백서와 동산선사가 참석한 수좌대회 '선서문' 그리고 성철선사가 주도한 '봉암사 결사의 공주규약' 등에 대해서는 선학의 연구가 있었다.[7] 따라서 필자는 기존 연구 성과와 아울러 필자가 생각하는 재고할 부분을 중심으로 논의를 진행하되, 중복을 회피하는 한편 제도권의 실상과 관련된 부분도 언급할 것이다.

한 가지 부연해 두자면, 김광식 박사는 「하동산의 불교정화」라는 글의 '서언'에서 조계종을 재건한 대종사가 입적한지 40여 년이 지나도록 제자들과 범어사가 대종사의 수행, 사상, 행적, 현대불교에 있어서의 위상 등에 대한 자료 수집 및 분석, 연구가 부재하였다고 문제를 제기하였다.[8] 이에 대해 동산문도의 한 사람으로 참으로 부끄럽게 생각하면서도 감사한 마음이 들었다. 그래서

---

7) 김광식 교수를 비롯해 한보광스님 등 많은 학자들의 발표가 있었다. 그러나 여기서는 김광식 교수의 연구에서 발표된 기본 자료와 해설에 의거, 자신의 계율에 관한 조그마한 식견을 바탕으로 논의를 진행할 것이다. 여기서는 다른 학자들의 연구는 참고하지 않았다.
8) 김광식, 「하동산의 불교정화」, 불교교단사연구소·김광식, 『범어사와 불교정화운동』(부산: 영광도서, 2008), p.564.

필자의 이 고찰은 동산문도의 한 사람으로서 자자(自恣, pavāraṇa)[9]하는 심정으로 집필하였음을 밝혀둔다.

Ⅱ. 용성선사의 참선만일결사회 규칙

용성선사께서 일본불교의 침투와 수좌계의 계율파괴 및 전통선의 몰락을 극복하기 위해 추진한 1925년 도봉산 망월사 참선만일결사회는 망월사 산림이 보안림에 편입되어 연료 문제로 1926년 4월경 통도사 내원암으로 이전하지 않을 수 없었다. 그러나 同 結社會 規則은 禪院淸規史的으로나 韓國佛敎敎團史的으로도 매우 중요한 위치를 차지하고 있다. 본고에서는 김광식 박사의 「근대 한국 선원 청규의 개요와 성격」에서 정리한 규칙을 그대로 인용기로 하되, 본 규칙 총 9조 35항과 '入會禪衆注意事項' 가운데 필자가 본론에 논의코자 하는 조항만 적시하면 다음과 같다.[10]

參禪萬日結社會 規則

제1조 本社의 명칭은 精修別傳禪宗活口參禪萬日結社會라 하여 위치를 경기도 양주군 도봉산 망월사에 정함.

---

9) 自恣(pavāraṇa)는 매월 두 차례 행하는 포살갈마와 함께 승단에서 가장 중요한 행사 가운데 하나다. 布薩이 승단과 대중의 청정과 화합을 위한 행사라면, 自恣는 다른 승려에 대해 보거나 들었거나 의심스러운(見·聞·疑) 점에 대한 질의에 당사자가 답변하고 해명하는 반성과 회고의 자리다. 자자는 음력 7월 15일 안거가 끝나면 안거한 대중이 한 자리에 모인다. 그래서 상좌부터 순서대로 다른 대중의 지적을 받으면 답변과 해명을 해야 한다. 상좌라고 해서 어떤 권위도 인정하지 않는 평등한 승가라는 사실을 알 수 있다. 자자는 승단 구성의 정족수인 4인 이하 일 경우와 2, 3인의 경우라도 상호 지적하고 답하고, 혼자일 경우는 자문자답을 해야 한다.
10) 『승가교육』제5집(서울 : 대한불교조계종 교육원, 2004), p.238; 김광식, 「근대 선원 청규의 개요와 성격」, 『한국 현대선의 지성사 탐구』(안성: 도피안사, 2010), pp.58~63.

제2조 본사의 主旨는 活句의 參禪으로 見性成佛하여 廣度衆生함을 목
　　　적함.

제3조 본사의 결사는 萬日로 정하되 차를 10기로 分하여 1기를 3개년
　　　으로 제정함.

제4조 본사의 主旨를 충실히 하기 위하여

　　　1) 매월 초1일에는 宗乘을 擧揚함.

　　　2) 半月마다 大小乘 律을 設함.

　　　3) 매월 20일에는 看話正路를 개시함.

　　　4) 午後不食을 단행함.

　　　5) 平時에는 默言을 단행함. 단 이상 4, 5항은 외호법반원에게는
　　　　차한에 부재함.

　　　6) 외호법반원 이외의 禪衆은 期內에 洞口不出함을 단행함. 단
　　　　父母師長의 중병 또는 사망시에 한하여 宗主和尙의 허락이
　　　　有할 時에는 此限에 부재함.

　　　7) 禪衆은 社中 일체의 일에 간섭을 할 수 없음. 단 종주화상의
　　　　허락이 유할 시에는 차한에 부재함.

제5조 본사에 참방하는 禪師의 자격은 左와 如함.

　　　1) 범망경 사분율을 특히 준수하려고 결심한 자.

　　　2) 범행이 청정한 자로 정진에 근로하는 자.

　　　3) 승적, 호적과 의발을 갖추어 휴대한 자.

　　　4) 만 20세 이상으로 55세까지 기력이 건강한 자.

　　　　단, 기력이 특히 탁월한 자에게는 차한에 부재함.

제6조 종주화상은 불조의 정법을 거양하며 사내의 일체 事를 지휘하고
　　　수좌화상은 종주화상을 보좌하여 사중일체사무를 총리하며 종
　　　주화상이 출타할 시는 차를 대리함.

제7조 본사의 목적을 達키 위하여 內護法班과 外護法班을 置하고 左와
　　　如히 임원을 배정하여 그 임무를 분장함.

內護法班: 종주화상의 지휘를 乘하여 禪室내의 一切 事를 掌
理함.
1) 入繩 1인 禪衆을 統管함.
2) 維那 1인 내외호법원의 件過와 사중 일체 집무를 査察함.
　이하 3)에서부터 16)까지는 생략함.
外護法班
1) 院主에서부터 8) 負木까지는 省略함.
제8조 결제 중에 계율 또는 규칙을 범하는 자가 有할 시에는 종주화상
　　이 此를 輕重에 의하여 처벌함. 단 종주화상의 命規를 불종할 시
　　는 대중이 협의하여 산문 外로 축출함.
제9조 此 規則 중 미비한 점이 有할 時에는 종주화상이 임시로 규정하
　　여 발표함.

　위에 인용한 參禪萬日結社會 規則 제1조에서 제9조를 「入會禪衆注意事項」
18개항 중 김광식 박사가 제시한 요지 가운데, 다음의 다섯 주의사항과 함께
검토하도록 한다. ①禪衆은 수행을 급무로 여기고 일체의 公議와 社中 일에
간섭치 않음. ②민적에 처자가 있는 자가 처자 및 편지의 왕래로 선중의 수행
을 방해할 수 없음. ③殺生·偸盜·妄語·綺語·兩舌·惡口·貪嗔痴·飮酒
食肉이 無妨般若라 하는 자는 함께 수행치 못함. ④병자 이외에는 불공과 예
불에 필히 참석함. ⑤律을 비방하는 자와 대중과 화합치 못하는 자는 동거치
못함.
　위에 적시한 참선만일결사회 규칙(이하 '규칙')과 주의사항 가운데 ①半月마다
大小乘律을 設함(제4조 2항). ②범망경 사분율을 특히 준수하려고 결심한 자(제
5조 1항). ③결제 중에 계율 또는 규칙을 범하는 자가 有할 시에는 종주화상이
此를 輕重에 의하여 처벌함. 단 종주화상의 命規를 불종할 시는 대중이 협의
하여 산문 외로 축출함(제8조)의 3개 조항과 '입회선중 주의사항'(이하 '주의')가운
데, ③殺生·偸盜·妄語·綺語·兩舌·惡口·貪嗔痴·飮酒食肉이 無妨般若

라 하는 자는 함께 수행치 못함(주의 3항). ⑤율을 비방하는 자와 대중과 화합치 못하는 자는 동거치 못함의 5개항을 특히 주목하고 싶다. 그러니까 '규칙' 3개 조와 '주의' ③과 ⑤항의 내용을 대별하여 그 성격을 살펴봄과 동시에 이전의 다른 청규와 비교하여 그 독자성을 지적하면 다음과 같다.

첫째, 계율의 준수와 그 점검 및 실천을 강조하고 있다는 점이다. 半月마다 포살을 하고(제4조의 2항), 범망경과 사분율을 특히 준수하려고 결심한 자(제5조 1항)가 이를 말해준다. 이것은 1899년 해인사 수선결사의 '結同修定慧生兜率同成佛果稧社文'의 조항을 비롯해 '梵魚寺鷄鳴庵修禪社芳啣淸規'(이하 '범어사 청규'), 1914년 禪林 규칙, 1921년 방한암의 건봉사 萬日禪院 규례(이하 '건봉사 규례')와 비교해 半月마다 大小僧律의 布薩과 준수(규칙 4의 2, 5의 1)라는 용성선사의 '참선만일결사회 규칙'의 독자성과 그 구체성을 엿볼 수 있다. 다만 1914년 선림 규칙 3의 2항 '具戒를 수한 증서가 있는 자'라고 해서 구족계 수지자의 입방을 허락하고 있을 뿐 송경허의 결사 청규는 물론 방한암의 건봉사 청규에도 직접적으로 계율을 언급하고 있지 않다.

둘째, 殺生 · 偸盜 · 妄語 · 綺語 · 兩舌 · 惡口 · 貪嗔痴 · 飮酒食肉이 無妨般若라 하는 자 등은 함께 수행치 못한다고 한 점이다(주의 3항). 이는 十惡 가운데 淫行 대신 '음주식육 무방반야'를 추가해서 이들과는 함께 수행할 수 없다는 것이다. 殺生(살인) · 偸盜(당시 5전 이상), 飮酒食肉이 無妨般若라는 자를 추방대상으로 한 것은 이해가 간다. 하지만, 망어 · 기어 · 양설 · 악구와 탐진치까지를 추방의 대상으로 하고 있다. 1902년 10월 범어사 청규 9항에서도 '음주'와 '음행'의 엄단과 추방의 규정을 두고는 있다.[11] 그러나 身 · 口 · 意 三業 가운데 입[口]의 四惡(망어 · 기어 · 양설 · 악구)과 뜻[意]의 三惡(貪 · 嗔 · 痴)을 추방의 대상으로 하였다. 이는 破和合을 사전에 차단함과 동시에, 당시 결사가 지도자급 승려의 양성이라는 점에서 이해를 해야 할 것 같다. 왜냐하면 승단에

---

11) 김광식, 「근대 한국선원 청규의 개요와 성격」, 『한국 현대선의 지성사 탐구』(안성: 도피안사, 2010), p.51.

서 가장 죄악시하는 화합의 파괴가 말이 화근일 때가 많고, 승단의 지도자는 말이 정확하고 貪 · 嗔 · 痴 · 怖가 없어야 한다는 점12)과 다음에 나오는 五逆罪의 破和合을 고려한 것 같다.

셋째, 계율과 규칙의 중범에 대한 종주화상의 판단(규칙 8조)과 화합치 못하는 자와 율을 비방하는 자와는 동거치 못한다고 한 점이다(주의 ⑤). 먼저 화합과 관련한 추방은 범어사 청규(7항)와 禪林 규칙(9항) 및 건봉사 규례(5항)에도 同 내용과 일치하는 규정을 두고 있다. 즉 범어사 청규 7항 "방부를 드린 뒤에 대중을 어지럽게 하고 불화를 일으키는 자는 세 번 알아듣도록 타일러라. 그래도 듣지 않을 때에는 대중공사를 붙여서 내 쫓아야 한다."13)고 규정하였다. 여기서 세 차례 '諫告'토록 한 것은 비구250계의 승잔죄 제10 破僧違諫戒와 제11 助破僧違諫戒에 입각한 율장의 갈마규정을 따르고 있다. 그러나 구족계 · 승잔죄 제10, 제11의 경우 세 차례 권고를 해도 듣지 않을 경우 승잔죄가 성립, 승중과는 別處에서 주거하게 되고 가혹한 행법을 지켜야하지만 추방은 하지 않는다.14) 이는 소승의 五逆罪15) 가운데 화합승을 파괴한 자를 염두에 둔 것

12) 이자랑, 「율장에 나타난 지도자상」, 불교교단사연구소 편, 『僧伽和合과 曹溪宗의 未來』 (서울: 혜민기획, 2014), pp.305-332. 僧諍을 해결하는 斷事人과 투표를 관리하는 行籌人 등 승단 지도자가 갖추어야 할 덕목 가운데, 언어의 정확성과 愛 · 恚(嗔) · 怖 · 痴가 없어야 하는 것이 공통된 기본요건이기 때문이다. 『四分律』 卷47(『大正藏』 22, pp.917c-918a); 『五分律』 卷23(『大正藏』 22, p.154c).

13) 김광식, 「근대 한국선원 청규의 개요와 성격」, 『한국 현대선의 지성사 탐구』(안성: 도피안사, 2010), p.51.

14) 僧殘罪의 破和合 성립여부를 판단하는 기준(요건)을 보면, 당사자에 대한 세 차례 諫告와 당사자를 포함한 전체대중이 참석한 가운데 여법한 갈마를 했느냐가 관건이다. 당사자에게 일체 간고를 하지 않았거나 처음 간고할 때 버리면 죄가 성립되지 않는다. 만일 승잔죄가 성립하면 대중과는 別住케 되고, 94종의 행법을 행해야한다. 服罪의 결정은 4인 이상의 비구 승가에서 가능하지만, 出罪(解罪)는 20인 이상의 승가라야 가능하다.

15) 불교에서 오역죄는 소승의 오역죄와 대승의 오역죄가 있다. 먼저 소승의 오역죄는 害母(殺母) · 害父(殺父) · 害阿羅漢(殺阿羅漢) · 出佛身血(惡心出佛身血) · 破和合僧(破僧)의 5개항으로, 전자의 2는 恩田의 배반이고, 후 3은 福田에 대한 배반인 관계로 五

으로 보인다. 다음 율을 비방한 자는 구족계/바일법 제72 輕呵戒[毀毘尼戒]를 위반한 경죄인데, 추방은 앞서 지적한 규칙 4의 2와 5의 1을 준수토록 하기 위한 것으로 보인다.

넷째, 용성선사의 참선만일결사회 규칙의 소임과 방한암의 건봉사 제1회 동안거(1921년) 소임 사이에는 한두 가지 비교해 볼 점이 있다. 용성선사는 法主(dhammasāmin) 대신 宗義에 도달한 宗主[16]라는 용어를 사용했다. 반면 방한암선사는 籌室(salākāgga)[17]이라는 용어를 사용했다. 그리고 용성선사는 참선만일결사회 규칙을 지키고 결사를 원만하게 진행하기 위해 종주를 대신할 수좌를 비롯해 一人의 入繩[18]과 維那를 두고 있다. 그러나 한암선사는 제1, 제2 首座와 悅衆을 두고 있다. 維那는 悅衆과 같은 역할을 한다는 점에서 명칭만 다

逆, 五逆罪라고 하고, 그 행위는 無間地獄에 떨어지는 원인이 되기 때문에 五無間業, 五不救罪라고 한다. 그러나 대승의 오역죄는 ①塔寺를 파괴하고, 經像을 불태우고 三寶物을 박탈하고, 혹은 그와 같은 일을 사람을 시켜서 하고 그 행위를 기뻐하거나 ②聲聞, 緣覺 대승의 법을 비방, ③出家者의 佛法修行 방해 또는 殺害, ④소승의 오역죄 가운데 일죄를 범하고, ⑤모든 업보는 없다고 생각해 十不善業을 짓고 후세를 두려워하지 않고, 사람들에게 그러한 일을 가르치는 것을 말한다.

16) 宗主의 宗은 근본, 근원, 尊, 主, 要 등 그 의미가 다양하다. 부파불교에서 宗은 samaya로 종교적 信仰 내지 敎義이지만, 後代 支那불교에서 宗은 samaya가 아니고, 法의 至得과 成就를 의미하는 siddhānta이다. 『中阿含經』 권52 제196경 「周那經」(『大正藏』 1, p.755a)에 "阿難아, 저 모든 비구들은 두 파[二部]로 갈라진다. 두 파로 갈라진 뒤에는 만일 한 파 중에 長老上尊者가 있고, 次者가 있고, 또한 '宗主'가 있고 '次者'가 있다.(阿難, 彼諸比丘分立二部. 分立二部已, 若於一部中有長老上尊者, 或有次者, 有宗主者, 或有次者.)"

17) 籌室(salākāgga)이란 오늘날 叢林의 方丈 또는 丈室과 같은 의미이다. 이운허의 『불교사전』에 의하면 인도 제4조 優婆鞠多 존자가 많은 사람을 교화하여 제도하였는데, 한 사람을 제도할 때마다 산가지[籌]를 둔 것이 높이와 넓이가 6丈이나 되는 방에 가득하였다고 한다. 그래서 후세에 수행인을 교화 지도하는 방장을 籌室이라고 하게 되었다.

18) 入繩이란 立僧의 誤記로 '立僧首座'의 준말이다. 首座 가운데는 前堂首座와 後堂首座가 있는데 前堂首座 가운데 名譽德望의 行이 있는 首座를 선출하여 名譽首座, 首座頭首를 두고, 그 다음으로 立僧首座를 둔다. 그러니까 용성선사의 立繩과 首座나 한암선사의 제1, 제2 首座나 차이가 없다.

를 뿐, 그 직책은 동일하다. 維那(karmadāna)[19]는 叢林에서는 僧衆의 수행을 독려하고 감시하며 사내의 宗務를 총람하는 소임이다. 그리고 대중의 法悅을 유발시켜야하기 때문에 悅衆이라고도 한다. 그런데『빨리율(Vinaya-piṭaka)』과『四分律』에는 '維那'라는 직책이 보이지 않으나,『十誦律』·『五分律』·『僧祇律』에는 五種의 자격을 구족한 知事(=羯磨事)로 나타난다.[20] 維那[=悅衆]은 1902년 범어사 청규와 한암의 선원 규례에도 나타난다. 특히 방한암선사의 선원규례에는 "悅衆은 사리가 명백하고 상벌이 공정한 자로서 대중의 마음에 기쁨을 주는 사람을 가려서 맡겨야 한다."[21]고 유나의 자격에 대해 구체적으로 설명하고 있다.

이상과 같이 용성선사의 규칙과 주의는 '活句參禪' '見性成佛'(규칙 제1, 제2조)에서 보는 바와 같이 송경허선사의 1899년 해인사 수선결사의 '結同修定慧生兜率同成佛果稧社文'를 비롯해 1902년 범어사 청규, 1914년 禪林 규칙, 1921년 방한암선사의 건봉사 규례와 마찬가지로 철저히 선종 가풍에 입각한 결사 내용이다. 그러나 용성선사의 참선만일결사가 여타 결사 규정과 현저히 다른 점은 계율의 준수와 그 점검 및 실천을 강조하고 있다는 점이다.

Ⅲ. 용성선사의 1 · 2차 건백서

---

19) 維那란 紀綱, 悅衆이라고도 한다. 維那의 維는 綱維의 意味로 僧衆을 統理하는 義, 那는 羯磨陀那 karmadāna의 끝의 那를 따서 만든 梵漢兼擧의 名詞이다.

20)『十誦律』卷34(『大正藏』23, p.250b-c), 維那는 不隨愛, 不隨瞋, 不隨怖不隨痴, 淨과 不淨을 아는 등 五法을 구족한 자로서 羯磨師의 역할을 한다.『五分律』卷20(『大正藏』22, p.137c);『僧祇律』卷9(『大正藏』22, p.304a), 同 卷19(『大正藏』22, p.382b), 同 卷28(『大正藏』22, p.459c).

21) 漢巖門徒會,『漢巖一鉢錄』, 增補修訂版(오대산 월정사, 1996), pp.31-36. 김광식,「근대 한국선원 청규의 개요와 성격」,『한국 현대선의 지성사 탐구』(안성: 도피안사, 2010), p.55.

주지하다시피 용성선사는 1926년 5월, 9월 2차에 걸쳐 건백서[22]를 통해 조선 총독부와 내무성에 승려의 대처를 반대하는 탄원을 하는 한편 불가능할 경우 대처승과 독신승의 사원을 별도로 구분하여 줄 것을 건의하고 있다. 용성선사의 건백서와 승단정화의 관계에 대해서는 이미 마성스님이 자세히 論究했기 때문에,[23] 필자는 건백서가 승단정화에 미친 영향과 오늘의 종단현실과 더불어 용성문도가 재고할 바를 제시하는 정도에 그치기로 한다.

1. 제1차 건백서

용성선사는 제1차 건백서의 冒頭에서 "我佛世尊이 出世[한] 以來 佛子大衆이 各各 法輪을 轉굴하야 三千年이 近하도록 比丘의 帶妻食肉의 說가을 不聞하였더니 近者 無恥魔屬의 輩가 心을 五欲에 染하고 佛의 正法을 滅하야 敢히 帶妻食肉을 行하며 淸淨한 寺院을 魔窟로 化하야 參禪·念佛·看經 等을 全廢하니 諸天이 泣淚하고 土地神祇가 皆發怒케 하는도다."[24]라고 개탄하였다. 이어서 그는 불교교단의 조직과 역할에 대해 밝히고, 승려의 대처를 금지해달라고 조선총독부에 이 建白書를 제출하였던 것이다.

> 世尊이 信敎者를 四部로 分하되 其中 出家의 比丘와 比丘尼의 二部衆은 法海中의 一區分宗派를 成함으로써 帶妻肉食을 嚴禁하야 專히 道業에 勤務하여 諸佛敎法을 掌理케 하고 天下後世에 傳授함으로써 燈燈相續케 하며 無常世間이 種種虛幻됨으로써 樂할 것이 無함을 看破하고 但只 見性成佛로 宗을 삼게 하며 次에 在家二部衆은 所謂淸信士 淸信

22) 東山慧日 選集, 『龍城禪師語錄』 卷下(京城: 三藏譯會, 1941), p.26下; 『용성대종사전집』 제1권(서울: 대각사, 1991), pp.550-554.

23) 마성, 「백용성의 승단정화 이념과 활동」, 불교교단사연구소·김광식, 『범어사와 불교 정화운동』(부산: 영광도서, 2008), pp.540-563.

24) 東山慧日 選集, 『龍城禪師語錄』 卷下(京城: 三藏譯會, 1941), p.26下.

女로 하야 此는 男婚女嫁로서, 子女를 生養하고 孝로써 父母의[에]게 承事하며 先祖의[에]게 奉祀하면서 産業을 治하되 惟義是從하며 惟理是踐하며 惟禮是行하며 惟信是守하며 惟仁斯存하야 能히 慈로서 樂을 與하며 悲로써 苦를 拔케 하야 菩薩戒를 受持케 하나니, 卽 帶妻를 許함은 世에 處하야 敎를 信하난[는] 者라 하고, 帶妻肉食을 嚴禁함은 比丘의 大衆이어늘 今에는 出家의 大衆으로서 淸淨한 寺院에 處하야 妻를 畜하며 肉을 食하며 子女를 生養하야 淸淨道場을 汚穢케 하며 參禪·念佛·講堂을 全廢함은 吾家의 大賊이라 謂치 아니치 못할지로다. 穀으로부터 生하야 穀을 害함은 虫이요 佛法으로부터 生하야 佛을 害하는 자난[는] 僧이니 獅子身中虫이 獅子肉을 食하는 것과 如하도다. 僧된 者의 持戒修道함은 當然한 本分事어늘 엇지 寺法을 改定하야 帶妻者로써 住持되기를 當局에 希望하리요. 其羞恥뒴은 舌端으로 掛키 不能하도다. 當然히 斷却할 것을 斷却치 아니하면 反히 其亂을 招하나니 맛당히[마땅히] 絶對로 帶妻僧侶와 帶妻한 住持를 禁하야 現今에 弊害를 察하야 後日의 歎이 無하도록 할 것이요.

旣是 出家佛子라 하면 佛祖의 戒律을 遵守함이 當然한 事이라. 比丘의 四分律에 警戒至嚴함은 天下大衆이 共知하난[는] 바이라. 佛敎中에 在家佛子가 無하다하면 比丘의 畜妻를 論할 것이 無하거니와 旣히 在家의 佛子가 有하고 出家의 佛子가 有할진댄 畜妻噉肉은 甚히 不可함니 伏願 特히 明鑑을 垂하소서.[25]

佛紀二千九百五十三年 丙寅

歎願人 白龍城

朝鮮總督府齊藤實 殿(內務省에도 同時 發送)

---

25) 東山慧日 選集,『龍城禪師語錄』卷下(京城: 三藏譯會, 1941), pp.26下-27下;『용성대종사전집』제1권(서울: 대각사, 1991), pp.550-554.

2. 제2차 건백서

제2차 건백서에서는 불교교단은 四部衆으로 구성됨을 재차 강조하는 한편 佛律(비구·비구니가 수지하는)의 250戒와 菩薩戒 등 보다 구체적인 근거의 제시와 함께 持戒衲僧인 獨身僧侶들에게 몇 개의 本山을 修行處로 割給하여 淸淨寺院을 復舊하여 持戒僧侶가 安心修道케 하고 有妻僧과 無妻僧을 구별하여 朝野大衆이 公知케 하라고 주장하였다.

오즉[직] 我佛의 弟子를 四部로 分하니 一曰 在家淸信士요 二曰 淸信女요 三曰 出家比丘요 四曰 比丘尼이니 在家二衆은 五戒를 受하야 淸淨道德을 信仰하며 生産作業을 行하니, 故로 華嚴에 云 菩薩이 自妻에 足함을 知하고 他의 妻妾를 求하지 말나[라][26]하시며 又云 菩薩이 自妻로부터 俱하되 愛着하지 말나[라]하시니 在家二衆은 但 本妻의 正淫만 許한 것이요(혹 無子者의[에]게 妾을 許함).

出家二衆은 比丘 比丘尼라 稱하니 佛律의 二百五十戒와 十重大戒와 四十八輕戒를 受하야 帶妻食肉을 嚴禁함이 霜雪과 如한지라 만일 女人과 干犯한 者가 有하면 永히 僧數外로 逐出還俗케 하시니 故로 四分律에 云寧히 男根으로 毒蛇口中에 入할지언정 女根中에 入하지 말나[라] 하시며 楞嚴經에 云汝가 三昧를 修하는 것은 本대 塵勞에 出코저 함이어늘 淫心을 不除하면 塵勞에 可出하지 못하리니 비록 智慧가 多하고 禪定이 現前하야[여]도 魔道에 必落한다 하시며 四分律에 云人이 頭를 斷함애[에] 復生할 수 업[없]는 것이라 하야 僧數外로 永히 放逐하난[는] 決定律이어늘 現今 朝鮮僧侶가 帶妻食肉을 敢行하야 淸淨寺院을 汚穢不淨한 魔窟營을 作하고 僧體를 不顧하니 泣血痛歎이외다. 僧侶의 帶妻食肉을 許可할진댄 別노히[도로] 在家二衆을 置할 必要가 無할 것

---

26) 「十地品」第26의 2,『華嚴經』 卷35(大正藏 10, p.185a29), "菩薩於自妻知足 不求他妻 於他妻妾."

이외다. 帶妻食肉을 嚴禁하여 주시기를 千萬仰祝하옵나이다. 若不然이
시면 帶妻僧侶는 比丘戒를 取消하고 還俗하야 在家二衆의 地位에 處케
하여 주시옵소서.

現今 朝鮮僧侶의 畜妻噉肉者가 寺院을 掌理함으로 修行衲子와 年高衲
僧은 自然驅逐되여[어] 泣淚彷徨케 되니 此數千大衆이 何處에 安住乎닛
가. 自然安心되지 못하외다. 畜妻噉肉을 嚴禁하시던지 不然이면 持戒
衲僧의[에]게 幾箇本山을 割給하야 淸淨寺院을 復舊하야 持戒僧侶로 安
心修道케 하여 주시고 有妻僧侶와 無妻僧侶의 區別을 朝鮮大衆이 公
知케 하야 주심을 全心建白하나이다.[27]

佛紀二千五百十三年 丙寅 九月 日

建白人 白龍城

朝鮮總督齊藤實 殿(內務省에 同時發送)

위에 인용한 두 차례의 건백서에 나타난 내용을 대별해 정리하면 다음과
같다.

첫째, 1, 2차 건백서는 출가승단은 모두에 비구·비구니의 出家衆과 청신
사·청신녀의 在家衆의 四部衆으로 구성된다는 것과 각각 수지하는 계율이
다르고, 역할이 다른 기본원칙을 분명히 밝히고 있다. 즉 出家衆은 비구·비
구니라 稱하니, 佛律의 250계(具足戒)와 十重大戒와 四十八輕戒(菩薩戒)를
受하여 帶妻食肉을 嚴禁함이 霜雪과 같은지라 만일 여인과 干犯한 자가 있
다면 영원히 승려 숫자[僧數]에서 제외되어야 하니 逐出하여 還俗케 해야 한다
는 것이다.

둘째, 出家衆은 帶妻食肉을 嚴禁하고 道業에 근무하여 諸佛의 敎法을 掌
理케 하고, 천하후세에 전수함으로써 燈燈相續케 하며 見性成佛하는 것으로

---

27) 東山慧日 選集, 『龍城禪師語錄』 卷下(京城: 三藏譯會, 1941), p.27下-28下.

宗[28]을 삼는다는 것이다. 在家衆은 이른바 청신사·청신녀인데, 이는 男婚女嫁로서 자녀를 낳고 효도로서 부모에게 承事하며 선조에게 봉사하면서 生業에 종사하되, 자비로서 拔苦與樂케 하기 위해서 在家菩薩戒를 수지케 한다는 것이다.

셋째, 승려 된 자가 持戒修道라고 하는 당연한 본분사를 망각하고 寺法을 개정하여 대처자로서 주지되기를 희망하여 수치스러움이 극에 달했다고 개탄하고 있다. 승려의 대처식육을 금함은 율장과 경장에서 제시하는 한편 그들은 승려 숫자[僧數]에 들 수 없으니, 대처 승려는 사찰에서 영원히 추방하여야 한다는 것이다. 승려의 대처식육을 허락할 것 같으면 별도로 世間에서 教를 신봉하는 在家衆을 둘 필요가 없다는 것이다.

넷째, 비구대중은 대처식육을 嚴禁하였는데, 出家衆으로서 청정한 사원에서 畜妻食肉하고 자녀를 生養하야 淸淨道場을 汚穢케 하며 참선·염불·간경을 全廢함은 승가의 大賊이라 아니할 수 없다.[29] 마치 穀食으로부터 생겨서 곡식을 害함은 虫이요, 佛法으로부터 生하야 佛을 害하는 獅子身中虫과 같이 사

---

28) 용성선사가 제1차 건백서에서 "燈燈相續케 하며 … 見性成佛로 宗을 삼게 하며"의 '宗(siddhānta=法의 至得)은 참선만일결사회 규칙 제2조 "본사의 主旨는 活句의 參禪으로 見性成佛하여 廣度衆生함을 목적함"이라는 것과 동일한 맥락이다. 龍城禪師가 見性成佛을 宗으로 내세운 것은, 온갖 邪說과 巧說로 불설을 왜곡하고 혼란케 하는 무리들을 퇴치하는 한편 일체의 언설을 용인하지 않는 할구참선의 우수성과 차별성을 통해 감히 침범할 생각조차 내지 못하게 하는데 있었을 것이다. 건백서의 '宗'은 부파불교시대에는 각 부파의 教義·宗義를 의미하는 宗(samaya)으로, 각 部衆이나 宗派에서 시대 사회의 適應性, 優秀性, 差別性을 특질로, 法(dhamma)과 함께 본질적 가치이자 진리를 의미한다. 그러나 後代 支那佛教에서는 法의 至得(siddhānta) 또는 成就로 見性成佛을 의미한다. 眞野正順著, 『佛教における宗觀念の成立』(東京: 理想社, 1964), pp.136-143.
29) 破戒비구의 시주 복덕의 損傷, 施主를 받고 惡法을 행하여 信心의 布施 毀損을 사문의 盜賊[『大寶積經』 卷113 「宝梁聚會第四十四, 沙門品第一」,『大正藏』 11, p.640b)]라고 하거늘, 하물며 寺院에서 畜妻와 子女生養 및 참선·염불·간경의 全廢를 승가의 大賊이라 함은 너무도 당연한 것이다.

자의 몸에서 생겨서 獅子肉을 먹은 것과 같다는 것이다. 『大寶積經』은 "獅子 몸에서 저절로 생긴 모든 벌레가 도리어 그 살을 파먹는 것처럼, 가섭아, 나의 법안에서 이러한 惡比丘들이 나와서 利養을 탐석하고, 貪利에 가려서[所覆] 惡法을 없애지 않고, 善法을 닦지 않으며, 妄語를 떠나지 못하나니, 이와 같은 比丘가 나의 법을 破壞하느니라."[30]고 獅子身中의 蟲의 정체를 밝히고 있다.

다섯째, 율장과 경전에 입각, 출가 비구 · 비구니가 왜 독신자로서 수행을 해야 하는지에 대한 근거와 그 내용을 밝히고 있다. 즉, 『四分律』에 이르기를 "男根을 독사의 입에 넣을지언정 女根中에 넣지 말라 하시며,[31] 『楞嚴經』에 이르되 "그대들이 삼매를 닦아 塵勞[번뇌]에 벗어나고자 하며 淫心을 제거하지 않으면 塵勞에서 벗어날 수 없다. 비록 智慧가 많고 禪定이 현전하여도 魔道에 必히 떨어진다."[32]고 하였으며, 『四分律』에 이르기를 "사람이 머리를 자르면 다시 실 수 없듯이[33] 승려숫자에서 영원히 放逐하는 것"이라고 法과 律로 정해져 있다.

여섯째, 출가중의 淫行의 해독이 전국 사원을 더럽혀 부정한 魔窟이 되었다는 것이다. 승려 된 자들이 持戒修道의 본분사와 수치심도 망각한 채 대처자로 寺法을 개정해 가며 주지되기를 희망하니 말로 다할 수 없다고 개탄하고

---

30) 『大寶積經』 卷113 「宝梁聚會第四十四, 比丘品第二」(『大正藏』 11, p.640c), "迦葉. 師子身中自生諸蟲. 還食其肉. 迦葉. 於我法中出如是等諸惡比丘, 貪惜利養爲貪利所覆. 不滅惡法 · 不修善法 · 不離妄語. 迦葉! 如是比丘能壞我法."; 望月良晃, 『大乘涅槃經の研究』(東京: 春秋社, 1988), pp.67-68, pp.202-203.

31) 『四分律』 卷1 「四波羅夷法之一」(『大正藏』 22, p.570b), "爾時世尊以無數方便呵責言: 汝所爲非, 非威儀 · 非沙門法 · 非淨行 · 非隨順行, 所不應爲. 汝須提那! 云何於此淸淨法中行, 乃至愛盡涅槃, 與故二行不淨耶? 告諸比丘: 寧持男根著毒蛇口中, 不持著女根中. 何以故縱 不以此緣墮於惡道. 若犯女人, 身壞命終墮三惡道."

32) 『首楞嚴義疏注經』 卷6의 2 (『大正藏』 39, p.912b25), "如修三昧 本出塵勞 淫心不除 塵不可出 縱有多智禪定現前 如不斷淫必落魔道."

33) 『四分律』 卷1 「四波羅夷法之一」(『大正藏』 22, p.571c6), "云何名波羅夷. 斷人頭不可復起."

있다. 승려의 대처식육을 허락할 것 같으면 달리 在家衆을 둘 필요가 없다는 것이다. 대처식육을 엄금하던지 그렇지 않으면 대처 승려는 比丘戒를 취소하고 還俗시켜 在家衆의 지위에 처하게 해달라는 것이다.

일곱째, 제2차 건백서는 佛敎敎團이 四部衆으로 구성되는 것을 재차 밝힘과 동시에, 먼저 화엄경에 근거하여 재가자의 분명한 처첩관계까지 언급한다. 畜妻噉肉者가 사원을 掌理함으로 수행납자와 나이가 많은 승려는 자연히 구축되어 泣淚彷徨케 되니 이들 수천대중이 어디에 安住할 수 있겠는가 하는 것이다. 94년 개혁회의 제도개혁으로 종헌을 위배해가면서 4바라이죄 처벌을 실형을 받은 자로 한정하고, 權僧과 痴僧들이 종단을 장악했던 종단현실과 다르지 않다.

여덟째, 승려의 축처담육을 엄금하던지 아니면 몇 개의 본사를 분할해서 持戒僧侶에게 배정함으로써 안심하고 수도하도록 하고, 有妻僧과 無妻僧의 구별을 조야의 대중이 알도록 公知하라는 것이다. 50년대 불교정화 초기에 수좌들에게 몇 개의 본사를 배려하도록 요청한 것과 맥을 같이한다. 94년 제도개혁의 결과로 나타난 종단 현실은 유처승과 무처승 대신 50년대 불교정화를 지지하는 승려와 94년 제도개혁을 지지하는 승려로 분할을 요청해야 할 상황이다.

이상과 같은 용성선사의 건백서를 통한 탄원은 1927년 대각교 선언과 1932년「중앙행정에 대한 희망」,[34] 그리고 1933년 제적원 제출로 나타난다. 즉 통도사 극락암 경봉스님께 보내는 서한에서 "僧籍을 除去하엿으니 其故는 朝鮮僧侶 畜妻噉肉하고 寺財를 盡耗함에 對하여 僧數에 處할 生覺이 頓無한 原因이 외다."[35]라고 제적의 사유를 밝히고 있다. 종단 재정의 파탄과 관련하여

34)『佛敎』제93호(1932. 3), pp.15-16.
35) 석명정 역주,『三笑窟消息』(양산: 극락선원, 1997), pp.176-177. 용성스님께서 통도사 경봉스님께 4월 15일과 계유년 7월 16일 두 차례에 걸쳐, 백상규와 용성 백상규 명의로 서한을 보내 승적을 제거한 이유에 대해 설명하고 있다. 그런데 그 두 번째 서한의 계유년이 1933년이라는 점에서 제적원을 제출한 시기가 1933년 이전이라는 것을 알

"老漢은 現在寺刹制度와 二百滿員債務를 看할 時는 現在僧數에 同列할 生覺이 絶無한 故로 除籍한 것이요 大覺의 聖訓을 捨한 것이 아니며, … 薄伽梵[36]의 最上 眞理를 宣布하니 大覺敎(mahābodhi)나 佛敎나 本無二致耳라 兩不相妨 也니다"[37]라고 재차 그 이유를 설명하고 있다. 승단에서 어떤 사건으로 대중이 화합할 수 없을 때, 견해를 달리하는 대중이 結界(sīmā)를 설정하고 布薩을 하는 不同住(nānāsaṃvāsaka)[38]을 인정한 율장의 가르침에 비추어 용성의 선택은 오늘날 조계종단의 현실에도 示唆하는 바가 적지 않다.

Ⅳ. 선학원 수좌대회 선서문

50년대 불교정화운동이 당시 수좌들의 총본산격인 선학원을 중심으로 결집된 독신 수행승 위주의 자주적인 종단의식에서 출발하고 있음은 주지의 사실이다. 1935년 3월 선학원에서 개최된 수좌대회, 조선불교 선종창립 선언, 선종 종무원 설립, 그리고 1954년 불교정화를 위한 최초 비구승대회가 선학원에서 개최된 것 등이 이를 단적으로 말해준다. 이러한 일련의 움직임은 불교정화를 위한 수좌들의 결집이라고 할 수 있는 하나의 역사적인 사건이었다.

김광식은 「하동산의 불교정화」라는 논문에서 "선종의 선서문 정신이 1935년 무렵의 하동산의 지성, 사고였다고 볼 수 있는 것이다. 이 선서문에 담긴 정신

수 있다.

36) 薄伽梵은 bhagavat, bhagavān의 음역으로 바가바, 바가범으로 발음하며, 如來의 十號가운데 하나인 '世尊'을 의미한다.

37) 석명정 역주, 『三笑窟消息』(양산: 극락선원, 1997), pp.177-178.

38) 이자랑, 「율장에 나타난 不同住(nānāsaṃvāsaka)에 관하여」, 불교교단사연구소 편, 『僧伽和合과 曹溪宗의 未來』(서울: 혜민기획, 2014), pp.281-302.; 『四分律』 卷47 「拘睒彌犍度」(『大正藏』 22, pp.879c-8-25).

을 더욱 확대 해석하면 그는 불교정화의 이념이라고 하겠다."39)는 견해를 밝히고 있다. 또한 그는 "수좌대회가 갖고 있는 성격, 의의는 저절로 동산 대종사의 특성지향과 동질적이라고 볼 수 있을 것"40)이라는 전제하에 수좌대회의 성격을 단적으로 알 수 있는 동 대회 선서문의 전문과 함께 그 개요를 설명하고 있다. 동산대종사의 『龍城禪師語錄』의 跋文41) 또한 동 선서문과 같이 염화미소의 正法觀과 魔强法弱의 末世觀을 담고 있어 같은 맥락으로 이해된다. 그러나 용성어록의 발문과 종정 在位期間 중 불교신문 등에 발표된 기고문42) 등에 나타난 동산 선사의 정화에 대한 신념과 자세를 알아보는 것은 다음 기회로 미루기로 한다. 따라서 본고에서는 수좌대회 선서문의 전문을 전재하고, 선서문에 담긴 내용을 불교정화이념과 관련지어 요약할 것이다.

宣誓文

우러러 告하옵나이다. 本師 釋迦世尊 및 十方三寶慈尊이시여! 세존께서 靈山會上에서 拈花하시오니 迦葉존자— 微笑하심으로 붙어 以心傳心하신 祖祖相承의 正法이 일로붙어 비롯하와 三祖師로 乃至 歷代傳燈이 서로서로 繼承하와 今日의 法會를 일우웟나이다. 竊念하오니 세

---

39) 김광식, 「하동산의 불교정화」, 불교교단사연구소 · 김광식, 『범어사와 불교정화운동』(부산: 영광도서, 2008), p.575.
40) 김광식, 「조선불교선종과 수좌대회」, 『불교근현대화의 전개와 성격』(서울: 조계종 출판사, 2006). 김광식 박사는 수좌대회 회의록을 발굴하여 동 논문을 집필하였다.
41) 동산 찬집 동봉 풀이, 『용성 큰스님 어록』(서울: 불광출판부, 1993), pp.610-612. 안목이 없는 자를 종자기에 비유해 "소리를 알아듣는 자는 적고, 뜻을 잃은 자는 많다"는 제제 하에 "영산회상에서 부처님이 꽃을 드시어 대중에게 보이셨을 때 수가 수백만이었건만 오직 … 마하가섭만이 미소하였다. … 성인께서 가신지가 오래다. 魔는 강하고 法은 약하다." 등의 표현이 일치한다.
42) 동산선사 이름의 정화관련 글은 정화당시와 종정재위 시 발표한 다음과 같은 글이 있다. 1954년(불기2981년) 12월 10일 전국비구 비구니대회에 즈음한 「宗正訓話」; 1955년(불기 2982년) 8월 3일 「淨化宣言文」(大韓佛教曹溪宗 代表 河東山);《대한불교》1960년 1월 1일자 曹溪宗 宗正 河東山의 「佛教徒의 歷史的 使命」 등이다.

존이 아니시면 拈花가 拈花가 아니며 迦葉이 아니시면 微笑가 微笑아니십니다. 拈花와 微笑가 아니면 正法이 아니외다. 正法이 없는 세상은 末世라 일넛나이다. 세존이시여 邪魔는 날이 熾盛하며 正法은 時時로 破壞하는 이—末世를 당하와 弟子 등이 어찌 悲憤의 血淚를 뿌리지 아니하오며 어찌 勇猛의 本旨를 反省치 아니 하오리까. 오직 願하옵나이다. 大慈大悲의 三寶께옵서는 慈鑑을 曲照하시와 弟子 등의 微微한 精誠을 살피시옵소서. 世尊의 弘願을 效則하와 稽首發願하오니 聖力의 加被를 나리시와 拈花와 微笑의 正法眼藏이 天下叢林에 다시 떨치게 하시오며 如來의 慧日이 四海禪天에 거듭 빛나게 하시옵소서. 세존이시여 獅子는 뭇 짐승의 王이외다. 그를 當適할 者—그 무엇이리까 그러나 제털 속 생긴 벌네가 비록 적으나 獅子의 온 몸을 다 먹어도 제 어찌 하지 못 하나이다. 天下無敵의 大力도 用處가 없나이다. 그와 같이 이제 如來 正法이 그 목숨이 실 끝 같은 今日의 危機를 당한 것도 그 누구에 허물이겠습니까. 업디려 비나이다. 正法을 獅子라면 弟子 등이 벌네가 아니리까. 이제 天下 正法이 今日에 陷한 것이 오로지 弟子 등이 如來의 軌則을 奉行치 아니한 不肖의 罪狀은 뼈를 부수고 골수를 내어 밧쳐 올니여도 오히려 다 하지 못할 줄 깊이 늦기와 이제 懺悔大會를 못삽고, 제자 등이 前愆(전건)을 懺悔하오며 後過를 다시 짖지 아니코저 깊이 맹세하오며 發願하오니 이로부터 本誓願을 등지며 三寶를 欺瞞하야 上으로 四海大恩을 저버리며 下으로 三途極苦를 더하는 자 잇삽거든 金剛鐵 槌椎(퇴추)로 이 몸을 부시여 微塵을 作할지라도 敢히 어찌 怨망을 품싸오리까. 차라리 身命을 바리와도 마침내 正法에 退轉치 아니하겠사오니 오직 원하옵나이다. 大慈大悲本師釋迦牟尼佛과 밋 十方三寶慈尊께서는 慈鑑證明하시옵소서, 갓이 업는 衆生을 맹세코 濟度하기를 願하옵나이다. 다함이 업는 煩惱를 맹세코 除斷하기를 원하옵나이다. 한량이 업는 法門을 맹세코 배우기를 願하옵나이다. 우가 없는 佛道를 맹세코 成就하기를 願하옵나이다. 이 因緣功德으로 널니 法界衆生과

더부러 한가지 아뇩다라삼약삼보리를 이루어지이다.[43]

昭和 十年 三月 七日

朝鮮佛敎禪宗首座大會 告白

위 선서문은 정법에 대한 정의와 함께 정법이 없는 세상[末世]의 邪魔熾盛을 개탄하는 한편 자신들을 獅子身中虫에 비유해 자책하고 있어 그 어떤 선서문과도 비교할 수 없는 강력한 메시지를 담고 있다. 그리고 정법이 금일에 이 같이 함몰한 이유를 '如來의 軌則'을 봉행치 않은데 있다는 자각과 함께 그 죄상의 무거움을 "뼈를 부수고 골수를 꺼내어 바쳐도 오히려 모자랄 것"이라고 자책하고 있는 점 또한 눈길을 끈다. 선서문에 나타난 正法에 대한 定義 등 그 구성과 내용에 따라 다음과 같이 몇 가지로 대별해 볼 수 있다.

첫째, 선서문은 세존의 拈花와 가섭의 微笑에 의해 以心傳心하신 바의 祖祖相承의 법을 '正法'이라고 정의하고, "세존이 아니시면 염화가 염화가 아니며, 가섭이 아니면 미소가 미소가 아닙니다. 염화와 미소가 아니면 정법이 아니외다."라고 부연하고 있다. 한마디로 선가의 전통적인 가풍에 입각한 불교의 정법관이다. 교가의 대가들은 물론 그 누구도 감히 입을 댈 수 없는 선가다운 선언을 했다는데 그 의의가 있다. 『大般涅槃經』의 四大敎法(cattāro-mahāpadesā)[44]과 經과 律에 비추어 言諍(vivāda-adhikaraṇa)의 正邪를 판단하는 기준인 九雙十八事[45]의 法과 非法, 律과 非律, 如來 說과 如來 不說, 輕重과 같은 기준에 의한 정법여부의 판단도 가능할 것이다. 그런데 굳이 이 같은 정법관을 내세운 것은 당시 교가를 중심으로 타락상에 대한 선가의 일대 喝이라고 이해된다.

43) 宣誓文은 김광식 교수가 발굴한 수좌대회 기록에 포함된 내용 가운데 하나로, 김광식 교수로부터 입수하였다. 김 교수의 「하동산의 불교정화」에도 인용되고 있다.
44) 『南傳大藏經』 卷7, pp.99-102; 長部 「大般涅槃經(Mahāparinibbāna-sutta)」(Dīgha-nikāya, no.16), pp.124-126.
45) 『四分律』 卷47(『大正藏』 22, p.916a); 『五分律』 卷23(『大正藏』 23, p.154a); 『南傳藏』 卷7, pp.136-137.

둘째, 정법이 파괴되는 말세와 邪魔의 熾盛에 대한 철저하고 처절한 자책과 자각의 문제이다. 즉 "正法이 없는 말세의 邪魔熾盛과 正法破壞를 당하여 제자 등이 어찌 비분의 혈루를 뿌리고, 어찌 용맹의 本旨를 反省치 안 하리요." "이제 如來 正法이 그 목숨이 실 끝 같은 今日의 위기를 당한 것도 그 누구에 허물이겠습니까." "正法을 獅子라면 弟子 등이 벌레가 아니리까." 등은 그들 자신들이 바로 불법을 망하게 하는 獅子身中虫[46]이라는 자각에 이르고 있다는 점이다. 한국불교를 대표하는 조계종단의 현실은 어떤가? 90년대 세 차례의 宗難과 法亂[47]을 겪으면서 無慚愧僧과 群羊僧[48] 및 民主僧과 鬪爭僧이 종단의 전면에 등장하면서 종단 내외를 향한 투쟁과 파괴를 일삼고 있다. 투쟁은 가히 사자이나 貪恚痴로 인해 反佛敎的 非法的 요소제거는커녕[49] 재생산해가며 妄語를 떠나지 못하니 그들이야말로 '獅子身中之蟲'인 것이다.

셋째, 천하 정법이 금일에 함몰한 것이 오로지 불제자인 자신 등이 '如來의 軌則'을 봉행치 않은데 있다는 인식과 그 죄상의 무거움을 "뼈를 부수고 골수

46) 본고의 각주 30) 참조.
47) 94년 개혁회의 측은 94년 종단사태의 분수령인 94년 3월 29일과 4월 10일 승려대회를 '法難'이라고 주장한다. 이는 자신들의 위법 부당한 종단장악을 정당화하고, 공권력을 무력화시키기 위한 전략에서 나온 언어구사의 일환이다. 그것은 법난이 아니라 조계종의 일부 승려와 재가불자 및 외부 세력이 가세한 宗難이자 국가의 內亂(刑法 第87條 [內亂], 第91條 [國憲紊亂의 定義]에 해당하는 宗亂이다.
48) 율장의 五種僧 가운데 無慚愧僧은 破戒비구의 승가, 群羊僧(㹩羊僧, 瘂羊僧)은 凡夫鈍根無智慧 比丘들의 승가로, 布薩, 行籌, 說戒, 自恣 등 일체 僧事를 알지 못하는 승가를 말한다. 『十誦律』券30,(大正藏 23, 220상);『薩婆多毘尼毘婆沙』券2(大正藏, 23, p.513중). 민주승과 투쟁승들은 불교적 기본질서와 합치할 수 없는 민주화를 개혁이념으로 내세워 불교적 가치와 질서를 파괴하는 참여와 투쟁을 일삼는 승려들을 말한다.
49) 94년 개혁회의는 '교단내의 反佛敎的 非法的 요소의 제거와 종헌 종법의 정비를 통하여 종단의 민주적 발전의 초석 마련 즉 민주화 및 구시대적 폐풍 쇄신'(개혁회의법 제3조) 등을 천명하였다. 예컨대 종헌 제9조 승려구족계 수지 규정에 반하는 4바라이죄 실정법 위반자에 한정한 처벌(승려법 제46조 3) 등 종법개정과 법계통일안 제안 제출(원로회의 인준부결)과 같이 도박사건 등 사건이 발생할 때마다 쇄신을 한답시고 종단 기본 질서를 파괴하는 종헌 종법 개정을 단행해 왔다.

를 내어 밧쳐 올니어도 오히려 다 하지 못할 줄 깊이 늣기와 이제 참회대회"를 한다고 한 부분이다. 즉 "이제 천하 정법이 금일에 함(멸)한 것이 오로지 弟子 등이 '如來의 軌則'을 봉행치 아니한 데 있다."는 것이고, 그 "죄상은 뼈를 부수고 골수를 내어 받치더라도 오히려 다 하지 못할 줄 알며 제자 등이 이제 前愆을 참회하며 後過를 다시 짓지 않으려 깊이 맹세하거니와 本誓願을 등지며 삼보를 기만하야 위로는 四海大恩을 저버리며 아래로는 三途極苦를 더하는 자 있거든 鐵槌로 이 몸을 부시여 미진을 만들더라도 감히 어찌 怨망하겠는 가."(취약)라고 말하고 있다.

넷째, 신명을 버리더라도 정법에서 퇴전치 않겠다는 서원과 함께 사홍서원으로 선서문을 마치고 있다. 불교의 모든 의식에서 보통 사홍서원으로 끝을 맺지만 이 선서문의 말미에 자리한 사홍서원은 그 의미가 새롭다. 왜냐하면 자신들이 여래의 정법을 파괴한 '사자신중충'이라는 자각과 더불어 신명을 바치더라도 정법에서 퇴전치 않겠다는 선언을 하고 있기 때문이다. '중생무변서원도'는 '번뇌무진서원단', '법문무량서원학' '불도무상서원성'이 원만히 성취되지 않으면 불가능한 일이다. 이 같은 서원은 철저한 자기 성찰과 함께 자신들이 정법을 해치고 파괴하는 '사자신중충'이라는 자각, 그리고 철퇴로 이 몸을 부수더라도 감히 원망하겠느냐는 데서 불퇴전의 서원을 분명히 하고 있다는 점이다.

다섯째, 필자는 아직까지 그리 많은 宣誓文과 발원문을 접하지는 않았지만 이처럼 처절하고도 자책에 가득한 宣誓文과 같은 서원문을 본적이 없다. 특히 "사자는 뭇 짐승의 왕이외다. 그를 當適할 者-무엇이리까. 그러나 제털 속에 생긴 벌레가 비록 적으나 사자의 온 몸을 다 먹어도 제 어찌 하지 못하나이다." "정법을 사자라면 자신 등이 이 정법을 해치는 벌네[레]가 아니리까."라고 '如來의 軌則'을 봉행치 않은 자신들이 곧 '獅子身中虫'이라는 자각과 자책에 철저하다는 것이다. 우리 승려들치고 출가 이후 이 사지신중충의 비유를 듣지 않은 자가 없을 것이다. 즉 불법은 동물의 왕인 사자와 같이 천하무적이어서 그 어떤 종교나 사상 및 제도도 당해낼 수 없지만, 오직 스스로에 의해 멸망한다는 의미로 우리가 잘 살아야한다는 경각심을 일으키는데 유효적절한 비유이다.

여섯째, 동산대종사가 1935년 수좌대회와 선종선언 및 선종 창종에 참석하여 주어진 소임을 수행할 수 있었던 것은, 용성선사의 제자였다는 점과 다음과 같은 행장의 연장선상에서 가능했다는 것을 알 수 있다. 1921년 건봉사 방한암 회상 동안거 서기, 1924년 동안거 수덕사 능인선원 입승, 1929년 동안거~1930년 하안거 범어사 금어선원 조실, 1933년 동안거 해인사 퇴설당 조실, 은사 용성선사의 1925년 참선만일결사 서기, 용성선사의 1926년 두 차례 건백서 제출과 동산선사 건백서 지지 기고문[50], 1935년 범어사 금어선원 조실, 1935년 首座大會 준비위원과 禪宗 禪議員 및 순회포교사, 1937년 하안거 도리사 조실, 1941년 하안거부터 범어사 금어선원 조실로 재위한 수좌계의 어른이자, 1943년 용성계맥을 전수한 범어사 금강계단의 단주, 1945년 만공스님으로부터 傳法偈 수지가 있었다는 점이다. 용성선사의 除籍願 제출과 중앙종단에서의 탈퇴는 그 제자인 동산을 등장케 했을 수 있고, 수덕사 입승[51]으로부터 시작하여 해인사, 도리사, 은해사, 범어사 선원의 조실이라고 하는 지위에 있었기 때문이다. 특히 수덕사 능인선원 조실 만공선사와 용음선사 등 덕숭산의 각별한 배려와 기대가 있었던 것 같다.[52]

---

50) 동산문도회, 『동산사상의 재조명』(서울: 인북스, 2016), p.148.

51) 교육원 불학연구소 편, 『근대 선원방함록』(서울: 조계종출판사, 2006), p.170. 용음선사께서 능인선원의 1923년 동안거, 1924년 하안거는 입승, 1924년 동안거 동산선사 입승 이후에도 1926, 1927년 입승과 주지를 지내다가 조실로 추대되었다. 정금오선사는 1930년 입승을, 수덕사 덕숭총림 초대방장을 역임하신 해암현문 선사는 1945년 하안거 입승이다. 용음선사와 덕숭산중의 용성선사의 제자인 동산선사에 대한 특별한 배려가 아닌가 한다.

52) 동산문도회, 『동산사상의 재조명』(서울: 인북스, 2016), pp.152-153. 만공조실스님께서 1945년 동산선사에게 전법하는 偈文品來家風.

Ⅴ. 봉암사 결사와 공주규약

봉암사 결사는 1947년 가을부터 1950년 3월까지 이성철, 이청담, 김향곡, 김자운 등 50여 명의 결사대중이 근 3년 간 지속한 결사였다. 1947년 봉암사 결사는 1899년 송경허 해인사 수선 결사, 1902년 범어사 계명암 수선사 결사, 1921년 방한암의 건봉사 만일선원 결사, 1925년 백용성의 참선만일결사, 1920년대 백학명의 내장사 결사 등이 있었다. 그럼에도 불구하고 "봉암사 결사에서 고민, 검토, 이행하였던 원칙과 대안은 곧 1954년부터 본격화한 불교 정화운동추진의 모태와 기반이 되었다."[53]고 평가하였다. 그래서 필자는 봉암사 결사의 공주규약과 이전 다른 결사의 규약과 비교해 보면서 다른 점과 같은 점 및 특징이 어디에 있었는가를 살펴보고자 한다. 나아가 선원이라고 하는 한국의 전통적인 수행처에서 '부처님 법대로 살자'라는 봉암사 결사의 근본 취지와 기본방향의 독자성과 적응성의 가능성 여부도 필자의 관심사의 하나다. 봉암사 결사의 성격을 잘 드러내고 있는 공주규약의 전모를 일단 소개하고, 동 결사가 50년대 불교정화에 미친 영향과 관련해 본론에서 필요로 하는 내용을 중심으로 살펴보도록 한다.

1. 森嚴한 佛戒와 崇高한 祖訓을 勤修力行하여 究竟大果의 圓滿速成을

---

53) 김광식, 『한국현대불교사연구』(서울: 불교시대사, 2006), pp.69-73. 김광식은 이 책의 제1부 「해방공간과 불교」, 「봉암사 결사의 전개와 그 성격」, 4. '봉암사 결사의 성격'에서 봉암사 결사의 성격과 근현대불교사의 흐름에 조응한 불교사적 의의를 설명하고, 한국현대불교사에 봉암사 결사가 남긴 위상 및 역사적인 의의 셋째 항에서 인용문과 같이 밝히고 있다(동 책 p.72). 김 박사는 이 보다 5년 전인 2001년 「정화운동의 전개 과정과 성격」, 『교단정화운동과 조계종의 오늘』(2001), pp.65-108) 3. '정화운동의 성격'에서 이미 "봉암사 결사는 1947년 가을에 시작되어 1950년 봄에 중단되지만, 그 3년간 시행하였던 결사 내용 자체가 이후 정화운동의 이념적 기초로 활용되었을 뿐만 아니라, 정화운동이 마무리 된 이후 종단이 지향할 방향을 제공하여 주었다는 측면에서 의미가 깊다."(동 책 pp.76-77)고 개진한 바 있다.

其함.

2. 如何한 思想과 制度를 莫論하고 佛祖敎則 以外의 各自 私見은 絶對 排除함.

3. 日常需供 自主自治의 標幟下에 運水 搬柴 種田 把針 托鉢 如何한 苦役도 不辭함.

4. 作人의 租稅와 檀徒의 特託에 의한 生計는 此를 斷然 淸算함.

5. 檀徒의 佛前獻供은 齋來기 現品과 至誠의 禮拜에 止함.

6. 大小二便 普請 及 就寢 時를 除하고는 恒常 五條直綴을 着用함.

7. 出院遠方의 際는 載笠 振錫하고 필히 團體를 要함.

8. 袈裟는 痲綿에 限하고 此를 壞色함.

9. 鉢盂는 瓦鉢 以外의 使用을 禁함.

10. 日 一次 楞嚴大呪를 課誦함.

11. 每日 二時間 以上 勞動에 就함.

12. 白月, 黑月 布薩大戒를 講誦함.

13. 佛前獻供은 過午를 不得하며 朝食은 粥으로 定함.

14. 座次는 戒臘에 依함.

15. 堂內는 座必面壁하야 相互 雜談을 嚴禁함.

16. 定刻 이외는 寢臥를 不許함.

17. 法般 物資 所當은 各自 辯備함.

18. 餘外 各則은 淸規 及 大小律制에 依함.

右記 實踐躬行을 拒否하는 者는 連單共住를 不得함.

知事 白

김광식 박사는 「봉암사 결사의 전개와 그 성격」이라는 논문에서 위 18공주 규약에 담긴 내용과 성격을 5개항으로 대별하여 정리하였다. 따라서 필자는 위 공주규약과 그 외 결사에서 실행된 의식주와 의례 및 규칙 등 조계종에서 일상화된 장삼, 가사, 헌공, 중단 심경독송 등 김 박사가 개괄한 내용에 기초

하여 위 공주규약이 불교정화이념과 제도권에 미쳤을 영향과 당시 사찰운영
을 담당한 승려들과 불교계의 반응에 대해서도 언급하려고 한다.

첫째, 삼엄한 '佛戒'와 숭고한 '祖訓'을 의지처와 귀의처로, 究竟大果의 圓滿
速成를 공주규약의 기본취지로 삼고 있다.(제1항) 먼저 '삼엄한 佛戒'란 "餘外
各則은 淸規 及 大小律制에 依함."(제18항)의 大小律制란 보살계와 구족계 및
율장의 제도규정을 말한다. 그러나 해인총림(1950년 이전)에서 상월율사를 전계
사로 하는 비구계 수계 살림이 있기 이전까지의 대중 승려들 가운데는 비구와
사미가 혼재하는 상태로 별 구별이 없었다. 그래서 "白月 黑月 布薩大戒 講
誦함."(제12항)으로 할 수밖에 없었던 것으로 보인다. 다음 '숭고한 조훈'이란 성
철선사가 박학다식한 점과 선교율의 구분 없이 자료를 인용하는 점으로 불조
이래 禪敎律의 역대 조사들의 숭고한 가르침으로 보아야 할 줄 안다. 그러나
성철, 향곡선사 등 결사대중의 성향으로 보아 선종계의 역대전등 · 제대조사
들의 가르침이 논의의 중심이 되었을 것으로 보아야 할 것 같다.

둘째, '佛祖敎則' 이외의 어떤 사상과 제도 및 사견을 절대적으로 배제하고
있다는 점이다.(제2항). 여기서 불조교칙이란 제불제조의 가르침과 대소승의 律
制 및 선원 전래의 소의 규범인 청규를 말한다. 봉암사 결사의 공주규약의 이
와 같은 정신과 신념은 이성철 종정의 비상종단(1983. 9~1984. 8)이 불교교단 四
部衆(catasso parisā)의 구성 원칙[54]에 반하는 재가 敎役者를 포함해 六部衆으로
개혁하려는데[55] 대해 "時代는 변해도 부처님 法 안변해"[56]라며 단호히 거부하

---

54) 平川 彰, 『原始佛敎の硏究』(東京: 春秋社, 1980), pp.48-51.
55) 필자는 당시 제22교구 본사 대흥사 주지로서 입수한 비상종단이 개정한 종헌상의 6부
    중과 관련한 조항을 보면 다음과 같다. 1984년 7월 7일 개정, 7월 14일 공포한 종헌상
    의 교역자를 포함한 종단구성 원칙은 종헌 제2장 제8조와 제17조에 명시되어 있다. 第
    8條 (宗團 構成): 本宗은 僧侶(比丘, 比丘尼)와 信徒(淸信士, 淸信女)로 구성한다. 但,
    布敎 傳道의 擴充을 위하여 敎役者(傳法師, 傳敎)를 둔다. 第17條 (敎役者)의 1), 2)에
    교역자에 대한 定義와 資格, 任免, 敎育, 持戒規範 등을 규정하고, 제18조(僧侶와 敎役
    者의 衣制)은 종법 또는 종령으로 정하도록 했다.
56) 《朝鮮日報》 1984. 7. 10. 「時代는 변해도 부처님 法은 안변해」라는 기사에서 새 종헌을

다 불응하자 사직한데서 잘 드러난다. 성철종정이 사퇴하자 원로회의(의장: 박
영암)가 소집되어 1984년 8월 1일 해인사 승려대표자대회를 개최하고, 승려대
회에서 비상종단 해체와 종전 종법체제 복원 및 총무원장(오녹원) 선출 등을 결
의하고, 그날로 총무원 청사를 접수하였다.[57] 종정 교시와 원로회의 결의에 따
라 비상종단의 책임자 어느 누구에 대해서도 制裁없이 화합하도록 함으로써
종단을 정상화했다.[58]

셋째, 自主自治의 기치 아래 日常需供에 해당하는 運水 · 搬柴(반섶) · 種
田 · 把針 · 托鉢 등의 苦役도 不辭한다는 것이다.(제3항) 일상수공의 자주자치

거부한 이유를 묻자 성청선사는 "부처님 법에 맞지 않기 때문이다."라며 "개혁안은 6
部衆 운운하며 교역자 제도를 만들려고 합니다. 승려생활을 하다가 결혼한 승려들을
… 구제하여 보조성직자로 활용한다는 것입니다. 부처님은 四部衆 즉 승려(비구 · 비
구니) 신도(남 · 여)로 구성된다고 했습니다. 시대가 아무리 변해도 부처님의 이 법은
파괴할 수 없습니다.《佛敎會報》불기 2528(1984) 7. 15.「曹溪宗 李性徹 종정 '개혁안'
왜 반대했나」라는 기자회견에서 "부처님 법 의거하지 않았으니 … 歷史의 罪人되고 싶
지 않아"서라며 "여섯 가지 시정지시 하나도 안 지키고 … 권력 한입에 먹겠다니 …."

57) 1984년 8월 1일 해인사 승려대회와 1994년 4월 10일 조계사 승려대회는 종단 분쟁 해
  결법(종헌 제9조 구족/질멸쟁법)을 비롯해 종헌 종법 위반이다. 그러나 84년 해인사
  승려대회는 비상종단의 종정 교시 위반과 합법적인 원로회의 소집과 결의에 입각했고,
  94년 조계사 승려대회는 종정 교시 위반과 불법원로회의 개최와 위법한 결의로 개최
  되고, "4 · 10 집회는 종단의 분열과 법통을 단절케 할 우려가 있으니 이를 금한다."는
  전제 아래 수습대책위원회를 구성하여 사태를 수습하라는 여법한 교시를 내린 종정 불
  신임까지 하였다. 초기불교승가 이래 전승되고 있는 불교적 기본질서가 그 핵심내용으
  로 하는 불교승단의 如法和合羯磨(dhammena sammaga-kammaṃ)의 원칙은 지도자
  (갈마사)와 지도층(여법한 원로회의 등)의 지시를 따르는 것이 정견이고 여법이며 화합
  이라는 점에서 위 두 승려대회는 비교된다. 森章司,『初期佛敎敎團の運營理念と實際』
  (東京: 國書刊行會, 2000), pp.477-479.
58) 1994년 8월 1일자 대한불교 조계종 종정 성철 교시: "…宗徒 大衆은 한결 같은 마음으
  로 全國 僧侶의 뜻에 따라 영광스럽게 發足한 執行部에 積極 協助하여 주시기 바라며,
  새 執行部는 大慈大悲 승가 本願에 依據 물러난 執行部에 雅量을 베풀어 相互 理解 增
  進宗團 和合과 安定을 期하여 全國民 興望에 副應토록 加一層 努力하여 주시기 바랍니
  다." 김광식,「이성철의 불교개혁론」,『한국현대 불교사연구』(서울: 불교시대사, 2006),
  pp.405-406.

는 공주규약의 대원칙과 4, 5항을 비롯해 공주규약 전체 구성과 석존의 법·율에 근거한 규약 및 제정 배경에 비추어 자급자족보다는 개념의 깊이와 외연이 넓은 '自主自治'의 용어를 차용한데 그 특징이 있다. 이는 백장 古淸規 이래 선가의 不作不食이나 백학명의 自禪自修 自力自食보다도 강력한 메시지이다. 공주규약 제2항 "여하한 사상과 제도를 막론하고 불조교칙 이외의 각자 사견은 절대 배제함."이라는 규약과 연계해 살펴볼 경우, 더욱 선명해진다.[59] 나아가 일상수공의 자주자치지만, 『임제록』의 '隨處作主 立處皆眞'의 작주를 자주와 자치로 볼 수도 있다는 것이다.

넷째, 소작인의 조세와 檀越과 신도의 特託에 의한 生計淸算(4항)과 佛前獻供은 齋來기 現品과 至誠의 禮拜에 止함(제5항)에 대해서 보자. 먼저 소작인의 조세와 단월과 신도의 특탁에 의한 생계청산은 당시 사찰주변과 승려들 간의 부정과 비리를 아예 차단하는 데 그 의미가 있었다. 율장은 盜罪에 조세에 관한 판례(조문 적용의 실례)와 별청금지규정이 있다. 먼저 조세문제와 관련해 盜罪 성립과 그 輕重에 관한 규정을 보면 세금을 免稅케 한 액수에 따라서는 중벌에 처하고 있다.[60] 다음 구족계/바일제법(『四分律』 바일제법, 제32 別衆食戒는 七時인 病時·施衣時·作衣時·行路時·乘船時·大會時·沙門施食時의 경우를 제외한 때에 별청을 받는 것을 금하고 있다.[61] 그 다음 불전헌공은 불공의식을 하지 않고 헌공자 자신이 가져 온 재래의 현품과 지성예배로 한정한

---

59) 공주규약의 '自主自治'는 일상수공의 전제이지만, 불교승단 자주화의 기본방향으로도 설정해 봄직하다. 94년 개혁회의는 개혁이념을 반불교적 비법적 요소 제거 즉 불교화와 민주화로 천명하고, 여기에 자주화를 추가하였다. 그러나 제도개혁에서는 불교와 양립할 수 없는 민주를 이념으로 하는 제도개혁을 단행하고, 확대 재생산하는 한편 자주화는 대외적인 투쟁과 시비의 명분으로 내세우고 있다. 이성철 전 종정의 불교관에 입각한 자주자치와는 상반된다.

60) 불교교단사연구소 편, 『僧伽和合과 韓國佛教의 未來』(서울: 혜민기획, 2005), pp.435-436; 『南傳藏』 1, p.84.

61) 平川彰, 『二百五十戒의 硏究(III)』(東京: 春秋社, 1994), pp.352-362.

다는 것이다(제5항).[62]

다섯째, 大小 二便과 普請 및 就寢 때[時]를 除하고는 항상 五條直綴 착용과 사원 밖에 출원할 때는 필히 戴笠振錫, 즉 삿갓[戴笠]을 쓰고, 振錫 즉 錫杖을 집고 단체를 이루라는 것이다.(제6, 7항) 먼저 오조직철은 활동에 편리하도록 직접 만든 오조가사로, 대소변과 보청[운력] 취침할 때를 제외하고는 큰 가사를 대신할 法衣(cīvara)인 오조를 항상 여법히 수하라는 것이다. 다음 외출할 때 단체를 이루고 錫杖(khakharka)[63]을 집도록 한 것은 율장에 근거가 있다. 그러나 삿갓을 쓰라[戴笠]라고 한 것은 머리를 보호하기 위한 것이지만, 율장과는 무관한 한국 일본 등의 운수납자의 행장을 고려한 것이 아닌가 한다.

여섯째, 袈裟(kaṣāya, kasāya)의 천을 麻綿으로 하되, 壞色袈裟하고,[64] 발우는 瓦鉢 이외의 사용을 금했다.(제8, 9항) 그러니까 화려한 金襴[金縷]가사와 목발

---

62) 봉암사 결사의 불전헌공의식 생략은 당시 불교계에 반발이 거셌던 문제점 가운데 하나다. 성철스님 같은 큰 스님은 불공의식 없이 살 수 있지만, 그렇지 못한 스님들은 생계를 유지할 수 있겠느냐는 것이었다. 이는 결사대중의 수도원 생활과 불공의 본래 의미로 이해하면 좋을 것 같다. 하지만, 이는 공주규약의 적용성과 대중화에는 한계가 있었다는 것을 말해준다.

63) 『十誦律』卷21(『大正藏』23, p.153a-c). 석장은 비구가 소지하는 18물건 가운데 하나로 飛錫, 巡錫이라고도 한다. 인도 승려가 山野를 流行(遍歷)할 때 흔들어 소리를 내어 독사나 해충을 쫓는 것을 말한다. 두부는 錫製, 塔婆形으로 수개의 金屬의 環을 달고, 중부는 목제, 하부는 牙, 角製.

64) 『十住毘婆沙論』과 『漏盡經』에는 26종의 衣法의 10利의 제10 "我, 마땅히 精進해서 道行하되, 汚染心으로 하지 않고 須臾之間도 壞色衣를 착용할 것이다."에서 보는 바와 같이 법의를 입는다. 『十住毘婆沙論』卷16(『大正藏』26, p.111c); 가사의 10종 공덕과 관련, 『中阿含經』10 『漏盡經』(『大正藏』1, p.342b). "沙門이란 머리를 깎고 法服을 입었기 때문에 沙門이라고 말하는 것은 아니며, 聖人의 表式을 구족해야 사문이라고 하느니라. … 사문은 가사를 입고 貪·恚·癡를 遠離해야하며, 마음에 탐·에·치가 없어야 가사를 입는 것을 허락하며, 戒를 지니지 않는 사람은 가사를 태워서 없애게 되느니라(燒滅)."(…若受施主施已, 行於惡法損他信施. 迦葉如是說沙門垢·沙門過罪·沙門諂曲·沙門中賊.); 『大寶積經』卷113(『大正藏』11, pp.639b-640b); 『國譯一切經』23. 寶積部 6, 7, p.2074.

우를 폐기하고, 가사는 밤색의 壞色가사를 수하는 한편 목발우 대신 와발을 사용한 것이다. 여기에 장삼은 먹물로 염색한 회색 보조 장삼을 입었다. 이는 앞서 본 제6항의 오조직철의 착용과 함께 봉암사 결사의 특징 가운데 하나다. 불교정화 당시 오조가사와 보조 장삼으로 복장을 통일한 것은 비구승들에게 는 일체감을 주고, 대처승들과는 구별을 분명히 했다는 점에서 비구·대처의 구별로 차별성을 나타내는데 효과적이었을 뿐 아니라 승려들의 일상생활을 통해 관행화하리만큼 적지 않은 영향을 미쳤다.

일곱째, 하루 한 차례 楞嚴呪를 독송하고, 불전헌공은 정오를 넘지 못하며, 매일 2시간 이상 노동하고, 아침 공양을 죽으로 정한 점이다.(제10, 11, 13항) 이 는 승가의 오후 불식과 한국 전래의 불전 사시 헌공시간의 준수 및 전통적인 선원 생활의 일과를 말해준다. 먼저 선원의 능엄주 과송에 대해 여러 주장이 있었으나 중국 송대 선원의 일과 가운데 하루 두 차례 정도의 능엄주 독송이 있는 것으로 보아 그 전통을 계승한 것으로 보인다. 그리고 아침의 죽공양은 범어사만 하더라도 동산대종사 열반(65년) 이후인 60년대 후반까지 계속되었 다. 그 외 座次戒臘, 당내 座必面壁, 相互雜談嚴禁, 定刻 이외 寢臥 不許, 法般 物資 所當은 各自 辯備.(제14~17항)

이상으로 공주규약의 내용을 율장에 근거하여 살펴보며 여타 결사와 다른 점과 특징 즉 차별성과 독자성의 주장(불교적 기본입장)을 살펴보았다. 봉암사 결 사의 공주규약은 용성선사의 參禪萬日結社 규칙과 주의를 가감하여 압축한 내용으로, '부처님 법대로(yathādhamma) 살자'로 요약된다. 따라서 삼엄한 佛戒와 숭고한 祖訓, 佛祖敎則을 依止處이자 歸依處로, 매월 두 차례의 포살, 어 떤 사상과 제도 및 사견도 배제한 自主自治 등은 당시 불교계로서는 강력하고 도 충격적인 메시지이기에 충분했다. 왜냐하면 佛戒와 祖訓과 佛祖敎則에 입 각, 수행일과 뿐만 아니라 일상화된 衣食과 儀禮에 이르기까지 타파하고 새

출발을 하였기 때문이다.[65] 여기에 봉암사 결사를 주도한 성철 · 청담 · 자운 스님 등 지도층의 문제의식과 참가대중의 결집력과 영향력으로 파급효과가 다른 결사와 전혀 달랐다. 나아가 결사대중의 수행정진과 율장에 근거한 일과 및 재가중이 동참한 보살계 법회는 출가중과 재가중의 관심을 환기시켜 승려 와 신도가 봉암사 결사를 참관하거나 동참하기 위해 봉암사를 찾게 되었다.

VI. 맺음말

이하 맺음말에서는 용성 · 동산 · 성철 3대에 걸쳐 50년대 승단정화이념과 기본방향에 영향을 미친 결사운동과 승단정화와 직결되는 역할을 중심으로, 여타 결사와의 차이와 특성을 요약해 보고자 한다. 용성선사의 결사 규칙과 주의 가운데 율장의 禁止戒 및 作持戒와 관계가 깊은 조항을 적시하고, 두 차 례 건백서를 요약하였다. 그리고 동산선사의 수좌로서 관여한 선종 선서문과 성철선사의 봉암사 결사와 그 공주규약의 차별성과 독자성을 살펴보았다. 이 상 용성 · 동산 · 성철 3대에 걸친 소위 용성문도가 지향했던 불교와 불교승 단, 그리고 당대를 대표하는 선사들이 지향했던 불교와 불교승단과 같은 점과 다른 점이 어느 정도 드러났다고 본다. 이에 용성 · 동산 · 성철 선사 3대에 걸 쳐 용성문도가 지향했던 불교와 불교승단관의 전체적인 성격과 관련성을 간 략히 요약하도록 한다.

---

65) 김광식은 「이성철의 불교개혁」 결어 셋째, "그의 불교개혁의 성격은 고불고조의 유칙, 유훈, 청규, 교법, 부처님 법대로 라는 표현에서 나오듯 근본불교를 지향하고 있었다." 라고 결론짓고, 그 근거를 이성철 종정의 1984년 3월 17일 《조선일보》와의 인터뷰를 들었다. 즉, "종교개혁이란 본시 교조의 근본사상에 입각하여 조금이라도 배치된다면 그것은 개혁이 아니고 역행이 되고 맙니다. 세월이 지나감에 따라 교법이 위배되고 폐 단이 생기게 되는데, 변질된 폐단을 완전히 청소하고 교조의 사상으로 환원하는 것이 개혁이라고 봅니다."라고 한 견해를 단적인 예로 들고 있다.

첫째, 용성·동산·성철선사께서는 선사로서의 안목에 입각한 확고한 신념과 전통적인 가풍에 철저하면서도, 석존의 법·율과 가르침에 충실한 대중생활을 지향했다는 점이다.

먼저 용성선사의 參禪萬日結社會 규칙과 주의사항 및 건백서는 청규에 앞서 노사의 철저하고도 투철한 계율관이 엿보인다. 용성선사는 敎團 구성의 四部衆이 출가·재가의 분한에 따른『梵網經』과『四分律』을 수지토록 하는 한편 半月마다 포살갈마를 하도록 했다. 다음 동산선사는 사승 용성선사의 계맥과 범어사 금강계단의 계맥을 계승한 단주로서 평생 授戒山林을 하고, 일상생활 속에서 사문의 일과인 예불, 공양, 소지, 정진 등을 대중과 더불어 하는 한편 개인적으로는『信心銘』등 염송과 기침·취침을 비롯한 常所行의 일상이 입적하시는 그날까지 여일했다. 그 다음 성철선사는 '부처님 법대로 살자'는 원칙하에 초하루와 보름의 포살뿐만 아니라 화려한 금난 가사와 목발우를 버리고 괴색가사와 철발우를 선택하는가하면 칠성탱화 등을 철거할 정도로 철저했다. 이는 석존의 법·율, 조사들의 어록 및 청규에 입각한 용성선사의 불교관과 승단관을 한층 더 철저히 구현하는 한편 결사대중의 일상생활 속에서 실천에 옮기려고 했다는 것을 말해준다.

둘째, 용성선사는 1919년 기미 3·1 독립운동에 한용운과 함께 불교계를 대표해 민족대표 33인의 한 사람으로 가담했다가 옥고를 치루고, 1921년 3월 출옥하자 감옥에서 기독교의 한글화한 성경과 포교에 많은 영향을 받아 1922년 대각교 창립을 하는 한편 역경과 현대식 포교에 진력한다. 사찰령을 통해 일제가 한국불교를 통제하는 한편 승려들의 결혼생활을 허용하는 등 제도권의 불교가 왜색화해가자 1925년 도봉산 망월사에서 참선만일결사를 하는가하면 1926년 조선총독부에 1차, 2차 건백서를 통해 승려의 대처 반대와 無妻僧과 有妻僧의 사찰을 별도로 구분하여 줄 것을 탄원하였으나 아무런 소용이 없었다. 불교의 왜색화와 승려의 대처화가 본격화해 가고 막대한 사찰재산이 탕진되어가자 이번에는 이들 승려들과 同數일 수 없다는 신념하에 除籍願(1933년 이전)을 제출했다. 용성선사 주변의 이 같은 일련의 사건들은 선사의 일종의 구국운동임과 동시에, 한반도 전래의 출가승단의 법통수호와 한민족의 불교전통을 고수하겠다는 신념에서 비롯되었다고 보아야 할 것이다.

셋째, 동산선사는 은사인 용성 선사가 3·1운동으로 투옥되자 옥바라지를 하였다. 용성선사께서 1921년 3월 출감하여 선학원 창건발기와 1922년 大覺敎 창립과 함께 역경과 포교에 매진하는 한편 1925년 망월사 참선만일결사에 서기 소임[66]을 보았다. 동산선사는 은사인 용성선사가 출감하자 스승을 시봉하는 사이 오대산 상원사로 가서 하안거(1921)를 보내고, 건봉사 방한암 조실 회상에서 동안거(1921년) 서기 소임, 1924년은 수덕사 능인선원에 입방하여 동안거 입승을 지냈다.[67] 1933년 동안거 해인사 퇴설당 조실, 1935년 범어사 금어선원 조실, 1937년 하안거 도리사 태조선원, 범어사 내원암 선원 조실, 1939 하안거, 동안거 은해사 조실, 그리고 1936년 동안거와 1937년 하안거 범어사 조실을 시낸 은사 용성 선사가 입적한 1940년 하안거부터 범어사 금어선원 조실로 1965년 열반할 때까지 재위하였다. 동산선사가 민족운동과 출가승단의 법통수호를 위해 진력한 용성선사 제자이자 용성계맥을 승계한 범어사 금강계단의 단주, 1935년 선학원 유교법회(고승법회)와 선종 선언, 당대 선지식을 대표하는 방한암과 송만공 회상의 수선안거가 선사께서 50년대 정화운동의 주역 가운데 한 사람으로 등장하게 하였다는 것을 쉽게 짐작할 수 있다.

넷째, 성철선사는 1936년 해인사에서 동산선사를 은사로 득도한 이래 금강산 장안사 선원, 대승사 쌍련선원, 1941년 덕숭산 만공회상에서 청담스님을 만나, 봉암사 결사를 시작하기까지 치열한 수행을 하였다. 봉암사 결사의 공주규약의 전체 내용과 구성은 용성선사의 결사 규칙의 요약압축으로 볼 수 있지만, 여타 결사와 다른 차별성과 독자성(불교적 기본입장)이 있었다. 예컨대 '삼

---

66) 동산문도회, 『동산사상의 재조명』(서울: 인북스, 2016), p.151
67) 조계종 교육원 편, 『근대선원방함록』(서울: 조계종 출판사, 2006), p.170. 이외에 1890년 2월 25일 출생에서 1935년 수좌대회의 선서문 발표까지 행장은, 김광식, 「하동산의 불교정화」, 불교교단사연구소·김광식, 『범어사와 불교정화운동』(부산: 영광도서, 2008), pp.569~573 참조.

엄한 佛戒와 숭고한 祖訓', '佛祖敎則 이외에 여하한 사상과 제도의 일체 배제, 일상수공의 自主自治의 標幟, 반월마다 포살대계 강송, 檀信의 불전헌공은 齋來기 현품과 지성 예배 한정, 항상 오조직철 착용, 수행일과와 일상생활에 이르기까지 청규 이외 大小律制에 준함 등에 잘 나타난다. 이상과 같은 봉암사 결사의 공주규약은 한 마디로 '부처님 법대로(yathādhamma) 살자'로 요약될 수 있다. 이는 '불법에 대처승 없다'는 종단정화의 가치와 함께 50년대 불교와 승단정화의 이념과 기본방향이 되기에 충분했다. 이에 봉암사 결사 원칙과 정신이 정화운동의 이념적 모태와 기반이 되고, 종단재건의 기초가 될 수 있었고,[68] 결사대중이 정화의 핵심부에 있었기에 수행공간의 확보, 출가승단의 법통회복, 왜색불교 청산, 한국불교의 전통회복을 가능케 하는 승단정화는 일단 성공을 한 셈이다.[69]

다섯째, 용성선사의 대각교 창립과 제적원 제출, 동산선사의 승단정화운동 추진을 비롯한 동헌 · 자운 · 고암선사 등 용성선사 제자들의 정화운동추동을 어떻게 보아야 하느냐는 것이다. 용성선사의 대각교 창립을 신흥종교로 보는 시각이 있는가하면 일각에서 외도라는 비판이 있었던 것 같다. 이는 제적원 제출과 대각교 창립에 대한 제도권의 인식이 어떠했는가를 말해준다. 그러나 용성선사는 당대 만공 · 혜월 · 한암선사 등과 함께 당대 4대 선지식으로 평가

68) 김광식, 「봉암사 결사의 전개와 성격」, 『한국현대불교사연구』(서울: 불교시대사, 2006), p.72.

69) 봉암사 결사가 50년대 승단정화의 모태가 될 수 있었던 것은, 결사와 정화를 주도한 이청담 스님 등 지도층의 법맥과 그 위상 그리고 만공, 한암 등 당대를 대표하는 선지식의 문중을 대표하는 승려들과 불지종가 통도사의 구하스님과 월하, 벽안 큰스님과 같은 신뢰받는 원로 중진이 적극적으로 동참했기 때문이다. 봉암사 결사의 주역 가운데 이성철 선사는 불참했지만, 종정과 총무원장 및 장로원장을 지낸 이청담 스님, 혜월, 운봉선사의 법을 이은 향곡선사, 지계의식을 환기시키고 수계의 전통을 확립, 초대 전계대화상을 지낸 김자운 대율사 등에 의해 주도된 결사라는 점에서 그 영향력을 짐작할 수 있다.

되고 있었고,[70] 그 신념과 주장이 불조의 가르침에 근거하고 있었다는 것이다. 뿐만 아니라 용성문도들이 50년대 승단정화를 전후해 제도권의 불교와 마찰 없이 융합하고, 오히려 계율과 청규에 근거한 대중생활에서 모범적이었기 때문에 그와 같은 것은 어디까지나 일시적인 오해였다는 것을 알 수 있다. 또한 대각교 창립은 1935년 선학원을 중심으로 한 수좌계의 선종 창립의 선례로 볼 수도 있다.

여섯째, 성철선사의 정화운동 불참을 어떻게 볼 것인가이다. 먼저 성철선사 의 정화운동 불참은 율장의 不同住(nānāsaṃvāsaka)와 석존께서 僧諍(saṅgharāji) 과 관련하여 취하신 태도에 비추어 이해할 수 있을 것 같다. 우선 율장에서는 승가중이 不和로 함께 布薩 등을 거행할 수 없을 경우, 界(sīmā)를 달리하여 불 설대로 포살을 하면 不犯으로 간주한다.[71] 이는 석존의 법·율과 가르침을 수 지하는 조건으로 부동주를 허락한 것이다. 다음 석존께서 拘睒彌(Kosambī) 비 구들의 승쟁을 타일러도 듣지 않자 손수 침구를 정리해 제자리에 놓아두고 아 무도 몰래 왕사성으로 떠나가셨다.[72] 석존의 승쟁에 대한 가르침과 부동주 및 無諍法(araṇa- dhamma)[73]과 滅諍法(adhikaraṇasamathā-dhamma)[74]의 가르침을 아

---

70) 효봉스님의 은법사 임석두의 아들로 불화의 대가인 석정스님 증언, 동산문도회 · 김광 식, 『동산대종사와 불교정화운동』(부산: 영광도서, 2007), p.200. 증언의 마지막에 임 하자 종단 현실을 내정하게 보고, 정화의 본뜻을 되살려야 할 것이라고 본다며, 지금 은 공부하는 이들이 거의 없다며 당대의 종단 지도자 가운데 事3, 理4라 해서 이판의 조실 격에는 만공, 한암, 혜월, 용성스님, 사판에는 이회광, 강대련, 나청호를 꼽았다. 이판의 스님 이외는 조실을 맡지도 하지도 않았다며, 효봉스님도 송광사에서 입승을 보았다고 했다.

71) 본고의 각주 38) 이자랑, 「율장에 나타난 不同住(nānāsaṃvāsaka)에 관하여」 참조.

72) 『四分律』 卷43 「拘睒彌犍度」(『大正藏』 22, pp.882c-883a); 『南傳藏』 卷3, pp.605-612; 덕산, 「승가의 쟁사와 파승에 관한 석존의 교계―율장 拘睒彌犍度를 중심으로」, 불교 교단사연구소 편, 『僧伽和合과 曹溪宗의 未來』(서울: 혜민기획, 2014), pp.137-141.

73) 『南傳藏』 卷14, p.216. "나는 세간(loka)과 다투지 않는데 세간은 나와 다툰다. 법 (dhamma)을 설하는 자는 세간(loka)의 어떤 사람과도 다투지 않는다."

74) 본고의 각주 5), 이자랑, 「멸쟁법을 통해서 본 승단의 쟁사 해결 방법」 참조.

는 불제자라면 양심상 참여할 수 없었을 수도 있다. 더욱 정화를 비판적인 시각으로 바라 본 성철선사로서는 당연했지 않는가 싶다.[75]

끝으로 이상과 같은 용성문도 3대에 걸친 선종승려로서 각각 시대적 상황과 불교계의 현실을 직시하고, 교조 석존의 법·율로 돌아가 불교계의 정화와 올바른 전통을 회복하기 위한 고뇌에서 출발한 건백서와 망월사와 봉암사 결사 및 선종선언서는 50년대 승단정화의 초석이 되었고, 시대와 사회에 영합하지 않고 불교정화와 종단중흥의 기본적 입장을 제시했다는 점에서 오늘의 종단 현실에도 示唆하는 바가 적지 않았다.

---

75) 송광사 방장 보성스님과 석정스님 증언. 먼저 보성스님은 "묵은 도둑을 내쫓고 새 도둑을 키우는 꼴"이라고 했다는 것이다. 동산문도회·김광식,『동산대종사와 불교정화운동』(부산: 영광도서, 2007), p.87. 다음 석정스님 증언, "내가 안 나간 것은 대처승씨를 말릴 자신이 없어서 안 나간 것"이고, "정화한 후에 얼마 안가면 도루 목이 된다고 그랬어요. 이 정화는 찬성 안 한다고 그랬어요. 이런 말은 내가 성철스님에게 직접 들었어요." 위의 책, p.198. 그러나 능가스님의 증언에 의하면, 참여는 하지 않았지만, '참으로 간절했다'고 한다.

참고문헌

『南傳大藏經』.

『大寶積經』(『大正藏』11).

『四分律』(『大正藏』22).

『僧祇律』(『大正藏』22).

『十誦律』(『大正藏』23).

『十住毘婆沙論』(『大正藏』26).

『五分律』(『大正藏』22).

『中阿含經』(『大正藏』1).

『國譯一切經』.

교육원 불학연구소 편, 『근대 선원방함록』, 서울: 조계종출판사, 2006.

김광식, 『한국현대불교사연구』, 서울: 불교시대사, 2006.

동산 찬집 동봉 풀이, 『용성 큰스님 어록』, 서울: 불광출판부, 1993.

동산문도회, 『동산사상의 재조명』, 서울: 인북스, 2016.

동산문도회 · 김광식, 『동산대종사와 불교정화운동』, 부산: 영광도서, 2007.

東山慧日 選集, 『龍城禪師語錄』, 京城: 三藏譯會, 1941.

望月良晃, 『大乘涅槃經の硏究』(東京: 春秋社, 1988), pp.67-68, pp.202-203.

불교교단사연구소 편, 『僧伽和合과 曹溪宗의 未來』, 서울: 혜민기획, 2014.

불교교단사연구소 편, 『僧伽和合과 韓國佛敎의 未來』, 서울: 혜민기획, 2005.

불교교단사연구소 · 김광식, 『범어사와 불교정화운동』, 부산: 영광도서, 2008.

森章司, 『初期佛敎敎團の運營理念と實際』, 東京: 國書刊行會, 2000.

석명정 역주, 『三笑窟消息』, 양산: 극락선원, 1997.

정광호, 『韓國佛敎最近百年史編年』, 인천: 인하대학교 출판부, 1999.

眞野正順, 『佛敎における宗觀念の成立』, 東京: 理想社, 1964.

平川彰,『二百五十戒의 研究(Ⅲ)』, 東京: 春秋社, 1994.

    『原始佛教の研究』東京: 春秋社, 1980.

漢巖門徒會,『漢巖一鉢錄』, 增補修訂版, 오대산 월정사, 1996.

    『용성대종사전집』, 서울: 대각사, 1991.

김광식,「근대 선원 청규의 개요와 성격」,『한국 현대선의 지성사 탐구』, 안성: 도 피안사, 2010.

    ,「근대 한국선원 청규의 개요와 성격」,『승가교육』제5집, 서울: 조계종 교 육원, 2004.

    ,「근대 한국선원 청규의 개요와 성격」,『한국현대선의 지성사 탐구』, 안성: 도피안사, 2010, p.51

    ,「봉암사 결사의 전개와 성격」,『한국현대불교사연구』, 서울: 불교시대사, 2006.

    ,「이성철의 불교개혁론」,『한국현대 불교사연구』, 서울: 불교시대사, 2006.

    ,「하동산의 불교정화」, 불교교단사연구소 · 김광식,『범어사와 불교정화운 동』, 부산: 영광도서, 2008.

덕산,「승가의 쟁사와 파승에 관한 석존의 교계—율장 拘睒彌犍度를 중심으로」, 불교교단사연구소 편,『僧伽和合과 曹溪宗의 未來』, 서울: 혜민기획, 2014.

마성,「백용성의 승단정화 이념과 활동」, 불교교단사연구소 · 김광식,『범어사와 불교정화운동』, 부산: 영광도서, 2008.

    ,「四種諍事와 七滅諍法의 意義」, 불교교단사연구소 편,『僧伽和合과 曹溪宗의 未來』, 서울: 혜민기획, 2014.

이자랑,「멸쟁법을 통해서 본 승단의 쟁사 해결 방법」, 불교교단사연구소 편,『僧 伽和合과 韓國佛教의 未來』, 서울: 혜민기획, 2005.

    ,「율장에 나타난 不同住(nānāsaṃvāsaka)에 관하여」, 불교교단사연구소 편, 『僧伽和合과 曹溪宗의 未來』, 서울: 혜민기획, 2014.

    ,「율장에 나타난 지도자상」, 불교교단사연구소 편,『僧伽和合과 曹溪宗의

未來』, 서울: 혜민기획, 2014.

《朝鮮日報》 1984. 7. 10.
《佛敎會報》 불기2528(1984). 7. 15.

韓國佛教의 나아갈 길*

◉

황성기(동국대학교 불교대학 교수)

＊본 논문은『佛教思想』10(서울 : 불교사상사, 1962. 7.)에 수록된 것이다.

1. 머 리 말

8년전 이대통령의 유시(諭示)를 도화선으로 폭발한 비구승·대처승 간의 불교 분규는 그 동안 많은 비난과 물의를 일으키면서 자유당·민주당 시대를 거쳐, 혁명 정부의 오늘에 이르기까지 아직도 계속되고 있다. 하기야 그동안 정부의 적극적인 통합 시책의 주효(奏効)로 겉모양으로는 통일 종단이 구성되어 종정(宗正)의 추대와 총무원장, 감찰원장, 네 부장의 선출이 있었고 지난 4월 11일에는 이의 취임식을 거행한 바 있어 일반 사회에서 볼 때 분규가 종료되고 종단이 통합된 것이 하나의 움직일 수 없는 현실인양 속단할지 모르는 일이다. 그러나 그 후 3개월이 지난 지금이지만 국장(局長)의 인선(人選)에조차 원만한 합의를 보지 못하고 겨우 정부의 지도에 의하여 그나마 자리만을 메운 정도요 피차의 양보 없는 냉전으로 종정(宗政)은 마비 된 채 공전(空轉)하고 있으니 전도(前途)를 도저히 낙관할 수 없는 형편이다.

그러므로 불교 분규는 과연 지금 정부가 요구하는 방향에서 해결될 것이며, 통합될 것인가, 또는 이러한 기정 사실이 앞으로 어떻게 될 것이며, 한국불교의 나아갈 길은 과연 무엇인가를 냉정히 역사적 배경을 가지고 다시 검토해 보기로 하자.

2. 佛教紛糾의 眞相

병을 고치려면 병의 근원을 알아야 하듯이 불교 분규를 해결하자면, 그 원인과 진상을 바로 보아야 한다.

일반적으로 불교의 분규를 건설적 의미에서 평가한다면 한 개의 발전과정의 피치 못할 현상이라고 하겠으니, 그것은 저 인도 불교가 부처님께서 입멸하신 직후에 상좌(上座)·대중(大衆)의 두 부로 분열되어 점차로 20의 부파를 형성한 것이라든지, 그 후에 대승불교에 의해 이들 소승 부파불교가 부정된 것이라든지 또한 중국 불교가 주로 대승불교이었지만 각종(各宗)으로 분립(分立)하여 난국의 미(蘭菊之美)를 다툰 것이라든지 우리 한국불교가 신라의 오교구산(五敎九山)과 고려 오교 양종(五敎兩宗)의 분파로 전체 불교를 발전시킨 것들은 일향에 분열이라고 나무랄 수 없는 발전적 현상이기 때문이다.

그런데 이들의 경우에 있어서 피차의 대립은 발전을 위한 건설적인 논리와 철학과 신념과 명분이 있는 투쟁이었으나 오늘 우리의 경우는 그렇지 못함을 유감이라 하겠다. 다시 말하면 불교의 생명인 신앙, 신앙의 토대인 교리에 시비(是非)의 중점이 있지 않고, 세속적 주권 쟁탈을 위해 인신 공격으로 시종(始終)한 듯한 인상을 준 것이 오늘 한국불교 분규의 모습이기 때문이다.

그러면 이제 분규의 진상을 좀 더 근본적으로 살펴보기로 하자.

한국불교는 이조(李朝) 중엽 이후 정치적 작용에 의하여 실제에 있어서는 종파(宗派) 없는 불교로 수백년 내려 왔으니 그러므로 비록 개인의 성향에 따라 혹은 선(禪)을 닦고 혹은 교(敎)를 갈고 염불과 진언(眞言)으로 수행 방법이 다르면서도 그래도 한 불교라는 테두리 안에서 서로 큰 모순을 느끼지 않고 구순하게 살아왔다.

그뿐 아니라 각자의 개성에 따라 어떤 사람은 수행(修行)만을 자기의 일로 알고 일생을 전수(專修)하기도 하고, 어떤 사람은 그보다 포교, 교육, 사찰 수호(寺刹守護)나 그밖의 대외 활동에 치중하기도 하나니, 오로지 일평생 자기 수행만 하는 사람을 이판승(理判僧)이라 하고, 일정한 수업을 쌓은 뒤에는 불교 사업에 힘쓰는 사람을 사판승(事判僧)이라고 했다. 사판승은 이판승을 불교의 상징적 존재로 우대하여 그들의 온갖 물질 생활을 보살피게 되니 이판승이 세속 사리에 어두운 반면 사판이 경제적 주권을 전담하게 된 것도 자연한 일이었다.

그런데 경제 생활이 윤택하고 자체에 기강(紀綱)이 있을 동안에는 별로 알륵이나 마찰이 없는 법이지만, 그렇지 못할 경우에 불화(不和)와 투쟁이 오는 것은 또한 가정이나 국가나 마찬가지이다.

한국불교도 국가 사회의 질서가 잡히고 사찰 경제가 안정될 때에는 기강도 서고 평화도 유지되었으나, 그러나 8 · 15 해방과 함께 정치, 경제, 사상 등 우리 사회 전체가 혼란에 빠지게 되자 승규(僧規)도 문란해졌고, 특히 정부 수립 이후 농지 개혁으로 말미암아 사찰 경제(寺刹經濟)에 일대 파탄이 일어났고, 승려 생활에 큰 위협을 가져오게 되자 일부 사판승들은 평소에 익힌 바를 기화로 하여, 혹은 정치계에 뛰어 들기도 하고, 혹은 사업계에 나서서 무슨 회사 무슨 공장으로 지가증권(地價證券)을 비롯한 사재(寺財)를 마구 낭비하면서 절을 떠나 세속적 사업에 골몰하는 반면 이판승들을 돌보지 않으니, 지금까지 수행에만 전심(專心)하던 이판승들의 생활은 극도로 위태로운 지경에 이르렀고, 드디어 그들은 사판승들에게 생활 적선의 보장을 기대할 수 없게 되니 그들도 이제는 자기 생존을 위하여 자신들이 직접 경제 주권을 장악해야 되겠다고 생각하게 되었다. 그래서 처음에는 몇몇 절[寺]들의 운영권만을 넘겨 자치 자활(自治自活)하게 해달라고 요구했으나, 이것이 거부되자, 마침내는 한국불교 전체의 주권을 장악해야 되겠다는 결심을 하고 전면 투쟁으로 발전하게 되니, 이것이 불교 분규의 근인(近因)이다.

그러나 자기 힘만으로는 사판승을 이겨낼 수 없음을 자각한 일부 이판승들은 마침내 관력(官力)을 빌리는 데 성공하여, 당시 나는 새라도 떨어뜨릴만한 만능독재(萬能獨裁) 이대통령으로 하여금 "대처한 친일 왜색승은 사찰에서 물러가라…"는 유시를 발표하게 했고, 미리부터 선학원(禪學院)에서 대기중이던 일부 이판승들은 이것을 신호로 일제히 봉기하여 총무원으로 진격, 탈환 작전을 전개하니 이로써 승려들의 먹고 살기 위한 주권 쟁탈전은 발단되고 말았다.

이렇게 하여 총무원 법당 안팎이 삽시간에 승려들의 싸움터로 변하여 단식, 할복, 유혈, 투옥 등 전대미문(前代未聞)의 추태가 연출되는 것과 때를 같이하여 전국 각지의 대소 사암(大小寺庵)에서도 요원(燎原)의 불길인양 같은 현상이 연달아 벌어지게 되었다.

그러나 싸움은 만만치 않았다. 이대통령은 전후 여덟 차례의 유시와 담화로써 선학원 측 이판승(자칭 비구승)들을 독전하는 한편, 무장한 경관을 응원 파견하여 사판승(세칭 대처승)들의 축출에 혈안이 되었다. 세궁력진(勢窮力盡)하여 여염으로 쫓겨난 대처승들은 이제는 법에 호소하게 되니, 즉 한국불교의 합법적 주권자가 누구이며 과연 대처승은 중이 아니니 절에서 물러나야 하느냐는 문제가 그 중심점이었다.

이에 대하여 자유당 시대에는 지법(地法)·고법(高法)에서 모두 대처승들이 승소했으나 대법원의 판결이 보류된 채, 민주당대로 와서 일부 판결이 있자 일부 비구승들이 법원에 난입하는 소동을 일으켰고, 혁명정부에 와서 1961년 11월 전남 일원의 대법원 최종 판결을 보게 되니, 사실상 7년간의 불교 분규는 법에 의해 대처승들의 승소로 종지부를 찍는 듯이 느껴졌다.

그런데 전기 대법원의 판결을 전후하여 정부에서는 종교심의위원회로 하여금 양측의 화해와 통합을 추진하게 되니, 마침내 1962년 1월 22일 불교재건위원회를 결성했고 이 자리에서 양측 종정(宗正)은 〈분규를 그치고 화합 재건할 것〉을 만천하에 선서하게 되었다. 그 후 양측 각 15명의 30명 비상종회(非常宗會)와 양측 각 5명과 사회인사 5명의 15명 비상종회를 거쳐 우여곡절 끝에 결국 대처승 입장에서는 굴욕적이고 자기 부정적인 〈단서(但書) 3항〉이 붙은 새 종헌에 의해 지난 4월 11일 통일종단을 구성하였으니 이것이 소위 8년 분규의 진상의 개략이다.

3. 紛糾의 옳고 그름

분규의 근본 원인이 생활에 있었음을 이미 말했거니와, 그러면 그들 피차의 분규의 구실은 과연 무엇이며, 또 그것들이 어떻게 해석되어야 옳은가를 가려 보기로 하자.

첫째, 비구승 측의 주장을 들어 보면
① 대처승은 친일파니, 승려의 대처 제도가 일본 제국주의의 식민지 종교 정책에 의하여 고의로 조작된 폐습(弊習)이며,
② 대처는 파계(破戒)니, 파계승은 승려의 자격을 이미 상실했고,

③ 조계종의 종조(宗祖)는 태고보우(太古普雨)스님이 아니라 보조지눌(普照知訥)스님이어야 옳다는 것이다.

이에 대하여 대처승들은 반박하기를
① 비구승이 오히려 소승불교의 유물이니, 비구불교를 주장함은 시대 역행이고,
② 대승 보살불교에 있어서 승려의 유처(有妻)는 파계가 아니고,
③ 종조(宗祖)를 보조(普照)스님으로 바꾸는 것은 환부역조(換父易祖)하는 망발이라는 것이다.
　물론 이러한 것들은 다 싸우기 위한 구실에 지나지 않지만 이제 양자의 표면상 쟁점(爭點)에 대하여 시비를 가려보기로 하자.

　첫째, 비구승 측이 주장하는
① 대처승은 친일파요 일제의 유물이라고 함은 역사의 사실을 무시한 억설이다.
　물론, 한국 승려들의 사회적 지위와 인권이 일제 통치하에 회복되었고, 또 승려의 유처 생활이 공공연해진 것도 사실이지만 그러나 그것이 일제의 의식적인 식민지 종교 정책의 산물이 아니라, 오히려 수백년 동안 겪은 정치적 압박과 사회적 불우에서 해방되려고 하는 승려 자신들의 자주의식의 자발적 행위라 함이 옳을 것이다. 즉 융희(隆熙) 3년(1909), 선승(禪僧)이자 후일의 항일 독립투사의 한 분이신 한용운(韓龍雲)스님께서 당시 중추원의장(中樞院議長) 김윤식(金允植)씨에게 승려들의 취처를 국가에서 허용하여야 한다는 것을 개진했으니 이는 승려들의 취처 금지가 애당초 자체의 교리상 문제가 아니라 조선 500년의 배불정책에 의한 승려 압박의 탓이었고 또한 취처가 일제의 유물이나 친일 행위가 아니라는 두 가지 사실을 증명해 주는 것이다.
② 대처를 파계라 함은 교리에 어두운 곡설이다.
　불교의 계(戒)는 소승에 있어 사미(沙彌)·사미니(沙彌尼)의 10계와 식차마나

니(式叉摩那尼)의 6계와 비구의 250계와 비구니의 348계가 있으니 이상은 출가한 오중(五衆)이고 우바새(優婆塞) 우바이(優婆夷)의 5계가 있으니 이는 재가한 이중(二衆)이다. 다시 대승에 있어서는 보살의 십중(十重)금계와 48경(四十八輕)계가 있다.

그런데 소승 비구계에서는 〈불음계(不婬戒)〉를 두어 음(婬=性) 자체를 금했으나, 대승보살계에서는 불사음계(不邪婬戒)를 두어 삿된 음(婬)을 금했다. 그러므로 소승불교의 입장으로서는 취처(娶妻)가 〈불음계〉를 범한 파계이지만, 대승불교의 입장에서 볼 때 〈사음(邪婬)〉이 아닌 이상, 파계가 아니다.

이제 그 보기를 찾아보면 위선 화엄경(華嚴經)에 십중금계(十重禁戒)를 설하는 가운데 불사음계(不邪婬戒)를 설명하시되

"마음으로부터 삿된 이성 교제를 하지 말지니, 보살이 자기 아내에게 만족하고 남의 아내를 구하지 말지니라. 남의 아내거나 첩이거나 남의 보호하는 여자이거나 친족이거나 이미 약혼했거나 법으로 보호하는 여자에게 오히려 탐염하는 마음도 내서는 안되거던 어찌 하물며 교제할 것이며 하물며 비도(非道)이랴?"(性不邪婬 菩薩 於自妻知足 不求他妻 於他妻妾 他所護女 親族媒定 及爲法所護 尙不生於貪染之心 何況從事 況於非道...)

한 것을 비롯하여 대지도론(大智度論)과 그 밖에 여러 대승 경론에 널리 설하여 있다. 이로써 승려의 취처가 파계가 되고 안되는 것은 그 입장에 따라 의논될 문제로 일률적으로 논할 수도 없거니와 하물며 대승 불교국이요 또 대승을 자처하는 한국불교에서 대처를 파계라 함은 자가당착이라 아니할 수 없다.

또 아무리 과거 우리나라 승려들이 거의가 독신 생활을 했다 하더라도 이는 개개인의 성격상 또는 정치적 사회 환경의 부득이한 사정에 기인한 것이요, 그렇다고 그들의 행동이 경전 이상의 권위를 가질 수는 없는 노릇이다.

③ 보조스님이 조계종조여야 옳다는 말은 법맥(法脈)을 따진다는 점으로 보아 가장 논쟁의 가치가 있다.

그러나 실제에 있어 이는 몇몇의 일 좋아하는 사학도(史學徒)들이 싸움의 구실로 내세웠을 뿐, 일반적으로는 그리 통양(痛痒)을 느끼지 않는 문제이다.

다음 대처승 측의 변명을 들어보자.
① 비구는 소승불교의 유물이요. ② 취처가 파계가 아니라는 주장이 대승
교리상으로는 물론 옳다.
그러나 이렇게 옳은 근거를 가지고서도 왜 정부 당국이나 일반 사회의 지지와 동정을 받지 못하는가? 크게 반성할 문제다.

이는 여러 가지 이유도 있겠으나 그 중 가장 근본 원인은 무엇보다 종교적 실천 생활의 결여(缺如)와 자기 신념의 박약에 있다. 대승불교라면 번뇌(煩惱)와 보리(菩提)가 하나요, 생사(生死)와 열반(涅槃)이 둘이 아니며, 술 마시고 고기 먹는 것이 반야(般若)에는 방해 없고, 훔치고 행음(行婬)하는 것이 보리에는 걸림이 없다는 최상승 진리나, 이론이 없어 실천만 있으면 맹목(盲目)이요, 신·해가 있어도 실천궁행(實踐躬行)이 없으면 공론(空論)이라, 마침내 자증(自證)도 없으리니, 그러므로 4법을 갖춘다면 하는 일이 다 참일 것이요 그렇지 못하다면 250계는 고사하고 팔만세행(八萬細行)을 다 지켜도 사마(邪魔)요 외도(外道)에 다름이 없으리라.

4. 韓國佛教의 나아갈 길

이러한 현실정에 놓인 한국불교의 당면 과제는 우선 분규를 지양하는 것이다. 그러면 그 방법을 어떻게 할 것인가. 이제 몇 가지로 검토해 보자.

① 宗名 없는 「韓國佛教」로 통합하자.
한국불교는 신라시대에 이미 중국불교의 영향을 받아 교에 열반(涅槃), 법성(法性), 원융(圓融), 법상(法相), 계율(戒律)의 5종이 있었고, 선에 실상(實相). 성주

(聖住), 동리(桐裡), 가지(迦智), 희양(曦陽), 사자(師子), 봉림(鳳林), 수미(須彌), 사굴(闍崛)의 9파가 있어 성행했으니 이것을 오교(五敎) 구산(九山)이라 일컫고, 고려 중엽 이후에는 선(禪)이 달마(達磨)·천태(天台) 2종으로 분립하여 오교양종(五敎兩宗)이라 하였다. 조선시대에 와서는 일관된 배불정책(排佛政策)으로 말미암아 태종 6년(1406)에 소승(小乘), 신인(神印), 총지(總持), 시흥(始興), 중도(中道), 화엄(華嚴), 도문(道門), 자은(慈恩), 남산, 천태법사(天台法事), 천태소자(天台疏子), 선(禪)의 12종(十二宗)을, 다음 해인 7년에 시흥(始興), 중신(中神), 화엄(華嚴), 자은(慈恩), 총남(總南), 천태(天台), 선(禪)의 7종(七宗)으로 통합하고, 다시 세종(世宗) 6년(1424)에는 선(禪), 천태(天台), 총남(總南)의 3종(三宗)을 교종(敎宗)으로 화엄(華嚴), 자은(慈恩), 중신(中神), 시흥(始興)의 4종(四宗)을 교종으로 각각 통합하고 흥천사(興天寺)를 선종본사(禪宗本寺), 흥덕사(興德寺)를 교종본사(敎宗本寺)로 삼았다. 그러나 그 후에는 양종도 이름 뿐, 그 실에 있어서는 종파 없는 불교로 수백년을 내려왔다.

또한 불교의 종파가 비록 중생들의 근기(根機)에 따라 이루어지기는 했으나 그러나 그렇다고 서로 장벽을 쌓고 정에 사로잡혀 나만 옳고 남을 이단시(異端視)함은 불타의 근본정신에 어긋나는 짓이다.

더욱이 양단된 조국 강토와 분열된 민족 사상의 통일을 지상 명령으로 한 오늘에 있어서 불교 통합은 절실한 바 있다.

우리 한국불교에서 이러한 종파 통합을 불교의 사상에 근거하여 제창한 선각자로서는 신라 원효성사의 통불교(通佛敎)를 그 효시라 하겠다. 성사께서는 이 불교 통일 사상을 십문화쟁론(十門和諍論)이라 이름하고, 그 서문(序文)에 이르기를

"여래(如來)께서 세상에 계실 때는 잘 융화되었었으나, 중생들이 유(有)라 공(空)이라 하는 비(雨)를 모으고 구름을 일으켜, 나는 그렇게 말하는데 남은 그렇지 않다고 말한다고 하여 드디어 걷잡지 못할 분규의 내[河漢]을 이루고 있으나, 그러나 원래 청(靑)과 남(藍)이 체(體)가 같고, 얼

음과 물이 근원이 같은 듯하여 다 융통(融通)할 수 있느니라."

고 하여 일종일파(一宗一派)나 일리일견(一理一見)에 고집되어 배타(排他)함을 나무라셨다. 그러므로 성사의 거룩한 사상을 후세에 높이 받들어 고려 숙종왕(肅宗王)은 「화쟁국사(和諍國師)」의 호를 추증(追贈)하기까지 했다.

그 후 고려 숙종대의 의천(義天) 대각국사(大覺國師)는 천태종(天台宗)으로써 선종(禪宗)을 융섭(融攝)코자 하여, 「교관겸수(敎觀兼修)」를 제창했고 고종대(高宗代)의 보조지눌선사(普照知訥禪師)는 선종으로써 교종(敎宗)을 포섭코자 하여 「정혜쌍수(定慧雙修)」를 주창하기도 했었다. 그런데 위에서 말한 바와 같이 이조 중엽 이후에는 강력한 정부의 시책에 의하여 비로소 통합이 실현된 셈이니 이렇게 한 「불교」의 테두리 안에 통합되어 각자의 특징을 살려 전체를 발전시키는 것이 불교의 이상(理相)이요 붓다의 본회(本懷)이시다.

이 통합은 분규를 해 오던 자체로서는 한 개의 아름다운 공상같은 얘기지만 그러나 이제라도 할 수만 있다면 백지(白紙)로 돌아가서 피차 양보하여 무조건 통합하도록 강력히 추진한다면 반드시 좋은 성과를 얻으리라 믿어 의심치 않는다.

② 禪 · 敎 兩宗으로 分宗하라.

불교의 이상이요, 정부의 요청인 불교 통합이 현재와 같이 원만치 못할 바에야 차라리 분종(分宗)을 하는 것이 상책(上策)이다. 아마 이 분종(分宗)이 현실론(現實論)에 있어서는 가장 현명한 방법이리라. 지금 비록 통일 종단이 구성되었다고는 하나, 그러나 양자가 동등한 위치에서 이루어진 것이 아니고(宗憲에 帶妻僧은 認定치 않고 있음), 대처승을 제외한 비구 일방 불교(一方佛敎)를 형성했을 뿐이므로 실질적인 의미에서 통합이 아닐 뿐 아니라, 언제인가는 다시 폭발할 위험성을 그대로 내포하고 있다.

현재 양측의 대립상(對立相)을 보면, 선(禪)만이 유일한 불교 수행 방법이요 다른 것은 다 외도(外道)의 짓이라는 이론만으로는 불교가 되는 것이 아니다.

실천이 없는 공리공론(空理空論)은 한 푼의 가치도 없다.

보살이라면 위로는 불지(佛智)를 구하여 각행궁만(覺行窮滿)의 불타가 되고, 아래로는 중생을 교화하여 사회를 구제하는 큰 목표 아래, 적어도 4홍서원(四弘誓願:중생을 건지고, 번뇌를 끊고, 법을 배우고, 불도를 성취함), 4섭법(四攝法=布施, 利行, 愛語, 同事)으로 3학(三學=戒, 定, 慧), 6바라밀(布施, 持戒, 忍辱, 精進, 禪定, 智慧)을 실천해야 한다. 이러한 종교적 실천이 전연없이 대처만을 대승불교라 내세운다면 염치없는 권리 주장을 누가 옳다 하겠는가. 「나에게도 승권(僧權)을 달라」고 강변하는 것은 그만두고, 장삼이사(張三李四)와 주졸치동(走卒雉童)이 다 「나도 중이다」고 해도 별로 할 말이 없게 되지 않겠는가.

또한 대승불교에 대한 강한 신념이 있어야 한다. 만에 하나라도 자신의 취처가 일시적 잘못이었다는 죄의식(罪意識)이 있다면 이는 대승불교 할 자격이 없는 범죄인(犯罪人)이다. 자기의 옳은 신념을 위하여는 신명(身命)을 걸고 전취(戰取)할 용기와 신념이 없다면 대승불교할 틀이 못된다. 설사 형식상으로는 한 개의 움직일 수 없는 전통이요 현실이라 하더라도 진리를 위하여 이 낡은 전통을 깨뜨리고 현실에서 벗어나야 하겠거든 하물며 과거 수천년 이룩해 놓은 대승불교에 대해 옳다는 신념이 없다면 말이 아니다. 이차돈(異次頓)스님의 순교나 원효성사(元曉聖師)의 무애행(無碍行)이 다 이를 가르치신 것이다. 부마와 왕위의 유혹도 불교로써 창생(蒼生)을 건지겠다는 스님의 보살심(菩薩心)을 빼앗지 못했고, 외도(外道)요 파계승(破戒僧)이라는 빈척과 비난도 불교를 펴고 겨레를 복되게 하겠다는 성사의 대승행을 움직일 수는 없었다.

대처는 파계라고 하니, 호적상 이혼을 서둘고 또는 제 2세 대처승은 없애겠다고 애원하고 기른 머리를 감투로 가리우는 등 열등(劣等) 죄의식감(罪意識感)에 사로잡히는 따위로서야 대승불교(大乘佛敎) 옹호자나 불교분규(佛敎紛糾)의 해결자(解決者) 아니라 차라리 불교 분규의 장본인이요 대승불교의 반역자라는 꾸짖음을 면치 못하리라.

한 말로 해서 승려라면 대승이건 소승이건 신(信), 해(解), 행(行), 증(證)의 4법을 실천하여야 한다. 천경만론(千經萬論)에 밝아도 신심(信心)이 없으면 불교인(佛教人)이 아니요. 소신연비(燒身燃臂)를 하더라도 교리(教理)를 모르면 중[僧]이 아니다. 계율의 형식을 존중하여 현실을 도피하는 일부 비구 측 견해와 선(禪)도 수행 방법의 하나일 뿐 우열(優劣)의 차가 있을 수 없으며 지나친 형식에 구애 되어, 방법을 목적시(目的視)하지 말고 제세안민(濟世安民)의 실천 생활만이 불교의 진수(眞髓)라고 주장하는 대처 측의 견해와는 불교관(佛教觀), 인생관(人生觀), 종교생리(宗教生理)가 마치 물과 기름인양 하니, 물과 기름을 억지로 한 그릇에 담아놓고 하나가 되었다고 하는 듯한 무리한 통합을 꾀하느니보다는 차라리 각자의 소신에 의하여 특징을 살리면서 발전토록 하는 것이, 불교 자체로 보나 국가적 견지에서 보나, 또는 현 종교 일반의 실태로 보아 오히려 당연한 현책(賢策)이리라.

③ 統一 曹溪宗下에 分派를 하자.

만일 분종이 여러 가지 사정으로 불가능하다면, 구차스러우나 분파(分派)를 하는 것이 중책(中策)이다. 즉 단일 조계종 밑에 선파(禪派), 교파(教派) (이름은 무엇이라 하든지)로 나누면 분규는 없어진다. 불교의 대표자인 한 종정(宗正) 밑에 두 개의 총무원과 종회를 두어 각각 종정(宗政)을 처리하되 거종단적(擧宗團的)인 문제나 행사는 양파 합동회의에서 행하게 하고, 법인체(法人體)나 기업체(企業體)도 공동 운영하면 되는 것이다.

④ 「佛教淨化法」을 制定 適用하라.

분종이나 분파를 허하지 않고 굳이 통합하는 방향으로 할 터이면 차라리 「불교정화법(佛教淨化法)」을 제정하여 무모하고 불순한 생각으로 분규를 조장하는 사이비불교인(似而非佛教人)들의 종정 참여(宗政參與)를 금해야 한다. 따지고 보면 지금 뜻대로 통합이 안 되는 것도 그 실에 있어 개인적인 고집을 가지고 통합을 반대하는 몇몇 극렬분자의 방해 작용이 크다는 것을 명심해야 한다. 대체로 분규의 장본인(물론 각자의 입장에서 볼 때는 당연하지만)들을 대표로 하여 통합을 꾀했다는 것은 과오가 아닐 수 없다.

그 주장하는 바가 옳고 그른 것은 별문제로 하고, 이들은 가장 자기 고집에 강한지라 이성보다 감정이 앞서기 쉬우니 통합을 함을 위하여는 이들의 정화가 선결 문제다.

그러므로 ① 분규에 직접 가담했거나 ② 부정과 부패에 협력했거나 ③ 분규 중에 중요직에 있었거나 ④ 분규를 기화로 사찰 재산을 소모했거나 ⑤ 학력(學歷) 수행경력(修行經歷) 그 밖에 승려의 자격에 미달한 자들의 종교활동을 금하는 법적 조치(法的措置)가 있은 뒤에, 그 밖의 중립적(中立的)이면서 참신하고 덕망(德望)있고 유능한 사람들만이 종정(宗政)에 참여하게 하면 된다.

5. 맺는말

위에서 규명한 바와 같이 한국불교의 분규는 그 원인이 대처(帶妻)나 종조상(宗祖相)에 있는 것이 아니고, 승려들 특히 이판승(理判僧)들의 경제 생활의 궁핍에 있었으니 그러므로 우선 승려들은 먼저 잘 살 수 있는 길을 찾아야 하겠다. 피차간에 나만 살겠다는 데서 오늘의 비극이오지 않았는가. 8년 전에 사판승(事判僧)들이 좀 더 성의를 가지고 이판승(理判僧)들의 수행 생활(修行生活)을 보살펴 주었던들 분규는 없었을 것이 아닌가. 또 그렇다고 비구 측에서 지나치게 고집만 한다면 옥석(玉石)을 구분(俱焚)할 염려도 없지 않다. 극도로 고갈된 인재이고 보니 설사 비구 일방불교(比丘一方佛敎)가 뜻대로 된다손 치더라도 그 거대한 살림을 어떻게 할 것인가. 그렇다고 속인(俗人)을 고용하면 거기에 따르는 부작용은 더 큰 후환(後患)이 올 것이고 그렇다고 비구승을 급조(急造)한다면 자연히 잡류가 잠입해서 미구(未久)에 혼란을 일으킬 것이 명약관화(明若觀火)하다. 사찰의 퇴폐를 무엇으로 막으며, 교육, 포교는 누가 한단 말인가. 포교(布敎)와 교육은 불교의 기본 사업인데 그 실황을 보라. 전국 포교와 교육기관에 종사하는 사람 중에 세칭(世稱) 비구는 몇 사람이 있으며 불교전문강원(佛敎專門講院)이 몇 개나 있는가. 이대로 몇 해 더 계속한다면 불교는 이론 없는 종교로, 승려는 생명 없는 미이라로, 사원(寺院)은 존엄없는 박물관(博物館)으로 각각 변모하지 않으리라고 무엇으로 보장하랴? 적이 의구가 없지 않다.

그러니 이제는 누가 옳고 그른 것은 세인(世人)이 알고 역사가 판단할 터이니 피차의 고집을 버리고 손을 맞잡자. 비구승·대처승이 본래가 동근생(同根生)인데 상전(相煎)이 하태심(何太甚)하여 동사공멸(同死共滅)하려 하는가. 원래 선악(善惡)과 시비(是非)가 일념(一念)의 차이니 원친평등(怨親平等)의 이치에 돌아가서 이사(理事)가 무애(無礙)하고 진속(眞俗)이 무이(無二)한 대사(大士)의 정신으로 화합 단결하여 신불교(新佛敎)를 재건함으로써 승려의 위신을 다시 찾고 불교의 생명을 되살려 국가 민족과 세계 인류에게 공헌할 것을 간절히 바라마지 않는다.

우리 宗團의 反省의 해로 自己淨化에 于先하기를*

●

邊月周(승려, 馬山대학 교수)

*본 논문은 『불교계』 17호(서울 : 불교사, 1969)에 수록된 것이다.

나의 해는 새해가 돌아온다고 하지마는 사람은 묵은 사람이다. 사람이 묵었다면 묵은 사람이 보는 세상도 묵었을게다. 그러나 세상은 묵으면서 日新日新又日新 그야말로 無常의 軌道를 굴러서 쉬지 않고 變化하기 때문에 無限히 發展의 樣相을 보이고 있다. 오늘의 새날도 그렇고 올해의 새해도 그렇고 새해의 새해도 그럴 것이다. 그렇지 아니할 수 없는 것이 宇宙의 公道이며 法界의 緣起性이라 하기에 그러한 造化가 있는지 알듯하면서도 모를 일이다. 變化의 無常이 迅速함을 볼 때 어디서 어디까지가 묵은 것이고 새 것인지를 魯鈍한 눈으로는 매듭짓기 어려운 노릇이다. 그러나 이번의 命題는 一年의 할 일은 봄에 計劃하고 하루 일은 새벽에 헤아린다는 一般的世論인 만큼 가까운 새 일을 構想해 보는 것도 徒然한 일이 아닐 것이다. 古來로 이르기를 孔老는 六十에 耳順이라 하여 보고 듣는 것이 다함께 怡然하여서 自己를 훼방하거나 칭찬함을 들어도 心惱가 되지 아니하였다 하니 阿耨菩提에는 未及하여도 우리의 修養에는 淸心劑가 될 뿐 아니라 返省할 때 愧汗을 禁치 못한다. 그런데 나의 蘊身이 벌써 耳順의 年輪이 되었어도 周圍의 八風에 耳順이 되리라고 다짐할 수 없으니 말이다. 저 八·一五 解放으로부터 至今까지 自身이 겪는 部分的同業의 환경이 設計대로 다 解決된 셈인데 우리 宗團의 法亂만은 아직까지 頻死狀態에서 蘇生의 날을 보지 못하고 있다. 이에서 派生되는 여러 가지 亡宗의 風波는 쉴 새 없어도 그 毒菌을 除去치 못한 채 放置하고 있으니 一大遺恨이 아닐 수 없다. 그럼으로 이에 第二淨化라는 保壘를 設定하여 새해의 指標를 삼고저 한다. 或은 말하되 이미 彼岸으로 떠나신 巨匠尊宿들의 大法力으로도 때가 利롭지 못함인지 새로운 佛日을 보지 못하셨는데 敢히 그대가 無謀함이 아니냐고 鼻笑할 줄로 짐작한다. 그러나 지나간 經驗으로 보아서 過去三十六年間 日政이 그다지도 旭日昇天의 氣勢로 이 疆土·言語·風俗까지 다 掠奪하였고 또 六·二五事變때에는 慶南一角만 남아서 赤徒에게 다 짓밟히는 줄로 알았지마는 兩者가 다같이 常道를 離脫하여 自由의 人權에 失德하고 無碍法界의 理를 透視하지 못했기 때문에, 一方的我見에만 偏局하고서 亡하지 않으면 오히려 無理한 일이 아닐 수 없었던 것이다. 이러한 前鑑에서 向者에

一部에서 主唱한 第一의 淨化는 淨化가 아니라 其實 爭禍라고 보지 않을 수
없는 것이다.

教團佛教는 어디까지나 六和生活에 立脚하여 教勢擴充은 그 教團에서 明眼
宗師가 輩出케 하여 그와 같은 後繼者를 養成하고 他에 法施를 힘쓰는 것을
淨化인 줄 알았더니 法을 이기는 暴擧로써 막상 執權을 해놓고 十餘年 동안
法施教權에는 留意하지 않고 物質의 外財掌握權에만 血眼이 되어 宗風은 땅
에 떨어져도 아무런 處方도 講究하지 않고 雪上加霜으로 또 다시 內紛의 內
紛까지 드러내고 있는 것이다.

이에는 耆婆醫의 大手術이 아니고서는 殭屍 그대로 腐敗하고 말 것이다. 여
기서 筆者는 敢히 提唱하노니 남을 淨化하려하기에 앞서 至近한 自己淨化를
于先하기 바란다. 是非戰으로 把定하거나 寺院收奪로 放行하지말고 저 菩提
場會 大覺金仙의 모습을 銘記하여야 한다. 널리 一切衆生을 보시고 自己와 같
다는 歎詞가 있지 아니한가. 이와 같이 自己淨化를 徹頭徹尾하고 보면 그 사
람을 모두들 우러러 볼 것이오 一級寺 二級寺 住持의 爭權이 있겠는가. 새해
부터는 法亂의 責任者는 모르미 覺醒하여 一盲이 衆盲을 引導하는 妄擧를 止
揚하고 我執을 버리는 無我園에서 會同하여 第二淨化에 總進軍하기 바란다.
우리 法亂의 發端이 不二의 法을 二法으로 보는 錯覺에서 由因되었고 淨化方
法에서는 自己淨化 草昧에 失意하였음으로 一波가 일면 萬波가 따르듯이 只
今에 計算한다면 公私間 財法의 被害는 차마 形言치 못할 것이다. 己酉年의
새해 設計를 作成한다면 새해를「우리宗團反省의 해」로 定하고 우리가 다같이
自己의 脚跟下를 照顧하여 自性을 스스로 닦는 功德을 이루어서 社會淨化에
이바지하기를 바란다.

한국불교정화운동의 제문제[*]

◉

能嘉(범어사 원로)

*본 글은 『범어사와 불교정화운동』(김광식, 영광도서, 2008)에 수록된 것이다.

1. 불교정화란 무엇인가

우리가 보통 말하는 불교정화란 곧 僧伽정화라는 뜻이다. 승가정화라는 말은 승려단체(곧 승단)의 정화라는 뜻이며 이는 곧 승려 개인의 비불교적인 불순한 行持에 대한 정화라는 뜻이 된다.

그러면 왜 오늘에 승려를 정화해야 한단 말인가. 원래 승가라고 하면 3인 이상(2인 이하가 모여 사는 승려는 僧伽라고 하지 않고 '別衆'이라고 호칭했다.)의 승려가 모여 사는 단체의 비구를 가리키는 말이다. 그러므로 승려하면 複合多數人을 뜻하는 불교단체원 또는 불교대원이라는 뜻이 된다.

승가의 정의에 대하여는 장아함경에 정형적인 교의로 명시된 것이 있다. "불제자 僧伽(僧寶)는 妙行을 具하고 質直行을 具하고 如理行을 具하며 正行을 具해야 하느니 불제자 승려는 세간(일반사회)에 공양과 공경과 보시를 받고 합장예불 받으며 無上한 복전이 되어주어야 하느니라." 하였다.

이 뜻을 현대적 표현으로 보면 ㄱ. 승려는 불교의 깊은 전문가라야 하고 ㄴ. 승려는 바로 높은 신앙의 지도자라야 하고 ㄷ. 승려는 굳센 정법(불법)의 續佛慧命者라야 한다고 풀이할 수 있다. 그러기 위해서는 승려는 불법에 정당한 신앙과 높은 이론과 강한 실천력을 兼全해야 하고 민중에게 불법을 지도하고 拔苦與樂의 교화능력을 갖추고 그 수단과 방법을 修得하고 이에 전념하며 세간의 존경을 받는 자라야 한다는 뜻이 된다.

이와 같이 僧伽란 자기와 세간이 연대적인 향상을 지향하는 역사적 공동진보의 동일성인 까닭에 승가란 곧 개인 아닌 公人으로서의 성격과 위치의 비중이 크다 할 것이며, 승려는 곧 민중의 전형적인 모델이기 때문에 승려의 자격은 최소한 불법으로서의 순수하고 정당한 行持를 보전하는데서 시발된다고 보아야 할 것이다. 이 말은 곧 승려는 마땅히 불교교리의 정당한 행지와 순수한 生活體統이 유지보전돼야 한다는 뜻이다.

이런 뜻을 강조하시듯 불타께서는 도처에서 "以戒爲師"라고 역설하셨으며 또는 "불제자는 當尊重珍敬波羅夷木叉니 當知此則 與學大師"하라 하셨다.

만약 이같은 승려의 행지가 허물어질 때에는 승가고 불법이고 들출 여지가 없이 불법은 滅盡한다고 역설하시고 경고하셨던 것이다.

그 예로서 佛說法滅盡經과 月藏經에서 극명하게 예고해 놓으신 一句를 들어 본다면 "佛日, 吾涅般後 法欲滅時에는 五逆濁世하고 魔道興盛이라. 魔作沙門하야 壞亂吾道하나니, 着俗衣裳樂好袈裟五色之服하며 飮酒담육하며 殺生貪味하여 無有慈心이니라. 更相憎嫉하고 但貪財物積聚하며 無有道德하고 婬질濁亂에 男女不別이라. 求作沙門이나 不修戒律하고 眼見沙門인댄 如視糞土하고 無有信心이라. 登用之時에는 저天泣淚하고 水旱不調하며 五穀不熟云云이라" 이같은 말씀을 현실 우리 승단 실정에 비추어보면 소름이 끼치는 경고와 시사를 보여주고 있는 것이 아니겠는가?

이 일련의 뜻은 승려행지의 순수하고 청정함이 불교의 보전, 발전에 관건임을 명시한 것이라 하겠다. 그러므로 어느 시대 어느 곳에서나 불교가 있는 데는 시대와 지역의 구별없이 불교의 주체인 승가의 如法行을 강하게 요청하게되었고 그 요청에 상응하지 못할 때에는 불교정화운동이라는 旗幟가 드높게 일어났던 것은 고금이 주기하는 바이다.

2. 불교정화의 이념

불교의 主眼은 무엇보다도 "己事究明"(自燈明 法燈明)이라 하겠다. 교학상으로도 己事究明은 최상위로 정립한다. 고로 부차적인 종속물을 완전히 털어버려야 최상위의 己事究明의 목적을 달성한다는 뜻에서 일체를 放下하고 일체에서 해탈한다는 논리가 나오게 된 것이다. 다시 이 해탈의 방법과정을 효율적으로 몰고 가기 위해서도 정신적 육체적 放縱을 불허하는 行持條件(수도생활규범)을 갖추고 실천하자는데 있다. 만약 그 행지조건이 일반적으로 이완되거나 타락될 때에는 불교가 멸실될 전조이므로 부득불 위 전체적인 승가정화를 강력히 발주하게 되는 것은 필연의 勢라 아니할 수 없다.

3. 불교정화의 역사성

8·15 해방 후의 한국불교정화운동은 일차적으로는 帝政 38년간의 식민지 종교정책에서 빚어진 타락된 승단의 불순성을 정화하자는데 있었으므로 似而非僧의 추방과 청정도량의 유지, 보전에 주목적이 있다할 것이다.

당시의 似而非 승려란 어떤 것이냐 하면 1955년 비구, 대처 양측합동회의에서 제정된 승려자격 8대원칙인 ㄱ. 독신이라야 하고 ㄴ. 지계해야하며 ㄷ. 不犯四波羅夷라야 하며 ㄹ. 삭발염의하고 ㅁ. 수도해야하며 ㅂ. 3인 이상의 단체생활이어야 하며 ㅅ. 不酒肉草하고 ㅇ. 비불구자래야 승려일 수 있다고 한 것을 보아 그 담긴 뜻에서 당시의 승가상태를 잘 알 수 있게 한다.

그러나 위 정화운동은 일차적인 于光課題로 왜색승가를 정화하는 것이었고 나아가 2차적으로는 멀리 정치색 짙은 고려불교에서 받은 타격과 배불정책이 극심했던 이조불교의 처연한 수난과 도피, 아부, 비굴, 허무 등의 흐름을 이어서 38년간의 왜정 식민지 종교정책에서 받은 승려의 타락과 허세가 극성한 汚道沙門, 啞羊沙門, 無着사문 등을 원천적으로 정화해서 한국불교의 영구한 원형승가, 전통승가의 확립을 꾀할 목적이었으매 더 큰 뜻이 있었던 것이다.

4. 불교정화작업에 있어서의 제 문제

1) 대내적인 문제점

ㄱ. 불교사상적인 문제점

불교사상은 "殺佛殺祖 始得解脫"이라고까지 하는 일체의 죄악과 간섭을 거부하고 일체의 해방되어야하는 자유분방한 사상이 깔려있다 하겠다. 특히 석존의 (자기를 스승으로 삼고) "自己爲師하고 不隨爲他師"하라는 명금언은 이것을 단적으로 드러낸 뜻이다. 대충 비슷한 뜻으로서 "人天一切繫縛解脫云"이니

"勿受人惑 隨處作主"니 "己事究明 心身脫落"이니 "諸緣放下 萬事休息" 등의 뜻이니 이는 곧 인간의 생각이나 생활에서나 집단생활에서 그 구심점을 긍정하는 것이 아니라 오히려 이를 부정하기에 노력하고 또 그것을 철저히 거부하는 데서 얻는 가치가 더 중요하다는 이런 사상인 것이다. 고로 집단생활에서는 지휘계통을 경시하게 되고 일정한 이념정립을 무시 내지는 희석하게 되고 구심점에 대하여 소극적이 되기 쉽고, 협동과 동조를 오히려 손상으로 생각하기 쉽게 되어있다. 이러한 사상적 풍조를 극복하는 것은 의지적인 당위성을 드높이는 방법 뿐인데 과연 이 종단의 실정에서 볼 때 어떨지 하나의 문제인 것이다.

ㄴ. 승려의 자질 저급과 조직 체계의 연약성

우리 종단의 승려 자질과 조직 체계의 실태를 볼 때 저급함은 말할 수가 없고 그것이 승단의 무질서와 인간사회의 통념이 불통하는 사회가 되어버렸다. 그 현상은 결과적으로 신앙적인 가치관의 혼란과 宗政上의 난잡으로 이어져서 그 부작용이 형언할 수 없이 이르렀다 하겠다.

ㄷ. 재정적 불합리

행정적인 중앙집권 제도일 때는 재정적인 중앙집권적 체제로 이어가야 합리적이라 하겠는데 현 실정은 그렇지 못함으로서 사원 재정의 불균형과 온갖 역정과 비리가 자연발생적으로 일어나서 모순투성이가 되어버린 실정이다.

2) 대외적 문제점

ㄱ. 현대 사회상황에 대한 극복문제

현대는 근대 초부터 지성주의에서 발단한 셈이다. 지성주의가 합리주의로 그것이 실천주의에로 뻗어나가 과학주의가 되고 기술주의가 되고 산업혁명으로 이어져서 오늘날 고도산업사회화라는 사회사적 발전과정의 順着이 현대사회라고 하겠다.

이 현대 산업사회의 구조와 성격을 본다면 이는 완전한 대중화사회 조직화 사회 기계화사회로 변천된 것을 알 수 있다. 이는 곧 대중화사회란 인간을 고립화 시켰고 조직화사회는 인간을 평균화해버렸으며 기계화사회는 인간을 부품화했으니 곧 현대사회는 인간을 고립화하고 평균화하며 부품화해서 예속시키고 노예화해서 완전히 인간부재 인간상실의 시대화 되었으니 이 같은 역사적 상황에서 이와 대립해서 이를 극복해야할 탈속한 승가제도가 어느 정도 어떻게 그 독자성을 순수하게 확립할 수 있는 의지의 주인공이 될 수 있겠느냐 하는 것도 문제의 하나가 될 수 있다.

ㄴ. 한반도의 숙명적 시련에서 오는 문제

지정학적인 숙명의 시련 속에서 대내적 대외적 영향 밑에서의 민족분위기에서 우리 민족성은 거의 익숙해진 요령주의 기회주의 이해주의가 정착한 풍토인데 그와는 대립적인 위치의 승가로서의 근본성 본질성 영원성만을 고집스럽게 추구하기엔 너무나 벅차고 어려운 현실인데 반해서 이에 대응한 강한 지성적 의지의 문제점을 들지 않을 수 없다. 더욱 한국불교는 역사적으로 지나친 호국주의와 관권력 경향이 농후하다는 점이다. 오늘날 이 흐름 속에서 얼마나 우리 승가가 종교적 주체성을 잃지 아니하고 시대적 조명의 주역이 될지 문제 삼지 않을 수 없다.

ㄷ. 이데올로기의 문제점

이제부터의 한국사회는 벅찬 이데올로기의 범람시대를 맞이하게 될 것이다. 이것은 곧 한국불교가 어차피 당해야할 벅찬 문제 중의 하나라 하겠다.

현대사회의 일반적 특징은 문명의 과승발달과 관리사회의 황폐, 빗나간 진보에서 온 인간상실이라 하겠다. 여기에 한반도의 특수상황 하나가 설상가상격으로 보태져 우리 민족의 숙명적 시련을 제공함은 분명한데 일부 몰지각한 층에선 이것을 어떤 특수층의 잘못이라고만 밀어대어 불평불만으로 시작해서 전통부정, 체제부정의 허무주의에 빠져 기성 이데올로기의 어떤 테두리 속에 불교까지 끼워넣어 보려는 시도가 보이기 시작함을 느낀다. 심지어는 불교자체가 사회주의 사상이라는 비약한 논리에서 주장까지도 나오고 있는 듯싶다. 그러나 그 같은 주장은 큰 과오가 아닐 수 없으니 불교의 최고 차원적인 이상을 도외시 또는 깨닫지 못하고 차선적이고 부차적이고 방편적인 사상을 들추어낸 견강부회의 주장의 논리라 하지 않을 수 없다. 불교에서는 사회라는 용어는 없다. 다만 세간 중생 인간 세속 등의 용어로 사회를 뜻해온 것이다. 그러면서 사회 곧 세간은 오탁악세라 하여 일단 부정하고 나섰던 것이다. 현실사회는 가상적이며 유동적으로 규정하고 그보다 더 긴박한 중대문제인 생사문제의 기사구명을 최상위의 서례에 비중을 두고 이를 주안삼아 여타의 모든 문제는 이차적이고 방편적이며 소극적으로만 취급한 것에 불과한 것이었음을 알 수 있다.

단적으로 말해서 현대문명사회의 진로는 현실인간긍정 물질긍정 욕망긍정이라 한다면 불교가 향하는 현실인간부정 물질부정 욕망부정이라 하겠으니 이 대원칙론을 무시하고 불교주의와 사회주의를 혼돈해서는 불제자로서 큰 허물이 아닐 수 없다고 믿는다.

이 같은 원칙임에도 불구하고 지각없는 일부에서는 현대문명사회의 진로를 역사적 현실이라고 하여 이것에 동조하고 대변하며 주장함이 방만해질 때 전통불교 순수불교가 어떻게 회복되고 보존되고 유지되겠느냐는 것은 역시 승려의 의지문제가 아닐 수 없다.

또한 불교는 일미 평등사상이나 사회주의자들에 不遇偏重이나 貪弱偏은 불교원리에 위배되는 사상이다. 어떤 貧富强弱에 편중됨이 없이 一視同仁으로 일미평등하게 일미일사로 감로법우를 축여나감이 불법의 진리인 것이다. 법화경에 雲雨藥草의 비유를 음미하기 바란다.

5. 결론

한국불교의 기본방향의 대의는 안정수도, 위계질서확립, 재정합리화운영, 현대적 포교, 도제양성, 복지사업 등으로 요약할 수 있으나 이것을 위해서는 선행해야 할 일이 역시 제2정화불교운동의 극명한 수행 하에서가 아니면 불가능하다 하겠다. 이 대업의 약점을 요약한다면 먼저 불교인의 역사의식과 시대사명의 확고한 자각과 인식이다. 21세기에 다가올 정보화 사회, 다원화 사회, 다층적 사회에로 변화하는 역사적 추세와 자유와 평등과 복지사회로 지향하는 시대적 상황을 앞에 두고 불교가 정립하여야 할 확고한 좌표와 방향을 명백히 의식하는 자세가 절대 요청되는 법이다. 둘째는 현실적으로 종단발전에 직접적인 저해요인이 될 수 있는 정신적 물적 제도적인 것들을 일차적으로 배제해야 한다. 특히 승가제위에 마음적의 장애를 타파하지 아니하고는 진일보가 불가능하고 공명해갈 따름이다. 제2정화운동은 과감하고 용기있게 수행해야 할 것이다. 惡貨가 팽창하면 良貨가 위축되기 때문이다. 혹자들은 불교의 시대적 과제해결은 불교대중의 힘에 의하여 풀어가야 한다고 주장하는 이도 있다. 그것은 양적 영역인 일반 사회단체에서 적응되는 주장이다. 대체로 종교는 質의 세계요 量의 세계는 아니다. 사회는 양의 세계이고 질의 세계가 아닌 것이 그 실정이다. 正邪善惡은 양으로 측정할 수 없는 영역이다. 종교는 오직 정사선악의 論場이지 다소강약의 논장이 아니다. 어떻게 대중의 힘으로만 종교의 문제를 풀어가야만 한단 말인가. 오직 불교의 과제는 교주 서가모니의 교지에 의준해서 척도하고 실천해가야 할 것은 재론의 여지가 없는 것이다. 오늘날 우리 종단의 타락상은 십여년간 질적인 정사선악이 아닌 양적인 힘의 강약에 의해 이루어진 결과임을 다시 한번 상기할 필요가 있는 것이다. 종단운영에 있어서 권모술수와 문중파벌을 배제하고 극히 상식적이고 합리적이며 과학적인 기획과 운영을 기해야 한다. 예를 들어본다면 중앙인사심의위원회, 중앙재정운영위원회, 본사중심제도 실시, 종학종책연구위원회, 사회문제사업위원회 등을 지혜롭게 합리적으로 운영해서 총무원의 행정적 한계를 극복할 수 있게 해야 한다. 장기적이고 단기적인 복합성 있는 강력한 현대적 도제양성 사업의 즉시수행이다. 의례적이고 형식적인 교육이 아니라 역사의식과 시대소명에 즉응할 수 있는 도제양성이 결단코 이루어져야 한다. 이것만이 한국불교의 미래를 약속하는 관건이 될 것이다.

불교 '淨化'의 성찰과 재인식*

◉

김광식(동국대학교 교수)

---

*본 글은 『근현대불교의 재조명』(김광식, 민족사, 2000)에 수록된 것이다.

1. 서언

20세기 한국불교사의 중심에 있는 불교 '淨化'는[1] 근대불교의 유산이자, 현대불교의 진원지로 볼 수 있다. 요컨대 불교정화는 일제 植民地 佛敎의 잔재를 극복하려는 몸부림이면서 동시에 현대불교의 중심체인 曹溪宗團의 再建을 담보한 역사적인 사건이다.[2]

그런데 이같이 중요한 역사적 · 불교사적 의미를 담고 있었던 불교정화는 지금껏 그 중요성에도 불구하고 객관적 · 학문적인 접근 자체가 거의 없었다. 객관적인 정리는 고사하고 그 관련 자료를 정리하려는 노력도 찾을 수 없었다. 정화에 대한 이러한 토양은 정화사에 대한 몰이해의 다름이 아니다. 곧 정화의 시말, 개요, 성격 등에 대한 기본적인 이해의 부재를 말한다.

한편 이 정화의 접근 지체를 기피한 요인은 여러 측면에서 찾을 수 있다. 우선 관련 학자가 전무하다는 것이다. 다음으로는 불교계의 歷史意識의 박약을 지적하지 않을 수 없다. 그리고 曹溪宗과 太古宗이 대응하고 있는 민감한 현실에서 야기될 수 있는 이해관계 또한 배제할 수 없다. 그러나 최근 근 · 현대 불교사에 관심을 갖고 있는 학자[3], 단체들이[4] 등장하면서 정화를 정면으로 인

---

1) 본 고찰에서는 불교정화의 개념을 일단 '정화'로 표현하였다. 아직 정화사에 대한 정리, 분석, 성격 등에 대한 최소한의 검토마저도 부재한 상황이기에 관행적으로 지칭되는 정화라는 표현을 그대로 사용한다. 그런데 이 정화는 그 결과로 피해를 입었던 태고종측에서는 법난으로, 당시 언론에서는 분규라고도 하였다.

2) 불교정화는 1954년 5월 당시 이승만 대통령의 불교정화 유시, 즉 "대처승은 사찰 밖으로 나가라"는 발언으로 촉발된 1954~1970년의 당시 불교계의 주요 활동을 지칭한다. 그러나 협의의 의미로는 조계종단 내외에서 대처승을 불교 계율과 한국불교의 전통에서 어긋난 것으로 인식하고 그 대처승을 사찰에서 축출, 혹은 승려의 자격 불인정을 기했던 일련의 사실 · 사건 · 산물 등을 총칭한다.

3) 김광식은 『韓國近現代佛教資料全集』(1996, 민족사)을 기획하면서, 정화 관련 자료를 수집 · 정리하여 『佛教淨化紛爭全集』(권 68)을 간행케 하였다.

4) 선우도량 한국불교근현대사연구회에서 『新聞으로 본 韓國佛教近現代史』(1995, 1999)를 전 4권으로 발간하고, 정화 관련자에 대한 증언을 청취하고 있음은 대표적인 사례이다.

식하려는 움직임이 싹트고 있다[5]. 이러한 변화는 곧 정화사도 학문적인 잣대로 연구될 시기가 임박하였음을 말해 준다.

한편 정화사가 객관적·학문적인 차원에서 조속히 연구되어야 함은 한국 근·현대불교사의 복원이라는 측면에서 설득력을 갖는다. 또한 정화사에 대한 관심은 불교계 모순의 본질을 이해하려는 측면에서도 그 대상이 될 수 있다. 요컨대 1998, 1999년의 종단사태와 1970년 이후 불교계의 제반 갈등, 분규, 비상종단, 종단개혁 등의 원인을 불교정화에서 찾으려는 의식을 말한다. 달리 말하자면 조계종단의 모순, 불교계의 한계, 불교의 낙후성 등을 고뇌하는 현실인식에서 정화사는 피할 수 없는 절대절명의 대상과 주제가 되는 것이다.

따라서 이 같은 정화사 접근에는 보다 감정이 여과된, 객관적인 사실 중심의 이해, 냉철한 비판의식이 수반되어야 한다.

지금까지의 정화에 대한 이해에는 극단적인 찬양과 비판이 공존·병립하였다. 특히 조계종단에서는 종단 이념을 수립한 근원이었다는 '신화'적인 성격을 갖고 있다. 그러나 지금은 21세기를 눈앞에 두고 불교의 미래를 염려하는 의식이 자생적으로 움트고 있다. 더욱이 종단 내의 갈등이 일시적으로는 분권 사태에까지 이르러 사회적인 문제로도 비화되었으며, 불교의 명예를 추락시킨 98년 사태를 철저히 반성해야 한다는 불교계 내외의 준엄한 채찍질이 있음을 유의해야 할 것이다.

이에 본 고찰에서 1954~1970년에 전개된 불교정화를 성찰하기 위한 전제에서 정화의 배경, 시말과 개요 등을 요약·정리하고자 한다. 아울러 정화의 모순과 문제점을 제시함으로써 이를 미래 불교의 노선·대안 검토시의 유의점으로 제시하고자 한다. 그리고 정화사를 거시적, 계기적인 관점에서 분석하

그리고 석림동문회에서 펴낸 『한국불교근현대사』(1997, 시공사), 한국불교승단정화사 편찬위원회에서 발간한 『韓國佛敎僧團淨化史』(1996)도 손꼽을 수 있다.
5) 김광식의 논문 〈조지훈·이청담의 불교계 '분규' 논쟁〉 『한국민족운동사연구』 22(1999)가 정화에 관련된 최초의 학술적인 글이라는 측면에서 그 실상을 알 수 있다.

여 불교정화의 역사성을 모색하고자 한다.

2. 淨化의 背景

1954년 5월에 가시화되어 태고종이 창종된 1970년 5월까지, 무려 17년간 진행된 불교정화는 조계종 재건의 기초를 제공하였지만 수많은 모순과 후유증을 잉태시켰다. 그러나 개항(1876), 승려의 도성출입금지 해제(1895), 경술국치라는 國亡(1910)과 사찰령 제정·시행(1911), 3·1 운동에 동참(1919), 선학원 창건(1921), 태고사와 조계종의 등장(1941), 8·15 해방(1945)이라는 근대불교의 큰 흐름을 조망할 경우 역사적인 필연의 산물로 볼 수 있다.

근대불교의 대세는 불교발전과 중흥이었다. 이를 위해 기존 산간불교에서 도회지로 나오는 都市佛敎, 大衆佛敎, 民衆佛敎의 기치를 내세웠다. 그러나 이를 추진함에 있어서 선진적인 일본불교를 모방·답습하려는 행태와 의식이 광범위하게 파급되었으며 자연적으로 친일불교의 속성이 노정되었다. 그런데 여기에는 한국을 식민지로 경영하였던 일본제국주의의 교묘한 불교정책에 도사리고 있었다. 일제의 불교정책은 한국의 불교를 식민지 구도에 순응시키고 독립운동에 나설 수 없는 정신적인 체질을 구사하는 것이었다. 이 같은 정황은 한국불교가 전통적인 불교를 이탈하여 일본불교화가 가속화되는 노선으로 가고 있었음을 말하는 것이다. 요컨대 불교발전과 친일불교가 양립된 이중적인 모순의 구도에 처하여 있었다.

그러나 불교계 일각에서는 이 같은 구도를 깨뜨리기 위하여 불교의 자주화, 민족운동 가담 등을 통한 불교전통을 고수하려는 움직임도 치열하게 추진되었다. 그 대표적인 움직임이 寺刹令 撤廢運動, 禪學院의 창건, 1929년 승려대회에서 宗憲·宗法의 수립, 總本山 建設運動 등이다. 이 같은 전통불교 수호노력은 당시가 가혹한 일제치하였기에 지난한 형극의 길이었음은 두말 할 나위가 없다. 그럼에도 불구하고 이 움직임이 해방되던 그날까지 지속되어 현대

한국불교의 이념적 토대가 되었다.

한편 일본불교 모방과 식민지불교정책이라는 구도에서 나온 부산물의 요체를 한 마디로 말하면 승려의 '帶妻食肉'이다. 이는 일본불교의 대명사로 또한 한국 전통불교의 파탄자로 지칭되었다. 그리하여 일제하에서 이 대처식육을 극복하려는 자생적인 움직임이 불교계에서 부단히 나타났거니와, 이를 전통불교 수호와 민족운동의 범주에 포함시킬 수 있는 것이다. 그러나 일제하 불교계 구성원들이 이 대처식육을 대부분 수용하였다는 데에 역사의 아이러니가 생겼다. 그들은 일제의 불교정책에 순응, 타협, 훼절하였던 친일적인 승려들이 주류를 이루고 있었다. 불교계 내부에서는 불교의 자주화와 민족운동에 가담한 인사들이 대처식육을 불교의 대중화를 기하기 위한 불가피한 조처로 인식한 경우도 있었으니, 당시 불교계 모순과 고민이 바로 여기에 있었다.

일제말기 송만공은 수행하는 청정 수좌가 300여 명에 불과하다고 지적하였다[6]. 당시 승려 6,500여 명이라는 저간의 통계에 유의한다면 대처식육이라는 초점을 통해 본 불교전통의 상실은 엄청난 것이었다. 그런데 대처식육을 무비판적으로 수용하였던 다수의 승려들은 결과적으로 사찰 재산을 자신의 식솔 생활 해결책으로 활용하였으며 자신의 생활 방편, 기득권 유지 등을 도모하기 위해 자연적으로 식민지 권력에 의지하고 탐닉하였다.

이제부터는 일제하 불교계의 흐름을 갖고 불교정화의 배경으로 볼 수 있는 사례들을 요약하겠다. 이를 통하여 정화의 당위성, 필연성 등과 함께 정화의 이념적 기초를 추출할 수 있을 것이다. 그 요약은 일제시대와 해방공간으로 크게 나눌 수 있다.

첫째, 한국불교의 종지를 수호한 임제종운동의 정신이 있다. 임제종운동은 1910년 10월 친일파 승려로 유명한 이회광이 일본불교의 한 종파인 조동종과 맺은 이른바 조동종맹약을 분쇄하기 위한 대응운동이다. 조동종조약은 한국

---

6) 「宋滿空 禪師와 一問一答」, 『朝鮮佛教』 105호, 1934. 12.

불교의 전통을 망각하고 한국불교를 일본 조동종에 예속시킨 처사였다. 당시 전라도·경상도 일대의 사찰들은 한용운, 박한영, 진진응, 김종래 등이 주도한 그 분쇄운동에 동참하였다. 그 후 이 운동은 독자적인 법규 제정, 포교당 설립을 통한 운동의 대중화를 기하였다. 대표적으로 서울 사간동에 1912년 5월에 건립된 조선임제종중앙포교당이 있다. 이 포교당은 그 후 일제의 탄압으로 조선선종중앙포교당, 범어사포교당으로 개명된 후 그 전통이 선학원으로 계승된다. 임제종운동은 한국불교 전통 수호를 위한 노력이었으며 그 운동의 주도세력은 南黨으로 지칭되었다.

둘째, 선학원의 창건 정신이다. 불교전통의 수호와 발전이라는 측면에서 불교발전을 기하려는 일단의 승려들이 창건한 선학원은 1921년에 창건되었다.[7] 선학원은 "교단의 傳統을 死守하며, 그 腐敗의 淨化를 모의하는 根據處"로 삼았다는 당시 수좌들이 현실인식에서 그 성격을 알 수 있다. 창건된 선학원에서는 당시 수좌들의 조직체인 禪友共濟會가 결성되었다. 그 공제회의 조직과 부서가 만들어졌으며, 전국 선원이 지부로 가입하고 선학원에 그 사무소가 위치하였다. 당시 수좌 상당수(365명)가 이 공제회에 가입하였는 바, 여기에서 당시 수좌들의 전통불교 수호 의식이 나타난다.

셋째, 승려독립선언서에 나타난 자주불교 정신이 있다. 1919년 11월 15일 중국 상해에서 배포된 이 선언서는 대한승려연합회 대표인 오성월, 김구하, 김경산 등 12명의 중견 승려 가명으로 제작되었다. 3·1운동에 적극 동참한 불교계의 민족정신의 지속적인 구현에서 나온 이 선언서는 프랑스 파리까지 배포되고, 국내에도 비밀리에 반입된 당시 불교계의 항일 독립정신의 정수이다. 이 선언서는 불교계가 일본의 통치를 배격하고 대한민국의 독립을 주장하면서, 불교계가 독립운동에 참가한 당위성을 웅변하고 있다. 그 내용에,

---

7) 金光植, 「日帝下 禪學院의 운영과 성격」, 『한국독립운동사연구』 8, 1994.

我 佛敎도 그 毒手의 犧牲이 되어 强制의 日本化와 苛酷한 法令의 束縛
下에 二千年來 韓土의 國家의 保護로 누리던 自由를 失하고, 未幾에 特
有한 我 歷代祖師의 遺風이 湮滅하야 榮光잇든 大韓佛教는 絕滅의 慘
境에 陷하려 하도다. 이에 我等은 起 하였노라 大韓의 國民으로서 大韓
國家의 自由와 獨立을 完成하기 위하야 二千年 榮光스러운 歷史를 가
진 大韓佛敎를 日本化와 絕滅에 求하기 위하야 我 七千의 大韓僧尼는
結束하고 起하엿노니

라[8] 하면서 일제와의 血戰을 선언하였다. 이 중 '불교의 일본화와 절멸'에서
구하겠다는 의지 표명은 불교의 자주화와 전통불교 수호를 단적으로 말하는
것이라 하겠다.

넷째, 백용성의 대처식육 금지 요청 건백서 제출에 나타난 정신이 있다.[9]
1925년 후반부터 일부 본산에서 대처자도 본산 주지에 취임할 수 있는 사법
개정을 총독부에 신청하였다. 그러나 이는 일부 본산의 반대로 여의치 않았으
나 1926년에도 그 노력은 지속되었다. 1926년 5월과 9월, 백용성은 그와 뜻
을 같이하는 승려 127명의 서명을 받아 대처식육 금지를 요청하는 건백서를
2차례나 일제당국에 제출하였다. 그 건백서의 내용은 대처식육을 한국불교
모순과 퇴보의 요체로 제시하고 불교발전을 위해 대처식육을 금지할 것을 주
장하였으며, 그 대안으로 무처·유처 승려의 구별과 무처 전용 사찰의 할애를
요구하였다. 그러나 이 건백서는 전혀 수용되지 않고 일제는 오히려 그 사법
개정을 독려하였다.[10] 1926년 10월 이후부터 주지 취임 자격에 대처자의 제한
이 공식적으로 해제되었음을 의미하는 것이다. 이 건백서에 나타난 정신은 곧

8) 〈불교선언서〉《獨立新聞》(상해판) 1920.3.1.
9) 金光植, 〈1926년 불교계의 帶妻食肉論과 白龍城의 建白書〉, 『한국독립운동사연구』11, 1997.
10) 〈寺刹住持의 選擧資格 改正〉《매일신보》 1926.11.26., 사설 〈朝鮮寺法의 改正〉 1926.11.27.

불교전통의 회복을 통한 불교의 자주화였다.

다섯째, 선학원이 재단법인 선리참구원으로 전환됨을 계기로 수좌들이 주도한, 조선불교선종의 창종에 개재된 불교전통 수호정신이 있었다. 1934년 12월에 가시화되어 1935년 1월에 제정·공포된 조선불교선종의 종헌은 당시 수좌들의 현실인식, 즉 전통불교 수호와 일제 식민지불교에 대한 저항정신이 파악된다[11]. 당시 수좌들은 "다수 僧徒들이 肉食飮酒하며 邪淫娶妻를 恣行하면서 '중도 사람이다'라는 口號를 앞세우고 莫行莫食하며 破戒 雜行으로 大乘佛敎의 修道像이며 傳法行인양 宣傳함으로서 우리 敎團의 嚴正淸淨하든 傳統은 드디어 무너지기 始作[12]"하였다고 이해하였다. 나아가서 그들은 환속한 무리들에 의하여 사찰이 가정화·요정화되었고, 사찰의 재산도 환속자들의 생활에 낭비되었다고 개탄하였다.

이에 그 수좌들은 자기들이 '朝鮮正統의 修道像'이라고 자부하면서 '傳統死守와 敎團復興'을 꾀하는 종헌을 제정·공포하였음을 선언하였던 것이다. 이는 한국불교의 전통이 선에 있음을 밝히고, 수좌들 독자적으로 종단을 만들었음을 말해 준다.

여섯째, 선학원 관련 수좌들이 주도한 高僧 遺敎法會에는 청정승풍의 회복과 전통 계율을 수호하려는 의식이 있다. 1941년 2월에 개최된 이 법회는 운수납자 30여 명 즉 송만공, 장석상, 하동산, 이청담, 정금오, 박한영, 이운허, 윤고암 등이 참가한 가운데 개최되었다.[13] 당시 그 법회에서는 梵網經·遺敎經 설법과 慈悲懺의 공개가 있었다. 그리고 법회 종료 후에는 기념사업으로 習定均慧하는 비구승만의 梵行團을 조직하여 禪學과 戒律의 宗旨를 선양하려는 노력을 기울였다.[14] 선학원 계열 수좌들의 그 정신은 1942년 근대선의 중

---

11) 김광식, 〈朝鮮佛敎禪宗宗憲과 首座의 現實認識〉『建大史學』 9, 1997.

12) 〈조선불교선종 종헌〉《한국근현대불교자료전집》 권65.

13) 〈佛門 新體制 發足 高僧修養法會〉《매일신보》 1941.3.5., 〈高僧大德을 招政 佛敎最高 高僧法會 —中央禪學院서 精進〉『慶北佛敎』 46호, 1941.5.

14) 〈교계소식〉「범행단 조직」《佛敎時報》 69호, 1941.4.

홍조로 일컫는 송경허의 문집, 『경허집』을 발간하는 것으로 지속되었다. '우리 功勞者의 表彰은 우리 손으로'라는 주제하에 진행된 그 작업에는 송만공, 방한암, 장석상, 하동산, 이효봉, 김경봉, 한용운 등의 40여 명의 수좌가 발기인으로 참여하였다. 가혹한 일제말기이며, 불교전통이 피폐된 시기에 진행된 그 발간도 불교전통 수호와 무관한 것은 아니었다.

당시 일제는 이 같은 전통수호에 매진하였던 수좌들의 선학원 활동을 군국주의 체제의 유지와 내선일체 수립을 위해 선학원 통제를 집중 검토하였다. 일제는 선학원을 법령상 사찰도 아니므로 존재 이유가 없다고 단정하면서 '암적'인 존재로 인식하였다.[15] 일제에게는 암적인 존재지만 역설적으로 한국불교의 입장에서는 생명과 같은 존재였다.

일제하에서도 한국불교는 불교의 전통을 수호하기 위한 노력을 줄기차게 지속하였다. 바로 그 움직임이 저변에 흘렀던 의식을 불교정화의 밑거름으로 볼 수 있다. 8 · 15 해방 이후에도 그러한 노력은 지속되었다.

첫째, 8 · 15 해방 직후 불교계의 교단혁신안에는 비구중심의 교단을 건설하려는 움직임이 광범위하게 있었다.[16] 교단혁신의 움직임은 해방 직후의 교단내부와 불교혁신단체로 대별할 수 있다. 그러나 이들 간에는 불교혁신의 대상과 내용을 둘러싸고 팽팽하게 대립하였다. 그 대립의 저변에 있었던 것의 하나가 佛徒制로 지칭된 대처승의 신분 변동 문제이다.

당시 교단 집행부의 대부분은 대처승이었고, 그들은 한용운의 불교대중화 노선을 추구하였던 인물들이었기에 대처승의 존재를 인정하였다. 그러나 혁신단체는 교단을 청정 비구 중심의 교단으로 만들려는 강력한 의지를 갖고 있

---

15) 《매일신보》 1942. 8. 6. 〈佛敎서도 內鮮一體로 宗敎報國에 新機軸〉
16) 해방공간의 불교계 동향은 아래의 필자 논문이 참고된다.
　　金光植, 〈8 · 15解放과 佛敎界의 動向〉 『불교사연구』 창간호, 1996.
　　金光植, 〈佛敎革新總聯盟의 결성과 이념〉 『정덕기박사화갑기념논총』, 1996.
　　金光植, 〈全國佛敎徒總聯盟의 결성과 불교계 동향〉 『목정배박사화갑기념논총』, 1997.
　　金光植, 〈해방 직후 제주불교계의 동향〉 『한국독립운동사연구』 12, 1998

었다. 혁신단체는 대처승은 비구승단을 옹호하는 신분으로 변화시켜야 한다는 의지를 갖고 있었는데, 대처승을 신도로 하려는 움직임과 종단의 종무원, 포교사, 교사 등으로 하려는 움직임이었다. 또한 대처승은 일제 식민지불교의 잔재라는 의식이 강하게 깔려 있었다.

당시 교단 집행부는 혁신단체의 주장을 일축하며 그들의 주장을 이북불교의 모방으로 간주하거나 배후세력을 의심하고 있었다. 이러한 이질적인 대응으로 인해 양측의 입장은 조율되기 어려웠다. 그 대립은 마침내 혁신단체가 1946년 12월 1일 독자적인 혁신을 추진하기 위한 佛敎革新總聯盟을[17] 결성하면서 더욱 가속화되었고, 1947년 5월 태고사에서의 전국불교도대회를 거치면서 완전 결별되어 혁신단체는 朝鮮佛敎總本院(원장, 장석상)을 수립하였다.

당시 수좌들은 선원에 대한 지원과 선리참구원의 위상 확립을 교단에 요청히였지만 수용되지 않자 혁신단체의 움직임에 동참하였다. 그러나 교단 집행부는 혁신단체 구성원들을 좌익분자로 경찰에 신고하는 등 혁신단체의 주장을 수용할 입장과 의식이 전혀 없었다. 비구 중심의 교단을 재건하려는 혁신단체의 노력은 1947년 중반부터 점차 위축되었으며 존립할 수 없는 사회적인 여건으로 불교계에서 사라졌다.

둘째, 일단의 비구들에 의하여 주도된 봉암사 '결사'에서 불교전통을 회복하려는 의식이 있었다.[18] 1947~1949년, 봉암사에서 "부처님 법대로 살자"는 주제 하에 진행된 그 결사는 근본 불교와 한국 전통불교를 지향하려는 의식의 발로에서 나온 것이다. 이성철, 이청담, 김자운, 최월산, 김혜암 등 20여 명의 수좌들의 생활은 그 자체가 교단 부흥의 의지와 무관한 것이 아니었다. 그들은 결사의 개요를 '共住規約'으로 정하였으니 거기에는 부처의 계법과 조사들의 가르침을 勤修力行하여 究竟成佛의 원만한 速成을 기약함, 부처의 戒法과

17) 그 혁신단체는 선리참구원, 조선불교혁신회, 혁명불교도연맹, 선우부인회 재남이북승려회, 불교여성총동맹, 불교청년당 등 7개 단체이다.
18) 〈1947년 봉암사결사〉『修多羅』 10집, 1995.

불조의 敎則 이외의 사견은 절대 배제, 자급자족과 탁발의 원칙, 신도들의 布施는 당연 청산, 오조가사와 장삼의 항상 착용, 매일 2시간 이상의 노동, 청규나 대소승의 율법에 기준 등은 불교전통의 회복이었음은 분명하다.

이 봉암사 결사의 정신이 이후 불교정화의 이념적인 사실이자 기초였다고 볼 수 있다. 더욱이 봉암사 결사에 직·간접으로 관여된 승려들이 정화불사의 주역이었고, 조계종단의 종정과 총무원장 등을 역임하였다는 점에서 자명하다고 하겠다. 이 봉암사 결사는 조계종단 내에서 하나의 '신화'가 되었음도 유의할 내용이다.

셋째, 대처승 중심의 교단에서 수좌 전용 사찰 할애 요구에 나타난 수좌들의 현실 타개의 정신을 지적할 수 있다. 1952년 이대의는 당시 교단의 수좌에 대한 배척과 그로 인한 불교전통의 상실을 개탄하며 이를 당시 교정이었던 송만암에게 그 문제점을 건의하였다. 송만암은 긍정적으로 납득하고 통도사, 불국사에서 그 이행에 대한 문제를 집중 토의하여 18개[19] 사찰을 수좌 전용 사찰로 지정하였다. 그러나 그 지정 사찰의 양도는 정화 직전까지 이행되지 못하였다. 대처승 교단의 처사에 분노하였던 수좌들의 울분과 의식이 정화가 발발된 초창기 기민한 대응의 기반이 되었다.

이처럼 정화가 가시화되기 이전의 해방공간에서도 청정 비구 중심의 교단 재건과 불교의 전통을 회복하려는 노력이 있었다. 이러한 노력과 의식이 정화 추진의 촉매제가 되었다. 따라서 우리는 위에서 살펴본 일제하의 전통수호와 민족불교를 지향하였던 행적들의 기반에 해방공간에서의 움직임이 덧붙여진 상황을 파악할 수 있었다. 비록 그 정화를 촉발시킨 것이 당시 이승만 대통령

---

19) 그 대상은 48개 사찰이라는 설도 있다. 〈人心佛心, 세상에 한마디 −長老院 大義스님−〉《대한불교》 497호(1973.3.18.) 참조. 또한 《대한불교》 584호(1975.1.5.)의 특집기사인 〈韓國佛敎淨化20年 어제와 오늘의 진단〉의 「佛敎史에 새 里程 −淨化始末−」에도 48개 사찰로 서술하고 있다. 그러나 이는 통도사, 불국사에서는 18사찰이었으나, 1954년 5월 이승만 유시 직후 종단 주도층에 의해 비구 측에게 제공될 대상 사찰이 48 (혹은 50) 사찰이었던 점과 혼동된 내용으로 보인다.

의 '유시'였지만 제반 정황은 불교계 내부에서 자생적으로 등장할 기운이 성장하고 있었던 것이다.

그러므로 이승만의 유시가 나온 즉시 수좌들은 기민하게 대응할 수 있었다. 또한 수좌들의 의식과 움직임은 당시의 언론과 불교신도들의 지지를 얻어낼 수 있었다고 이해된다. 요컨대 정화의 촉발은 이승만의 유시라는 불교계 외부에서 나온 것이었으나, 이승만의 유시가 없었어도 자체의 정화는 가능할 정도로 분위기는 성숙하였다.[20]

3. 淨化의 始末과 槪要

1) 정화 방향의 검토 · 수립

1954년 5월 20일, 이승만 대통령은 불교정화에 대한 제1차 담화를 내렸다. 내용은 대처승은 사찰에서 물러나라는 것과 사찰의 토지를 반환하라는 요지이다. 그런데 이승만의 1차 담화로 인한 파급은 즉각적인 것은 아니었다. 다만 선학원 수좌들은 '종단을 바로잡자'는 뜻이 움트던 정황이었다. 당시 선학원의 수좌들은 이대의의 제의에서 가시화된 수좌 전용 사찰의 양도에 더 큰 관심이 있었다. 이대의의 주장은 1954년 6월 20일 태고사에서 개최된 제13회 정기 중앙교무회(종회)에서 구체적으로 논의되었다. 종단을 주도하였던 대처승들은 이승만 유시의 파장을 예의 주시한 것으로 이해된다. 왜냐하면 그 교무회에서 승단을 修道僧團과 敎化僧團으로 구분하였기 때문이다. 물론 이 결정에는 당시 교정이었던 송만암의 의지가 개입되었을 것이다. 대처승들이 그같은 결정을 내린 저변에는 변화된 현실에 기민하게 대응한 의식이 개재되었

---

20) 그러나 그 정화의 성격과 대상은 추측 및 단정할 성격은 아니다.

다고 본다.

그런데 그 교무회에서는 수좌 전용 사찰 문제도 논의되었지만 결론은 나지 않았고 三寶사찰의 양도와 수좌 전용 48사찰의[21] 양도 등도 검토되었지만 완전 결론은 이르지 못하였다.[22] 이러한 정황을 파악한 선학원 수좌들은 기존 종단과의 타협을 통한 성과는 기대하기 어렵다고 보고, 보다 본격적인 정화를 추진하기에 이른다. 6월 24일, 佛敎淨化推進發起會를[23] 개최하여 위원장에 정금오, 부위원장에 김적음을 선출하였다. 6월 25일에는 재경 비구승을 소집하여 敎團 淨化運動推進準備委員會를 구성하고 그 위원장에 정금오를 선출하였다. 선학원 수좌들은 이효봉 · 하동산 · 이청담 등을 정화 추진의 중심부로 이끌어 내면서 보다 본격적인 운동을 추진하였다. 그 결과 7월초에는 전국 수좌의 안거 실태를 조사하고,[24] 곧 이어서 선학원에서 개최될 전국비구승대표 자대회의 참가 공문을 발송하였다.

1954년 8월 24~25일, 全國比丘僧代表者大會가 선학원에서 개최되었다.[25] 수좌 대표 65명이 참가한 그 대회는 정화를 본격 가동한 최초의 대회였다. 그 대회는 하동산의 개회사, 이승만 담화의 낭독을[26] 거쳐 제반사항을 결의하였다. 이는 敎團整理,[27] 僧尼 敎養, 宗憲制定 등이다. 종헌은 종헌제정위원인 9

---

21) 48사찰 문제는 그 근거가 확실치 않다. 일설에서는 18사찰이라는 주장도 제기되고 있다. 『불교근세백년』(중앙신서, 1980) p.238 참조.

22) 그런데 그 종회에서 결정된 확실한 내용은 자료 관계상 파악하기 어렵다. 그러나 〈佛敎界의 분규 문제 全貌〉《동아일보》1955년 1월 26일자에는 비구승에게 각 도 사찰 50 개소를 할애하고, 삼보사찰(통도, 해인, 송광)을 비구승의 수도장으로 양보하는 것을 결정하였다고 한다.

23) 어느 기록에는 이를 불교교단정화대책위원회로 전하고 있다.

24) 〈선학원이사장 김적음의 전국수좌 실태조사 보고의뢰 공문〉『불교정화분쟁자료』, p.778.

25) 〈全國比丘僧代表者大會錄〉《불교정화분쟁자료》(『근현대불교자료전집』 권68).

26) 수좌들의 당시 유시에 대한 인식의 일단을 엿볼 수 있다. 대회에서는 유시에 대한 감사문과 건의서가 작성되었다. 이는 정금오와 이청담을 통하여 공보처장에게 전달하였다.

27) −比丘와 比丘尼가 同居한 것은 正法에 最大의 罪惡이니, 違反時는 敎團에서 逐出할 것.

인(이효봉, 하동산, 정금오, 이청담, 박인곡, 이성철, 이석호, 김향곡, 윤월하)을 정하고 그들이 종헌 작업을 하도록 하였다. 그리고 참가수좌들을 정화의 추진위원 즉 실행분과위원, 교섭분과위원, 재정분과위원으로 나누고 이 실무추진위원을 총괄 감독할 정화대책위원 15명도[28] 선발하였다. 또한 대회에서는 수좌들의 정화에 대한 방침을 천명한 宣誓文이[29] 작성되었다.

그 후 선학원의 정화 대책위원들은 종헌제정작업에 박차를 가하여 9월 16일에는 종헌의 謄寫까지 완료하였으며, 9월 20일 전국비구승대회 소집공고를 냈다. 9월 28~29일, 全國比丘僧大會가 선학원에서 개최되었는데, 146명(비구 116, 비구니 30)의 수좌가 참가하였다. 이 대회에서 특기할 것은 당시 교정인 송만암이 참가하였다는 점이다. 이는 수좌들의 정화를 당시 교단 책임자가 동의하였다는 것을 의미한다.[30]

이 비구승대회에서는 종회의원 50명을 선출하고, 그간 준비해 온 종헌을 통과시켰다. 이 종헌에서 비구승은 승려로 인정하고 대처승은 護法衆으로 처리하여 승려에서 제외시켰는데 이는 가장 중요한 결정이었다. 또한 정화를 위한 순교단도 결성되었다.[31] 9월 30일에는 제1회 임시종회를 개최하여 종단의 임원진을[32] 선정하였다.

-僧簿籍를 새로이 作成할 것.
-家庭整理者는 早速한 期日內로 整理할 것.
-師僧이 退俗(帶妻)한 首座는 師僧을 更定할 것.
28) 그 대상은 다음과 같다. 이효봉, 하동산, 정금오, 박금봉, 박인곡, 김적음, 김자운, 김보경, 김향곡, 문일조, 이성철(불참), 김홍경, 심보문, 이석호, 이청담 등이다.
29) 이 선서문은 9월 3, 4일 《조선일보》에 게재되었다.
30) 당시 대회에는 송만암과 기존 교단의총무원장인 박성하도 참석하였다. 송만암도 그 대회에서는 정화의 추진을 동의하였다.
31) 〈韓國佛敎淨化鬪爭大綱〉, 『불교정화분쟁자료』, p.268.
32) 다음과 같다.
종정 송만암, 부종정 하동산, 도총섭 이청담, 아사리 정금오, 부아사리 김자운, 총무부장 윤월하, 교무부장 박인곡, 재무부장 이법홍이다. 그런데 이 임원진은 11월 3일의 제2회 임시 종회에서 변동되었다. 그는 종정인 송만암이 중도에 참석하지 않은 것에 기

선학원 측의 불교정화가 본격화되자 당시 교단은 총무원측도 이에 대응을 하기 시작하였다. 우선 9월 29일 태고사에서 중앙교무회를 개최하여 종권 인 도문제를 논의하였으니, 종권과 사찰을 비구 측에게 인도할 내용과 승려의 자 격 문제였다. 그 결과 10월에 접어들면서 비구·대처 양측의 대표가 회담을 가졌으나 순조롭지 못하였다. 승려의 내용 중 대처승을 호법대중으로 할 것인 가, 아니면 사판승으로 할 것인가로 대별되는 문제였다. 그 즈음 종정인 송만 암은 정화원칙은 찬성하나 방법론에는 반대한다는 성명서를 발표하였다. 그 러나 그 이면에는 기존 종조 보우국사를 비구 측이 보조국사로 전환시킨 것에 대한 강한 이의가 개재된 것이다.

이러한 대응 속에 김한천이 주도한 서울신도회와 현오거사가 이끄는 한국 불교거사림에서는 비구 측의 정화를 지지한다는 성명서를 발표하였다. 그런 데 이 대응에 본격적인 불을 지핀 것은 대처 측 총무원의 박성하가 10월 12일 자로 신문에 게재한 〈全國佛敎徒에 告함〉이라는 성명서이다. 그 간의 대처 측 의 입장을 재천명한 것이다. 선학원의 비구 측은 그에 대응하는 입장을 전국 비구승대회와 불교교단정화추진위원회의 공동명의 〈성명서〉를 신문지상에 발표하였다. 이러한 성명서는 곧 양측의 입장이 더 이상 조율되지 못하였음을 말해 준다.

11월 3일, 비구 측은 제2회 종회를 개최하여 임원진을 새롭게 정비하였다.[33] 이는 종회가 구성된 지 2개월이 지났으나 비구 측에 협조하지 않은 일부 승려 들을 제외시킨 것을 의미한다. 11월 4일, 이승만의 제2차 정화 담화가 내려졌 다. '왜식 종교관을 버리라'는 요지로 이전보다 더욱 구체적인 내용이었다. 이 담화에 접한 비구 측은 긴급회의를 갖고 태고사를 접수하여 더욱 본격적인 정

인한다. 그 결과 종정에 하동산, 부종정에 정금오, 아사리에 김자운, 재무부장에 김서 운이 피선되었다.
33) 특기할 것은 그 당시 종정이 송만암에서 하동산으로 바뀌었으며, 비구니 10명이 종회 의원으로 추가되었다.

화를 추진할 것을 결의하였다.

이제까지의 정화는 선학원을 근거처로 한 정화를 추진하기 위한 방향과 노선을 수립한 단계였다. 이는 정화의 1단계로 볼 수 있다.

2) 정화추진

1954년 11월 5일, 선학원의 비구 80여 명은 태고사를 진입 점거하였다. 이로써 정화는 선학원 단계에서 한국불교의 교단을 상징하고 있는 태고사에서의 정화가 본격화되었음을 의미한다. 그 직후 비구 측은 태고사에서 조계사 간판과 불교조계종 중앙총무원이라는 간판을 부착하였다. 이 간판 부착은 태고사를 중심으로 한 정화단계의 진입을 말해 준다.

비구 측은 대처승들에게 종권 인수를 요청하며 불교정화강연회의 개최, 정화의 당위성을 신문지상에 성명서로 게재하면서 정화의 정당성을 홍보하였다. 그러나 대처 측은 조계사 간판을 제거하고 이전 태고사 간판을 새로이 부착하였는데 이로부터 양측의 간판 부착 사건이 지속되었다. 그리고 대처 측은 11월 20~24일 임시 중앙종회를 개최하여 비구 측이 지적한 정화 문제에 대처하고자 하였다.

당시 대처 측 총무원에서 결의한 내용은 종권을 비구승들에게 양도하고 대처승들은 자진 환속할 것을 결의하였다. 그러나 종권 인수를 할 대상의 비구승은 선학원측 비구가 아니라 태고문손 계열의 비구승이었다. 이로써 새로운 집행부가 등장하였다.[34] 또한 대처 측은 비상대책위원회를 조직하여 사태에 대비하였다.

이 같은 대처 측의 조처는 비구 측의 즉각 반발을 일으켜 태고사에서 집단

---

34) 그 집행부는 다음과 같다.
　　총무원장 : 임석진, 총무부장 : 정봉모, 교무부장 : 김상호, 재무부상 : 김상호,
　　감찰원장 : 국묵담, 부감찰원장 : 박성권

난투극이 일어났다. 임석진 총무원장은 전국 사찰에 공문을 보내, 사찰 및 승풍의 정화운동을 지시하였는데 그 요지는 주지를 독신승으로 교체하라는 것이었다. 이러한 가운데 12월 7일에는 비구 · 대처 양측의 핵심 승려의 회견이 있었다. 그러나 양측의 주장이 팽팽히 맞서 타협은 나오지 않았다.[35]

비구 측은 12월 7일부터 全國比丘僧尼大會를 개최하여 정화 추진의 방침을 재결의하는 등 정화 결의를 더욱 강화하였다. 당시 대회에 참가한 승려는 440여 명(비구 221명, 비구니 221명)이었는데, 13일에는 참가 승려들이 경무대까지 정화를 주장하는 시위 행렬을 하였다. 그 유명한 눈 내리는 날의 거리 행진이 바로 이 날이다.

그런데 이 같은 비구와 대처의 행동은 점차 사회 문제로 비화되었다. 행정부뿐만 아니라 국회에서도 불교정화를 둘러싼 제반 사건이 문제가 되었다. 정화는 불교계 차원에서 사회차원으로 옮겨가고 있었다. 이에 정부에서도 정화를 해결하려는 대안을 내놓으면서 양측 대표의 회담을 추진하기도 하였다. 당시 비구 측은 정부에서 제안한 타협안을[36] 일축하면서 기존 입장을 더욱 강화

---

35) 대처 측 주장 : 비구 측 종헌을 폐기하고 태고문손이 되어 비구승단을 조직할 것, 대처승은 교화승임을 강조.

비구 측 주장 : 대처하였으면 환속하여 신도(호법중)으로 불법을 외호할 것, 승권행사는 비구가 가처할 테니 간섭하지 말 것.

36) 1954년 12월 22일, 정부에서 제시한 안은 다음과 같다. 이 안은 정부의 최초 중재안이었기에 유의할 내용이다.

1. 종조문제는 불문에 붙인다.

2. 종헌은 개정하되 개정시에는 총무원 간부 전원과 동수의 선학원 간부가 합의 개정한다.

3. 총무원은 새로 선출된 대의원이 재선한다.

4. 대처승의 자격은 교화승으로 한다.

5. 수행승은 비구, 비구니 또는 이혼 후 10년 이상된 자로서 일상지계, 참선, 염불, 간경 또는 持呪 중 어느 하나나 또는 둘 이상을 정진하되 총림을 수호거주하고 祖令을 전제하여 승풍을 규정한다. 교화승은 전항 계율 중 十禁戒를 엄수하는 자로서 참선이나 염불이나 간경 또는 지주를 하되 포교교육 및 사회 사업 등으로써 대중불교를 실시하며 일체의 서무 및 경리 사무를 전담할 수 있다.

하였다. 그 후 정부는 비구 · 대처 양측의 이에 대한 의견을 접수하면서 다시 조정안을 내놓았다.

비구 측은 정부가 주도하는 중재안에 대응하기 위한 대책을 거듭하여 12월 25일 정화추진 대책안을 작성하고 이를 당시 비구 측에 가담한 승려의 동의를[37] 얻어 정부에 제출하였다. 그 대책안은 본격적인 정화 추진단계에서의 비구 측의 의도와 현실인식을 파악할 수 있기에 그 전모를 소개하고자 한다.

  1. 대처승의 수중에서 생긴 승단(독신승) 및 종헌은 인정하지 않는다.
  2. 불교조계종 종단 사무 일체는 즉시로 불교정화를 추진하여 온 정통 비구 승단에게 인계하여야 한다.

---

  6. 주지가 될 수 있는 자는 수행승으로서 대찰은 45세 이상의 대덕 이상으로 하고 중소 사찰은 35세 이상의 중덕 이상으로 한다.
  7. 비구 및 교화승의 자격은 양측에서 선출한 원로 비구 각 3명으로 구성된 위원회로 하여금 심사한다.
  8. 비구로 범법행위를 하거나 또는 하였던 자는 승적에서 제외한다. 사전에 자수하는 자는 정상에 따라 면제 또는 일정한 기간 수도한 후 복권한다.
  9. 교화승은 사찰정화를 위하여 그 가족은 경외로 철거시키고 단신으로 사내에서 수행하며 사무를 집행한다. 사찰정화상 필요하다고 인정된 경내의 사가는 철거하되 사우로 사용할 수 있는 것은 사찰에서 매수한다. 단 비구로서 완전히 관리할 수 있는 인원이 보완될 때까지 당분간 교화승도 총림규칙에 의해서 단신으로 사내에서 수행한다.
 10. 비구, 비구니의 자격 기준은 아래와 같다.
    · 비구:만 20세 이상, 완전 수지불범한 계율자(165禁戒, 3취정계, 250계)
    · 비구니:만 20세 이상, 완전 수지불범한 계율자(165禁戒, 3취정계, 500계)
    ◆ 자격상실 조건(공통):이상 戒律 중 一戒라도 범할 時.
 11. 종회의원 정수는 50명으로 한다.
    전항의 의원은 수행승과 교화승과의 동수로 하되 각 도 단위로 한다. 종회의원의 자격은 법계 중덕 이상자로 한다.
 12. 양측은 일체의 집단행동을 금한다. 집단행동이라 함은 시위, 대회, 위협 등 2인 이상의 행동을 말함.
37) 그에 서명한 인원은 비구승 366명, 비구니 441명이었다고 한다.

3. 종조문제는 공정을 기하기 위하여 전국적으로 권위 있는 사학가들의 고증을 듣기로 하고 당분간 문제 삼지 않는다.

4. 종헌은 한국불교정화를 추진하여 온 정통 비구승대회에서 제정 통과 선포한 조계종 헌장으로 한다.

5. 중앙종무원 간부 및 지방 종무원 간부는 전기 조계종 헌장에 의한 종회의원이 선출한 바대로 한다.

6. 퇴속한 대처승은 호법대중의 규정으로서 포섭한다.

7. 비구, 비구니는 재가 具足戒를 수지하는 수도와 교화의 의무를 다하는 자라야 한다. 호법대중은 재가 五戒를 수지하고 승단의 위촉에 의하여 포교사, 전도사 및 사찰 총섭 대행과 삼직 등을 할 수 있다. 단, 위촉받은 호법대중은 비구승단과 동일한 청규를 준행하여야 한다.

8. 총섭이 될 수 있는 자는 비구 · 비구니로서 대찰은 40세 이상으로서 10하안거 이상과 대교를 졸업한 자나 또는 그와 동등 자격자로서 하고, 중소 사찰은 25세 이상으로 하되 5하안거 이상과 사교를 졸업한 자나 또는 그와 동등한 자격자로서 한다.

9. 전국 비구 · 비구니 대회에 미참한 비구 · 비구니 자격 심사는 조계종종회에서 추천한 10하안거 이상의 학덕을 겸비한 비구 15인 이상으로 구성된 위원회에서 한다.

10. 비구 · 비구니와 호법대중이 범계할 시에는 율장에 의하여 처분한다.

11. 호법 대중은 그 가족을 사철경외로 이동하고 경내의 사가는 철거하되 사우로 사영할 수 있는 것은 사가라 할지라도 그대로 두고 소유권 등기여부를 막론하고 寺有 재산으로 한다.

12. 비구 · 비구니 자격 기준은 율장에 의준한다.

13. 대통령 각하의 유시를 봉체한 교단정화의 목적을 달성할 때까지 전국 비구 · 비구니는 총궐기 행동을 계속한다.

비구 측이 이러한 정화안을 내놓았지만 연말이라는 상황으로 인해 더 이상의 진전은 없었다. 1955년 1월에 접어들면서 종단은 진공상태로 전락되었다.

비구·대처 양측의 일진일퇴하는 태고사 점거가 계속되었다. 마침내 정부로서도 보다 새로운 중재안을 내놓을 수밖에 없었다. 그러한 고심의 결과가 바로 佛敎淨化收拾對策委員會이다. 이 안은 1월 26일 문교부와 내무부가 공동으로 작성한 안이다. 이에 이 안에 의거 양측의 대표 각 5인으로[38] 구성된 대책위원회가 열렸다.

1955년 2월 4일, 문교부장관실에서 개최된 대책위원회에서 정화가 추진된 이래 가장 가시적인 성과를 만들어 냈다. 이른바 승려의 자격 8대원칙이다. 그는 다음과 같다.

> 1. 獨身 2. 削髮染衣 3. 修道 4. 20세 이상 5. 不酒草肉 6. 不犯四婆羅夷
> (不殺生, 不偸盜, 不邪淫, 不妄言) 7. 非不具者 8. 3년 이상 僧團生活 해온 자

이 원칙은 거의 비구 측의 주장이 대부분 수용된 결과였다.[39] 이후 비구 측은 승려자격 원칙에 의거한 승니 조사를 하고 조속한 전국승려대회의 개최 준비를[40] 시작하였다. 그러나 대처 측은 승려자격 원칙에는 합의하고도 대처승은 교화승이라는 이전 주장을 새롭게 들고 나왔다. 이에 비구 측은 문교부·내무부장관에게 8대원칙에 해당하는 승려의 실제조사를 의뢰하였다. 그런데 당시 정부 측 방안은 교파나 교리문제는 제쳐 두고 오직 사찰 경내의 '일본색'이 농후한 대처승을 사찰 밖으로 축출시키는 데에 있었다. 이는 이승만의 유

---

38) 그 대표는 비구 측 : 이효봉, 박인곡, 이청담, 윤월하, 손경산
　　대처 측 : 권상로, 이화응, 임석진, 송정암, 김상호
39) 당시 대처 측이 제시한 안은 다음과 같다.
　　1. 比丘의 정의 : 만 20세 이상으로 250계를 지킨 자.
　　2. 菩薩의 정의 : 연령 또는 신분에 관계 없이 58계를 지킨 자.
　　3. 僧의 정의 : 삭발하고 가사를 입고 출가한 威儀를 갖춘 자, 몸은 비록 世務를 경영할지라도 마음으로 불법을 생각하는 자.
40) 〈韓國佛敎淨化促進方法〉『불교정화분쟁자료』, pp.419~420.

시와 직결된 것이었다. 또 8대원칙에 입각한 승려를 조사하고[41] 그 전제에서 8대원칙에 해당된 승려들을 사찰의 주지에 임명케 함이 주목적이었다.[42]

이러한 정부의 방침은 1955년 5월 18일, 문교 · 내무장관 명의로 발표된 사찰정화대책 실시요령에 나와 있다.[43]

- 1955년 6월 30일까지 승려 8원칙의 자격을 가진 자로 사찰 주지 및 사찰 수호 책임자를 선출할 것.
- 대처승은 위 기간 내에 사찰에서 퇴거할 것.
- 1955년 6월 30일까지 새로 선출된 사찰 주지 및 주요 간부 명단을 문교 · 내무부에 각 2통씩 제출하여 주지 인가증을 얻을 것.

정부의 방침은 승려자격 기준을 통해 외형적으로는 대처승을 제거할 수 있는 방법을 찾을 수 있다고 보고, 승려 8원칙의 기준에 선 승려가 사찰 관리를 하면 된다는 논리였다.[44] 여기에는 비구 · 대처 측에서 잔류된 승려들의 합의로 정화를 추진하라는 의도가 깔려 있는 것이다.

그러나 비구 측은 보다 확실한 정화를 기하기 위해서는 전국승려대회의 개최를 통하여 정화방침과 그에 입각한 종헌을 수립하려 하였다. 즉 정부와 비구 측의 의도가 일치되지 않았다. 또한 정부의 의도는 승려대회를 하려면 대처 측과 합의해서 하라는 복선도 있었던 것이다. 이에 정부는 승려대회의 개최를 인정하지 않았다. 더욱이 대처 측은 정부에 기존 대처승을 교화승으로 인정해 달라고 요구하였다.

이처럼 비구, 대처, 정부의 입장이 각각 상이했기 때문에 더 이상의 진척은

41) 그 결과는 1,189명이다.
42) 〈노텃치 方針〉《동아일보》1955.1.30.
43) 〈混亂時엔 行政措處 佛敎紛糾에 當局斷案〉《경향신문》1955.5.19.
44) 정부의 이 방침 이후, 지방사찰에서는 대처승이 기득권을 갖기 위한 이혼 소송이 하나의 풍조를 이루었다.

있을 수 없었다. 이러한 가운데 비구 측의 태고사에서의 단식농성, 대처 측의 단식 승려 습격 등이 지속되었다. 마침내 문제는 국회로 비화되었다. 일부 국회의원은 종교문제에 정부의 개입 이유를 추궁하기도 하였다. 국회에서는 정부가 종교분쟁에 개입하지 말 것과 국회에서도 이 문제를 논의하지 말자는 결의를 하였다.

당시 정부의 방침과 고민은 헌법에 저촉되지 않는 범위 내에서 어떻게 하면 사찰의 주지를 독신승으로 유도할 수 있으며, 대처승들을 사찰 밖으로 내보내는가 하는 데 있었다. 그러나 이는 대처 측의 반발이 예상되기에 난감한 현실이었다. 또한 그 의도를 노골적으로 표명하거나, 공권력을 가동하면 국회로부터 비구 측에 유리한 행정이라는 질타를 받을 것은 분명하였다.

결국 문교는 비구·대처 양측의 공식 대표 각 5인을[45] 위원으로 하는 寺刹淨化對策委員會를 성립시켰다. 당시 문교부의 의도는 이 대책위원회에서 그 분규의 모든 문제를 해결할 것을 주문하고 이것이 여의치 않을 경우에는 사찰령을 적용시키겠다는 최종 입장을 통보하였다.[46] 이러한 정부의 입장이 통보되자 그간 이 위원회에 회의적이던 대처 측도 적극 동참하였다. 7월 13~16일, 1~4차 위원회에서 주로 논의된 초점은 종회의원 선출을 위한 전국승려대회 개최의 승인 여부였다. 대처 측에서는 5월 18일 정부에서 시달한 주지선거가 급선무이니 주지선거가 종료된 후 제반 문제를 풀어 가자는[47] 입장이었지만, 비구 측은 이는 지엽적인 문제이니 종회의원을 선출하고 그들로 하여금 종헌을 제정하는 것이 순리라고 맞섰다.

---

45) 그 대표는 다음과 같다. 비구 측 : 정금오, 이효봉, 이청담, 윤월하, 최원허
   대처 측 : 이화응, 김상호, 박대륜, 국묵담, 원보산
46) 〈當局方針에 順應, 대처승 5명의 代表 選出〉《조선일보》 1955.7.3.
47) 당시 대처 측 주장은 종회의원 선출 건은 사찰정화대책위원회의 범주를 벗어난 것으로 이해하고, 이를 비구 측 주장에 대응하는 논리로 활용하였다. 그러나 비구 측은 위원회에서 모든 문제를 자주적으로 풀 수 있다는 입장이었다. 대처 측은 종회의원 선출을 하려면 문교부가 사찰대책위원회를 성립토록 지시한 공문을 수정해야 한다고 주장하였다.

위원회는 7월 15일 제3차 회의에서 종회의원 선출 안건의 투표를 실시하여 5:3으로 가결되었음을 선포하였다[48]. 7월 19일, 비구 측은 사찰정화대책위원회 의장 이청담의 이름으로 전국승려대회를 소집한다고 공고하였다. 그러나 대처 측은 그 투표 결정 자체를 부정하며, 인정하지 않았다[49]. 이렇듯 대처 측이 반발하자 문교부도 그 결의에 의한 승려대회의 개최를 수용하지 않았다.[50]

이러한 우여곡절 속에 역사적인 전국승려대회가 8월 1~5일 태고사에서 개최되었다. 이 대회는 종회의원의 선출, 종헌의 수정‥ 공포 등을 목적으로 하였지만 그 이면에는 대처 측의 논리와 입장을 완전 제거하려는 의도가 있었다.

요컨대 비구 측은 승려대회를 강행하였던 것이다. 비구 측 승려는 800여 명이[51] 참가한 가운데 승려대회는 개최되었으니, 8월 1일의 대회는 당국의 반대로 인해 우선 대회의 예비회합으로 하였다. 그러나 비구 측은 승려대회를 강행하여 종회의원 선출, 종헌 수정 · 통과, 기존 종단 간부 해임 및 신임 간부를 선출하였다.[52] 한편 당시 정부에는 이 대회를 반대하여 대회 도중에 경찰로 하여금 대회를 중단시키기도 하였다. 그런데 대회 도중에 비구 측 입장을 강조하는 이승만의 정화 담화가 내려지자 정부의 방침은 다시금 바뀌었다. 승려대

---

48) 박대륜은 투표 직전 회의장을 벗어났기에 투표를 하지 않았다. 그리고 이화응, 원보산, 국묵담은 투표가 진행되는 도중 투표장을 이탈하였지만 당시 의장인 이청담에 의해서 이탈은 기권으로 간주한다고 선언되었다. 대처 측 위원인 김상호는 병고로 참석하지 않았다.

49) 〈禪學院側寺刹淨化對策委員의 無理를 聲討함〉《동아일보》9975호.

50) 〈帶妻側 離婚을 獎勵, 僧侶大會는 完全 決裂〉《조선일보》1955.7.23.

51) 그 인원은 비구 250명, 비구니 423명이라는 통계가 있다. 〈僧侶大會를 强行〉《조선일보》1955.8.3. 그러나 958명이라는 기록도 있다. 〈한국불교정화운동의 기원과 경위 및 현황〉『불교정화분쟁자료』p.101. 《조선일보》는 8월 13일에 가서는 813명이라고 보도하였다.

52) 그 대상은 다음과 같다. 종정 : 하동산, 총무원장 : 이청담, 총무부장 : 고경덕, 교무부장 : 김상호, 재무부장 : 박기종, 감찰원장 : 정금오, 부감찰원장 : 김서운.

회를 인정하는 방향으로 선회한 것이다.

그러나 명분이 필요하였으니, 그 명분은 사찰정화대책위원회에서 승려대회의 개최 안건을 통과시키는 것이었다. 정부와 비구 측의 협조로 이루어진[53] 5차 위원회는 8월 11일 체신청 3층에 있었던 중앙교육연구원 회의실에서 개최되었다.[54] 그 회의의 목적은 현재 개최중인 승려대회 개최에 대한 찬성 여부를 확인하는 것이었다. 대처 측이 회의 개최의 타당성의 문제를 제기하고 강한 반발을 하였지만 끝내 투표를 실시하여 7:1로 대회를 승인하는 것으로 결론을 맺었다.[55] 이에 문교부도 이 결론을 인정하고 승려대회를 합법적인 것으로 승인하였다.[56] 요컨대 5차 사찰정화대책위원회에서 승려대회 개최의 타당성을 재확인한 후, 8월 12일에 개최될 승려대회에서 행할 제반 안건을 검토 ·

53) 〈佛敎界 紛爭 解決에 曙光, 文敎部서 某種 合意〉《평화신문》 1955.8.9.
54) 그런데 이 대책위원회가 개최되기 이전 이승만의 문교부장관과 내무부장관의 강한 질책이 있었다. "조속히 해결을 못 지을바에는 물러가라"는 요지였는데, 이에 충격을 받은 문교부와 내무부는 비구 측 이청담을 불러 위원회에서의 대화인 절차를 요청하였다. 이청담은 이를 거절하였지만 결국 정부 당국의 간곡한 요청에 응하였다.
   그런데 정부와 비구 측이 위원회 개최 이전에 합의한 방향은 다음과 같다. 문교부 주최로 10인대책위원을 초청하여 재석 과반수의 합의를 보도록 노력하고, 합법적으로 집회계를 제출하여 정식 회의를 개최하고 먼저 합의에서 가결된 안건을 민활하게 통과시키자는 것이다. 한편 문교부에서 그 같은 방침에 자신을 한 것은 회의 개최 이전에 원보산과 이화응은 대처 측의 위원이었지만 비구 측의 입장에 동조한다는 확신에서 나온 것이다.
55) 대처 측 참가자 4명 중 김상호는 퇴장하였고, 박대륜은 반대, 이화응과 원보산은 찬성하였다. 〈불교정화대책회의록〉『불교정화분쟁자료』, pp.668-676. 그러나 대처 측 위원이었던 이화응은 자신이 찬성한 것은 당시 이선근 문교부장관이 8월 12일 "대책위원회를 하는 것이 可하다고 하는 분은 거수하고 반대하는 분은 그저 있으라고 함에 나는 대책위원회는 양측이 합의하여 합법적으로 행하는 것은 찬성하나 비합법적인 회의는 찬성할 수 없다고 하였다"고 하면서 자신은 결코 찬성한 것이 아니라고 주장하였다. 이 내용은 〈李文敎長官의 無理와 元寶山의 變節的 非行을 天下에 聲明함〉『불교정화분쟁자료』, pp.516-517 참조.
56) 〈佛敎界 分爭 終幕 全國僧侶大會를 合法으로 認定〉《동아일보》 1955.8.13.

결정하였다. 그 내용은 다음과 같다.[57]

    − 송만암 종정을 수반으로 하는 총무원 및 산하기관의 일체 인사 해임
      의 건
    − 중앙 종회의원 선거의 건
    − 종헌개정 · 선포의 건
    − 종정 추대의 건
    − 중앙간부 선거의 건
    − 각 도 종무원 간부 및 각사 주지 선거의 건
    − 종단 사무 인수의 건

  8월 12일, 태고사에서의 전국승려대회에서는 위에서 결정된 안건에 의해 종헌을 제정하였으며 종회의원, 주지선출, 총무원 간부를 선출하였다.[58] 이 같은 승려대회의 결의는 비구 측의 입장과 논리가 주효한 상태로 결정되었음을 말해 준다. 이로써 불교정화는 선학원 단계에서 태고사 단계로 완전 진입하였다. 태고사 단계라 함은 중앙불교계의 상징인 태고사를 비구 측이 명분과 합법성에 의해 인수하였음을 대변하는 것이다.[59]

  요컨대 합법성에 기초한 종헌이 선포되고, 여기에서 나온 조계종단이 출범하였다. 이는 전국 사찰의 소유와 관리의 권한이 비구 측의 정화의 구도에 들어온 것을 의미한다.

57) 〈韓國佛敎僧團淨化鬪爭大綱〉『정화사』, pp.587~588.
58) 총무원 간부는 새롭게 선정되었다.
    종정 : 설석우, 총무원장 : 이청담, 총무부장 : 김서운, 교무부장 : 신소천
    재무부장 : 박기종, 감찰원장 : 정금오, 부감찰원장 : 김지효.
59) 〈比丘僧側 全國寺刹 掌握 總務院의 新幹部 選出〉《경향신문》 1955.8.14.

3) 불교계 파급

선학원에서 시작된 불교정화는 태고사에서의 전국승려대회를 거쳐 전 불교계로 파급되었다. 물론 이 승려대회 이전에도 당시 정부에 의해 각 사찰의 대처승들은 퇴각해야 함이 천명되었지만 보다 확실한 명분은 미약하였다. 그러나 1955년 8월 12일의 전국승려대회를 통한 종헌이 불교계 내외에서 인정받았기에 전 불교계에서 대처승의 퇴진은 대세로 수용되었다.

비구 측은 그 종헌에 의거하여 주요 사찰을 점차 접수해 나갔다. 봉은사, 개운사를 필두로 하여 삼보사찰이 비구 측으로 인수·인계되었다. 그러나 각 사찰을 관리하고 있었던 대처승들의 반발이 적지 않아 그 인수는 간단하지 않았다. 대처승들은 인수를 저지하기 위해 속세의 법에 이의 제기, 소송을 불사하였다. 이로부터 전국 사찰에서는 사찰 소유 및 관리건을 둘러싸고 재판이 시작되었다.

당시 대처 측의 반발은 각 사찰뿐만 아니라 그 승려대회와 종헌을 부정하는 보다 근원적인 저항으로 나왔다. 대처 측이 서울지방법원에 낸 '사찰정화대책위원회 결의 무효 및 확인' 소송이다. 이는 승려대회와 종헌을 등장케 한 모태였던 대책위원회의 결의 자체가 타당하지 못하다는 인식에서 나온 것이다.

당시 비구 측을 곤혹케 한 것은 위의 소송뿐만 아니라 대처 측이 관리하고 있었던 불교계의 각종 재단, 회사, 학교 등의 인수·인계의 거부였다. 대처 측은 대처승 퇴진은 사찰만 해당되는 것이지, 불교계의 사업체까지 해당되는 것은 아니라는 입장을 견지하였다. 더욱이 비구 측의 어려움은 전국의 수많은 사찰의 주지에 파견할 수 있는 승려의 절대 부족이었다. 따라서 비구 측은 불가피하게 일부 사찰은 기존 대처승을 주지로 인정할 수밖에 없었다.[60]

---

60) 〈佛敎淨化에 또 難關, 指導級 貧困과 財政難〉《동아일보》 1955.11.21. 이 내용에 의하면 당시 비구 측이 인수한 사찰은 324개였는데 그 중에 53개 사찰에는 기존 대처승 주지를 임명하였다고 한다. 그 잔여 사찰 272개 사찰에서 비구승을 임명한 것은 126개에 불과하다.

그런데 불교정화 추진에 암초로 떠오른 것은 대처 측이 제소한 소송에서 대처 측의 승리였다. 1956년 6월 15일 당시 서울 지방법원은 '종헌 등 결의 무효확인에 관한 판결'에서 비구 측의 종헌은 무효라고 선고하였다.[61] 그 직후인 7월 27일, 대처 측은 서울지방법원에서의 태고사 명도 가처분 결정에서도 승소하였다. 이런 영향에 의해 일시적으로 태고사와 전국 주요사찰은 또다시 대처 측의 관리 하에 놓이게 된다.[62]

비구 측은 이를 인정하지 않고 고등법원에 항소하였다. 그해 8월 16일 서울지방법원에서는 조계사 가처분령을 취소하여[63] 대처 측의 태고사 점거는 이루어지지 못하였다. 여기에는 법원에서 대처 측의 승소로 나왔지만 당시 문교부에서는 비구 측을 지원하였던 사정이 크게 작용하였다.

비구 · 대처 측의 정통성을 놓고 진행된 대립은 1957년 9월 17일, 서울고등법원에서의 판결, 즉 비구 측의 승소로 결정되었다. 고등법원은 '종헌 등 무효에 관한 판결'에서 원판결 중 피고(이효봉) 등 패소의 부분을 취소한다고 판시하였다.[64] 이로써 승려대회와 종헌에 관한 정당성은 다시 법을 통하여 입증되었다. 그러나 대처 측은 이에 불복하고 대법원에 상소하였다. 비구 측은 제8회 중앙종회를 개최하여 불교정화 30년 계획을 수립하는 등 정화의 타당성과 그 대책 수립에 부심하기도 하였다.[65] 이러한 가운데 비구 측은 체제정비를 단행하였다. 그 결과 종정에 이효봉, 총무원장에 정금오가 선출되었다.

이처럼 비구 측이 명분에서 법의 보호를 받았으며, 대부분의 사찰도 비구 측으로 인도되었지만 그 내용상으로는 적지 않은 문제점이 있었다. 우선 전국

61) 〈佛敎紛爭은 依然熾熱, 雙方固執으로 妥協難望〉《조선일보》 1956. 7. 23.
62) 〈帶妻僧宗務을 開始, 比丘側은 地方僧尼 上京指示〉《조선일보》 1956. 7. 31.
63) 〈佛敎紛爭 또 反戰 曹溪寺의 假處分令取消〉《동아일보》 1956. 8. 16.
64) 〈"正統派는 比丘側" 서울高等法源서 佛敎紛爭에 判決〉《조선일보》 1957. 9. 19.
65) 〈帶妻僧의 肅淸寺 比丘側서 30년 計劃 文敎部側선 反響別無〉《경향신문》 1957. 9. 24. 그 30년 계획의 개요는 교단정화, 승단정화, 사찰정화, 국가정화, 세계평화를 기본 구도로 하였다.

적으로 사찰의 소유권을 둘러싼 갈등의 후유증으로 인한 소송이 70여 건이나
진행되었으며, 불교정화의 기치를 내걸었던 정화사업도 가시적인 것은 전혀
없었다. 외형적인 것은 사찰 쟁탈전만 보일 뿐이었다. 더욱이 각 사찰의 재산
이 사찰 분쟁의 자금으로 유입, 전용된 것은 불교정화의 근본을 뒤흔든 문제
였다. 그리하여 신문지상에 대처승과 그 권속들이 사찰에서 물러갔을 뿐 비구
측이 내세운 불교 부흥사업은 단 한 가지도 이루지 못하고, 신도도 증가하지
않았으며, 사찰은 유원지화되어 간다고 비판하였다.[66] 이 사정은 아래의 글에
서 단적으로 나오고 있다.

> 정화분쟁 동안에 대처비구 양측이 탕진해 버린 방대한 불교재산은 현
> 재 고갈상태에 있다. 불교재산이라고 하여 당국의 확실한 통계가 없어
> 예거하기는 어렵지만 상당수의 기업체와 불교재단으로 구성된 학원 유
> 지단체 그리고 막대한 농지와 임야 등등인데 모모한 기업체는 분쟁을
> 전후해서 대처승들에 의하여 이미 파산지경이 되어 버렸고 학원유지재
> 단은 각각 독립되다시피 되었는가 하면 임야는 도벌, 남벌 등살에 벌거
> 숭이가 되고 보니 남은 것이라고는 농지뿐인데 여기에서 수입되는 얼
> 마간의 소작료(그나마도 분배농지 반환으로 얼마간 받게 된 것)는 7,342명이
> 나 되는 교역자(사찰에 종사하는 사람)들 먹이기에 바쁘고 1,244개소나 되
> 는 사찰 유지비 지출에도 모자랄 정도인 현실에 팔만대장경의 번역이
> 나 총림의 부활, 포교소의 증설 같은 계책은 물어 무엇하랴? 할 실정이
> 다. 한때는 득의양양했던 비구승들도 승리의 기쁨을 거품과 같이 날려
> 보내고 지금은 암중모색의 고배를 들이키고 있는 것이다.[67]

66) 〈比丘僧側에 宗權이 넘어간 이후의 佛敎 果然 淨化 復興되고 있나?〉《동아일보》
1958.7.17.
67) 〈서로 팔아치우는 財源枯渴 寺刹은 遊園地化 勝利의 기쁨보다 앞서는 困境〉《동아일
보》1958.7.17.

물론 비구 측에서도 정화의 완수를 위해 사찰 재산을 활용할 수밖에 없었다는 입장은 견지하였지만 그 결과는 심각한 것이었다.[68] 이는 곧 정화의 본질이 왜곡되어 가는 단서로 볼 수 있는 것이기도 하다.

그런데 불교정화 추진에 또 하나의 큰 사건이 있었으니, 정화를 후원하던 이승만 대통령의 下野였다. 4 · 19 혁명으로 인한 이승만의 퇴진은 비구 · 대처 양측에 큰 자극과 파문을 야기하였다. 우선 대처 측은 불교정화로 인한 사찰에서의 퇴진 등이 이승만의 정치적 후원에서 일어난 것으로 보고 대세를 반전시키려고 하였다.[69] 대처 측은 변화된 정치적인 상황에 힘입어 '비구승은 물러가라.'는 플래카드를 들고 시위를 하였으며, 전국 주요사찰을 점거하기도 하였다.[70]

비구 측은 이러한 정세 하에서 제16회 중앙종회를 개최하여 비상대책위원회를 구성하는 등 사태 추이를 예의 주시하게 되었다. 당시 그 종회에서 결정한 주요 내용은 종회를 상하 양원으로 하되 상원은 출가대중, 하원은 재가대중으로 구성하고, 중앙집권제에서 각 지방 首寺에 종무행정권과 인사권 이양 등이다.[71] 그리고 비상대책위원회의 인선을[72] 마치고 집행부도[73] 교체하였다.

1960년 11월 19일, 비구 측은 700여 명의 승려가 참가한 가운데 조계사에서 제2차 전국승려대회를 개최하였다.[74] 당시 비구 측은 불교정화의 의지를 천명하면서 11월 24일로 예정된 대법원에서의 판결이 대처 측에 유리하게 나올 경

---

68) 〈訴訟費만 수천만환 宗權 爭奪로 浪費되는 佛敎 財産〉《동아일보》1959.7.12.
69) 〈帶妻僧들 暴力行使 二日 현재 數個處에서 寺刹 奪還〉《조선일보》1960.5.3.
70) 〈政變 契機로 佛敎界 싸움 再燃 帶妻僧들이 反擊 寺刹 運營權 내노라고 暴行까지〉《동아일보》1960.5.3.
71) 〈上下兩院 法規制定公布〉《대한불교》7호, 1960.7.5.
72) 그 위원으로는 위원장에 이효봉, 부위원장에 정금오 · 최원허 · 이청담, 총무부장에 양외득, 재무부장에 강성주, 선전부장에 신소천이다.
73) 집행부 총무원장은 김서운, 총무부장 문정영, 교무부장 채동일, 재무부장 민도광, 종회의장 윤월하, 감찰원장 김자운이다.
74) 〈主導權 못 주겠다 曹溪宗僧侶大會서 결의〉《동아일보》1960.11.20.

우 순교하겠다는 결의를 다졌다. 비구 측은 승려와 신도들이 합세하여 '불법에 대처승 없다'는 플래카드를 들고 서울 시내의 시가 행진도 하였다.[75]

그런데 1960년 11월 24일 대법원은 대처 측이 상소한 소송, '종헌 등 결의 무효에 대한 판결'을 통해 원판결(비구 측 승소)를 파기하고 서울고등법원에 환송한다고 판시하였다. 이는 고등법원의 재판시 피고의 당사자 자격을 오인하여 본안 심리도 하지 않고 訴 却下함으로써 대법원은 自判할 자료가 없다는 요지에서 나온 것이다.[76] 그런데 이 판결은 비구·대처 어느 측의 일방적인 승소를 결정지은 것은 아니었다. 그러나 비구 측은 대법원에서 완전 승리를 기대하였으나, 이처럼 원상 회복으로 돌려진 상태로 판결이 나자 이에 큰 불만을 가졌던 것이다. 이에 비구 측 승려와 신도 400여 명이 대법원에 몰려온 이른바 대법원 난입 사건이 일어났다.[77] 그 난입을 촉진한 것은 비구 측 소장 승려 6명이 대법원 내에서 시도한 割腹기도 事件이다.[78]

당시 그 사건은 불교계 및 사회에 큰 파문을 일으켰으며 정화사의 단면을 극단적으로 말해 주었다. 대법원 난입으로 비구 측 승려 133명에게 영장이 발부되었으며,[79] 구속 기소된 승려는 24명이었다. 그러나 이 사건이 있은 이후에도 조계종단은 변동 없이 비구 측 중심으로 관리되었다. 일단 불교정화는 지속되고 유효하였던 것이다.

---

75) 〈比丘僧 데모〉《동아일보》1960.11.22.
76) 〈大法院서 高法으로 還送 帶妻僧側의 「淨化委決議無效確認」抗訴〉《경향신문》1960.11.24., 〈대책위원으로 선임된 대처승과 비구승이 결의한 전국승려대회결의 무효확인 소송의 당사자〉『불교판례집』, p.711. 1996, 조계종총무원.
77) 〈比丘僧 大法院 廳舍에 闖入〉《동아일보》1960.11.25.
78) 〈佛教紛爭 割腹 騷動〉《조선일보》1960.11.25.
79) 〈133명에 拘束令狀 比丘僧亂動사건 198명은 석방〉《경향신문》1960.11.26.

4) 통합종단의 성립

1960년대 정화사의 이정표를 갖는 통합종단은 불교정화의 완성이자, 태고
종 등장의 계기로도 작용하였다. 따라서 통합종단은 정화의 양면을 갖고 있었
다. 통합종단의 직접적인 계기는 5 · 16 군사쿠데타이다. 5 · 16을 통하여 정
권을 잡은 군부세력, 즉 국가재건최고회의장인 박정희는 불교정화로 야기된
분규를 수습하겠다는 적극적인 의지를 표명하였다.

그 즈음 대법원은 전남 종무원 간부 확인 소송과 화엄사 · 선암사 · 천은
사 · 대흥사의 주지확인 소송에서 대처 측의 승소를 확인한 고등법원의 판결
을 확정지었다. 이는 비구 측의 패소를 의미하는 것으로 정화에 또 다른 변수
를 예고하는 것이었다. 이로 인하여 비구 측은 단순히 이전의 기득권을 계속
강조할 입장이 아니었다. 달리 말하자면 군사정부의 분규 해결의 구도에 동참
할 수밖에 없다는 요인으로 작용하였다.

대법원은 전국 법원에 현재 계류중인 모든 불교분규에 관련된 소송 70여 건
을 일체 중지하라고 지시하였다.[80] 이는 국가재건최고회의의 요청에 따른 것
으로 곧 군사정부의 방침이 나올 것을 예고하는 것이다. 문교부가 비구 · 대처
양측에 제시한 방침은 다음과 같다. 비구 · 대처 양측의 대표 각 5인과 사회 대
표 3인으로 佛敎再建委員會를 구성하고, 이 위원회가 구성된 1개월 이내에 불
교재건비상종회를 조직하여 모든 분쟁을 수습하고 단일종단을 만들며, 법원
에 계류중인 모든 소송은 취하한다는 것이다.[81]

정부가 제시한 이 방안은 1962년 1월 18일 비구 · 대처 양측이 동의 · 합의
함으로써 효력을 보게 되었다.[82] 1월 22일, 비구 · 대처 측의 대표 각 5인은[83]

---

80) 〈佛敎紛爭 裁判 中止를 指示〉《동아일보》 1961. 10. 22.
81) 이 안은 1961년 12월 8일 국무회의에서 불교분쟁 수습방안을 의결한 내용, 불교재건위
    원회 조례와 사찰정화방침에서 나온 것이다.
82) 〈帶妻 比丘 첫 會合〉《경향신문》 1962. 1. 18. 그런데 양측은 문교부에서 제시한 사회 대
    표 3인을 문교부 대표 1인으로 수정하였다.
83) 비구 측 : 이청담, 박추담, 최원허, 손경산, 이행원

역사적 제1차 불교재건위원회를 개최하였다. 당시 그 위원회에는 비구·대처 측을 대표하는 양측 종정(이효봉, 국성우)이 참석하여 다음과 같이 선서문을 낭독하였다.

> 국가와 민족에 끼친 불교 분규와 해독을 불식하고 대자대비의 불법의 정신에 입각한, 화동단합의 정신에 입각한 대한불교를 재건하기 위하여 우리는 다음 조례에 의한 불교재건위원회를 구성하여 참신하고도 통일된 종단을 설립하기 위한 모든 준비와 절차를 갖출 것이며 이에 전적으로 호응 추종할 것을 선서함.[84]

그런데 이 선서문은 비상종단의 설립 정신을 표방하는 것이지만, 일면에서는 그간 불교정화의 문제점을 비구·대처 양측이 모두 인정한 것이기노 하다. 1차 위원회에서는 불교재건위원회의 전문 9조의 조례와 전문 15조와 부칙으로 된 운영세칙을[85] 통과시키고, 의장단을 선출하였다. 비구·대처의 대표가 공식적인 회합에서 대좌한 것은 실로 8년 만의 일이었다. 그 후 이 재건위원회는 2·3·4차 회의를 진행하여 불교재건공약 6조를 발표하고, 운영계획서 통과, 재건 비상종회 회칙 통과, 비상종회의원 선출 등 주요한 활동을 하였다.

1962년 2월 12일 불교재건비상종회가 개원되었다. 비구·대처의 대표 각 15인으로 구성된[86] 비상종회는 2월 20일에는 종헌의 골격을 완성하였고 종헌의 대부분이 합의되었다. 그러나 가장 민감한 승려의 자격 문제에서는 이의가

　　　대처 측 : 안흥덕, 이남채, 박승용, 황성기, 조용명

84) 〈불교재건위원회 회의기록〉『불교정화분쟁자료』, p.301.

85) 위의 자료, pp.285~293.

86) 비구 측 : 이청담, 박추담, 손경산, 이행원, 문정영, 채동일, 이능가, 최월산, 오녹원, 윤월하, 박문성, 김서운, 김지효, 김일타, 박범룡

　　　대처 측 : 권한경, 조용명, 변봉암, 유동산, 윤금송, 송정암, 이월하, 최다천, 안덕암, 이남허, 박서봉, 이용봉, 윤기봉, 이와운, 황경봉

생겼다. 이는 능히 예상된 것이었다. 비구 측은 정식 출가한 대상만을 승려로 보았지만, 대처 측은 대처승을 교화승으로 보아야 한다는 기존 입장을 되풀이 하였다.

그 후 승려의 자격은 다음과 같이 종헌에 반영되었다.[87]

– 본 종단은 승려(비구니)와 신도로 구성한다.
– 승려는 구족계와 보살계를 수지하고 수도 또는 교화에 전력하는 출
  가 독신자라야 한다. 단 대처승의 기득권은 인정하고 다음 각 항의
  해당자는 정상적인 승려로 인정한다.

· 사실상 사찰에 거주하며 수도와 교화에 전력하는 자
· 가족부양의 책임을 가지지 아니한 자
· 범속인과 같은 일상 생활을 아니한 자

여기서 문제시된 것은 대처승의 기득권을 인정한다는 것이다. 이 추상적인 내용을 어떻게 이해할 것인가에 종단의 방향이 달려 있었다. 마침내 비구 · 대처 양측은 그 해석을 문교부의 판단에 맡긴다고 합의하여 파국을 겨우 막았다. 이에 전문 19장 116조로 구성된 종헌이 2월 28일 재건비상종회를 통과하였다.[88]

그러나 그 불씨는 계속 유효하였다. 기득권이라는 내용 해석이 바로 그것이다. 당시 문교부는 대처승이었던 인물이 정상적인 승려로 활동하면 승려로 인정하되, 이 경우 해당인물이 기존에 누린 기득권(직책, 법계)을 인정한다는 것이다. 반면 정상적인 승려활동을 못하면 준승려로서 포교사 및 주지서리에 등용

---

87) 〈宗團構成案 채택〉《조선일보》1962.3.1.
88) 그 통과는 만장일치가 아니라 투표에 의한 것이다. 찬성 반대가 15:14이고 1표는 기권
   이다.

될 수는 있지만 정식 승려로서의 권한(선거권, 피선거권)은 없는 것으로 윤곽을 잡아가고 있었다.[89] 그 종헌은 3월 6일 비구 측 종회의원만 참석한 가운데 선포되었다. 대처 측은 종헌의 통과 자체를 부정하며 새로운 대응을 견지하였다. 종헌은 제정·선포되었지만 대처 측의 반발로 그 효력은 의문시되었다.

이때 문교부는 30명으로 구성된 재건비상종회를 해산하고 비구·대처 양측 각 5명과 사회대표 5명 합계 15인의 종회를[90] 새로이 구성하였다. 이는 문교부가 비구·대처를 동수로 함에서 파생된 의사 정족수의 문제점을 극복하고 정부의 의지를 적극 반영하려는 의도이다.[91]

3월 22일, 새롭게 구성한 종회가 개최되어 이미 반포된 종헌의 일부 수정을[92] 거쳐 재차 통과되었다. 대처 측은 종회에 불참하였으며 종헌 통과에 반발하고 법에 호소할 태세를 갖추었다. 그러나 당시 문교부 및 재건국민회의는 이를 좌시하지 않고 자율적인 분규 해소를 서듭 상소하였다.[93] 자율적인 해결이 이루어지지 않을 때는 강제적인 법을 동원하겠다는 통첩이었다. 이러한 정부의 의지 앞에 대처 측은 그 종헌을 인정할 수밖에 없었다고 이해된다. 3월 25일, 수정된 종헌이 재차 확정·공포되었다.[94]

이후에는 공포된 종헌에 의거하여 종정추대 조례, 총무원법, 종무원법 등이 제정되었다. 4월 1일, 비구·대처 측의 불교재건비상종회의원 전원이 참석한 가운데 종정과 총무원장의 선출이 있었다. 종정에는 이효봉(비구), 총무원장에

---

89) 〈出家·獨身者 등에만 認定 文敎部, 帶妻僧 僧權을 制限〉《동아일보》1962.3.6., 박추담, 〈法孫엔 帶妻 있을 수 없다 ―資格制限은 當然한 일―〉《대한불교》25호, 1962.4.1.
90) 비구 측 : 이청담, 박추담, 윤월하, 이해원, 이능가
    대처 측 : 이남채, 윤기원, 윤종근, 황성기, 이재복
    사회인사 : 최문환, 김기석, 이상은, 윤태림, 박종홍
91) 〈非常宗會를 改編 佛敎紛糾收拾위한 最終方案〉《동아일보》1962.3.22.
92) 그 수정은 사찰에 독신 상주하는 자를 '단신' 상주하는 자로 변경한 것이다.
93) 〈早速한 妥協 促求 朴毅長 佛敎紛爭에 거듭 强調〉《조선일보》1962.3.25.
94) 〈佛敎再建 새 宗憲을 公布〉《조선일보》1962.3.26.

는 임석진(대처)이 선출되었다.[95] 그러나 이 결과를 놓고 이번에는 비구 측의 일시적인 반발이 있었다.[96] 그는 종단의 실질적인 책임자에 대처 측 인사가 포진한 것은 그간 불교정화를 위한 투쟁이 '사문화'되는 것이라는 판단에서였다.

그러나 비구 측은 입장을 전환하여, 4월 6일 재건비상종회에 참여하였다. 이 종회에서는 종단 간부진을 추가 선출하였다.[97] 이같이 수많은 우여곡절을 겪고 통합종단은 1962년 4월 11일 역사적인 출범을 하였다. 4월 13일, 새로운 종헌에 의거한 종단 집행부가 이전 종단의 집행부로부터 종단의 사무를 인계하였다. 그런데 종단을 인계한 대상이 비구 측이 아니고 대처 측의 종정인 국성우였다.[98] 이는 비구 측이 명분과 이념에서는 타당한 평가를 받았지만, 행정적인 절차에서는 문제점이 있었음을 배제할 수 없었다. 그 후 종단은 문교부에 정식 등록되었으며, 실무진을 인선하는[99] 등 교단 정상화에 매진하였다.

통합종단이 출범한 지 불과 4개월이 지난 8월초, 종회의원 구성 비율에서 야기된 대처 측의 강한 반발이 있었다. 문제시된 승려자격의 고비를 넘어 종헌이 제정·공포되었고, 종단의 법칙·행정적인 틀이 갖추어졌다. 이제 그간의 과도적인 총괄 기능을 대행한 재건 비상종회를 해체하고 새로운 체제에 걸맞은 종회를 구성해야만 되었다. 이에 8월 3일에는 불교재건비상종회를 비구·대처 측 각 5명과 사회대표 5인에 문교부 문예국장 1인의 16인 종회를 재개편하였다.

이 개편된 종회가 8월 20일 문교부회의실에서 개최되었다. 그 결론은 종회의원의 결정이었다. 종회의원 총수 50명 중에서 비구 대처 측에 배당된 인원

---

95) 사회 대표 5명이 캐스팅 보드를 가진 결과였다. 종정은 이효봉과 국성우의 표결이 9:6이고, 총무원장에는 임석진과 손경산의 표결이 9:6으로 나왔다.
96) 〈終着驛 없는 苦海 佛敎紛爭10年史〉《경향신문》1962.4.3.
97) 감찰원장 : 박문성, 감찰원부원장 : 안흥덕, 총무부장 : 윤월하,
   사회부장 : 이남채, 교무부장 : 문정영, 재무부장 : 박기종
98) 〈大韓佛敎曹溪宗 宗團 事務引繼引受書〉《대한불교》97호, 1965.6.20.
99) 〈佛敎派爭에 끝장 各部局長命令으로 宗團 正常化〉《경향신문》1962.7.5.

비율이 32명:18명으로 결정되었다.[100] 이는 문교부의 수습 방침에서 나온 것
이다.[101] 대처 측은 이 결과에 즉각 반발하고 그 결정은 무효라고 주장하였으
며, 8월 25일 중앙종회의 개원식에 의원 18명은 불참하였다. 뒤이어 대처 측
출신으로 통합종단의 간부로 근무하였던 인물들의 퇴진이 있었고, 9월 20일
대처 측은 임석진의 이름으로 통합 이전의 상태를 주장하는 환원 성명서를 발
표하였다.[102]

그런데 그 즈음 불교계의 또 하나의 큰 변화가 있었으니 이른바 불교재산관
리법의 등장이다. 1962년 8월 22일 각령 939호로 제정 공포되었는데, 전문
102조로 구성되었다. 요컨대 문교부는 이 법령에 의거 통합종단은 승인하고
대처 측의 대응은 인정하지 않았다.

대처 측은 속세의 법에 의거한 법적 투쟁으로 나갔다. 그해 10월 4일 '종헌
무효확인 및 종정 부인 확인' 소송을 서울 지방법원에 제소하였으며,[103] 서울
서대문 충정로 2가에 '대한불교조계종 총무원'이라는 독자적인 간판을 내걸었
다. 이에 서울시는 1962년 12월 22일 대처 측 총무원에게 해체 명령을 내리기
도 하였다.[104]

비구 · 대처 양측은 상호 타협할 여지가 없었으므로 불교분규는 재연되어
전국 각 사찰에서의 사찰 소유 · 관리권을 둘러싼 갈등과 소송으로 나타났다.
한편 비구 측은 통합종단의 구성을 정당한 것으로 보고 대처 측을 포섭하는
화동책으로 나갔다.[105] 그리고 1963년 5월에는 전국승려대표자대회를 개최하
여 통합종단의 종헌을 고수하기로 결의하였다.

정부에서는 대처 측의 반발이 거세고 전국적인 분규가 재연되자 일시적으

---

100) 〈佛教再建非常宗會 宗會議員50명 選出〉《동아일보》1962.8.21.
101) 〈佛教紛爭 다시 불붙을 氣勢 中央宗會選擧 싸고 對立〉《조선일보》1962.8.24.
102) 〈八年만의 佛教團合 다시 危機에〉《동아일보》1962.9.21.
103) 〈法廷으로 번진 佛教 紛爭〉《조선일보》1962.10.5.
104) 〈"信新教自由의 基本權 侵害" 帶妻側에서 當局 解散令 拒否〉《동아일보》1962.12.14.
105) 〈統合宗團構成 한 돐〉《대한불교》38호, 1963.5.1.

로는 대처 측의 승단을 인정하는 것도 검토하였다.[106] 그러나 이를 파악한 비구 측의 반발이 강해지자 번복하였던 일도 있었다. 이러한 가운데 전 불교계에서의 비구 · 대처간의 갈등은 유혈 사태, 자살 소동, 집단 패싸움 등으로 다양하게 전개되어 불교정화의 본질을 점점 이탈하고 있었다.

그런데 대처 측이 제소한 소송의 결과도 분쟁을 더욱 부채질하였다. 1965년 6월 11일 서울 민사지법은 대처 측이 낸 소송의 판결에서 대처승의 승소를 결정하였다.[107] 그러나 이 판결은 불과 3개월 후인 9월 7일 서울 고등법원에서 비구 측의 승소로 전환되었다.[108] 1, 2심에서의 판결의 요지는 1962년 3~4월의 불교재건비상종회 구성의 적법성 여부와 그에서 나온 종헌과 종정이 정당한가였다.[109] 대처 측이 이에 불복하여 이 재판은 대법원에서 계속 심리하였지만, 그 결과는 비구 측의 승소로 결론이 났다. 1969년 10월 23일 대법원은 대처 측이 낸 소송의 상고를 이유 없다고 기각하였다.[110]

태고종이 정식 등록된 1970년 이전에도 비구 측은 불교계의 대동단합을 위해서 수차례 통합 의지를 제시하였다. 그러나 결과적으로는 완전 통합은 없었지만 이른바 和同派라는 대처 측 일부 인사가 조계종단에 편입되었다. 1965년 3월경부터 화동 단합의 노력이 가시화되기 시작하였다.[111] 1966년 8월 13일 제13회 임시중앙종회에서 통합종단을 이탈한 승려들을 위한 문호를 개방

106) 〈帶妻僧 超非常事態宣言 中央宗會 全議長도 48時間 斷食〉《조선일보》1963.7.27. 당시 정부의 대처승단 승인 조건은 당대에 국한된 대처승의 승권, 일체 소송의 취하, 미등록 사암에 관한 등록 등이다.
107) 〈대처승 勝訴 宗憲決議 무효소송〉《경향신문》1956.6.11.
108) 〈比丘僧側서 勝訴 佛敎紛爭 抗訴審 "再建非常宗會는 適法"〉《동아일보》1966.9.8.
109) 그 초점은 기존 30인 재건비상종회를 15명(사회대표 5인 포함)으로 감축 · 전환시킨 것의 정당성과 그 종회에 문교부 문예국장이 참석한 것이다. 그러나 비구 측과 2심에서는 그 전환은 대처 측도 합의한 것이므로 정당하다고 주장하였다.
110) 〈"現 曹溪宗憲 有效" 大法 帶妻側의 改定無效訴 기각〉《동아일보》1969.10.24.
111) 〈統合宗團離脫人士 歸依, 和同團合〉《대한불교》84호, 1965.3.31.

하여 종회의원 정원 50명 중 대처 측을 위해 13석을 공석으로 남겨 놓았다.[112]

또한 1967년 2월 6일, 비구·대처 측 중견 승려 40여 명이 조계종 발전을 위한 간담회를 갖고 통합종단 종헌을 재확인하는 협정에 서명하였다.[113] 이는 불교화동근대화 추진위원회 통합운동으로 지칭되었다.

그러나 비구 측의 손경산과 대처 측의 신종원이 주도한 이 화동 노력은 대처 측에서 그 모임에 관여한 대처 측 인사를 이탈자로 규정하였기에 소기의 성과를 내지는 못하였다.[114] 이 같은 화동 노력이 진행된 직후인 그해 2월 27일 대처 측은 전국대의원 대회를 열고 오히려 종단 분리를 선언하였다.[115] 당시 그들은 종단 분종에 장애가 되고 있는 불교재산관리법을 철폐하라고 정부에 주장하였다.

이러한 화동 노력은 1969년 11월 18일 전후 다시 이루어졌다. 비구·대처의 분규 15년을 일소하고 대동단합으로 불교 중흥을 모색하려는 모임은 10월 23일 대법원 판결이 비구 측 승소로 나온 직후에 시작되었다. 비구·대처 양측의 중견 승려들이 참여한 노력은 통합종단의 종헌을 인정한다는 전제하에서 진행되었다.[116] 당시 대한불교 사장이었던 이한상의 중재에 의한 비구·대처의 지도자인 이청담과 박대륜의 정상회담으로도 진행되었다. 1969년 12월 10일 이청담과 박대륜은 대한불교사장실에서 만나 理判(비구, 수행승)과 事判(대처)를 상호 인정한다는 전제에서 종회 구성도 이판은 상원으로 사판은 하원으로

---

112) 〈佛教 近代化 宣言 그 序幕 배우고〉《조선일보》1966.8.18.

113) 〈10년만의 和解 比丘僧·帶妻僧 파벌의식 버리고 佛教界 統合의 문턱에〉《경향신문》 1967.2.8. 그 요지는 통합종단의 종헌이 유일한 합법적인 종단이다, 중앙종회의원 비율을 비구·대처 각기 29:21로 한다, 종단 소유 본사를 비구와 대처 비율을 15:8로 한다는 것이다.

114) 〈比丘·帶妻 악수 그 裏面 10년만의 和同이라지만 紛糾의 불씨는 아직 남아〉《조선일보》1967.2.9.

115) 〈또 붙은 佛教紛爭 帶妻 一部서 分宗을 宣言〉《동아일보》1967.2.27.

116) 〈大同團合으로 佛教中興 摸索〉《대한불교》1969.11.23.

한다는 논의까지 하였다.[117] 그러나 수차례의 화동 노력도 끝내 성공하지는 못하였다. 대처 측은 1970년 4월 16일 전국대의원대회에서 한국불교태고종으로 독자노선을 선언하였다. 이어서 5월 8일 태고종의 불교단체 등록을 문교부에 접수시켰고, 정부는 이를 공식 인정하였다. 태고종의 독자노선의 선택과 정부의 공인은 불교정화라는 대단원을 공식적으로 마감한 것을 의미하였다. 이로써 1954년부터 무려 17여 년 간 이끌어 오던 불교정화는 숱한 사연과 비화, 그리고 큰 후유증을 안고 마침표를 찍었다.

4. 정화의 문제점과 그 극복

불교정화는 식민지 시대의 유산인 불교계 모순을 바로 잡으려는 의식에서 출발하였지만 진행과정에서의 문제점 그리고 그 후유증으로 인한 모순을 현대불교계에 제공하였다. 이에 필자는 정화의 긍정성과 타당성도 적지 않았으며 그 필연성도 인정은 한다. 그러나 본 장에서는 불교정화의 긍정적인 측면보다는 부정적인 측면을 집중 부각시키고자 한다. 이는 정화 모순의 극복이 21세기 한국불교의 발전 방향을 검토할 때의 참고사항으로 활용되었으면 하는 바람에서 나온 것이다. 이러한 고찰은 정화사의 정리, 분석 등이 어느 정도 완료된 후 아니면, 진행되면서 시도하는 것이 타당하겠으나 현재 이 분야에 관련된 불교계 내외의 제반 실정을 유의한다면 시의적절치 못하다.

다만 이러한 접근을 불교발전을 위한 자기반성이라는 측면에서 이해하면 가능할 것이다. 미래를 멀리, 제대로 보기 위해서는 보려고 하는 이상으로 과거를 통한 자기 회고, 반성, 정리 등의 점검은 필수 불가결한 것이다. 이는 역사의식으로도 요약할 수 있는 관점이다. 또한 불교계의 정신사 기반을 공고히

117) 〈靑潭·大輪 兩大宗師 頂上會談〉《대한불교》 1969.12.4.

하는 것이다.

우선 그간 승가 내부와 불교계에서 적지 않게 제시되었고, 추정과 정황으로 이해되었던 불교정화의 모순과 문제점을 먼저 살펴보겠다.

첫째, 불교의 자주화에 부정적인 영향을 끼쳤다. 정화를 야기한 식민지 시대의 불교운영의 모순은 '일제'로 지칭되는 국가권력이었다. 일제는 불교를 식민지 행정체제로 편입시키고 민족운동의 대열 가입을 차단하기 위한 목적에서 불교정책을 수립·실천하였다. 그로 인해 불교계는 자주·자립의 의지가 퇴색되었으며 관권 지향주의가 팽배하였다. 그러나 불교정화는 그 계기의 제공이라든가 중요한 결정에서는 반드시 공권력의 개입과 판정이 작용하였다. 더욱이 그 공권력 개입은 비구 측 승려들의 요청에서 말미암은 것도 적지 않다. 물론 여기에는 이승만의 정화 유시 배경의 본질 등의 분석이 선행되어야 한다. 불교계가 이승만의 교묘한 정치 논리에 희생된 면도 있을 것이다.

빈도의 차이가 있지만 비구·대처 양측은 모두 불교자주화에 역행하였다. 이는 모순된 명분과 행동이다. 요컨대 자율적인 정화정신이 박약하였다. 종교의 명분과 논리, 그리고 실천 양태는 속세의 기준을 뛰어 넘어야 하거늘 오히려 그에 미치지 못하는 경우가 비일비재하였다. 이 모순은 정화가 종료된 이후 불교계의 각종 분규 때에도 지속적으로 노출되었다. 종단의 존립, 종권의 유지와 지속, 종권의 교체 등에도 여지없이 불교계의 자율정신이 희박하였다. 결국 결정적인 판단의 잣대는 속세의 법이었다. 불교정화의 계기, 진행, 결론 등 일련의 과정이 불교 자체의 의식, 노력, 역량에서 해결되는 것이 정상이지만 모든 것은 그 반대였다. 따라서 불교정화의 대의명분은 타당하였지만 출발과 종결에서 정화의 정신이 구현되지 못하였다.

정화 이후 불교계 개선·요망 사항의 단골이었던 불교재산관리법이 등장한 것도 이러한 사정과 무관하지 않다. 1970년대의 종단 내의 분규가 속세의 법을 이용할 수밖에 없었던 것도, 1980~90년대 불교운동과 종단개혁의 기치였던 불교의 자주화가 왜 그렇게 지난하였는가도, 분규와 갈등시에 단골메뉴로 등장하고 있는 속세의 법에 의지함도 바로 불교자주화의 결핍에서 비롯되었다. 자주성과 주체성이 부재하였을 경우 나타난 속성과 결과는 명약관화한 것이다. 즉 식민성, 반민주성, 의타성이다.

둘재, 불교정화 추진의 본질에는 불교가 갖고 있는 정신과 가치관이 희박하였다. 불교정화가 지향하고 있는 불교의 근본정신과 계율 지향주의는 결과적으로 본말을 전도한 양태가 있었음을 배제할 수 없다. 불교의 정신과 가치관에 의하여 추진되지 않고 반불교적인 속성이 여지없이 노출되었다. 단적으로 말해 사찰의 소유와 관리권을 둘러싼 분쟁으로 변질되었다. 1962년 통합종단의 종헌 선서문에서도 "종단운영에 대한 견해차로써 8년간에 걸친 분규가 계속"되었다고[118] 천명한 바에서 알 수 있다. 정화의 이념이 종단운영에 대한 견해차로 전락되었다.

더욱이 사찰을 점유하려고 야기된 수많은 대립, 갈등 등에서 가혹하고 치열한 폭력행사가 동원되었는데 이를 불가피한 처사로 인정하고 방관하였다. 물론 여기에는 불법을 방치한 대처 측의 완강한 반대와 양측이 상호 인정하고 국가에서도 동의한 기준을 무시한 대처 측의 행태가 수반되었지만 그 결과는 수긍하기 어렵다. 이러한 행태는 당연한 것으로, 어쩔 수 없는 것으로, 불가피한 것으로 수용되었다. 그리하여 그 정신과 행태는 불교계의 관습으로 굳어졌던 것이다. 이후 불교계의 수많은 분규에는 폭력적 행태를 마땅한 것으로 활용하였다. 달리 말하자면 수단과 방법을 가리지 않고 이기기만 하면 된다는 풍조가 불교계 구석구석에 파급되었다. 이는 세간에서 불교계의 대립하면 곧 폭력사태를 연상시키는 단정으로 이어졌다. 종교단체 내부의 문제는 그 종교가 갖고 있는 의식과 행태를 통하여 해결되는 것이 상식이지만 불교계에서는 찾을 수 없었다. 오히려 불교적인 가치관은 하나의 대의명분으로만 작용하고 그 본질과 진행에서는 반불교적이며 전근대적인 가치관이 굳건히 자리잡았다.

셋째, 불교정화가 진행되면서 나타난 승려의 증대화는 승려의 질, 승려의

118) 『선우도량』 제6호, p.261. 1994.5.

출가와 교육 등에서 많은 문제점을 야기하였다. 불교정화 초창기에 청정 비구 수좌는 불과 전국적으로 200~300여 명에 불과하였다. 여기에 비구니가 별도로 400여 명이었다. 그리고 1955년 당시 승려의 자격 8대 기준으로 조사된 숫자는 1,189명인데, 여기에는 대처 측의 일부 승려도 포함되었다. 1959년 비구측의 승려는 1,500여 명에 달하는 것으로 언론에 보도되었다.[119] 그런데 1962년의 경우에는 비구승이 5,000여 명이었다고 세간에 알려졌다.[120] 1963년《대한불교》의 '敎界靑書'에 전하는 승려 숫자는 5,427명으로 전하고 있다.[121] 1964년《대한불교》의 '敎界靑書'에는[122] 비구 8,690명 비구니 3,209명 합계 11,899명으로 전하고 있다. 이는 통합종단이 성립된 직후의 통계이다. 이는 통합종단이 비구 측 중심으로 굳어지고 전국 사찰이 비구 측 관리로 확실하게 넘어오면서 승려의 숫자가 더욱 증대되었음을 말해 준다.

이 같은 비구 측 승려의 조속한 증가는 대처 측의 인사가 합류한 면도 있고 정상적인 승려의 출가도 포함되었을 것이다. 그러나 비정상적인 방법, 방편에 의한 출가가 적지 않았다. 더욱이 이 경우 정화, 분규, 대립이 진행되던 시기에 정상적으로 승려의 출가에 관련된 교육이 있었다고 보기는 어렵다. 지금껏 이를 부적격자의 불교계 유입이라고 지칭하였다. 당시 법정은 그 정황을《대한불교》에 기고한 〈부처님 前上書〉에서 통렬히 비판하였다.[123]

승려의 증대는 우선 승려의 자질, 승려 교육의 부재를 초래하였다.[124] 또한

---

119) 〈比丘 · 帶妻僧 다툼이 판가리 되던 날〉《조선일보》 1959.8.13.
120) 〈帶妻僧側 僧侶資格 포기 出家修行하면 僧侶資格 認定 比丘 修行僧 帶妻는 敎化師로〉
　　《경향신문》 1962.2.5.
121) 〈1963년 敎界靑書〉《대한불교》 45호, 1963.12.1. 그런데 이 숫자의 득도 수계자에는
　　비구 75명, 비구니 20명, 사미 70명, 사미니 56명, 계 231명으로 전하고 있다.
122) 〈1964년 敎界靑史〉《대한불교》 72호, 1964.12.27. 이 내용에서는 승려 수가 지난해에
　　비해 상당히 증가하였다고 서술하였다.
123) 〈부처님前上書〉《대한불교》 61호, 1964.10.11. 법정은 그를 '急造僧'으로 표현하고 그
　　들이 사원을 장악하는 경우가 많았다고 지적하였다.
124) 〈宗團에 새 敎育制度 確立〉《대한불교》 36호(1963.3.1.)에서 승려의 재교육이 요청된

이 문제는 대처 측과의 대립이 격화되면서 사찰 소유 및 관리에 대한 갈등과 정에서 빚어진 폭력사태와도 관련이 있다. 사찰 수호를 위해서는 불가피하게 많은 승려가 필요하였다. 그런데 더욱 문제시된 것은 졸속으로 출가한 승려들이 과연 불교적인 가치관과 정신으로 승려생활을 하였는가이다. 또한 불교계에서 끊임없이 논란이 되고 있는 '은처승'의 문제도 승려의 증대에서 파생된 것으로 볼 수 있다. 요컨대 불교와 승려라는 대의명분과 그 명분이 갖고 있는 표상의 본질에서 문제점이 나타났다.

또한 문중 · 문도의 부정적인 영향과도 무관할 수 없다. 건전하고 생산적인 불교계 풍토 조성의 근원으로 문중 · 문도가 거론되지 않고 그 반대요인의 제공처로 지적되어 왔다. 여기에서 이 문제를 축소하여 그 원인을 교육의 부재라고 보더라도 승려의 교육 즉 발심, 행자교육, 기본교육, 전문교육 등 교육 체계가 확립된 것은 불과 최근의 일이다. 현재 이 체계가 효율적으로 이행되었고 정착되었다고 보기는 어렵다.

1957년 조계종단 내에서 불교정화 30년 계획을 수립하면서 정화의 단계를 교단정화(대처승 숙청), 승단정화, 사찰정화, 국가정화, 세계평화라는 단계와 구도를 정한[125] 것도 위의 문제를 인정한 것이다. 정화의 주역인 이청담이 1969년 종단 자체 정화와 불교 현대화를 주장한 '조계종 유신재건안'이 수용되지 않자 종단 탈퇴라는 성명을 한 것도 불교정화가 실질적으로 실패하였다는 자괴감에서 비롯된 것이다.[126] 이청담의 종단 탈퇴 성명 이면에는 이미 정화가

다고 보도한 것도 이 문제를 알려 주는 것이다.

125) 〈帶妻僧側의 肅淸 等 比丘側에서 30년 計劃〉《경향신문》 1967.9.24.

126) 〈突然한 訣別 48년 조계종 脫退한 李靑潭 스님〉《동아일보》 1969.8.13. 당시 이청담은 "머리를 깎았다고 모두 중은 아니다", "飮酒肉食의 무리가 들끓는 석은 못"이라고 당시 종단을 강력히 비판하였다. 법주사 주지였던 최월산은 "사찰재산이나 주지직에 연연하지 말고 面壁關心으로 자아 발견에 힘쓰자"고 주장하면서 비구승니와 신남신녀가 渾然一體가 되는 사부대중의 종회를 상향식으로 조직할 것을 제의하였다. 〈전국 比丘僧 대회 來 1일 소집〉《조선일보》 1969.8.23.

갖고 있는 순수한 이념이 퇴색하였음을 반영해준다.[127] 그리고 종단 내의 이질적인 분화가 있음을 엿보게 해 준다.[128]

넷째, 불교정화는 선수행을 하는 수좌들의 주도에 의하여 진행되었고, 결과적으로 선 중심·우선의 불교교리, 사상체계를 확립하였다. 한편 선 중심의 전통은 내세웠으나 그의 체계 수립이나 대중화에는 많은 문제점을 야기하였다. 그리고 선 이외의 여타의 수행 및 신앙체계와도 조화를 이루었다고 할 수는 없다. 정화 이전이나 그 이후에도 한국불교계에 보편화된 신앙·사상의 체계를 선으로만 설명할 수는 없는 실정이었다. 요컨대 다양한 교리, 신앙, 사상체계가 적지 않았다. 교학, 염불, 밀교, 정토, 미륵 등이 바로 그것이다. 그리하여 선 이외의 수행은 교단의 중심에서 배제되거나 소외되었다.

더욱이 선, 그 중에서도 간화선 중심의 교리와 사상체계를 내세우기만 했지 정비하고 가다듬는 데에는 뚜렷한 성과를 내지 못했나. 종난의 승려·신도·일반 사회에서 납득하고 이해될 수 있는 틀, 구도, 내용이 부재하였다. 정화 초창기에 졸속으로 종조교체설이 등장하여 불교계 내분과 수좌 진영의 혼선을 초래한 것도 선 전통의 미약한 기반을 말하는 것이다.

한편, 비판적인 입장에서 보면 한국 현대의 사찰과 승려의 존립을 가능케 한 것은 간화선과 무관한 것이었다. 최근에 접어들면서 간화선의 문제점과 병폐가 불교계 내외에서 거론되는 것도 실제는 이러한 사정과 유관한 것으로 보여진다.

이러한 문제는 이미 정화가 진행되는 시기에서부터 문제시되었다. 정화에

127) 《대한불교》 1969.8.17., 사설에서는 이를 무사안일주의, 문중파벌주의, 화동의 미명 아래 고개를 쳐드는 정화역행의 경향, 현대사회에 무관심은 종단이 가장 경계해야 할 적으로 지적하였다.
128) 당시 언론에서는 그를 선학원파(수덕사), 종단 대처파(화동파), 종단비구파(통도사)로 대별하여 보도하였다. 또한 이청담의 종단 복귀 이면을 이념을 위한 것이 아니라, 종단 주도권 싸움으로 단정하였다. 〈主導權싸움 術敎의 獨舞臺 佛敎분규 전말〉《경향신문》 1969.9.3.

앞장섰던 정금오는 통합종단이 성립된 직후《대한불교》에[129] 기고한〈韓國佛敎淨化의 正眼〉에서 간화선의 병폐를 지적하였다. 정금오는 전국 사찰 대부분이 주지승, 사무승, 무사안일승들이 점거하였다고 보면서 공부에 힘을 기울이는 선원은 불과 몇 개라고 하였다. 나아가서 총무원을 비롯하여 전국의 승려는 참선하는 것을 잃어 버렸다고 질타하였다. 또 이 문제점을 해소하기 위하여 종회의원, 총무원에 호소·부탁하였으나 일체의 움직임도 없었다고 회고하였다. 마침내 그는 "부처님의 혜명을 가리는 마구니 종자가 승복을 입고 횡행"한다고 소감을 피력하였다. 결론적으로 그는 "정화는 부끄럽기 짝이 없는 일이 되어 가고 있다"고 하였다. 이처럼 정화를 추진한 주역의 당시 불교 풍토에 대한 지적과 개탄은 통합종단의 출발부터 선수행의 문제점을 자인한 것이다.

다섯째, 불법 파계와 정화 추진의 장애물로 인식된 대처승과의 결별의 강조는 포교사, 법사, 신도에 대한 무관심과 방관을 초래하였다. 정화추진시 비구 측이 겪었던 대처승의 위상, 신분 문제 등의 큰 곤욕이 포교사·법사에 대한 경계심으로 이어진 것이 아닌가 한다. 요컨대 승려의 위상에 문제를 야기할 수 있는 대상으로 받아들인 것이다. 그러나 복잡다난하고 사회 변화의 속도가 가속화되는 현대사회에서 승려가 모든 일을 감당할 수는 없다. 모든 일에 만능적인 승려가 있을 수도 없고, 그런 방향으로 가서도 안 됨은 자명하다. 곧 종단의 유기적인 분화, 조화, 업무분담이 요청된다는 것이다.

따라서 현대사회에서는 불교계는 불교의 대중화 및 포교가 가장 중요하고, 그를 전문적으로 담당할 대상이 필요하다. 여기에서 재가의 포교사·법사의 양성, 교육, 훈련의 문제가 나오는 것이다. 또한 종단과 각 사찰의 실무에 동참·활용하는 종무원도 역시 중요한 대상이다. 이들의 활동은 불교계 모든 구석구석에 미치고 있다. 요컨대 불교계 종사자를 종단의 주요 구성분자로 인식

---

129) 〈韓國佛敎淨化의 正眼〉『대한불교』51호, 1964.7.19.,『金烏集』, pp.96~99. 1964, 선학원.

해야 한다는 것이다.

이 같은 사정은 종단이 승단 중심에서 탈피해야 함을 말한다. 이청담이 종단 탈퇴의 명분으로 삼은 〈대한불교조계종 유신재건안〉에는 신도 대표로 종회의 하원을 삼았고, 대처 측과 마지막 대화였던 박대륜과의 회담에서도 대처승을 사판(신도)으로 인정하려고 하였던 그의 고뇌는 재삼 음미할 수 있다.

결국 종단과 불교계의 구성은 4부대중임을 인정하고 있지만 그 실제의 운영, 내용에 있어서는 승단의 성격이 지배적이라는 것이다. 이처럼 종단이 승단의 주도로만 가면 불교의 미래는 그만큼 낙후되는 것이다. 포교사, 신도들의 종단 운영에 동참할 수 있는 제도적인 장치가 부재한 문제를 지적한 것이다.

그 밖의 정화 불사의 문제점으로는 불교재산의 탕진과 망실도 지적된다. 또한 계율의 청정을 최우선으로 내세운 것이 정화인데, 정작 정화가 종료된 1970년 이후 종단 내의 계율 불감증은 납득하기 어려운 지경으로 전락되었다.

지금부터는 불교정화의 문제점을 극복할 방향을 제시하고자 한다. 이는 불교정화의 모순 극복 차원에서 나온 것이기에 제한성과 한계성이 있다.

첫째, 불교계 구성원의 의식의 대전환을 요망한다. 20세기 한국불교사의 100년을 조망하면 어느 한 때라도 정상적인 불교발전과 중흥이 있었다고 수긍할 수 없을 정도로 불교계는 지난한 여정을 걸어왔다. 조선후기 정치 · 사회 · 문화적인 압박과 침체를 벗어나기 시작한 근대기부터 이제까지의 불교는 형극의 길을 헤쳐왔다.

불교의 외형적인 발전은 괄목할 정도로 성장하였으나 그에 걸맞은 내적인 성장은 빈약한 형편이다. 오히려 치열한 수행정신은 퇴보하였다고 평가하는 경우도 있다. 20세기 100년 간 불교계는 변화, 발전, 중흥, 개선, 개혁의 기치를 내세우고 부단한 노력을 기울였으나 과연 노력한 만큼의 성과가 나왔는지는 의아스럽다.

21세기에 접어든 이 시점에서 불교계 구성원은 보다 근원적인 인식의 대전환을 기해야 할 것이다. 의식의 질적인 전환 없이는 새로운 도전, 문명, 변화가 시시각각으로 밀려오는 흐름에 능동적으로 대처할 수 없다. 보다 새로운, 불교적인 가치관, 보편타당한 이념을 창출하여 불교가 나아갈 방향을 정비해야 한다. 1998년과 1999년의 조계종 사태 이후 조계종 종단에서 내놓은 초발심운동과 조계사 성역화 사업은 과연 이러한 고뇌에서 나온 것으로 볼 수 있는 것인가?

그 새로운 개념은 불교의 자기 정체성 확립을 위한 고민에서 나와야 할 것이다. 그리고 거기에는 투철한 자기반성이 수반된 역사의식도 함께 해야 한다. 물론 승단의 수행풍토 조성, 사회의식과 문명관의 재점검 등이 뒤따라야 함은 당연하다. 이러한 의식의 소산이 불교계 각 분야에서 자생적으로 용솟음칠 수 있어야 할 것이다.

20세기를 지배하였던 이념인 '개혁'은 진부하다. 또한 그 개념은 신도, 일반사회에서 수용될 여건도 미약하다고 보여진다. 왜냐하면 지난 세월 동안 개혁의 명분에 따라다녔던 名利 추구라는 어두운 그림자의 잔영이 남아 있기 때문이다.

그럼에도 불구하고 이러한 의식의 대전환이 보편화되고 그 물결이 도도히 흘러가면 새로운 '개념'은 자연스럽게 추출될 것이다. 21세기 한국불교의 새로운 여정은 불교적인 의식의 대전환이 어떻게 전개될 것인가의 내용, 그리고 그 전환이 한국과 인류가 나아가야 할 방향과의 부합 여부에 달려 있는 것이다.

둘째, 현대불교사를 움직인 주역·주체 구도였던 문중·문도의 신가풍을 만들자는 제안을 하고자 한다. 문중·문도의 고유적인 의미는 자연스러운 것이며 생산적인 측면도 없지 않다. 그러나 현대불교사, 특히 정화 이후 제반 갈등, 대립, 분규 등 일련의 사태 저변에 깔려 있는 현실은 문중·문도의 이해관계를 간과할 수 없다. 요컨대 문중·문도의 부정적인 측면이 지배적이었다. 이러한 부정적인 요인이 바로 현대불교사의 내면임을 인정해야 한다. 따라서 불교계의 문중싸움은 불교의 가장 큰 문제라고 지적되었음은 상식화된 견해이다.

그러나 불교계 승단의 현실을 충분히 고려하면 문중·문도라는 준제도적인 현실을 완전히 배제할 수는 없다. 배제한다고 하여 배제될 성질도 아니다. 이는 20세기 후반 한국불교계 고유의 특성일 것이다. 흔히 佛家에서 부처의 '一佛弟子'라고는 말하지만 실질적인 현실의 무대에서는 거리가 먼 이야기일 뿐이다.

따라서 문중·문도를 인정하는 차원에서 문제를 풀어 가야 한다고 여겨진다. 그리고 이는 '結者解之' 차원의 성격도 가미된 것이다. 그간 문중·문도가 많은 문제점을 제공하였지만, 이제 21세기라는 전환기에 즈음해서는 문중·문도가 그 변화의 중심에 서야 한다. 문중·문도를 제쳐 두고 불교계 발전, 변화, 새로운 시도를 한다는 것은 획기적인 결과를 얻을 수 없다. 각기 문중·문도가 내세울 수 있는 이념의 창출이라든가, 아니면 이상적인 사찰운영, 생산적인 농공입 경영, 불교발전을 위한 연구소 운영 등 그 대상과 수제는 적지 않다. 이제 여러 갈래의 문중·문도들이 선의의 경쟁을 통한 21세기를 이끌어 갈 수 있는 토양을 가꾸기를 기대한다.

셋째, 한국불교의 나아갈 이상과 방향을 온전히 담을 수 있는 승려교육의 체계화를 수립할 것을 제안한다. 승려의 교육은 아무리 강조해도 지나치지 않는다. 지금껏 한국불교의 발전과 미래는 교육에 달려 있다고 지적한 수많은 인물들이 있었다. 그리고 종단 차원에서도 교육불사는 늘 종단사업의 가장 중요한 대상이었다.[130]

그러나 그 산물과 성과는 어떠한가? 그 원인과 내용은 일일이 설명을 요하지는 않지만 한국인의 정신, 문화, 사상의 주역이었던 불교의 위상을 고려해 보면 실로 형언키 어려운 실정이다. 교육의 제도, 내용, 수준, 위상 등 그에 관

---

[130] 《대한불교》 73호(1964.1.3.)에 기고된 日陀의 〈徒弟養成의 方向摸索〉은 정화의 기본 방향이 종료된 직후의 교육의 문제점을 잘 제시하고 있다. 《대한불교》 96호(1965. 6.13.)에 기고된 高光德의 〈徒弟養成의 基本方向〉에서도 당시 교계의 교육문제에 대한 인식의 일단을 엿볼 수 있다.

련된 제반 실상을 논한다면 한국불교의 앞날을 어느 누가 희망으로 말할 수 있겠는가. 교육의 기본 체계를 수립한 것도 불과 최근의 일이었음을 주목해야 한다.

지금까지의 좌절과 실패를 거울삼아, 한국불교의 실정에 적합하고, 미래 불교의 이상을 담을 수 있는 교육체계와 내용이 있는 교육을 일구어 내야 한다. 교육은 미래를 담보하는 것이지만 그 미래는 결코 미래로 완결되는 것이 아니라 시간이 흐르면 현재이고 과거인 것이다. 따라서 교육은 불교의 현주소인 것이다.

5. 결어

이상으로 근 · 현대불교사에 중요한 의미를 갖고 있는 불교정화에 대한 개요, 시말, 문제점을 살펴보았다. 동시에 그 문제점을 극복할 수 있는 대안도 제시하였다. 이제 맺음말은 이를 요약하는 것으로 대신하고자 한다.

식민지불교의 유산이자, 현대불교의 진원지인 불교정화는 1955~70년에 일어난 일련의 과정을 총칭한다. 그리고 정화는 식민지불교의 유산이라는 점에서 단적으로 나타나듯이 근대불교에서 잉태되었다. 이는 불교정화를 그 자체로서 이해할 것이 아니라 보다 거시적인 안목에서 바라보려는 의식으로서 임제종운동에 나타난 종지 수호정신, 선학원의 창건정신, 승려독립선언서에 나타난 일본불교의 극복정신, 백용성의 대처식육 금지건백서에 담긴 전통불교 수호정신, 선학원 수좌들이 주도한 조선불교선종의 창종 정신, 고승유교법회에 담겨 있는 승풍과 계율 회복정신 등을 정화의 배경으로 제시할 수 있다.

식민지 시대에 일제의 불교정책 그리고 불교의 중흥과 발전을 기하기 위해 나타난 일본불교 모방에서 야기된 대처식육으로 요약 · 대변되는 전통의 상실은 그 자체가 불교의 파탄을 의미한다. 이 같은 불교계의 상황은 불교 자체의 정화 필요성이 제기될 수밖에 없는 당위성을 갖는다.

8·15 해방 이후에는 자체의 고민과 노력으로 그 극복 및 정화에 나서는 역사적 사명을 담보하였다. 해방공간에서 불교계의 교단혁신 노력에 나타난 혁신단체들의 교도제는 단적인 실례이다. 청정 수좌를 교단의 중심으로 삼으려는 일련의 제안과 노력은 당시 교단 집권층의 반대로 교단 분화로도 나아갔지만 교단의 자기 정화인 것이다. 그 후 봉암사 결사에 나타난 불교정신의 회복 노력과 이대의의 청정 수좌 전용 사찰의 할애 요구도 크게는 식민지불교의 잔재를 극복하려는 자기 정화이다.

반면 그 같은 의식과 노력들이 즉각적인 성과를 얻지 못하였지만 그러한 움직임이 불교정화의 이념적인 토대를 제공해 주었다. 정화의 시발과 촉진은 불교계 밖에서 가시화되었다. 정화의 탄력성과 추진성이 기민할 수 있었으며 이 기민함으로 인해 불교 내부의 의식과 힘에 의해서도 가능할 정도로 분위기는 성숙히였다. 그러니 결과적으로 이승만 대통령의 담화에 의해 촉발된 역사의 아이러니를 담보하였으며 여기에서 정화의 모순이 시작되었다.

1954년 5월 이승만의 담화에서 시작된 불교정화는 1970년 5월 이른바 대처 측의 독자노선, 즉 태고종 등록으로 일단락되었다. 그런데 그 17년 간 정화를 둘러싸고 전개된 비구·대처 측의 치열한 갈등, 대립, 투쟁은 문제가 간단치 않음을 말해 준다. 달리 말하자면 정화의 추진이 어려운만큼 식민지불교의 모순이 심화되었음을 이야기해 주는 것이다.

이 같은 불교정화는 그 개요, 성격 등에 의해서 대략 4단계로 구분할 수 있다. 제1단계는 정화 방향의 검토·수립 단계로서 주로 이승만 담화 직후부터 선학원에서 정화의 기본 방향을 정하였던 시기를 말한다. 이승만 담화 직후 선학원에서 정화추진발기회, 정화운동추진준비위원회를 만들며 전국 수좌 대표가 모여 정화의 틀을 정한 시기였다. 여기에서는 대처 측과 일정한 대응은 있었지만 아직 노골화된 대립은 구체화되지 않았다.

다음 2단계는 본격적으로 정화를 추진한 단계이다. 1954년 11월 5일, 선학원의 수좌들이 태고사를 진입하여 점거한 시점부터 1955년 8월 12일 태고사에서 전국승려대회가 개최된 시점까지를 말한다. 여기에서는 선학원에서 검토하고 준비한 정화의 원칙을 실행에 옮겼던 것이다. 수좌들의 태고사 입주로서 불교정화가 한국불교 총본산이자 상징인 태고사로 이전하였음을 의미한다.

그리하여 이 당시부터 대처 측과 갈등 대립이 분명해지고, 정화가 불교계의 중심에서 문제시되었다. 또한 문제가 점차 사회의 문제로 비화되었다. 그 결과 문교부로 대변되는 국가권력이 개입·중재하는 가운데 승려 자격이 공적으로 결정되고, 우여곡절을 거친 전국승려대회가 합법성을 띤 가운데 개최되었다. 승려자격과 승려대회가 합법성을 띤 것은 정화가 보다 분명한 노선과 방향을 갖고 추진할 수 있음을 의미한다.

3단계는 전국승려대회에서 정한 종헌 및 여타 결정에 의하여 전 불교계를 정화하는 단계로 진입한 단계를 말한다. 승려대회에서 결의된 내용에 의거하여 불교정화는 불교계 전체로 파급되었다. 이제 전국 사찰에서 대처승들을 공식으로 배제할 수 있는 권한을 담보한 것이다. 그러나 역설적으로 대처 측의 반발을 가져왔다. 대처 측은 즉각 속세의 법에 의지하여 승려대회의 성립 자체를 부정하는 소송을 제기하였다. 비구·대처 측간에 전개된 법을 통한 대립은 상호간에 승소와 패소를 거듭하다 비구 측의 대법원 난입 사건이 일어나기도 했으며, 이 와중에 4·19 혁명이 일어나 변화된 정세를 통하여 대처 측의 위세가 증대되기도 하였다.

4단계는 통합종단의 성립과 그 이후의 일련의 행적이 일어난 단계를 의미한다. 즉 1962년 4월, 통합종단이 성립된 시점부터 대처 측의 반발, 속세의 법을 통한 독자노선 추구, 태고종 등록의 시점까지를 지칭한다. 여기에서는 5·16 발발로 야기된 비구·대처 측의 대화 가동과 결실이 있었다. 그러나 종회의원 구성에 불만을 가진 대처 측의 반발과 지리한 송사가 지속되었다. 한편으로는 비구·대처의 단합을 위한 화동 노력도 이 단계에서 구체적으로 나타났다.

불교정화는 일견 그 역사적인 타당성과 한국불교의 전통 수립 회복에서는 긍정적인 의미를 갖고 있지만 적지 않은 문제점도 일으켰다. 이러한 점은 이후 현대불교사의 모순으로 작용하였다.

이는 불교자주화에 부정적인 영향, 정화 추진에 반불교적인 가치관 노출, 급격히 증대된 승려로 말미암은 승려의 자격 및 교육의 문제점 노출, 수좌 중심의 정화로 불교신앙과 사상체계에서 선 우선의 경향 대두, 대처승 배제의 구도에서 포교사 · 법사 · 신도의 경원시 풍조 등을 지적할 수 있다.

이 같은 문제점을 수긍하면 그 극복의 방향도 자명해지는 것이다. 그 극복의 대안의 기본은 불교계 구성원의 의식의 대전환, 문중 · 문도의 신가풍 추진운동, 미래를 내다보는 승려교육에 중점을 두었다. 이를 실천하면 정화의 후유증과 불교 본연의 정체성 확립에 일조를 할 수 있다는 방향에서 해결방안을 제시해 보았다.

거듭 강조하건대 근 · 현대불교사의 중심에 있는 불교정화에 학문적인 접근을 통해 객관저인, 불교사적인 위상과 성격을 부여해 줄 시기가 다가왔다. 이를 통해 근 · 현대불교사의 복원, 21세기 불교의 미래를 담보할 수 있는 자기성찰의 토대를 점검할 수 있다.

조계종
제2정화(종단자체정화)의 필연성*

◉

지명(전 법주사 주지)

*본 글은 1989년 1월 23일에 열린 '한국불교정화이념의 재조명' 세미나 (석림동문회 주최)에서 발표된 것이다.

1. 제목설명

1600년의 전통을 이어 받은 우리 조계종은 길고 긴 세월 동안 우리 민족의 흥망성쇠와 고락을 같이 하면서 민족혼의 뿌리를 키우는 밭이 되고 거름이 되어 왔다. 개인과 국가 그리고 개개국가와 세계를 막론하고 인류에게 참 삶의 의미와 방향을 제시해야할, 한국 종교의 최대 종파요 한국불교의 최대 종단인 우리 조계종의 사명은 너무도 막중하다.

그러나 지난 30여 년 간 우리 교단은 우리에게 주어진 사명을 다하지도 못했고, 국민 대중들의 여망에도 부응하지 못했다. 최근에는 신흥사 사태, 10.27 법난, 봉은사 사태 등을 겪는 등 수치스러운 모습만을 국민들에게 연출하였다. 지난 달 10.27 법난에 대해서 당연히 받아야 할 정중한 사과를 정부로부터 받아 내기는 했지만, 지금 이 순간에도 두 개의 총무원 간판을 걸고 있는 우리 종단은 법난과 교단 분규의 책임을 밖으로만 돌릴 수는 없다. 국민이 보다시피 또한 누가 말하지 않아도 우리 모두가 스스로 알듯이, 우리 종단의 "재발심" 또는 "새로운 태어남"이 있지 않는 한, 우리는 국민들에게 욕망의 불을 끄는 열반이나, 욕망으로부터의 해탈이나, 인생의 참 의미를 깨닫는 성불을 설교할 염치도 자신도 능력도 없게 되었다. 우리가 진정한 불교 교단으로 살아남기 위해서는 종단의 자체정화는 필연적인 것이다.

편의상 대처승 정화를 제1차 정화라고 부르고, 우리 종단의 새로운 태어남 즉 종단의 자체정화를 제2차 정화라고 여기서 부른다. 여기서 우리는 어떻게 종단의 정신적 실세와 정치적 실세가 일치하지 못하는가를 살피면서, 정치적 실세가 대중으로부터 불신을 받는 이유들을 수식 없이 무식한 표현으로 열거함으로써 제2정화의 필연성을 느끼게 하고자 한다. 다음에 2차 정화는 1차 대처승 정화의 방법에서 어떤 교훈을 얻어야 되겠기에, 1차 정화의 방법을 비판적으로 재평가하고, 해방 후의 1차 정화 당시 상황과 민주화 시대 개막 후의 현재 상황의 유사점을 들면서 종단의 구심적 형성방법의 한 예와 종단 탁기정화의 한 예를 들고자 한다. 그런데 정화의 최근원적 대상을 잡는데 있어서, 종단정재가 사유화되고 또 종권 주지권을 쟁취 또는 유지하는데 쓰여짐으로서 모든 탁기가 전염병 퍼지듯이 수행정신과 계율 그리고 원력에 악영향을 미치는 것을 강조하고자 한다.

2. 조계종의 물질적 실세와 정신적 실세와의 괴리문제

여기서 "물질적 실세"란 조계종의 모든 정치적 재정적 힘을 실질적으로 장악하고 있는 이들을 말한다. 반면에 "정신적 실세"란 종도들의 신앙을 이끄는 정신적 힘을 가진 이들을 말한다.

대다수의 종도들이 "종단의 실세가 되려면 전부는 아니로되 상당히 많은 경우에 일정한 요건들을 반드시 갖추어야 한다."고 믿고 있다. 종도들이 보는 시각의 옳고 그름에 대한 판단은 잠시 제쳐두고, 우선 그 실세의 요건들이 무엇인가를 살펴보자.

ㄱ. 돈을 모으고 쓸 줄 알아야 한다. 돈을 만들기 위해서는 수입이 많은 사찰을 차지해야 하고, 또 돈이 많이 나오는 사찰들을 차지하고 지키기 위해서는 돈을 잘 쓸 줄 알아야 한다.

ㄴ. 권력을 향해 끊임없이 쫓아가야 한다. 권력에는 종단 내의 것과 종단 밖의 것이 있겠는데, 조계종의 풍토에서는 종단 내의 것과 밖의 것이 별개가 아니고 연결되어 있어서, 아무 것이나 붙잡아야 한다. 예를 들면 어떤 종단 내의 내분이 있을 경우에 사태를 자신에게 유리하게 이끌기 위해서는 끌어들여서는 안 될 정부권력도 주저 없이 빌어쓴다. 그래서 외부의 힘줄은 종단 내에서도 큰 영향력을 가진다.

ㄷ. 모사를 잘해야 한다. "내가 성실하게 잘하기만 하면 되겠지." 하고 생각하면서 어떤 주지권 종권 등을 얻고 지키고자 하는 것은, 마치 "감나무 밑에 누워 있기만 하면 감은 저절로 입으로 들어오겠지." 하는 것과 다를 바 없는

것이 조계종의 풍토다.

ㄹ. 동사섭을 잘해야 한다. 먹지 못하는 음식도 어울리기 위해서 먹어야 한다. 피우기 싫은 향도 어울리기 위해서 피워야 한다. 하기 싫은 외박도 어울리기 위해서 해야 한다. 만약 어떤 이가, 상대방과 자신의 나이 수행력 경력 등을 비교하고 허리를 구부리지 않으면 그는 이미 이 조계종의 실세의 대열에 들 수 있는 자격을 상실한 것이다.

ㅁ. 세력을 얻기 위해서는 우격다짐 또는 완력으로 밀어 붙일 수 있는 패기 또는 독기가 있어야 한다. 어떤 주지권 등을 얻거나 지키기 위해서는, 상대방이 나에게 불리한 결정을 내렸을 경우 내가 어떤 독기를 품고 결사적으로 상대방을 향해 공격할 것인가를 항상 암시하고 또 그 예들을 보여야 한다.

ㅂ. 원로스님들에게 잘 보여야 한다. 한 사람의 원로스님에게 잘 보이는 것이 많은 대중들의 이익과 상반되더라도 원로스님의 비위에 맞도록 처신해야 한다. 원로스님들에게 귀에 솔깃한 말을 올려서 판단력을 흐리게 하고 그런 중에 결과적으로 원로스님까지 휘말리게 할 분규의 씨앗을 만드는 중대한 결정까지도 얻어낼 수 있어야 한다.

ㅅ. 뻔뻔스러워야 한다. 지하철에 빈자리가 생겼을 경우, 서로 양보하는 식으로 한다면 주지 직 등을 맡거나 유지하기는 대단히 어려운 일이다. 이미 앉아 있는 사람을 밀어내고서라도 엉덩이를 들이대고 자리를 차지할 수 있는 뻔뻔스러움이 있어야 한다.

ㅇ. 무사안일주의자가 되어야 한다. 자신이 현재 누리는 기득권이나 자리를 지키기 위해서는 종단 내외의 어떤 혼란도 못 본 체 해야 한다. 종단 밖으로는 "민주화 사태"를 얻어내기까지 온 국민들이 소용돌이 속에 휘말렸건만 우리 종단의 실세들은 철저하게 침묵을 지킬 수 있었고, 봉은사 사태를 전후해서 현재까지 방치하기가 대단히 어려운 종단적 망신과 혼란이 계속되더라도 우리 종단의 실세들은 철저하게 침묵을 지키고 있음으로서, 불가사의한 무사안일주의의 모범을 보여줄 수가 있어야 한다. 설사 어떤 큰일을 하더라도 그 일이 종단을 근본적으로 살리는 개혁적인 것이 아니라 탑을 조성하거나 종을 만

들거나 건물을 짓는 것들이어야 한다. 넓은 의미에서 팔짱을 끼고 아무런 행동이 없는 우리 전체가 무사안일주의의 허세 그룹이라고 할 수 있다.

ㅈ. 다른 사람으로 하여금 악역을 담당하게 할 수 있는 비상한 위선의 능력이 있어야 한다. 종단의 실세 가운데에는 두 부류가 있겠는데 한 부류는 자신이 직접 악역을 행하고 다른 한 부류는 자신은 겉으로 청정의 모습을 유지하면서 하수인을 시켜서 악역의 일을 맡기고 감독하도록 암시적으로 지시한다. 넓은 의미에서 현전의 종단의 혼란을 방치함으로서 묵인하는 우리 모두가 위선자들의 허세 부류에 속한다고 할 수 있다.

위에 열거한 "종단 실세의 대열에 끼일 수 있는 요건"들이 사실인지 아닌지를 여기서 판단하여 단정적으로 말하기는 대단히 어려운 일이다. 그러나 많은 종도들이 위의 요건을 갖춘 이 만이 종단 실세의 대열에 끼일 수 있다고 믿는 것이 오늘의 현실이다.

필자가 이 귀중한 시간에 밖으로 함부로 말하기 어려운 위의 요건들을 열거하는 것은 "이 종단에 어떻게 물질적 실세와 정신적 실세가 일치하지 않는가?"와 "어째서 종단의 자체정화 즉 제2정화가 이루어지지 않고는 종단이 살아남을 수 없는가?"를 말하기 위해서이다. 위에 열거한 사항들이 종단 실세자들의 기초적 요건이라고 종도들이 믿는다면, 종도들은 종단의 물질적 실세가 자신들의 신앙을 이끄는 정신적 실세가 아니라고 믿는 것이 된다. 여기서 물질적 실세가 단순히 주지권과 종권을 쥐고 있는 사람들을 가리키는 것이 아니라, 현재의 종단의 실세와 질서를 침묵으로 인정하고, 침묵을 지킴으로써 자신들이 누리고 있는 지도자의 자리를 지키는 그 이상의 사람들도 아울러 가리키는 것이다. 그래서 종단의 물질적 실세와 정신적 실세가 괴리된다는 말은, 극단적으로 말해서 정신적 지도자의 세력이 없다는 말이 된다.

정화운동 당시와 정화운동이 끝난 후 청담스님께서 입적하시기 전까지는 우리 종단에 있어서 물질적 실세가 그대로 정신적 실세였다. 그러나 청담스님 열반 이후 종단의 내분이 계속되고, 그 분규의 와중에서 종단의 많은 원로스님들이 혼란한 종단을 수습하고 종단을 발전시키겠다고 시도를 해보았지만 종단은 혼미에 혼미를 거듭하면서 종도들 간에 종단의 지도자들에 대한 불신의 싹이 트기 시작했다. 10.27 법난을 겪으면서 소위 선방수좌스님들이 잠시 종단을 이끌 기회를 갖기도 했지만, 아무런 종단 개혁의 준비가 안 된 상태에서 잠시 종권을 인계해 주었기 때문에, 전체 선방스님들의 능력을 다 살릴 수 있는 기회도 갖지 못한 채, "선방수좌스님들의 종단 통치의 능력의 한계가 드러났다."는 과장된 비판의 말만 듣는 경우가 있게 되었다.

또 세칭 "비상종단"을 전후해서 종단의 원로 대덕스님들이 상당히 존중되는 힘을 가지고 종단을 건지는 일에 참여하기도 했지만 그 시도도 별 효과를 보지 못했다. 어떤 일들이 저질러지고 분규가 생길 때 실제로는 소장파 중진스님들이 원로스님들을 업고 일을 벌이는 경우가 많지만, 이런 경우에서조차도 원로스님들이 스스로 판단하여 허락 내지는 묵인하는 것이 되기 때문에 일이 잘못되었을 때는 결과적으로 원로스님네들의 판단력이 흐린 것으로 보여지게 되었다.

작금에 종단의 혼미사태를 지켜보면서도, 원로스님들로부터 아무런 대책이나 방향 제시가 없다는 것은 다음의 둘 중의 하나를 의미한다. ㄱ. 원로스님들이 판단할 때에 이러한 사태가 일어나도 조용히 있는 것이 하나의 방책이라고 생각하는 것과 ㄴ. 원로스님들이 어떻게 수습하려해도 수습할 방책이나 힘이 없다는 것이다. 여기 두 가지 중의 어느 쪽 이유 때문에 원로스님들께서 현재 혼미에 빠진 종단을 방치한다고 해도, 원로스님들은 종단의 정신적 구심력이 되지 못하는 것을 증명하는 것이 된다.

정화운동의 한 상징적 인물로서의 청담스님께서 입적하신 이후, 정신적 구심력을 잃은 종단은 일정한 주인이 없게 되었다. 이미 기득권을 누리고 있거나 억지를 부려서 어떤 주지권 종권을 장악한 이들이 주인 행세를 해왔다. 그러나 종단의 그 물질적 실세가 바로 정신적 실세가 되지 못함으로 인해서, 물질적 실세와 정신적 실세가 괴리하는 문제가 생기게 된다. 이 종단의 정신적 실세는 없고 위의 "물질적 실세와 되는 기본 요건"들을 갖춘 이들이 판을 친다고 믿어지니, 종도들의 마음은 한 곳으로 집중되지 못하고 공중에 떠 있는 상태가 될 것은 뻔한 일이다.

이처럼 정신적 신앙적인 면에서의 중추적 실세가 없는 조계종의 현 상황에서, 종단을 개혁, 중흥 또는 재건하려면 우선적으로 종도들의 마음을 모을 구심력을 만들어야 하겠는데, 정치적 그리고 신앙적 실세가 일치하는 구심적 지도층을 만들기 위해서는, 한 때 그러한 구심력의 모범을 보였던 제1차 정화운동에서 어떤 교훈을 얻고, 그와 같은 구심 실력을 형성할 제2차의 새로운 운동을 일으켜야 하리라고 생각한다.

3. 정화운동의 재평가와 제2정화 방법 중의 短想的 실례

제1차 정화운동, 즉 일본의 한국통치 부산물로 생겨난 대처승을 조계종단에서 추방하자는 비구승들의 운동은, 크게 두 가지 관점에서 볼 수가 있다. 하나는 그것의 근본 취지와 방법이 그 때 상황으로 비추어 봐서 최선의 것이었다는 것이고, 다른 하나는 근본 취지는 좋았지만 방법은 최선의 것이 아니었다는 것이다. 또 이 운동을 전개하는 과정에서 이승만 당시 대통령의 여러 차례에 걸친 유시를 통해서 비구승을 지지하고 도운 것이 순수한 마음에서 비구승의 정통성을 지지한 것이냐 아니면 비구승과 대처승이 온 국민들이 지켜보는 가운데 추한 절 빼앗기 싸움을 벌이게 함으로써 결과적으로 불교 종단의 교세를 약화시키려고 한 것이냐는 것이다. 그런데 우리가 현재의 혼미 속에 있는 종단을 앞에 두고 물어야 할 질문은 이승만 당시 대통령의 본뜻이 어떤 것이었느냐가 아니라, 결과적으로 현재의 바람직하지 못한 상태의 종단을 낳은 정화운동의 취지와 방법이 최선의 것이었느냐를 살피는 것이다.

정화운동과 근본 취지, 즉 왜색 승려를 추방하고 본래의 부처님 제자 모습으로 돌아가자는 정화정신을 탓하는 이는 많지 않다. 문제는 정화의 방법이 최선의 것이었느냐에 있다. 그런데, 정화운동 덕택에 이 나마의 비구승 종단에 몸담고 있을 수 있는 우리가, 우리가 누리고 있는 비구승 교단의 환경을 낳은 정화운동의 방법을 좋다 나쁘다 따지는 것은 대단히 죄송하고 어려운 일이다. 선사스님들이 취한 방법을 원망하는 것은, 마치 당뇨병 또는 약시 같은 유전성 병을 안고 태어난 아들이 "왜 우리 부모의 한 쪽은 유전성 병을 가진 다른 부모의 한 쪽과 결혼했느냐?"고 원망하는 모습과 같게 될 것이기 때문이다. 그러나 이 종단을 현실의 혼미로부터 건지기 위해서는 우리는 부득이 이 현실의 혼란이 제1차 정화운동 방법의 선영향과 함께 악영향으로 이루어져 있을 수 있다는 것을 받아 들여야 한다.

제1차 정화운동의 방법 중에 최악의 것은 대처승 측과 몸싸움을 벌이기 위해서 승려의 자격이나 자질을 가리지 않고 마구잡이로 승려를 양산했다는 것이다. 그 마구잡이로 양산된 승려들은 재판싸움 몸싸움만 하고 바로 환속한 것이 아니라 그 싸움으로 빼앗은 절들을 시키는 사람이 되었고, 세월이 흐른 후에는 자신을 마구잡이로 승려로 만든 선배들을 본받아 마구잡이로 제자 승려들을 만들어 왔다. 타 종교의 경우, 그 교단의 성직자를 만들려면 최소한 5-6년은 걸린다. 그러나 우리 정화교단의 경우 어리고 무식한 사람은 나이 때문에 또는 배운 것이 없기 때문에 바로 성직자연 할 수 없었지만 고등학교 대학교를 졸업하고 입산한 이는 삭발하자마자 재무 서무 교무 등의 성직 지도자의 직책을 맡은 예가 허다히 많다. 속기가 다 빠지지도 않았고 또 종교의 사회적 기능이나 사명 또는 조직방법을 알지 못하는 그들이 천수경이나 외우고 경문 몇 줄 읊으면서 절을 지켜왔고 제자들을 만들어 왔고 또 그 제자들이 다시 마구잡이로 제자들을 만들어 왔으며, 그 산물이 현재의 우리의 종단이니, 우리 종단이 조직적으로 뭉치고 수도하고 교화하지 못할 것은, 제1차 정화 즉 대처승으로부터 사법부의 힘을 빌어 또는 폭력으로 절들을 뺏기 시작했을 때부터 이미 뻔한 일이었다.

대처승 정화운동의 취지는 옳았고 방법만 틀렸다는 말은, 사실 그 취지조차 틀렸다는 말이 된다. 왜냐하면 정당한 취지를 부당한 방법으로 정당화시킬 수는 없기 때문이다. 불살생의 진리를 지키기 위해서 살생의 방법을 택할 수는 없다. 불살생의 취지로 살생을 했다면, 살생의 방법은 본래의 불살생의 취지조차 옳지 않은 것으로 만든다. 번영, 짧은 기간 내의 장족의 발전, 정의, 진리 또는 선을 실현하기 위해서, 유혈혁명을 일으키는 것은 세칭 민주주의가 실행되는 문명국에서는 정당하지 않은 것으로 판명이 나 있다. 정화운동이 종교적인 진리, 즉 본래의 부처님의 제자 모습을 지키기 위해서 하나의 역사적 산물로서의 대처승 제도가 혼합된 한국불교의 모든 종권과 주지권들을 일거에 쟁취하려한 시도는 하나의 혁명과 같은 것이었다. 오늘 날의 혼미를 푸는 기본 방향을 모색하기 위해서, 이 혁명적 방법과 취지에 어떤 문제점이 있는가를 다시 한 번 현재의 종단 상황과 비교하며 생각해 볼 필요가 있다.

현재 우리 종단의 혼탁상과 정화를 발기할 당시 대처승 종단의 혼탁상은 정도의 차이는 있을지언정 그 형태에 있어서 비슷한 점이 있다. 대처승 종단 당시나 현재 종단의 공통점은 참선 공부를 하려하지 않고 꾸준하게 절을 지켜온 이들이 실세를 이루었다는 점이다. 바꾸어 말하자면, 학교공부, 참선공부 등을 위해서 걸망을 짊어지고 자신의 본사를 떠난 이들은 대처승 때나 지금이나 종단의 정치적 재정적 실세를 이루지 못했고 또 못하고 있다는 것이다.

자신이 소속해 있는 사찰에서 그 사찰의 지도자를 받들고 사찰 일을 돕고 교화활동으로 신도들을 보살피고 신도들과 인연을 맺어온 이들은 그 사찰의 주인 행세를 했고 또 하고 있지만, 출세간적 참선공부를 하기 위해 또는 현대적 학문을 위해서 자신의 본사를 떠난 승려들은 비실세가 될 것은 당연한 일이다. 대처승 정화는 그 비주류 또는 비실세의 승려들이 일제 해방의 당시 급변적 시대상황을 배경에 깔고, 왜색 승려 퇴치의 명분을 내세워 대처승들로부터 종권과 대부분의 대사찰들을 빼앗았던 것이다.

현재의 한국불교 상황은 작년 2월까지의 독재정치가 끝나고 민주화 시대에 들어서, 과거에 정권에 매달려서 아첨하고 시중을 들며 종단의 권력을 잡고 유지하던 타성에서 벗어나, 그리고 과거에 10.27 법난 사태를 일으킨 독재정권에조차 아부하고 매달리던 이들이 종단의 일선에서 물러나고, 민주적 의식이 있는 새로운 지도자들이 종단을 이끌어야 된다고도 볼 수 있는 때이다. 그러나 우리는 여기서, 민주화 시대를 맞는다는 명분으로 혁명을 일으킬 수는 없다. 오늘의 조계종은 하나의 역사의 산물이고 정당한 취지는 정당한 방법으로 뒷받침을 받아야 하기 때문이다.

해방 이후 정화를 일으킨 1954년 당시의 상황을 가정하거나, 민주화 시대가 일 년이 지난 오늘의 상황에서, 煩惱卽菩提 生死卽涅槃의 뜻을 생각하며, 변혁을 추구해야 된다. 즉 번뇌 속에서 보리를 보고 생사 속에서 열반을 보라는 뜻을 참선공부에 심각하게 응용해야 한다.

그런데 한국불교에 있어서의 참선은 세간 속의 출세간선이 아니라 출세간 속의 출세간선이었다. 참선을 하는 이들이 자신이 소속된 사찰을 떠나지 않고 기도를 하며 참선을 하고, 공양주를 하며 참선을 하고, 별좌, 도감, 원주, 재무, 교무, 총무, 포교법사 등의 일을 보면서 참선을 했었다면, 또 결제기간 동안 타사에 가서 참선을 하더라도 해제기간 동인 본사에 돌아와 틈틈이 사찰의 교화활동을 도왔더라면, 참선을 위해 절을 떠난 이들이 완전한 비실세가 될 수는 없었을 것이다.

그러나 참선을 한 이들이 많은 경우에 조실은 될지언정 원주일은 사양하고 주지는 될지언정 부전은 담당하지 않으려고 한다. 한국불교가 번뇌 속에서 보리를 가르치지 않고 보리 속에서의 보리를 가르쳤으며, 생사 속에서의 열반을 가르치지 않고 열반 속에서의 열반을 가르쳤다. 번뇌가 보리라는 말은 번뇌를 여의고 보리를 얻는다는 말이 아니라, 속세의 번뇌 속에서 출세간의 지혜를 실천한다는 뜻이다. 지혜를 본다는 말은 바로 지혜를 자비로 실천한다는 말이 되기 때문이다.

대처승 정화운동은 당시 종단의 실세로부터 소외를 당한 이들과 또 실세 내에 있더라도 더 큰 대권을 취하려한 이들이 혁명적 거사를 한 것이 더 가깝지, 보살행의 터 또는 사찰로 돌아가 사찰에 봉사함으로써 사찰의 일꾼이 되고 그 속에 감동을 주고 성실성과 원력을 인정받음으로써 차근차근 개혁을 시도한 것이 아니었다. 정화의 혁명을 일으킨 이들은 칠성당 산신당에 신도들을 위하여 기도하고 염불하는 가운데 참선의 공부를 더 깊이하고 공부의 행동화를 더

넓게 하려 하기보다는, 칠성당, 산신당 등은 부숴야 한다고 주장하고, 한국불교의 가장 귀한 유산 가운데 하나인 범패도 버린 채, 염불도 생략 식으로 하거나, 고승이 되면 염불을 잘하지 못해도 되는 것으로 착각하고 또 그렇게 가르쳤다. 승려가 인천의 스승이라는 말만 가르쳤지, 인천의 스승은 아집을 버린 채 온 우주의 중생들을 내 몸같이 아끼고 사랑하고 보살피는 무아보살이라고 가르치는 데는 소홀히 했다.

정화운동의 원력을 세운 선사님들이, 정부의 힘과 폭력을 동원해서 일거에 전 종권을 잡으려고 하지 않고, 세간 속에서 출세간선을 하고 사사건건 시시처처에서 깨달음의 지혜를 실천하는 보살행의 운동을 펴서 끊임없는 핍박을 당하더라도 점진적인, 그러나 끊임없는 정화를 시도했다면, 한국불교의 모양은 이토록 험하게 되지는 않았을 것이다. 어차피 종단이 갈라서게 되고 대처승들이 없어지지 않을 것이라면, 조계종의 교단 내에 대처승들을 포용하는 것이 종단 밖으로 대처승을 몰아내고 은처승을 키우는 것보다는 훨씬 바람직한 일이었다. 만약 군인들이거나 정치인들이라면 혁명을 일으키고 권력을 잡으려고 시도하는 것은 당연한 일이다. 그러나 출세간선을 닦기 위해서 출가를 하고 게다가 자신이 소속된 사찰마저 떠난 이들이 해방 후 정치적 기회를 잡아, 공작정치의 힘을 배경으로 해서 무더기로 승려를 양산하여 몸싸움을 벌이게 하여 종권 주지권 등을 빼앗은 것은 종교적인 모양이 아니었다.

대처승 정화운동이 혁명적이었기 때문에 옳지 않았다는 똑같은 이유로, 현전의 난맥에 빠진 종단을 구하는데 혁명적인 방법은 온당치 않다. 현재의 실세가 참선하거나 학교를 다니기 위해서 자신이 소속된 사찰을 떠나지 않고 그저 사찰 보살피기와 교화활동에만 전념한 이들이라고 할진데, 만약 어떤 비실세의 승려들이 구종의 원력을 가졌으면 자신과 인연 있는 사찰로 돌아가 공양주로부터 시작하여, 원주, 도감, 삼직 등으로 봉사하면서 개혁을 시도한다면, 그 원력인들이 소속된 사찰들의 내부에서부터도 개혁이 이루어지기도 하겠지만, 원력을 가진 이들이 보다 실질적인 종단의 세력이 되어서 연합하게 되면, 대처승 정화 때와 같은 혼란이 없이 이 종단의 더 이상의 혼미는 막을 수 있을 것이다.

위에서 번뇌중의 보리 생사중의 열반 그리고 세간 속에서의 출세간선을, 종단을 점진적으로 개혁시키는 방법의 기초로 말했지만, 우리에게는 아직도 두 가지의 큰 질문이 남아 있다. 하나는 어떻게 종단의 신앙적 구심력의 지도층을 만드느냐는 것이고, 다른 하나는 승단에 눈에 띄게 흐르는 탁류와 분규의 혼란을 어떻게 척결하고 해결하느냐 하는 문제이다.

먼저 구심적 지도층을 만들기 위해서는, 구종의 원력을 가진 이들이 결사를 하고, 각 지역에 있는 뜻을 같이하는 이들과 함께 일정한 기간 동안 종단 정비를 위한 준비공부를 한다. 그 공부의 내용에는 산업국제화시대 민주시대에 맞는 종교조직의 기본 원리와 대정권 대국민의 자세 그리고 이 시대환경에 맞는 수행 교화의 이론을 포함한다. (이것들의 구체적인 내용에 대해서는 더 많은 연구가 필요할 것이다.)

구종결사의 심정으로 엮어진 이들이 자기가 소속한 사찰에서 수행과 교화를 하며 전국적으로 뜻을 같이하는 이들을 더 모으고, 결사회원들의 각 본사 단위로 또는 지역단위로 정기적으로 모여서 토론회를 가진다. 토론회의 주제들은 종단조직에 중점을 둔 수행과 교화 그리고 불교중흥의 방안들이 된다. 이러한 재교육 재발심 재각성을 위한 토론회 형식은 이미 창가학회, 대순진리회, 대각회, 원불교 등에서 일반 신자들을 중심으로 이용되고 있다. 승려라고 해서 그 방법을 사용하지 못할 이유가 없다. 이 토론회 등을 통해서 결사가입자들의 의식을 끌어올려 구종의 원력과 실천이 생생하도록 한다.

전국적으로 엮어진 구종 결사원들은 그 동안 잊혀지고 은둔하고 또 장난꾼들에 업혀서 어처구니없이 이름만 그을린 도 높은 원로스님들을 발굴해서 세상에 소개하고 그 어른들의 가르침을 현대인들에게 맞감각으로 해석해서 전한다. 행정적 또는 그 스님들을 중심으로 종단의 구심적 지도층을 만들고 그 원로스님들의 수행과 교화에 대한 가르침이 그대로 법이 되게 하는 풍토를 조성한다.

그런데 이 종단의 구심적 지도층이 될 원로스님네를 찾음에 있어서, 정화

종단에 속해 있는 우리는 정화이념이 투철한, 즉 본래의 부처님 제자 모습으로 돌아가자는 정신이 투철한 정화운동의 지도자들에 대해서 특별한 관심을 갖는다. 정치에는 관심이 없이 순수한 마음으로 정화운동에 동참했던 많은 원로스님들이 급변하는 정치상황과 타협하기를 거부함으로써 시중 또는 산중에 은둔해 계시는 경우가 많다고 한다. 그리고 정화에 직접 참여하지 않은 세대라 하더라도, 참선 경학 포교 종단행정 중 여럿 또는 한 분야를 잡아서 일관성 있고 꿋꿋하게 정진해온 중진들을 발굴해 낸다.

　종단의 구심적 지도층을 만드는 일은 대단히 어려운 일이다. 그것은 행정적인 구심력이 아니라 신앙적인 것이기 때문에 본래 부처님 제자 모습의 이상형을 행동으로 보여야 하고 개인과 국가 또는 세계가 삶의 참 의미를 충분히 누릴 수 있게 하는 시대 상황이 요구하는 좌표를 제시할 수 있어야 한다. 그래서 그 지도층은 짧은 시간 내에 혁명적으로 이루어질 수가 없고, 어떤 각본에 의해서 인위적으로만 이루어질 수가 없다. 결사적인 부단한 원력과 정진력으로만 이루어 질 수가 있을 것이다. 구종의 원력을 세운 이들이 결사를 하는 자세로 각기의 일터(수행처 또는 교화처)로 돌아가서 자기의 소임을 다함으로서 종단 실세의 대열에 참여하고 또 같은 구종의 뜻을 가진 다른 이들과 조직 등을 공부하고 원로스님 등을 엮는 등의 방법은, 여러 방법 중의 한 가지 예일 뿐이다. 필요하다면 다른 더 좋은 방법을 생각해 내는 연구가 필요할 것이다.

　다음의 문제는, 정화를 시작했던 당초의 의도와는 달리 폭력이 난무하고 비구승의 8대 원칙이 부분적으로 무너졌으며 승단의 위계질서는 어지럽게 되었고 승려의 품위와 인기는 땅에 떨어진 이 종단을 어떻게 맑힐 것이냐 하는 것이다. 이 문제를 편의상 크게 다음의 두 가지로 나누어서 생각해 보고자 한다. 첫째는 시대와 문화에 따른 정화해야 할 대상의 再正義, 둘째는 정화의 방법적 예이다.

　정화할 대상을 정함에 있어서, 먼저 어떤 시대적 문화와 과제 또는 종헌종법위반을 구별해야 한다. 제1차 대처승 정화 당시의 비구승 자격 8대원칙을 보면 (1) 독신 (2) 수도 (3) 삭발염의 (4) 불주초육 (5) 불범4바라이죄 (6) 20세 이상 (7) 3인 이상 단체 수도생활 (8) 비불구자이다. 30년 이상이 지난 지금 이 원칙을 현금의 종단 승려들에게 엄격하게 적용해서 심사한다면, 상당히 많은 이들이 자격미달이 될 것이다. 제7번 원칙을 먼저 보자. 본사가 아닌 말사나 포교당의 경우 3인 이상의 승려가 같이 거주하지 않는 경우가 허다히 많다. 왜 냐하면 승려의 수 특히 비구승들의 수가 많지 않기 때문이다. 제4번의 원칙을 보면, 육식과 끽연을 금하고 있는데, 많은 승려들이 이것을 아무런 부담 없이 들고 있다. 육식이 필요한 몸이 약한 이의 경우 끽연하는 것을 이해하지 못하고, 스트레스가 쌓이는 정신노동을 많이 하는 승려의 경우 끽연하는 경우가 있는데, 육식하는 것을 하나의 식탐행위로 이해하지 못하는 수가 있다. 어느 쪽을 더 즐기던 8대원칙에 어긋나기는 마찬가지이다. 간단히 말해서 육식 끽연 등은 우리 시대의 승려들의 음식문화 현상이므로, 8대원칙을 들먹거리며 정화의 대상으로 삼을 수는 없을 것 같다.

다음은 승려들의 축재를 정화대상으로 삼을 것이냐의 문제이다. 필자가 오랜 기간 동안 알고 지내온 도반들 중에 한 분은 부모가 물려준 유산을 또 다른 한 분은 부전생활을 하며 보시 받은 돈을 쓰지 않고 저축했다가 부동산에 투자하여 지금 몇 십억이 되는 재산을 소유하게 되었다. 어떤 비구니 스님 한 분은 조계사 앞길에서 불교서적과 불구점을 경영하여 불자들의 편의를 돌봄으로써 기십억의 재산을 모았다고 한다. 승려들의 축재행위도 여러 가지 유형이 있겠는데 위에 열거한 스님들이 돈이나 재산을 소유하고 있다고 해서 그 축재가 정화의 대상이 될 수는 없을 것 같다. 공식적으로 승단에서 승려들의 사유재산을 허용하지 않고 있지만, 근본 취지는 승려가 재물욕을 가지면 수도에 지장에 있고, 승려들이 공부할 시간을 돈 모으는데 빼앗기면 공부할 시간이 없고, 신도들에게서 시주금으로 얻은 돈을 사유화할 염려가 있으므로, 승려들 자신의 수행과 종단 재산이나 단월 시주금의 횡령적 사유화를 방지하자는 것일 게다. 그러나 보살행의 원력으로 재산을 증식하여 나름대로 원을 세운 불사를 하고자 할 때, 우리는 행위를 승려의 축재라고 낙인찍어 정화의 대상으로 삼을 수는 없을 것 같다.

승려이면서 정치에 참여하기도 하고 (우리 종단은 서경보스님이 조계종의 승적을 가지고 있을 당시에 통일주체국민회의 대의원이 되었어도 아무런 견책을 하지 않았다), 승려이면서 교수일 수도 있고, 승려이면서 언론인일 수도 있고, 승려이면서 농부일 수도 있다. 왜 승려이면서 경제인은 못되어야 하겠는가? 유독 승려 경제인만 정화대상으로 삼는 것은 부당한 일이다.

우리가 정화해야 할 가장 중요한 대상은, 불사일에만 쓰여지도록 신도님들로부터 시주된 돈이 사유화되는 것이다. 그 사유화도 적은 액수가 아니라 기억대, 기십억대, 백억대 이상이 된다면 정화의 대상이 되는 것은 너무도 당연하다. 신도들로부터 이 종단의 불사를 위해서 시주된 돈이 거액으로 사유화되는 것도 문제지만 더욱 심각한 문제는 이 횡령된 돈이 종권쟁취 또는 기득종권 주지군의 유지와 관련되어 승단 내외에 뿌려질 때 그 해독은 너무도 무섭고 광범위하고 깊다는 것이다. 돈이 매수의 수단으로 쓰여지면, "신의" "의리" "정의혈기" "원력" "정직" "위계질서" "공심" 등 이 종단에 참으로 필요한 모든 단어의 마음들이 단숨에 변질되고 멍들어 버린다. 사실여부는 단정적으로 말할 수 없지만, 많은 종도들은 이러한 종단정재의 횡령 내지 사유화와 종권 주지권 쟁취 및 유지 자금으로 사용되고 "있었다"고, 그리고 "있는 중이다"고 굳게 믿고 있다.

종단정재의 사유화와 그리고 그 돈을 종권 주지권 쟁탈전에 이용함으로써 이 종단을 쑥대밭으로 만들어 버린 최악의 것은, 폭력을 돈으로 사서 쓰는데서 나타난다. 종단을 죽이고 온 국민을 경악시킨 신흥사의 살인사건과 100만 신도들을 잃게 했다고 하는 봉은사의 폭력싸움은, 바로 이 사용화된 돈 잎들이 더 많은 사용화의 돈을 부르기 위해서 춤추는 모습이었던 것이다. 폭력의 진원지는 폭력 그 자체가 아니고 바로 이 사용화된 돈이다.

종단 돈의 사용화와 그 돈이 어떻게 종단을 뒤죽박죽으로 만드는지 다른 각도에서 잠깐 살펴보자. 선방스님들이 불의의 병을 만났을 경우 충분한 약값이 없고 여비가 없을 때, 다른 한 쪽에서 종단 돈을 개인 것으로 만들어서 폭력을 사서 쓰는 예들을 여기저기서 보았을 때, 그 분들의 마음이 뒤집어질 것은 너무도 당연하다. 그 선객들은 아마도 깊은 좌절감을 느꼈을 것이다. 수향이 된 선객들이 아니고 궁하게 사는 일반 승려들은 더욱이나 자포자기에 빠질 것이다. 좌절은 막행막식을 부르기가 십상이다. 들리는 소문에 의하면, "선방수좌"임을 자랑스럽게 생각하는 한 두 스님은 세칭 "종회꾼"이 되어서 여기저기 돈을 주고 "거수기" 또는 "선전기겸 설득기"의 역할을 시키면 시키는 대로 움직여 준다고 한다. 이러한 "돈 받고 움직이기" 또는 "돈 받고 부동자세 취하기" 그리고 몸이 허약해졌다고 생각했을 때 고기 한 점 먹기의 주인공들의 좌절행을, 지엽적으로 정화의 대상으로 삼는다면 그야말로 소를 때리지 않고 수레를 때리면서 수레가 빨리 가기를 바라는 것과 같다고 하겠다. 정화의 최근원적 대상은 고기 한 점이나 맥주 한 병 또는 주먹 한 대가 아니라 바로 종단정재금의 사용화와 그 사용화된 돈의 종권 주지권 쟁탈전 유지전에의 이용이다.

돈과 여자는 밀접한 관계가 있다. 우리 종단에 있어서 돈 은처승 그리고 종권 주지권과는 밀접한 관계가 있다. 종단정재를 유용할 정도로 사심을 가진 이가, 돈이 많으면 자만심이 생기고 자만심이 차게 되면 판단력이 흔들리게 된다. 판단력이 흔들리면서 마음에 틈이 생기고 허전함이 들어서 여자를 보게 된다. 한두 번 여자를 본 승려를 우리는 은처승이라고 하지 않는다. 한 승려가 여자를 보는 것만으로 구멍 뚫린 자기 자신의 공허를 메울 길을 몰라 비공식 자녀들까지 갖게 될 때, 그리고도 종단 내에 있으면서 승려인 체 할 때 비로소 우리는 그를 은처승이라고 부른다. 은처승이 되면 부양의 의무가 생기므로, 돈이 더욱 필요하다. 이들에게 있어서 권력은 돈과 관련되고 종단 내의 권력과 돈은 그대로 생명줄이다. 그러므로 종권 주지권 쟁탈전 유지전을 하는데 있어서 그들은 철저하게 믿음을 주는 충성을 보인다. 권력자는 그들을 보살피며 사찰의 주지권 등을 주면서 정치자금을 조달하게 하고, 더 큰 것, 더 많은 것, 더 높은 것을 쟁취하고 유지하는데 적극 협조하도록 한다. 그래서 종단은 정상적 원칙에 의해서 움직여지지 않고 결탁에 의해서 움직여진다. 정화의 대상은 은처 그 자체이기도 하지만, 그보다 더 근원적인 것은 은처승이 돈과 권력의 종단 공작정치에 이바지함으로써 결과적으로 종단의 원칙과 기강을 무너뜨린다는 것이다.

출가했다가 늙어서 돌아가시게 된 노모를 방문했을 때, "손자 하나만 보도록 미리 준비된 여인과 하룻밤만 자고 가라."고 하는 노모의 청을 들어 하룻밤을 여인과 동침함으로써 결과적으로 아기 아버지가 되는 소설 같은 운명의 슬픈 주인공을, 우리는 정화 대상이라고 지칭하지 않는다. 아기와 처자를 버리고 출가하면서, 아내와 아기에게 면목이 없어서 이혼 수속을 마치지 못하고 30년의 세월을 보낸 그 스님을 제2정화의 대상으로서의 은처승이라고 말하지 않는다. 우리가 말하는 은처승은, 종단 재산을 개인재산으로 만들고, 권력과 결탁해서 종단이 공작정치적인 타락의 길을 가는데 도움을 주고, 이중생활 이중인격을 가지고 종단 전체의 분위기를 흐려놓는 파렴치한을 말한다. 제2정화의 기본 대상으로서 폭력과 은처 그리고 막행막식 등이 있지만, 이것들의 근원은 무엇보다도 종단정재의 횡령적 사용화와 그 돈을 종권쟁취에 이용한다는데 있다.

다음은 이 종단을 정화하는 방법의 문제이다. 앞에서 제2정화 대상의 최근본을 종단공급의 사용화로 보고 다른 것을 부차적이고 지엽적인 것으로 보았으므로, 여기서 우리는 사찰재산의 사용화 방지 방안을 경제적 측면과 계율적 측면으로 나누어서 생각해 보아야 하겠는데, 사찰 재산의 사용화 종단내외 정치자금화의 방안은 간단히 처리될 문제가 아니므로 토의하는 가운데 다루거나 별도의 기회를 가지고 심사숙고해야 할 것 같아서 문제만 제시하고 방법은 다음 기회로 미루기로 한다.

그러나 여기서 한 가지 분명히 해야 할 것은, 승려들도 돈을 소유하고, 불사의 성취에 목표를 두고 사업을 벌릴 수 있도록 승려들의 사유재산 소유를 양성화 하되, 아울러 큰돈을 소유하고 있는 승려가 그 돈을 종권 주지권 쟁취전 및 유지전에 뿌리지 못하도록 어떤 장치를 마련해야 할 것이다. 이 사유재산의 양성화는 순수한 개인재산으로 경제활동을 허락하는 것이지, 어떤 형태로든 시주로 들어오는 돈을 승려 개인이 사유화할 수 있다고 허락하는 것은 아니다. 그리고 승려들이 사유재산을 모아두는 편법으로 명의만 종단 또는 선학원에 등록하고 재산은 자신 또는 친지의 명의로 등기하여 언제라도 개인이 매각할 수 있는 길을 열어놓고 있는 경우가 많다. 이러한 시주금의 개인화를 철저히 방지해야 하고, 그런 개인 자금이 종권 주지권 정치에 스며들지 못하도록 장치를 마련해야 한다.

승려들의 금권에 의한 타락과 계율기강의 해이는 우리의 기강확립제도의 허약이 자초한 것이다. 우리 종단의 최고 감독기관은 종회나 총무원이 아니라, 누구나 수긍할 수 있는 사심 없는 원로중진들로 구성된 계율감독원 또는 감찰원이 되어야 할 것이다. 요즘의 감찰원은 총무원에 귀속되어 있고, 최고의 호계징계 결정권은 종회가 가지고 있다. 총무원과 종회가 도매금으로 불신받는 이 풍토에서, 감찰기능이 제대로 작동되기는 대단히 힘들 것이다. 감찰기능 자체가 불신을 받으니 감독할 이도 없고 감독 받을 이도 없게 된다. 어쩌다가 어떤 이가 징계를 받으면, 그는 자신의 잘못을 뉘우치기 보다는 힘 있는 종단권력의 줄이 없어서 억울하게 당했다고 생각한다.

또 누구나 승복할 수 있는 최고 사법기관이 종단 내에 없기 때문에, 출세간인이라고 하는 승려들의 일을 속인 법관들에게 매달리게 된다. 우리 종단 내에 법률전문인을 자문 기관으로 두고 돈이나 권력에 흔들리지 않을 청정한 이들로 구성된 감찰원을 만들되, 그것이 총무원이나 종회보다 더 높은 권위를 가지게 하여, 종단 내의 갖가지 송사들을 내부적으로 소화하도록 해야 할 것이다. 제2정화를 하기 위해서는 무엇보다도 이 감찰원의 설립이 시급하다.

4. 맺음말

제2정화 또는 자체정화가 없이는, 우리 종단은 쓰러지는 "쿵" 소리만을 기다리는 1600년 묵은 썩은 고목이 될 수밖에 없다. 교단의 자체정화는 해도 되고 안 해도 되는 선택적인 것이 아니라, 살아남기 위해서는 하지 않을 수 없는 필연적인 것이다.

승단정화운동의 방향과 역사

淨化의 소용돌이 25년*

「지나치게 俗化된 破戒」와 「大衆등진 現實外面」은 「淨化」와 「反淨化」의 투쟁으로 번졌다.

◉

徐景洙(동국대학교 불교대학교수)

＊본 글은 『法輪』 25(서울: 월간법륜사, 1970)에 수록된 것이다.

1.

一九三七년 소위 中日戰爭이 일어난 후 一九四一년 第二次世界大戰의 발발을 거쳐, 一九四五년 八月 一五일 解放에 이르는 동안, 일본총독부는 類例가 드문 武斷政策을 植民地인 韓國땅에서 자행하였다. 韓民族의 言語抹殺을 기도할 文化政策을 넘어서 創氏改名政策에 의하여 韓民族 자체의 抹殺을 의도한 日帝의 虐政에서 그 一端을 엿볼 수 있다.

이 같은 民族史의 暗黑期를 韓國佛敎는 어떻게 보겠는가. 極限에 마주치면 대개 그렇듯이 佛敎界도 크게 나누어 세 가지 類型으로 이 시기를 넘겼다. 첫째 類型은 時勢를 巧妙히 타고 일본총독에게 갖은 아첨을 다하며 權勢를 누리던 親日僧侶들이다. 自身을 위한 我執의 延長으로는 上策일지 모르지만, 한국에서 가장 오래고 큰 宗敎인 佛敎 全體에 끼친 毒素的影響은 甚大하였다. 특히 親日層들이 大部分 당시 指導級 高僧들이었다는 사실은 佛敎界의 將來에 어두운 그림자를 던졌다. 게다가 그들이 日帝末葉 佛敎界를 주름잡던 權僧이었다는 점에서 한국불교의 方向은 크게 誤導될 위험이 농후하였다. 둘째 類型은 이 같은 親日僧을 비판하고, 日帝植民地 宗敎政策에 대항하여 護敎와 愛國을 위하여 꾸준히 抵抗운동을 계속하여온 젊은 知性的 僧侶들이다. 護敎와 愛國을 同一次元에서 混同한 錯誤는 인정하지만, 그래도 日帝의 壓政에 목숨을 건 抗拒精神은 높이 평가되어져야 한다. 八 · 一五解放의 날까지 그들은 감시와 彈壓을 견디어가며 不遇한 환경을 살아갈 수밖에 없었다. 셋째 類型은 모든 일에 積極的 參與를 기피하고 오로지 깊은 山中에서 自己修道에만 精進하던 衲子들이다. 歷史意識에 鈍感하여 社會參與를 外面한 弱點은 있지만, 부처님의 悲命을 固守하고 曹溪宗의 傳統을 조용히 지켜 내려온 그들의 거룩한 뜻은 장하다 하겠다. 첫째 類型과 둘째 類型에 속한 僧侶가 大部分 帶妻한데 反하여 셋째 類型의 衲子들은 끝내 帶妻를 거부하고 獨身修道로 淸淨의 길을 걸었다. 日帝末葉 첫째와 둘째 類型에 속한 인사들은 깊은 산속에서 조용히 參禪에만 精進하는 衲子들을 가리켜 現實을 外面하고 世俗에 사는 大衆을 등진 무리로 날카롭게 비판하였고, 衲子들은 그들을 지나치게 俗化된 破戒의 무리라고 쏘아댔다. 그러나 이 같은 批判과 反批判의 싸움은 八·一五解放까지는 심하게 노출되지 않고 안으로 加熱되고 있을 뿐이었다.

2.

八·一五解放은 이 땅에 自由와 歡喜를 가져다줌과 동시에 혼란과 고통도 함께 가져다주었다. 自由와 解放이 民族의 自主的鬪爭에서 얻어진 것이 아니고 第二次大戰에서 日帝가 聯合國에 降服한 결과 주어진 것이었기 때문에 外來勢力의 介入이 當然視되어 혼란은 한층 더 심하였다. 따라서 이 民族이 겪어야 할 고통도 그만큼 더했다.

이 같은 周邊社會條件은 直接·間接으로 解放後의 佛教宗團에도 여러 가지 양상으로 影響을 미쳤다. 불교종단은 우선 해방된 그 해 곧 佛教中央總務院總會를 개최하여 教正에 朴漢永, 院長에 金法麟을 선출하여 自體정비에 착수하였다. 親日的 保守系 인사들이 후퇴하고 反日的 純粹派 인사들이 등장한 것이다. 雨後竹筍같이 여러 가지 社會·政治團體가 일어나는 周邊風潮를 타고 宗團 안에도 各樣各色의 단체가 생겨났다. 그 가운데는 상당히 과격한 革新的 口號까지 외치는 團體도 있었다. 따라서 이 革新勢力을 견제하고 은근히 제거하려는 保守勢力도 나타나기 마련이다. 그러니까 해방직후의 佛教宗團은 左右兩派의 對立이 심각하였던 당시의 社會相을 그대로 옮겨놓은 縮少版이었다고 할 수 있겠다. 一九四七년에는 드디어 革新同盟의 幹部들이 警察의 수색을 받고 拘束되는 사태까지 벌어졌다.

혼란기에 처하여 있으면서도 自覺한 선구자의 發想에 의하여 佛教의 現代的 布教를 위한 文化活動은 눈부신 것이 있었다. 月刊紙만 하더라도 그동안 休刊되었던 『佛教』誌를 再發刊하고, 따로 『新生』誌가 얼굴을 보였다. 이 밖에도 譯語의 重要性을 切感한 인사들은 海東譯語院, 護國譯語院을 創設하고 譯

語의 必要性을 강조하며, 경제적 뒷받침이 허락하는 限度에서 譯語에도 손을 뻗쳤다. 그리고 일찍 後進養成에 着眼한 불교종단은 또 寺刹林野를 增資하여 惠化專門學校를 東國大學으로 昇格하는 일에 성공하였다.

그런데, 一九四八년 五·一〇選擧를 맞이하였을 때, 宗團은 한차례 波動을 치루어야 하였다. 二〇명에 가까운 佛敎界인사들이 政界에 投身하기 위하여 出馬를 선언하였을 때, 波動은 내부적으로 일기 시작하였다. 더구나 出馬인사들이 大部分 宗團이 주는 淨財의 獎學金에 의하여 海內·海外에서 大學課程을 이수한 佛敎界의 指導級 人物들이고, 또 실질적으로 出馬 당시 佛敎中興의 先覺者로 선구적 활약을 하고 있었던 有能한 人材들이었다는 점에서 宗團에 미치는 損失은 컸고, 따라서 波動의 振幅도 그만큼 넓었다. 그들의 政界出馬가 자신들의 世間的 榮達을 위한 我欲의 延長에서 오는 決心이었는지, 아니면 佛敎中興의 길을 外的인 政治權力에서 찾으려고 하는 의도였는지는 分明하지 않으나, 出世間的 宗敎의 次元과 世間的 政治次元을 昏迷케 한 유산은 그 후 오늘까지도 佛敎宗團의 方向決定을 흐리게 하여주고 있다. 世間的 政治의 길이 옳다고 한번 出馬하여 僧團을 떠났으면 끝까지 그 길에서 宗團을 위하여 盡力하여 줄 것이지, 政治의 길에서 榮達의 기회가 막혔다고 하여 도루 종단 안으로 들어와 政治生活을 연장하였기 때문에 宗團안에 더욱 더 극심한 混亂을 助長하여 왔다.

3.

총선거에 宗團인사들이 出馬하므로 佛敎界가 人的資源의 損失을 입고 있었던 다음해, 즉 一九四四년 六월 〈農地改革法〉이 公布됨과 동시 宗團은 막대한 經濟的 損失을 보게 되었다. 日帝時 佛敎寺院의 經濟運營은 거의 土地收入에 의하여 都市에 布敎堂과 宗立學校를 設立, 운영하고 또 海外에나 海內에 宗費留學生을 파견하여 徒弟養成도 할 수 있었다. 본산 가운데는 그 寺刹이 위치한 地方에서 大地主로 행세하는 寺院이 많았다. 農地改革法에 의하여 寺院土地所有가 大幅 줄어들게 되므로, 寺院의 經濟的 기반은 흔들리기 시작하였다. 地價證券으로 分配된 土地가 보상되었으나, 이 證券 역시 混亂期의 企業投資에 거의 낭비되고 말았다.

土地分配에 의한 佛敎宗團의 傷痕이 아물기도 전에, 六・二五전쟁은 佛敎界를 다시 한 번 强打하였다. 六・二五의 民族的悲劇은 佛敎界에도 極甚한 피해를 입혔다. 더구나, 山中에 위치한 寺院들의 피해는 다른 어느 피해보다도 막심하였다. 전쟁 동안 상실된 고귀한 文化財의 수량은 말할 것도 없고, 物質的, 人的 손실도 헤아리기 힘들만큼 많았다. 그래도, 釜山피난 당시, 불교계는 東國大學을 綜合大學校로 昇格시켜 四個 單科大學을 신설했다.

그러나, 해방 후 오늘까지 佛敎界에서 가장 큰 事件을 들라면, 누구나 서슴지 않고 소위 〈比丘帶妻紛爭〉을 첫째로 손꼽을 것이다. 그만큼 比丘帶妻의 분쟁은 佛敎界 안팎에 적지 않은 파문을 일으켰다.

원래, 모든 宗敎史는 언제나 淨化와 反淨化의 투쟁으로 점철되어 왔다. 종교가 한편으로는 〈淸淨한 聖〉을 지향하면서도 다른 한편으로는 世俗에 살면서 衆生을 제도하여야 한다는 二面佛的 存在이기 때문에 世俗的 汚染을 否定하는 淨化운동과 世俗的 汚染의 合理를 주장하는 反淨化 운동 사이에 마찰은 일어나기 마련이다. 이 같은 마찰과 투쟁이 없는 宗敎는 世俗的인 方面으로 아주 주저앉아 잠들어 버린 造物的 존재밖에 안된다. 이 淨化와 反淨化의 마찰이 한국불교계에서는 比丘와 帶妻의 분쟁의 양상으로 表面化된 것이다. 그러므로, 淨化와 反淨化의 투쟁 자체를 부정하고 나무랄 수는 없다. 문제는 이 투쟁이 어떻게 어느 方向으로 전개되어 나가는가 하는데 있다. 淨化운동의 方法과 과정이 문제된다는 말이다. 따라서 가령 比丘側 淨化운동이 所期의 목적대로 끝났다고 하여 〈淨化史〉가 다 끝난 것은 아니다. 시간이 흘러가면 世俗에 때 묻은 또 다른 反淨化의 장벽이 나타나는 것이다.

4.

一九五四년 五월, 故 李承晚大統領의 소위 〈佛敎淨化에 관한 諭示 第一號〉로 表面에 노출되었다는 것뿐이지 淨化의 역사는 훨씬 거슬러 올라간다. 一九二〇년대의 禪學院 창설까지 소급할 수 있다. 그 후, 白龍成 스님은 建白書를 통하여, 日本총독에게 한국宗團의 부패를 조장하지 말 것을 건의한 일이 있었다. 그러나, 이대통령의 한마디 〈帶妻僧은 寺刹에서 물러가라〉는 정치적 발언은 즉각적으로 全體 佛敎界를 심상치 않은 소용돌이 속으로 휘몰아 넣었다.

우선, 전국 比丘僧들은 最高 權力者의 유시를 듣고, 깊은 잠에서 깨어난 듯 淨化의 횃불을 높이 들고 일어섰다. 여기서도 여전히 政治權力구조와 函數관계에 얽혀있는 불교종단의 生態를 관찰할 수 있다. 淨化의 횃불을 높이 들고 일어선 비구승단은 여러 가지 方法으로 淨化이념을 短時日內에 실현하고자 부급히 서둘렀으나, 뜻대로 萬事가 진척되지는 않았다. 權力者의 유시가 連發되었어도 反淨化의 牙城은 쉽사리 무너지지 않았다. 도리어 比丘僧團은 曹溪寺, 帶妻僧團은 法輪寺를 각각 招據地로 暴力사태까지 번지게 되므로 淨化이념은 흐려지고 社會的 분쟁으로 양상을 달리하였다.

그러다가 一九六〇년 四‧一九義擧로 民主黨의 執權, 그리고 다음해 五‧一六혁명을 거쳐, 동년 八월 文敎部가 적극적으로 이 분쟁조정에 개입하였으나 분쟁해결의 실마리는 여전히 풀리지 않았다. 그러나, 一九六一년 一二월과 六二년 一월 비구대처 兩側에 불교再建委員會를 구성할 것과 재건위원회 구성 후, 한 달 안으로 종회를 구성하여 새로 탄생될 統一宗團의 宗憲을 검토하라는 통첩을 보냈다. 이에 따라 비구 측 五명과 대처 측 五명으로 불교재건위원회가 구성됐다.

이 위원회는 兩側에서 一五名씩 도합 三〇名의 의원으로 구성되는 三〇人 宗會를 一九六二년 소집하고 새 宗憲 草案심의에 착수하였다. 이 宗憲草案 심의과정에서 兩側은 팽팽하게 맞섰다. 특히, 승려자격을 규정하는 제九조항 심의에서 帶妻側은 강경한 反論을 제기하였다.

제九조항은 승려자격을 ① 帶妻僧의 기득권은 인정하나, 실질적으로 寺刹에 化身 常任하며 수도 교화에 전력하는 자, ② 家族扶養의 책임을 지지 아니한 자 ③ 凡俗人과 같은 생활을 하지 않는 자로 규정하였다. 이 세 가지 항목을 그대로 이행할 수 있는 帶妻僧은 거의 없었다. 따라서, 대처승 측은 이 제九조항을 〈대처 측의 승려자격을 박탈하려는 규정으로 볼 수밖에 없다〉고 심의통과를 강력히 반대하였다. 그러나, 문교부의 종헌통과 독촉에 못이겨 표결에 부쳤더니, 可표 一五, 否표 一四, 무효 一표로 양측이 각각 相反된 法理論을 주장할 근거를 주었다. 즉, 比丘僧은 표결의 합법성을 주장하는데 反하여 帶妻側은 무효를 주장하며 對立하였다. 드디어 帶妻側이 이때 통과된 宗憲은 〈無效다〉라고 통고문을 발송하게 되자, 三〇人 宗會는 사실상 결렬되고만 셈이 되었다.

그 후, 兩側에서 각 五名, 문교부가 지명한 사회인사가 五명, 도합 一五人 宗會가 구성되어 宗憲을 다시 심의하였으나, 여전히 제九조 승려자격 규정에서 암로에 부딪혔다. 그러나, 比丘側은 더 지체할 수 없어 사회인사 五명의 찬성을 얻어 종헌을 통과시킨 후 새 宗憲에 의하여 宗正을 추대하고 總務院長, 그리고 각 부장까지 선출한 다음, 五〇명으로 구성되는 宗會를 개최함으로써 統合종단의 기틀을 굳혔다. 그러나, 종회의원 구성 비율에서 一八席밖에 얻지 못한 대처 측은 총무원장 林錫珍의 사표를 제출하므로, 比丘側과 결정적 분열을 선언한 후, 一五人宗會의 不法을 法廷에 고발하였다. 이 소송은 一심에서 대처 측이 승소하고 고등법원에서 비구 측이 승소하는 등 反轉하다가 一九六九년 一二월 大法院의 確定判決에서 比丘側의 승소로 끝났다.

그렇다고, 이것으로 淨化를 둘러싼 분쟁이 終結된 것은 아니다. 對內的 宗團의 淨化가 自覺한 自主의 힘에 의하여서가 아니고, 官權의 介入을 허용한 他律的 힘에 의하여 촉발되고 진행되었기 때문에, 官權이 帶妻側을 比丘側과 그 宗憲·宗統 宗史가 類似한 宗派로 登錄을 승인하였을 때에도 比丘僧團은 이를 阻止하지 못하였다. 官權의 介入을 自律的으로 阻止못한 歷史는 이번 淨化鬪爭에서 비롯한 것은 아니다. 日帝시대나 解放後이나, 佛敎宗團은 항상 政

治權力의 介入으로 自覺과 自主의 立場을 잃어가고 있었다. 四半世紀를 겪어온 宗團의 苦難史 역시 自覺과 自主의 발판을 잃어버린 自體의 흔들림 위에서 엮어졌다. 自覺의 기반을 잃은 自體의 흔들림이 계속하는 限, 苦難의 克服은 어려울 것이다.

이승만 대통령의 유시와
불교 정화 운동의 전개*

◉

이재헌(금강삼종대학 교수)

*본 논문은 『대각사상』 22(서울: 대각사상연구원, 2014)에 수록된 것이다.

Ⅰ. 시작하는 말

한국불교의 현재를 결정짓는데 가장 중요한 역할을 했다고 평가되는 불교
정화운동[1]의 발발 시점에 대해서는 일제강점기로 보는 의견과 해방 이후로 보
는 의견 등이 있다. 어느 쪽이든 불교정화운동이 본격적으로 전개되는데 있어
서 이승만대통령의 유시(담화)[2]가 가장 결정적인 역할을 했다는 점을 부인하지
는 못한다.

이승만대통령은 1954년 5월 20일부터 시작하여 1955년 12월 8일까지 약 1
년 반 동안 총 7차[3]에 걸쳐 유시를 발표하여 정화운동의 동력을 제공하였다.
그 동안 불교정화운동에 대한 연구를 통해 이승만 대통령의 유시가 일부 소개
되기는 하였지만 단편적인 데 그쳤고, 7차에 걸친 유시(담화)[4] 전문을 소개한

---

1) 불교정화운동의 공과(功過)를 평가함에 있어서 이를 부정적인 시각으로 보려 하는 사람
   들은 이를 '법난(法難)', '분규(紛糾)' 등으로 부르고 있다.
2) 제1차(1954.5.20.) : 『태고종사』, 종단사간행위원회, 2006, pp.248-250.
   제2차(1954.11.4.) : 「倭式宗敎觀 버리라」, 《서울신문》, 1954.11.6.
   제3차(1954.11.19.) : 「불교계 정화 희망 ─李대통령 순리해결을 종용」, 《서울신문》,
   1954.11.20.
   제4차(1954.12.16.) : 「順理로 解決하라, 帶妻僧은 물러가고」, 《서울신문》, 1954.12.18.
   제5차(1955.6.16.) : 「帶妻僧은 還俗하라」, 《평화신문》, 1955.6.17.
   제6차(1955.8.4.) : 「倭色僧侶는 물러가라 이대통령 불교문제에 言明」, 《동아일보》,
   1955.8.5.
   제7차(1955.12.8.) : 「佛敎에 關한 件」, 『태고종사』, pp.352-354.
3) 이승만대통령의 유시가 8차에 걸쳐 이루어졌다는 설도 있지만, 면밀하게 검토한 바로
   는 총 7차에 걸친 유시가 있었던 게 타당하다. 8차설은 1955.7.13.~7.15에 있었던 사찰
   정화대책위원회의 3차에 걸친 회의 내용 발표를 담화의 한 형태로 포함시키는 데서 나
   오는 것인데, 이는 엄밀히 말해서 이대통령의 유시(담화)가 아니기 때문에 제외하고, 이
   대통령의 유시는 7차에 걸쳐 이루어 진 것으로 보는 게 옳다고 본다.
4) '유시'로 볼 것이냐 '담화'로 볼 것이냐에 대해서는 정화운동을 평가하는 시각에 따라 다
   를 수 있을 것이다. 여기서는 불교정화운동에 끼친 이승만 대통령의 영향력이 지대했다
   는 평가 아래 일단 '유시'로 보고자 한다.

연구는 없었다. 따라서 이 연구는 불교정화운동에 영향을 끼친 이승만 대통령의 유시 전문을 발굴하여 소개하는데 가장 큰 의의를 둔다. 양자의 관련성에 대하여 정확한 객관적 평가를 하기 위해서는 대통령 유시의 일부만 가지고 논할 것이 아니라 그 전문을 면밀히 분석하여 종합적인 평가를 해야 할 것으로 보기 때문이다.

그리하여 본 논문에서는 불교정화운동에 가장 결정적인 영향을 끼쳤다고 평가되는 이대통령의 유시, 또는 담화를 전문 그대로 소개하고, 그것이 정화운동의 고비마다 어떤 역할을 하였고, 그로 인해 정화운동의 흐름이 어떻게 전개되어 나갔는지를 소개하고자 한다. 비구-대처 양측의 입장에 대해서는 가급적 중립의 입장에서 소개하고자 하였는데, 비구 측의 입장을 전하는 자료로서 『한국불교승단정화사』를 주로 참고했고, 대처 측의 입장에 대해서는 『태고종사』를 참고했다. 또한 당시 여론의 흐름을 이해하는 것이 중요하다는 판단 하에 신문자료를 많이 활용하였는데, 『한국불교승단정화사』와 『신문으로 본 한국불교근현대사』를 많이 참고하였다.

Ⅱ. 제1차 유시(1954.5.20.)[5]

貞陵에 있는 慶國寺 주지되는 金普現 大師는 우리나라에 희귀한 사람이며 귀한 사람이다. 우리가 귀하게 여기지 않을 수 없는 것은 그 절이 들어가 보면 洞口에서부터 基地와 樹木 보유에 전력해서 싸워온 것을 볼 수가 있으니, 어떤 절에서는 주지라 하는 사람들이 국가공유물인 산림을 모두 作伐해서 팔아먹었으며 사찰의 유물들을 破壞漏落된 것을 하나도 돌아보지 않는 이런 시대에, 이 절에는 죽은 나무 하나도 베지

---

5) 『태고종사』, 종단사간행위원회, 2006, pp.248-250.

않고 보유해 두었으며 난리 적에 공산군이 이 집을 점령해야 된다는 것이 여러 번 있었으나 이 분의 말이 이 절에는 내 시체를 밟고 와야만 점령하게 될 것이라고 막고 왔으니, 절의 보살과 난등 깨어진 형체를 다 손으로 만들어서 고치기도 하고 새로 만들기도 해서 圖畵 그림 그린 것이 손으로 만들었으며 그 절뿐이 아니라 다른 곳에서도 미술가를 요구할 때에는 이 중의 힘으로 만들어 놓고 있으며 서울 종로에 普信閣을 丹靑으로 채색할 때에도 이 중의 손을 빌어서 한 것이므로 동양에 가당 특수한 우리나라 宮室과 사찰건물을 채색단청하는 등에는 유일한 사람이므로 이 사람을 시켜서 이 고대건물 채색의 예술을 보유하기 위해서 학생을 4, 50명 모아다가 교육하려는 중이라 한다.

그 가운데에도 이 김대사를 더욱 존중히 여기는 것은 지나간 40년 동안에 日人들의 저의 소위 神道라는 것을 들여다가 지의 皇帝를 天神처럼 섬기는 제도를 만들어서 神社參拜를 시킬 적에 宣敎師들 얼마는 신사참배를 거부해서 한국에서 逐出을 당한 사람들도 있었고 被迫 당한 사람들도 몇이 있었으나 우리 韓人 敎徒들은 신사참배를 거부해서 옥중에서 被迫 당한 사람의 수도 많고 죽은 사람도 여럿이 있었던 것이다.

동시에 일인들이 저의 소위 불교라는 것을 한국에 전파해서 우리 불교에 하지 않는 모든 일을 행할 적에 저의 소위 사찰은 도시와 촌락에 섞여 있어서 중들이 가정을 얻어 俗人들과 같이 살며 佛道를 행해서 온 것인데 이 불교도 당초에 우리나라에서 배우다가 형식은 우리를 模範하고 생활제도는 우리와 절대 반대되는 것으로 행해오던 것인데 이것을 한인들에게 시행하게 만들어서 한국의 고상한 불도를 다 말살시켜 놓은 것이다. 그 결과로 지금 우리나라 僧徒들이라는 사람들은 중인지 속인인지 다 혼돈되고 있으므로 우리나라 불교라는 것은 거의 다 유명무실로 되고 있는 이 때에 이 김대사는 단순한 우리나라 불교의 宗旨를 지켜서 승도의 도리를 더럽히지 않고 지조를 지키고 있음으로 또한 우리나라 승도의 표준 될 만한 것이 사실이다.

정부에서 극히 관심가지고 있는 사실은 우리나라 고대문명으로 명산대
찰은 세계에 희귀한 유물이니만치 그 유물과 역사를 보유해 두는 것이
나라를 사랑하며 민족의 영예를 높이는 자들에 각각 자기들의 믿는 종
교관계는 막론하고 이런 고적을 보유하며 개량해서 세계에 자랑하며
우리 후손에게 보여 주어야 할 터인데 지금도 높은 지조를 가진 중들
이 많이 있어서 굶어 가면서도 한 푼씩 사찰과 암자를 지키며 보유해
가는 사람이 있어서 전부가 다 破傷될 지경에는 이르지 않았지만 보통
형편을 보면 말 아닌 형편이므로 정부에서 특별히 결정하고 사찰에 속
한 佛糧畓이나 토지를 중들이 개척해서 농작할 만한 것은 절에 부쳐 주
어서 이것으로 생활을 보유하며 사찰을 지켜 간수케 한 것인데 어찌해
서 이런 전답을 내주지 않는 곳이 여러 곳 있다 하니 당국들이 속히 警
醒해서 타락되어 가는 건물을 하루 바삐 고칠 수 있도록 할 것이요 막
대한 고대 遺傳物을 길게 남길 것이니 지체 말고 실시해 주기를 부탁
하는 것이며 그 중에 긴요한 조건은 일인 중의 생활을 모범해서 우리
나라 불도에 위반되게 행한 자는 이후부터는 친일자로 인정받을 수밖
에 없으니 가정 가지고 사는 중들은 다 사찰에서 나가서 살 것이며 우
리 불도를 숭상하는 중들만을 정부에서 도로 내주는 전답을 개척하며
支持해 가도록 할 것이니 이 의도를 다시 깨닫고 시행하기를 지시하는
바이다. 이상.

해방공간에서 전개된 불교혁신운동은 불교개혁에 대한 여망을 등에 업고
재산통합, 교도제(敎徒制) 실시, 사찰령 폐지, 친일 세력 숙청 등 여러 가지 개
혁방안을 제기하였지만, 미군정의 기독교 우위 종교정책과 불교계의 뿌리 깊
은 내부 갈등[6]으로 인해 불교개혁의 토대를 마련하지 못하고, 오히려 갈등과

---

6) 당시 불교계의 분열은 보수-혁신, 친일-항일, 좌익-우익, 비구-대처 등의 복잡한 양
상으로 진행되었다. 이 점에 대해서는 이재헌, 「미군정의 종교정책과 불교계의 분열」,

반목의 어두운 그림자를 남기게 되었다. 물론 이러한 갈등과 혼란 속에서도 수좌들의 자생적인 정화 움직임이 태동되었음은 부정할 수 없다. '부처님 법대로만 살아보자'라고 시작했던 봉암사결사와, 계율과 비구중심 운영을 철칙으로 하면서도 점진적, 단계적 개혁 방안을 제시했던 만암(曼庵)의 고불총림(古佛叢林), 그리고 농지 개혁의 과정에서 위축된 사찰경제로 인하여 생존과 수행 공간 확보라는 절체절명의 명분을 내걸고 수좌 전용 사찰 할애를 요구했던 수좌들의 요구 등이 바로 그것이다.

이렇듯 불교 내부에서 정화에 대한 당위성이 확산되어 가는 분위기에서 1954년 5월 20일 이승만 대통령의 제1차 정화 유시가 나왔다. 골자는 일본식의 불교에 물들어 있는 승려들이 사찰의 재산을 사유화하여 내놓지 않음으로 해서 우리나라의 귀중한 문화재인 사찰을 수호하는데 어려움이 있다는 것이고, 일인 중의 生活을 모범해서 우리나라 불도에 위반되게 행한 자는 이후부터는 친일자로 인정받을 수밖에 없으니 가정 가지고 사는 중들은 다 사찰에서 나가 살라는 것이다. 전통사찰을 우리나라의 문화재로서 보호해서 한다는 것과 토지개혁으로 농민들에게 이미 분배된 사찰 농지를 반환하도록 해 준 자신의 불교계에 대한 은덕을 은근히 과시하고 있다. 아울러 대처승은 곧 친일승려라는 이승만의 불교관이 잘 나타나 있다.[7]

또한 글의 마지막 부분에 "이 의도를 다시 깨닫고 시행하기를 지시하는 바이다 이상"과 같은 표현에서 보듯이 명령조의 지시문을 내리고 있어서 민주국

『불교정화운동의 재조명』, 조계종출판사, 2008, pp.28-37을 참조할 것.

7) 이승만이 왜 이런 생각을 갖게 되었는가와 관련하여 몇 가지 이야기가 전해진다. 즉 서울 교외의 奉國寺에 갔을 때 절에서 살림하는 모습을 보게 되었고, 관악산의 한 암자에 갔을 때는 일본에서 돌아온 승려가 일본 여인과 살고 있었는데, 법당에는 천황의 만수무강과 소위 皇軍의 무운장구를 비는 주련이 그대로 걸려 있어서 한국불교에서 왜색을 일소해야 한다는 생각을 갖게 되었다는 것이다. 또한 충남의 灌燭寺에 갔을 때는 당황한 주지가 장발을 감추기 위해 모자를 쓰고 양복 위에 장삼을 입고서 대통령을 맞았는데, 그 모양을 본 이대통령은 불교계를 정화해야 하겠다는 생각을 더욱 굳혔다고 한다. 강석주 · 박경훈 공저, 『불교근세백년』, 중앙일보사, 1980, pp.240-241.

가의 대통령이라기보다는 마치 제왕 같은 권위적 목소리를 높이고 있다. 실제로 대통령의 사찰정화에 관한 지시담화는 절대적 권위로 작용하여 한국불교계에 엄청난 영향을 끼친 것이 사실이다. 불교계 내부에서 교단 자체 정화의 움직임이 활발해지려는 그때에 소위 대통령의 유시가 폭탄처럼 떨어져 교단 분쟁의 불씨에 걷잡을 수 없는 발화(發火)의 기름 구실을 하기에 이르렀다.[8]라고 하였다.

먼저 총무원에서는 1954년 6월 20일에 중앙교무회의를 열어 한국불교를 '한국불교 조계종'으로 종명을 정하고 교헌(敎憲)을 종헌(宗憲), 교정(敎正)을 종정(宗正)으로 고치기로 결의하였다. 그리고 타협안을 내놓았는데, 사찰 48개를 비구승에게 주고 대처승의 처자는 절 밖으로 옮기기로 결의를 하였다. 비구승들은 8월 24일 선학원에서 전국 비구승 대표자 회의를 개최하여 교단 정화를 결의하였고, 다시 9월 28일~29일 전국 비구승 대회를 열고 별도로 종헌을 제정하고 기성 기구 및 종헌을 부인하는 한편 대처승은 승적에서 제거할 것, 대처승은 호법중(護法衆)으로 할 것, 교권은 비구승에게 환원할 것, 대처승은 10년 이내에 사찰로부터 퇴임하라 등을 주장하였다. 아울러 종조는 보조국사로 할 것을 주장하고 각 부처 간부를 비구승으로 개선 결정하였다.[9]

당시 언론에서는 비구승대회를 전후한 양 진영의 입장을 다음과 같이 전하고 있다. 즉《자유신문》에서는 '불교계 공전의 파동, 총무원과 선학원 암투 치열, 27일의 비구승 궐기대회가 주목'이라는 제하의 기사에서[10]

총무원 측에서는 동대회의 소집을 종헌위반(宗憲違反)이란 이유로 이를

---

8) 『태고종사』, p.257. 그 당시 일간신문에서도 "이 사찰 정화를 위한 담화는 곧 영도권을 잡지 못하고 있던 비구승들이 떠받치게 되어 '사찰정화'라는 푸락카드까지 내걸고 대처승에게 대항하게 된 것이 동 문제의 발단이 되었다."(《경향신문》, 1954.12.20. 일자)고 쓰고 있다.
9) 《조선일보》, 1954.11.28., 《경향신문》, 1954.12.20.
10) 《자유신문》, 1954.9.28.

경원시(敬遠視)하고 있을뿐더러 이 대통령의 담화를 계기로 비구승들이 일어선다는 것은 정치에 대한 아부라고 비난하고 있으며, 이에 대해 비구승 측에서는 이번 대회를 계기로 하여 이제까지 불우한 처지에 있었던 자기들의 처지를 만회하는 동시에 불교본래의 위상을 확립하여 불교계를 정화하겠다고 주장하고 있으며, 5월 20일자 이대통령의 담화는 다만 자기들이 궐기하는 하나의 계기에 불과하다고 말하고 있다는 것이다.

양 진영의 입장이 명백하게 갈라지고 있음을 확인할 수 있다. 다만 총무원 측에서도 이대통령의 유시 그 자체에 대해서는 '퇴폐한 사회상에 물들어 퇴폐되어버린 불교계를 정화하라'는 것으로 감사하게 받아들여 이를 받들고 있지만, 대처승을 친일파라고 규정한 데 대하여는 불만을 표명하고 있다. 아울러 "250계를 완전히 준수한 본래의 비구승은 우리나라엔 한 사람도 없으며 비구승이라고 떠드는 승려는 모두가 수행승(修行僧)이라고 규정하면서 그들은 사찰을 점령하려는 물욕에 좌우되고 있다."고 비난하고 있다.

이러한 비판에 대해 선학원 측의 하동산(河東山)은 "우리는 아무런 물욕도 없고 다만 불교계의 정화를 위하여 힘쓸 뿐이다. 사찰을 차지하거나 못하는 것이 문제가 아니고 다만 참된 조계종을 확립하고저 할 따름이며 비구승이 한 사람도 없다는 데 대하여는 우리도 시인하나 다만 앞으로 비구승이 될 것을 목표로 노력하려는 것이다."라고 말하였으며, 대처 측 총무원장 박성하(朴性夏)는 "시내에만도 300여 개소가 되는 유흥장화한 사찰을 정리하는 것이 불교계의 급선무다. 불교계를 정화하라는 이대통령의 담화는 감사하나 대처승을 모두 친일파라고 규정한데는 불만이 있다."라고 말하였음을 전하고 있다. 양측의 입장을 비교적 소상하게 중립적인 입장에서 전하고 있음이 주목된다.

한편 대처승측은 10월 9일, 11일 종단기관장 연석회의를 열어 비구승대회에 대한 대책을 논의했다. 여기에서 "1. 삼보 사찰인 통도사, 해인사, 송광사를 비구승에게 수도장으로 제공한다. 2. 각기 종조(宗祖)를 달리하여 분종한다. 3.

이승만 대통령의 유시와 불교정화 운동의 전개 • 295

호법중은 될 수 없다."는 내용의 결의를 하였다. 이어 사찰 경내에서 대처생활 하는 자는 10월 말까지 사찰 밖으로 자진 퇴거할 것을 지시한 다음, 비구승측에 양측에서 각 5명의 대표를 선출하여 원탁회의를 열자고 제의하였다. 이어 열린 회의에서 대처승 측에서는 대처승을 호법중으로 한다는 헌장에 대해 반대하고 교화승으로 해야 한다고 주장하였으며, 비구승대회에서 제정한 종헌은 비법적이라고 주장하였다.[11]

이때 양측 5인 대표 회동에서 제시된 비구승 측 의견은,

(1) 승려가 취처하면 동시에 승권은 상실되는 것이니 僧字 해소하고 신도가 되라.
(2) 首座스님네는 比丘衆이며 事判(帶妻僧)은 護法大衆으로 규정한다.
(3) 수좌스님은 불타의 嫡子이니 三寶護持와 敎團領尊은 필히 우리의 주장대로 佛戒에 의하여 준수하라.
(4) 불타께서 말세 불법은 국왕께 부촉하라 했으니 自家肅正을 못할 때는 말후에 가서 국력을 빌릴 수도 있으리라.

였고, 대처승 측 의견은

(1) 우리는 幼時로부터 불타의 釋恩으로 장성해왔는데 죽었으면 죽었지 僧자는 못 떼겠다.
(2) 수좌스님네는 修行僧團, 事判僧(帶妻僧)은 敎化僧團이라고 한다.
(3) 우리도 老師는 禪師 또는 律師이니 우리는 대처만 했을 뿐이지 비구가 아니라고 할 수 없다.
(4) 한국불교는 민주주의 법치국가라, 대통령 명령대로만 될 수 없다. 고집

---

11) 《평화신문》 1954.10.11., 《연합신문》 1954.10.12.

하면 裁判打倒한다.[12]

이러한 대처승 측의 강경한 태도에 대하여 비구승 측의 이효봉 선사는 단식을 감행하였고, 이순호, 정금오, 최원허, 김적음, 윤월하 선사는 10월 11일 경무대를 예방하고 불교정화를 위한 강력한 유시를 다시 내려 주기를 요청하였다고 한다.[13]

결국 11월 4일 이대통령의 제2차 유시가 발표되었다.

Ⅲ. 제2차 유시(1954.11.4.)[14]

倭式宗敎觀 버리라.

이대통령은 四日 공보처를 통하여 왜식 종교관(宗敎觀)을 버리고 대한불교(佛敎) 전통의 부흥을 위하여 황무한 각 사찰과 전각을 수리하고 보유하도록 하라고 다음과 같은 담화를 발표하였다.

내가 기왕에도 얼마 전에 한 번 이런 말을 발표한 일이 있었는데 우리나라에 불교(佛敎)가 온지 오랜 역사를 가졌고 또 명산대처(名山大處)에 곳곳에 유명한 사찰(寺刹)과 불당이 있어서 각각 빛난 역사를 가졌으며 또 건물이 다른 특이(特異)한 미술(美術)로 만들어서 동양(東洋)의 모든 사찰을 구경한 사람들은 우리나라의 건물을 보고 특별히 기이(奇異)하게 여기는 것이 사찰이다.

---

12) 『한국불교승단정화사』, pp.78-79.
13) 같은 책, p.82.
14) 《서울신문》 1954.11.6.

내가 어렸을 적에는 불당(佛堂)에도 다녔고 불공에도 참가하였으나 이것은 어른들의 지휘 하에서 한 것이며 지금에 와서는 내가 불교에 신앙(信仰)을 두고 숭배하는 사람이 아니므로 종교적(宗敎的) 관계는 아무 인연이 없으나 우리나라 문화상(文化上) 고적(古蹟)을 보유(保有)하고 세계문화를 구경시키기에는 이에서 더 긴중(緊重)한 일이 없으므로 가장 내가 긴급히 생각하는 바는 각 사찰의 소속농지(所屬農地)로써 그 근처의 중들이 농사짓는 토지는 도로 내어주어 중들이 절에 들어가서 먹고 살 자리를 만들어 주어 타락하고 황무(荒蕪)한 사찰과 전각(殿閣)을 다시 수리(修理)하고 보유(保有)해서 고적을 유지하도록 하자는 것이 한 급무(急務)로 아는 바이다.

나라마다 세계유람객이 돌아다니며 구경할 때에 산천경개와 도시 궁궐도 구경하는 순서 중 긴요한 것이지만 더욱 어느 나라를 가든지 그 나라 성전(聖殿)과 예배당(禮拜堂)을 구경하면 그 나라의 문화진보가 어떻게 된 것을 판단(判斷)하는 것이므로 나라마다 유명한 불당과 성전을 굉장하고 기이하게 만들어서 서로 자랑하는 바인데 우리나라에서는 유교(儒敎) 성균관(成均館)과 향교(鄕校) 이외에는 특별히 굉장한 건물로 이름난 곳이 많지 아니하여 오직 불교의 큰 불당과 암자(庵子)를 심산유곡(深山幽谷)에 세상과 떨어져서 별세계를 이루어 놓고 기이한 전각들을 지어서 세상과 따로나서 진간(塵間) 밖에 초월하게 만들어 놓은 고로 외국인들이 이것을 구경하더라도 우리 불도(佛道)의 고상(高尙)하고 또 청정(淸淨) 적멸한 사상과 정신이 포함되어 있는 것을 알게 되는 것이다. 동양에서도 우리 불교는 중국(中國)과 일본(日本) 불교에 비하여 특별히 탁월하고 특출한 기개(氣槪)를 가져서 중이 가정(家庭)을 이루지 않고 불교의 도리만 지켜서 종사하며 인간 세상의 향락을 다 거절함으로써 육식(肉食)을 먹지 않고 인간영예(人間榮譽)와 육신상부귀(肉身上富貴)를 다 초개(草芥)같이 보고 도(道)를 닦아서 후생(後生)길을 인도하는 것이므로 그 중에 유명한 도승(道僧)과 지상생불(地上生佛)이라는 사람들이 역사상에 많이 있어 내려온 것이다.

그런데 원래(元來) 불교는 우리나라에서 일본에 들어간 것인데 일본에 들어가서는 변(變)하여 우리불교 같지 않는 일이 많이 있게 되었으며 지나간 사십년 동안에는 일본이 한인들을 일본화(日本化) 시키기 위하여 풍속과 습관을 일인이 하는 대로 시키기를 백방으로 노력하던 중 일본의 소위 신도(神道)라는 교(敎)를 숭상(崇尙)하기로 해서 모든 종교단체를 동원하여 시중회(時中會) 등등을 만들어 그것을 중심으로 하여 한국 각지에 신궁(神宮)을 만들고 각 종교 신자를 강제로 매삭(每朔) 초하루 보름마다 신궁에 참배(參拜)케 해놓고 참배하지 않는 사람은 벌(罰)을 주고 형(刑)을 행한 까닭으로 외국 선교사들이 거기 가서 절하고 고개 숙일 때에 우리 한인들 신자(信者)는 이것을 반대해서 잡혀가 벌 받는 사람의 수가 많았고 순교(殉敎)해서 옥(獄)에서 죽은 사람도 많이 있었던 것이다.

이와 같이 할 적에 일본중(僧)들이 와서 한인들을 일본불교로 '부처'를 숭배케 한다고 일본풍속으로 중이 고기도 먹고 처첩(妻妾)도 두고 못하는 일이 없게 만들어 놓았던 것이다. 그러나 일인을 따라가야만 하는 그 친일세계에서 왜중(倭僧)이 많이 생겨 가정(家庭)들을 이루어놓고 살 적에 중(僧)인지 속(俗)인지를 모르고 지내게까지 되었던 것이다. 그리하여 우리나라 불교는 자멸해서 중들이 절에서 부지를 못하게 되고 각처에 흩어지게 되었음에 높은 지위(地位)와 세력(勢力)있는 자리는 다 그 사람들이 차지하고 횡행(橫行)하게 되었던 것이다.

그 중(中)에는 물론(勿論) 불교를 진정으로 믿고 마음으로는 한국불교를 행하는 사람들이 없지 않은 것이지만 대체(大體)로는 다 일본불교가 성(盛)해져서 한국의 고상한 중들은 거의 다 출두를 못하게 되었던 것이다. 지금 우리나라에서 이남(以南)만이라도 국권(國權)을 회복해서 우리나라의 만년자유복락(萬年自由福樂)의 기초를 세우려는 이때에 일본이 우리나라의 모든 재산(財産)의 85퍼센트가 저희 재산이라 하며 우리나라의 소위(所謂) 합병보호(合倂保護) 조약이라는 것을 다 무시하자는 우리의 주장을 거부(拒否)하고 있으며 지금까지도 우리와 동등으로 자유를 누리자는 것은 절대로 허락하지 아니하고 우리의 주장하는 바의 평화선(平和線)을 절대로 거부해서 저의가 자의(恣意)로 들어와야 한다는 것을 고집하고 있으며 또 이면(裏面)으로는 친일(親日)하는 소수의 한인을 저의 나라에 보호해두고 역명(逆名)을 가지고 도망한 사람들을 이용(利用)해서 한국을 다시 침략할 주의(主義)를 가지고 있는 이때에 우리 한인으로서는 이것을 그대로 포용(包容)할 수 없는 형편이므로 조만간(早晚間) 국제상 문제로 해결하기를 노력하고 있는 중이다. 이것이 우리나라 과거경험을 간략(簡略)과 우리 형편상 이 관계를 말한 것이며 이러한 중에서 한국정신을 가진 한인으로서는 중(僧)이나 속(俗)을 물론하고 우리의 반만년(半萬年) 내려오는 문명국의 독립자유를 목숨을 내놓고 싸워서 회복하려는 이때에 친일하는 사상을 가지고 국권의 위험을 염려치 않는 사람이 있다면 이것은 한인 전체가 포용할 수 없는 것이다. 그 중에서 모든 승니(僧尼)들은 먼저 애국정신을 발휘해서 일제히 대궐기(大蹶起)하여 일본의 정신이나 습관을 흡수한 것은 일체(一切) 내버리고 완전한 한인의 태도와 결심을 가져서 각 개인에 다소(多少)의 손해와 어려운 일이 있더라도 폐(廢)하고 돌아앉아서 애국애족하는 충심(衷心)을 발휘하여 대한민국의 만년기초를 세우는데다 공헌하는 사람이 되도록 힘써야 될 것이다.

그러니 내가 바라는 역사적인 대한불교(大韓佛敎)를 숭배해서 그 제도대로 행하여 그 제도를 회복하고자 하는 중(僧)은 다 일대궐기해서 애국심을 표명할 것이며 또 일본풍속으로 중노릇을 하던 승니들은 일시에 습관을 고쳐서 혼인(婚姻)한 사람이 다 다시 '홀아비'나 '과부' 생활하는 것은 못할지라도 그런 사람들은 사찰 밖에 나가서 속인(俗人)과 섞여 살도록 하며 우리나라의 예전 전례(前例)로 신성하다는 도리를 지키는 중(僧)과 여승들은 각 절과 승방(僧房)에 가서 다 중이 되어 다시 그 조직을 전국적으로 완성해서 우리나라 불교의 조리(條理)를 복구하며 각처에 절과 암자 등의 모든 건물을 다 차지하여 절에 소속된 농지와 건물 물건

등을 사찰명의(寺刹名義)로 소유권을 분명히 맡게 하되 먼저 그 중의 조
직체를 관할(管轄)하는 조리가 있을 것이니 그 조리를 따라서 공결(公決)
로 시행하되 그 작정된 대로는 관계기관의 허락을 받아 그 재산을 보유
하며 수리개량에 책임을 지도록 하여야 할 것이다.

여기에는 불교를 문화유산으로 보는 시각과 사찰 농지 반환에 대한 은덕 과
시, 그리고 일본풍의 대처승려가 횡행하고 있는 불교현실에 대한 개탄, 친일
승려에 대한 우려 등이 나타나 있다. 그리고 비구승들에게는 총궐기하여 애국
정신을 발휘하기를 충동하며 대처승들에게는 사찰 밖으로 나갈 것을 종용하
면서, 비구승들이 사찰과 사찰 재산을 차지하여 불교재산의 보호와 수리개량
에 힘써야 할 것을 주문하고 있다. 1차 유시에서는 대처승들에게 절 밖으로 나
가 살라는 명령을 내리고 있으나, 2차 유시에서는 비구승들에게 총궐기하여
적극적으로 사찰을 차지하라는 주문을 하고 있는 것이다.

대통령의 담화(유시)를 확인한 비구승들은 바로 다음 날인 11월 5일 태고사
를 점유하는 동시에 '佛敎總務院' 간판을 제거하고 '佛敎曹溪宗 中央宗務院'이
란 간판을 붙였으며, 太古寺에 '曹溪寺'란 간판을 바꿔 달게 되었다.[15] 그리고
총무원 간부들에게 종권과 사무인계를 요구하였다. 이후 11월 17일에는 대처
승 측에서 간판을 떼려다가 난투극이 벌어져 대처승 측에서 3명, 비구승 5명
의 중경상자가 나오기도 했다.[16] 태고사를 둘러싼 이러한 유혈 난투극은 결국
정화운동의 문제를 사회문제로 비화시키는 계기가 되었다.

---

15) 대처승 측에서는 비구승들이 태고사의 간판을 떼고 조계사의 간판을 붙인 것에 대해
"물론 총무원을 종무원을 바꾼 것처럼 기존 종단본부를 점거하여 새로운 종단체제를
갖춘다는 뜻도 있겠지만, 그것보다는 그들에게는 조계종의 종조가 佛日普照國師이므
로 태고국사의 법호를 따서 절 이름으로 삼은 태고사는 옳지 않기 때문이었다.… 그들
은 그와 같이 보조국사 종조설을 내세움으로써 종권 장악의 정통성을 합리화시키는 하
나의 구실을 삼고자 한 것인 듯하다."라고 말하고 있다. 『태고종사』, p.262.
16) 《조선일보》 1954. 11. 19.

태고사 점거 이후 양 진영에서는 자신들의 입장을 대내외에 알리기 위해 호소문과 성명서 등을 발표하였는데, 먼저 비구승 측에서는 11월 10일 종정 하동산(河東山), 부종정 정금오(鄭今烏), 도총섭 이청담(李青潭) 명의로 성명서를 발표하였다. 거기에 보면

1. 한국불교는 宗風上 法統上 本宗에 귀일되었나니 한국 내에는 본종 이외 타종파가 있을 수 없다.
2. 재래 娶妻 肉食 飮酒하는 승려는 일절 僧籍에서 削出하여 '護法衆'이라는 신도로 취급할 것이다.
3. 사찰 및 종단 기관은 전부 본종에서 인계 관리할 것이며 재산 사용에 대하여는 三寶護持의 목적에만 국한될 것이다.
4. 재래교단을 壅斷하던 帶妻倭色僧들이 自家의 救命策으로 본종을 훼방코저 종종 선동하는 《경향신문》이 있음을 경계하는 바이다.[17]

이에 대하여 대처승 측에서도 총무원장 박성하(朴性夏) 명의로 '불교계의 비상사태를 호소함'[18]이란 글을 발표하였다. 그는 여기에서 비구승들의 종권 이양 요구에 대하여

설사 비구승에게 그 관리권을 이양한다 하더라도 敎化僧 동문의 太古 法孫에게 한정할지언정 目下 태고사에 불법 침입한 태고국사를 배척하고 보조국사를 종조로 한다는 換父易祖한 소위 비구승들에게는 이양할 아무 근거도 없고, 또한 그들이 이것을 요구할 하등 권리도 없습니다.

라고 하였다. 또한 "저 비구들은 대부분이 帶妻, 秘密帶妻生活, 飮酒食肉하

17) 《서울신문》 1954.11.13.
18) 『태고종사』, pp.262-265.

므로 진실한 비구라고 수긍할 수 없을 뿐만 아니라…"고 하여 비구승들을 비판하였고, 사태해결책으로서는

> 전국 사찰이 1,200여이므로 불과 200의 비구승으로서는 당분간 수호 운영키 불가능하므로 旣히 전국을 통한 50개寺를 수도장으로 선정하여 그들을 集團安居케 하고 그 比丘僧徒弟를 점차 養하려 하며 또한 각계가 희망하는 사찰정화는 이대통령 각하의 유시를 받들어 敎化僧이 일층 勵行 중이므로 앞으로 그 성과가 현저히 구현될 것입니다. 금번 자칭 비구승들의 태고사 불법침입 등의 망동은 사찰과 승려정화보다 농지반환으로 사찰재산이 확보될 것 같은 誤見下에 物慾之輩가 관건이 된 것으로 인정 아니할 수 없습니다.

라고 하여 점진적, 단계적 정화의 방안을 제시하기도 하였다.

한편 비구승과 대처승 간의 투쟁이 심각한 상태에 돌입하자, 11월 15일 문교부에서 비구승과 대처승 간의 양 대표를 소집하여 사태수습을 위한 회의를 개최하였으나 아무런 성과도 얻지 못하였다. 양 대표는 서로 일방적인 조건만을 내세웠으니, 비구승 측에서 대처승은 승려가 아니니 불교의 호법중(護法衆)으로 대외적인 사무적 분야만을 담당하고, 비구승은 수행승단으로 도에만 전력하도록 하자고 제안하였다고 한다.[19]

이런 가운데 이승만 대통령의 제3차 유시가 나왔다.

---

19) 《조선일보》 1954.11.17.

Ⅲ. 제3차 유시(1954.11.19.)[20]

불교계 정화 희망
李대통령 순리해결을 종용

이(李)대통령은 19일 상오 "불교계의 정화를 위하여 순리로운 해결을 하는 방도로서 불교도는 정부방침에 순응하라."고 요지 다음과 같은 담화를 발표하였다.

우리 정부에서 해가려는 것은 이전 한국에서 해가던 것을 할 수 있는 대로 필요한 것은 복구하고 일인(日人)들이 들어와서 강제와 세력으로 해서 한인들을 일본화 시키려고 했던 것은 다 폐지시키려는 것인데 이 정책은 정부에서나 민간에서나 동일한 보조로 나아가야 할 것이다.
요사이 문제가 되어있는 일본식 중(僧)에 관해서 이 정책을 행하는 방식으로는 정부에서 이 사실을 공포하고 일본식 중을 다 내보내라고 하면 무슨 다른 수가 없을 것이나 이런 강제의 색태(色態)를 보이지 아니하고 순리(順理)로 일본식 중들이 이것을 양해하고 각각 형편을 따라서 이 제도를 복종하면 이 문제가 순리로 해결되고 가정가진 중들이 민간에 섞여 살면 아무 문제가 없을 것이므로 이 정책으로 행해가자고 몇 번 성명했던 것이다. 그러므로 각각 개인들의 사사의견을 붙여가지고 이론(異論)을 만들지 말 것이고 정부 관리들은 중앙(中央)이나 지방이나 다 이 정책으로 주의해서 한국불교가와 일본불교가를 나누어 놓고 일본식 중들은 차차 양보하고 충돌(衝突)없이 자발적으로 해나가도록 권면(勸勉)해야 할 것이고 여러 가지로 순리방침으로 해도 일본식 중들이 짐짓 반

---

20) 《서울신문》 1954.11.20.

항해서 쟁론(爭論)을 일으키려고 할 때에는 그제는 정부에서 이 정책을 포기(抛棄)하고 원칙대로 집행해 나가려는 것이니 이 의도를 잘 양해하는 중에서 각 개인에게나 전체에게 손해가 없기를 바라는 바이다.

내용은 대처승, 곧 일본식 중은 사찰에서 순순히 나가라는 것이고, 그러지 않을 때는 강제로라도 집행하겠다는 것이다. 비구-대처 양 측의 분쟁에 대해서 일방적으로 비구 측의 손을 들어 주는 것이며, 대처승들에게는 거의 협박성 통첩이라 해도 지나치지 않을 것이다.

태고사를 사이에 둔 양측의 계속된 유혈 투쟁에 대해서 언론의 논조는 비판적이었다.

是非曲直은 어하든 간에 불교의 정신을 위하여 슬퍼할 일이다. 벌레 한 마리도 살생을 함부로 하지 않는 것이 불교의 참된 자비정신이 아닌가? 그런데 그들이 아침저녁으로 佛經을 외우면서 그의 뒤를 따르겠다고 합장하는 부처님을 앞에 놓고 어떻게 기와장으로 때리고 주먹으로 치고 하여 붉은 피를 흘리게 한단 말인가? 이렇게 하여야 修道가 되고 이렇게 하여야 覺을 할 수 있단 말인가? 그들이야말로 口頭禪만 일삼는 승려라 할 것이다.… 史上의 유명한 고승들이 權力다툼, 利害다툼을 하였다는 말은 듣지 못하였을 것인데 領導權이니 무엇이니 하여 流血劇까지 연출했다 하니 淨化하기 위한 淨化라고 웃을 일은 못된다.… 大慈大悲한 부처님은 '나무아미타불'만 외우면 용서할지 모르나 일반 세인은 이런 속된 싸움에 이맛살을 아니 찌푸릴 수 없다.[21]

21)《조선일보》1954.11.22. 이 밖에도 같은 날짜《연합신문》에서는 '나날이 심각해지는 불교계 파동, 이번엔 看板떼기 싸움, 比丘僧 帶妻僧 분쟁이 이제 最高潮'라는 제하의 기사를 통해 양측의 분쟁을 비판적으로 평가하고 있다.

이런 상황에서 11월 20일 총무원 측은 중앙종회를 열어 해결책을 논의하였다. 종헌을 개정하고, 또 수행승단의 안주처인 종단 최고의 수행도량으로서 삼보사찰(통도사, 송광사, 해인사)을 설정하였다. 그리고 간부원이 인책사퇴하면서 태고문손(太古門孫)의 비구승으로 총무원의 간부 전원을 교체 개선(改選)하였으며, 태고사를 점거한 비구승들에 대해서는 퇴거를 명한 뒤에 불응 시에는 고소하겠다는 의지도 피력하였다.

당시《조선일보》에서는 이러한 대처승 측의 움직임에 대해

> 대통령 유시에 의하여 대의명분을 세우기 위하여 불교정화를 하되 자기파의 비구승을 기용함으로써 표면 정화를 표방하고 그 실은 민의원 위원 최갑환(崔甲煥), 김법린(金法麟) 등의 지지 하에 중앙은 물론 각도 지방 교무원도 점차 자파측 세력을 은연중 부식하여 그 주도권을 장악코자 대대적으로 전국 각 승려의 포섭공작을 활발히 전개하는 한편 국회를 비롯한 정계 및 언론계의 지지를 얻어 극력 현 선학원 비구승파 세력을 좌절시키는 동시에 재단과 불교의 주도권을 장악코자 획책함이 간주된다. 한편 선학원 비구 측은 전국에 약 350명가량의 비구승이 있으니 현재 선학원에 집결 중인 하동산을 중심으로 한 비구승은 70명에 불과하며 그 외 280명 정도는 총무원 측에 포섭당할 기세가 적지 않다. 비구 측에서는 대통령 유시를 유일한 무기로 당국에 호소하여 그 원조 하에 전국불교주도권을 장악하고자 노력 중인데 최근에는 불교부인회와 거사림(居士林)을 활동시키고 있으며 이면에는 백성욱(白性郁)의 후원을 받고 있는 모양이다.[22]

라고 하여 비판적인 논조를 보이고 있으며, 양 측의 세력 대결 양상도 전하

---

22)《조선일보》1954.11.28.

고 있다.

이런 가운데 11월 25일 대처승 측 총무원에서 자기들이 내세운 비구들에게 사무인계를 한다는 소식에 격분한 비구승들이 "사무인계를 하려거든 우리에게 하라."고 외치면서 사무실 문을 부수고 대처승 측 간부들에게 중상을 입히는 사건이 일어났다. 비구 측의 입장은 "중앙종회의 결정은 부당한 것이며, 그쪽에서 말하는 수행승은 대처승들이 갑자기 만들어낸 승려이므로 그들에게 종단을 맡길 수 없다."[23]는 것이었다. 결국 비구승들 사이에서도 헤게모니 문제로 분열이 일어나게 된 것이다.[24]

한편 또 다시 일어난 유혈 사태에 대해 비판적인 사회 여론이 들끓고 있는 가운데,[25] 12월 6일에 조계사 전 총무원 사무실에서 양측 대표 각각 20여 명씩 참석하는 회담이 있었다.

총무원측 주장 : (1) 비구승 측 憲章을 全廢하고 太古門孫이 되어 比丘
僧團을 조직할 것
(2) 대처승은 절대로 '僧'자를 아니 뗄 것
선학원측 주장 : (1) 帶妻하였으면 還俗하여 信徒로(護法僧) 불법을 옹호
할 것
(2) 僧權 행사는 比丘가 自處할 터이니 간섭하지 말 것[26]

---

23) 《동아일보》 1954.11.26.
24) 《경향신문》 1954.12.20.
25) 11월 26일자 《연합신문》에는 '佛像 앞에서 또 流血劇, 불교계 파동 드디어 絕頂에, 경찰관까지 동원, 쌍방난투 끝에 4명이 重輕傷'이라는 기사가 실렸고, 같은 날 자유신문에는 '宗會 결정은 표면상, 佛敎派爭 더욱 深刻?, 비구 측에선 당분간 관망 태도 표명'이라는 기사가 올랐다. 또한 《동아일보》에는 '불교계 분쟁 未熄, 어제 태고사서 일대 血鬪流血劇'이라는 기사가 게재되었다. 이어 11월 30일자 한국일보에는 '염불보다 잿밥 싸움, 이판사판의 분란은 去益複雜'이라는 기사가 실리는 등 언론의 분위기는 한결같이 폭력사태에 대해 비판적인 논조를 유지하고 있다.
26) 『한국불교승단정화사』, p.167.

결국 양측의 주장이 모두 강경하여 좋은 결과를 보지는 못하였다.

한편 비구승들은 12월 10일~13일에 제3차 '전국 비구·비구니대회'를 열고 태고사 총무원에 '종단사무인계'를 요구하는 논의를 하였다. 그런데 여기서 또 한 번의 충돌이 있었으니 대처승 측에서 아침 3시부터 불공을 드리고 있는 비구승 측 신도들을 법당에서 추방한 후 법당 문에 자물쇠를 잠그고 대회 진행을 방해하자 비구승 200여 명은 꽁꽁 얼어붙은 총무원사무실 앞뜰에 그대로 엎드려 기도를 올리며 법당문을 열어줄 것을 기다리는 사건이 일어났던 것이다.

대회에서는 교단사무인계를 처결하기 위하여 위원 5명을 선출하여 관계당국과 절충케 하였으며, 한편으로는 오랫동안 계속된 불교계의 분쟁을 조속히 해결하기 위한 간접적인 행동으로 '단지순교', '한중기도', '통곡호소' 등을 하기로 결의하였다. 대회를 마친 비구승들은 시위행렬로 경무대 앞까지 가서 대처승들의 비행을 시정시키는 조속한 조치가 있기를 호소하였다. 대통령의 면접을 요청하였으나 도중에서 제지당하고 5명의 대표만이 관저에 들어가 비서실을 통해 조속한 시일 내에 해결책을 강구하겠다는 말을 듣고 산회하였다.[27]

이러한 비구들의 호소에 응답하여 이승만 대통령은 그 다음 날 유시를 발표하였는데 이른바 네 번째 대통령 유시이다.

V. 제4차 유시(1954.12.16.)[28]

불교계의 분쟁이 크라이막스에 올라있는 이 때 이(李)대통령은 "불교계 내에서 대의(大義)를 생각하여 평화로이 정화를 할 것이며 각 사찰의 주지(住持)는 공천이나 투표로 결정하고 처첩(妻妾)이 있는 중들은 전과를

27) 《동아일보》, 《경향신문》 1954.12.15.
28) 《서울신문》 1954.12.18.

회개하여 물러가라"는 요지의 훈령을 문교, 내무 양 장관에게 전달하였
다. 이 훈령은 16일 하오 3시 비구승(比丘僧)단 대표에게도 수교되었는
데 그 내용은 다음과 같다.

우리나라 사찰을 보호하며 불도(佛道)를 옛날부터 내려오는 우리나라
불도로 복구하려는 의도로 내가 수차 설명한 바 있어 모든 편의 인정과
사리를 고려하는 의도로 법령과 위력을 다 제외하고 공의(公意)와 공심
으로 악의 없이 선후 조처할 방식을 설명한 바 있었는데 근래 각처에서
들어온 보고에 의하면 우리나라 중들과 일본제도 중들이 서로 투쟁이
생겨서 어떤 중들은 전에 있던 집에서 내쫓겨나오며 못 들어오게 하여
그중에서 다소 분규가 있게 된다니 이것은 각도 각군의 지방 관리와 경
찰과 법관들이 공정히 조치히여 무슨 충돌이나 투쟁이 없이 순조로이
해결시킬 보조를 취해야 할 것이다.
가족가진 중은 이전부터 우리나라에서 중으로 대우하지 않고 일본이
우리나라를 지배하던 중에 일본의 세력으로 모든 것을 일본 제도를 갖
다가 추진시킨 까닭으로 일본중의 습관을 우리사람에게 전하여주고 권
장한 까닭으로 지금 와서는 그 중들이 우리나라에 다수를 점령하고 우
리나라 불도를 지키는 사람들은 물러나가 살 수 없는 형편으로 그 수가
영소(零少)하여 진 것은 사실인 것인데 우리 정부 설립 이후로는 우리 독
립정신을 발휘해서 친일 하는 사상과 색태(色態)는 어디까지든지 청쇄
(淸刷)하는 것을 필요하게 여기나니 이것은 일본정부에서 해 나아가는
전략을 보건대 우리나라와 평화롭게 살려는 생각은 막연하고 오직 지
나간 40년 동안 해오는 주의를 회복하겠다는 결심이 굳건한 것을 깨달
은 우리는 더욱 한국정신을 발휘해서 친일사상을 각 방면으로 없애자
는 것이 우리민족의 전적 사상이므로 불교에 대하여 또한 중대한 관계
가 있는 것이니 이것은 우리나라의 속인이나 승이나 다 공인할 것이고
그 중에 일본 제도를 본받은 우리 중들도 한국 정신은 없지 않을 것이

니 그 사람들이 자의로 대의(大義)를 생각하여 우리민중과 합동하여 우리민족의 대의를 부식할 것으로 믿는 바이니 가족가진 사람들이 가족을 가지고 사는 것을 막는 것이 아니고 법으로 보호할 것이다.

그런데 우리나라 중으로도 지나간 40년 동안에 우리 불교가 다 타락하여 고기도 먹고 처첩(妻妾)을 둔 중도 있었다 하니 이러한 중들은 다 자기의 전과(前過)를 회개(悔改)하여 물러가서 다시 도를 닦고 있든지 그렇지 않으면 퇴속(退俗)하여 살든지 하여 우리나라 불교의 고상함과 명예를 손상(損傷)치 말게 하여야 할 것이다. 또 우리나라 중들 중에도 기왕부터 두 부분이 있어서 서로 파벌을 지어오던 것인데 지금 와서는 나라의 간우(艱憂)한 이때를 당하여 민족 통일이 긴중(緊重)한 이때에 이 사소한 파당적 사상이나 법문(法門)이나 조리 상의 구별로 인하여 분열하거나 투쟁하는 것을 피하고 대체로 청정(淸淨) 적멸(寂滅)한 도리를 숭상해서 평화로이 지내는 것을 목적하여야 될 것이오, 사찰에 대하여는 그 사찰내의 여러 사람들의 공천이나 투표를 받아서 그 절의 주지(住持)의 책임을 맡게 된 사람은 그 사실을 소상히 보고하여 그 절의 주지 책임을 맡기로 청원해서 문교부에서 인허장을 받아다가 그 절을 지배하게 될 것이다.

　내용은 앞에서 발표된 세 차례의 유시와 별반 다를 게 없으니, 비구 대처의 분쟁에 있어서 대처승은 곧 왜색승려이니 그들은 물러가고 비구승이 사찰을 차지해야 한다는 것이다. 다만 주지직에 대해서는 문교부의 인허장을 받으라는 것이 새롭게 등장한 것이다. 일제강점기 대표적 악법이었던 사찰령의 유산이 아직까지 살아남아 정권이 불교를 통제하고자 하는 의도가 표출된 것이다.

　대통령의 제4차 유시가 발표된 직후 12월 17일에 문교부에서 양파 대표를 초청하여 의견을 청취하는 자리가 만들어졌다. 양측의 진술 내용은 다음과 같다.

■ 비구승 측 주장

⑴ 왜색 대처승을 조장하는 총무원의 종헌을 취소하고 비구승 대회에
   서 제정한 헌장을 인정하는 동시 동대회에서 임명한 간부를 그대로
   인정할 것

⑵ 대처승을 護法衆으로 인정할 것

■ 총무원 측 주장

⑴ 비구승들이 제정한 헌장을 취소할 것

⑵ 비구승들의 종조인 普照國師를 취소하고 太古國師로 종조를 통일할
   것. 대처승을 호법중으로 인정한다는 것을 취소할 것[29]

 양측이 서로 지신들의 입장을 첨예하게 내세우고 있음을 알 수 있다. 이에
대해 관계자들은 불교계의 분쟁에 관(官)이 개입한다는 것은 불교 자체에 오명
을 찍는 것이니 쌍방은 자주 만나서 조속히 원만한 해결을 볼 것을 종용하였
다고 한다.

 12월 22일 치안국에서 양측 대표를 초청하여 의사를 청취하였는데, 당국에
서 만든 대책안과 비구승 측의 불교정화추진대책안, 다시 당국의 조정안과 정
화추진대책안이 2회 반복하여 교환되었는데,[30] 역시 타협에 이르지는 못하였
다. 당국에서 만든 대책안의 핵심은

  – 종조문제는 불문에 붙인다.
  – 종헌은 개정하되, 양측 동수의 합의로 개정한다.
  – 대처승의 자격은 교화승, 또는 재가승으로 한다.
  – 주지는 수행승으로 한다.

---

29) 《평화신문》 1954.12.18.
30) 『한국불교승단정화사』, pp.199-207.

- 대처승은 사찰경외로 물러가고 경내 사가는 철거 않고 寺用 재산으로 한다.
- 재단은 비구가 일체를 감독하고 운영은 재가승이 한다.
- 금후 양측은 일체의 집단행동을 금한다.

와 같은 조항이 있었고, 비구승 측의 불교정화추진대책안의 핵심은

- 종조 문제는 사가들의 고증을 듣기로 하고 당분간 문제 삼지 않는다.
- 종헌은 비구승대회에서 제정한 헌장으로 한다.
- 退俗한 대처승은 護法大衆의 규정으로써 포섭한다.
- 총섭이 될 수 있는 자는 비구, 비구니로 한다.
- 호법대중은 그 가족을 사찰경외로 이동하고 경내의 사가는 철거하되 사용가능한 것은 寺有財産으로 한다.
- 대통령 각하의 유시를 봉체한 교단정화의 목적을 달성할 때까지 전국 비구, 비구니는 총궐기 행동을 계속한다.

1955년 1월 16일 비구승들이 태고사를 점거하는 사건이 일어났다. 1954년 11월에 비구승들이 일단 점거하여 태고사 간판을 뜯고 조계사로 개칭한 바 있었으나, 몇 차례 상호 쟁탈전 끝에 이번에 비구승들이 태고사를 점거하게 된 것이다. 대처승파에서는 경찰 및 문교당국에 비구승들이 태고사를 점거한 것은 불법이라고 지적하고 적절한 조처가 있기를 진정하였고, 비구승 측에서는 점거가 아니라 마땅히 차지해야 할 집을 차지한 것에 불과하다고 주장하였다. 사회의 비난은 점고되었는데, 경찰이나 문교당국은 신앙의 자유를 부여하고 있는 나라에서 어떤 일파를 지지하거나 강권발동을 하는 것은 부당한 일이라고 하면서 양측의 절충을 꾀하였다. 이러한 당국의 입장에 대하여 언론에서는 "사계의 관심가들은 그러한 이론 밑에 불교계의 분쟁을 오래 지속시킨다는 것은 매우 미지근한 일이라는 점을 지적하고 불교의 정화를 위해 하는 일이라면

여하한 단안을 내려도 하등 사회의 비난을 들을 일이 없을 것이라고 말하고
있다."[31]고 하면서 비구 측을 향하고 있는 일반 여론을 전하고 있다.[32]
　이 사건 이후 대처승 측에서는 비구승들을 '가택불법침입'이라는 명목을 붙
여 고소하였고, 문교부와 치안당국의 중재 하에 양측 대표가 참석한 연석회합
도 있었으나 양측의 입장이 강경하여 타협에는 이르지 못하였다. 불교정화 수
습대책위원회를 구성하여 문제를 해결하자는 데는 동의가 되었으나 시종 상
호간의 인신공격에 그침으로써 갈등만 증폭되었다. 이에 비구승파에서는 이
제까지 대처승파의 '대변역할'만 해온 문교당국과는 하등 상대할 필요 없이 우
리 단독으로 순교할 때까지 싸울 각오라고 비장한 태도를 천명하고 28일 이
청담, 윤월하 양 승려는 경무대로 급히 향하여 이대통령의 최후 단안을 기다
리기로 하였다.[33] 문교부의 입장은 "교파나 교리에 대한 문제는 일체 '노-팃
취'히고 디만 시찰경내에 왜색이 농후헌 승려나 처자를 거느리고 있는 자에 한
해서 내무부를 통해 물러가게 할 것이라."[34]면서 양측이 타협해서 문제를 해
결하기를 바라는 것이었으나, 비구승들은 명분과 여론의 우위를 점하고 있는
본인들에게 대처승들과 상의해서 문제를 해결하라는 것은 받아들일 수 없다
는 입장을 견지하고 있었다.

---

31)《동아일보》1955.1.18.
32) 이러한 흐름은 다음의 기사에서도 나타나고 있다. 즉 불교계의 분규 전모를 소개하고
　　있는 기사에서 "문교부에서는 기성종회에서 제정한 종헌을 무시할 수 없는 만큼 이 종
　　헌을 어떻게 개정하여 쌍방 간의 원만한 타협을 구할 수밖에 없다고 말하고 있는 것에
　　기인하는데, 이는 일종의 불교혁명으로 간주할 때 어느 정도 모순이 있는 말로 일부인
　　사들의 비난을 면할 수 없다. 왜냐하면 대한불교의 진로가 어디냐고 결정을 내릴 적에
　　반드시 쌍방의 타협이 필요한 것도 아닐뿐더러 기성불교단의 종헌이 그르다고 단정을
　　할 때는 그 종헌은 자연 효력을 상실하게 되기 때문이라고 보고 있다."라고 하여 당국
　　의 과단성 있는 조치로 문제를 해결하라는 일반의 여론을 전하고 있는 것이다.《동아
　　일보》1955.1.26.
33)《동아일보》1955.1.29.
34)《동아일보》1955.1.30.

2월 4일 문교부에서 불교분규 수습대책 연석회의가 열렸는데, 여기서는 전국사찰 수호자격자 규정에 관한 8개점(獨身, 削髮, 染衣, 非不具, 不酒草肉, 修道 不犯 四婆羅夷罪者, 三人以上團體生活者, 二五歲以上者)에 대해 양 대표들이[35] 합의를 보았다. 양측의 대립을 해소할 수 있는 접점이 마련된 것으로서 분규해결에 있어 새로운 전기가 마련된 것이다. 다만 전국에 산재해 있는 방대한 불교재단에 관한 소유권이 대처승에게 있었고 문교부에서도 재단의 이양문제에 대해서는 언급을 회피하고 있었기 때문에 불교분쟁 해결의 키포인트는 아직 해결이 안된 채로 남아 있었던 것이다.[36]

회담이 끝난 후 대처승 측에서는 선학원 측 비구승들에게 서한을 보내었다. 내용을 보면

    1. 비구승은 다 선학원으로 돌아가서 순리로 추진할 것

    2. 기성 종헌에서 대처승은 교화승으로 규정되었으니 인증할 것

    3. 비구승은 태고문손으로 귀의 참회하면 등용할 것

---

35) 비구 측 : 李曉奉, 朴麟谷, 尹月下, 孫慶山, 대처 측 : 權相老, 李華應, 林錫珍, 宋淨岩. 金祥鎬

36) 이에 대해 비구승파의 대표 李靑潭은 "그들이 말하고 있는 바와 같이 마땅히 우리가 주도권을 장악하여야 할 것이 이토록 계속 분쟁을 일으키게 하고 있는 것은 그 이면에 커다란 흑막이 있는 것이다. 그들 중 장차는 대통령까지의 꿈을 꾸고 있는 몇몇 정치인들이 거액의 불교재단을 정치자금 등으로 소비한 것이 탄로될 것을 꺼린 나머지 그들 부하를 사주하여 일을 복잡하게 만들고 있을 뿐이다. 그 실례로 방금도 그들의 비밀서류를 우리에게 인계치 않고 이곳에서 저곳으로 전전히 옮기고 있지 않은가. 그리고 사무인계를 서서히 하자는 말은 속을 다 긁어먹은 후에 껍질만 가져가라는 말과 같은 것이다."(《동아일보》 1955. 1. 21.) 또한 "비구승 측에서는 단지 재단쟁취에만 목적을 둔 것이 아니라 오직 불교의 진흥을 위해서 전개하는 운동이라고 하면서 만약 자기들에 주도권이 넘어온다면 없어진 전국 叢林을 부활시켜 수도하는 승에 길을 열어주고 사장되어 있는 팔만대장경을 위시하여 모든 불경을 번역하여 불교의 대중화에 노력하겠다는 것을 대의명분으로 내세우고 있어 斯界관심자로 하여금 많은 동정을 받고 있다."고 말하고 있다.(《동아일보》 1955. 1. 26.)

4. 보조국사를 종조로 추대하는 것은 취소할 것[37]

이에 대해 비구승 측에서는 지극히 무표정한 태도를 보이면서, "그러한 언사를 농한다는 것은 어린애의 지껄임에 지나지 않는다."고 말한 다음 대처승들이 주는 주지직은 그저 죽어버릴 한이 있더라도 수락할 수 없을 것이라고 했다는 것이다. 《동아일보》에서는 이러한 기사를 전하면서 "십여 개월을 두고 치열한 열전을 계속하여 오던 불교계의 분쟁은 이제까지와는 정반대로 주객이 전도된 현상을 나타내게 되었다."고 평가하고 있다.[38]

비구승 측에서는 독신승(獨身僧) 명단작성에 주력하여 3월 6일자, 1,189명의 명단을 문교부에 등록하였으며, 대처승들이 비구승을 고소한 사안에 대처해 나갔다. 3월 26일에는 대표단들이[39] 경무대를 예방하여 전국승니대회를 하도록 하명해 달라는 요청을 하였다.[40] 이어 중앙간부들에게 의원(依願) 총사표를 수리하고 후임을 선출[41]하였는데, 이는 그간 9개월 간 고생한 구 간부들을 교체함으로써 추진력을 증장시키고 강조하려는 것이었다.[42]

5월 16일부터 개최하려던 '전국승려대회'가 대처 측의 반대와 당국의 제재로 집회허가를 받지 못하자 조계사에 모여든 전국 비구, 비구니 250여 명은 불교계가 정화될 때까지 순교를 각오하겠다고 단식투쟁에 돌입했다. 단식 3일째 되는 18일 문교부 회의실에서 문교부장관, 치안국장, 문화국장 등이 참석하고 총무원 측 대표 임석진(林錫珍) 외 2명, 선학원 측 대표 이효봉(李曉峯) 외 4명이 회동하여 사찰수호주지 선거에 관하여 장시간 논의한 결과 22일까지에는 '불교정화특별대책위원회'를 구성하고 전국 일제히 사찰주지선거를 시행하

---

37) 『한국불교승단정화사』, p.295.
38) 《동아일보》 1955.2.15.
39) 河東山, 李靑潭, 朴隣谷, 李龍峰, 崔圓虛
40) 『한국불교승단정화사』, pp.338-339.
41) 도총섭 高景德, 총무 金瑞雲, 교무 徐京保, 재무 金慧眞
42) 위의 책, p.340.

여 6월 말까지 문교 내무 양 당국에 그 결과를 보고하도록 합의를 보았다.[43]

그런 가운데 6월 8일에는 대처승들의 정기중앙종회가 개운사(開運寺)에서 열렸다. 이를 비구승들이 저지하는 과정에서 폭력이 발생하였으나, 당국에서는 법인(法人) 단체의 회의에 불과하다 하여 묵과하는 분위기였고, 이에 비구승들은 양측 합의 이후 잠시 중단했던 단식 무언기도를 또다시 시작하였다. 비구승들은 대처승들이 공공연하게 행정당국에 반기를 들며 전 사찰을 장악하려고 하는 이상 자기네들은 차라리 단식으로써 순교하겠다고 주장하였다.[44]

대회를 마친 후 300여 명의 대처승들은 6월 10일 새벽 조계사에 진입, 단식기도투쟁을 전개하고 있던 200여 비구승들을 습격, 폭행을 감행함으로써 또다시 유혈 참극이 벌어지고 말았다. 대처승들의 불의의 대대적인 습격을 받은 단식 비구승들은 아무런 대항도 하지 못한 채 법당에서 끌려 나가면서 무수히 구타를 당하여 5명은 중상을 입고 24명은 경상을 입게 되었다. "그들(대처승)에게 맞아 죽느니 차라리 내 손으로 목숨을 끊겠다."며 할복을 시도하는 승려도 있었다. 조계사(曹溪寺) 간판은 다시 태고사(太古寺)로 바뀌었다. 사태는 200여 명의 경찰이 동원되어 진압되었으며, 비구승들은 소동이 진압된 이후 또 태고사 간판을 떼어버리고 조계사 간판을 내걸었다.

이 사건은 도하 언론에 대대적으로 보도되었는데, 여론은 습격을 감행한 대처승들에게 불리하게 돌아감으로써 큰 타격을 주게 됨은 물론이고 종단의 분쟁을 걷잡을 수 없이 악화시키는 결과를 초래하게 되었다.[45] 이 사건은 국무

---

43) 불교정화대책위원회의 구성은 총무원과 선학원 측에서 각각 5명의 대표자를 선출하게 되었으며, 다수결로 제반규정을 결정하고 만약에 가부 동수(同數)일 경우에는 문교부 장관이 결정권을 가지도록 하였으며, 선거에서의 주지 자격은 앞서 쌍방에서 합의를 본 바 독신승을 원칙으로 하되 일사(一寺)에 독신승이 없을 경우에는 근방이나 타사찰에서 추천케 하여 독신승 후보가 난망(難望)일 경우에는 속인(俗人)으로 하여금 임시 관리토록 원칙이 결정되었다. 《동아일보》, 《경향신문》 1955.5.19.
44) 《조선일보》 1955.6.10.
45) 『태고종사』, p.309.

회의에서도 논의되었는데, 이대통령은 보고를 듣고 "불교를 믿으려면 똑똑히 해야 할 것이라."고 말하면서 이 불상사에 대하여 좋지 못한 인상을 받은 듯한 표정을 지었다고 한다.[46]

사건이 사회적으로 큰 반향을 일으키게 되자 이 문제는 드디어 국회에까지 상정되었다. 긴급동의한 동의자인 문종두(文鐘斗) 의원은

> "250계의 불교계율을 완수하고 있는 승려는 현재 찾아볼 수도 없는 만큼 이 나라에서 참다운 비구승이란 사실상 없는 것이다."라고 전제하고 그러니 "사실에 있어 教化와 布敎에 종사하는 대처승은 승이 아니고 좌선승인 비구승만이 승려 취급을 받아야 한다는 것은 모순"이라고 지적하면서 "정부당국이 헌법 2조에 규정된 종교 신앙의 자유를 무시하면서 住持까지도 정부의 승인을 받아야 한다는 등의 행정조치를 취한 것은 위법인 만큼 문교내무 양 장관에게 그 진상을 질의해야 한다."[47]

고 역설하여, 동의는 가결을 보게 되었다.

이어 문교 내무 양 장관을 출석시켜 국회의원들의 질의가 있었는데, 불교분쟁에 관이 개입한 부분이 종교 및 신교의 자유를 보장한 헌법을 유린하는 것이 아닌가하는 질문과 대통령의 유시에 따라 행정부가 한쪽 편만을 드는 것이 편파적 처사라는 것, 쫓겨나는 대처승들에 대한 대책 등을 묻는 질의가 있었고, 조속한 해결을 촉구하는 발언도 있었다.[48] 국회질의의 분위기는 대처승을 두둔하는 기류가 강했다. 그러나 이틀째 질의에서 "앞으로 국회에서는 이에 대한 문제를 일절 논의하지 말 것이며 정부에서도 앞으로는 종교문제에 대하여 간섭하려는 태도를 버리고 다만 이번 분규로 말미암아 파생되는 형사상의

---

46) 《동아일보》, 《경향신문》 1955. 6. 11.
47) 《동아일보》, 1955. 6. 14.
48) 《조선일보》, 《동아일보》 1955. 6. 16.

문제와 재산상의 손실에 대해서만 의법처리하도록 하라."는 내용의 결의안이
채택됨으로써 국회에서의 논의는 중단되었다.[49]

　이렇듯 조계사 습격 사건과 비구승들의 연이은 단식 투쟁, 그리고 국회에서
의 질의 등으로 여론이 비등해지고 있는 시점에서 이승만 대통령의 제5차 유
시가 발표되었다.

VI. 제5차 유시(1955.6.16.)[50]

帶妻僧은 還俗하라

國家大計에 是非紛爭은 禁物
李大統領, 佛教界淨化를 吩咐

이(李)대통령은 十六일 공보실을 통하여 불교(佛教) 분규에 있어 대처승
(帶妻僧)은 모든 사찰(寺刹)로부터 조용히 물러갈 것이며 선동을 일삼는
망동분자들은 국가에서나 국민이 포용하지 않을 것이라는 요지 다음과
같은 담화를 발표하였다.

지나간 四十년 동안에 일인들이 병력으로 한국을 정복하고 강제로 압
박(壓迫)해온 동시에 일본정권과 명령에 복종하지 않으려는 정신과 기
운을 가진 것은 다 학정(虐政)과 말살(抹殺) 등의 독(毒)한 수단으로 다 복
종시켜 가지고 우리 물건을 저희가 강제로 뺏어다가 만들고 민족을 노
예(奴隸)로 가져갈 적에 우리 자식들은 우리말을 못하고 왜놈말만 하게

---

49)《조선일보》 1955.6.17.
50)《평화신문》 1955.6.17.

시키며 한국의 역사나 한국의 정신은 모두 말살시키도록 주장해갈 적에 종교방면(宗敎方面)이 왜정에 복종하지 않는 기분이 있는 까닭으로 신사참배(神社參拜)라는 영(令)을 발해서 기독교 사람들이 다 신사에 가서 고개 숙여 절하게 하며 일황(日皇)을 천신(天神)으로 알아서 일황의 명령은 하나님 명령으로 알만치 만들어 놓고 불교(佛敎)도 없애기 위해서 모든 사찰(寺刹)과 사찰에 속(屬)한 건물과 재산은 다 친일하는 남녀를 갖다가 시켜서 우리나라의 불교를 거의 없이 만들어 놓았으며 우리나라의 불교는 자고(自古)로 승니(僧尼)가 세상 속인(俗人)과 섞여 살지 않고 청정(淸淨) 적멸한 도의로 인간행락 등 절에는 일체 거부하고 높은 도(道)를 닦아서 우리 불교가 고상(高尙)하게 되었던 것인데 일인들이 없이 하고 가족을 이루어서 인간행락을 하게하며 그 중들에게 세력과 이익을 주어서 저희들의 불교를 세우고 모든 사람의 재산을 맡기시 오직 주장해 온 것은 한국인의 사상과 정신을 종교와 학술방면에서 일인화(日人化)하려고 하던 것이 그 사람들이 해온 일이다.

그래서 지금 소위 가족(家族)을 이루어서 산다는 사람은 형편이 이렇게 위태(危殆)하다는 것을 아는지 모르는지 모르겠으나 우리나라를 지켜놓자는 사람은 그 씨도 볼 수 없는 것이며 일인이 먹겠다고 계획을 차리고 나온 것을 그냥 앉아있을 수 없어 내가 이 국수정신(國粹精神)을 발휘해서 왜중(倭僧)을 복종하겠다는 분자는 뒤로 물러앉아 무슨 세력을 쓰지 못하게 하고 국권을 회복하고 독립을 보존하려는 사람만이 전선(前線)에 나서게 만들어주어야 하겠으니 일인(日人)의 정신으로 일인의 불교를 따라 가겠다는 사람은 몇 십 년 후에 가서는 어떻게 하든지 보아가며 할지라도 오늘 형편으로는 이렇게 방임해서는 국수정신을 일으킬 수 없으니 이 사람들은 다 정부와 민간에서 권위(權威)를 구별해서 일본정신을 가지고 그대로 하겠다는 사람은 그대로 대우(待遇)해 주어야 하겠고 우리나라의 자유국권을 보존하겠다는 사람은 그 방면으로 대우해 주어야 하겠으므로 처음 순수(純粹)한 말로 이 사람들이 각각 국가의 위경(危境)을 고려해서 애국 성심(誠心)을 발(發)하고 개인상이나 가족상의 희생이나 곤란이 있더라도 우리 청년들이 몇 十만명 생명을 희생하며 나라를 위해서 싸우는 그 생각을 가지고 나라를 보존해서 후생들을 살게 해주어야 한다는 생각으로 순리(順理)로 진행해 가기를 희망했던 것인데 지금 보면 모든 계책(計策)을 가지고 단결해서 시비(是非)를 일으키는 그런 태도가 보이니 이런 정신을 가졌다면 나라 생각은 없고 왜정(倭政)을 지지하는 태도를 보이면 결코 정부나 민중이 포용할 수 없는 것이니 이전 우리나라의 도(道)대로 해오던 중(僧)들은 분쟁(紛爭)이니 투쟁을 일삼지 말고 각각 자기들의 불교에 대한 도의심(道義心)과 나라에 대한 충애심(忠愛心)을 발휘해서 이전 우리나라의 불교가 해가던 그 정신을 지켜 우리나라의 모든 역사적 사찰과 불전(佛殿) 등은 하나라도 보호하고 수리해서 우리나라 불교의 고적(古蹟)을 유지하도록 힘써야 될 것이고 대처승(帶妻僧)들은 사사관계를 희생하고 대체로 생각해서 이 제도로 일신(一新)하게 고쳐놓아야 국가의 위험과 민족의 환난(患難)을 면하겠다는 충애적정신(忠愛的精神)으로 이 위급한 시기에 다 조용히 물러앉아서 어디 가서든지 속인(俗人)처럼 해나가는 대로 살 수 있는 것이니 그 방면으로 국가의 위난(危難)을 건져야 되겠다는 결심을 가지고 곤란을 만드는 것이 없어야 될 것이다.

생활난이 있으면 정부나 민간에서 혹 원조라도 해 줄 수 있겠으나 불기하고 재산을 내놓지 않겠다고 하든지 자기가 배운 일본제도가 낫다고 고집하다가는 정부나 민중은 일인의 세력으로 재산을 차지한 것을 방임하지 않겠고 또 더한 것은 국가의 위난을 생각지 않고 일인이 만들어 놓은 것을 지켜 나가겠다고 한다면 정부나 민중이 결단코 허락지 않을 것이니 깊이 잘 생각해서 무슨 문제를 삼지 않는 것이 대단히 지혜(知慧)로울 것이며 일본의 이러한 정책을 해나갈 동안 우리는 나라를 보호할 정책과 방법을 연구하지 않을 수 없어 이와 같이 나가는 것이니 깊이 생각해서 옳은 길로 나가는 것이 지혜로울 것이다.

내가 귀국한 후에 대처승이라는 사람을 남녀 간에 여러 사람 만났고 친절히 지내왔었는데 그 중에 학식과 신망이 높은 분들이 여럿이 있어서 개인상으로는 조금도 다른 생각이 없으며 그 분들 중에 친일(親日)하는 사상이나 나라에 불충(不忠)한 뜻이 있다는 것을 내가 단언한 것은 아니고 그렇게 생각도 아니 하고 있으며 지금 우리나라 형편이 이렇게 된 중에서도 그분들이 자발적으로 일어나서 나라를 위해야겠으니 이것을 교정(矯正)해서 달리 해야겠다는 것이 있어야겠는데 그런 생각이 나 보기에 발표가 없고 뒤에 앉아서는 친공 친일 분자를 선동해서 활동해서도 정부는 어떻게 할 수 없는 것이고 또 종교는 자유이니 어떻게 못한다고 선전도 하고 일인 측에 언론도 내고 해도 다 소용이 없어지는 것이니 우리가 지금 나라를 살려내자고 우리 동포들이 공산당과 싸우고 있는 이 때에 이런 선동사들에게 구속이 되어서 국가대계를 방임할 수 없으니 비구승(比丘僧)이라 또는 대처승(帶妻僧)이라 하는 구별을 가지고 시비분쟁(是非紛爭)하는 것은 정지하고 국가대계를 생각해서 해결책은 정부당국과 의논(議論)하면 대립이 되어 싸우겠다는 것보다 나을 것이니 부디 망동(妄動)을 피하고 정중하게 처리하기를 부탁하는 바이다.

내용을 보면, 일본이 한국의 민족정신을 말살시키기 위하여 일본식 불교를 세워서 대처의 풍속이 생겼으며, 일본정신을 가진 사람과 자유국권의식을 가진 사람을 구별하기 위하여 순리로 일을 해결하고자 했는데 시비를 일으키고 있으니 이런 사람들은 애국심은 전혀 없는 것이니, 비구승들은 전통불교의 정신과 유적을 잘 지키고 대처승들은 나라를 위하여 물러나가서 속인처럼 살라는 것이다. 또한 생활난이 있으면 도와주겠으나 계속 고집을 부리면 결코 용서치 않을 것이라는 엄포도 하고 있다. 그리고 대처승들이 자발적으로 나가주기를 기대하고 있는데 계속 시비분쟁이 일어나는 것은 친공친일 분자들을 선동하고 종교는 자유라는 것을 내세워 선전하고 있기 때문이라고 하면서 대처 측을 친공 친일 분자로 규정하고 있음이 주목된다.

대통령으로서 동원할 수 있는 모든 논리와 수단을 활용해서 대처 측을 비판하고 비구승들에게 힘을 실어 주고자 했던 것으로 보인다. 특히 6·25 직후인 당시 상황을 고려해 볼 때, 대처 측을 친공분자로 규정하고 있음이 놀랍다. 그가 얼마나 대처승을 배제하고 비구승들을 도와주고자 했는지가 잘 나타나 있다. 사실 그의 측근들은 기독교 신자인 대통령이 자칫 다른 종교계의 내부문제에 잘못 손을 댈 경우 정치적 곤경에 빠질 수 있다며 반대했다고 한다. 그러나 그의 입장은 단호했다. 결국 이승만 대통령은 비구승들에게 구세주 같은 존재였고, 절대 의지처였다고 할 수 있다. 반면 대처승들에게는 증오의 대상일 수밖에 없었지만, 겉으로는 항상 대통령에게 화살을 돌리지 않았고, 불교 정화의 성지(聖旨)를 받드는 것처럼 하였다. 당시 제왕적인 대통령의 절대적인 권력 아래 살아남기 위한 몸부림이었던 것이다.[51]

6월 29일 선학원에서 비구승 측, 대처승 측 대표의 비공개 간담회가 있었다. 여기에서 비구승 측의 이청담은

1. 불교원칙과 今次 결정된 승려자격 원칙대로 실천하며
2. 금후 사찰 정화방법, 종헌종법 제반사를 대회석상에서 결정한다.
3. 대처자는 僧자를 붙일 수 없고 종단사무 및 사찰사업 추진 면에 사용한다.
4. 유시와 정부방침에 보조를 맞추어 속히 순리로 해결을 희망한다.

와 같은 주장을 하였고, 대처승 측은

1. 정교분립상 위법인 당국의 간섭 부당성 지적
2. 정부통령이 타종교인인데 불교를 옹호하는가 음모하는가, 절대로

---
51) 『태고종사』, p.332.

종교전을 倍戰시키어 2, 3년 후에는 기독교 만능세계로 변화시키려
는 것이다.

3. 문교부가 최종 결정권을 가졌다는 것으로 대위원을 선출치 않는다.

4. 대처자들을 지속시킨다.

5. 종회위원을 반반수로 하자.

6. 대처자는 왜색승이 아니다.

7. 6월 말까지 퇴거치 않는다. 나가지 않는다 하더라도 경관이 총살하
지 못한다.[52]

라는 주장을 하였다.

대통령 유시 이후 문교부의 중재로 7월 13일 불교정화 대책위원회[53]가 문교
부차관실에서 열렸다. 7월 14일 사찰정화내책위원회 회의 2차 회의가 조계사
법당에서 열려 전국승려대회 개최, 종회 및 총무원간부 선출 등의 문제를 논
의하였는데, 주지선거를 먼저 한 뒤에 종회를 구성하자는 총무원 측의 주장과
종회를 먼저 구성하고 주지선거를 하자는 선학원 측의 주장이 맞서 결론을 내
지 못하였다.

7월 15일에 사찰정화대책위원회 회의 3차 회의가 역시 조계사 법당에서 열
렸다. 전국승려대회 개최 여부에 대한 표결 문제로 양측의 입장이 맞선 가운
데, 표결이 강행된 결과 5대 3[54]으로 가결이 선언되었다. 그리하여 8월 1일 조
계사에서 전국승려대회를 소집하여 새로운 종회의원을 선출하기로 하였으며,

52) 『한국불교승단정화사』, pp.463-464.
53) 대처승 측 대표는 金祥鎬, 李華應, 鞠默潭, 朴大輪, 元寶山이었고, 비구승 측 대표는
鄭今烏, 李曉奉, 尹月下, 崔圓虛였다.
54) 양측 5인씩 총 10인 위원 가운데 대처 측 1인(김상호)이 결석했고, 출석 위원 9인 가운
데 대처 측 1인(박대륜)이 표결 강행에 대한 항의 표시로 투표에 들어가기 전 퇴장하였
고, 나머지 3인도 뒤이어 퇴장하였는데, 결과는 1명 퇴장, 3명 기권으로 간주되어 가
결로 선포된 것이다.

이는 내무부에서 작성한 독신승 명단에 기재되어 있는 승려들이 모여 개최할
것이라고 발표하였다.[55] 이후 회의는 결렬된 상태에서 비구승 측은 회의에서
결의된 대로 전국승려대회를 대책위원회명의로 소집하겠다는 것을 문교부에
통고하였으며, 대처 측에서는 5대 3으로 가결 운운은 불법 처사이며 본인들
은 기권을 한 것이 아니라 퇴장을 한 것이라고 주장함으로써 양측은 다시 갈
등상태로 돌입하게 되었다. 또한 문교당국자는 5대 3 가결이 합법성이 없는
것으로 판단된다고 말함으로써 승려대회 소집이 불가능함을 시사하였고, 승
려대회를 폐기시키고 다시 대책위원회를 열게 하여 사찰 주지선출 문제를 논
의하고자 하였다.[56]

　대책위원회가 결렬된 이후 대처승 측은 주지선출 문제를 숙의한 끝에 대처
하고 있는 승려들에게 처와 이혼할 것을 종용하기로 하고 조속한 시일 내에
독신승려를 많이 만들 것을 결정하였다.[57] 당시 대처승들은 스스로 이혼을 택
하는 분위기가 확산되고 있었다. 당시 신문에도 이와 관련한 기사들이 많이
등장한다. '離婚 못하면 물러가라, 總務院側서 各寺刹住持에 指示[58]', '처자를
박차고 홀연 수도에 복귀, 대처승이 20년 인연을 청산[59]', '僧房에 이혼 선풍
통도사서 대처승 160명이 단행[60]', '帶妻僧 167명이 離婚, 7천여 중에 2천명이
目標[61]'와 같은 것이 그 예이다.

　한편 기대를 모았던 사찰정화대책위원회가 양측의 갈등만 증폭시킨 채 무
산되자 여론은 문교 당국의 무능을 질타하기도 하였다. '가지가지 半身不隨의

55) 《조선일보》 1955. 7. 17.
56) 《조선일보》 1955. 7. 23.
57) 《조선일보》 1955. 7. 23.
58) 《평화신문》 1955. 7. 2.
59) 《조선일보》 1955. 7. 10.
60) 《경향신문》 1955. 7. 28.
61) 《연합신문》 1955. 7. 28.

文敎行政, 無能 그대로 露呈, 大統領 諭示도 解決 못하고 쩔쩔'[62], '흐리멍덩한 文敎行政, 大統領諭示 不拘 未解決'[63], '믿지 못할 문교행정, 대통령 斷案만을 고대하는 승니들'[64]과 같은 기사들이 이를 잘 말해주고 있다.

비구승들은 대처 측의 저지 노력과 당국의 승인이 없는 상태에서 종회의원 선출을 위한 전국승려대회를 강행하였다. 대통령의 유시와 명분 및 여론의 우위를 믿었기 때문이다. 8월 1일 약 800명의 비구승이 참여한 가운데 예비회담을 갖고, 2일부터는 당국의 집회허가가 없더라도 본격적인 승려대회를 개최하기로 하였다. 신문에서는 "비구승 측에서는 사찰정화는 대통령의 유시를 받고서 종단 내에서 단행하는 만큼 집회여부에 관여할 바가 없다고 하며 종헌 수정, 총무원 인선문제, 주지선출 등에 대한 예비회담을 마치고 2일부터 본격적인 대회를 열 것이라고 말하고 있다."[65]고 전하고 있다.

2일 승려대회가 개최되었는데, 당일 아침 미리 소집되었다는 긴급회의에서 결정된 58명의 중앙 종회원 후보자를 그대로 통과시키고, 종헌 수정, 중앙간부 선출, 사찰주지 선출 등을 중앙종회에다 일임하기로 결의하였다. 이후 경찰들이 들어와 행사를 제지하는 가운데, 소구산(蘇九山) 스님이 쓴 혈서인 '대통령에게 올리는 탄원서'가 발표되어 장내를 울음바다로 만들었다.

3일에는 당국의 제지 없이 대회가 속개되어 과거 총무원 측 간부와 종정에 대해서 불신임 결의를 하고 다시 개편 선출하였으며, 종헌 개정안도 아울러 통과시켰다. 신간부로는 종정에 하동산(河東山), 총무원장 이청담(李靑潭), 총무부장 고경덕(高景德), 교무부장 김상호(金祥鎬), 재무부장 박기종(朴基宗), 감찰원장 정금오(鄭今烏), 부감찰원장 김서운(金瑞雲)이었다.

이렇듯 비구승 측의 전국승려대회가 강행되고 있는 시점인 8월 4일 대통령

62) 《연합신문》 1955.7.26.
63) 《동아일보》 1955.7.26.
64) 《평화신문》 1955.7.27.
65) 《경향신문》 1955.8.2.

의 제6차 유시(담화)가 발표되었다.

Ⅶ. 제6차 유시(1955. 8. 4)[66]

倭色僧侶는 물러가라
李大統領, 佛教問題에 言明

李대통령은 작四일 "일찍이 불교계 정화를 지시하였음에도 불구하고 아직껏 원만한 해결을 보지 못하고 있는 것은 문제의 기본원칙의 관계를 분별 못하기 때문이라."고 말하였다. 李대통령은 이날 개최된 기자단과의 회견석상에서 계속되는 "불교분쟁문제"에 대해 다음과 같이 언급하였다.

중이 처를 데리고 사는 그것이 큰 문제가 되는 것이 아니라 문제는 우리나라 중들의 "종교적 신앙과 조리(條理)"가 일본 중들의 그것과는 특별히 다른 것이 몇백년 계속되어 왔던 것을 일본이 한국을 점령하여서 한인들을 다 일본화 시키려 할 때 한국에 충성하려던 중과 교도들은 다 물러났고 일본에 충성하는 새 중들만이 사찰계를 차지했으니 이들 '친일'하던 중들은 오늘에 와서는 마땅히 물러서야 할 것임은 누구나 이론(異論)을 붙일 수 없는 것이다. 더구나 일본이 부당한 요구조건을 내걸고 한편으로는 공산당으로 하여금 한국정부 번복을 의도하게 하고 한편으로는 친일하는 한인을 모아 당을 만들려고 기도하고 있는 이때 우리는 과거 일본식 중노릇하던 사람들이 지금에 와서 아무리 애국, 애족

---

66) 《동아일보》 1955.8.5.

의 성심이 있다 할지라도 그분들은 나라의 형편을 생각하고 조용히 물러가서 일본황제 숭상하는 사상을 버리고 외국인 간섭을 있게 하는 일 등 없이 국가만년대계에 도움되게 할지언정 방해 안되도록 하기 바란다. 혹 그들이 갈 곳이 없거나 생계가 없다면 정부에서 다른 방면으로 도와줄 수 있을 것이니 이 정부의 방침에 항거 않는 것이 지혜로울 것이다.

내용을 보면, 신앙상의 조리(條理)가 다르다는 표현이 등장하였고, "이들 '친일'하던 중들은 오늘에 와서는 마땅히 물러서야 할 것임은 누구나 이론(異論)을 붙일 수 없는 것이다."라고 하여 대처 측의 항복을 기정사실화 하고 있다. 대처 측을 친공·친일 분자로 규정하였으며, 특히 일본황제 숭상하는 사상이라고 말한 깃은 지나친 부분이 없지 않다. 그리고 마지막으로 정부의 빙침에 항거하지 말라는 경고성 발언으로 끝맺고 있다. 대처 측에 대한 이대통령의 비난 수위가 점점 높아지고 있음을 알 수 있다.

이러한 대통령의 유시는 당국의 집회허가도 없이 승려대회를 치루고 있던 비구승들에게는 큰 힘이 되었다. 비법적인 활동을 합법으로 만들어주는 효과가 발생한 것이다. 그리하여 대회 마지막 날인 5일에 628명의 주지 임명을 결의하는 것으로 전국승려대회의 막을 내렸다. 그리고는 6일에 문교부로 가서 전국승려대회의 집회허가를 해주지 않은 당국에 항의의 표시를 했다. 또한 전국 유명한 사찰 60개를 선택하여 양측이 30개의 사찰에 대한 주지 임명권을 부여한다는 문교부의 중재안에 대하여 "어디까지나 불교정신을 살리고 불교교리를 찾는데 불교정화의 대의가 있다."는 이유로 이를 일축하였다. 대처 측은 총무원의 간부로서 대처승은 한 사람도 없다고 전제한 다음, 다만 대통령의 유시를 받들어 대처승을 절로부터 퇴거케 하고 사찰 정화에 전력을 다하겠

다고 말하였다.[67]

한편 문교부는 10명의 사찰정화대책위원 가운데 대처승 측 인사를 선학원 측에 가담할 것을 권유하는 작업[68]을 한 끝에 8월 11일 제4차 사찰정화대책위원회를 열어 전국승려대회에서의 결의사항을 합법적인 것으로 재확인하는 표결을 강행하였다. 이는 지난 4일 이대통령의 제6차 담화가 있은 그 다음 날 이대통령이 문교장관과 내무장관을 경무대에 소집하여 "조속히 해결을 못 지을 바에는 물러가도록 하라."는 강경한 의사를 표시하였기 때문이다.[69] 그리하여 문교, 내무 양 당국에서는 종전의 태도를 바꾸어 지난 7월 15일 사찰정화대책위원회의 5대 3이라는 투표결과를 합법적으로 시인하는 작업을 추진하였던 것이다. 결국 이날 회의에는 위원 8명이 참석하였는데, 대회소집에 대한 표결을 재실시 한 바 7대 1로 가결이 되었다.[70]

그리하여 다음 날 8월 12일 조계사에서 당국의 승인을 얻은 선학원 측의 합법적인 전국승려대회가 문교, 내무 양부 관계관들이 참석한 가운데 개최되었다. 이 날의 대회는 앞서 있었던 전국승려대회를 합법적인 대회로 추인하고 그날의 결의사항을 재확인하여 보완하는 형식으로 진행되었다. 56명의 종회의원을 선출하고 종헌을 개정 선포하는 한편 종정에 설석우(薛石友) 스님을 추

---

67) 《동아일보》 1955.8.5., 《경향신문》 1955.8.6. 또한 《경향신문》에서는 '취직하는 대처승·통도사서 370명이 진출'이라는 제목 아래 "집단이혼 소동이 일어났던 통도사에서는 9일 현재 승적에 등록되어 있는 승이 470명인데 그 중 370명은 학교 교사를 비롯하여 회사사무원 등으로 모두 직업전선에 진출하였다."는 기사를 내고 있다.(《경향신문》 1955.8.12.)

68) 총무원 측 대책위원 5인 가운데 1인(원보산)이 선학원 측에 가담하기로 하였다. 《경향신문》 1955.8.10.

69) 《동아일보》 1955.8.13.

70) 대처 측 5인 가운데, 1인(국묵담) 불참, 1인(김상호) 승단 탈퇴로 3인, 그리고 선학원 측 5인이 참석하여 총 8인이 표결하였는데, 대처 측 1인(원보산)은 이미 비구 측으로 넘어가 6대 2가 되어야 하는데, 대처 측 2인(박대륜, 이화응) 가운데 1인(이화응)이 반대 의사를 밝혔음에도 찬성 쪽으로 집계되어 7대 1의 결과가 나왔다고 한다. 『태고종사』, p.341.

대하고, 총무원의 신간부도 선출하였다.[71] 또한 하루 속히 대처승 총무원의 사무인계를 받을 것을 결의하는 한편 새로 임명된 주지들은 지정된 사찰로 돌아갈 것을 결의하였다.[72] 이로써 대세가 선학원 측 비구승들에게 넘어가게 된 것이다.[73]

문제는 당국의 공작에 의하여 종권을 강탈당했다고 믿는 대처승들이 승려대회의 결의를 수용하지 않는 것이었다. 비구승단에서는 문교부에 새로 임명된 총무원 명단을 정식 제출하는가 하면 삼보사찰인 해인사(海印寺), 범어사(梵魚寺), 통도사(通度寺)를 비롯한 19개 사찰의 주지를 결정하고 인허(認許)를 요청하였다. 그러나 대처승 총무원 측에서는 비구승 측의 독단적 행위는 비합법적인 것이라고 지적하고, 직역 수호와 사찰 정화에 배전의 노력을 할 것을 호소하였다. 문교당국에서는 신간부를 인정하는 한편 19개 사찰 주지에 대한 인허장을 수여할 것이며, 이에 따라 비구승 측에서는 당국의 인허장이 나오는 대로 내무 당국의 협조 하에 사찰을 접수할 것이라고 말하였다.[74]

그런데 비구승들은 오랜 투쟁 끝에 숙원의 교단 주도권을 손아귀에 넣었으나 5천명이 넘는 대처승들을 사찰로부터 축출하고 그 뒷자리를 메꾸기에는 너무도 힘이 미약하다는 현실에 부닥치고 말았다. 당시 선학원계 승려는 약 800명(비구 400명, 비구니 400명) 정도로 추산되는데, 이들 전원을 주지로 임명한다는 것은 거의 불가능한 일이었다. 전국에서 전통 있는 623개 사찰을 골라 주지를 내정하고 있으나 실제로 문교부에 인허를 신청한 것은 19사찰에 불과한

71) 총무원장 李靑潭, 총무부장 金瑞雲, 교무부장 申韶天, 재무부장 朴淇宗, 감찰부장 鄭今鳥, 부감찰부장 金智曉, 《조선일보》, 《경향신문》 1955.8.13.
72) 《경향신문》, 1955.8.14.
73) 당시 신문에는 '불교계 분쟁 종막, 전국승려대회를 합법적으로 인정'(《동아일보》 1955.8.13.), '불교분쟁 종식 단계에, 종정에 설석우씨를 추대'(《조선일보》 1955.8.13.), '1년만에 불교분규해소, 비구승 측 승리 12일 합법적인 승려대회를 개최'(《경향신문》 1955.8.13.), '비구승 측 전국사찰장악, 총무원 신간부 선출'(《경향신문》 1955.8.14.)와 같은 기사들을 게재하고 있다.
74) 《경향신문》 1955.8.18.

것도 그러한 사정을 증명하는 것으로서 결국 대처승의 교섭은 불가피한 것이
었다. 그리하여 비구승들은 일시에 전 사찰을 접수하려던 당초의 계획을 포기
하고 모든 대처승을 포섭하는 방향으로 갈 수밖에 없었다. 선학원 대변인은
"경우에 따라서 대처승도 주지서리(住持署理)로 임명하게 될 것이라."고 언명하
기도 하였다.[75]

당국으로부터 정식 인정을 받게 된 비구승 측 총무원에서는 사찰들을 대처
승으로부터 인계받는 일에 착수하였고, 대처승들은 사찰을 수호하기 위해 만
반의 태세를 갖추고 있었다. 비구 측은 서울에 있는 봉은사(奉恩寺)와 개운사
(開運寺)를 시작으로 봉선사(奉先寺), 용주사(龍珠寺), 대각사(大覺寺), 전등사(傳燈
寺) 등 경인지역 주요 사찰을 인수하였고, 통도사(通度寺), 해인사(海印寺), 범어
사(梵魚寺) 등을 비롯 전국의 중요 사찰을 접수해 나갔다. 대처승들은 신성한
이 나라 불교가 관의 부당한 간섭으로 말미암아 완전히 민간불교와 관제불교
로 구분케 되었다고 전제한 다음 끝내 민간불교를 지키기 위하여 관제불교와
싸울 것을 피력하였다. 이들은 사찰정화는 어디까지나 각 사찰 내에서 단행하
여야 할 것이며 사찰주지 임명 역시 동 사찰에서 선출되어야 할 것으로서, 불
교정화란 이름 아래 관제불교가 파생되어 사찰주지 임명을 각 사찰의 승려들
의 의사를 무시하고 임명되고 관의 인허를 받는다는 것은 이해할 수 없는 처
사라고 말하였다.[76]

특히 주목되는 것은 8.12 전국승려대회에서 비구승 측에 의해 종정으로 추
대된 설석우 스님이 "이번의 사찰정화는 그다지 찬성하지 않는다. 비구승과
대처승이 타협을 하여 앞으로 우리나라 불교를 위하여 분쟁을 종식토록 하여
야 할 것이다."라고 말하면서 비구승단의 해인사(海印寺) 접수에 앞서서 이를
환영치 않는다는 의사를 밝힌 후 수도 중이던 해인사에서 자취를 감추었다는

---

75) 《동아일보》1955.8.22.
76) 《경향신문》1955.9.5.

것이다.[77] 비구−대처 양측의 첨예한 대립보다는 절충과 화합을 통한 점진적 정화를 지지하는 승려도 꽤 있었음을 보여주는 실례로 보인다.

어쨌든 비구승 측 총무원에서는 25일까지 해인, 통도, 범어를 비롯한 19개 사찰과 각 도 종무원의 관리권을 평온리에 접수 완료하였다. 그러나 비구승의 절대수 부족과 재정난 등으로 인하여 실제적인 곤란을 겪게 되었다. 이에 대해《동아일보》에서는

> 오랜 투쟁 끝에 비구승단이 성취한 불교혁명은 그 후에 가로놓인 몇 가지 불완전한 현실문제로 말미암아 결국 그들은 '허무한 승리자'의 위치에 놓여지고 있다. 한국불교의 새 주인공이 된 비구승단의 이러한 고민은 지도급 인물의 빈곤과 아울러 과거 사찰재산의 기부로서 설립된 학교재난 빛 일반기업체에 대한 귀속권(歸屬權) 위양의 미해결 등에서 초래되는 심각한 재정난 같은 것을 들 수 있다.[78]

라는 기사를 게재하였다.

당시 사찰인수의 실태를 보면 대처승들로부터 324개 사찰을 인수하였으나 주지 자격승의 절대수 부족에 봉착하여 52개 사찰은 대처승 주지를 그대로 위촉하였으며, 나머지 272개 사찰에 대해서도 그 반수 정도인 126명의 주지 밖에는 임명하지 못하였다. 또 하나의 당면문제는 식량난을 해결하는 것이었으니, 사찰을 쫓겨난 대처승들은 식량을 남겨놓지 않았기 때문에 그들은 당국에 구호를 호소하는 등 일찍이 겪지 못한 현상을 초래하였다. 또한 사찰 운영의 중요한 재원이 되는 공장, 극장, 회사, 운수업 등 기업체의 인수는 학교운영재단과 더불어 교착상태에 있었다. 이것은 실질적으로 사찰정화가 비구승단에게 빈 절간을 물려준 결과가 되고 말았다. 기업체에 관여된 대처승 이사진

---

77)《경향신문》1955.9.5., 9.7.
78)《동아일보》1955.11.21.

은 사찰정화가 기업체까지 확대되는 것은 아니라고 주장하여 인계를 거부하
는가 하면, 총무원에서는 대통령 유시가 일체의 불교 재단을 포함하고 있다고
주장하여 양자 간의 냉전은 지속되고 있었던 것이다.[79]

이렇듯 사찰 인수 문제로 줄다리기를 하고 있던 시점에 이승만 대통령의 제
7차 유시가 나왔다. 이것은 이대통령의 마지막 담화에 해당한다.

VIII. 제7차 유시(1955. 12. 8)[80]

내무부장관, 문교부장관 귀하

불교에 관한 건

首題의 件에 관한 대통령 각하의 분부를 다음과 같이 依命 傳達합니다.

記

내가 기왕에도 말한 바이지만 帶妻僧과 比丘僧의 구별을 업시해서 차
차 우리나라 정신을 주장함으로서 일본 중이 주장하든 바를 변경해서
우리나라 불교의 대지를 행해 나가기를 뜻하고 있던 것이다. 정부에서
는 일본과 평화로이 살 수 있을 희망을 가지고 여러 가지로 교섭해 왔
으나 아직도 일본은 우리나라 재산의 85%가 저의 것이라고 우리에게
대해서 하는 것이 이전에 거만 부려서 하던 행동과 태도를 가지고 잇스
며 우리나라 문제는 兵力이 강하게 된 뒤에 해결된다 하고 있으니 이 야

---

79) 《동아일보》 1955. 11. 21.
80) 『태고종사』, pp. 352-354.

심을 막을 도리가 업고 평화로히 조처할 수 업스므로 이 일이 결정날 때까지는 親日분자들과 愛國民의 전체가 분간이 될 것이니 그 때에 위험성을 피하기 어려울 것임으로 이 폐를 막자면 비구승과 대처승 사이를 구별해 노아야 되겠다는 관찰로 내가 설명할 적에 親日이나 排日문제는 여기 오르지 안코 민중이 아러드러서 화의적으로 되도록 도모했으나 그 중에도 자기들의 의견을 고집해서 화의적으로 하기 어려운 형편을 보고 僧侶간에 시비가 생기게 된다면 도리어 전국에 불리하겠스므로 부득히 갈러노을 적에 일본 중의 일본교리와 정신이 본국 중의 교리와 정신 사이에 다소간 차별이 잇는 것을 교정해서 이전과 같이 우리 중도 다 일원화해서 가치 나가도록 만들자는 계획으로 한 것인데 그 결과로는 대처승이 사찰과 소속 재산을 내노코 물러간다는 것은 형편에 따라서 변할 수 입게 됨으로 그 사람들에 곤란한 지경이 잇나면 정부에서 조사해서 임시로 도와줄 수 잇스면 도와주려는 것이니 문교부에서는 이 의도를 바더서 원칙만을 주장해서 모도 정부의 정신을 지켜서 한길로 나갈만치 만들기에 만흔 사람의 곤란을 피하고 하도록 노력하기를 바라는 것이 애당초에는 어떻게 해서 대처승과 비구승이 갈리엇든지 그것은 더 문제를 삼지 말고 前事는 다 삭제해서 지금부터는 우리 韓人의 血族으로 한국정신을 가진 사람은 다 같은 주장으로 서로 和同해서 지내가기를 우리가 도모하는 중인데 지금 보고된 것을 보면 전국에 암자 등을 합해서 사찰이 총 1,700이 잇다면 또 토지는 사찰의 원 寺有土地와 농지개혁 때 분양된 토지와 반환바든 토지 등이 잇다하니 절에 소속된 토지는 사찰에 부쳐주어 이러케 해서 절마다 암자마다 중이 드러가 잇서서 그 재산을 지켜가며 보수하고 개량해 나갈 것을 만들어 주어야 될 것이며 또 주지들은 중이 모여서 정한 후에 책임자로 해서 사찰을 파괴하지 안토록 보호해주어야 할 것이다. 이러케 해서 첫째 共有財産을 보호하게 되며 또 고대문명과 건물 재산을 보호해서 거기서 차차 발전되어 近地의 樹林과 기지를 개량 綠化해서 더욱 아름답고 자랑

할 만치 만드는 것이 목적이니 이에 대한 것을 중이나 민간이 합동해서
성공하도록 만든다는 데는 문교부에서 돕고 내무부 경찰이 각 지방
에서 지시해서 보호하고 수선해 가도록 해야 될 것이다.

이상.
대통령비서관 구본준

내용상으로 그 동안의 유시와 비교해서 새롭게 추가된 부분이 별로 보이지
않는다. 장시간 끌어온 비구—대처간의 갈등이 8 · 12 승려대회와 그에 따른
사찰 인수로 하여 비구 측의 승리로 일단락 되어가는 상황에서 그 동안의 경
과에 대한 소회를 정리하고, 불교계에 대한 당부를 재차 강조하고자 하는 의
도가 드러난다.

대통령은 사태가 본인의 의도대로 일단락되는 것으로 판단하는 듯하지만,
사실은 여러 가지 난관이 잠복해 있었다. 특히 인물난을 겪게 된 비구승 영도
하의 총무원은 대처승 포섭을 위한 문호를 개방하고 대처승들의 사찰복귀를
허용할 수밖에 없었다. 총무원 당국은 종무원(宗務院) 및 중요 사찰을 제외한
일반 사찰에는 전부 대처승들을 배치하고 사찰재단으로 운영되는 각 기업체
의 운영자 역시 일제 종전 사람을 등용할 계획을 명백히 하였다.[81]

IX. 자성과 평가

이승만의 7차에 걸친 유시와 그에 따른 당시 불교정화의 흐름을 살펴보면
서 몇 가지 생각해 보아야 할 점들을 정리해 보면 다음과 같다.

첫째, 대통령의 유시에 대한 불교계의 반응이다. 사실 민주국가의 대통령이

---

81) 《조선일보》 1955. 1. 28.

특정 종교의 내부적인 문제에 대해 개입하는 것은 있을 수 없는 일일 것이다. 그것도 기독교 신앙을 가지고 있는 입장이기 때문에 오해를 받을 수 있는 소지가 큰 상황이었다. 그럼에도 이승만 대통령은 확신을 가지고 불교정화의 의지를 강력하게 피력하였다. 문제는 이러한 대통령의 월권적 행동에 대해 불교계가 전폭적으로 받아들이고 존중하는 태도를 보였다는 것이다.[82]

수세적 입장에 있던 비구승으로서는 대통령의 유시가 유일한 무기였으므로 이를 절대적으로 믿고 의지할 수밖에 없었다. 어려움에 처할 때마다 비구승들은 경무대를 찾아가서 도움을 청했고, 대통령은 이에 화답하여 유시(담화)를 발표함으로써 비구승들에게 유리한 국면을 조성해 주곤 하였다.[83] 1955년 8월 2일 당국의 집회허가가 없는 상황에서도 승려대회를 강행하였던 비구승들의 행태는 대통령의 후원이라는 절대적 배경이 없이는 있을 수 없는 일이었고, 이에 화답이라노 하듯이 8월 4일 제6차 유시를 내려 불법적인 집회를 합법적인 것으로 만들어 주는 효과를 발생하기도 하였던 것이다. 또한 문교부의 중재안을 일축할 수 있었던 것도 대통령의 절대적 지지를 믿었기 때문에 가능한 일이었다.

문제는 대처승들도 속이야 어떻든 겉으로는 대통령의 뜻을 받드는 태도를 보였다는 점이다. 일방적으로 비구승을 비호하는 대통령이 대처승들에게는 증오의 대상일 수밖에 없었지만, 겉으로는 항상 대통령에게 화살을 돌리지 않

---

82) 왜색불교를 타파하고 한국불교의 전통을 회복해야 한다는 숭고한 의미를 갖는 불교정화가 불교계 내부의 주체적 결단이 아니라, 이승만 대통령의 말 한마디로 촉발되었다고 하는 것은 한국불교의 권력의존성을 그대로 말해 주는 것이라고 아니할 수 없다. 이재헌, 「이승만 정권의 종교정책과 불교정화」, 『불교와 국가권력, 갈등과 상생』, 조계종출판사, 2010, p.258.

83) 이로 인해 비구 측과 이승만 정권 사이에는 공고한 지지와 후원관계가 형성되었다. 불교신자들은 경무대 앞에서 북진통일 지지 시위를 벌이고, 1956년에는 비구 측 대표들이 경무대를 방문하여 대통령 선거 재출마를 호소하고, 3·15 부정선거에도 조계종단이 체계적으로 동원되었다는 것이다. 노치준·강인철, 「해방 후 한국사회 변동과 종교」, 『광복 50주년 기념 논문집』, 광복 50주년 기념사업위원회, 1995, p.191.

았고, 불교정화의 성지(聖旨)를 받드는 것처럼 하였다. 그리하여 항상 대통령의 유시를 받들어 대처승을 절로부터 퇴거케 하고 사찰 정화에 전력을 다하겠다고 다짐하곤 하였다. 이는 당시 대통령의 절대적인 권력 아래 살아남기 위한 몸부림이었다고 볼 수 있다. 물론 전통불교의 회복이라는 대의명분과 여론의 흐름도 대처승들에게 결코 유리하게 작용하지 않았던 것과 무관하지 않을 것이다.

둘째, 전통불교의 회복이라는 대의명분이 불교계에 널리 확산되어 있었다는 점이다.[84] 불교정화운동은 비구중심의 수행종단 건설이라는 목표가 있었고, 온갖 어려움과 부정적인 평가가 병존함에도 불구하고 그 목표를 달성해 냈다는 것은 부정할 수 없는 사실이다. 물론 값비싼 대가를 치르기도 하였지만, 한국불교의 수행 전통을 지켜내고 발전시킬 수 있는 토대를 마련했다는 것 하나만으로도 대단히 가치 있고 의미 있는 일이며, 한국불교의 가능성을 보여주는 특기할 만한 일이었다고 생각된다.

그런데 이러한 목표의식이 일조일석에 생겨난 것은 아닐 것이다. 경허(鏡虛)에서 비롯되어 혜월(慧月), 한암(漢岩), 만공(滿空) 등으로 이어지는 선수행의 전통이 살아 있었고, 그것을 기반으로 하여 전개된 불교개혁의 정신, 1921년 선학원(禪學院)의 창건과 1934년 선리참구원(禪理參究院) 전환, 그리고 1941년 고승유교법회(高僧遺敎法會)로 이어지는 수좌들의 수행 및 지계(持戒) 의식, 그리고 1926년 백용성(白龍城)의 대처식육(帶妻食肉) 금지 건백서(建白書), 해방 이후 '교도제(敎徒制)'를 주장했던 불교 혁신 및 교단 개혁 운동 등이 있었기에 한국불교의 전통은 청정비구 중심의 수행불교라는 의식이 살아 있었던 것이다. 그것이 해방 이후 수좌들의 자생적인 정화 움직임으로 나타났던 것이니, '부처님 법대로만 살아보자'라고 시작했던 봉암사결사와, 계율과 비구중심 운영을 철칙으로 하면서도 점진적, 단계적 개혁 방안을 제시했던 만암(蔓庵)의 고불총림

---

84) 정화운동의 배경에 대해서는 김광식, 「정화운동의 전개과정과 성격」, 『새불교운동의 전개』, 도피안사, 2002, pp.316-328을 참조할 것.

(古佛叢林), 그리고 농지 개혁의 과정에서 위축된 사찰경제로 인하여 생존과 수행공간 확보라는 절체절명의 명분을 내걸고 수좌 전용 사찰 할애를 요구했던 수좌들의 요구 등이 바로 그것이다.

불교 정화 운동의 진행 과정에서 이승만 대통령의 유시와 그에 따른 국가권력의 개입이 작용했다는 것은 부정할 수 없지만, 불교계 내부에서 오랫동안 정화의 대의명분이 확산되어 있지 않았다면 그것을 절대로 실현시킬 수 없었을 것이라는 점이 중요하다. 방법론상 관점의 차이와 현실적 이해관계의 대립 등으로 인하여 서로 입장은 판이하게 달랐지만, 적어도 불교가 정화되어야 한다는 대의명분에 대해서는 비구-대처는 물론이고 대통령과 국민 여론까지도 모두 부인할 수 없는 일종의 공감대가 형성되어 있었다는 점이다. 대통령의 담화(유시)는 그러한 공감대 위에서 다만 하나의 촉발되는 계기를 마련해 주었을 따름이다.

셋째, 당시 여론의 향배도 중요하다. 당시 여론은 대체적으로 비구승 쪽에 있었다고 판단된다. 언론의 노조도 마찬가지였다. 물론 양자 간의 갈등 사이에서 중립을 지키면서 양비론(兩非論)의 입장에서 '염불보다 잿밥', '종권다툼' 등의 비판적인 시각을 전하는 기사가 없었던 것은 아니지만, 대체적으로는 이승만 대통령의 유시와 비구승단의 입장에 동조하는 분위기가 더 많았다. 이것은 청정 비구 수행 종단의 건설이라는 대의명분에 대체적으로 공감하였기 때문이라고 볼 수 있다. 당시의 문교-내무관료들은 대통령의 초법적(超法的) 유시(담화)와는 달리 정교분리(政敎分離)라는 헌법정신을 무시할 수 없어 가급적 중립을 지키려고 노력했던 흔적이 있었지만, 그럴 때마다 언론에서는 "그러한 이론 밑에 불교계의 분쟁을 오래 지속시킨다는 것은 매우 미지근한 일이라."고 하면서 불교의 정화를 위해서 과감한 조치를 촉구하면서 비구 측을 향하고 있는 일반 여론을 전하곤 하였다. 특히 6.10 조계사 습격으로 비구승들이 중상을 입은 사건, 그리고 비구승들의 단식투쟁이 이어지는 상황에서 여론은 대처승들에게 불리한 상황으로 전개되었으며, 주도권이 비구승단 쪽으로 기울어지는 결정적인 계기가 되었다고 볼 수 있다.

넷째, 방법론상의 비민주성에 대한 평가이다. 무엇보다 이대통령의 개입은 자유민주주의를 국시로 하는 대한민국의 대통령으로서 있을 수 없는 행동이었다. 당시 한국이 자유민주주의의 경험이 부족하여 국민의 기본권에 대한 의식이 약했다는 점을 고려한다고 하더라도, 미국에서 오랫동안 유학과 망명생활을 했던 이승만이 '종교의 자유'와 '정교 분리'라는 헌법의 정신을 무시하고 특정 종교의 내부 문제에 대해 마치 제왕처럼[85] 명령을 하달하는 식으로 개입을 하였던 것이다. 사실 극소수에 불과했던 비구승이 절대다수를 차지하는 대처승들을 종권에서 완전히 밀어내겠다는 발상 자체가 이승만 대통령과 공권력의 배경을 믿지 않고서는 도저히 있을 수 없는 일이었던 것이다.[86] 그의 측근들은 기독교 신자인 대통령이 자칫 다른 종교계의 내부문제에 잘못 손을 댈 경우 정치적 곤경에 빠질 수 있다며 반대했다고 한다. 그러나 그의 입장은 단호했다.

물론 여기서 이승만 대통령이 위헌의 소지가 있다는 비판에도 불구하고, 불교계의 분규에 직접 개입하여 소수파에 불과했던 비구승을 지원한 이유가 무엇인지 숨겨진 정치적 의도를 살펴보아야 할 것이다. 이승만은 종교를 자신의 권력기반을 이루는데 이용하였으며, 특히 대한민국을 개신교공화국으로 만들려고 하였다는 점은 잘 알려진 사실이다. 처음에는 대처승 중심의 총무원 세력과도 비교적 원만한 관계를 유지하였으나, 한국전쟁 이후 급작스럽게 이들을 배제하고 소수파인 비구 측으로 지지 세력을 갑자기 전환하였다. 그 배경으로는 대처 측 정치인사 다수가 한민당과 함께 반 이승만 진영으로 합류하였고, 이승만이 3대 국회의원 선거를 준비하면서 사사오입 개헌 파동으로 야기된 정치적 위기를 타개하기 위해 여론의 관심을 다른 곳으로 돌릴 필요가 있

85) 이승만은 담화에서 국민들을 '백성'이란 용어로 지칭하는 등 조선 말기의 군주의식이 남아있었다고 한다. 서중석, 「정치지도자의 의식과 유교문화—이승만을 중심으로」, 『대동문화연구』 36집, 성균관대학교 대동문화연구원, 2000, pp.205-208.
86) 이재헌, 「이승만 정권의 종교정책과 불교정화」, pp.258-259.

었기 때문이다. 특히 이승만의 대처승 축출 기도는 당시 무소속 국회의원이었던 박성하가 자유당 정권을 앞장서 비판하고 있었고, 1956년 대통령 선거에서 대처승들의 영향력이 크게 작용할 것으로 예상되었던 점 등이 주된 원인이었다고 한다.[87] 또한 이승만이 불교계의 분쟁에서 왜색불교를 타파한다는 명분을 들고 나온 것은 표면적인 반일주의와 반공주의를 내세우면서 사실은 정권의 지지기반이었던 친일 기독교 세력을 보호하기 위한 여론 무마용 희생양으로 불교를 이용한 측면도 있다. 즉 해방 이후 친일파를 정죄하지 못하고 오히려 그들을 정권의 지지기반으로 삼아 정권의 정통성이 취약하다는 국민의 비판여론을 환기시키고 호도하기 위한 고도의 정치적 계산이 깔려 있는 것이다.

아무튼 대통령의 초법적 행태와 이에 대한 비구승들의 절대적 의존에 대해 대처승들은 '이 대통령의 남화를 계기로 비구승들이 일어선나는 것은 정치에 대한 아부'라고 비난하였으며, 이를 '관제불교(官制佛敎)'로 규정하였다. 아울러 사찰주지 임명에 관의 허가를 받는다는 것은 일제 하 사찰령의 망령이 되살아난 것이라고 비판하였다. 실제로 4·19로 이승만이 퇴진하자 당시 대처 측의 종정이었던 국성우(鞠聲祐)는 "李 정권의 비호 하에 이루어진 일부 승려들의 불법집단인 관제불교단체를 해산하고…"[88]라 하여 이승만을 독재정부로 규정하고, 그 비호를 받아 추진되었던 정화를 부정하려 했던 것이다.

여하튼 불교 정화 운동의 공과를 논함에 있어 가장 큰 문제로 지적될 수 있는 것은 바로 불교의 문제를 불교 자체의 논리로 풀지 못하고 정권의 비호 및 공권력, 사법부에 의지하려고 했던 점이며, 대자대비하신 부처님의 포용과 자비를 베풀지 못하고 극단적인 투쟁과 배척, 그리고 폭력으로 일관했던 점이라고 할 때, 방법론상의 비민주성에 대한 자성은 피할 수 없다.[89] 요컨대 대의명

---

87) 노치준·강인철, 「해방 후 한국사회 변동과 종교」, p.190.
88) 『묵담대종사문집』, 묵담대종사문집간행회, 1999, p.466.
89) 불교정화의 유산을 내적으로 반성해 볼 때에 가장 심각한 문제 중의 하나가 바로 정화

분이 아무리 옳은 것이었다 하더라도, 그것을 추진함에 있어서 타율적으로 공권력에 의지했을 때, 결과적으로는 더 큰 대가를 치러야 한다는 것을 깨달았어야 했던 것이다. 아울러 '현실적인 다수를 점하고 있는 대처승들의 존재를 하루아침에 부정해 버리는 배타주의가 과연 불교적인 방법이었는지?' 그리고 '그들을 완전히 밀어내려고만 하지 말고 좀 더 포용해 가면서 서서히 바꾸어 갈 수 있는 여지는 없었는지?' 하는 점도 생각해 볼 여지가 있다.[90]

다섯째, 종권다툼의 성격이 크다는 지적에 대한 자성(自省)이 필요하다. 정화가 남긴 부정적인 유산을 간단히 정리한다면, 모든 긍정적인 대의명분에도 불구하고, 그것은 한마디로 국가권력에 의지한 종권다툼이었다고 성격을 규정할 수 있을 것이다. 대통령의 '대처승=친일승'이라는 논리에 대해, 대처승 측은 불교계를 정화하라는 대의에는 찬성하지만, 친일파라는 규정은 받아들일 수 없으며, "250계를 완전히 준수한 본래의 비구승은 우리나라엔 한 사람도 없으며 비구승이라고 떠드는 승려는 모두가 수행승(修行僧)이라고 규정하면서 그들은 사찰을 점령하려는 물욕에 좌우되고 있다."고 비난하면서 이른바 '대처승 배제'라는 명분이 결국은 종권 획득을 위한 하나의 명분에 불과하다는 것을 분명히 하고 있다. 이러한 비판에 대해 선학원 측의 하동산(河東山) 스님은 물욕에 좌우되고 있다는 것은 부인하면서도 "비구승이 한 사람도 없다는 데 대하여는 우리도 시인하나 다만 앞으로 비구승이 될 것을 목표로 노력하려는 것이다."[91]라고 하여 '비구승 우선'이라는 것이 하나의 명분일 수 있다는 점을 일부 시인하고 있다.

사실 불교계의 종권 다툼이 어제 오늘의 일은 아니다. 사실 해방 공간에 있어서 보수−혁신의 대립과 1950년대의 비구−대처의 갈등은 1920년대의 총무

를 달성하기 위한 수단으로 폭력을 다반사로 사용해왔다는 것이다. 성냄과 분노를 三毒의 하나로 가장 경계하며, 비폭력 평화정신을 기반으로 하는 불교에서 폭력이 비일비재하게 일어나고 있는 것은 어떠한 이유로도 정당화될 수 없는 것이다.

90) 이재헌, 「미군정의 종교정책과 불교계의 분열」, p.34.
91)《자유신문》1954.9.28.

원과—교무원의 대립을 연상케 한다. 한때 개혁을 주장하던 인사들이 교단의 중진이 되면 종권 유지에 연연하게 되고, 또 다른 젊은이들이 그들을 보수파로 몰아 배척한다. 그리하여 그들이 종권을 잡게 되면, 얼마 안 있어 또 다른 새로운 세력에 의해 밀려 나게 된다. 노소(老少) 간의 대립은 어느 사회에서나 있는 것이지만, 자신들의 의사를 관철시키는 방법이 비불교적이고 배타적인 방법이었기 때문에 악순환이 계속되는 것이다.[92] 정화 이후에 계속된 종정과 총무원장 간의 종권 갈등은 비구승 종단의 면모가 갖춰지면서 비구승 가운데 현실에 안주하거나 타협하여 기득권 유지에만 급급하는 현상을 노출하고 있음을 보여준다. 또한 비구 측의 급진적인 종권획득 과정에서 사찰을 점유하는 데 필요한 인적 자원을 보충하기 위해 급조된 승려들이 사찰 운영을 파행적으로 함으로써 결국 정화의 정신을 무색하게 하였고, 이후 지속적인 불교 분규에노 일성 부분 영향을 끼쳤다. 결국 비구 중심의 승단 운영이란 깃은 하나의 명분이었고, 사실은 종권 획득이 목표였음을 잘 말해주는 것이 아닐까?[93]

특히 정화 도중에 불거져 나온 환부역조(換父易祖) 논의는 정화의 이념적 기반에 대한 의문을 갖게 한다. 종조를 세우는 것이 현실적인 투쟁의 이해관계에 따라 좌지우지 될 수 있는 것인지 의심스럽다. 대처 측이 종조로 태고국사(太古國師)를 모셨다고 해서 비구 측에서는 이에 대한 차별성을 보이기 위해서 보조국사(普照國師)로 종조를 모셨다는 점, 그리고 뒤에 문교부의 중재안을 접하면서 종조문제를 정하지 못하고 이를 후일 전문학자의 고증을 들어 처리하기로 하고 보류하고 있는 점, 그리고 아직까지도 이에 대한 명쾌한 정리를 하지 못하고 있는 점 등은 정화의 이념적 기초에 대한 의문을 갖게 하기에 충분하다. 이러한 부분도 정화가 종권 다툼으로 밖에 볼 수 없는 이유가 될 수 있다.[94]

---

92) 이재헌, 「이승만 정권의 종교정책과 불교정화」, p.257.
93) 같은 글, p.269.
94) 같은 글, p.267.

X. 끝맺는 말

이승만 대통령의 7차에 걸친 유시는 불교 정화 운동을 시종일관 이끌어 갔던 주요 동력이었다. 핵심적 내용은 대처승은 곧 친일승려이니 사찰의 소유권을 다 내려놓고 절 밖으로 나가라는 것이다. 그리고 비구승들은 곧 애국승려이니 대처승들을 몰아내고 우리나라의 문화유산인 사찰재산을 지키며 수리 개량하라는 것이다. '유시(諭示)'라는 단어 속에 잘 나타나있듯이 권위주의적 대통령으로서 명령을 내리는 듯한 논조로 일관하고 있는데, 비구승들에게는 총궐기하여 적극적 행동에 나설 것을 주문하였으며 대처승들에게는 무조건 항복하라는 위협적 통첩을 내렸다. 대통령이 이렇듯 사찰정화를 강제적으로 밀어붙인 것은 일제강점기 이후 불교계와 사찰을 행정적으로 통제해 왔던 사찰령의 연장선에서 불교를 관리, 통제할 수 있다는 법리적 검토에 기반하고 있다. 대통령의 대처승에 대한 비판적 발언의 수위는 담화가 횟수를 더하면서 점점 더 높아져 갔는데, 특히 비구-대처가 조계사 탈취 등의 문제로 유혈적 폭력으로 맞설 때에는 친공·친일이라는 논리를 내세워서 철저하게 대처를 배제하고 비구승들에게 힘을 실어주려고 하는 의도를 표출하였다.

이러한 이승만대통령의 유시가 불교정화운동의 발발과 전개에 미친 영향력과 남겨진 유산을 비판적으로 평가해 볼 때 우리는 몇 가지 사실을 지적할 수 있다.

첫째, 대통령의 월권적 행동에 대해 불교계는 전폭적으로 받아들이고 존중하는 태도를 보였다.

둘째, 전통불교의 회복이라는 대의명분이 불교계에 널리 확산되어 있었다.

셋째, 당시 여론은 대체적으로 비구승 쪽에 있었다.

넷째, 불교의 문제를 불교 자체의 논리로 풀지 못하고 정권의 비호 및 공권력, 사법부에 의지하려고 했으며, 극단적인 투쟁과 배척, 그리고 폭력으로 일관했다.

다섯째, 종권다툼의 성격이 크다는 지적에 대한 자성(自省)이 필요하다.

이 논문은 불교정화운동에 이승만 대통령의 유시가 가장 결정적인 영향을 끼쳤다는 전제 아래 이대통령의 유시(담화)를 전문 그대로 소개함으로써 향후 좀 더 면밀한 분석과 종합적인 평가를 유도하는 데 가장 큰 의의를 두고 있다. 정화운동 당사자들이 대부분 생존해 있고 그 입장이 상반되기 때문에 어떤 평가를 함에 있어 상당히 조심스러운 측면이 있다. 따라서 가급적 중립의 입장에 서려고 노력하였고, 종교학적 입장에서 불교를 바라보는 객관적 시각을 지키고자 노력하였다.

다만 전문을 발굴, 소개하는데 치중하다보니 전체적인 분량이 많아졌고, 또 그 의미에 대해 좀 더 세밀한 분석을 가하는 측면이 다소 소홀하게 되었다. 이것은 이 논문의 한계로 남겨 두고 향후 좀 더 진전된 연구로 이어지길 기대해 본다.

참고문헌

강석주 · 박경훈 공저, 『불교근세백년』, 중앙일보사, 1980.

고영섭, 「불교정화의 이념과 방법」, 『불교정화운동의 재조명』, 조계종출판사, 2008.

김광식, 「불교정화의 성찰과 재인식」, 『근현대 불교의 재조명』, 민족사, 2000.

_____ , 「정화운동의 전개과정과 성격」, 『새불교운동의 전개』, 도피안사, 2002.

_____ , 「한국 현대불교와 정화운동」, 『한국현대불교사연구』, 불교시대사, 2006.

김상영, 「정화운동 시대의 宗祖 갈등 문제와 그 역사적 의의」, 『불교정화운동의 재조명』, 조계종출판사, 2008.

김순석, 「이승만 정권의 불교정책」, 『불교정화운동의 재조명』, 조계종출판사, 2008.

노치준 · 강인철, 「해방 후 한국사회 변동과 종교」, 『광복 50주년 기념 논문집』, 광복 50주년 기념사업위원회, 1995.

묵담대종사문집간행회, 『묵담대종사문집』, 1999.

민도광 편, 『한국불교승단정화사』, 편찬위원회, 1996.

서중석, 「정치지도자의 의식과 유교문화 이승만을 중심으로」, 『대통문화연구』 36집, 성균관 대학교 대동문화연구원, 2000.

선우도량, 『신문으로 본 한국불교근현대사』, 선우도량출판부, 1995.

이재헌, 「미군정의 종교정책과 불교계의 분열」, 『불교정화운동의 재조명』, 조계종출판사, 2008.

_____ , 「이승만 정권의 종교정책과 불교정화」, 『불교와 국가권력, 갈등과 상생』, 조계종출판사, 2010.

종단사간행위원회, 『태고종사』, 2006.

《서울신문》, 《평화신문》, 《동아일보》, 《경향신문》, 《조선일보》, 《자유신문》, 《연합신문》 기사

정화운동의 전개과정과 성격[*]

◉

김광식(동국대학교 교수)

* 본 글은 『새불교운동의 전개』(김광식, 도피안사, 2002)에 수록된 것이다.

1. 서언

한국 현대불교사 및 20세기 불교사의 중요한 대상인 정화운동은 그 중요성에도 불구하고 이제껏 학문적인 연구의 주제로 심화되지 못하였다. 그 원인은 여러 방면에서 찾을 수 있지만 그 본질은 불교계의 역사의식과 성찰의식의 척박함에서 기인하고 있다. 이에 그간 정화운동에 관련된 자료수집 및 분석, 평가, 연구에 관련된 일련의 작업은 그 양과 질을 평할 수 없을 정도의 빈약한 현실 혹은 황무지였다고 수긍하는 것이 솔직한 고백일 것이다.

이러한 배경 하에서 본 고찰은 근현대불교사라는 거대한 흐름을 유의하면서 정화운동의 개요와 성격을 본격적으로 점검하기 위한 시론으로 삼고자 서술되었다. 다시 말하자면 정화운동의 개요와 성격을 더욱 연구하기 위한 예비검토로 이해하고자 한다. 주지하는 바와 같이 정화운동에 관한 일반적인 이해의 틀, 역사적 성격, 평가, 후유증 및 유산 등의 일반화 및 공감대의 정립은 충분한 자료수집 및 분석, 개별적인 사실들에 대한 치밀한 정리 및 분석, 당시 정치 · 사회적 상황의 검토 등 다양한 방면에서의 예비 작업이 있어야 가능한 것이다. 그러나 지금까지 이 분야의 연구[1] 수준은 일반화 및 공감대의 정립

---

1) 정화운동에 관련된 고찰은 다음과 같다.

서경수, 「정화의 소용돌이 25년」, 『법륜』 25호, 1970.

현 담, 「불교정화운동의 민족사적 과제」, 『법회』 21호, 1986.

배재민, 「불교정화운동의 현재적 조명」, 『불교와 한국사회』 3, 1989.

청 화, 「한국현대사 속의 불교정화운동」, 『한국불교정화이념의 재조명』, 1989.

송월주, 「불교정화운동의 재조명」, 『한국불교정화이념의 재조명』, 1989.

지 명, 「해방후의 불교계와 정화운동」, 『한국불교사의 재조명』, 1994.

김남수, 「50년대 분규 발생의 정치적 의미 분석」, 『대승정론』 15호, 1997.

박희승, 「불교정화운동 연구」, 『불교평론』 3호, 2000.

강인철, 「해방후 불교와 국가 : 1945~1960」, 『사회와 역사』 57, 2000.

김광식, 「조지훈 · 이청담의 불교계 '분규' 논쟁」, 『한국민족운동사연구』 22, 1999.

_____ , 「불교 '정화'의 성찰과 재인식」, 『금오문도회 수련법회자료집』, 1999.

_____ , 「전국비구승대표자회의 시말」, 『근현대 불교의 재조명』, 2000.

시도 자체를 지난하게 해주고 있다.

또한 불교정화운동의 연구에 장애로 작용하는 현실적인 암초는 현재 조계종과 태고종 간의 일정한 대응의식,[2] 당시 정화운동에 참여한 당사자 및 그 후예의 이해관계, 정화운동의 유산과 직·간접적으로 연관된 불교계 구성원의 입장, 최근까지 지속되었던 종단 분규 등을 거론할 수 있다. 바로 이러한 요인이 미래지향적인 역사의식과 성찰의식으로 전환될 때 정화운동의 진실, 본질, 성격은 제자리를 잡을 수 있을 것이다.

불교정화운동은 미시적으로는 현재 조계종단의 재정립과 직접 연결되어 있음은[3] 상식화된 견해이지만, 거시적으로는 근대불교사의 유산이자 현대불교사의 진원지라는 전제도 무리 없이 받아들일 수 있을 것이다. 필자는 최근 근현대불교사 연구에 관심을 갖고 다양한 작업을 해오면서, 정화운동의 연구는 한국불교사의 재정립 및 근현대불교사 연구의 심화에 기여를 하는 것으로 이해하게 되었다.

이러한 입장에서 본 고찰은 필자가 그간 정화운동과 직·간접적으로 유관

_____ , 「사찰정화대책위원회의 개요와 성격」, 『근현대 불교의 재조명』, 2000.

_____ , 「불교재건위원회의 개요와 성격」, 『근현대 불교의 재조명』, 2000.

2) 예컨대, 태고종 총무원이 1992년 5월 1일에 개최할 예정이었던 「불교의 전통 계승과 개혁에 관한 세미나」가 태고종 측의 주제 발표 내용에 불만을 품은 조계종측 인사(세미나 발표자, 토론자)의 참여 거부로 인하여, 무산된 것은 그 단적인 예증이다. 《불교신문》 1992.5.6., 「정화, 법난으로 왜곡주장」 참조.

3) 예컨대 현재 조계종의 종헌 선서문에 단적으로 나와 있다. 그것은 "8·15 光復後 宗團의 淸淨과 僧風을 振作하려는 宗徒들의 願力에 의해 佛紀 2498(1954)年 淨化運動이 일어나 自淨과 刷新으로 마침내 宗團의 和合이 이룩되어 佛紀 2506(1962)年 3月 22日 宗憲을 制定하고 統合宗團이 出帆하게 되었다"라고 표출되어 있다. 그리고 1962년에 출범한 통합종단의 선서문에도 그와 유사한 내용이 있다. 그것은 "그러나 유감히도 종단운영에 대한 견해 차로써 8년 간에 걸쳐 분규가 계속하였으니 이 어찌 통탄지사가 아니리요. 이제 조국은 복지국가 건설을 위하여 총단결 전진하고 있는 이 순간, 우리 종도들도 전 국민의 翹望앞에서 자율적으로 六和의 정신에 입각하여 종단의 전통을 바로잡고 현실 타개를 위하여 이 종헌을 제정함에 이르렀다"고 서술하였던 것이다.

한 연구를 해오면서 이해한 일련의 사실을 정리한 것임을 밝히는 바이다. 그리고 그 정리의 성격도 정화운동을 본격적으로 연구하기 위한 담론 및 시각을 개진하는 것으로 제한하고자 한다. 또한 불교정화운동을 대하는 필자의 입장은 우선 정화운동[4] 자체를 역사적 사실로 인정한 연후에 세부 사실 및 사건의 파악, 전체적인 개요 이해, 본질 및 성격의 탐구 등이 진행되어야 한다는 것이다. 때문에 정화운동에 대한 가치 평가, 현재성(이해관계, 필요성)과의 무리한 연계는 유의해야 한다고 여기고 있음을 개진하는 바이다. 미진한 측면은 지속적인 연구뿐만 아니라 선학의 질정을 받아 보완하고자 한다.

2. 정화운동의 배경

한국 현대불교사에 있어서 '정화운동'은 이제껏 1954~1962년의 남한 불교계에서 일어났던 교단(승단) 정화로 지정되었다. 그 교단 정화의 구체적인 내용은 주지하는 바와 같이 대처승의 배제·단절, 즉 수좌·비구승 중심의 교단(승단)의 수립이라는 의미를 말하는 것이다.

그런데 정화운동은 기본적으로는 일제하 식민지 불교의 유산, 즉 식민지 불교의 잔재(대처승)를 척결하려는 수좌들의 의식에서 출발하였기에 정화운동의 1차 배경은 자연적으로 승려의 도성출입금지 해제령(1895) 전후 일본불교의 침투와 식민지 불교(1910~1945)라 하겠다. 그리고 2차 배경은 일제의 패망으로 등장한 8·15해방 이후 대두된 교단개혁과 불교혁신운동이라고 볼 수 있다. 이에 정화운동의 시대적 배경은 1895~1947년으로 볼 수 있다.

---

4) 본 고찰에서 필자는 일단 '정화운동'이라는 개념을 사용하지만, 이 개념이 필자의 최종적인 학문적인 입장은 아님을 밝힌다. 현재 이에 대해서는 정화, 분규, 법난, 정화불사 등 다양한 용어가 활용되고 있다. 다만, '정화'라는 표현이 보편화되었기에 일단은 수용하였다.

한편 정화운동의 정신적인 배경은 정화운동의 이념 및 성격을 말한다. 이는 위에서 언급한 시대적 배경에서 정화운동과 직·간접적으로 연결시킬 수 있는 내용을 말하는 것이다. 그것은 쉽게 접근을 하여도 대처승 배제, 수좌·비구승의 배려, 비구승 중심의 교단 수립, 한국불교의 전통 수립, 계율 수호 등으로 이해된다. 그런데 이러한 의미를 확대 해석하면 친일 승려의 배제 및 축출, 민족불교 수호로도 나아갈 수 있다. 그러나 이 확대 해석은 명분으로만 흘렀던 측면을 배제할 수 없고, 시기에 따라서도 그 내용은 유동적이었던 것을 고려하면 매우 유의할 측면이다. 그러므로 본 고찰에서는 정화운동의 이념과 본질 등에 대한 세부적인 검토까지는 시도하지 않을 것이다. 다만 1954년 5월 이후 불교정화의 대의명분으로 내세워진 '대처승 배제와 수좌(비구)의 종단(사찰) 주도'라는 연원의 흔적, 그리고 식민지 불교정책을 통하여 나타난 대처승 위주의 불교계 현실·모순에 반발한, 즉 협의적인 의미로서의 '식민지 불교에 저항'과 관련된 움직임만을 제시하는 것에 머무르고자 한다. 따라서 이를 근본불교 지향 및 한국불교에 대한 '전통주의'로 요약할 수 있을 것이다.

물론 여기에는 정화운동을 주도하였던 당사자들의 현실·역사의 인식에 기초하면서도 근현대불교사의 맥락에 나타난 것을 고려해야 할 것이다. 우선 일제하에 있어서 나타난 흐름 중 유의할 내용을 제시하면 다음과 같다.

첫째, 1919년 11월 15일 상해에서 제작·배포된 '승려독립선언서'의 내용에서 식민지 불교 체제에 대항하려는 의식을 찾아볼 수 있다. 즉 그 선언서에는 '大韓佛敎의 日本化와 絶滅'에서 구하기 위해 일제와의 '血戰'을 선언하였던 내용이 있다.[5] 이는 일제의 불교정책으로 인하여 불교가 절멸하였다는 인식에서 나온 것인데, 불교의 절멸을 야기한 내용에는 승려의 대처도 포함되었다고 이해된다. 그런데 현재 이 선언서에 관련된 서명자 12명의 승려는 가명으로만 그 인명이 전하기에, 바로 이를 수좌들의 현실인식이었다고 단정하기에는 어

---

5) 《독립신문》(상해판) 1920.3.1., 「불교선언서」.

려움이 따른다. 추정하건대 당시에는 수좌였지만 그 후에는 대처자도 있었을 것이다.[6]

둘째, 1921년에 창건한 禪學院의 설립 정신과 이를 기하여 등장한 수좌들의 禪友共濟會의 자립 자애의 정신을 유의할 수 있다. 일제의 불교 정책의 그물에서 이탈하려는 의도에서 창건된 선학원은 은연중 식민지 불교에 저항하였던 성향을 갖고 있었다.[7] 이에 선학원은 일제하 수좌들에게 있어서는 "敎團의 傳統을 死守하며, 그 腐敗의 淨化를 謀議하는 根據處"로 인식되었던 것이다. 특히 1921년 4월 1일에 창립된 禪友共濟會를 주도한 수좌들은 불법이 침체되는 현실에서 禪風 振作, 自立自活을 통한 중생 구제를 시도하였다. 물론 그들의 활동은 가시밭길이었던 바, 그 요인 중 대부분은 빈약한 재정의 문제였다. 여기에서 그 재정의 빈약을 야기한 것은 크게는 식민지 불교이지만 구체적으로는 불교의 내중화, 근내화를 추동한 승려들의 배척에서 비롯된 것이었다. 따라서 재정문제로 1926년에 해체를 겪은 이후 재기하였던 선학원이 1931년에는 당시 종단에 중앙선원 설치 및 예산 지원을 요구하였던 것도 바로 여기에서 비롯하였다. 이러한 움직임은 1935년에 가서도 수좌대회를 거쳐 금강산 마하연을 초학 수좌의 模範禪院으로 지정 요청, 지리산 · 가야산 · 오대산 · 금강산 · 묘향산 등 5대산을 청정 사찰의 근거지로 요청한 것으로도 나타났다. 이는 그 산의 사찰을 모범 叢林으로 지정하여 선 전통 수립과 동시에 수좌들의 수행 공간의 확보를 기하려는 의도로 이해된다. 그러나 이 같은 요청은 당시 교단 집행부에서 수용되지 못하였다.

셋째, 1926년 백용성을 중심으로 한 일단의 승려 127명이 승려의 帶妻食肉을 금지해야 한다는 建白書에서도 대처승 배척과 비구승 배려라는 의도가 나온다. 이 건백서 제출은 당시 주지 취임 자격의 제한에서 대처자를 제외하려는 의도에서 촉발된 것이었지만, 당시 백용성은 그 건백서에서 대처식육이

---

6) 예컨대 현재 그 인명 파악이 가능한 오성월, 김구하가 바로 그 대상이다.
7) 김광식, 「일제하 선학원의 운영과 성격」, 『한국독립운동사연구』 8, 1994.

당시 불교계 모순의 근원임을 지적하고, 차선으로는 무처 · 유처 승려의 구분과 함께 무처 승려의 전용 사찰(몇 개의 본산) 할애도 요구하였던 것이다.[8] 즉 여기에서도 대처자의 배격과 함께 무처 승려, 즉 전통을 수호하는 비구승 전용의 사찰의 양도가 제기되었다.

넷째, 1928년 3월 각황사에서 개최되었던 朝鮮佛敎學人大會의 정신을 정화운동의 주도자들은 불교정화의 '싹'으로 인식하였음을[9] 유의할 수 있다. 이 학인대회는 1925년부터 증대된 舊學佛敎(강원)의 중요성에서 태동되었던 것인데,[10] 구학불교의 중요성은 자연 전통 옹호로 이어짐은 당연하였다. 이에 당시 그 대회를 주도한 학인들은 당시 불교를 '自滅의 길을 취해 가는 現狀' · '背敎逆法'으로 단정하고, 조선불교의 중흥을 위해서는 계 · 정 · 혜의 강조를 통한 학인들의 一心과 初心의 중요성으로 불교계의 개혁을[11] 추구하였던 것이다.

다섯째, 1934년 12월 선학원은 재단법인 禪理參究院으로 전환되면서, 당시 수좌들이 주도한 조선불교선종의 창종과 관련하여 개재된 '전통 사수'와 '교단 부흥'의 정신을 거론할 수 있다. 당시 창종을 주도하였던 수좌들 자신은 '조선 정통의 수도승'이라는 자부심을 갖고 있었다. 그들은 당시 승려들이 '新文明 暴風'에 쓰러지고 肉食飮酒, 邪淫娶妻, 莫行莫食, 破戒雜行을 하였기에 '嚴肅 淸淨한 傳統'은 무너지기 시작하였다고 보았다.[12] 이 수좌들의 정신은 1941년

---

8) 김광식, 「1926년 불교계의 대처식육론과 백용성의 건백서」, 『한국독립운동사연구』 11, 1997.
9) 대회 주도자였던 이청담은 후일 이에 대하여, "내가 지금의 우리 불교는 너무 세속화되어 있으므로 우리 젊은 학인스님들이 불교의 정통성 회복에 앞장서야 한다"고 역설하였다고 한다.(『다시 태어나도 이 길을-청담큰스님 평전』, 불교영상, 1996, p.184)
10) 김광식, 「조선불교학인대회연구」, 『한국독립운동사연구』 10, 1996.
11) 당시 대회를 주도한 학인들은 우선 불교 교육제도 개선에 유의하여 이를 종단에 지속적으로 건의하는 등 교육을 통한 불교개혁에 적극적인 노력을 하였다. 이 사정은 졸고, 「1930년대 강원제도 개선문제」(『승가교육』 2, 1998) 참조.
12) 김광식, 「조선불교선종 종헌과 수좌의 현실인식」, 『건대사학』 9, 1997.

2월의 고승 遺敎法會로 이어졌다. 유교법회에서는 청정승풍의 진작과 전통계율의 수호를 기하기 위한 설법이 있었는데, 법회 종료 후에는 비구승만의 梵行團을 조직한 것도 특기할 사실이다.

지금껏 일제하 불교사에서 정화운동의 연원으로 검토할 수 있는 대상을 제시하여 보았다. 이 같은 대상은 더욱 발굴하고 그 성격도 천착해야 하겠지만, 이 대상과 연결되어 있었던 수좌들이 정화운동을 주도하고 참여하였음은 물론이었다.[13] 이제부터는 해방공간에 있었던 정화운동의 연원을 점검하고자 한다. 8 · 15해방 직후 중앙 불교계에서 전개된 교단개혁 및 불교혁신운동의 내용에서[14] 정화운동의 연원을 요약하겠다.

첫째, 불교혁신운동의 연맹체인 佛敎革新總聯盟의 근거처가 선학원이었다는 점을 우선 주목할 수 있다. 일제하 교단 집행부가 퇴진한 가운데 새롭게 등장한 교난 집행부(교정 박한영, 총무원장 김법린)는 시대적 사명의 해결과 불교계에서 강력하게 제기되고 있는 불교개혁에 나섰다. 그러나 그 이행은 점진적, 보수적이었기에 그에 대한 비판과 반발이 재야 불교단체에서 광범위하게 대두되었으니 그 연합체가 佛敎革新總聯盟이었다. 그런데 바로 그 총연맹의 근거처가 선학원이었음은 실제상으로나 상징적인 측면에서 의미하는 바가 적지 않은 것이었다. 요컨대 선학원과 연결되어 있었던 수좌들도 교단이 주도한 개혁에는 비판적인 입장이었다는 것을 말하는 것이다.

둘째, 불교혁신총연맹 및 수좌들이 추구한 교단개혁의 초점은 비구승단 중심의 교단개혁 및 운영이었다. 교단개혁의 방향은 식민지 불교의 극복, 전통

---

13) 그러나 그 대상을 비구승 전체로 분류할 수는 없다. 왜냐하면 그 수좌 중에는 대처승 측에서 활동하거나 가담한 승려도 있었다.
14) 8 · 15 해방공간에서의 교단개혁과 유관한 논고는 다음과 같다.
　　김광식, 「8 · 15해방과 불교계의 동향」, 『불교사연구』 창간호, 1996.
　　＿＿＿, 「불교혁신총연맹의 결성과 이념」, 『정덕기박사화갑기념논총』, 1996.
　　＿＿＿, 「전국불교도총연맹의 결성과 불교계 동향」, 『목정배박사화갑기념논총』, 1997.
　　＿＿＿, 「해방직후 제주 불교계의 동향」, 『한국독립운동사연구』 12, 1998.

불교 수호, 불교 대중화를 지향하는 것이었지만 당시 교단 및 사찰의 기득권적인 대처승들로서는 수용하기 어려운 사정이었다. 총연맹이 내세운 비구승 중심의 대안은 敎徒制로 요약되었는바, 그 명분은 승려(行徒), 신자(신도), 즉 사부대중은 모두 부처님의 제자인 교도로 전제하면서도 修道와 受戒에 의거 적절한 권한과 역할을 구분해야 한다는 것이었다. 요컨대 수도와 수계를 이행하지 않는 대처승은 신도로 그 신분을 전환시켜야 한다는 것이었다. 협의의 의미로는 진정한 수도자를 僧尼로, 일반 신도(대처승)을 교도로도 표현하였다.[15] 바로 이점으로 인하여 당시 교단 집행부 및 보수적인 승려(대처승)들이 교단·불교 개혁에 대한 입장이 판이하였던 것이다.

셋째, 재야적인 불교혁신운동을 주도한 구성원은 청년승려, 불교 청년, 진보적인 대처승, 진보적인 수좌 등 출신이 다양하였다. 이는 혁신운동체 내부에 보수, 진보, 중도라는 정치성향이 망라되었음을 의미하는 것이다. 이는 일면으로는 다양한 출신 및 거점에서 동일하게 비구중심의 교단을 동의하였다는 점을 말해주는 것이다. 즉 비구중심의 교단재건은 호응 및 공감대를 얻었기에 그 자체가 역사적인 가치를 지니고 있었다고 이해할 수 있는 것이다.

넷째, 불교혁신을 추진한 총연맹 및 총본원(교단)의 인사들의 진보성이 1947년 중반부터 가시화된 미군정의 우익중심 정책으로 타격을 입으면서, 점차 비구승 중심의 교단 재건은 침체·소멸로 귀결되었다. 이 같은 귀결은 당시 교단 집행부의 우익중심적인 편향에서도 기인하였으며, 그 결과 총연맹 및 선학원의 움직임은 이북불교의 모방이니, 일시의 과도기적 유행병으로도 매도당하였다. 즉 매커시즘적인 구도에서 '좌익분자', '빨갱이'로 지칭·모함되었다. 이를 더욱 단정하게 한 요인은 혁신연맹 인사가 김구의 북행에 동행한 후 북한에 잔류한 사실과 토지개혁에 대하여 무상몰수 무상분배를 주장한 것이었

---

15) 예컨대, 전국불교도총연맹 선언문에는 그 사정을 "우리는 眞實한 修道僧尼를 中心으로 하고 廣範圍한 淸新 男女敎徒를 土臺로 하여 萬人이 共鳴하고 大衆이 支持하며 民族이 要求하는 大衆佛敎를 建設하려 한다"고 개진하였다.

다. 이 요인은 미군정의 탄압을 초래하면서 자체의 결속의 이완과 해체를 초
래하게 한 원인으로도 작용하였다.

　그리하여 해방공간에서의 '정화'의 움직임은 강렬하게 제기, 추진되었지만
이에 관련된 다양한 논란만 남기고 현실적으로 이행된 것은 거의 부재하였다.
오히려 이후 정화운동을 추진함에 운신의 폭을 제약하는 유산을 남겼던 것이
다. 이는 정상적인 교단개혁을 통한 정화운동의 퇴진을 의미하였다. 따라서
이후 정화운동의 추진이 파행적이고 기형적인 형태로 나타날 수밖에 없는 단
초를 제공한 것으로 이해하고자 한다.

3. 정화운동의 전개

1) 정화운동의 태동(1947. 2~1954. 5) : 1단계

　해방공간에서의 정화운동은 재야 혁신단체와 수좌(선학원)들의 결합으로부
터 가시화되어 교단개혁으로 비화되었지만 결실을 맺지 못하였다. 그런데 그
움직임이 침체, 소멸되었던 그 즈음부터 불교계 일각에서는 수좌들의 자생적
인 정화 움직임이 구현되기 시작하였다. 대략 이 같은 움직임은 이승만의 불
교정화 '담화'(유시)에 의해 촉발되어 본격적인 정화운동이 불붙기 이전까지 지
속되었다는 것과 함께 교단과는 거리를 둔 상태에서 시작되었다고 본다. 이러
한 문제의식을 제시하는 것은 정화운동의 자생적 측면을 강조하기 위함에서
나온 것이다. 지금껏 이승만의 담화를 정화운동의 가장 중요한 기점 및 원인
으로 이해되어 온 기존의 시각은 불교계 외부의 요인을 지나치게 강조한 측면
이 적지 않았다. 물론 그 유시로 상징되는 국가 권력의 개입 및 지원이라는 사
실, 나아가서는 국가 권력에 예속되었던 구도를 부정할 수는 없다. 이제부터
는 그 담화 발표 이전 불교계 내부에서 정화운동이 움트고 있었던 정황을 대
별하여 제시하겠다.

첫째, 정화운동을 주도하였으며 정화운동의 산물로 등장한 조계종단의 상층부를 점하였던[16] 수좌들이 근본불교 지향을 통하여 전통불교의 회복을 강조한 봉암사 결사가 있었다. 봉암사 결사는 1947년에 시작되어 1949년에 중단되었지만 그 3년 간 시행하였던 결사내용 자체가 이후 정화운동의 이념적 기초로 활용되었을 뿐만 아니라, 정화운동이 마무리 된 이후 종단이 지향할 방향을 제공하여 주었다는 측면에서 의미가 깊다. 당시 그 결사에 참여한 수좌들이 제정하고 실천에 옮긴 '共住規約'은 그들의 의식과 지향을 단적으로 보여주고 있다.[17] 즉 부처와 조사의 사상의 실천, 자급자족, 계율과 포살 강조, 의례 및 의식의 개선, 청규와 율법 준수 등이었다. 당시 그 결사를 주도한 이성철은 그것을 '부처님 법대로만 살아보자'는 것이었다고 요약하였다.

둘째, 宋蔓庵이 백양사를 중심으로 전개한 古佛叢林의 정신도 정화운동의 범주로 이해할 수 있다. 그간 고불총림의 정신은 송만암이 정화운동 추진시의 행적으로 인하여 무관심의 대상으로 전락되었음을 부인하기 어렵다. 그러나 고불총림 사상의 내용을 전하는 기록을[18] 분석해보면 교단 차원의 불교·교단의 개혁이 불투명하였던 1947년 2월부터 가시화되어 한국전쟁 이전까지는 지속되었다고 보인다. 古佛이라 함은 "朝鮮古土 回復한 此時에 佛敎도 回生된 事"에서 보이듯 불교의 회생을 기도한 것이다. 그리고 여기에서 고불은 해방공간 당시의 불교가 아니라 옛, 이전의 불교로의 회복·회생을 말하는 것이다. 구체적으로는 말하자면 釋尊과 高師碩德의 정신을 계승하겠다는 의지의 발로였다. 이에 송만암은 이 같은 정신을 구현하겠다는 寺刹, 會衆에 총림이라는 名詞를 칭하였던 것이다.

그런데 고불총림에서는 당시 보편화되어 있었던 대처승의 문제를 현실(現敎

---

16) 봉암사 결사와 유관한 승려들이 조계종단의 종정과 총무원장을 상당수 역임하였다.
17) 『수다라』 10호(1995), 「1947년 봉암사결사」
18) 『만암문집』(백양사)에는 고불총림의 내용을 알 수 있는 내용을 알 수 있는 자료가 다수 있다.

門의 事情)으로 인식하는 가운데 차선의 대안을 갖고 그것을 해결하고자 하였다. 그 요체는 승려 중에 戒體가 완전한 대상은 正法衆으로, 계체가 불완전한 대상은 護法衆으로 칭하자고 하였다. 그것은 이를 과거의 理·事判制에서 기인하였음을 밝히며, 사찰의 관리도 우선 삼보사찰부터 계덕이 완전한 승려가 담당한 이후 차차로 여타 사찰도 기회를 따라서 예전의 面目을 회복하자고 제안하였다. 그리하여 과도적으로는 사찰 내의 동거하는 정법중과 호법중은 그 신분의 분별을 분명히하고 그에 따른 업무 분장도 구분하자고 하였다. 이 같은 조치에 나타난 그의 지향점은 "마음이 淨化하여야 國土가 淨化한다는 佛祖의 銘訓"을 유의할 것을 강조하였던 바에서 단적으로 알 수 있다. 송만암이 추구한 이 같은 정신은 당시 교단과의 결별을 분명히 개진하면서 나온 것이었으며, 계율과 비구 중심의 운영을 '鐵則'으로 천명하겠다는 바에서 그 의미가 너욱 살아나는 것이다.

셋째, 농지개혁의 이행 구도에서 위축된 사찰경제로 인하여 수좌들의 존립 자체가 위험시되면서, 이에 대한 수좌들의 불만·해소의식이 강렬하게 제기된 것을 유의해야 한다. 해방공간시의 주요한 정치·사회적 과제였던 토지개혁은 1949년 6월 21일 공포된 농지개혁법으로 구체화되었다. 그런데 이 법의 시행은 1950년 6월경에 이르러 가능하였지만, 한국전쟁 발발로 인하여 1951~52년경에 가서야 시행에 들어갔던 것이다. 이 농지개혁으로 인하여 사찰경제는 큰 타격을 받았는데, 그것은 自耕 이외의 토지는 농민들에게 분배되었던 원칙에서 나온 것이다. 따라서 사찰경제의 위축은 사찰의 보호·유지뿐만 아니라 승려의 식량 확보의 측면에서도 문제점을 야기하였다. 이러한 상황에서 그 이전부터 불교계 내부에서 배척·소외되었던 수좌들은 더욱더 생존·수행 자체에 큰 위협을 겪고 있었다.[19] 그리하여 자연 수좌들은 수행공간

---

19) 예컨대 6·25 당시 부산으로 피난간 수좌들이 범어사에서 배척받았으며, 하동산도 범어사를 떠날(1953.5) 수밖에 없었다는 정황은 바로 이를 단적으로 말해주는 것이다.

확보라는 절대절명의 명분과 실리를 추구하게 되었던 것이다.[20]

그런데 당시 불교계 지도자들은[21] 이 같은 사찰경제 위축의 문제점을 해소하기 위해 당시 대통령이었던 이승만에게 그 해결을 수시로 요구하였다. 이 문제는 농민들에게 이미 분배된 사찰 농지의 반환이라는 방법을 통하여 해소될 수 있는 방향으로 가게 되었다. 그것은 이승만의 국무회의에서의 유시[22] 및 촉구로[23] 이어졌으며, 마침내 1953년 7월 6일에는 농림·내무·문교부 장관 연명으로 각 도지사에게 지시가 내리기도 하였다.[24] 그 내용은 사찰 자경농지의 모든 재사정을 통하여 사찰농지의 반환 조치가 이루어질 수 있는 방안의[25] 실천이었다. 이러한 전후 사정에서 이승만은 사찰경제, 불교계 정황 등을 소상히 파악할 수 있는 계기가 되었을 것이라는 것이다. 요컨대 빈번한 승려와의 접촉과 사찰 방문은 이를 단적으로 말하는 것이며, 예컨대 하동산·이청담

---

20) 이러한 사정에 대하여 黃晟起는 「한국불교의 나아갈 길」(『불교사상의 본질과 한국불교의 제문제』, 보림사, 1989, p.306)에서 다음과 같이 개진하였다. 즉 "지금까지 수행에만 전심하던 이판승들에게 생활은 극도로 위태로운 지경에 이르렀고, 드디어 그들은 사판승들에게 생활 적선의 보장을 기대할 수 없게 되니 그들도 이제는 자기 생존을 위하여 자신들의 직접 경제 수권을 장악해야 하겠다고 생각하게 되었다. 그래서 처음에는 몇몇 절들의 운영권만을 넘겨 자치 자활하게 해달라고 요구했으나 이것이 거부되자, 마침내는 한국불교 전체의 주권을 장악해야 하겠다는 결심을 하고 전면 투쟁으로 발전하게 되니, 이것이 불교 분규의 근인이다."라 하였다.
21) 대표적인 인물은 당시 총무원장이었던 이종욱이었다.
22) 1952년 4월 1일, 제25차 국무회의. 1952년 12월 15일 제109차 국무회의.
23) 1953년 5월 4일, 이승만은 그 자신이 직접 서술한 "사찰을 보호 유지하자"는 담화문을 발표하였다.
24) 농촌경제연구원, 『농지개혁사 관계사료집』 제2집(1984), p.142의 「사찰자경농지 조사보고에 관한 건」(자료번호, 3-6-21).
25) 농촌경제연구원, 『농지개혁사 관계사료집』 제1집(1984), pp.177-178의 「사찰자경농지 사정요령」(자료번호, 2-8 ; 1953년 7월 6일 農地제1764호).
재사정의 근거는 사찰 내의 승려 숫자, 국보 및 천연기념물 대상과 숫자, 대웅전과 부속건물이었는데, 그에 따라 사찰이 자경 농지 보유면적은 증대되었다.

등이 불교정화의 당위성을 역설하였다는[26] 구전은 바로 이를 말해주는 것으로 보인다. 또한 이승만이 사찰농지 반환을 강행한[27] 명분은 사찰이 문화재라는 것에서 찾았던 것이다. 그런데 그가 대처승의 만연과 그로 인하여 사찰의 관리가 문제시되었음을 파악하였다면 추후에 구체화 되었지만 불교정화의 담화가 등장할 수 있는 소지로 변질되었을 것이라는 점이다.[28] 실제 이승만이 행한 초기의 담화 내용에는 사찰정화, 문화재 보호, 토지 반환의 내용이 상당수 포함되었다.

넷째, 고불총림을 주도하였던 송만암이 교정으로 등장한(1951.6.20.) 이후 교단 중심부에서 구체화된 수좌 전용 사찰 할애의 문제를 정화운동의 하나의 계기로 인식할 수 있다는 것이다. 이 수좌 전용 사찰의 문제를 제기한 승려는 선학원의 李大義였다. 이대의는 해방공간 혁신단체에 관여한 이력이 있었다. 요컨대 그는 1952년 봄 교정인 송만암에게 독신승려 전용 시찰 할애를 요구하는 진정서를 제출하고, 송만암은 독신승려 전용 수행 사찰을 제공하라는 유시를 내렸다는 것이다.[29] 이 진정서 제출과 유시로 인하여 1952년 11월 통도사 정기 교무회의(종회)에서 그 원칙을 정하고, 1953년 4월의 불국사 법규위원회에서 18개[30] 사찰을 수좌 측에게 제공하는 방침을 확정하였다. 그러나 당시 사찰 할애는 즉시 이행되지 않아,[31] 수좌들은 큰 불만을 갖기에 이르렀다. 이에

---

26) 『東山大宗師文集』(동산문도회, 1998), pp.293-295에는 그 내용이 전하고 있다. 1953년 1월 10일 하동산과 이승만의 대화 내용인데, 그것은 수행승들의 거주 사찰문제로 삼보사찰만이라도 수행승에게 거주하게 해야 한다는 요청이었다. 그리고 하동산은 1953년 5월경에는 제방의 선원에 격문을 보내 사판승들의 횡포에 공동으로 대항할 것을 호소하였다고 한다. 이는 당시 수좌승들의 위기의식을 잘 보여주는 것이다.

27) 당시 내각과 언론계에서는 그 반발이 적지 않았다.

28) 이승만의 정화 담화가 나온 배경으로 고려되어온 기독교 우선정책, 정치적 목적(비판세력 제거, 정략적인 활용), 장기 집권 등에 대한 고려는 본 고찰에서 제외하였다.

29) 『대의대종사전집』, pp.88-89.

30) 어느 기록에서는 48사찰이라는 설도 있다.

31) 당시 교정이었던 송만암은 정화운동이 발발한 이후(1954.11.20.) 기존 총무원 측의 제

수좌들은 수도승단 재건을 기하겠다는 의식을 갖고 1953년 가을 선학원에서 '불교혁신운동'을 재발기하려고[32] 일정한 노력을 하였지만 큰 성과는 기하지 못하였다.[33] 이러한 측면은 교단에 대한 부정, 대처승에 대한 배타성을 야기할 요인으로 작용하였을 것이다.

지금까지 정화운동 1단계의 기간 중 정화운동의 태동과 유관한 사례를 제시하여 보았다. 따라서 위에서 제시한 요인들이 중첩되면서 본격적인 정화운동이 일어날 수 있는 정황이었음을 파악할 수 있었다고 이해된다. 나아가서 정화운동의 계기가 이승만의 유시라는 기존의 인식을 수정·제고할 수 있는 단서도 찾을 수 있다.

2) 정화운동의 준비(1954. 5~1954. 11) : 2단계

정화운동의 2단계는 1954년 5월 21일에 있었던 이른바 이승만 대통령의 '담화(유시)'를 기점으로 시작되는 것으로 보고자 한다. 지금까지는 이 2단계를 정화운동의 출발로 보았으나 필자는 정화운동의 자생성을 강조하는 취지에서 인식의 전환을 시도하고자 한다. 요컨대 이승만의 담화와 그로써 비롯된 공권력의 개입으로 정화운동의 추진이 본격화되었음은 인정하지만, 정화운동의

14회 중앙교무회의 訓辭에서, "革新淨化도 꾀하지 아니한 바 아니었으나 年久함 積弊를 一朝에 頓祛치 못하여 年復年 可謂 卓上空論으로 돌아가게 된 것은 사실입니다"라 하였다. 송만암의 이 같은 발언은 기존 총무원(대처) 내부에서의 정화 및 비구 전용 사찰 할애가 실패하였음을 인정한 것이었다.(『만암문집』, p.227, 「宗正訓辭」)

32) 그 수좌는 채동일, 강석주, 김대월, 김형준 등이었다. 위의 이대의 전집, pp.90~91.
33) 이와 관련하여 강석주는 그 사정을 다음과 같이 회고하였다. "만암스님이 불국사에서 회의를 할 때 나도 갔는데, 그때 독신승들에게 수행사찰 몇 개만이라도 달라했지요. 그것이 잘되었으면 일이 커지지 않았어요. 통도사에서도 회의를 했고 만암스님이 그런 말을 해서 선학원에서 수좌대회를 한 번 했지요, 그래 가지고 정화운동이 시작되었어요, 그런 와중에 이박사가 유시를 했지요, 유시가 도움이 되었는가는 모르지만 그전부터 정화운동은 태동한 것이지요."(『선우도량』 11호, 1997.6, p.245)

틀을 제공한 역사적 사건으로 이해되는 1955년 8월의 전국승려대회까지 불과 1년여라는 것을 유의하고자 한다. 요컨대 그 짧은 기간에 정화운동의 틀이 정비되었음은 공권력의 개입과 후원만으로는 설명되어지지 않는다는 입장이다. 지금부터 정화운동의 2단계에서 유의할 측면을 다음과 같이 요약하고자 한다.

우선 이승만의 담화는 기존 종단(대처 측)과 비구 측의 즉각적인 대응의식을 노출시켰다. 이에 기존 집행부는 1954년 6월 20일에 중앙교무회를 개최하여 종헌 개정을 통한 체제 정비를 기하였다. 요컨대 승단을 修行團과 敎化團으로 구분하였던 것이다. 이는 비구승과 대처승의 공존을 종헌에서 근거를 마련하였음을 말한다.[34] 그리고 비구 측 수좌들에게 48사찰을 양도할 것을 결의하였다. 이처럼 종권을 장악하였던 대처 측이 이승만의 유시에 기민하게 대응하면서 이전 논란이 있었던 사찰 할애를 단행한 것은 이대의의 진정과 송만암의 유시에 노출된 문제가 '공권력'으로 가시화될 수 있는 더 큰 파장을 조기에 차단하려는 의도로 이해된다.

한편 비구 측은 선학원에서 정화운동을 추진·준비할 체제 정비에 나섰거니와 6월 24~25일에 결성된 불교정화추진발기회와 교단정화운동추진준비위원회가 바로 그것이었다. 비구 측도 기민하게 정화운동 조직체 결성에 나설 수 있었던 것에서 공권력을 비구 측에 유리하게 활용하려는 기회 포착이라는 면도 제기할 수 있지만, 그것은 담화 이전, 즉 필자가 제시한 정화 1단계에서 교단의 처사에 대한 논란과 의식이 파급되었던 바에서 가능하였을 것이다.[35]

---

34) 당시 교정이었던 송만암은 그 교무회에 宣宗로서, 그의 입장을 개진하였다. 그는 理事判 同調竝行, 敎風淨化, 사부대중의 단결, 재정확립 등이었다.

35) 당시 이승만의 담화에 대하여 일부 비구승들은 이승만의 행적과 기독교 신자 등의 이유로 의심을 하였다는 기록도 있다. 이에 8월 24-25일 비구승대표자회의 도중 이승만을 면담하여 그 진의를 확인하고, "우리가 뜻하는 불교정화"를 지지하는 것으로 알고 유시 담화에 대한 의심을 풀고 불교정화운동을 계속하였다는 내용이다.(『한국근현대불교자료전집』, 민족사, 1996, pp.63-64의 「한국불교정화의 투쟁경위서」)

　이처럼 양측이 담화가 발표된 직후 기민하게 대응한 것의 이면에는 담화가 가져올 파장을 충분히 예견한 것도 있었지만, 거기에는 수좌 전용 사찰 할애의 논란으로 상징되었던 문제점, 역설적으로는 '정화'에 대한 공감대가 형성되었을 것으로 이해된다.

　비구 측은 본격적인 정화운동을 추진하기 위한 방향, 노선, 대책, 조직체 출범 등의 준비에 유의하였다. 8월 24~25일의 전국비구승대표자대회에서는 교단 정리(승적), 승려 교양, 종헌 제정을 결의하면서 정화추진위원 및 대책위원을 선정하였다. 그런데 이 대회에서는 정화 추진의 온건론과[36] 강경론이 노출·대립되었으나 대처승 배제라는 강경론이 지배적인 분위기였다.[37] 이 같은 결정은 일면 강경노선을 의미하는 것이었지만 운동의 선명성과 대외의 홍보면에서는 유리한 것이었다. 즉 대의명분상 유리하였고, 실제 그 논리가 사회 및 언론계에서 호응을 받았다. 이어서 9월 28~29일의 전국비구승대회에서는 비구 측의 종헌제정위원들이 마련한 종헌의 선포를 하였는바,[38] 여기에는 대처승을 護法衆, 즉 신도로 전환시키겠다는 의지를 확고히 하였다.

　이처럼 비구 측은 정화운동을 가동시키기 위한 원칙과 명분을 종헌에서 찾게 되었던 것이다. 그러나 그 종헌의 내용 중 이른바 換父易祖[39] 문제가 불거져 나와 운동 추진에 장애로 등장하였다. 이로 인하여 당시 교정인 송만암의 반발과 태고문손으로 자칭하였던 일부 비구승들의 비협조 및 이탈을 가져왔던 것이다.

　지금까지 살펴본 바와 같이 정화를 추진한 비구 측은 운동의 이론적인 근거

36) 온건론은 대처 측에서 할애 사찰(48처)을 양도받아 점진적으로 수행하자는 입장이었다.
37) 그것은 대처 측 승려들에게 또 한 번 속을 수 없다는 배신감과 주객을 분명히 하여 비구승 중심의 승단을 구축하겠다는 의식에서 나온 것이었다.
38) 이 대회에는 당시 교단 책임자인 교정 송만암도 참석하여 긍정적인 동의를 하였다.
39) 환부역조라 함은 종단의 법통과 종조에 직결되었던 문제로, 기존 태고 보우국사에서 보조 지눌국사로의 전환을 의미한다.

인 종헌 제정, 새로운 집행부 선출(9.30, 11.3)을 기하면서 본격적인 자기 정비를 통한 정화운동의 준비를 완료하였다. 그 후 당시 교단 집행부와 대화와 타협을 시도하였지만,[40] 그 시도는 여의치 않았다. 이제 정화운동은 또 다른 변화를 가져올 수밖에 없었다고 보여진다. 이 같은 2단계는 선학원을 근거로 정화운동을 추진하기 위한 준비단계로 이해할 수 있는 것이다.

3) 정화운동의 추진(1954. 11~1955. 8) : 3단계

지금껏 선학원에서 정화운동을 추진하기 위한 제반 준비를 하였던 비구 측은 보다 본격적인 정화를 시행하기 위한 새로운 행보를 시작하였다. 그것은 한국불교와 조계종단의 상징 사찰이자 종단 사무실이 있었던 사찰인 태고사의 진입(11.5)이었다.[41] 그런데 이를 촉진하게 한 것은 11월 4일에 행하여진 이승만의 제2차 담화였다. 그 내용은 '애식 종교관을 버리라'는 제목에서[42] 파악되듯이 비구 측을 더욱 후원하는 것이었다. 이승만의 담화를 확인한 비구 측은 11월 5일 태고사에 진입하여, 당시 종권을 장악하였던 대처승 측에게 종권 및 사무 양도를 요구하였다. 그러나 태고사 진입은 정화운동의 문제를 사회문제로 비화시키고, 국회로 문제가 확대되는 기점을 제공하였다.

한편 대처 측은 공권력의 압박, 사회 여론의 불리 등으로 인하여 종권 집행부의 퇴진을 결의(1954.11.20.~24)하였다. 그러나 그 종권을 이른바 태고문손 계

---

40) 기존 집행부는 1954년 10월 9일 종정, 총무원장, 각도 기관장이 참여한 종단기관장 회의를 개최하여 비구 측의 종헌 제정 등에 관련된 문제를 결정하였다. 그 초점은 종헌에서 대처승을 호법중(신도)으로 규정한 점과 종조 변경(태고국사에서 보조국사로)으로 인하여 종조 및 종정을 별도로 할 것이었다. 당시 그 회의에서는 비구 측의 의도를 거부·수용에 대한 찬반을 시행하여 13:8로 거부하기로 하였다.

41) 비구 측에서는 이를 '불교정화 제1보의 실천'으로, 대처 측에서는 정화운동의 이의 제기를 할 경우에는 조계사를 진입하기 이전으로의 '환원' 및 '원상복귀'를 강조함에서 그 의미를 단적으로 알 수 있다.

42) 이 유시 제목은 왜식 습관을 버리라, 불교의 전통을 살려 일본 풍속의 승니생활을 버리라, 왜식 관습 버리라, 왜식 종교관 일척 등 다양하게 표현되었다.

열인 대처 측 비구들에게 인계하였다. 이는 대처 측도 정화 운동의 대세를 수용할 수밖에 없었던 정황을 말하여 주는 것이다. 당시 임석진 총무원장은 전국 사찰에 공문을 보내, 승풍 정화운동을 전개하라고 지시하였다. 이러한 가운데 이승만의 담화는 지속되었고, 비구 측은 1954년 12월 전국 비구·비구니대회를 개최하여 경무대까지 시가행진도 하였다.

그러나 비구·대처 양측의 대립은 타협되지 않는 가운데 문교부가 개입한 가운데 사찰정화수습대책위원회가 구성되고, 1955년 2월 4일에 이르러서는 승려자격 8대원칙이[43] 결정되었다. 이처럼 승려자격이 양측의 합의로 결정되었음은 정화운동 추진이 진일보한 것으로 이해된다. 이는 비구 측의 그간 주장이 반영되었음과 대처 측도 이전의 문제점을 시인한 것이었기 때문이다. 그리고 공권력(내무부 주관)이 개입하여 8대 원칙에 해당한 승려들을 파악하여 그 대상이 1,189명으로 발표되었다.

한편 공권력은 문교·내무부 장관의 연명으로 8대원칙에 해당되는 승려들로 주지 교체, 대처승의 사찰로부터 퇴각 등을 골자로 하는 사찰정화대책실시요령을 1955년 5월 9일자로 비구, 대처 양측에게 요구하였다. 그러나 이 제안은 비구 측에 의하여 거부되었다. 대처 측도 이전 승려자격 합의사항에 대하여 이의를 제기하여, 대처승을 교화승으로 인정해야 한다는 주장을 제기하였다. 그 당시 또 하나의 풍조가 된 것은 대처승의 이혼이었다. 이는 이혼을 통하여 법적으로 독신임을 확보하고 기존 사찰에서 지속적인 기득권을 확보하기 위함이었다.

비구 측은 공권력이 제시한 그 같은 제한적인 정화보다는 보다 근원적인 정화를 기하기 위하여 전국승려대회의 개최를 통한 해결을 기하고자 하였다. 그러나 전국승려대회 개최안은 대처 측이 반대하였기에 비구 측은 독자적으로 이를 추진하기에 이르자, 공권력은 허용하지 않는 가운데 비구 측은 단식 농

---

43) 그것은 ① 獨身, ② 削髮染衣, ③ 修道, ④ 20歲 以上, ⑤ 不酒草肉, ⑥ 不犯四婆羅夷(不殺生·不偸盜·不邪婬·不妄語), ⑦ 非不具者, ⑧ 3년 이상 僧團生活 해온 자 등이다.

성으로 이에 항의하였다.

　이러한 가운데 1955년 7월 11일, 문교부가 개입한 가운데 그 대립을 해소하기 위한 사찰정화대책위원회가 구성되었다. 거기에는 비구·대처 양측의 전권 대표 각 5인이 위원으로 참가하였다. 7월 13~16일 제4차의 위원회까지 개최된 그 회의 주 논점은 비구 측 주장인 전국승려대회 개최안의 처리 여부였다. 당시 대처 측은 사찰 내부의 정화에만 유의하였다.[44] 마침내 대처 측이 반발, 이탈하는 가운데 그 안건은 표결에 붙여져 비구 측은 5:3으로 가결 처리된 것으로 선언하였다. 그러나 당시 공권력은 그 표결을 인정하지 않았다. 그럼에도 불구하고 비구 측은 8월 1일부터 승려대회 강행을 준비하였다. 공권력이 그 대회를 부인, 반대한 것은 대처 측과의 합의에 문제가 있다고 여겼기 때문이다.

　이에 문교부는 그 표결을 정상화, 순리적으로 도출시키기 위한 대책을 강구하였거니와 그것은 사찰정화대책위원회의 재개최, 재표결을 시도하는 것이었다. 그리하여 8월 11일 체신청 3층 회의실에서 위원회는 재개최 되었으며, 일부 무리가 있었지만 7:1이라는 전국승려대회 개최의 가결을 확보하게 되었다.

　이러한 배경 하에서 8월 12일 비구 측이 주도한 전국승려대회가 태고사(조계사)에서 개최되었다. 1천여 명의 승려가 참가한 그 대회에서는 기존 총무원 및 종단 간부들의 해임, 신 종회 구성, 종헌 제정·통과, 신 집행부 구성 등이 이루어졌다. 그리고 동시에 전국 주요 사찰의 주지가 새로이 임명되는 가운데 조계사, 봉은사, 개운사 등의 주지 교체가 단행되었다. 이 같은 결정은 당시 공권력이 인정하였음은 물론이었다.

　이로써 승려자격 8대원칙의 합의 및 그 대상 승려 파악, 전국승려대회 개최

────────────

44) 그것은 정부가 제시한 방안에만 유의한 것으로 비구승의 주지 취임, 대처승의 사찰 밖으로의 퇴각이었다. 이러한 진행은 대처승 측이 장악하였던 종권에는 큰 변동이 없을 것이라는 판단에서 나온 것으로 보인다. 그러나 대처 측은 대처승(교화승)의 존속과 주지 선출시에도 비구승이 부족하면 당분간 교화승에서 적임자를 선정하는 대안을 갖고 있었다.

를 통하여 정화운동의 추진은 일단락되었다. 이 정화운동 3단계에서는 2단계에서 수립한 정화의 원칙을 중앙 불교계 차원에서 구체적으로 이행하였다는 특징을 갖게 되었다. 또한 그것은 명분과 실제, 사회여론, 공권력에서도 동의를 받았다는 것에 더욱 큰 의미가 있었다. 그러나 이는 외형적인 마무리였고 그 내부 및 불교계 전체의 정화는 이제 시작일 뿐이었다.

4) 정화운동의 전국화(1955. 8~1962. 4) : 4단계

전국승려대회를 통하여 가시화된 정화운동의 전국화는 곧 전 불교계로의 파급을 의미하였다. 즉, 승려대회에서 제정한 종헌의 틀에 의거하여 우선 전 사찰의 정화를 시작함을 말하는 것이었다. 구체적으로는 대처승 주지의 퇴진과 비구승 측 승려의 관리였다. 그러나 그 이행은 간단하지 않았다. 순조롭게 이행된 곳도 있었지만 반발, 거부, 대응, 폭력 사태가 뒤따르기도 하였다. 요컨대 '사찰 쟁탈전'이 치열하였던 것이다. 특히 종단에서 관리하였던 기업체, 학교 등의 인수인계는 더욱 난감한 일이었다.

이 같은 정황은 곧 대처 측의 비협조 및 저항을 의미하는 것이었다. 이제 문제는 사법부의 무대로 이전되었다. 대처 측은 승려대회의 원천부정과 사찰 관리권 유지를 위한 문제를 법원에 제소하였다. 그리하여 이 4단계의 특징은 정화운동의 무대가 재판, 사법부로 이전된 것이다. 대처 측은 전국승려대회 개최의 타당성을 제공한 사찰정화대책위원회의 표결(7:1) 자체를 부인함에서 실마리를 풀어가려고 하였다.

그리하여 제1심(1955. 6. 15.)에서는 대처 측의 승리, 제2심(1957. 9. 17.)에서는 비구 측의 승리로 나왔다. 이러한 송사가 진행되면서 불거진 논리는 이른바 政敎分離의 문제였다. 또한 문제시된 것은 수많은 송사가 진행되면서 불교계 재산이 송사비용으로 탕진되었다는 것이었다. 그러한 가운데에서도 공권력이 비구 측의 논리와 이행을 지원하였기에 점차로 전국에 산재한 상당수의 사찰이 비구 측 관리 하에 놓이게 되었다. 또한 비구 측은 자체 정비 및 정화운동의 논리를 위하여 불교정화 30년 계획을[45] 수립하기도 하였다.

그런데 이 단계에서 돌출된 문제는 4·19혁명으로 인한 이승만의 퇴진이었다. 이에 대처 측은 이승만 정권은 독재정권이라는 사회적인 분위기 하에 이승만 정권하에 나타난 정화운동과 그 부산물은 무효이기에 배척되어야 한다는 논리를 갖고[46] 이를 실행에 옮겼다. 이에 대처 측은 당시 불교계 상황에 대한 논리적인 정비를 기하면서[47] 비구 측을 '관제불교단체'로 인식하였다. 4·19 이후의 변화를 종권 수복의 절호의 기회로 여겼음은 물론이었다. 그리하여 일시적으로 비구·대처승 간의 갈등 및 폭력사태가 발생하였다.

이러한 사태에 즈음하여 나온 사건이 비구 측의 대법원 난입 및 할복 사건이었다. 대처 측의 정당성 확보를 위한 1, 2심의 재판 소송이 대법원으로 이관된 판결과 유관한 것이다. 당시 비구 측은 전국승려대회를 개최하여(1960. 11. 19.) 대법원에서의 판결을 주목하는 가운데 정화의 논리를 홍보하였다. 그러나 대법원에서는 비구 측이 승소한 2심 판결이 문제가 있다고 하여,[48] 2심인 고

---

45) 그 개요는 교단정화, 승단정화, 사찰정화, 국가정화, 세계평화를 기본구도로 하였다.

46) 대처 측의 입장은 당시 대처 측의 종정이었던 鞠聲祐(默潭)의 諭告文(1960.9. 1.)에 잘 나와 있다. 그 일부를 보면 다음과 같다. 즉, "4월 혁명이 성공을 거두어서…이때에 우리 대한불교 조계종은 이(李) 정권의 비호하에 이루어진 일부 승려(세칭 비구승)들의 불법집단인 관제 불교단체를 해체하고 따라서 종단은 단기 4287년(1954) 11월 5일 분규 사태 이전으로 환원하여 일부 침체되었던 종권을 완전히 수복할 것을 엄숙히 선포하고"라는 유고문이다.(『默潭大宗師文集』, 묵담대종사문집간행회, 1999, p.466) 그리고 대처 측은 1961년 6월 9일 청련사에서 개최된 제19회 정기중앙종회에서 비구 측을 '관제불교단체'로 규정하고 그 해체와 함께 태고사를 비롯한 전국 사찰의 '수복'을 결의하였다. 그리고 대처 측은 이승만이 비구 측을 옹호하고 불교를 간섭한 유일한 근거를 사찰령에서 찾고, 그 폐지운동을 전개하였다.(『현대불교』 5호, 1960. 7, pp.26~27.「中央宗會 參觀記」)

47) 이에 대한 개요와 내용은 『현대불교』 7호(1961.4)에 기고한 권상로의 글, 「佛敎界의 紛爭 – 年頭에 부치는 그 是非의 白書」에 잘 나와 있다.

48) 『불교판례집』, 대한불교조계종 총무원, 1996, p.711, 「대책위원으로 선임된 대처승과 비구승이 결의한 전국승려대회 결의 무효확인 소송의 정당한 당사자」. 그 요지는 고등법원에서 피고의 당사자 적격에 관한 법리를 오해하였다 하여 2심 판결의 파기를 선언

등법원으로 환송하였다. 당시 비구 측은 대법원 판결 시 비구 측 승소의 확정을 기대하였으나, 예상을 뒤엎은 결과가 나오면서 대법원의 진입 및 6명 비구의 할복사태(1960.11.24.)가 야기되었던 것이다.

그 후 비구 · 대처 측의 대응은 5 · 16 군사정변에 의해 또 다른 변화를 맞이하였다. 정권을 장악한 군부세력은 불교정화운동으로 나타난 불교계 사태를 분규로 단정하고 사회 안정 차원에서 그것을 해소하고자 하였다.[49] 당초 군사정부는 종교단체 등록법을 활용하여 그 문제를 해결하고자 하였으나 양측이 동일한 단체명으로 등록 · 신청하여 그 실마리는 풀리지 않았다. 1961년 8월경 종교단체심의위원회의 구성을 통한 조정을 시도하였으나 비구 측의 반대로 역시 좌절되었다.[50] 이러한 배경에서 나온 것이 이른바 불교재건위원회였다. 비구 · 대처 양측의 대표 각 5인이 참여한 가운데 개최된 그 위원회는 당시 공권력을 담당한 군부세력의 적극적인 개입 하에 진행되었다.

이에 불교재건위원회는 1962년 1월에 4차례의 회의를 거치면서 재건비상종회 개원을 담보하게 하였다. 재건비상종회는 비구 · 대처 대표 각 15인으로 구성되었는데, 여기에서는 종헌 제정을 성사시켰다. 그러나 여기에서도 승려의 자격 문제(대처승의 기득권)로 논란이 있었으나 그 판단은 문교부 해석에 맡긴다는 타협점이 등장하였다.

그런데 당시 대처 측은 종헌의 내용 중 위에서 언급한 승려자격과 대처승의 기득권 문제에 대하여 이견을 개진하고, 그 제정 · 통과된 종헌의 이행에 가담하지 않았다. 즉 종헌을 부정하였다. 이에 문교부는 기존 재건비상종회의 재구성(비구 5, 대처 5, 사회인사 5)을 통하여 돌파구를 찾고 종헌 일부 수정을 거쳐 종헌을 선포(1962. 3. 25.)하였다.

정화운동의 4단계에서의 가장 중요한 것은 4 · 19, 5 · 16을 거치면서 일단

한 것이다.
49) 《한국일보》1962.1.13., 「분쟁 계속 안될 말 · 박의장 불교재건을 종용 −」.
50) 『현대불교』 9호(1962.2), pp.40−41, 「佛敎再建白書」.

은 비구 측 중심의 종권 장악과 종헌 제정이 지속되었다는 것이다. 이는 1955년 8월 전국승려대회의 결정이 일관되었음을 말해주는 것이다. 이 단계의 또 하나의 특성은 정화운동의 논란이 불교계 내부에 머무른 것이 아니고 사법부와 정치권 내부의 문제로 깊숙이 자리 잡았다는 것이다. 요컨대 공권력의 개입 정도가 2단계에서는 유시 차원에서, 3단계에서는 정화운동의 틀 및 구도 설정에 개입하였다면, 4단계에서는 정화운동의 적법 여부 판정뿐만 아니라 종회 구성, 종헌 제정, 승려자격 문제로 상징되는 미세한 분야까지 개입하였다고 이해된다.

5) 통합종단의 성립(1962. 4~1970. 5) : 5단계

비구·대처 양측이 우여곡절을 거쳐 합의·제정한 종헌은 일시적으로 대처 측의 반발로 즉각 이행되지는 못하였다. 그러나 당시 공권력이 자율적 해결의 부재 시 강제성의 법으로 해결하겠다는 최후통첩을 발동하자 대처 측은 그에 협조하였던 것이었다. 이에 1962년 3월 25일 수정된 종헌의 재확정·공포 절차를 갖고, 4월 1일에는 불교재건비상종회 의원이 참가하여 종정(이효봉)과 총무원장(임석진)을 선출하였다. 그 후 4월 11일에 이르러 통합종단은 역사적인 출발을 하였다.

그 후, 종단의 인수·인계와 종단 실무진의 간부가 선출되었기에 통합종단의 출범은 정상적이었다. 그러나 이 통합종단은 출범 4개월 후 돌연 큰 위험에 직면하였다. 그것은 기존 재건비상종회의 해체를 거친 이후에 등장한 새로운 종회 구성에서 비구·대처 측의 의원 비율문제였다. 당시 그 비율은 32:18로 비구 측의 우세였다. 이는 당시 문교부의 구상이었는 바, 이는 종단은 정상화되었지만 그 실질 운영에 있어서는 비구 측의 입장이 옹호되었음을 반영하는 것이다.

대처 측은 이에 반발하면서 종회 불참, 종단 간부의 사퇴, 통합 이전으로의 환원을 주장하는 성명서 발표 등을 하였다. 마침내 대처 측은 서대문에 별도의 총무원을 설립하였으니, 그것은 '대한불교 조계종 총무원'이었다. 이로써 비구·대처의 갈등은 재연되었다. 이럴 즈음 조지훈은 비구·대처 양측의 대화와 타협을 요구하였는 바, 그 요지는 '정화'와 '통합'이라는 대안을 갖고 한국불교도 살리고 불교계 '분규'도 해소하자는 것이었다.[51] 조지훈의 그 제안은 대처 측의 이탈로 정화운동 당위성의 상실과 통합종단의 좌초를 염려한 것에서 나온 것이다.

그러나 당시 문교부는 통합종단의 정당성을 옹호하였다. 그 옹호의 명분으로 활용된 것은 이른바 불교재산관리법(1962.8.22. 제정)이었다. 대처 측은 또다시 문제를 사법부로 이전시켰다. 그 결과 1심에서는 대처 측 승소(1965.6.11.), 2심에서는 비구 측 승소(1965.9.7.)로 이어졌다. 이 소송은 대법원으로 지속되어 1969년 10월 23일 비구 측의 승소로[52] 귀결되었다.

그런데 이 단계에서 유의할 점은 대처 측이 소송을 지속하는 가운데에도 통합종단 내에서는 이른바 '和同'으로 요약되는 대처 측의 포섭의 노력이 가시화되었다는(1965.3) 점이다.[53] 문호개방으로도 지칭되었던 그 노력은 일정 수의 종회의원을 화동파(대처 측 유입)에게 제공하는 문제까지 구체화되었다.[54] 불교화동근대화추진위원회(손경산, 신종원)의 활동은 그 대표적인 것이었다. 그와 유사한 움직임은 1969년 12월 비구와 대처 측의 상징 인물인 이청담과 박대륜의 회담으로도 구체화되었다. 이 회담은 양측의 대동단합을 기하려는 차원에서 시도된 것이었다.

한편 통합종단 출범 이후에는 비록 대처 측이 반발·이탈하였지만 당시 공권력과 사회 여론의 지원 하에 통합종단에 대한 우위 및 타당성은 고착화되어

---

51) 김광식, 「조지훈·이청담의 불교계 '분규'논쟁」, 『한국민족운동사연구』 22, 1999.
52) 《동아일보》 1969.10.24., 「"현 조계종헌 유효" 대법 대처 측의 개정무효소 기각」.
53) 『제1대중앙종회회의록』(1999, 조계종 중앙종회), p.319, 「화동추진위원회 인준요청의 건」.
54) 《경향신문》 1967.2.8., 「10년만의 和解, 比丘僧·帶妻僧 派閥意識 버리고 불교계 統合 문턱에」. 당시 타협의 내용은 중앙종회 의원 비율은 29:21로, 교구본사의 지분은 15:8 이었다.

갔다고 보여진다. 그런데 문제시되었던 것은 그 고착화에 비례하여 종단 내부
의 문제가 새로운 차원에서 등장하기 시작하였다는 것이다. 그 문제는 우선
종단의 주요 구성 대상인 승려들에서부터 가시화되었다. 즉 종단이 외견상 안
정을 취하면서 대처 측과의 대응도 어느 정도 약화되자 서서히 그에 안주하는
상황이 노정되었다는 측면이다. 이를 달리 표현하자면 정화운동의 추진을 교
단 · 승단 · 사찰정화 등 단계를 설정하였으면서도 교단정화(대처승 배제)에 머
물렀다는 것을 의미하였다. 이에 서서히 종단 내부에는 주어진 현실에 안주하
거나 타협하려는 성향이 노골화되었다. 이는 정화운동이 전개되면서 승단에
유입된 대상들의 현실인식의 산물과 무관할 수 없는 것이다. 당초 정화운동을
추진한 주류는 수좌들이었지만 정화가 10여 년 경과하면서 급격히 유입된 대
상들은 수좌일 수도 없었고, 수행할 여건 및 여유도 없었던 것이다. 이들은 각
처 사찰의 관리 책임지기 되면서 더욱 더 대처 측으로부터의 야기된 도전에
대한 사찰 수호에 유의하면서, 또 한편으로는 사찰 관리에 뒤따를 수 있는 부
산물에만 전념하는, 즉 기득권 유지에만 급급하는 현상을[55] 초래하게 하였다.
이 같은 정황은 종권 갈등을 잉태하게 하였거니와 그 예증이 종정인 이청담과
총무원장 손경산의 갈등이었다. 문제는 이 같은 성향이 서서히 종단 내부의
보편적인 분위기 및 정서로 고착화되는 것이었다.[56]

이러한 제반 정황은 곧 정화운동의 변질이라고 말할 수 있는 단면이었다.
정화운동 이념의 변질과 퇴색에 즈음하여 나타난 현상은 종단 내부의 폭력적

---

55) 정화운동의 이론을 제공하였던 李鍾益은 그것을, "그 뒤, 뜻 아닌 比丘 · 帶妻의 對立과
相剋으로 風風 · 雨雨 十餘星霜에 寺刹財産 大部分과 宗權이 比丘僧에 歸屬되었으나
事後 收拾과 現狀維持에만 급급하여"로 서술하였다. 『曹溪宗中興論』(1976, 보련각)의
序文 참조.
56) 《대한불교》 330호(1969.12.14.)의 「60년대 한국불교의 움직임 ① 정화불사」에서는 그
것을 다음과 같이 요약하였다. 즉, "그리하여 불교 내의 비본질적인 요소를 제거, 순수
한 전통불교를 찾아보려는 정화운동은 엉뚱하게도 불교분쟁 내지는 재산싸움으로 변
했고 그것은 한국불교의 발전을 극도로 제한하는 암적 요소가 되고 만 것이다"라는 내
용이다.

인 요소였다.[57] 이 같은 요인과 함께 고려할 측면은 대처 측으로부터 유입된 화동파의 성향이었다. 그 화동파 전체라고 말할 수는 없었지만 유입된 화동파로 대변되는 성향은 당초 정화운동이 지향하였던 불교상과 조화될 수 없는 측면도 적지 않았다. 유입된 화동파는 정화운동에서 배척하려 하였던 바로 그 당사자인 대처승 혹은 대처승 출신이었다.[58] 후일 바로 이 점이 이청담의 종단 탈퇴의 명분으로 작용하였다.

또 하나의 문제점으로 등장한 것은 종단의 구성 대상인 신도들의 불만이었다. 실제 정화운동이 가시적으로 성사된 것은 공권력의 지원과 함께 사회 여론이었다. 그 여론에는 우선 광범위한 신도들의 유·무형의 지원도 상당하였던 것이다. 그런데 정화가 일단락되어 가면서 종단 내부에 싹트기 시작한 안주 및 타협을 확인한 신도들은 서서히 그에 만족하지 않고, 이탈하는 현상이 나타났다고 이해된다. 그 같은 현상이 종단적인 차원에서 최초로 구체화된 것은 1963년 11월에 구체화된 전국신도회의 종헌 개정 요구 시위였다.[59] 당시 전국신도회는 종헌 개정 요구에서 진정한 사부대중 공동체, 수도승단의 건립, 신도의 종정 참여 등을 제기하였다. 대한불교조계종 혁신재건안으로 표방된 그 요구는 일부 종회의원의 동의하에 일시적으로는 종단 내부에서 호응을 얻었다. 이 요구는 기획위원회 설치(1964.1, 종법에 의거, 승속의 위원 21명)의 단초로 변질되었지만,[60] 이는 당시 그 정황을 말해주는 상징적인 사례로 볼 수 있는 것이다.

지금껏 살펴본 종단 내부의 문제점은 정화운동이 지향한 근본정신과는 큰

57) 당시 종단 내 폭력사태를 단적으로 예증하고, 불교계에 큰 파장을 야기한 사건은 1968년 11월 7일에 일어난 불국사 사태였다. 『제2대중앙종회회의록』(조계종종회, 2000), pp.193-198, 제19회 중앙종회 회의록 중 불국사 사태 관련 내용, 《대한불교》 274호 (1968.11.17.), 「敎法守護 信徒團體協議會 구성 – 法亂收拾策 강구」 참조.
58) 그러나 이들은 호적상 혹은 실정법 상으로는 단신 수도자였을 것으로 이해된다.
59) 《대한불교》 45호(1963.12.1.), 「全國信徒會 重要都市代表者大會」.
60) 《대한불교》 46호(1964.1.1.), 「四部衆의 宗政參與 위한 企劃委員會 構成」.

이질성을 갖는 것이었다. 그 문제점의 노출은 정화운동을 실질적으로 주도한 이청담의 종단 탈퇴로[61] 극명하게 확인되었다.[62] 이청담은 그 탈퇴의 명분을 정화의 순수한 이념 퇴색에서 찾았다. 당시 종단의 정황을 단면적으로 알려주는 것은 당시 《대한불교》의 사설(1969.8.17.)의 내용인 바, 그것은 무사안일주의, 문중파벌주의, 화동의 미명 아래 고개를 쳐드는 정화역행의 경향, 현대사회 무관심을 종단이 경계해야 할 '적'으로 지적한 것이다.

위와 같은 성향을 내재한 정화운동의 5단계는 통합종단의 출범부터 대처 측의 독자노선을 표방한 태고종 창종(1970.5)까지로 보고자 한다. 그 이후의 조계종단은 정화운동이라는 말 자체가 급격히 사라져갔거니와, 이를 정화정신의 실종을 의미하는 것으로 보고자 한다. 정화운동을 주도한 이청담이 탈종과 복귀를 거치면서 총무원장을 맡아 종단을 책임지겠다는 행보를 간 것도 사실 이같은 정화운동의 지속을 고려한 행보로 이해된다. 그러나 그의 입직(1971.11) 이후 정화운동의 정신은 퇴색되었다고 보는 것이 타당할 것이다.

4. 정화운동의 유산

정화운동은 근대불교의 부산물이자, 현대불교의 진원지이기에 정화운동이 남긴 유산은 실로 다양한 측면에서 접근할 수 있다. 그리고 정화운동의 긍정 · 부정적인 측면은 70~90년대 불교계 뿐만 아니라 현재까지도 지속되었다고

---

61) 《대한불교》 313호(1969.8.17.), 「佛敎界 代表 靑潭大宗師 宗團脫退 – 淨化理念 찾을 길 없어 –」.

62) 이 같은 정화 지도자들 자신이 정화의 결과에 대하여 '아쉬움을' 자인한 것은 정화운동의 이해에 중요한 단서를 제공하는 것이다. 鄭金烏, 「韓國佛敎淨化의 正眼」,《대한불교》 51호, 1964.7.19.) ; 崔月山, 「比丘는 다시 再검토할 때가 왔다 – 宗團은 四部衆의 것」 (《대한불교》 312 · 313호, 1969.8.10., 8.17) ; 李大義, 「靑潭스님은 왜 曹溪宗을 脫退했나」(《대한불교》 315호, 1969.8.31.)

보아야 할 것이다. 이제부터는 정화운동의 유산을 긍정 · 부정적인 측면으로 대별하여 제시하고자 한다.

긍정적인 측면을 요약하여 말하면 식민지 불교의 극복, 교단 정체성의 회복을 통한 불교의 발전을 추구하였다는 것이다. 이 내용을 구분하여 살펴보면 다음과 같다.

첫째, 한국불교의 전통의식을 환기시켜 주었다. 이 측면에서 전통이라 함은 주로 계율적인 면에서 접근하여 승려의 대처는 한국불교 전통과는 이질적이라는 면을 확고히 하여 주었다. 또한 전통불교의 회복을 통하여 근본불교의 강조라는 점도 찾게 되었음은 당연한 행보였다.

둘째, 교단 · 승단 · 승가 · 승려의 청정의식을 일깨워 주었다. 이 같은 청정의식은 그 이후에도 지속되었을 뿐 만 아니라 현재 한국불교의 지향점임을 분명히 제시하였다. 이는 '정화'라는 어원에서 나온 것이었지만 정화운동을 발의, 주도, 추진한 주체(수좌)들의 청정한 의식과 행동이 사회 여론 및 신도들에게 일정한 지지를 받았음을 의미하는 것이다.

셋째, 불교의 전통 및 지향이 민족불교임을 표방하게 하였다. 이는 정화운동의 추진이 식민지 불교의 청산, 즉 식민지 불교의 부산물인 대처승을 배척하는 명분에서 배태된 것이었다. 이는 다분히 운동의 당위성과 여론 홍보용으로 활용된 측면을 배제할 수는 없지만, 당시 사회에서 일정한 호응을 받은 것으로 보인다. 그리하여 정화운동 이후 호국불교라는 개념이 등장한 것도 이 같은 시각에서 보아야 할 것이다.

넷째, 교단(종단)의 정체성에 대한 의식을 환기시켜 주었다. 요컨대 한국불교, 교단, 조계종단이 나아가야 할 이념 및 방향에 대한 의식을 일으켜 주면서, 그 구체적인 방향에 대한 고민을 부가하였다. 교육, 포교, 역경 등 불교의 현대화를 표방한 것은 그 단적인 실례이다.

지금부터는 정화운동의 부정적인 측면을 개별적으로 제시하겠다. 이 부정적인 측면은 지금껏 다양한 입장에서 접근하고 논의되었다고 이해되지만 냉철한, 성찰적인, 미래지향적인, 교단 차원에서의 이해는 미진하였다는 것이 일반적인 견해이다.

첫째, 정화운동의 방법에서 불교적인 방법보다는 공권력 의존과 폭력이 수반되었다. 이는 일면 불가피한 것이었다고 하지만, 정화운동의 선명성을 크게 퇴색시키는 것이었다. 공권력 의존은 이승만의 유시 및 공권력(1·3공화국) 개입을 말한다. 이승만의 유시가 나온 배경에 대해서 지금껏 그 원인이 분분하지만 아직은 구체적이며 객관적인 이해는 갖지 못한 실정이다. 그러나 그러한 공권력에의 의존은 정화운동이 추진된 기간 내내 지속되어 왔다는 것을 부인할 수 없다. 승려대회 개최, 종권 확보 및 유지, 사찰 접수 및 유지·보호, 사법부 판결에 종속 등에서 그 실례는 다양하게 나타났다. 1980년대 불교계에서 개정·폐지의 논란이 드셌던 불교재산관리법도 정화 시에는 비구 측에서 크게 환영받았음은 물론이었다. 이 같은 구도에서 수많은 내분이 사법부에 의뢰되었던 것이다. 요컨대 불교 자주화에 역행한 결과를 가져왔다고 보인다. 또한 폭력의 수반도 그 후유증이라는 면에서는 공권력 의존과 대동소이한 것이었다. 불교계 구성원의 폭력 구사뿐 만 아니라 외부의 세력을 불교계 내부로 흡수시켰고, 그 일부는 정화운동 이후 불교계에 잔존하였다는 증언은 여러 곳에서 확인할 수 있다. 문제는 이러한 두 측면의 정화운동의 방법은 현재까지도 지속되었다고 보는 불교계 내외의 평가이다. 이 산물과 뒤엉켜 나온 것은 불교의 사회적 명예 추락과 불교재산 손실임은 쉽게 수긍할 수 있는 것이다.

둘째, 정화운동 이념의 상징성을 대변하였던 淸淨佛敎의 실행으로 구체화된 '대처승 배제'가 한국불교의 전통으로는 매우 미약하다는 것이다. 대처승의 존재는 한국불교의 전통에서 설 자리가 비좁은 것은 사실이지만, 대처승 배제가 전통의 전부라고 말하기는 어렵다는 것이다. 달리 말하자면 한국불교 이념의 정체성 수립에 장애라는 것이다. 대처승 배제, 계율 수호 등은 근본불교 및 한국불교의 사상과 정체성 확립에 최소한의 기초이지 그것이 이념이나 노선 혹은 대안이 될 수 없다는 것이다. 요컨대 대처승 배제만을 강조하여 저절로 정체성의 기반 축소, 한국불교 이념의 협소를 가져왔던 것이다. 다만 정화운동을 추진한 주체가 수좌·선사였기에 정화운동 당시부터 현재까지 선에 대한 우위성과 강조는 지속되었다. 그러나 이 경우에도 한국불교의 이념에서 선이 큰 영향을 갖고 있었지만, 그것이 한국불교사상의 전체가 아님은 자명하였다. 또한 통합종단이 등장한 이후에도 선 강조, 선원의 활성화 등이 있었다고는 보기 어렵다.

셋째, 정화운동의 추진 주체인 승려의 자질 문제를 지적할 수 있다. 결국 정화운동을 추진하는 주체, 불교계 주요 구성원은 승려였다. 그러나 정화운동 초창기에는 승려의 자질 문제가 등장하지 않았지만 시간이 흐를수록 운동의 단계가 증대될수록 이 문제는 노골화되었다. 이는 운동 초창기의 수좌는 200여 명 내외, 비구와 비구니를 합하여 800여 명이었지만 통합종단이 등장한 1963년과 1964년의 경우 승려 숫자를 《대한불교》에서는 5,247명과[63] 11,899명으로[64] 보도하였다. 이는 승려의 급격한 증가를 말하는 것이다. 또한 당시는 운동이 치열하였기에 행자 교육, 기초·기본교육 자체가 성립되지 않았다. 이에 정화운동을 주도한 상층부에서는 이 문제를 통감하고 그 대책을 강구하였으며, 1962년 이후 종단의 진로를 우려하였던 승려 대부분이 승려의 교육·재교육을 강조하고 나섰던 것이다. 물론 불교계에 유입된 인물들이 불교정신에 투철하였다면 문제가 복잡하지 않았지만 그들의 사찰과 불교계의 운영은 적지 않은 파행을 야기하였다는 것이 일반적인 평가였음을 유의해야할 것이다. 은처승, 문중·문도의 이익 추구, 사부대중 공동체의 이념 상실 등은 바로 여기에서 나온 것이었다. 특히 계율 파괴와 은처승 문제는 정화운동의 근본을 망실하게 한 장본인이었다. 더욱이 이러한 측면은 불교계의 재원이 사유화되고, 나아가서 종권의 유지 및 재생산의 구조와 결합될 수 있는 '불씨'를 잉태할 소지가 다분함을 말하는 것이다. 그것은 정화운동의 명분과 당위성을 저버린 처사였으며 반정화운동 그 자체였다.

---

63) 《대한불교》 45호(1963.12.1.), 「1963년 佛敎靑書」.
64) 《대한불교》 72호(1964.12.27.), 「1964년 佛敎靑書」. 이 내용에는 승려 숫자가 지난 해보다 상당히 증가하였다고 서술한 대목이 우리의 시선을 끌고 있다.

넷째, 정화운동 추진 계획의 상실을 지적할 수 있다. 일반적으로 운동에는 주체, 이념, 운동의 단계별 목표, 목적 등을 수반하는 것이 상식이지만 정화운동에서는 이 같은 운동의 계획 혹은 프로그램이 부재하였다고 보인다. 물론 대처승과의 갈등이 노골화되거나, 사법부의 판단으로 송사에 일시적으로 패배하였을 경우, 정화운동의 미진을 염려하면서 그 계획을 수립한 실례는 있었다. 그리하여 불교정화 30년 계획, 사부대중 공동체 지향, 종회의 이원화(상원은 승려, 하원은 재가신도), 종단 3대사업(도제양성 · 역경 · 포교), 불교 현대화 등이 거론 · 토의되었지만 그 이행이 정상화되었다고 볼 수는 없다. 그 계획은 늘상 반복되었으며, 중단되기 일쑤였으며, 실행보다는 현실에 안주하였으며, 정상적인 합의가 도출되었다고 볼 수는 없었다. 그리하여 이 같은 제반 실상은 운동의 노선과 방향 감각의 상실을 의미하는 것이었다. 때문에 이 같은 저변에서 남는 것은 대처승과의 갈등, 종권 쟁탈전 및 분규, 사찰 접수 및 수호 등이었다고 말하는 것을 몰이해라고 부정할 수는 없다. 물론 통합종단 이후 승려의 교육 강조, 불교의 현대화가 제시되어 종단의 방침으로도 제시되었지만 그것이 일관적인 방향, 철학 · 불교사상 · 근현대불교사의 성찰 등에서 자생되었으며 가시적인 결실을 맺었다고 보기는 어렵다 하겠다.

5. 결어

이상으로 한국 현대불교사에 한 획을 그었으며, 큰 영향을 끼친 불교정화운동의 전개과정과 그에 나타난 성격을 조망하여 보았다. 이제 맺는말은 그 개요와 의미를 요약하는 것으로 대신하고자 한다.

일제의 식민지 불교를 극복하고 불교의 정체성을 재정비하려는 일단의 수좌들에 의하여 시작된 정화운동은 그 자체가 불교현대사의 분수령이었다. 그러나 그 운동은 식민지 불교의 유산에서 배태되었으며, 정화운동 이후 불교사의 노선과 성격을 잉태하였다. 따라서 정화운동은 정화운동이 전개되었던 시기의 문제에 머물러서 바라볼 수 없는 성격을 갖고 있다.

이러한 전제하에서 정화운동의 배경을 요약하면 다음과 같다. 우선 시기적인 배경은 일본불교의 침투가 가시화되었으며 한국불교 변화의 기점을 제공한 도성출입금지 해제령(1895) 이후부터 8·15해방될 때까지, 8·15해방부터 해방공간에서의 교단 차원의 개혁이 변질된 1947년까지로 볼 수 있다. 그리고 정화운동의 이념의 연원은 대처승 배제와 협의적인 식민지 불교에 저항의 의미가 담겨진 사례에서 찾을 수 있다. 그 대상은 1919년의 '승려독립선언서'에 나타난 일본불교화의 차단, 1921년에 창건된 선학원 및 선우공제회의 정신과 선학원 수좌들의 수좌 전용 사찰 할애 요구, 1926년 백용성의 대처식육금지를 요청한 건백서에 나타난 무처·유처 승려 구분과 수좌 전용 사찰 할애 요구, 1928년 강원의 학인들이 주도한 조선불교학인대회의 전통 수호 정신, 1935년 선리참구원의 등장에 즈음하여 나타난 조선불교선종의 창종 정신, 고승유교법회의 전통 수호 정신 등이다. 8·15 해방공간에서의 연원은 다음과 같이 정리할 수 있다. 선학원이 교단개혁을 지향한 혁신단체의 근거처였다는 점, 교단개혁의 초점은 비구승단 중심의 불교계 운영, 다양한 혁신운동 구성원 전체가 비구승단 운영을 동의하였다는 점, 미군정·교단의 우익중심 정책으로 혁신단체 및 선학원의 혁신은 사회주의 색채로 매도당하였다는 점 등이다.

이 같은 배경에서 전개된 정화운동은 대략 5단계로 구분하여 이해할 수 있다. 1단계는 정화운동의 태동으로서, 1947년 2월부터 1954년 5월까지로 보고자 한다. 1단계에서는 이승만의 담화가 등장하기 이전에 정화운동이 자생적으로 등장한 사례로 찾아볼 수 있다. 그것은 봉암사결사 정신, 고불총림의 지향, 농지개혁으로 나타난 수좌들의 생존·수행차원의 공간 확보, 이대의와 송만암이 제시한 수좌 전용 사찰 할애의 논란 등이다.

2단계에서는 이승만의 담화가 등장한 직후부터 1954년 비구 측이 11월 5일 태고사(조계사)에 진입하기 이전의 제반 정황을 말한다. 여기서는 대처 측의 중앙교무회에서 수행승단과 교화승단을 공존하게 한 종헌 개정, 비구 측에서 주도한 불교정화추진발기회와 교단정화운동추진준비위원회가 우선 지목된다. 그 후 비구 측은 전국비구승대표자대회와 전국비구승대회를 거쳐 비구승 중심의 종헌을 제정하였다. 이 같은 행보는 본격적인 정화를 추진하기 위한 준비 단계로 이해된다.

3단계는 비구 측이 태고사에 진입하여 1955년 8월 12일 전국승려대회를 통하여 정화운동을 일단락한 시기를 말한다. 태고사에 진입한 비구 측은 종권 인수를 위해 다양한 노력을 기하면서 1954년 12월에는 전국비구·비구니대회를 추진하였다. 그 후 문교부가 개입한 가운데 비구·대처 양측이 합의한 승려자격 8대 원칙이 결정되었다. 문교부는 이러한 전제에서 사찰정화를 추진하였다. 그러나 비구 측은 전국승려대회를 개최하여 보다 근본적인 정화를 시도하였으며, 대처 측은 기존 승려 자격의 이의를 제기하였다. 이 같은 이질적인 대응은 문교부가 주도한 사찰정화대책위원회의 개최로 나아갔다. 그러나 그 위원회에서의 주논란은 전국승려대회의 개최 여부에 대한 타당성 문제였는바, 그 결과(5:3)에 대하여 비구 측은 일방적인 대회 개최를 선언하였지만 공권력과 대처 측은 그에 동의하지 않았다. 마침내 사찰정화대책위원회 재개최, 재표결(7:1)을 통한 전국승려대회는 8월 12일에 개최되어 비구 측 주도의 종헌이 제정되면서 중앙 불교계 차원의 정화운동은 일단락되었다.

4단계는 전국승려대회에서 제정된 종헌에 기초한 내용이 전 불교계에서 구체화되었기에 정화운동의 전국화로 볼 수 있다. 그러나 그 이행은 구체적으로 사찰의 접수와 대처승 퇴각으로 요약되었기에 간단하지 않았다. 이에 그 과정에서 적지 않은 반발과 폭력이 뒤따랐다. 그리고 이 단계에서는 대처 측이 승려대회의 결정을 부인하고 그 해결을 사법부에 의뢰하였기에 정화운동의 타당성이 재판에 의해 좌우되었다. 또한 4·19, 5·16을 거치면서 정화운동은 적지 않은 혼란을 겪었지만 대체로는 비구 측 주도의 종헌과 종단 장악이 지속되었다. 그 단적인 예가 1962년 1월에 등장한 불교재건위원회의 등장이었다. 재건위원회는 비구·대처 양측이 참여한 가운데 재건비상종회를 구성하였고, 재건비상종회에서는 새로운 종헌을 탄생시켰다. 일시적으로는 대처 측

이 반대하였지만 그 종헌은 비구·대처 양측에 의해 동의를 받았다. 여기에서
는 공권력의 개입이 이전보다 더욱 심화된 특징을 찾을 수 있다.

5단계는 새롭게 등장한 종헌에 의해서 비구·대처 양측이 동참하고 공권력
이 동의한 종단 집행부가 등장한 이른바 통합종단의 시기였다. 그리고 5단계
는 대처 측이 독자 노선을 선언한 1970년 5월의 태고종 창종까지로 보고자 한
다. 이 단계는 종회의원의 비율에 이의를 제기한 대처 측의 이탈과 반발이 우
선 주목된다. 그러나 이후에는 조계종단 주도의 양측의 화해와 단합을 추구한
화동 노력이 지속되었다. 그런데 5단계에서도 대처 측이 지속적으로 비구 측
종헌 및 집행부의 무효를 주장하는 소송이 지속되었으나 1969년 10월에는 비
구 측 종헌의 타당성이 대법원에서 최종적으로 인정받게 되었다.

한편 이 단계에서는 비구 측 종단, 즉 조계종단 내부에 서서히 정화운동의
이념을 저해하는 이질성이 등장하였다. 그것은 현실 안주, 반정화운동의 행
태, 수행풍토 퇴락 등을 의미하는 것이다. 이로써 5단계의 특징은 정화운동의
쇠진, 소멸의 분위기가 급격히 자리 잡았음에서 찾을 수 있다. 이는 정화를 주
도한 수좌들 자신이 정화의 문제점을 지적한 내용에 단적으로 나온다.

이같이 5단계로 구분할 수 있었던 정화운동은 불교현대사에서 여러 측면의
긍정과 부정의 유산을 남겼다. 긍정적인 유산은 한국불교의 전통 의식 환기,
승가·승려의 청정의식 강조, 민족불교 지향이라는 노선 도출, 종단 정체성에
대한 의식 환기 등이었다. 부정적인 유산은 공권력 의존과 폭력 수반, 대처승
배제를 강조하여 결과적으로 한국불교 전통의 범위를 위축하게 함, 승려 자질
문제 노출, 즉 급격한 승려의 증가로 불교계 전체 모순으로 작용, 정화운동 추
진계획 부재 및 일관성 미흡 등을 지적할 수 있다.

불교정화운동은 식민지 불교의 유산이자, 현대불교의 진원지로 볼 수 있기
에 정화운동을 바라보는 시각은 매우 다양할 수 있다. 그것은 식민지 불교와
현대불교를 어떻게 바라볼 것인가에 따라서 정화운동에 대한 이해와 평가도
상반될 수 있기 때문이다. 또한 정화운동 이해의 심화 조건은 충분한 자료수
집, 치밀한 사건 및 개요 정리, 냉정한 평가 등이다. 따라서 우리는 정화운동

의 연구를 통하여 근현대불교사 재정립에 나설 시대적 과제에 직면하고 있는
것이다.

불교정화를 통한
국가 · 불교 관계의 형성연구*

◉

정천구(서울디지털대학교 석좌교수)

---

*본 논문은 2014년 12월 13일에 개최된 '54년 불교정화와 94년 종단개혁' 2차 세미나(한일불교유학생회교류회 주최)에서 발표된 것이다.

I. 머리말

이 글은 1954년 5월 이후 1962년 5월 조계종 통합종단이 발족되기까지 진행된 불교정화를 통해서 한국의 국가 · 불교관계가 어떻게 이루어졌나를 연구하려는 것이다. 이 글에서 주로 다룰 문제들은 불교정화의 목표와 대상은 무엇이었으며 이를 위해서 국가와 불교는 각각 어떤 역할을 했는가? 불교정화 과정에서 형성된 국가 · 불교관계의 내용과 특징은 무엇인가? 불교정화 과정에서 국가의 개입은 불교의 전통과 국교분리의 원칙에 비추어 어떻게 평가될 수 있는가? 등이다.

불교정화에서 중요한 역할을 한 이승만과 이승만 정부에 관한 평가는 평자에 따라 긍정적 평가와 부정적 평가가 예민하게 대립되는 분야이다. 필자는 역사의 주체를 개인과 독립된 별도의 집단이 어떤 정해진 목표를 향해 진보한다는 역사주의(historicism)적 역사해석을 따르지 않을 것이다.[1] 역사를 해석하는데 주관을 피할 수는 없겠으나 E.H. Carr와 같이 현재의 관점에서 과거를 재단하는 것이 아니라 가능한 한 해당 시대의 관점으로 돌아가 역사를 이해하는 노력이 필요하다고 본다.[2] 또한 역사평가에 있어서 주관성을 배제할 수는 없지만 그것이 역사적 사실의 왜곡을 포함하는 주관성까지 인정될 수는 없을 것이다. "제1공화국의 재평가"라는 논문에서 이미옥은 다음과 같이 쓰고 있다.[3]

> 역사적 사실을 평가함에 있어서 평가주체의 주관성을 배제할 수 없는
> 것이 현실이지만 그렇다고 해서 모든 주관성을 모두 포용하는 것으로

---

1) 역사주의에 관해서는 소흥렬, "실증주의_과학_철학과_역사주의_과학_철학," 철학문화연구소, 『철학과 현실』 4(1990.3), pp.211-228 참조.
2) E.H. Carr의 역사해석에 관한 비판에 관해서는 김기봉, "역사란 무엇인가—Carr의_역사관을 넘어서기 위한 하나의 시론," 역사비평사, 『역사비평』 41(1997.11), pp.318-340 참조.
3) 이미애, "제일공화국 제평가," 한국행정사학회, 『한국행정사학지』 32권(2013), p.211.

는 역사적 진실의 정확성을 득할 수 없다. 그러므로 만델보옴이 주장하였듯이 주관성에도 '좋은 주관성'과 '나쁜 주관성'이 있고 따라서 '좋은 주관성'은 '나쁜 주관성'과 차별되어야 할 것이다.

그럼에도 불구하고 평가주체의 이데올로기는 제1공화국과 이승만 초대 대통령의 평가에 지대한 영향을 미치고 있음을 본 연구결과가 보여주고 있다. '좋은 주관성'은 평가주체의 이데올로기적 관점을 최소화하고 '역사적 진실의 객관성'을 최대화함으로써 "현 단계에서 역사에 대해 우리가 취할 수 있는 최선의 혹은 더 나은 과학적 인식의 길"로 가는 대안이 될 수 있겠지만 '나쁜 주관성'은 '역사적 진실의 객관성' 보다 평가주체의 '이데올로기적 관점'이 더 우선적으로 작용함으로써 역사적 진실의 왜곡을 초래할 수 있음을 시사한다.

다음으로 국가·불교관계를 다루기 위해서는 먼저 불교를 포함한 정치와 종교와의 관계를 종교사회학의 원조라 할 수 있는 막스 베버의 논의를 중심으로 살펴보고자 한다.[4]

원시시대에는 모든 기능이 통합되어 있었지만 사회발전에 따라 종교와 정치, 경제 등은 기능상 분화되었다. 국가는 권력이라는 수단을 가지고 특정한 시기 특정한 사회의 목표를 추구하기 때문에 보편적이기 어렵고 비도덕적일 수 있다. 그러나 종교는 시간이 지나면서 도덕적인 성격과 보편적인 성격을 띠게 된다. 지역과 종족에 기반을 둔 정치와 보편적 원리를 가르치는 종교가 갈등을 일으킬 소지를 갖게 된다. 유일신이나 보편적 원리를 신봉하는 종교의 사제들이 정치적 권위로부터 독립된 권력으로 종교를 조직하면 할수록 종교와 정치의 관계는 역동적으로 변하게 된다는 것이다.

막스 베버에 따르면 고급의 구원 종교가 요구하는 행위의 합리성은 그 행위

4) Max Weber, *The Sociology of Religion* (Ephrain Fischoff, Trans.) (Boston : Beacon Press, 1964), pp.223-236.

의 결과와는 상관없이 행위자의 내적 신념에만 가치를 두게 된다. 행위자는 자신의 행위가 나은 결과에는 책임을 지지 않으면서 자신의 신념에만 충실하고자 한다. 결과는 신의 뜻, 하늘의 뜻 혹은 이법에 맡길 뿐이다. 베버는 이를 가치 합리적 행위라고 부르고 이에 기초한 윤리를 심정적(心情的) 윤리라고 불렀다.[5]

그러나 합리적 정치적 행위는 '국가 이성'의 객관적 실용주의가 명하는 바 외적 · 내적 법칙을 따르는 것이며 따라서 정치적 행위가 그 자체의 내적 고유 법칙성에 의거하여 합리화되면 될수록 종교의 '형제애의 요구'와의 괴리는 점점 더 커질 수밖에 없다. 베버에게 있어서 국가란 폭력의 합법적 사용의 독점을 주장하는 조직이다. 따라서 국가는 권력의 외적 · 내적 배분을 보장(또는 변동)하는 것을 절대적 목표로 하여 내부의 적뿐만 아니라 외부의 적의 위협에 직면하여 적나라한 폭력이라는 상제적 수단에 의지하는 것이 절대적으로 필요하다.[6]

이러한 긴장을 해소할 수 있는 방법으로 종교는 여러 가지 경로를 택할 수 있다. 세속 권력자에 대한 불신으로 종교는 때로는 스스로가 권력을 차지하기도 하고, 정치세계를 회피하여 정치에 무관심할 수 있다. 어떤 경우에 종교는 다음과 같은 이유로 권력에게 정당성을 부여하여 정치와의 협력관계를 발전시킬 수 있다.

종교가 정당성(legitimacy)을 창출해 내는데 매우 유용하기 때문에 정치와 종교가 '조화'를 이루며 서로 '강화'해 주기도 한다는 것이다. 모든 정치적 · 사회적 지배구조는 정당화(legitimation)를 필요로 한다. 왜냐하면 정치권력을 갖고 있거나 갖기를 원하는 집단의 입장에서는 항상 그들의 권력과 행복을 정당화시키고 싶어 하며, 또한 그들의 지배를 받는 대중들을 달래서 순화시킬 필요

---

5) 류지한, "베버의 가치 철학에서 책임윤리와 합리성의 한계," 새한철학회, 『철학논총』 29, (2002.7), pp.192-200.
6) 양영진, "막스베버에 있어서 宗敎와 餘他社會制度간의 관계," 『한국사회학』 21(1987.10), p.8.

가 있기 때문이다. 따라서 종교적 지도자들과 정치적 지배자는 상호이익을 위하여 자주 협력해 왔다.[7]

근대에 이르기까지 정치와 종교의 관계는 여러 가지 형태를 취하였다. 서양에서 중세 1천년 동안에는 종교가 정치를 비롯한 모든 영역을 지배하는 형태를 취하였고 20세기 나치즘과 파시즘 그리고 공산주의자가 지배하던 전체주의사회에서는 정치가 종교를 지배하는 형태를 취하였다. 그러나 어느 것이 일방적으로 지배해도 인류는 불행을 면치 못한다는 결론에 이르게 되었으며 이런 경험을 바탕으로 근대에 이르러 영국과 미국 등 선진사회를 시작으로 정교(政敎)분리 또는 국교(國敎)분리의 원칙이 확립되었던 것이다.

근대 사회학의 기초를 닦은 탈코트 파슨스 (Talcott Parsons, 1902-1979)는 사회의 네 가지 기능적 요소를 적응(Adaptation), 통합(Integration), 목표달성(Goal Attainment), 유형유지(Latency)로 나누고 적응의 기능은 경제가, 통합은 종교가 목표달성은 정부가, 그리고 유형유지는 교육이 담당한다고 보았다.[8] 이들 요소의 기능적 분리와 조화로운 상호작용이 사회를 유지 발전시키는 원동력이라는 것이다.

이상 역사서술에서 유의할 점과 종교와 정치관계를 염두에 두면서 본론은 먼저 제II장에서 〈국가·불교관계의 전통〉을 다룬다. 여기서는 인도와 중국 그리고 한국에서 형성된 국가·불교관계의 전통을 다룬다. 제III장은 불교정화의 배경으로서 과거의 유산, 대한민국의 정교분리의 헌법조항, 그리고 시대적 상황을 분석한다. 제IV장에서 〈불교정화의 시작과 결말〉을 분석하는데 대통령의 불교정화 배경, 정부의 목표, 비구대처간의 쟁점, 주요 쟁점의 귀결을 다룰 것이다. 이어서 제IV장은 〈새롭게 형성된 국가·불교관계〉를 다루는데 정화로 형성된 국가·불교 간의 협조관계를 살펴보고 형성된 국가·불교관계가 정교분리의 원칙에 크게 어긋한 것인가 또는 그것이 불교에 해가 되었는가

---

7) 같은 글, p.9.
8) Talcott Pasons, *The Social System* (the Free Press of Glencoe Collier-Macmillan Ltd, London, 1951), pp.26-36.

아니면 득이 되었는가 등을 검토할 것이다. 끝으로 맺음말 부분에서 전반적인 평가와 미진한 부분을 언급할 것이다.

Ⅱ. 국가 · 불교관계의 전통

1. 인도불교의 교권우위 전통

불교는 세간법과 출세간법을 모두 포함하고 있기 때문에 불교와 정치는 서로 떨어질 수 없는 관계에 있다. 붓다는 왕자로 태어났으며 도를 이룬 뒤에 일반인들은 물론 많은 왕들과 대신 등 국가지도자들을 교화하여 바른 정치를 하도록 이끌었고 불교 교단은 그들의 지지와 지원을 받았다.

당시 붓다의 가르침은 무엇이 특별했기 때문에 많은 사람들의 귀의를 받았을까? 붓다는 고통과 속박의 세계에서 자유를 찾아 해탈하는 법을 가르쳤고, 계급으로 나누어진 불평등한 사회에서 사성(四姓) 평등을 설했으며, 억압된 사회에서 자유를 얻는 방법을 설했다. 그리고 집단 속에 매몰되어 있는 사회에서 개인적인 깨달음을 가르쳤기 때문에 사람들에게 호소력을 가졌던 것이다.

붓다는 자유, 평등, 자비, 평화, 개인주의 등 오늘날 자유주의 정치철학의 기본이념들과 유사한 가르침을 설했다. 또한 불교는 정치공동체의 탄생을 주민들이 불편함 때문에 우수한 사람을 뽑아서 평등왕을 삼았다는, 사회계약설과 유사한 이론을 가지고 있다.

처음 1장에서부터 외적으로부터 나라를 지키고 공동체가 쇠망하지 않을 7가지 법(칠불쇠퇴법七不衰退法)과 공동체의 운영방법을 설하고 있는 빨리 전승의 대반열반경과 같이 붓다는 정치적 함의를 가진 가르침을 많이 남겼다.[9] 그러

---

9) 정천구, "불교의 공화주의 정치철학에 관하여," 한국교수불자연합회, 『한국교수불자연합학회지』, 제15권 제1호(2009), pp.111-142.

면 이제 불교의 정치와의 관계 역사를 살펴보자.

붓다는 대반열반경에서 나라를 쇠망하지 않게 하는 7가지 법을 설하고 수행자들의 공동체인 상가공동체가 쇠망하지 않을 7가지 법을 설하였다. 공통적으로 민주적이고 공화적인 운영방식인데 출세간에 적용될 법과 세간에 적용될 법을 구분하였다. 이것이 불교에서 교권과 왕권이 서로 독자성을 확보하고 협조하는 원칙, 즉 종교와 정치의 분리원칙으로 발전되었던 것이다.

초기 불교(BC500-BC25) 시대에 불교와 국가와의 관계는 3단계를 거쳐 정착되었다.[10] 첫 단계는 주로 개인적인 관계에서 비롯되었다. 앞서 언급한 바와 같이 붓다는 그 시대 군주들 및 대신들과 특별한 개인적 관계를 맺었다. 그래서 코살라국의 파사익 왕은 자기는 깨달은 분과 같은 코살라 사람이라 특별한 관계에 있다고 주장하였으며, 마가다국의 빈비사라 왕은 붓다의 많은 법회가 마가다국 경내에서 이루어졌기 때문에 붓다와 특별한 관련이 있음을 내세웠다.

붓다와 그의 제자들은 처음에는 숲에서 명상하고 모임을 가졌으나 신자가 늘어나면서 도시에서도 활동하지 않을 수 없었으며 해당 국가와의 관계가 불가피해졌다. 그들은 국가와 좋은 관계를 가지는 것이 여러 가지로 편리함을 느끼게 되었으며 국가의 요구를 가능한 한 수용하였다. 초기의 율장이 이런 이유로 수정되기도 하였다. 또한 이런 관계를 통해서 불교도들은 국가의 행동에 영향을 미칠 수 있었으며 통치자들로 하여금 불교가 설정한 국가의 이상(理想)에 따르도록 유도할 수 있었다.[11]

두 번째 단계는 국가의 영역과 출세간의 영역이 구분되는 시기이다. 붓다가 열반에 든 후 제자들은 마가다국의 수도인 라자가하(Rajagaha)에 모여서 경전을 결집하려고 하였는데 당시 마가다국의 아자세왕(Ajatasattu)은 일을 진행하

---

10) Balkrishna Govind Cokhale, "The Early Buddhist View of the State," *Journal of the American Oriental Society*, Vol.89, No.4(Oct-Dec., 1969). p.731.
11) 같은 글, p.732.

라고 하면서 자기의 권한으로 도울 수 있는 것은 돕겠다고 말하였다. 그는 여기서 두 개의 수레바퀴에 관해서 말했는데 하나는 붓다의 정법(正法, dharma)의 수레바퀴요, 다른 하나는 자기가 굴리는 통치의 수레바퀴라고 하였다. 이는 초기불교의 정치이론의 기초가 되었는데 마치 수레의 두 바퀴와 같이 국가와 정법은 각자의 영역이 있으나 그들의 상호의존성을 완전히 무시할 수 없으며, 이론상 정법은 속세에서는 그 자체로서는 작동될 수 없으며 국가의 승인이나 또는 지원이 있어야 한다는 것이었다.[12]

초기 경전에서 국가가 출현한 것은 무정부 상태의 혼란을 막고 질서를 세우기 위하여 사람들이 모여 지도자를 선출함으로써 출현한 것으로 되어있다.[13] 사회계약설과 같은 형태이며 통치자는 질서를 바로 잡고 공통문제를 해결하기 위하여 주민들에 의해 선출된 것이며 그 대가로 세금을 거두어 준다는 것이다. 불교도들은 국가의 존재와 그 필요성을 인정했으며 또한 그러한 국가가 큰 권력을 가져야 할 필요성을 인정하였다. 이때 세간과 출세간의 분리는 국가의 전횡으로부터 상가(Sangha, 僧伽)를 보호하려는 것이었다.

마지막 단계는 권력에 대하여 정법의 우위를 정립하는 시기이다. 국가의 힘이 점점 비대해져서 인간의 모든 일에 개입하게 되자 정법의 세계를 정치로부터 완전히 분리한다는 발상은 부적절함이 들어나게 되었다. 불교도들은 이제 국가에 대하여 정법의 우위를 주장함으로써 국가를 정법의 목적에 보다 더 부합하게 하려고 하였다.

어느 때 제자가 붓다에게 "누가 왕보다 높습니까?"라고 질문했었다. 그 때 붓다는 즉시 그리고 단호하게 "정법이 왕의 주인입니다."라고 대답하였다.[14] 여기서 정법은 상황에 따라 여러 가지로 해석되지만 이법, 정의로움, 적절함,

---

12) 같은 글, pp.732-739.
13) 이와 같은 이론은 아함부의 기세경에 나와 있다. 東國易經院. 『한글 대장경 2-1, 아함부 二』(서울 : 동국역경원, 1971), pp.324-326.
14) Balkrishna Govind Cokhale, 앞의 글, p.736.

규범, 불편부당, 붓다의 가르침 등으로 해석될 수 있다. 정법은 우주적인 힘으로 국가와 그 신민을 규제할 뿐만 아니라 자연의 질서를 규제한다. 정법에 따르는 왕은 자연도 통제할 수 있는 힘을 얻게 된다는 것이다. 정법은 속권과 교권에 다 같이 적용되는 것이며 왕은 정법에 따름으로써 정당성을 획득하게 된다. 반면에 정법에 따르지 않는 군주는 그 자격을 상실하게 된다는 것이다.

이러한 이론에서 전륜성왕이라는 개념에 주목하게 되었다. 전륜성왕은 전(全) 세계를 다스리는 정의로운 왕이며 속세에 출현하는 보살이다. 그는 붓다와 같이 32상을 갖추었고 신통력을 지니고 있다. 전륜성왕은 제왕 중의 대왕으로서 무력을 쓰지 않고 정법으로 세상을 다스리는 군왕이다. 전륜성왕의 수레가 굴러서 이르지 않는 곳이 없듯이 성왕의 위덕은 미치지 않는 곳이 없어서 태평스러운 정치가 이루어진다는 것이다.[15]

그리고 이러한 전륜성왕의 모델로 현실세계에 나타난 사람이 바로 유명한 아쇼카 대왕이었다. 그는 기원전 326년 알렉산더 대왕에 의해 점령되었던 서부 인도를 회복하고 인도 역사상 최초로 전(全) 인도를 통일한(BCE 317) 마우리아 왕조의 창시자 찬드라굽타의 손자이다. 마우리아 왕조의 영토는 아쇼카 대왕에 이르러 최고조에 달했다. 그는 재위 9년째 되던 해에 정벌전쟁에서 발생한 참화를 반성하고 불교를 신봉하게 되었다. 그는 이때부터 무력에 의한 정벌을 중지하고 모든 인간이 지켜야 할 규범으로써 붓다의 달마, 즉 정법에 의한 통치를 시작하였던 것이다.

아쇼카의 철학과 정치이념은 그때까지 인도의 정통적 사회 정치 이론에 정면으로 도전한 것이었다. 베다에 근원을 두고 있는 초기 인도의 고전적 국가 경영이론은 절대적 통치자의 기원을 신(神)에게 두고 있으며 상층계급인 브라만의 지배를 정당화는 신화에 근거를 두는 것이었다. 정치와 국가경영에 관한 이런 브라만의 철학은 아쇼카의 할아버지 찬드라 굽타의 시대까지 정치적 사

---

15) 장지훈, "불교의 정치이상과 전륜성왕," 『사총』, vol. 44(1995), p. 49.

고를 지배했으며 인도의 마키아벨리라고 불리는 까우띨리아(Kautylia BCE 321~BCE 296)에 의해서 기원전 3세기경에 성문화되었다.

그는 실리론(實利論, Arthaśāstra)이라는 저작을 통해서 국왕 즉 국가(國王卽國家)라는 전제를 가지고 국가가 어떻게 하면 영토를 확장하며 어떻게 하면 국왕의 이익을 증대하겠는가를 최고의 목표로 하고 이론을 전개하였다.[16]

그러나 아쇼카는 불교를 받아들임으로써 까우띨리아의 정치적 사고와 결별하고 도덕적 정의(正義)와 비폭력에 기초한 붓다의 정법을 자신의 정치철학으로 채택하였던 것이다.[17]

아쇼카의 리더십 하에 있던 공동체는 불교도와 비불교도를 함께 포함하고 있었고 인도인과 비인도인을 포함한 대제국이었으며 잠재적으로는 세계적 공동체였던 것이다. 그의 유명한 정법 정책의 기본을 타퍼(Thaper)의 논지에 따라 다음과 같이 요약할 수 있다.[18]

첫째, 정법의 기본 원칙 중 아쇼카 대왕이 반복적으로 강조하고 있는 원칙은 관용(tolerance)이었다. 그에 의하면 관용에는 두 가지가 있는데 하나는 사람들 자체에 대한 관용이고 다른 하나는 사람들의 신념과 사고방식에 대한 관용이다.

둘째, 정법 정책의 또 다른 원칙은 비폭력(non-violence)이다. 그가 비폭력을 강조하는 것은 그것이 종교적 계율이기 때문만이 아니라 폭력이 사회적 행위로는 바람직하지 않기 때문이다. 그의 비폭력 정책은 폭력에 의한 전쟁과 정복의 포기 및 동물에 대한 살생 금지였다. 그러나 그는 비폭력의 원칙이 융성

---

16) 까우띨리아의 사상에 관해서는 고홍근, "까우띨리야(Kautilya)의 아르트 샤스뜨라(Arth_Shastra)에 대한 연구," 동아시아국제정치학회, 『국제정치연구』5(2) (2002.12), pp.187-211 참조.

17) Laksiri Jayasuriya:, "Buddhism, Politics, and Statecraft," *International Journal of Buddhist Thought & Culture*, Vol.11(008), p.49.

18) Romila Thaper, "Asoka and Buddhism", Past and Present Vol.18(November, 1960), pp.49-50., p.45.

없이 완전하게 지켜지기를 요구하지는 않았으며 비폭력의 원칙이 적용되기 어려운 불가피한 경우가 있음을 인정하였다.

셋째, 그는 불교 정법에 의한 국가 정책으로 오늘날의 복지정책이라고 부르는 일들을 행하였다. 그는 황후(皇后)를 비롯하여 황실(皇室)에서 보시를 실천하였고 일반 백성들에게도 보시를 권장했다. 도로를 건설하고 다리를 놓아서 사람들에게 통행을 편하게 하고 우물을 파서 목마름을 해소하게 하며 도로에 수목을 심어 쉴 곳을 제공하고 사람을 위한 병원과 가축을 위한 병원을 건설하였다. 복지정책은 서양보다 동양에서 일찍부터 시행되었던 것이다.

넷째, 그는 불교를 널리 전파하기 위하여 각 지역에 승려를 파견하고 또한 불상과 불경을 무인 배에 실어 바다에 띄워 보냈다. 그러한 배들은 멀리 북유럽에까지 전달되었다는 기록이 있으며 금강산 유점사의 53불 도착 설화를 보면 우리나라 동해안에도 그가 보낸 무인 배들이 도착했던 것 같다. 불교가 동남아와 동아시아, 그리고 티베트 등으로 전파되어 굳건한 기반을 갖게 된 것은 그의 왕성한 포교정신에 힘입은 바 크다.

아쇼카는 불교교단에도 많은 영향을 끼쳤으나 교단의 지도적인 4사람의 비구와의 관계를 통해서 교권과 왕권과의 관계가 정립되었다.[19] 그 내용을 자야수리야(Jayasuriya)는 다음과 같이 설명하고 있다.

> 첫째, 아쇼카는 과거의 잔혹한 전쟁행위를 잊지 않아서 붓다에 대한 참회의 심정이 있었다.
> 둘째, 아쇼카는 정법을 대표하는 상가에 예배했으며 이를 통하여 그의 정법에 대한 예경을 대중에게 보여줄 수 있었다.
> 셋째, 붓다와의 연결은 사악한 이미지를 통해서가 아니라 살아있는 아

---

19) 당시 아쇼카 대왕의 관계에서 중요한 역할을 한 불교지도자는 사문 사무디(Samudr), 사문 우파국타((Upagupta), 사문 핀돌라(Pindola), 18명 아라한의 대표인 사문 야사(Yasa)였다.

라한인 핀돌라 비구를 통해서였다.

넷째, 왕은 성직자위원회와 일할 수 있었다. 이 통로를 통해 불교는 왕에게 통치의 정통성을 부여하였다.[20]

그리고 서로 분리된 교권과 왕권의 두 가지 수레, 두 가지 분리된 영역은 상가와 국가 또는 불교 성자(聖者)들과 대왕 간에 많은 상호작용의 의전형식으로 처리되었다. 즉 최고의 통치자인 왕이 불교 성자에게 절을 했으며 왕궁에서 먼 곳에서 수행하고 있는 성자와의 만남은 성자가 왕궁 근처로 오고 왕이 왕궁 밖에서 성자를 기다리는 의전 형식이 활용되었다고 한다. 교권 우위의 원칙은 의전으로 나타났던 것이다.

이상과 같이 인도불교는 세간의 왕권과 출세간의 교권 사이의 경계를 분명히 하고 시소간의 기능과 역할을 분리하여 서로간의 사율성과 독립성을 유지하려고 노력하였다. 교권과 왕권 사이의 피나는 투쟁에 대한 반성에서 18세기에 정교분리의 원칙이 세워진 서양보다 훨씬 이전에 인도에서는 세간의 왕권과 출세간의 교권간의 기능과 역할에 있어 서로간의 독립성과 자율성을 승인했던 것이다.[21] 기능적으로 분리되고 서로 독자성을 가지면서 서로 협조하며 의전에서 왕권이 교권에 대하여 예경을 하는 교권우위의 전통이 수립되었던 것이다.

이것이 가능했던 것은 수행자를 존중하는 인도의 전통문화와 당시 불교승려들이 권력에 의존하지 않고 탁발과 보시에 의존해 영리활동을 하지 않았으며 독신과 금욕생활을 통해서 도덕적 권위를 보여주었기 때문이었다.[22]

---

20) Whalen Lai, "Political Authority : The Two Wheels of the Dharma," Buddhist-Christian Studies, Vol.30 (2010), p.179.

21) 조준호, "초기불교에 있어 국가권력(왕권)과 교권," 한국인도학회, 『인도연구』14권 2호.(2009), pp.230-231.

22) 같은 글, p.231.

2. 중국불교의 왕권우위 전통

그러나 중국과 그의 영향을 받은 동아시아에서 불교와 국가와의 관계는 인도의 경우와 달랐다. 인도의 아쇼카 대왕의 경우, 왕 자신이 정법의 진수를 터득했을 뿐만 아니라 승려들을 공경하는 모습을 스스로 보였으며 인도 사회의 오랜 전통에서 그것이 자연스러웠다. 그러나 중국을 포함한 동아시아 국가에는 그러한 전통이 없었고 정치지도자의 호불(護佛)은 국왕 개인의 신앙적 요소도 있었겠지만 정치적 고려가 더 강한 경우가 많았다.

대승불교에서 불교신앙의 대상인 붓다 또는 정법은 법화경의 "모든 법은 하나로 돌아간다"는 만법귀일(萬法歸一)의 원리와 같이 보편적인 일자(一者)를 상정한다. 그러면서 그 '하나'는 화엄경이 표방하는 "하나는 전체요 전체는 하나"(一卽一切多卽一)라는 말과 같이 다양성을 포용하는 '하나'이기 때문에 다양성을 포용하면서 나라를 통일하는 정신적 지주로서 활용할 수 있었던 것이다. 불교는 당시 지방신(神)의 성격을 지닌 토속신앙이나 계급 차별적인 전통신앙에 비하여 정치적 이념으로 활용하는데 훨씬 유리했던 것이다.

그러니까 중국과 우리나라를 포함한 동아시아 국가들에서는 당시에 선진적 사상체계였던 불교가 국가통합의 이념이 되고 왕권의 정통성을 부여해주는 상징으로서의 역할을 했다. 한 때 중국이 분열되고 왕권이 약했던 남중국에서 "스님은 왕에게 예경을 표하지 않아도 된다."는 왕권에 대한 정법의 독자성에 대한 논쟁이 있었다.

한족 왕조였던 남중국에서는 정치권력이 허약하고 승단의 힘이 강하여 국가에 대해 독자성을 주장할 수 있었다. 동진(東晉)에서 승려가 왕에 예경해야 한다는 논의가 있었으나 관철되지 못하였고 오히려 승려는 왕에게 절하지 않아도 된다는 논리가 정립되는 계기가 되었다. 이 문제가 본격적으로 제기된 것은 403년 동진의 재상으로서 후에 권력자가 된 환현(桓玄)에 의해서였다.

승려도 왕에게 절해야 한다는 환현의 주장은 동진(東晉)의 여산(廬山)에 주석했던 고승 혜원(慧遠, 334년~416년)의 완강한 반대에 부딪혔다. 혜원은 그러한 자기의 주장을 기초로 "사문불경왕자론"(沙門不敬王者論 승려는 왕에게 예의를

갖추지 않아도 된다는 이론)을 저술하여 왕권에 대한 교권의 독자적 지위를 주장
하였고 환현도 그의 이러한 주장을 존중하고 이를 더 이상 거론하지 않았던
것이다.

혜원의 이론에 의하면 재가불자는 속세의 법을 따라 왕에 대해 예경을 해야
되지만 출가자는 초세간의 구도자이므로 세속의 법을 따라 왕에게 예경하지
않아도 불경(不敬)이 되지 않는다는 것인데 그 논지를 요약하면 다음과 같다.

① 재가(在家)의 불자는 제왕의 화육에 따르는 백성들로서 그들의 마음
　은 세속 일반과 다르지 않고 생활양식도 예교 세계와 같으므로 부모
　에 대한 효와 제왕에 대한 예경도 그대로 존속시켜야 한다.

② 그러나 출가자는 방외(方外)의 세계에서 노니는 자이므로 그 생활은
　완전히 세속을 초월해야 하며, 육체의 번뇌를 끊고 구극의 도를 구
　해야 한다. 구극의 도를 체득한 출가자는 일족을 구하며 세계를 구
　하기 때문에 제왕이 천하를 다스리는 근본 목적과 일치한다. 때문에
　사문은 안으로는 부모의 은혜도 등지고 출가하였어도 불효가 되지
　아니하며, 밖으로는 제왕에 대한 공경의 예가 결여되어도 불경이 되
　지 않는다.[23]

예교(禮敎)는 방내(方內)에 적용되는 것으로 방외(方外)에 적용되어서는 안 된
다는 것이다. 이 문제는 제왕을 중심으로 하는 중국과 같은 "예교국가에서 불
교가 뿌리를 내리고 전통사상의 하나로 성장하는 과정에서 반드시 해결해야
할 문제"였다.[24] 동진에서는 이 문제가 환현의 양보로 더 이상 거론되지 않았
지만 남북조를 통일한 수나라에서는 북조 계통의 국가 불교적 성격이 강화되

---

23) 강문호, "동진시대의 사문불경왕자론(沙門不敬王者論)", 『동국사학』, Vol.37(2002),
　　pp.426-427.
24) 같은 글, p.430.

고 당나라에 이르러 왕법 아래 불법이 종속되어야 한다는 원칙이 확립되었던 것이다.

불교는 후한 때 들어와서 위진남북조 시대가 끝날 때쯤이면 농민과 지식인 계층을 막론하고 폭넓은 지지층을 확보하였고 남북을 통일한 수(隋, 581년~619년)와 이를 계승한 당(唐 618년~907년)에서 갈등과 균열을 완화시키는 수단으로 활용되었다. 라이트(Author F. Wright)가 지적한 바와 같이 불교는 가족적이며 향당적인 중국인들의 편협한 윤리의식에 보편성을 심어 주었으며 이런 정신은 중국의 모든 학파에 스며들었다.[25] 그것은 중국인들에게 보시와 지계 등 불교적 윤리 덕목을 통해서 개인적 덕목의 실천이 국가적 문제의 해결과 직결된다는 의식을 심어주었다. 이러한 의식은 주희(朱熹, 주자)에 의해 대성된 신유학의 정신적 자산이 되었던 것이다.

불교는 국가의 통일과 왕조의 정통성을 부여하는데 기여하였다. 따라서 불교와 국가는 불교에게 밀렸던 유교가 송나라에서 신유학을 통해 다시 주도권을 확립할 때까지 밀월관계를 유지하였다. 왕은 곧 부처라는 이론도 제기되었으며 왕은 불법속의 전륜성왕으로 비유되고 불교적으로 신성성(神聖性)을 부여받았다. 북위(北魏,386~534) 때 조성되었던 불상들 중에는 운강석굴의 노천대불과 같이 당시 왕의 모습을 조성한 것을 볼 수 있어 불교가 왕권 강화에 이용되었음을 보여주고 있다.

그러나 불교는 중국인의 충효 중심의 윤리의식, 현세 중심적 사고, 그리고 전제왕권 중심의 전통적 국가관에 적응하고 이를 극복하지 않으면 안 되었다. 불교는 이민족 오랑캐의 가르침이라는 중화중심주의의 거부감을 극복해야 했으며, 가정과 왕권을 떠나 출가를 권장한다는 점에서 인륜에 어긋난다는 비판을 이겨내야 했고, 업과 윤회설 등 불교의 세계관과 생명관은 중국의 현세 중심적 사고와 부딪혔다.

25) Arthur F. Wright, *Buddhism in Chinese History*, Stanford, California : Stanford University Press, 1959, pp.74-76.

정치권력은 불교로 쏠리는 인심을 얻기 위하여 불교를 보호하고 불법의 옹
호자로 자처했지만 인도에서와는 달리 정법의 국가권력에 대한 우위를 인정
하기 어려웠다. 국가권력이 강대해지면서 불교를 권력의 지배하에 두고 통제
하려고 했다. 특히 불교 신앙과 교단 세력이 급격히 성장하자 불교와 경쟁을
벌이던 도교 세력과 유교 관료층이 통치자에게 불교의 세에 대한 두려움을 부
추겼다. 북중국에서 승관제도가 확립되고 두 번의 폐불 사건이 일어났던 것은
이러한 배경에서였다.

6세기 후반에 일어난 혹독한 폐불 사건은 불교도들에게 현실정치에 적응할
것을 강요한 사건이었고 따라서 불교는 중국화의 길을 급속히 걷게 되었다.
인도의 불교를 받아들이기에 바빴던 의탁불교, 격의불교의 기간을 거쳐 이제
중국불교는 토착화의 단계를 밟게 되었던 것이다. 중국에서 새로 해석된 불교
이론에 의해 성립한 천태종, 성보종, 선종 등이 그것이나. 불교이론 속에 충
효의 정신이 강조되고 내세보다는 현세에의 적응을 모색했다. 복잡하고 현묘
한 이론보다는 간결하고 실천적인 측면이 발전되었다.

수와 당의 통일시대를 거치면서 "문자를 세우지 않으며(불입문자不立文字), 교
학이외에 별도로 전하고(교외별전敎外別傳), 마음을 바로 가리켜(직지인심直指人
心), 성품을 보게 하여 부처를 이루게 한다(견성성불見性成佛)"는 종지를 내걸고
선종이 주도적인 종파로 굳어진 것은 선종이 이러한 중국화된 불교의 최종적
모습이라고 할 수 있기 때문이다.

선(禪)이 인도 불교의 근원을 갖는 것은 사실이다. 그러나 방대한 경전을 읽
지 않아도 마음만 깨달으면 된다는 단순성과 번잡한 불교의식과 종교적 위엄
을 벗어버리고 생생한 현실에서 바로 마음을 지적하여 깨달음에 이르게 한다
는 방법론은 현세중심의 중국인의 심성에서 나온 것이다.

이렇게 중국화 된 불교는 한족 중심으로 중국을 재통합한 수와 당의 지배체
제를 정신적으로 뒷받침하는 대가로 그 보호와 지원을 받으면서 개인의 안심
입명과 종파의 발전에 치중하였다. 한족과 이민족 간의 연합적 문벌 귀족 체
제였던 수와 당의 지배체제 하에서는 불교의 이념이 국가 내 균열을 치유하고

체제를 안정시키는 역할을 수행할 수 있었다. 그러나 한족 중심의 송(宋, 960~1279)이 당의 지배체제를 무너뜨리고 자신의 체제를 구축하기 위하여 일차적인 공격 대상으로 삼은 것은 당의 지배를 뒷받침하고 있던 불교였던 것이다.[26]

3세기부터 11세기까지 불교에게 사상적 주도권을 내어주었던 유학은 송 대에 이르러 불교가 제시해 주었던 우주론과 형이상학 등을 받아들여 신유학을 창조해 내면서 중국 정통 사상의 지위를 탈환하기 시작하였다. 유가는 태극도설과 이기론 등으로 우주론을 갖추었고 이를 심성론에 적용시켜 우주의 원리와 인간 심성의 원리를 관통하는 이론을 창조해 내었다. 이들은 그러면서 불교를 조직적으로 비판하여 사대부 계층이 정치를 장악하면서 불교가 국가적 대사에 관여하는 길을 원천적으로 봉쇄하고자 하였다.

신유학을 대성시킨 주자(朱子)는 불교가 제기했던 우주론과 심리적 분석의 틀을 받아들여 고전유학의 단순성을 극복하면서 오히려 이를 바탕으로 불교를 반인륜적이고, 현실 도피적이며, 허황되고, 비사회적인 사상이라고 집중 공격했다. 주자는 그렇게 비판하는 이유로써 부모와 처자식을 버리는 불교의 출가수행과 인연업보설, 그리고 내세론을 들었다. 개개인의 자아의 변화가 이 세상을 변화시키는 첫 걸음이라는 점을 유교 스스로 주장하면서 출가의 모습만을 확대 과장하여 공격한 것이다. 유가 스스로가 "몸을 닦은 이후에 가정을 가지런히 하며 가정을 가지런히 한 이후에 나라를 다스리고 천하를 평정한다."(修身齊家治國平天下)고 주장하고 있음을 우리는 안다. 인도와 중국의 몸과 마음을 닦는 방법론상의 차이를 가지고 확대 왜곡하여 불교의 출가수행을 반인륜적이라 공격했던 것이다.

서양의 진출과 함께 근대적인 새로운 문물과 사상이 유입되면서 주자학의 세계관은 서서히 무너지고 국내적으로는 봉건주의에 반대하고 국제적으로는

---

26) 이효걸, "현세주의와 정신주의의 융화—통일 시대의 중국 불교," 『중국철학』 Vol.6(1999), p.183.

제국주의에 반대하는 민족운동이 태동하게 되었다. 주자학의 세계관이 무너지면서 불교는 동아시아에서 민족운동의 중요한 사상적 구심점의 하나로 등장했다.

중국 근대 사상가들은 서양의 민주주의와 민족주의를 접하면서 이제 더 이상 주자의 성리학이 시대를 이끌 수 없음을 절감하였다. 그 대신 그들은 대승불교의 구세의 철학, 무(無)와 공(空)의 세계관, 마음의 정화(淨化)에서 국가와 민족을 구할 메시지를 발견했던 것이다.

지식인들은 과거의 인습을 타파하고 잘못된 현실을 비판하는 사상적 기초로서 대승불교의 무와 공의 사상을 활용했으며, 불교의 평등관에서 근세 인권사상과 만민 평등의 사상을 발견하였고, 대승의 구세주의에서 경세치용(經世致用)의 이념을 이끌어냈다.

그들은 대승불교의 구세주의적 정신에 입각하여 기존의 사회를 의식적으로 비판하였으며 이는 불교가 은둔적 경향에서 참여적 경향으로 전환하는 계기를 제공하였다. 불교는 청나라 말기 강유위(康有爲)가 주도한 입헌주의 개혁운동인 무술변법(戊戌變法)과 손문(孫文)이 주도하여 청 왕조의 종말을 보게 한 신해혁명과 같은 당시의 사회개혁운동에 중요한 이론적 논거를 마련해 주었다.[27]

3. 한국불교의 정교협력 전통

한국으로 전파된 불교는 수많은 외침 속에서 국가를 지키고 민족을 보존하는데 국가와 협조해야 했기 때문에 호국불교의 전통을 수립하였다. 그러나 조선시대에는 주자학이 국가의 지배이념이 되면서 국가 · 불교 관계는 국가가 종교를 지배하는 관계가 되었다.

---

27) 金演宰, "중국근대의 민족불교에 있어서 護國論의 대두와 그 성격," 『佛敎學報』 第45輯(2006), p.86.

삼국 시대에 이 땅에 들어온 불교는 국가 건설과 발전에 큰 역할을 수행하였다. 불교는 인도에서 기원했으나 기독교나 유교와 달리 정치적 배후 세력 없이 신앙심과 포교의 열정만으로 전파된 종교였다. 또한 불살생(不殺生)을 제일의 계율로 하는 종교이기 때문에 역사상 종교를 빙자한 종교재판이나 마녀사냥과 같은 일이 일어날 수 없었고 일어나지 않았다. 비슷한 시기에 들어온 유교의 가르침은 국가를 운영하고 세속의 일을 처리하는데 있어서 유용했다.

불교와 유교의 가르침은 전통사상과 잘 조화하여 삼국시대에서 통일신라로 그리고 고려로 이어져 오는 한국의 국가건설과 발전에 중심적 역할을 수행했다. 정신적 세계를 다루는 불교라는 종교와 세속의 일을 다루는 유교라는 가르침은 이 기간 동안 불교의 헤게모니 속에서 잘 조화를 이루어 국가발전의 견인차 역할을 했다고 평가할 수 있다. 불교는 다른 종교를 관용하는 원칙을 가지고 있다. 앞에서 언급한대로 인도에서 불교를 국가이념으로 통치했던 아쇼카 대왕의 통치원칙 중의 첫째가 관용(tolerance)이었다. 삼국시대와 고려에 이르기까지 불교의 헤게모니 속에서 유교는 자기의 역할을 할 수 있었다.

막스 베버는 그의 종교사회학에서 제시했던 원리를 한국의 불교와 국가 간의 관계발전사에도 적용한 바 있다. 앞서 지적한 바와 같이 그는 원시 미분화 사회에서 합리화가 진행되면서 종교와 정치, 종교, 예술 등이 분화되고 각 영역은 서로 다른 원리에 의해 움직이기 때문에 정치와 종교 사이의 긴장이 불가피하게 된다고 보았다.[28] 그에 의하면 종교와 정치가 "끊임없는 긴장과 마찰 속에서 역학적 균형을 유지"하면 사회가 발전하지만 어느 쪽이 일방적으로 절대적인 우위를 점하는 곳에서는 "문화 발전의 역동성을 위축"시킨다고 한다.[29] 이런 긴장과 협조가 순기능적으로 작동할 때 사회가 발전한다는 것이다. 한국에서 삼국시대 국가 건설이 본격화되면서 국가불교의 형태로 도입된 불

28) Max Weber, 앞의 글, pp.223-225.
29) 박성환, "한국의 종교 발전과 문화적 변용 : 막스 베버의 '한국 연구'를 중심으로," 한국사회학회, 『한국사회학』 28(994.12), p.66.

교와 정치는 전폭적인 협조관계와 윤리적 긴장을 통해서 신라의 국가형성과 발전을 본격화하였으며 삼국을 통일하고 찬란한 문화가 꽃피는 원동력이 되었다.

신라의 중대(태종무열왕에서 혜공왕까지) 이후로 불교와 정치 간에는 기능적 분화가 일어나기 시작했으며 하대(혜공왕 이후 경순왕까지)에는 정치가 부패하고 활력을 잃자 불교는 새로운 국가를 준비하고 고려건국의 정신적 토대가 되었다. 고려에서 불교는 건국정신이었고 국가의 지도이념이었다. 그러나 정치와 종교의 분화는 더욱 진전되어 실제 정책의 많은 부분에서 유교의 영향력이 확대되었다. 고려는 불교와 토착 선교(仙敎)의 정신인 자주와 유교적 공리주의 표현인 사대(事大) 사이의 긴장과 협력을 통하여 많은 외침을 극복하고 찬란한 민족문화를 꽃피웠다.

그러나 조선왕조에 이르러 우주론과 인성론으로 재무장한 신유학의 주자학이 지배 이데올로기가 된 다음 불교는 500년 동안 철저하게 배제되었다. 주자학은 선진(先秦) 유가와 달리 다른 사상을 용인하지 않는 배타적 사상이었으며 조선에 들어와서는 모화사상(慕華思想)이 되고 보다 교조적(敎條的) 사상이 되었다.

막스 베버는 한국의 종교에 대한 관찰에서 사대부 세력이 집권하여 불교 세력을 제거하면서, "한국에서 어떤 독자적인 문화의 모든 싹을 꺾고 말았다."고 평한 바 있다.[30] 그런데 주자학의 사대부 세력이 꺾은 것은 불교와 함께 한국 민족의 관용정신과 민족 자주사상이었다.

그들은 왕실에 남아 있는 불당은 물론 단군시조에 대한 제사 등 민족사상의 자취가 일부 남아있는 소격서(昭格署) 마저 혁파하였다. 소격서는 고려시대에 있었던 선가(仙家), 도가(道家) 계통의 여러 관청들을 태조 원년에 통폐합하여 소격전이라는 이름으로 하나만 남겨둔 것이었다. 세조 때 소격소로 이름을 바

---

30) 같은 글, p.54.

꾸었고 혁파를 끈질기게 주장하여 관철시킨 사람은 유교 도학정치의 기수였던 조광조(趙光祖)였다. 주자학이 조선왕조 500년 동안 보여준 편 가르기와 배제, 그리고 사대주의의 정신은 사회의 모든 영역에 침투하였다. 오늘날에도 이런 유교정신은 우리나라의 중요한 문화지형으로 남아있다.[31]

Ⅲ. 불교정화의 배경

1. 과거의 유산

문약에 빠진 조선왕조를 손쉽게 장악한 일제는 침략의 마수를 뻗치면서 우리나라의 정신적 기초를 무너뜨리기 위해서 통감부 시절부터 한국불교에 마수를 뻗치기 시작하였다. 고종 31년(1894년)에 일제의 침략적 본성이 가장 농후했던 일련종(日蓮宗)의 대표적 승려 사노 젠레이(佐野前勵)가 승려의 도성출입 금지 조치를 요청하는 형식으로 도성출입이 이루어졌던 것이다.[32] 그는 한국불교를 통째로 일련종으로 개종시키려는 엄청난 야심을 품고 있었고 교학을 외면하고 선과 염불에만 몰두하던 많은 한국승려들에게 영향력을 끼치었다고 한다.

일련종의 야심은 좌절되었으나 일본 불교 중에서 진종(眞宗)과 정토종 그리고 조동종이 이를 대신하여 한국에 진출하였다. 해인사 주지 이회광은 일본

---

31) "1989년 자기 확인적 방법에 의해 행하여진 한국갤럽조사연구에 의하면 유교인구는 전제조사 대상자의 98%를 차지하고 있다." "더구나 오늘날 불교도와 기독교들에게서도 유교적인 관습과 윤리가 불식되지 않고 있는 사정을 감안하면… 우리는 여전히 유교적인 질서 속에서 삶을 영위하고 있음이 분명하다. 박성환, 앞의 글, p.77 각주에서 재인용.
32) 이기영, "불교사상,"『한국현대문화사대계』(출처 : www.krpia.co.kr), 1. 朝鮮王朝 末年의 韓國 佛敎界.

불교의 앞잡이가 되어 활동하였다. 그는 한국에 원종을 창립하여 일본의 조동종과 영구하고 완전하게 연합하는 연합조약을 체결하고 일본 조동종의 한국포교에 협조하기로 합의하였다. 불교의 한일합방조약이 이루어졌던 것이다.

일본의 야심을 간파한 한국불교계는 여러 방면에서 한국불교를 유신하려는 기운이 싹트게 되었으니 그 중에서 대표적인 인물로 백용성, 박한영, 그리고 한용운을 들 수 있다. 백용성은 전통적인 한국선종의 특생을 되살리고 불교본연의 진면목을 제시하고자 했고, 박한영은 선종일색의 불교를 비판하면서 선교융합을 주장하고 과학문명과 서구문명에 대응할 수 있는 미래지향적인 불교를 제시하였다. 한용운은 철저한 유신을 주장하여 각종 폐습을 혁파하고 승려교육제도를 일신하며 승려의 취처를 허용하는 등 "보다 근본적이고 광범한 개혁을 주장"하였다. 33)

한용운의 개혁론은 불교근대화를 목표로 하고 승려의 취처 등의 문제에 있어서는 일본의 경향과 유사하였다. 이 점에서 정중환(丁仲煥)은 "사실 한국불교는 일제시대의 그 승려생활과 교단운영의 준규를 이 유신론에 따르고 있었다고 해도 과언이 아니다"라고 말했다. 그는 "해방 후의 불교정화운동은 이 유신론 이전의 한국불교로 복구하려는 운동"이라고 할 수 있다고 하였다.34)

그러나 1911년 조선총독부는 사찰령을 반포하여 이회광의 조동종이나 박한영 등이 이에 반대하여 내세운 임제종 등을 모두 무력화시키고 총독부가 한국사찰을 관리하도록 하였다. 한국의 사찰은 일제 식민지 관료의 관리체제 속에 들어가게 되었다. 또한 사찰에 속하는 일체의 재산 관리권을 가진 주지 등의 임명이 일제의 영향 하에 들어가게 되었다.

이후 일제는 사찰에 신무천황제, 명치천황제 등 일본식 축제를 봉행하도록 하여 급기야는 우리의 사찰들에 천황폐하성수만세를 본존 앞에서 매일 축수하는 규정도 행하게 되었다.

33) 앞의 글.
34) 같은 글.

1945년 해방이 되자 한국불교지도자들은 전국승려대회를 열어 조선사찰령의 폐지, 독자적인 조선불교교헌의 제정, 제일대 교정에 박한영 추대, 동국대학교의 개교 등을 결의하였다. 1946년에는 박한영 교정 명의로 조선불교교헌이 공포되었는바 이에 의하면 "조선 불교는 불타의 각행과 원효성사의 대승행원과 보조국사의 정혜겸수에 의하여 직지인심 견성성불을 교지로 한다고 밝혔다. 그런데 해방공간에서 다른 분야에서와 마찬가지로 불교계에도" 좌익세력이 대두하고 불교혁신동맹, 불교청년당, 불교혁신회, 불교부인회, 전국불교도총연맹 등이 결성되었으며 좌우에 이념분열이 나타났다.

1948년 신생 민주공화국 대한민국이 탄생하였으나 1950년 6.25동란이 일어나 한국의 많은 사찰들이 병화를 입었고 한국불교계는 재정비가 끝나지 않았던 상황에서 이승만 대통령의 유시에 의해 촉발된 불교종단정화라는 상황을 맞이했던 것이다.

앞에서 지적한 바와 같이 사회가 건전하게 유지되고 발전하기 위해서는 합리화 과정을 통해서 분화해간 인간의 여러 가지 활동 영역, 즉 종교, 정치, 경제, 예술 등이 각자의 영역을 지키면서 긴장과 협조를 통해서 역동적인 관계를 유지해야 한다. 한 분야가 다른 분야를 일원적으로 지배하는 경우 발전은 정지되고 인류를 불행으로 이끌게 된다. 서양에서 종교가 지배했던 중세 1천년의 질곡과 불행, 그리고 정치가 종교적 영역을 포함한 인간사의 모든 것을 일원적으로 지배하던 전체주의 사회의 불행을 인류는 경험하였다. 미국을 시작으로 오늘날 민주주의 국가에서 정교분리의 원칙이 확립되고 언론과 사상의 자유를 소중하게 지키려는 것은 이러한 과거의 경험을 반성한 기초 위에서 이루어진 것이다.

20세기에 비 서구사회의 근대화 과정에서 유교적 문명을 가진 한국, 싱가포르, 대만, 홍콩 등이 경제발전을 성공적으로 이루어내어 유교적 자본주의의 성공으로 평가되고 있다. 유교의 세속주의와 공리주의적 사고가 힘을 발휘한 것이다. 그러나 유교는 보편적 사랑이나 원칙에 약한 공리주의의 한계를 가지고 있으며 우리나라에서 문벌주의 명분주의 모화사상 출세지향주의 등의 폐습을 남겨준 것도 사실이다.

2. 대한민국헌법의 정교분리 조항

　대한민국은 한국역사상 처음으로 탄생한 민주공화국으로 그 헌법에 정교분리의 원칙을 밝히고 있다. 현대국가는 대부분 정교분리의 원칙 속에서 종교의 자유를 보장하고 있는데 우리 헌법 제20조도 "① 모든 국민은 종교의 자유를 가진다. ② 국교는 인정되지 아니하며, 종교와 정치는 분리된다."고 되어 있어 근대 국가의 국교분리 원칙을 따르고 있다. 근대 국가에서 국가와 종교의 분리 원칙이 확립된 것은 1791년 미국헌법 수정 제1조에서부터였다.

　원래 미국은 국가와 종교가 결합한 절대왕조 아래 있던 유럽의 종교적 박해를 피해 신대륙에 건너온 청교도들이 개척한 땅이다. 소지 워싱턴, 토마스 제퍼슨, 벤저민 프랭클린, 알렉산더 해밀턴 등 미국 건국의 아버지들(founding fathers)은 국가와 종교가 결합하여 인민을 압제한 유럽 역사를 교훈으로 삼았다.

　유럽에서는 1648년 웨스트팔리아 조약으로 마감한 30년 종교전쟁이 있었고 영국에서는 청교도와 영국 국교 그리고 가톨릭교회 사이에 벌어졌던 피비린내 나는 투쟁을 경험했다. 미국에서는 이런 전철을 밟지 않아야 된다는 반성과 함께 또한 당시 신대륙 아메리카에는 다양한 인종과 퀘이커 교도, 가톨릭, 유태교 등 다양한 종교가 공존해야 하는 현실적 필요성이 있었다. 이런 점들을 감안하여 1791년 미국 헌법 수정 제1조에서 국교분리의 원칙을 채택하였던 것이다.

　이 수정 조항에 관한 덴버리 침례교회(Danbury Baptist)의 질의에 대해 당시 미합중국 제3대 대통령 토마스 제퍼슨은 1802년 답변서를 통해 국교분리를 교회와 국가 사이 '분리의 벽'(Wall of Separation)을 만드는 것으로 설명하였다.

　대한민국의 건국을 주도한 사람들 중에는 이승만 초대 대통령을 비롯해서 기독교 신자가 제헌의원 198명 중 19.2%인 38명 정도였다.[35] 그러나 헌법에 국교분리의 조항을 넣는 데는 약간의 논란이 있었지만 큰 어려움이 제기되지는 않았다.

제헌헌법의 국교분리조항은 제12조에 "모든 국민은 신앙과 양심의 자유를 가진다. 국교는 존재하지 아니하며 종교는 정치로부터 분리된다."고 되어있었다. 유진오의 원안에 대하여 이윤영 등 기독교 의원들이 국교분리 조항을 삭제하자는 등의 내용으로 4개의 수정안을 제출하였지만 토의과정에서 자진 철회되고 원안대로 통과되었다.[36] 비기독교인의 반대가 강했고 기독교인들도 다수가 국교분리 조항이 나타나게 된 배경과 필요성을 이해하고 있었기 때문이라고 볼 수 있다. 기독교 의원들이 정교분리를 규정한 원안에서 국가가 종교를 보호 또는 장려한다는 규정으로 수성하려고 집중적인 노력을 기울였지만 대다수 의원들의 공감을 얻지 못한 것이다.

대한민국이 민주공화국으로 탄생했고 헌법조항에 현대적인 정교분리의 원칙을 받아들였다는 점은 그 후에 형성될 국가·불교 관계에 좋은 영향을 발휘할 것으로 기대될 수 있었다. 불교 역시 공화주의 공동체 운영원리를 가지고 있었고 세간과 출세간을 구분하는 정교 분리적인 교리체계를 가지고 있었기 때문이다.

공화국에 대한 많은 정의가 있지만 일반적으로 "공화국은 권력이 국민에게 있고 정부가 세습되거나 지명되는 것이 아니라 선출된 지도자들에 의해 법에 따라 지배된다."[37] 인도에서는 오랜 옛날부터 그런 공화정이 있었고 석가모니 부처님 시절에도 사캬족의 사캬와 밧지 등은 공화정이었다. "사캬공화국의 행정 및 법률업무는 젊은이와 나이든 이가 함께 참석하는 공회당의 공공회의에

---

35) 이영록, "기독인 제헌의원들과 헌법제정," 영남대학교 법학연구소, 『영남법학』 30권, 2010, pp.29-53.
36) 같은 글, p.43.
37) "Republic," Wikipedia, the free encyclopedia, http://en.wikipedia.org/wiki/Republic (검색일 : 2015. 9. 20).

서 이루어졌다. 회의를 주재하고 회기가 안 열릴 때 업무를 주관하는 선출된 업무담당자가 있었다. 그의 명칭은 라자(raja)였는데 로마의 집정관(콘술 consul) 이나 그리스의 집정관(아르콘 archon)과 같은 의미였다."[38]

1931년 한용운 선사는 정치와 종교는 서로 보조할 수 있어도 간섭할 수 없 다고 하여 정교분리의 원칙을 분명히 했다. 그 이유는 종교는 시간과 공간을 초월하여 정신을 순화하는 것이요 정치는 지역적이요 단명적인 인위적 제도 즉 국가를 본위로 하는 정치로써 종교를 간섭하면 조화를 이룰 수 없고 도리 어 사람에게 불행한 결과를 가져다 줄 뿐이라는 것이다.[39] 한국불교의 선각자 중 한 사람인 백성욱 박사는 인류의 삶의 표준은 정신생활(종교), 법률생활(국 법, 정치), 경제생활이 있는데 세 가지 중 하나로 편중될 때 인류는 불행했다는 점을 지적하면서 종교와 정치의 분리를 주장했다.[40]

3. 시대적 상황

1954년 5월 불교정화가 시작될 당시 한국은 6.25전쟁 이후 전 국토가 폐허 가 된 상황에서 전후복구와 근대화를 위해 노력해야 할 시기였다. 1953년 한 국의 국민총생산은 17억 달러였으나 전쟁피해는 30억 달러에 달했고 국방비 가 정부예산에서 차지하는 비율은 1954-57년 기간 중 53%로 세계에서 가장 높았다.[41] 당시의 국가가 처한 상황을 잘 말해주고 있다. 한국은 미국이 휴전

38) Benoy Kumar Sarkar, "Democratic ideals and republican institutions in India," American Political Science Association, *The American Political Science Review*, Vol.12, No.4 (Nov., 1918), p.589.

39) 서경보, "韓龍雲의 政敎分離論에 대하여," 『불교학보』, Vol.22(1985), p.11.

40) 白性郁, "佛敎純全哲學", 『東國大學校總長 白性郁博士文集』第一輯(1960), pp.185- 190 참조.

41) 송해경, "국무회의록을 통해 살펴본 제1공화국후기의 국가관리와 공무원 인사정책," 『한국인사행정학회보』제9권 제1호(2010), p.113.

협정 후 매년 군사원조와 경제원조로 제공하는 약 7억 달러의 원조로 재정을 유지했으며 경제발전 계획을 실행하였다.

국제정세는 냉전이 한참 격화되는 시기였고 미국은 중국과 소련 그리고 북한의 삼각관계 형성에 대항하는 미국, 일본, 한국의 남방 삼각관계를 공고화하기 위하여 한국에 대하여 일본과의 관계를 정상화할 것을 요구하고 있었다.

전시 연합국의 카이로(1943), 포츠담(1945) 회담의 약속에 의해 한국은 일본이 패퇴한 1945년 8월 일제로부터 해방되었고 1948년 8월 대한민국 정부수립으로 완전히 국권을 회복하였다. 한편 일본은 1952년 연합국과의 샌프란시스코 강화조약으로 연합국 점령당국으로부터 국권을 회복하였다. 이로서 한일 두 나라는 동등한 자격으로 관계를 회복할 수 있게 되었다. 한일 양국은 역사를 청산하는 기본관계를 수립하고 채권채무관계를 협정에 의거 해결하며 어업협정을 체결하고 재일한국인의 법적 지위와 처우문제를 해결할 수 있게 된 것이다.

그러나 이승만 대통령은 한국의 경제건설이 되지 않고 있는 상황에서 일본의 철저한 반성이 없는 상태에서 관계 정상화가 이루어지면 막강한 일본의 경제력에 의해서 한국이 또 다시 일본의 속국으로 전락할 우려가 있다고 보았다. 이승만은 우선 무효화될 맥아더라인의 대체 방안으로 1952년 1월 18일 한반도 주변 수역 10-100해리의 범위로 해양경계선을 확정하여 이를 평화선(Peace Line, Syngman Rhee line)으로 공표하였다. 평화선에는 독도가 한국영토로 들어가 있었다. 미국은 이를 반대했지만 이승만은 그런 반대를 무시하였다.

일본의 의도를 크게 경계하는 이승만의 입장은 대일협상 과정에서 보여준 일본의 태도에 의하여 강화되었고 제1공화국이 끝날 때까지 이 문제는 해결되지 못하였다. 문제는 크게 세 가지였다.[42] 첫째는 한국의 기본조약 대 일본의 우호조약의 대립이었다. 한국은 새로운 관계수립에 있어서 과거에서 유래하

---

42) 이원덕, "한일회담에서 나타난 일본의 식민지지배 인식," 한국사연구회, 『한국사연구』131, (2005.12), pp.105-112.

는 문제들을 해결할 목적으로 기본조약의 체결을 시도한 것이고 일본은 새로운 외교관계에서 시작되는 현안문제를 해결하기 위한 우호조약을 주장했던 것이다.

둘째, 한국 측은 제3조에 "대한민국과 일본국은 1910년 이전에 구 대한제국과 일본국 간에 체결된 모든 조약이 무효임을 확인한다."는 조항을 주장했다. 그러나 일본은 합방조약이 무효임은 당연한 사실인데 이 조항이 있음으로 일본인의 심리를 불필요하게 자극한다고 제3조에 반대하였다. 한국 측은 일본인이 이를 수용하지 않는다면 일본이 과오를 반성하지 않고 있다는 증좌라며 이 조항을 강력히 주장했다.

셋째, 일본은 한국의 청구권에 대하여 한국에 대한 역청구권을 제기하였고 그 연장선상에서 1953년 10월 15일 한일회담 일본 측 수석대표인 구보다(久保田貫一郎)의 망언이 나왔다. 그 요지는 한국의 청구권 주장에 대하여 "그렇다면 일본 측도 보상을 요구할 권리를 가지고 있다. 왜냐하면 일본은 36년간 벌거숭이산을 푸르게 바꾸었다든가, 철도를 건설한 것, 수전(水田)이 상당히 늘어난 것 등 많은 이익을 한국인에게 주었다."고 반론을 한 것이다.

구보다는 나중 회고에서 자신의 발언이 일본정부로서의 최소한의 견해표명이라고 주장했으며 당시의 오카자키 외상도 "구보다 발언은 당연한 것을 당연하게 말한 것뿐이다."라는 입장을 표명하여 당시 일본의 역사인식 자체를 보여주었다.[43]

한일회담에서 나타난 일본의 이러한 태도는 이승만 대통령은 물론 국민의 반일감정을 크게 자극하고 있었고 일본의 재침략 야욕을 경계하는 분위기를 조성했다.

---

43) 같은 글, p.112.

Ⅲ. 불교정화의 시작과 결말

1. 이승만 대통령의 불교정화 배경

불교정화운동이 본격적으로 시작된 것은 1954년 5월 20일 이승만 대통령의 1차 유시(담화)로부터였다. 물론 불교 안에서 자생적 정화노력이 있었으나 대통령의 유시를 계기로 불교정화가 본격적으로 시작된 것이다. 그럼 왜 이승만 대통령은 불교정화를 추진하기로 결심했을까?

이대통령이 교단 정화를 결심하게 된 배경에 관해서 여러 가지 설이 있으나 일생을 해외에서 독립투쟁을 했던 노정치인으로서 한국에서 아직도 왜색불교의 잔재가 남아있다는 사실을 확인하고 불교정화의 필요성을 절감하여 결심했다는 설이 가장 설득력이 있다.

이승만 대통령은 기독교인이지만 소년 시절 독실한 불자였던 어머님의 손을 잡고 옥수동 미타암과 삼각산 문수암을 찾은 기억을 간직하고 있었다고 한다. 그는 한국의 승려는 결혼하지 않고 나라와 중생을 위해 진리의 깨달음을 전하고 자비로써 헌신 봉사하는 사람이라는 인식을 가지고 있었다.

그런데 유시가 발표되기 직전 이 대통령은 외국 귀빈을 안내하여 경국사를 방문하는 일이 있었다고 한다. 그런데 거기서 사찰 내에 여인들의 옷이 걸려 있고 법당에 "천황폐하 만만세," "황군무운장구(皇軍武運長久)," 등의 문구가 있는 것을 보고 한국 사찰에 왜색불교의 잔재가 그대로 남아있는데 놀랐다고 한다.[44] 그는 바로 한국불교의 현황 파악에 들어갔고 당시 비구승은 정화 당시 500여 명도 못되는데 대처승이 7,000여 명에 달한다는 점을 알았을 것이다.[45]

44) 이법철, "이승만 대통령의 불교정 화 결심의 단초," 『뉴스타운』 2013년 11월 27일자.
45) 이 글에서 정화 당시 비구 측과 대처 측의 숫자는 김광식의 관련 논문을 참조하였다. 김광식, "이승만은 왜 불교계를 정비하였나," 내일을 여는 역사, 『내일을 여는 역사』 17(2004. 9), p.166.

이에 대통령은 정부가 비구승을 도와 불교의 정화사업을 벌어야겠다고 결심했다는 것이다.

이렇게 불리한 여건에서도 이 대통령은 일본 천황제와 전체주의의 위험성을 너무나 잘 알기 때문에 한국의 정신계를 지도해온 불교에 아직 천황제의 잔재가 남아 있다는 사실을 묵과할 수 없었던 것이다. 그는 태평양전쟁이 일어나기 9개월 전에 『일본을 벗기다(Japan Inside Out)』라는 책을 써서 천황제 일본의 위험성을 경고했었다. 태평양 전쟁이 일어나 그의 예언과 경고가 적중하자 그 책은 미국에서 단번에 베스트셀러가 되었다. 미국에서 한국인이 쓴 책으로는 아직도 유일하게 베스트셀러가 된 책이다.

그에 의하면 천황주의(Mikadoism)는 일본열도, 일본 국민, 일본의 지배자가 모두 신(神)이 만든 특별한 존재라는 강력한 전체주의적 신정일치(神政一致, theocracy)의 믿음 체계였다. 따라서 기독교든 불교든 모두 이 천황주의 믿음 안의 한 부분으로 관리 받았던 것이다. 일제는 한국 조계종의 뿌리를 뽑고 우리 불교계를, 처자식을 두고 사찰을 세습하는 대처승이 주도하는 왜색(倭色) 불교로 변질시켰다. 그는 이 책에서 일본의 천황주의를 히틀러의 나치즘 및 이탈리아의 파시즘 그리고 소련의 공산주의와 함께 전체주의라고 명명하고 당시의 세계적 싸움은 개인주의를 기본으로 하는 민주주의와 전체주의의 싸움이라고 규정하였던 것이다.[46]

20세기의 위대한 정치학자이고 전체주의 연구의 기초를 세운 한나 아렌트(Hannah Arendt)가 전체주의라는 용어를 처음 학문적으로 사용하기 훨씬 전에 이승만은 전체주의라는 용어를 사용하고 전체주의의 특징을 정확하게 지적한 것이다.

일본의 천황주의와 그 위험성에 관해 책을 써서 미국에서 베스트셀라가 될 정도로 일본을 잘 아는 대통령이 1950년대 초 한국의 비구 승려가 1백 명도 남

---

46) Syngman Rhee, *Japan Inside Out, The Challenge of Today* (New York : Fleming H. Revell Company, 1941), pp.188-198.

지 않았고 해인사 등 한국의 대표적 사찰에서 조차 왜색 불교를 전파하는 대처승 가족들이 차지하고 있었다는 것을 묵과할 수 없었던 것이다.

그런데 이승만 대통령이 불교정화를 한 것은 자신이 기독교 신자였기에 극단적으로 불교문제에 개입한 것이고, 그 개입으로 인하여 불교계가 자체 혼란, 갈등, 대립을 겪음으로써 불교발전에 큰 장애를 유도하였다는 설이 있다. 이승만은 분명 한국을 아시아에서 기독교 신앙을 기초로 한 문명국가로 건설하려고 했다.[47] 그는 대통령이 된 후 12년 집권기간 동안 공식비공식적 방법을 통하여 한국의 기독교화를 추진하였다는 것이다. 그는 국가의식을 기독교식으로 거행하고 이를 정례화 하였으며 군종제도와 군목제도를 도입하였다.[48] 그는 한국을 아시아 굴지의 기독교 국가로 만드는데 큰 공헌을 하였다. 그런 점에서 이승만의 불교정화 개입의도를 기독교적 신앙의 발로로 의심할 수 있을 것이다.

그러나 이승만은 개인적 신앙과 공공정책을 구분하였다. 기독교를 신봉했지만 "그는 헌법에 보장된 선교(宣敎)의 자유와 정교분리의 원칙을 고려하여 기독교를 공개적 배타적으로 지원하지는 않았다."[49] 또한 그가 신봉하던 기독교는 매우 민족주의적인 것이었다. 이승만은 기독교의 신을 야훼(또는 여호와)로 번역하는 대신 한국 고래의 하느님에 접목시켜 하나님으로 번역한 헐버트 (Homer Bezaleel Hulbert) 선교사로부터 큰 영향을 크게 받았다.

이들 선교사들과 이승만은 "한국의 기독교는 다른 여러 나라의 기독교와 달리 매우 특별하다."는 생각을 가지고 있었으며 한국을 동방의 이스라엘로 생각하고 있었다. 이승만 기독교의 민족주의적 성격은 정부수립 후 국가이념으로서 일민주의(一民主義)를 내세운 데서 잘 나타나고 있다. 초대 대통령 이승만

---

47) 이덕주, "이승만의 기독교 신앙과 국가건설론―기독교 개종 후 종교활동을 중심으로―,"『한국기독교와 역사』제30호(2009년 3월 25일), p.79.

48) 유영익, "이승만과 한국의 기독교,"『성결교회와 신학』제13호(2005 봄), p.26.

49) "이승만 정권의 민족주의 : 일민주의,"『한국개념사총서』 (출처 : www.krpia.co.kr) (검색일 : 2015년 8월 10일).

은 정부수립 후 1948년 9월 31일 국회에서 발표한 대통령시정방침에서 대한 민국이 단군을 시조로 한 '단일민족국가'임을 강조하고 곧 새 국가의 정치이념 으로서 일민주의를 내세웠다.

그는 "일민주의(一民主義)로써 민족 단일체를 만들어야 한다"면서 "한 백성(一 民)인 국민을 만들어 민주주의의 토대를 마련하고 공산주의에 대항한다"고 하 였다.[50] 그는 "일민주의의 목표를 혈통과 운명이 같은 한 겨레, 한 백성의 핏 줄과 운명을 끝까지 유지, 보호하고, 이렇게 함으로써 일민의 나라, 일민의 세 계를 만들어 세계의 백성들이 자유와 평화, 행복과 명예를 누리도록 한다는 데 설정하였다."[51] 이승만의 "흩어지면 죽고, 뭉치면 산다," "나누어지는 데에 서 죽고 일(一)에서 산다,"는 유명한 구호는 일민주의의 상징적 표현어였다. 이 승만의 일민주의는 자본주의의 '돈 숭배주의'와 공산주의의 유물론을 모두 배 척하고, 양자를 지양하는 사회 경제 체제를 지향하였다.

이승만은 기독교 구국론과 미국식 자유민주주의를 표방했으나 한국 기독교 가 반대하였던 국가주의와 국수주의적 민족주의의 틀을 고집한 것이다. 그는 자신을 따르는 기독교계 인사들을 중용했지만 대종교(大倧教)계가 주도하였던 일민주의를 통치 이데올로기로 선택했고 기독교 사상을 개인적인 것으로 제 한했다고 볼 수 있다.

후일 일민주의에 대해서 파시즘 발상이라든가 독재의 이념이라는 등 폄하하 는 평가가 있지만 우리민족이 수많은 외침 속에서 민족을 지켜온 지혜는 "흩어 지면 죽고 뭉치면 산다."는 이승만의 일민주의의 구호와 같은 것이 아니었나 생각 된다.

---

50) "이승만 정권의 민족주의 : 일민주의," 『한국개념사총서』 (출처 : www.krpia.co.kr).
51) 같은 글.

2. 정부의 불교정화 목표

이런 통치이념을 가진 이승만 정부로서 불교정화를 추진하는 가장 중요한 목표는 무엇이었을까? 그것은 일본 신도(神道)의 영향, 승려의 대처 등 일본 불교의 잔재를 청산하자는 것이었다. 유시는 일제의 잔재가 남아 있어 "우리나라 승려들이 중인지 속인인지 다 혼돈되고 있으므로 "일본 중을 모범하는 중들은 친일로 취급할 것이니" 사찰을 떠나게 한다고 하였다. 대처승을 친일세력으로 규정하고 절에 있을 자격이 없으니 절을 떠나야 된다는 것이다. 대처승을 절에서 떠나게 함으로써 불교에 남아 있던 친일적 요소들을 없앤다는 것이다.

불교정화의 또 하나의 목표는 우리나라의 귀중한 문화재인 전통사찰을 보호한다는 것이었다. 우리나라에 아직 일본식 불교에 물들어 있는 승려들이 사찰의 재산을 사유화하여 내놓지 않아 우리나라의 귀중한 문화재인 사찰을 수호하는데 어려움이 있다는 것이다. 정부는 토지개혁으로 농민들에게 이미 분배된 사찰 농지를 사찰에 반환해 주었는데 그런 재산을 대처승에게 맡길 수 없다는 것이다.

이승만 대통령이 추구한 이러한 목표는 제1공화국 정부가 끝날 때까지 시종일관하였다.

그는 4.19혁명이 일어난 바로 그 해 1960년 2월 23일(화) 경무대와 중앙청에서 열린 국무회의에서 비구승과 대처승의 법원송사에 대하여 "종교의 문제가 아니고 일정의 압력 밑에 고상한 우리 승려를 놔두고 사이비한 승려들이 사찰을 점령하였던 것을 국권이 회복된 금일 다시 정상한 것으로 만들라는 것이니 법원에도 이 뜻을 잘 말하여 우리나라 본래의 불교로 돌아가게 하도록 법무와 문교가 노력하라."고 지시하였다.[52]

---

52) 이희영, "제1공화국 국무회의록한국논단, 한국논단," 『한국논단』 234권(2009), p.21.

3. 비구 · 대처 간의 주요 쟁점

이대통령의 불교에 관한 정화유시가 나왔을 때 한국불교계는 말하자면 대처 측이 장악하고 있었다. 당시 불교계 내부에서도 교단 정화의 움직임이 있었고 소수파인 비구 측의 주장과 다수파인 기존 종단의 입장이 대립되어 있었다. 유시는 소수파인 비구의 입장을 고무하는 것이기 때문에 비구 쪽에서는 당연히 대통령의 유시를 환영하였고 종단 측에서도 반대할 명분이 없기 때문에 "퇴폐한 사회상에 물들어 퇴폐되어버린 불교계를 정화하라는 것"으로 감사하게 받아들인다고 하였다.

그러나 유시에서 대처승을 친일이라고 규정한데 대해서는 승복하지 않았다. 이미 대처하지 않은 승려를 찾아보기 힘들 정도로 대처가 대세가 된 현실 때문이다. 종단 측은 "250계를 완전히 준수한 본래의 비구승은 우리나라엔 한 사람도 없으며 비구승이라고 떠드는 승려는 모두가 수행승(修行僧)이라고 규정하면서 그들은 사찰을 점령하려는 물욕에 좌우되고 있다."고 비난하고 있다.[53]

이에 대해 비구 측 정화의 중심이 된 선학원 측의 하동산(河東山)은 "우리는 아무런 물욕도 없고 다만 불교계의 정화를 위하여 힘쓸 뿐이다. 사찰을 차지하거나 못하는 것이 문제가 아니고 다만 참된 조계종을 확립하고자 할 따름이며 비구승이 한사람도 없다는 데 대하여는 우리도 시인하나 다만 앞으로 비구승이 될 것을 목표로 노력하려는 것이다."라고 말하였다.[54]

비구 측의 입장은 승려가 취처하면 승권은 상실되는 것이니 대처승은 승려라는 명칭은 쓰지 말고 신도가 되어야 한다는 것이었다. 이제 수좌(首座)스님만이 비구중(比丘衆)이고 대처승, 사판승은 호법대중으로 규정하고 사판, 대처승(事判, 帶妻僧)은 호법대중(護法大衆)으로 규정한다고 하였다. 정부와의 협조에

---

53) 이재헌, "이승만 대통령의 유시와 불교 정화 운동의 전개," 『大覺思想』 제22집 (2014. 12), p.286.
54) 같은 글, pp.286-287.

관해서는 불타께서 말세 불법은 국왕께 부촉하라 했으니 자가 숙정(自家肅正)을 못할 때는 말후에 가서 국력을 빌릴 수도 있을 것이라고 하여 불교정화에서 정부의 지원을 받은 것을 정당화하였다.

이에 대하여 대처 측은 자신들은 유시(幼時)로부터 불타의 석은(釋恩)으로 장성해왔는데 죽었으면 죽었지 승(僧)자는 못 떼겠다는 것이었다. 그러니 수좌스님네는 수행승단(修行僧團)이고 사판승 대처승(事判僧, 帶妻僧)은 교화승단(敎化僧團)이라 불러야 한다는 것이었다. 대처승도 노사(老師)는 선사(禪師) 또는 율사(律師)이니 우리는 대처만 했을 뿐이지 비구가 아니라고 할 수 없다는 것이다. 한국은 민주주의 법치국가라 불교정화를 대통령 명령대로만 될 수 없으니 고집하면 재판타도(裁判打倒)한다고 하였다.[55]

4. 주요 쟁점의 귀결

정화운동을 현재의 시각으로 보면 정부의 종교개입이라고 평할 수 있겠지만 당시의 관점에서 보면 소수의 비구 측과 정부가 한편이 되어 취처, 육식 등 일본불교의 잔재를 청산하고자 하는 불교정화운동이었다.

그러므로 비구 측은 위기의 순간마다 대통령에게 보다 강력하고 분명한 유시를 내려주기를 간청하였던 것이다. 비구 측은 대처 측이 완강히 저항하자 1954년 10월 11일 이순호(청담), 정금오, 윤월하 등 선사들이 경무대로 이대통령을 찾아가 보다 강력한 유시를 내려줄 것을 간청하여 11월 2일 이대통령의 2차유시가 나오도록 하였다. 비구승들은 어려움이 있을 때마다 경무대를 찾아가 도움을 청하였고 대통령은 불교정화의 동력이 필요할 때마다 유시를 내려주었고 행정력을 동원하여 도와주었다.

정화과정에서 비구 측과 대처 측이 첨예하게 대립된 주요 쟁점은 대처승의

---

55)『한국불교승단정화사』, pp.78-79. 이재헌, 같은 글, p.288에서 재인용

승려자격 유지문제, 종권문제, 사찰의 귀속문제, 종조문제 등이었다.

첫째, 대처승의 승려자격 문제다. 대통령의 유시는 대처한 승려는 절을 떠나라는 것이었다. 비구 측의 입장은 승려가 취처를 하면 승권을 상실하는 것이니 대처승은 승려가 될 수 없고 불법을 외호하는 호법대중 즉 신자로 남으라는 것이다. 이에 대해 대처 측은 승려의 지위는 포기할 수 없다는 입장으로 대처승은 교화승단으로 남겠다는 입장을 고수하였다. 이 문제는 사찰의 귀속문제, 종권문제 등과 연계되어 있어 이를 양보하면 다른 것도 무너지게 되어 있어 가장 예민한 쟁점이었다고 할 수 있다.

대처 측은 대처승도 엄연한 승려라는 입장을 유지하다가 여론과 명분에 밀려 스스로 이혼을 해서 승려자격을 유지하려는 몸부림도 쳤다. 결국 승려의 자격은 비구승으로 한다는 원칙으로 귀결이 났다.

둘째, 종권은 당시 대처 측이 장악하고 있어 비구승 중심의 승려대회를 열어 새로운 체제를 만들어야 가능한 문제였다. 당시 전국승려대회 개최문제를 두고 종단을 장악하고 있는 대처 측과 비구승 간의 대립이 첨예했고 대처 측은 비구 측의 대회 강행을 불법으로 몰아 붙였다. 비구 측은 1955년 전반기에는 사찰정화대책위원회를 가동시키고 그 위원회의 결정에 의거하여, 1955년 8월 12~13일 조계사에서 승려자격이 있는 자들만의 전국 승려대회를 추진하였다. 여기서 비구승측은 종회의원 선출, 종헌제정, 신 집행부 선출 등을 단행하였다. 불법집회 시비가 있었으나 정부는 이를 묵인하였고 그 결과를 정부 당국은 공인하였다. 결국 "이를 기점으로 비구승 측은 종권, 재산권, 사찰 관리권 등 대부분의 권한을" 장악하게 되었다.[56]

셋째, 조계종의 모든 사찰은 1955년 8월 12~13일 조계사 승려대회로 당연히 비구 측에 귀속되는 것이었지만 비구승의 숫자가 부족해서 뜻대로 이루어지지 못하였다. 당시 비구 측이 장악한 총무원 측은 "대처승들로부터 324개

---

56) 김광식, "대한불교조계종의_성립과_성격,"『한국선학』제34호(2013. 4), pp.218-219.

사찰을 인수하였으나 주지 자격승의 절대 숫자 부족에 봉착하여 52개 사찰은 대처승 주지를 그대로 위촉하였으며, 나머지 272개 사찰에 대해서도 그 반수 정도인 126명의 주지 밖에는 임명하지 못하였다."[57] 비구승이 장악한 총무원은 하는 수 없이 "대처승 포섭을 위한 문호를 개방하고 대처승들의 사찰복귀를 허용할 수밖에 없었다."[58] 결국 이 문제는 후일 사찰 귀속문제를 둘러싼 비구·대처의 법정투쟁과 실력 행사로 이어지는 결과를 낳았다.

1960년 4.19혁명으로 비구 측을 뒷받침하던 공권력의 근원인 이승만 정권이 무너지자 대처 측은 전국 사찰의 운영권을 되찾기 위해 움직였다. 대처 측이 사찰에 진입하여 폭력사태가 일어나고 사찰소송에서는 대처 측의 승소가 많아지는 사태가 벌어졌다. 그러나 대법원 판결에 불복한 비구 승려의 할복사건이 일어나 비구대처분규는 큰 위기를 맞게 되었다.

그러나 다음해 5월에 등장한 군사정권은 강력한 수습지침을 발동하여 1962년 통합종단을 발족하는데 영향력을 행사하였다. 군사정권 아래서 정부, 비구, 대처는 불교재건위원회를 통한 불교계 정상화와 종단 재출발에 합의하였고 재건비상종회를 출범시켰으며 대처 측의 강력한 항의가 있었으나 결국 8년간의 분규를 끝내고 1962년 4월 13일 조계종 통합종단을 출범시킬 수 있었던 것이다.[59]

넷째, 조계종의 종조문제는 1954년 9월 제2차 전국비구승대회에서 채택된 불교조계종 헌장에서는 "신라 선종 사굴산과 통호 범일을 원조(遠祖)로 하고 고려 조계종조 보조 지눌을 종조로 한다."고 하였다. 그러나 1954년 7월 6일 공표한 종헌에는 종조 도의국사와 태고 보우국사 계승으로 이어지는 법통이었다. 여기에 정화의 주역의 한 사람이었던 이순호(청담스님)의 "종조를 보조국사로 한다."는 성명서가 발표되자 만암 종정은 "환부역조(換父易祖 아버지와 할아버

---

57) 이재헌, 앞의 글, p.319.
58) 김광식, 앞의 글, p.222.
59) 김광식, 같은 글, pp.223-229

지를 바꾼)의 비구승단과는 결별한다."고 선언하여 정화운동에서 이탈하였다.

조계종의 종조와 법맥을 보조 지눌로 하느냐 태고 보우로 하느냐의 종조논쟁은 일제시대 부터 계속 되어 왔다. 태고 법통설은『진단학보』를 통하여 포광 김영수에 의해 주장되었고 보조 법통설은 이능화의『조선불교통사』에서 제시되었다.

종조문제가 불거지자 비구승이 대세를 장악한 종단은 종조문제는 일단 유보했다가 1955년 8월 12일 전국비구승니대회를 통해 제정된 조계종 종헌에서 "본종은 도의국사를 종조로 하고 고려 태고국사를 중흥조로 한다."고 명시하였다. 그러나 그 내용에서 종명은 조계종, 종조는 도의국사, 중천조는 보조국사, 중흥조는 보우국사, 법맥은 태고법맥 계승으로 했다.[60] 1962년 발족한 조계종 비구대처 통합종단에서는 표현은 다르나 종조문제에 있어서 거의 비슷한 내용을 이어 받았다. 1994년 개혁회의의 종헌에노 종조도의, 숭흥조 태고라는 틀은 벗어나지 않았다.

그러나 박해당이 적절히 지적한 바와 같이 태고를 법맥으로 고집할 경우 중국의 임제종과는 연결되나 그 이전 원효로 이어지는 한국불교의 법맥과는 단절되고 보조로부터 내려오는 현재의 간화선 수행현실과도 맞지 않는 모순을 보이게 된다.[61] 사실 선종의 법통이라는 것이 중국의 사자전승의 전통에서 지어낸 것임이 밝혀진 마당에 아직도 인맥 중심의 법통 관념에 집착할 것인가 하는 의문이 드는 대목이다.

---

60) 김광식, 앞의 글, p.221.
61) 박해당, "조계종 법통설의 형성과정과 문제점,"『불교평론』(2000년 여름 제2권 제2호), pp.225-226.

Ⅳ. 새롭게 형성된 국가 · 불교관계

1. 국가 · 불교 간 협조관계 형성

이승만 대통령의 유시로 시작된 정화과정에서 처음에서 마지막까지 국가를 대표하는 이승만 대통령의 역할은 결정적이었다. 물론 자체 정화움직임이 있었으나 힘이 미약했고 조계종의 주도권을 장악할 엄두도 못내는 상황이었기 때문이다. 대통령의 유시 당시 조계종의 승려들 구성을 보면 비구승니는 모두 500여 명에 불과했는데 대처로 분류되는 승려는 7,000명 이상이었다. 이런 상황에서 종권을 장악하고 있는 왜색승려로 규정된 대처승으로 하여금 승려가 아니니 비구승에게 종권을 인계하고 사찰을 떠나라는 비구 측의 요구가 정부의 개입 없이 이루어질 수 없었던 것이다.

왜색 불교의 잔재를 청산하고 전통문화의 사찰을 보호한다는 대통령의 유시는 당시의 상황에서 거부할 수 없는 명분을 가졌기 때문에 여론도 비구 측에 유리하게 형성되었다. 대통령이 자기들 편에 서 있고 여론의 지지를 받는다는 사실은 정화를 추진해온 비구 측을 크게 고무했을 것이다. 물론 정화추진세력 안에서도 성철스님의 경우와 같이 자력 정화를 강조하고 정화에 외부 지원을 받는 것을 꺼리는 세력이 있었으나 전면에서 활동하던 정화추진 세력은 대통령의 유시와 공권력의 지원을 환영하였다.

특히 정화운동을 대표하고 진두지휘하던 청담 이순호는 한국불교가 교단을 구성하고 있는 승단을 정화하여 비구전통을 회복하는 것이 시급함을 느끼고 있었다. 그는 "근대 한국불교의 정화운동이란 불교의 불법을 두고 하는 말이 아니라 교단을 구성하고 있는 승단의 정화를 말하는 것이다. 청정해야 할 승려가 본래의 의미를 상실하고 있을 때 마땅히 본사 세존께서 정하신 율법에 따라 대치되는 요소는 제거해야 한다. 이 운동이 바로 근대 한국불교의 정화이다."라고 말하였다.[62] 그는 대처 측과 국가에 대하여 자신을 자각하고 있었기 때문에 정부와의 협력 필요성을 알고 있었다.

공권력은 한국불교의 중심인 태고사(현 조계사)에 대한 대처 측과의 진입 공방에서 일어난 폭력사태에서 우선 개입이 불가피했다. 또한 1954년 당시 1,000여 개의 사찰 가운데 900여 개소의 사찰을 대처승이 점유하고 있었는데 이러한 사찰들에서 대처승을 나가게 하고 비구승이 차지하려면 공권력 개입이 필요했다. 그래서 당시 많은 대처승들은 설치된 화동위원회(和同委員會)의 제안을 받아들여 비구 측이 장악한 종단에서 사찰 주지를 맡기 위하여 많은 대처승들이 이혼하여 독신승 신분을 회복하였던 것이다.[63]

한 마디로 본격적인 불교종단 정화는 처음부터 정화를 추진하던 비구 측과 왜색불교정화를 추구하던 국가 측이 함께 이룩한 공동사업이었다고 해도 과언이 아니다. 교단정화를 목표로 하던 불교 측의 개혁주체와 왜색불교의 진재를 청산하려던 국가의 의지 중 어느 하나가 없어도 성사되기 어려운 사안이었기 때문이다.

1955년 8월에 제정된 조계종의 종헌 선포문에는 해방과 독립으로 불교정화운동이 발발하게 된 배경이 간략하게 나오는데 여기서 대통령의 시정방침과 불교정화운동이 부합되어 추진되었음을 밝히고 있다. "즉 왜색 대처승들의 발악적인 파괴로 불법의 본원이 파괴되었고, 이승만대통령의 시정방침과 불교정화운동이 부합되어 불법의 전통을 세우기 위한 차원에서 불교정화가 전개되었음"을 밝히고 있는 것이다.[64] 교단정화를 추진한 비구승단은 국가와의 협력을 통해서 조계종의 새로운 주류가 되었던 것이다.

1960년 4.19혁명으로 이승만 정부가 실각하자 이런 협조관계(소위 유착관계)는 깨지는 듯 했으나 다음 해 군사정권의 등장으로 불교정화에 대한 정부의

62) 고영섭, 『불교정화의 이념과 방법』, 『문학 · 사학 · 철학』 11권(2007), p.156.
63) 같은 글, p.129, 각주 33 참조.
64) 김광식, "대한불교조계종의_성립과_성격," 앞의 글, p.220.

역할은 더욱 강력해졌다. 친 불교적인 박정희 정권의 역할로 교단정화가 마무리되어 1962년의 조계종 통합종단의 탄생을 보게 되었던 것이다. 이러한 정화과정을 통한 정부와 불교계의 협조관계형성은 "비구 측과 정권 사이에 공고한 지지-후원 관계의 형성"으로 표현되기도 한다. 확실히 불교정화운동을 통하여 탄생한 한국불교의 대표종단인 조계종과 국가와의 사이에는 협조 관계 또는 지원자-후원자 관계가 형성되었다.

정화를 계기로 국가는 한국 문화재의 압도적 다수를 차지하는 불교문화재를 보호하고 관리하는 체제를 갖추게 되었으며 불교는 불교의 전통사찰과 불교문화들이 민족문화재로 공인되어 보호와 지원을 받게 되었다.

1962년 5월 31일 정부는 불교재산을 보호하기 위하여 '불교재산관리법'을 제정하였다. "당시 국가재건최고회의는 불교계의 정화운동이 사찰환경을 황폐화시키는 것과 불교의 주요 재산은 사유재산제도가 없었던 때 형성된 민족적 재산이자 문화유산이라는 취지로" 동 관리법을 제정한다고 밝히고 있다. 동법 "제2조는 불교단체의 종류 및 문화공보부 등록, 주지 또는 대표자 등록, 단체의 대표권 및 재산관리권 등을 규제하고 있었다."[65] 이 법은 그 후 1987년 11월 28일 '전통사찰보전법'으로 개정 대체되었다.

2. 형성된 국가·불교 관계와 정교분리의 원칙

그러면 불교정화운동의 결과로 형성된 국가·불교관계가 정교분리의 헌법 정신에 위배되는 것이고 국가와 불교에 해롭고 나쁜 것인가? 우선 그것이 정교분리의 정신에 위배되는 것이라고 일률적으로 말할 수는 없다고 본다. 앞에서도 살펴보았지만 정교분리의 원칙은 국교의 부인과 종교의 자유 보장이 핵심이다. 종교와 정치의 영역을 구분하면서 종교의 자유를 보장한다는 것이다.

---

65) [네이버 지식백과] 불교재산관리법 [佛敎財産管理法] (원불교대사전, 원불교100년기념성업회)(검색일 : 2015년 9월 20일).

이러한 대원칙 아래 정교분리가 관철되는 양상은 국가사회에 따라 다르다. 예를 들어 영국과 스페인은 국교제도를 유지하면서도 종교의 자유를 보장하는 유형이고 통일이전의 서독과 이탈리아는 국교를 인정하지 않으나 종교단체에 대해 공법인으로서 국가와 대체로 대등한 지위를 인정하는 경우이다. 미국의 경우는 국가와 종교를 분리하지만 양자의 경우가 우호적인 유형이다. 프랑스는 국가와 종교가 완전히 분리되면서 서로 비우호적인 유형이며 대부분의 사회주의 국가들에서는 양자 간의 관계가 철저히 비우호적이다.[66]

한국의 경우 불교정화로 형성된 국가 · 종교 관계는 미국의 경우와 같은 우호형이라고 볼 수 있을 것이다. 원래 정교분리는 정치와 종교의 완전분리를 말하는 것이 아니라 기능상으로 분리되어 각자의 역할을 다하면서 국리민복이라는 공동의 목표를 더 잘 추구하기 위함이다. 불교정화과정에서 형성된 국가 · 불교관계를 정치의 종교개입이나 정교유착 등으로 보는 것은 민주화 이후의 가치척도를 과거에 들이대는, 현재의 관점으로만 과거를 보는 역사관의 반영이라 할 수 있다.

그러나 당시의 관점에서는 왜색불교의 잔재를 청산하는 것이 시대적 과제였으며 국가가 불교 내 개혁세력을 지원하여 이런 목표를 추구하는 것은 당연한 일이었던 것이다. 또한 앞에서 논의한 불교와 정치관계의 맥락에서도 불교의 전통은 국가로부터 독립적인 승단을 유지하여 출가와 세간이라는 정교분리를 유지하면서 국가와 불교 간의 협조관계가 유지되는 것을 이상적 형태로 보았던 것이다.

부처님이 경계했던 것은 승려가 정치에 관여하는 것이었다. 역사적으로 권력이 불교에 개입하거나 소위 법난이 일어나는 경우는 반불교적 세력이 집권하는 경우, 불교가 타락하고 자정능력이 없어 정치의 개입을 자초하거나 승단이 정치적 이해관계의 한 가운데 뛰어드는 경우라고 할 수 있다.

---

66) 강인철, "종교가 '국가'를 상상하는 법 : 정교분리, 과거청산, 시민종교," 한신대학교 종교와문화연구소(구 한신인문학연구소), 『종교문화연구』 21권(2013. 12), pp.89-90.

문제가 되는 것은 국가와 불교의 협조관계가 아니라 지나친 밀착이나 극렬한 반대라고 할 수 있다. 밀착되면 나라를 바르게 이끌어 가도록 감화력을 발휘할 수 없고 정권과 운명을 같이 하게 되는 것이다. 반대로 정치적 견해 차이를 가지고 종교가 극렬한 반대행위를 하게 되면 당장에 종교가 해를 자초하게 된다.

서양의 전통에서도 정교분리의 정신은 정치의 종교개입의 문제보다도 종교가 정치에 초연해야 함을 더 강조한다. 오늘날 가톨릭은 "교회가 세속적인 권위와 힘을 완전히 놓음으로써 오히려 그 어느 시대와 비교할 수 없는 진정한 도덕적 권위를 갖게 되었다."는 점을 볼 때 "종교의 참 힘은 세속의 권위와 힘에 의존할 때가 아니라, 그 반대로 세속의 힘과 권위를 버릴 때 민중의 마음에서 진정한 도덕적 권위와 힘이 발생함을 기억하여야 할 것이다."[67]

다음으로 불교정화운동으로 형성된 국가불교관계를 비판하는 입장에서는 그것이 형성된 국가·불교관계가 전통사찰법과 같은 종교관련 법률에 의해 재산의 피해 등 각종 피해를 보고 있다고 주장한다. 과연 그럴까? 필자는 그와 같은 법령들이 오히려 불교사찰과 성보들을 비롯한 불교문화재를 지키고 불교의 이미지를 홍보하는데 큰 역할을 했다고 본다. 그것이 왜 불교에 피해를 주었다고 생각하는가? 불교에 우호적이 아닌 사람들의 눈에는 오히려 국가가 불교에 지원하고 있는 행사와 사업의 상당부분은 정부가 지원할 것이 아니라 해당 종교 자체적으로 경비를 들여 해야 할 것들로 보인다고 비판 받고 있음을 알아야 한다.

불교와 유교는 유독 전통사찰보존법과 향교재산법이라는 종교관련 법령에 의해 "재산권의 침해라기보다는 오히려 여러 면에서 직, 간접적인 혜택을 누리고 있다."는 바, "그러한 법령이 존재하는 것 자체가 불교와 유교에 심리적인 압박을 줄 수 있고 이 두 법령은 불교와 유교에게 유리한 쪽으로 계속해서

67) 한동일, "정치권력과 종교권력의 투쟁," 서강대학교 법학연구소, 『법과기업연구』1(2) (2011. 10), pp.223-224.

수정, 보완되기까지 하는 실정"이라는 것이다. "[68]

　　더욱 중요한 것은 조계 종단이 정화를 통하여 일제 식민통치의 잔재를 청
산하고 불교의 정체성을 확립하였으며 조선조와 일제에 의해 해체당한 교단
을 재건했다는 점이다. 또한 교단정화운동의 긍정적인 성과로 한국불교의 신
자 수가 크게 증가했다는 사실이다. 통계에 의하면 "1910년 한국불교의 신자
수가 2만여 명(인구 대비 1% 미만)이었고, 1942년경에는 24만여 명(인구 대비 1%)
에 불과하였지만, 1985년 인구센서스 결과 8백만여 명, 1995년 1천만여 명으
로 인구 대비 23%에 달하는 비약적 성장을 하였다."고 한다.[69]

　　교단정화운동에 세속 권력이 개입할 수밖에 없었던 것은 불교 내 정화세력
의 힘이 미약했고 정화세력 내부에서도 환부역조론 공방에서 보듯이 종조나
법맥에 관한 의견일치도 못 보았을 정도로 법이 서지 못했기 때문이기도 하
다. 종단의 법통을 제대로 세우고 청정한 계율을 회복하는 것이 중요한 과세
로 남았다.

　　조계종은 이제 거대해진 종단의 여법한 운영을 위해서 재정과 운영의 투명
성을 제고하고 종단의 지도자 선출을 비롯한 의사결정 제도를 세속의 방식을
따를 것이 아니라 불교 본래의 방식을 회복해야 할 과제를 안고 있다.

Ⅵ. 맺음말

　　이 글은 불교정화로 형성된 한국의 국가 · 불교관계에 관한 시론적인 글이
다. 여기서 제기된 여러 가지 쟁점에 관해서는 많은 연구로 보완되어야 할 것

---

68) 강돈구, "현대 한국의 종교 정치 그리고 국가," 한국종교학회, 『종교연구』 51(2008. 6),
　　p.21.
69) 박희승, "불교중흥 제일과제는 교단의 청정성 회복," 『불교평론』 50호(2010년 2월).

이다. 필자는 이 문제를 역사주의적 관점이 아니라 당시의 관점에서 문제를 바라보려 했다는 점과 국가·불교관계를 불교의 전통과 민족사의 전통의 연장선상에서 보려고 시도했다는 점에 의의를 찾고자 한다.

불교정화는 대한민국이 건국된 후 처음으로 불교가 국가와의 관계를 설정하는 사안이었다. 이를 통해서 한국불교는 신라, 고려, 조선왕조 시대와 일제강점기를 거쳐 처음으로 "국민이 국가의 주인이고 세습되거나 지명되는 것이 아니라 선출된 지도자들에 의해 법에 따라 나라를 운영하는" 민주공화국과의 관계를 형성하게 된 것이다. 한국에 새로운 공화국이 탄생했다는 것은 불교의 공동체 운영방식이 공화제였음을 상기할 때 상당히 의미 있는 일이라고 본다.

붓다의 모국인 샤키야와 가나, 말라, 밧지 등 공화국의 의사결정을 위한 집회를 상가(saṃgha) 또는 가나(gaṇa)라 불렀는데 붓다가 만드신 승가 곧 상가는 오늘의 승단이다. 부처님은 공화정체의 적극적인 조직자였으며 밧지 공화국이 강대국 마가다왕국의 침략을 받았을 때 "나라가 쇠망하지 않는 칠불쇠퇴법"을 설하셨음은 잘 알려진 사실이다.[70] 여기서 붓다는 "밧지는 외교 또는 연맹의 해체에 의하지 않고는 전장에서 마가다 왕에게 정복될 수 없다."고 선언하였다.[71]

공화국들은 규모는 작아도 주민의 힘을 결집하는 회의체이며 원칙에 따르는 나라였기 때문에 왕국보다 전쟁수행능력이 뛰어났다. 인도의 공화정들은 공화정을 중심으로 무적불패였던 그리스의 도시국가들과 비슷했다. 이들은 그리스 공화정들이 내전인 펠로폰네소스전쟁(Peloponnesian War, BCE 431~BCE 404)으로 쇠진한 후에 마케도니아왕국에 의해 정벌 당한 경우와 같은 운명을 걸었다.

70) 덕산 스님, "승단의 七不衰退法을 통해 본 조계종의 현실-94년 조계종 사태와 제도개혁의 문제점을 중심으로-," 불교교단연구소 편, 『僧伽和合과 曹溪宗의 未來』, 2014, pp.607-656 참조.
71) Benoy Kumar Sarkar, American Political Science Association, The American Political Science Review, Vol.12, No.4 (Nov., 1918), p.590.

4세기 알렉산터 대왕이 푼잡(Punja)과 신디(Sindh) 침입을 계획하면서 가장 두려워했던 것은 인도 공화국들의 막강한 군사력과 전투력이었다고 한다. 이들은 마우리아 왕조를 연 찬드라굽타를 지원하여 알렉산더의 군대를 인도영역 밖으로 몰아내는데 선봉이 되었다. 이런 사실은 찬드라굽타의 참모였던 인도의 마키아벨리로 불리는 카우틸리아(Kautilya)의 저술에도 나와 있을 뿐 아니라 알렉산더의 부관이었던 디오도루스(Diodorus)의 기록에도 나온다.[72]

공화국 정치체제는 동서양을 막론하고 국가방위에 큰 자산이 되며 근대 이후에는 칸트가 "모든 나라가 공화정이 되면 영구평화가 가능하다."고 한 영구평화론을 계기로 평화적인 정치체제로 인정되고 있다.

이러한 상황은 민주공화국으로 건국한 대한민국과 유사한 공동체 운영원리를 출세간에서 가지고 있는 불교교단 사이에 "정교분리를 원칙으로 하여 서로 협력하고 지원하는 공생적인 관계"를 형성할 수 있게 되었던 것이다.[73]

불교정화운동이 왜색불교 잔재청산, 비구중심의 종단건립 및 한국불교의 전통회복이라는 목표를 어느 정도 달성하는데 결정적 역할을 한 이승만 당시 대통령은 비록 기독교인이지만 국정의 최고책임자로서 그의 역할을 다 하였고 앞부분에서 지적한대로 그러한 공적 역할을 수행하는데 있어서 기독교를 개입시키지 않았다.

그가 크리스마스 공휴일제도, 기독교 중심의 군종제도 등 기독교적 성향을 보여주었지만 불교는 그에 의해 형성된 국가 · 불교관계를 발판으로 4월 초파일(음력) 부처님 오신 날을 공휴일로 지정하는데 성공했고 군종제도, 경중제도 등에 불교가 참여할 수 있게 되었다. 불교문화재 보존을 위한 국가재정지원, 템플스테이 등에 대한 예산 지원 등을 보면서 오히려 다른 종교에서는 한국이 불교를 공인교로 하는 국가가 아닌가 의심이 든다고 하는 비판의 소리도 듣고

---

72) 같은 글, pp.591-593
73) 윤종갑, "불교와 정치권력-정교분리에 관한 붓다의 관점을 중심으로-," 동아시아불교문화학회, 『동아시아불교문화』 제8집(2011), p.251.

있다.

정화과정을 통해서 불교가 국가와 너무 밀착되어 국가를 바로 이끄는 소금과 목탁의 역할을 제대로 하지 못했다는 점은 인정할 수 있다. 당시 방금 소생한 한국불교에게 그러한 기대는 좀 과한 것 같지만 앞으로 스님들은 교육과 수행에 더욱 정진하고 국가의 동량이 될 재가 인재들을 많이 배출해서 대한민국이 붓다의 혜명으로 불국정토를 이룩하도록 노력해야 할 과제가 남았다고 본다.

불교의 정화역사를 해석하고 평가하는데 있어서도 주관성을 피할 수는 없겠지만 과거를 무시하고 현대인의 관점에서 역사를 재단하거나 평가주체의 이데올로기적 관점을 우선적으로 적용하는 '나쁜 주관성'을 가능한 한 지양하고 '역사적 진실의 객관성'을 최대화하는 '좋은 주관성'을 수립하는 일이 중요하다고 본다.

필자는 그러기 위해서는 우선 현대의 시각으로 과거를 재단하는 일을 피해야 한다고 본다. 불교정화에 관한 많은 글들이 불교정화로 이루어진 국가·불교관계 및 이승만의 역할에 대해 비관적인 것은 민주화되고 탈근대화된 오늘의 시각에서 과거를 바라보기 때문이 아닌가 한다. 과거의 관점에서 동시대를 이해하려고 노력하고 인도에서 한국에 이르는 국가·불교관계의 역사를 충분히 참고한다면 결론은 달라질 것이다.

한국의 국가불교관계에서 적지 않은 사람들이 염려하는 것은 불교정화로 이루어진 국가·불교관계보다는 오늘날 불교계의 과도한 정치개입이라고 본다. 오늘날 불교종단의 일부세력은 밀양송전탑 건설과 제주 해군기지 건설 등 국책사업을 방해하는 일에 다른 반정부 종교 세력과 함께 적극적으로 참여해 왔으며 시국사건 등을 빌미로 명분 없는 정권퇴진운동에까지 가세하고 있다. 한국불교를 위해서도 수천 년을 지켜온 우리들의 공동체인 국가를 위해서도 바람직하지 않을 뿐 아니라 위험한 일이라고 본다. 불교 승단이 정치와 유착하고 결탁하는 일도 위험하지만 그보다 더 위험한 것은 교단이 정치와 대립하여 국가와 불교가 공통으로 추구하는 국리민복을 크게 해치는 일이다.

붓다는 국가의 간섭을 가능한 한 피할 것을 가르쳤으나 국왕이 직접 명령을 내려 부당한 간섭을 할 경우에도 임금의 명령에 따르라고 설하여 국가와 불교의 알력을 없애려고 하셨다.[74] 상대방의 무리한 요구나 폭력에 대해서도 이를 똑 같은 방식으로 대항하는 것은 불교적 방식이 아니기 때문이다. 승단이 세간의 정치권력으로부터 독립성을 인정받는 한편 국가와의 밀접한 관계를 통해 승가공동체와 국가공동체의 발전을 함께 추구하려면 승가가 먼저 계율을 지키고 여법한 수행에 정진함으로서 출세간의 위상을 확립하는 일이라고 본다.

---

74) 같은 글, pp.280-281.

참고문헌

강돈구, "현대 한국의 종교 정치 그리고 국가," 한국종교학회, 『종교연구』, 51, 2008. 6.

강문호, "동진시대의 사문불경왕자론(沙門不敬王者論)", 『동국사학』, Vol.37, 2002.

강인철, "종교가 '국가'를 상상하는 법 : 정교분리, 과거청산, 시민종교," 한신대학교 종교와문화연구소(구 한신인문학연구소), 『종교문화연구』, 21권. 2013. 12.

고영섭, "불교동화의 이념과 방법", 『문학/사학/철학』 11권, 2007.

고홍근, "까우띨리야(Kautilya)의 아르트_샤스뜨라(Arth_Shastra)에 대한 연구," 동아시아국제정치학회, 『국제정치연구』, 5(2), 2002. 12.

김기봉, "역사란 무엇인가—Carr의 역사관을 넘어서기 위한 하나의 시론," 역사비평사, 『역사비평』 41, 1997. 11.

김광식, "대한불교조계종의 성립과 성격," 『한국선학』 제34호, 2013. 4.

김광식, "이승만은 왜 불교계를 정비하였나," 내일을 여는 역사, 『내일을 여는 역사』 17, 2004. 9.

金演宰, "중국근대의 민족불교에 있어서 護國論의 대두와 그 성격", 『佛敎學報』, 第45輯, 2006.

[네이버 지식백과] 불교재산관리법 [佛敎財産管理法] (원불교대사전, 원불교100년기념성업회)(검색일 : 2015년 9월 20일).

덕산 스님, "승단의 七不衰退法을 통해 본 조계종의 현실—94년 조계종 사태와 제도개혁의 문제점을 중심으로—," 불교교단연구소 편, 『僧伽和合과 曹溪宗의 未來』, 2014.

東國易經院, 『한글 대장경 2-1, 아함부 二』, 서울 : 동국역경원, 1971.

류지한, "베버의 가치 철학에서 책임윤리와 합리성의 한계," 새한철학회, 『철학논총』 29, 2002. 7.

박성환, "한국의 종교 발전과 문화적 변용 : 막스 베버의 '한국 연구'를 중심으로," 한국사회학회, 『한국사회학』 28, 1994.12.

박희승, "불교중흥 제일과제는 교단의 청정성 회복," 『불교평론』 50호, 2010. 2.

白性郁, "佛敎純全哲學", 『東國大學校總長 白性郁博士文集』 第一輯, 1960.

박해당, "조계종 법통설의 형성과정과 문제점," 『불교평론』, 제2권 제2호, 2000 년 여름.

서경보, "韓龍雲의 政敎分離論에 대하여," 『불교학보』 Vol.22, 1985.

소흥렬, "실증주의 과학 철학과 역사주의 과학 철학," 철학문화연구소, 『철학과 현 실』 4, 1990.3.

송해경, "국무회의록을 통해 살펴본 제1공화국후기의 국가관리와 공무원 인사정 책," 『한국인사행정학회보』 제9권 제1호, 2010.

양영신, "막스베버에 있어서 宗敎와 餘他社會制度간의 관계," 『한국사회학』 21, 1987. 10.

유영익, "이승만과 한국의 기독교," 『성결교회와 신학』 제13호, 2005 봄.

윤종갑, "불교와 정치권력-정교분리에 관한 붓다의 관점을 중심으로-," 동아시 아불교문화학회, 『동아시아불교문화』 제8, 2011.

이기영, "불교사상," 『한국현대문화사대계』(출처 : www.krpia.co.kr) 1. 朝鮮王朝 末 年의 韓國 佛敎界.(검색일 : 2015년 8월 10일)

이덕주, "이승만의 기독교 신앙과 국가건설론-기독교 개종 후 종교활동을 중심 으로-," 『한국기독교와 역사』 제30호, 2009. 3.

이법철, "이승만 대통령의 불교정화 결심의 단초," 『뉴스타운』 2013년 11월 27 일자.

이미애, "제일공화국 재평가," 한국행정사학회, 『한국행정사학지』 32권, 2013.

"이승만 정권의 민족주의 : 일민주의," 『한국개념사총서』 (출처 : www.krpia.co.kr) (검색일 : 2015년 8월 10일).

이영록, "기독인 제헌의원들과 헌법제정," 영남대학교 법학연구소, 『영남법학』 30 권, 2010.

이원덕, "한일회담에서 나타난 일본의 식민지지배 인식," 한국사연구회, 『한국사연구』 131, 2005. 12.

이재헌, "이승만 대통령의 유시와 불교 정화 운동의 전개," 『大覺思想』 제22집. 2014. 12.

이효걸, "현세주의와 정신주의의 융화-통일 시대의 중국 불교," 『중국철학』 Vol.6, 1999.

이희영, "제1공화국 국무회의록," 한국논단, 『한국논단』 234권, 2009.

장지훈, "불교의 정치이상과 전륜성왕," 『사총』, vol.44, 1995.

정천구, "불교의 공화주의 정치철학에 관하여," 한국교수불자연합회, 『한국교수불자연합학회지』 제15권 제1호, 2009.

조준호, "초기불교에 있어 국가권력(왕권)과 교권," 한국인도학회, 『인도연구』 14, 권 2호, 2009.

한동일, "정치권력과 종교권력의 투쟁," 서강대학교 법학연구소, 『법과기업연구』 1(2), 2011. 10.

Cokhale, Balkrishna Govind, "The Early Buddhist View of the State," *Journal of the American Oriental Society*, Vol.89, No.4, Oct-Dec., 1969.

Jayasuriya:, Laksiri, "Buddhism, Politics, and Statecraft," *International Journal of Buddhist Thought & Culture*, Vol.11, 2008.

Lai, Whalen, "Political Authority : The Two Wheels of the Dharma," *Buddhist-Christian Studies*, Vol.30 2010.

Pasons, Talcott, *The Social System*, the Free Press of Glencoe Collier-Macmillan Ltd, London, 1951.

Rhee, Syngman, *Japan Inside Out, The Challenge of Today*, New York :

Fleming H. Revell Company, 1941),

Sarkar, Benoy Kumar, "Democratic ideals and republican institutions in India," *American Political Science Association, The American Political Science Review*, Vol.12, No.4, Nov., 1918.

Wikipedia, "Republic," http://en.wikipedia.org/wiki/Republic. (검색일 : 2015. 9. 27).

Thaper, Romila, "Asoka and Buddhism," *Past and Present* Vol.18 (November, 1960)

Weber, Max, *The Sociology of Religion* (Ephrain Fischoff, Trans.), Boston : Beacon Press, 1964.

Wright, Arthur F., *Buddhism in Chinese History*, Stanford, California : Stanford University Press, 1959.

근·현대 비구니와 정화운동*

●

황인규(동국대 역사교육과 교수)

*본 논문은『불교정화운동의 재조명』(조계종 불학연구소 편, 조계종출판
사, 2008)와『조선시대 불교계 고승과 비구니』(황인규, 혜안, 2011)에
수록된 것이다.

1. 머리말

기원전 5세기 부처님 당시 세계최초의 여성종교교단인 비구니교단이 설립되었다. 이는 타종교, 특히 천주교 여성 성직자교단인 수녀원의 설립 보다 무려 5세기나 앞선 일이다.[1]

현재 우리나라 비구니들의 숫자는 비구보다 많으며, 실제 각 사찰·포교당에서 비구니들의 활약은 사찰운영이나 유치원·복지관 등 교육 복지 분야 뿐만 아니라 사찰음식·꽃꽂이·범패음악·미술 등 문화 예술 분야에서 매우 활발하다. 이는 한국에 불교가 들어온 이래 비구니의 활동이 면면히 계승 발전된 것이라고 할 수 있다. 특히 비구니의 활약은 억불숭유의 산중불교시대인 조선시대의 불교를 지탱하게 하였고 개항이후 지금까지 한국불교의 발전에는 비구니의 땀과 노력이 숨어 있었던 것이라고 하겠다.

그러나 이러한 비구니에 대한 자료는 남아있는 것은 없으며, 대부분이 승려를 통칭한 기록이다. 그 마저도 조선시대의 경우 불교를 억압하였던 남성중심의 수직적 사고를 지닌 성리학자들의 기록이기 때문에 그 실상을 파악하는데 어려움을 더해주고 있다.

우리의 근현대불교의 참모습을 제대로 알기 위해서는 조선후기 불교의 실상을 바로 알아야 하고 개화 및 근대기 불교로 어떻게 이행되었으며, 일제강점기 불교로 어떻게 계승되었는가 하는 문제를 되짚어 볼 필요가 있다. 일제강점기 불교는 사찰령으로 대변되는 일제불교[2]의 영향을 직접적으로 받았다

---

1) 팔경계에 의하여 비구니승가는 비구승가에 종속되어야만 했고 각 부파로 분리된 비구승들 사이의 분쟁과 비구승들의 무시 때문에 비구니 승가가 몰락의 길을 걷게 되었다. 비구니 교단의 성립에 대해서는다음의 논문이 참조된다.(전해주, 「비구니교단의 성립에 대한 고찰」, 『한국불교학』11, 1986. ; 황순일-남아시불교와 Gender : 율장의 아난다와 고따미 에피소드를 통해 본 초기인도불교의 비구니교단」, 『한국불교학』38, 2007.)

2) 흔히 근대 우리나라에 침투된 일본의 불교를 왜색불교라고 하고 있으나 일본의 불교 자체를 모두 다 나쁜 것으로 간주하는 것은 다소 무리다. 대처육식의 성향이 있는 일본의

고 할 수 있다. 일제강점기 36년간의 일제불교는 우리의 현대불교로 바로 이어진다는 점에서 중요하긴 하지만 1700년 역사의 한국불교라는 전체적인 입장에서 본다면 오히려 작은 것에 불과하다.[3] 그러한 점에서 본고는 비구와 함께 승단의 한 축을 이루었던 근대 비구니의 존재양상을 살펴본 후 현대불교정화운동에 있어서 비구니의 역할과 그 의미는 무엇인가 천착하여보고자 한다.[4]

2. 일제 강점기 비구니의 동향

현대 불교계의 정화는 이승만의 유시부터 시작되었다고 알려져 있으나 이미 일제강점기부터 일제불교에 대항하여 조선불교의 정체성을 찾는 운동이 제기되었다. 일제불교라고 알려진 소위 대처육식의 일제불교가 한국불교계에 어떻게 침투되기 시작하였는지 알아 볼 필요가 있다. 이런 사실과 관련하여 고종 31년(1894) 5월 우리나라를 방문하고 견문록을 남긴 비숍여사의 다음과

불교가 우리의 전통적인 불교와 대치되고 제국주의적 침탈적 요소가 있다는 점에서 일제불교라는 용어가 보다 학술적 용어로 적당하다고 생각한다. 용어의 검토와 더불어 일본불교에 대한 보다 깊은 이해가 요청된다.
3) 현대 불교정화에 관련된 대표적인 논저를 소개하면 다음과 같다. 김광식교수의 일련의 제 학술서들에서 현대불교정화에 대한 제연구가 진척되어 있는데 그 가운데 대표적이고 기본적인 논문을 소개하면 다음과 같다.(김광식, 「정화운동의 전개과정과 성격」, 『새 불교운동의 전개』, 도피안사, 2002. ; 김광식, 「한국 현대불교와 정화운동」, 『대각사상』 7. ; 『한국 현대불교사연구』, 불교시대사, 2006. ; 「불교 '정화'의 성찰과 재인식」, 『근현대불교의 재조명』, 민족사, 2000. ; 송월주 외, 『교단정화운동과 조계종의 오늘』, 한국불교근현대사연구회 · 불교신문사, 2001.)
4) 본고는 비구니의 역할만 강조하여 차별적이거나 독립성을 부각시키기 위함이 아니라 비구니의 정체성을 되찾아 승가발전에 조금이라도 도움이 되었으면 하는 바램으로 작성하였다. 혹 저자의 비구니사나 현대 불교사에 대한 일천한 지식으로 오류나 미흡함이 있을 수 있다. 특히 비구니스님들에 대한 역할이나 위상에 누가 되지 않았을까 조바심이 된다. 이러한 점 독자 제현의 양해를 구하고자 한다.

같은 기록이 참조된다.

> … 長安寺에는 종교적 드라마들의 무대를 이루는 크고 작은 건물들, 종
> 각과 비각, 참배객들의 조랑말을 위한 마구간, 방들, 승려들의 숙소, 승
> 려들을 위한 요사채(식당), 절의 하인들과 신참승려들을 위한 숙소, 큰
> 부엌, 넓은 접객실, 女僧房 등이 있었다. 이러한 것들 외에도 절름발이,
> 귀머거리, 장님, 불구자, 그리고 과부, 고아, 극빈자 등 괴로운 사람들
> 을 받아들여 돌보는 숙소가 있었다. 이들 식객들은 1백여 명에 달했는
> 데 절로부터 잘 대접을 받고 있는 것으로 보였다.
> 승려들, 절의 불목하니들, 승려의 길을 걸으려는 동승들 사이 100~120
> 명 가량 보이는 비구니들이 있었다. 이 비구니들은 소녀로부터 87세에
> 이르는 노파까지 모든 연령층을 포괄하고 있었다. 이 많은 수의 사람들
> 은 산 아래에 있는 사원 토지의 임대료와 생산품들, 그리고 절을 찾는
> 신도들의 헌금, 그리고 일종의 종교적 수행으로 멀리 서울의 4대문까
> 지 탁발을 다니는 승려들이 모아온 시주 쌀로 부양되고 있었다. 얼마
> 전까지만 해도 승려들이 4대문 안에 들어선다는 것은 곧 죽음을 의미
> 했으나 민비의 포고령에 의해 점점 출입이 자유로워지고 있다.5)

금강산 4대 사찰 가운데 하나인 長安寺의 도량을 비교적 자세하게 소개하
고 있다. 여승방과 100~120명 가량의 비구니들이 있었고 비구니들은 소녀로
부터 87세 노파에 이르기까지 모든 연령층을 포괄하고 있었다고 한다. 1917
년 30本山本末寺別 僧尼 및 信徒數 一覽表 가운데 유점사본말사 비구니 253
명 · 비구니 783명의 기록과6) 비교해 보았을 때 이전보다 많은 숫자이다. 사

---

5) 이사벨라 버드 비숍, 이인화 옮김, 「금강산의 여러 사원들- 장안사」, 『한국과 그 이웃나
라들』, 살림출판사, 1994, 162쪽.
6) 『불교총보』 8호. ; 김광식, 이철교, 『한국근현대불교자료전집』, 민족사, 1996.

찰 도량승으로서 수행하는 모습을 읽을 수 있고 도성출입금지가 해제된 사실
을 말해주고 있다. 그녀는 장안사와 그리 멀지 않은 곳에 위치한 금강산 4대
사찰인 표훈사 승려의 청정한 모습을 다음과 같이 전하고 있다.

> (표훈사) 이 절의 규율은 우유나 달걀조차 허락하지 않는 엄격한 채식주
> 의를 지키는 것이었고 어디에서도 가금이나 가축을 기르고 있지 않았
> 다. 나는 주인들의 편견을 다치지 않게 하려고 차나 밥, 꿀물, 잣, 그리
> 고 잣과 꿀을 잘 버무린 요깃거리로 식사를 때웠다.[7]

아직까지는 육식의 일제불교의 모습은 찾아 볼 수 없다. 그렇지만 일제불교
의 침탈이 있게 되면서 대처육식이 만연해갔다. 이러한 사실은 당시 일본불교
학자인 高橋亨이 다음과 같이 언급한데서 확실하게 알 수 있다.

> 1929년까지, 8할의 사찰이 그 寺法 중에서 娶妻 금지 조항을 삭제함.
> … 그런데 그 후(본말사주지피선거자의 자격 가운데 '比丘戒及 菩薩戒를 구족해
> 야 한다.'는 규정이 있는 각본말사법이 제정된 뒤를 말함 = 편자) 舊習을 경멸하
> 고 인류생활에 있어서의 자연의 욕망을 중시하는 신사상의 風이 승속
> 을 막론하고 통행하게 되었다. 이에 따라 승려 가운데에는 老壯青少를
> 불문하고 실제에 있어서 비구계를 엄수하는 자는 극소하게 되었다.
> 지금은 본산 주지직에 있는 자까지도 몰래 畜妻를 하면서 표면상으로
> 숨기고 있는 者가 적지 않다. 이것은 승려상호간에 잘 알려져 있는 사
> 실이다. 따라서 寺法 중 주지자격규정에 관한 조항은 권위가 없어지게
> 되었다. 이에 대하여 당국은 본조항이 시세에 합당치 않다하여 大正15
> 年 10月, 本條項의 삭제를 허가하는 뜻을 指示, 그것을 개정케 한 이래

---

7) 이사벨라 버드 비숍, 이인화 옮김, 「한국불교의 현실－유점사 가는 길」, 『한국과 그 이웃
나라들』, 살림출판사, 1994, 167쪽.

昭和 4年에 이르기까지 약 8할의 寺刹이 寺法改定을 신청하여 本條項을 삭제하였다. 이 개정은 朝鮮佛敎史에 있어서 한 時代를 긋는 것이 되었다.

朝鮮人은 사상의 고착성이 현저하기 때문에 당국에서 지령이 없는 한 사회일반은 물론 승려들도 畜妻해방이 승려라고 하는 신분에까지 주어진다는 것은 영구히 상상도 하지 못했을 것이다. 따라서 조선사찰에서는 乳兒의 웃음은 물론 강보를 해에 말리는 풍경을 목격하지 못했을 것이다.

그리하여 언제까지나 사회일반으로 하여금 진정한 승려의 청정생활자임을 례찬하게 하였을 것이다. 그러나 이제 그것이 해제됨에 이르러 장래 거의 전부의 조선승려는 制慾의 고통에서 해방되는 동시에 지계가 주는 성자의 사각은 상실하게 될 것이다.[8]

당시 자연의 욕망을 중시하는 새로운 풍속이 승속을 막론하고 유행하여 계를 지키는 승려들은 극소수였다. 심지어는 본산의 주지조차 몰래 축처를 하고 있었으며, 승려들 사이에도 널리 알려져 있었다. 때문에 총독부는 持戒조항이 시세에 맞지 않자 1926년 사찰조항을 삭제하라는 지시를 내리고 1929년까지 8할의 사찰이 그 사법중에서 娶妻를 금지하는 조항을 삭제하였다는 것이다. 이러한 사법의 개정은 조선불교사에 있어서 한 획을 긋는 사건이라고 하였다. 이러한 불교계의 실태를 당시 신문기사는 다음과 같이 보도하고 있다.

이조의 배불책으로 불교의 교세가 위축되었으나 최근 다시 발흥하기 시작. 신도는 현재 169,151人에 달해 1928년보다 2,777명이 증가했다. 그러나 사찰은 97개소가 줄었으며 참선승려도 409명이 줄어 현 참선인

8) 高橋亨,『이조불교』, 동경 국서간행회, 소화48[1973], 953쪽.

6,454명, 이중 여승도 79명이 감소되어 637명이다. 이와 같이 사찰·
승려의 감소는 시운의 변천으로 어느 정도까지 계속되리라 추측하고
있다.

사원 1,358개소(본사 31. 말사 1,327) 승니 6,454(尼 637포함)명, 신도
169,151(일인 139포함)명, 신도증가비율 2%(일인 6%), 포교소 104개소[9]

당시 사찰이 97개소 감소되었고 참선승이 409명이 줄어들었으며, 비구니
도 79명이 감소되어 1917년과 비교하면 비구 5,874명에서 5,817명으로, 비구
니 868명에서 637명으로 조사되었다. 이러한 상황에서 1926년 龍城震鍾
(1864~1940)을 중심으로 127명 비구들의 대처육식을 금지하라는 건의가 있었
으나[10] 조선불교계는 일제불교의 영향력을 막을 수 없었다. 그리하여 40년간
이나 대처승에게 불교계의 주도권을 빼앗기게 되었다.[11] 당시 신문기사에 의
하면 신도는 전년도에 비해 늘었지만 사찰 100개소와 참선승 409명, 비구니
79명이 줄었다고 한다. 승니를 참선승으로 지칭한 것으로 보아 청정승인 듯
하고 비구니도 1년 사이에 79명이나 줄었는데 앞으로 이러한 추세는 계속될
것이라고 하였다. 취처금지가 해제되었기 때문에 나타난 현상이라고 생각되
지만 사찰 승니수는 대체로 큰 변동이 없었다.[12] 이는 훗날 정화운동의 심부
름꾼으로 큰 역할을 하였던 비구니 趙德修(1922~)[13]의 다음과 같은 증언에서

---

9) 《동아일보》 1930. 11. 2. 〈1929년 총독부 종교과, 다음과 같이 전국 사찰·승려의 상황
   을 조사 보고함〉
10) 《동아일보》 1926. 5. 19.
11) 《동아일보》 1955. 8. 22.
12) 일제 강점기 승려의 수는 1930년 수준을 유지하였다. 대략 사찰 1,330사, 비구 5,600여
    명, 비구니 1000여 명이었다.(이에 대해서는 대한불교조계종 교육원 불학연구소, 『한국
    근현대불교사연표』를 참조하기 바람.
13) 비구니 스님에 대한 이름은 비구 스님과 마찬가지로 법호와 법명을 사용해야 하나 덕
    수스님처럼 법호가 없는 경우도 있고 널리 알려지지 않은 비구니스님들도 많다. 때문
    에 본고에서는 속성과 법명을 부득이 표기했음을 밝혀둔다.

도 알 수 있다.

정화이전에는 주지가 비구스님인 사찰이 전무하다시피 하였다. 대부분
대처승들이 큰 절의 주지로 있었고 비구스님들은 주로 작은 암자에 기
거했었다. 비구스님들이 선방을 운영하며 살던 절로는 수덕사가 유일
하다. 인심이 좋은 본사는 암자에 식량을 대어주었지만 그렇지 않은 경
우에는 직접 탁발을 하여 식량을 마련하는 등 어렵게 생활을 꾸려갔
다.[14]

삼보사찰을 비롯한 대부분의 사찰은 대처승이 장악하였다. 다행히도 조선
불교의 일부 선각자들은 청정선풍진작을 위해 나름대로 노력을 아끼지 않았
다. 조선후기 억불시책으로 선이나 계를 지키는 승려가 별로 없었다는 기록도
있으나 다음과 같이 청정 고승들이 출현하여 활동하였다.

1875년(고종 12) 서울 봉은사의 비구니 自休, 完璧, 香蓮, 玩域, 性明, 性允,
恭安, 大希 등의 스승인 南湖永奇(1819~1872)는 청정하게 수행을 한 고승이었
고,[15] 1893년(고종 30) 신계사의 비구니 知洪, 普和, 斗玄, 大典 등의 스승인 大
應坦鍾(1830~1894)은 신계사 普雲庵에서 개강하여 華嚴宗主라고 불리었던 고
승이다.[16]

뿐만 아니라 계율을 강조하는 고승들이 조선말 불교계에 출현하여 활동하
였다. 예컨대 龜岩寺의 白坡亘璇(1767~1852), 지리산 七佛庵의 大隱朗旿(1780~

---

14) 「덕수스님 · 보인스님 · 정화스님 비구니, 잊혀진 정화의 공로자들」(1998년 1월 20일 수
덕사 견성암 인터뷰), 『22인의 증언을 통해 본 근현대불교사』, 선우도량 한국불교근현
대사연구회, 2002.
15) 「198. 서울 봉은사 南湖堂 永奇대사비문」, 이지관, 『한국고승비문총집-조선조 · 근현
대』, 가산불교문화연구원, 2000, 767쪽.
16) 「204. 고성 신계사 大應堂 坦鍾대사비문」, 이지관, 『한국고승비문총집-조선조 · 근현
대』, 가산불교문화연구원, 2000, 791쪽.

1841), 通度寺의 海曇致益(1862~1942), 월정사의 蓮坡永住(1790~1877), 법주사의 竺源震河(1861~1926),[17] 素荷大隱(1899~1989) 등이 바로 그들이다.[18]

이러한 持戒僧 뿐만 아니라 그들의 선풍을 계승한 만우상경(1855~1924), 滿空月面(1871~1946)과 漢岩重遠(1876~1951), 타불, 耘虛龍夏(1892~1980) 등 이들 선사들은 한국불교계의 선풍을 진작하였다. 특히 滿空月面(1871~1946)과 漢岩重遠(1876~1951)은 비구니에게 가장 큰 영향을 끼친 선사로 평가받고 있다.

예컨대 金一葉(1876~1951), 俞法喜(1887~1975), 金萬性(1897~1975), 俞守仁(1899~1997), 李大英(1903~1985), 徐本空(1907~1965), 金智明(1921~), 尹法衡(1921~2001), 朴寶仁(1924~2004), 金明洙(1925~), 徐賢行(1928~2002), 金慈允(1928~) 등이 각기 滿空에게 계를 받거나 수행하였다. 그리고 徐道準(1900~1993), 徐仁成(1901~1989), 禪敬(1904~1996), 李仁弘(1908~1997), 李雷默(1919~), 金妙瓊(1919~1978), 柳世燈(1926~1993), 金慶喜(1931~) 등이 漢岩에게 계를 받거나 수행했다.[19]

비구니들은 나아가 강원과 선원에서 정식으로 교육을 받게 된다. 1916년 1월 수덕사 견성암에서 개설된 최초의 비구니 선원과[20] 2년 후인 1918년 통도사 옥련암에서 개설된 최초의 비구니 강원[21]을 필두로 여러 강원들과 선원들

---

17) 竺源震河는 탄종의 법을 이은 선사였으나 친일행위를 했기 때문에 持戒라는 측면에서 볼 때 의구심이 가는 부분이 있는 듯하다. 이에 대해 엄밀한 고증이 필요하다.

18) 정광호, 「Ⅵ. 한국 근대불교의 '대처육식'」, 『근대한일관계사연구』, 인하대학교 출판부, 1994, 100~101쪽.

19) 1959년에 세워진 한암의 비문 門人秩 선좌대표 尼로서 淨慈와 仁弘을 들고 있다.(지관, 「253. 평창 월정사 漢巖堂 重遠大宗師舊碑文」, 『한국고승비문총집 조선조·근현대』, 가산불교문화연구원, 2000, 1008쪽.) 정자는 월정사 지장암에 주석하였던 대비구니였고 인홍이 바로 출가제자이다.(본각, 「원허당 인홍선사와 비구니승가 출가정신의 확립」, 『한국 비구니의 수행과 삶』, 예문서원, 2007, 320쪽.)

20) 해주, 「한국 근·현대 비구니의 수행에 대한 고찰」, 『한국사상과 문화』, 한국사상문화학회, 2006. :「한국 근현대 비구니의 수행」, 『한국비구니의 삶과 수행』, 전국비구니회, 2007, 133쪽.

21) 수경, 「한국 비구니강원 발달사」, 『한국비구니의 삶과 수행』, 전국비구니회, 2007, 22쪽.

이 개설된다. 이러한 곳을 통하여 강원교육을 받은 비구니들이 출현하였다.[22] 이들은 아직 비구니가 아닌 비구강사에게 교육을 받은 경우이지만, 이들 가운데 해방 후 정화운동의 주역으로 활동한 비구니들이 적지 않았다.

　이렇듯 근대 비구니사에 있어서 주목되는 것은 비구니 전문 선원과 강원이 개설되어 비구니들도 비구들과 더불어 종단 및 불교계 일선에 참여하게 된다는 것이다. 이러한 교육과 더불어 교단 차원의 움직임도 일게 되었다. 즉 근대 불교의 중흥조로 평가되는 鏡虛惺牛(1849~1912)의 제자 滿空月面(1871~1946) 등이 선학원을 중심으로 청정불교운동인 선학원수좌대회를 개최하였다. 최근에 발견된 〈수좌대회회의록〉에 의하면[23] 일제강점기인 1935년 4월 선학원 수좌대회에 비구 65명과 더불어 洪詳根(경성 청룡사), 薛妙禎(회양 장안사), 鄭國典(고성 유점사), 金荷葉(회양 표훈사), 金了然(양주 원통사), 李慈雲(예산 수덕사) 등 비구니 6명이 참여하였다. 전국선종수좌대회에서 조선불교선종의 출범을 선언하고 선원의 중앙조직체인 종무원을 구성하였는데, 여기에 비구니 6명이 참여했던 것이다.

　1935년 수좌대회에 이어 1941년 2월 고승 遺敎法會가 열렸다. 유교법회에서는 청정승풍과 전통계율의 수호를 위한 설법이 있었다. 종료된 후에 선학원은 수좌대회를 개최하여 그 기념사업으로 習定均慧 비구승만을 중심으로 하

---

22) 이러한 비구니들을 소개하면 다음과 같다. 즉 李亘坦(1885~1980, 동학사), 俞法喜(1887~1975, 동학사), 鄭金龍(1892~1965), 鄭性文(1893~1974, 국일암), 李永春(1895~?, 통도사), 朴慧玉(1901~1969, 청암사 극락전, 해인사, 법주사 수정암), 鄭守玉(1902~1966, 해인사, 서울 응선암), 鄭淨行(1902~, 해인사 국일암), 金法一(1904~1991, 운문사), 宋恩英(1910~1981, 보문사), 혜운(1911~?, 국일암), 安光豪(1915~1989), 李泰具(1920~?, 운문사), 李光雨(1925~, 남장사) 등이다.(수경, 앞의 논문, 21쪽 도표 참조.)

23) 이 기록은 1935년 동산 청담 등이 주도하여 조선불교선종수좌대회를 개최한 자료인데 김광식박사가 발굴한 자료이다. 본 기록은 최근에 수좌대회회의록과 安居芳啣錄을 選佛場이란 책제로 간행되었다.(법진, 『선불장-안거방함록과 수좌대회회의록』, 한국불교선리연구원, 2007.)

는 梵行團을 조직하여 선학과 계율의 종지를 선양하는 노력을 기울였다.[24] 이어 범행단의 후신인 僧團再組織運動과 불교정화운동을 전개하기도 하였다.

스님의 유지를 이어 스님이 지어두신 중앙선학원에서 스님이 제자들과 스님 문하에서 수련받은 비구 비구니들의 솔선으로 梵行團의 후신인 승단재조직운동과 불교정화운동을 열열하게 해가면서 새삼스러이 스님을 懇切히 추모하여 마지못하게 되는 바이다. 그러나 추모니 무어니 하는 말은 未成年인 우리들의 어린 말이고 頭頭物物이 다 스님의 법체요 소리소리가 다 스님의 유훈으로 스님을 그대로 모신 우리는 스님의 사업체를 우리 힘껏 운영해 나아가며 스님의 인간적 년륜을 따져 이 땅에 재출현하여 한국불교의 서광이 우주에 비칠 날을 위하여 미리 기뻐하기를 그치지 못할 뿐이다.[25]

범행단에 이어 승단재조직운동과 더불어 불교정화운동을 전개하는데 비구니들도 참여하였다. 해방후에도 비구니들이 적극적으로 불교대회에 참여하였다.

기보한 바와 같이 전국불교도대회는 九日 오전부터 수송동(壽松洞) 태고사(太古寺)에서 승려(僧侶) 니승(尼僧) 남녀신도대표 등 五百여 명이 참석한 가운데 성대히 열리어 열렬한 토의가 진행되었다.[26]

8.15 해방 후 교단을 정비하고 식민지 잔재를 청산하기 위한 불교계 혁신단

24) 〈교계소식〉, 「선학원의 수좌대회 梵行團조직」, 『불교시보』 69, 1941. 4. 15. ; 김광식, 「일제하 선학원의 운영과 성격」, 『한국근대불교사연구』, 민족사, 1996, 136쪽.
25) 《동아일보》 1955. 08. 03. 만공선사와 불교정화.
26) 《경향신문》 1947. 05. 10. 전국불교도대회.

체에서 혁신운동의 연합체인 佛敎革新總聯盟을 결성하여 1947년 5월 8일에
서 5월 14일까지 독자적인 전국불교도대회를 개최하였다. 마지막 날인 14일
천명한 선언[27]에서 수도승 중심의 교단운영체제와 교도들을 교단내로 흡수한
다는 의지를 다졌다. 때문에 여기에 참여한 500여 명 가운데 비구니들도 다
수 포함되어 있었으며, 해방직후 불교정화에 참여하였던 사실을 알 수 있다.[28]

　해방직후인 1947년 전국불교도대회가 열리고 지방에서는 그 유명한 봉암사
결사가 열려 청정승풍운동이 전개되었는데 1951년 8월 경남 창원의 聖住寺에
서 40여 명의 비구니들이 모여 대중결사운동을 전개하였다. 이들은 윤필암에
서 정진하고 있던 대중들과 부산으로 피난을 내려갔던 오대산 지장암 대중들
이 함께 모인 것이었다. 이 정진은 退翁性徹(1912~1993)을 비롯한 靑潭淳浩
(1902~1971), 慈雲성우(1911~1992) 등이 주도하여 실시한 봉암사 결사를 그대로
실현한 결사였다. 봉암사 결사에서 내걸었던 共住規約을 성수사에서도 李仁
弘(1908~1997)을 비롯한 비구니들에 의해 결사운동으로 전개되었던 것이다.[29]
즉 후대 종정에 올랐던 退翁性徹(1912~1993)은 대처승이 주지를 하고 있는 경
남 창원 성주사에서 비구니들을 지도하였는데 그 명단은 다음과 같다.[30] 朴彰
浩(1889~1976), 裵性蓮(1920~), 徐仁成(1901~1989), 李仁弘(1908~1997), 李惺牛
(1918~), 법연, 묘정(무착), 모영, 裵妙瓚(1926~), 장호, 金玄覺(1935~), 도용, 金
妙瓊(1919~1978), 희견, 李妙嚴(1931~) 등이다.[31] 이들은 처음으로 普照國師 知
訥의 장삼을 법복으로 삼아 입고 대중결사에 정진하여 '비구니의 출가정신을

---

27) 「전국불교도연맹 선언문」, 《대한불교》 2, 1947.6.1.
28) 전국불교도총연맹의 활동 전모에 대해서는 다음의 논문을 참조하기 바람.(김광식, 「전국
　　불교도총연맹의 결성과 불교계 동향」, 『한국 근현대불교의 현실인식』, 민족사, 1998.)
29) 박원자, 「인홍스님 일대기 길을 찾아 길 떠나다」, 김영사, 2007. 105-115쪽.
30) 본각, 「원허당 인홍선사와 비구니승가 출가정신의 확립」, 『한국 비구니의 수행과 삶』,
　　321-327쪽.
31) 한국비구니연구소, 『한국비구니수행담록』 상, 仁弘(1908~1997)스님, 500-501쪽. :
　　앞의 책, 중. 현묵스님, 179-180쪽.

회복'³²⁾시켰던 것이다.

3. 현대 불교정화와 비구니

일반적으로 본격적인 불교정화운동은 대통령 이승만(1948~1960)의 帶妻僧 물러가라는 훈시로부터 시작되었으나 외형적인 것에 지나지 않았다. 그러나 앞장에서 언급한 바와같이 이전에 비구니들이 선풍운동을 전개한 바 있다.³³⁾

정화운동초기 비구니의 참여문제가 제기되었고³⁴⁾ 이후『정화일지』감격사에서 언급된 바와 같이 정화운동에 비구니의 참여와 그 역할은 매우 컸다.³⁵⁾

1954년 9월 28일과 29일에는 선학원에서 열린 全國比丘僧大會에 비구니 30명과 비구 116명이 참여하였다. 30명의 비구니에 대한 개별 명단은 파악되지 않고 있지만 후술하는 바와같이 정화운동에 적극적으로 참여한 비구니들이었을 것이다. 같은 해 9월 30일 淨化日誌에는 제 1회 임시종회 개최에 참여한 인원이 146명이었는데 비구 116명, 비구니 30명이었다고 기록되어 있다.³⁶⁾ 그 다음달 10월 10일에 경무대를 방문하였을 때에도 80명의 비구와 비구니가 함께 하였다.

11월 3일 제 2회 임시종회에서 종정 河東山과 부종정 鄭金鳥로 임원을 개선하면서 의원 50명이 선정되었는데, 비구니들 10명이 의원으로 추가되었다. 이들 비구니들은 바로 鄭金光(金龍, 1892~1965), 鄭守玉(1902~1966), 李仁弘(1908~1997), 李惺宇(1918~2004), 李蓮眞(1909~1996), 安慧雲(1911~), 강자호, 裵

---

32) 박원자, 「인홍스님 일대기 길을 찾아 길 떠나다」, 김영사, 2007, 114쪽.
33) 이는 이승만의 정화유시가 있기 한 달 전인 1953년 4월에 불국사에 열린 조계종 법규위원회에서 18개의 사찰을 수좌측에 제공하였다는 사실에서 단적으로 알 수 있다.
34) 한국불교승단정화사 편찬위원회,『한국불교승단정화사』, 41쪽.
35) 위의 책, 11-12쪽.
36) 위의 책, 70쪽.

妙全(1915~2003), 裵妙璨(1926~1989), 劉慧春(1919~1998) 등 10명이다.[37] 임시 종회의원이기는 하지만 비구니들이 처음으로 종회의원으로 선정된 것은 비구니의 역할과 위상이 제고된 것을 의미한다.

11월 5일 비구 측이 태고사를 점령하여 조계사 간판을 붙이는 등 적극적인 실천으로 옮겼을 때 비구 측과 대처 측의 유혈사태가 발생하였다. 이 때 17 · 18세의 어린 비구니들도 참여한 가운데, 비구니 덕수는 조계사 진입시 문을 장도리로 뜯는 등 적극적인 투쟁을 하였다.[38] 11월 20일 이승만의 3차 정화유시가 내려진 후 12월 1일 전국비구승대회가 열려 종헌을 개정하고 대표자회를 개최하였다. 다음 날 비구니와 비구 80명이 또다시 경무대를 방문하였다.

12월 11일부터 13일까지 개최된 전국비구승니대회가 열린 후 500여 명의 비구 · 비구니들이 경무대 시위 및 방문에 동참하였다.

> 머리를 빡빡깎은 스님들이 회색법의를 걸치고 눈 내리는 서울 시가를 시위행진 하였다. 처(妻)를 갖고 있는 대처승(帶妻僧)을 불교계에서 물리쳐야만 정화될 수 있다는 비구승(比丘僧)과 비구니(比丘尼) 스님들의 시위행진이었다. 불교정화운동 제三일째이며 마지막 날인 十三일 二시 태고사를 출발한 약 五백명의 이 스님들은 전국 각 사찰에서 모여들어 불교정화를 위한 투쟁을 과시한 것이다. 七명의 비구승과 비구니 등 대표들은 행진 후 경무대를 방문하고 대처승들의 비행을 시정시키는 조속한 조치 있기를 호소하였다.[39]

---

37) 위의 책, 110쪽.
38) 「덕수스님 · 보인스님 · 정화스님 비구니, 잊혀진 정화의 공로자들」(1998년 1월 20일 수덕사 견성암 인터뷰), 『22인의 증언을 통해 본 근현대불교사』, 선우도량 한국불교근현대사연구회, 2002.
39) 《경향신문》 1954. 12. 15. 比丘僧들 示威 13日 景武臺 앞에서.

위의 글에서 보듯이 500여 명 비구·비구니들이 경무대로 향하게 되었는데 강자호와 정수옥을 비롯한 비구니 고승을 선두로 몇 백명의 비구니들이 비구의 2배가 넘었다.[40] 특히 덕수와 같은 비구니는 경무대 앞 총대를 빼앗아 경찰을 찌르고 문을 열고 진입하였고[41] 중앙청 뒷문에서 나온 경마순사와 대치하는 등 적극적으로 참여하였다.[42]

1954년 11월 11일 전국승려대회에 비구 211명, 비구니 221명이 참여했다. 8월 12일 전국승려대회가 개최된 가운데 종회의원 56명이 선출되었는데 비구니 金慧眞 (1924~현), 李仁弘(1908~1997), 李惺牛(1918~현), 鄭守玉(1902~1966), 朴慧玉(1901~1969), 金法一(1904~1991), 鄭淨行(1902~2000)이 정식 종회의원으로 선출되었다. 여기서 九山秀蓮(1909~1983)이 比丘尼叢林 장소를 선정하자[43]고 발언한 것도 결코 우연이 아니다.

12월 22일과 23일 대회에서 거듭 강조한 불교정화대책안에서 승려명단(비구 366명, 비구니 441명, 총 807명)을 치안국에 제출했다. 여기서 승려의 일상 수행에 비구와 비구니의 차별이 없다는 것을 전제한 후 비구니의 사찰 주지나 종회 의원 1/6 임명사항이 의결되었다.[44] 현재 종회의원 81명 가운데 비구니가 10명이므로 1/8보다 많은 비율이다.[45]

---

40) 위와 같음.
41) 위와 같음.
42) 위와 같음. 이와 관련하여 당시 구술을 들어보면 다음과 같다. 1954년 스님은 덕문스님과 정화운동에 참여하였다. 당시에는 대비원에서 선학원과 조계사로 출퇴근하며 일을 보던 때였다. 스님은 경무대에 진입할 때 경찰의 총을 빼앗아 총대로 경찰을 찔러 넘어뜨리고 다른 스님들이 안으로 들어갈 수 있도록 길을 여는 용감한 모습을 보여주었다. 두 줄을 서서 행동할 때에는 앞뒤사람이 떨어지지 않게 장삼 끈으로 서로 묶고 또 옆 사람과 묶어 몸 싸움을 하다가 흩어지지 않도록 하였다.(한국비구니연구소, 『한국비구니수행담록』 상, 덕수스님, 477-479쪽.)
43) 한국불교승단정화사 편찬위원회, 『한국불교승단정화사』, 649쪽.
44) 위의 책, 203쪽.
45) 전해주, 앞의 논문, 136쪽.

1954년 12월 25일 비구승 측은 승가개혁안을 제출했는데 여기에 360명의
비구와 441명의 비구니가 서명을 했다. 주목되는 것은 1955년 5월 16일에는
500명의 비구니가 비구들과 불교정화를 위해 단식도 서슴지 않았다는 것이
다.[46]

> 단식 무언 기도를 올리던 비구승려들은 단식을 시작해서부터 약
> 백二십五시간만인 십五일 하오 五시 정했던 一주일간의 단식을 마쳤다.
> 비구승단의 종정(宗正)인 河東山씨의 말에 의하면 그들은 십六일 상오
> 七시까지 단식을 계속할 작정이었으나 외부의 정세가 낙관적인 공기로
> 돌았으며 또한 당국자들의 간곡한 중지 권고에 마지 못하여 단식을 미
> 리 중지케 하였다는데 노승(老僧)들은 아직도 계속 단식 기원을 올리고
> 있디 하며 그들은 문제가 완진히 해결될 때까지 계속할 것이라 한나.
> 한편 그동안의 '단식투쟁'으로 比丘尼 三명 比僧 三십三명 도합 三십六
> 명이 생명이 위태로운 상태에 빠져 경찰당국에서는 首都경찰병원에
> 십一명 國立경찰병원에 二십五명을 각각 수용하고 치료를 가하여 왔는
> 데 이번의 단식기간의 완료와 더불어 십六일 상오에 二십九명을 퇴원
> 시켰으며 나머지 七명만은 아직 건강이 회복되지 못하여 首都경찰병원
> 에서 치료를 계속하고 있다고 한다.[47]

보인스님은 1954년 불교정화운동에도 함께 하였는데 조계종 종도라면
모두 동참하였다고 해도 과언이 아닐 것이다. 견성암 스님들도 거동이
불편한 노스님들만 사중을 지키고 모두들 선학원과 조계사 마당에 집
결하였다.
스님은 단식대회에서 물도 마시지 말라고 하여 이틀 동안 물 한 모금도

---

46) 《경향신문》 1955. 5. 17. 단식으로 기도 비구 비구니승 신도들.
47) 《동아일보》 1955. 6. 17. 比丘僧 斷食을 中止.

마시지 않았다. 우물에서 손을 씻을 때 물이 너무 마시고 싶었지만 꾹 참았는데, 나중에는 더 이상 버티기가 어려울 만큼 탈진하였다고 한다. 어느 큰 스님께서 '철도국이 우리 조계종 때문에 먹고 산다.'고 할 정도로 전국 각지에서 많은 스님이 올라와 동참하였다.

보인스님은 1952년 8월 대성암에서 2안거를 성만하고 다시 견성암에서 1961년까지 정진하다가 1962년 해미 개심사 강원총무로 부임하여 1970년까지 맡은 바 소임을 다하였다.[48]

위의 인용한 글에서 보듯이 '철도국이 우리 조계종 때문에 먹고 산다.'고 할 정도로 전국의 조계종도들이 상경하여 정화운동에 모두 동참했다고 해도 과언이 아니었다고 한다. 예컨대 견성암의 비구니 법령은 尹法衡(1921~2001)과 제석 등과 함께 노쇠한 승려를 제외하고 상경하여 참여하였다.[49] 뿐만 아니라 陳快愈(1907~1974)는 속리산 수정암 입승인 金淨行(1904~1980)과 함께 속리산에서 대전역까지 걸어가서 기차를 타고 상경해 참여했고[50] 李仁弘(1908~1997)은 태백산 홍제사의 문도들을 이끌고 정화에 참여했다.[51] 또한 金道鍊(1911~2004)은 윤필암에서 수행하다가 기차 기관실에서 승차하면서 까지 상경하여 참여하였고[52] 구례 화엄사에서 수행하던 成觀晶(1937~)은 자호, 종현과 함께 서울에 올라가 정화에 참여하였다.[53] 이들은 위에서 언급한 朴寶仁(1924~2004)이나 다음에 인용한 金道鍊 처럼 당시 비구니들은 단식투쟁에 적

---

48) 한국비구니연구소, 『한국비구니수행담록』 상, 寶仁(1924~2004)스님, 448쪽.
49) 「덕수스님, 보인스님, 정화스님 비구니, 잊혀진 정화의 공로자들」(1998년 1월 20일 수덕사 견성암 인터뷰), 『22인의 증언을 통해 본 근현대불교사』, 선우도량 한국불교근현대사연구회, 2002, 279-280쪽. ; 한국비구니연구소, 『韓國比丘尼修行談錄』 上, 寶仁(1924~2004)스님, 448쪽.
50) 하춘생, 『깨달음의 꽃』 2, 2002, 136쪽.
51) 한국비구니연구소, 『한국비구니수행담록』 상, 仁弘(1908~1997)스님, 500-501쪽.
52) 위의 책, 중, 道鍊스님(1911~2004), 155쪽.
53) 한국비구니연구소, 1999~2000년 녹취 취재자료, 관정스님.

극 참여하였다.

> 스님은 앉아서 물도 마시지 않고 단식을 하는데 사흘이 지나자 몸에서
> 너무 냄새가 나서 "몸에서 썩은 냄새가 난다"고 하시니 다른 스님들께
> 서 물을 먹었냐고 물어서 물을 못먹게 해서 안 먹었다고 하니 죽을려고
> 그러냐며 몰래라도 물을 먹어야 한다고 했다고 한다. 단식을 풀고 대중
> 이 죽을 먹을 때 스님께서는 사흘 동안 물 한모금도 마시지 않았기에 죽
> 을 두 숟가락도 넘기지 못하셨다.[54]

그야말로 죽음을 두려워하지 않고 청정불교계를 만들겠다는 고귀한 정신의
발로이다. 그리하여 단식 투쟁 5일째 되는 날인 6월 13일 희찬, 김지월, 현극,
종수, 운영, 성덕, 혜종 등의 비구와 本賢, 正行, 妙明 등의 비구니들이 위독
하여 병원에 입원하기도 하였다.[55] 특히 비구니 심범현은 위독한 상황에 처하
기도 하였다.

> 비구승들의 단식기도 五일째인 十三일 오후 十一명의 비구승과 비구니
> 가 실신함으로써 十시 수도경찰병원에 입원시켰다. 실신한 비구승은
> 김성덕(十七)씨 외 十명이며 그 중 三명이 비구니이었는데 특히 비구니
> 심범현(六四)씨는 특히 위독상태이므로 '링겔' 등으로 응급치료를 하였
> 다.[56]

그리고 1955년 6월 23일 전국승려 준비위원 66명 가운데 비구니 이인홍, 정
수옥, 박혜연, 정성문, 박혜옥, 정금광, 김혜진이 선출되었고, 이러한 비구니

---

54) 위의 책, 中, 道鍊스님(1911~2004), 155쪽.
55) 한국불교승단정화사 편찬위원회, 『한국불교승단정화사』, 422쪽.
56) 《경향신문》 1955. 6. 15. 失神者 續出의 斷食場 比丘僧尼 11名을 警察病院에 收容.

들의 정신과 실제 참여활동 때문에 비구니에게도 정화운동기 1/10의 종회의
원을 배석하였는데 앞서 언급한 바와같이 현재보다 그 비율이 높은 것이다.[57]
6월 29일에 개최된 비공개 간담회에도 李仁弘(1908~1997), 강자호, 李惺牛
(1918~현)가 비구니계를 대표하여 참여했다.

  그리고 역사상 최대의 인원인 900여 명이 참여할 것이라던 전국승려대회에
는 전국의 비구니가 상경하였다고 한다.[58] 같은 해 8월 비구승대회에 423명
의 비구니가 250명의 비구와 함께 참여했다.[59]

> 비구승단에서 개최하는 전국승려대회는 二일 상오 십시 당국의 제지에
> 도 불구하고 이청담(李靑潭)씨 사회로 약 八백명의 비구승니들이 참석한
> 가운데 개막되었다.
> 당국에서는 一일밤 오늘의 대회중지를 시달한 바 있음에도 불응하고
> 개최한 동 대회를 해산하려 하였으나 대회를 계속 진행할 것을 허용하
> 라는 이대통령(李大統領)에게 보내는 혈서와 장문의 만인소(萬人訴)를 통
> 영에서 참석한 미래사(彌來寺) 주지 소(蘇九山)씨가 공개하자 대회장은
> 승려와 신도들의 흥분에 넘친 울음소리로 충만하여 일시 수라장을 이
> 루었다.[60]

---

57) 전해주, 앞의 논문, 136쪽.
58) 「덕수스님, 보인스님, 정화스님 비구니, 잊혀진 정화의 공로자들」(1998년 1월 20일 수
   덕사 견성암 인터뷰), 『22인의 증언을 통해 본 근현대불교사』, 선우도량 한국불교근현
   대사연구회, 2002. 이 대회에 참석자는 비구 350명(동의서 440), 비구니 423명(동의
   서 140) 합 773명(184명 동의)이었다.
59) 《朝鮮日報》1955. 08. 03. 僧侶大會를 强行 集會 許可 없어서 場內 騷然. ; 김광식,
   『근현대불교의재조명』, 민족사, 2000, 401, 269, 393~397쪽. ; 박포리, 「현대 한국 비
   구니 사찰의 설립에 대한 고찰」, 『동아시아 전통에서의 한국비구니의 삶과 수행』,
   2006, 128쪽.
60) 《경향신문》1955. 08. 03. 當局勸告도 不應 比丘僧尼大會 開幕.

8월 2일 개최후에도 8월 5일 경무대 방문에 비구 河東山, 李靑潭, 朴碧眼, 蘇九山, 金智曉, 玄悟, 李貞洙와 더불어 비구니 李仁弘(1908~1997)이, 문교부 방문에 비구 金呑虛, 楊廳雨, 宋鶴根, 申韶天, 金大越, 尹月下, 金鏡牛, 白光豪, 李壽山과 더불어 비구니 鄭守玉(1902~1966)이 참여했던 것이다.[61] 8월 12일 소명자료에 의하면 전국승려대회의 회의록의 참석인원이 위임장을 포함하여 비구 430명(위임장 48명), 비구니 571명(위임장 140명)이었다.[62] 이처럼 비구니들은 비구들 못지않게 정화에 동참하였음을 알 수 있다.

이상에서 살펴본 바와 같이 적극적인 정화운동에 힘입어 40년간 대처승에게 빼앗겼던 불교계의 주도권을 되찾았음은 다음에서 알 수 있다.

> 선학원(禪學院)계 승려(比丘僧, 尼)들은 四十년간이나 대처승(帶妻僧=舊總務院) 세력에 빼앗겼던 한국불교(佛敎)의 주도권을 다시 찾고 진국 일신 一百八십 사찰(寺刹)의 새주인이 되었으나 이 많은 사찰을 수호할 주지(住持)의 부임은 그들 지도층의 심각한 고민꺼리가 되고 있다.
>
> 그들은 오랜 투쟁끝에 숙원의 교단(敎團) 주도권을 자신들의 손아귀에 넣었으나 五천명이 넘는 '대처승'들을 사찰로부터 추출하고 그 뒷자리를 메꾸기에는 너무도 힘이 미약하다는 현실에 부닥치고 말았다.
>
> 현재 '선학원'계 승려는 약 八백명(比丘僧 四〇〇名 比丘尼 四〇〇名)으로 추산되고 있는데 이들 전원을 주지로 임명한다는 것은 이지종교(理智宗敎)로 알려진 '불교'의 전도가 높은 지식과 교양을 필요로 하는 점에 비추어 도저히 불가능한 것으로 보여지고 있다.
>
> 그들은 전국에서 전통있는 六백二십三 사찰을 골라 주지를 내정하고 있으나 실제로 문교부에 인허(認許)를 신청한 것은 십구 사찰에 불과하였다는 것은 그간의 사정을 증명하는 것으로서 결국 '대처승'의 교섭은

---

61) 한국불교승단정화사 편찬위원회, 『한국불교승단정화사』, 534쪽.
62) 위의 책, 664쪽

불가피한 것으로 관칙되고 있다.

정통한 소식통에 의하면 그들은 일시에 전 사찰을 접수하려던 당초의 계획을 포기하고 모든 대처승을 포섭하게 될 것이라고 말하였다.

또한 二十일 '선학원' 대변인도 '경우에 따라서 대처승도 주지서리(住持署理)로 임명하게 될 것이라'고 언명한 바 있는데 이로 미루어 보아 '대처승'들은 아직도 승려(僧侶)로서의 생명을 계속유지 할 수 있을 것이라는 것이 일반적인 견해로 되고 있다.[63]

위의 기사에서 보듯이 대처 측에 빼앗겼던 불교계 주도권을 되찾고 180寺의 주인이 되었다. 그러나 5,100명이 넘는 대처승을 몰아내기에는 아직 힘이 미약하였다. 이는 대처승이 비구 측보다 4,200명이나 많았기 때문이었다. 그리하여 전통이 있는 623寺를 골라 주지를 내정하였으나 문교부에 신청 사찰을 인허받은 것은 19寺에 불과하였다. 그런 가운데 비구니들의 사찰이 종단 차원에서 처음으로 분배되었다.[64]

1959년 종단에서는 정화운동 당시 살신성인의 정신으로 참여한 비구니 스님들의 노고를 치하하며, 전라도 지역에서는 仙巖寺를 비구니스님들에게 내어주고, 경상도 지역에는 桐華寺에 비구니총림을 내주었다.

성경스님은 이후 2년동안 동화사에서 생활하였다. 그러나 중앙 종단에서 비구스님들이 내려오면서 동화사 강원이 폐지되고 동화사에 상주하

---

63) 《동아일보》 1955. 08. 22. 대처승 포섭 불가피 선학원측, 주지인선에 부심.

64) 1955년 10월경 대처승 1,000개 사찰 중 450개 사찰을 접수하였다. 비구니들도 사찰을 접수하였는데 현재 선원의 모태가 되고 있다. 덕수의 구술에 따르면 비구 측 지방사찰 주지임명 접수는 운문사(묘전), 천은사(혜운) 선암사였다고 한다.(「덕수스님, 보인스님, 정화스님 비구니, 잊혀진 정화의 공로자들」(1998년 1월 20일 수덕사 견성암 인터뷰), 『22인의 증언을 통해 본 근현대불교사』, 선우도량 한국불교근현대사연구회, 2002.)

던 비구니스님들은 뿔뿔히 흩어지게 되었다. [65]

특히 1955년 鄭性文(1893~1974)은 비구니로서는 최초로 本寺인 桐華寺 주지에 취임하였다. 즉 대구 桐華寺를 全國比丘尼叢林으로 개설하기 위해 도량으로 인수하였다. 당시까지 비구니가 교구본사 주지에 참여한 사례는 전무하다. 총무부장은 李仁弘(1908~1997), 교무부장은 金法一(1904~1991)[66], 재무부장은 정안이 맡게 되었다. 그리하여 동화사 비구니 총림에서는 1년간 80명이 함께 수행하였다고 한다. [67]

그 만큼 정화운동에 있어서 비구니의 공로가 인정되었던 것이라고 볼 수 있지만 당시 교단사정으로 청도 雲門寺와 맞바꾸게 되었다. [68] 그리하여 동화사 비구니총림에서 수행하던 비구니들은 경주 분황사, 태백산 홍제사, 선암사 등으로 뿔뿔이 헤어지게 되었다. [69] 이는 실로 불교계에 있어서 비구니의 위상과 관련된 단적인 표상이라고 아니 할 수 없다.

1957년 불교정화운동 당시 수인노스님께서는 권속들을 데리고 동화사
로 거처를 옮겨 불교정화운동에 동참하셨다. 동화사의 정화가 끝나자

65) 한국비구니연구소, 『한국비구니수행담록』 중, 晟鏡(1941~)스님, 506쪽.
66) 1953년 동화사비구니총림과 1954년 운문사 비구니 강원교무국장을 역임한 스님은 1953년 9월 조계종 중앙종회의원에 피선되어 수년 동안 비구니승가교육에 많은 관심을 기울였다. 1955년 9월 5일 주지로 부임한 대원사는 거의 폐허가 된 절이었다. 대작불사의 원력을 세우고 그 면모를 일신하기까지 스님의 원력보살의 삶 그 자체였다.(한국비구니연구소, 『한국비구니수행담록』. 상, 法一(1904~1991)스님, 376쪽.) 법일이 정화후 대처승과의 싸움에서 승소하는 등 비구니도량으로 가꾼 사실에 대해서는 하춘생, 『깨달음의 꽃』, 여래, 1998, 257쪽을 참조하기 바람.
67) 한국비구니연구소, 『한국비구니수행담록』 중, 경주스님, 151쪽.
68) 본각, 「원허당 인홍선사와 비구니승가 출가정신의 확립」, 『한국 비구니의 수행과 삶』, 329쪽.
69) 한국비구니연구소, 『한국비구니수행담록』 중, 경주스님, 151쪽.

노스님은 표충사에 가서 3개월 정도 머물다가 다시 운문사로 거처를 옮겼다. 그 당시 운문사에는 대처승들이 거주하고 있었다. 노스님이 들어가시면서 운문사에도 정화의 바람이 일어나자 대처승과 비구니스님들이 부처님 말씀을 배울 수 있는 장을 마련하셨다. 그리고 길고 어려운 갈등 끝에 마침내 대처승들이 운문사를 떠나게 되었다.

노스님은 가까이 지내던 부산 소림사 금광 노스님을 모시고 와서 주지 소임을 맡게 하시고 당신은 총무 소임을 맡으면서 운문사를 비구니도량으로 가꿔나가셨다. 그리고 이후 10여년간 운문사 소임을 맡으셨다. … 대처승들과 긴 갈등을 겪으면서 사중의 경제는 극도로 피폐해졌고 노스님께서 운문사 대중을 외호하는 소임을 살고 계셨기 때문에 스님도 노스님을 도와 대중을 외호해야 했다.[70]

위의 글에서 보듯이 정화후 비구니들의 사찰운영은 쉽지만은 않았다. 그러한 사례로 서울 개운사의 경우를 들 수 있다.

정화이후 개운사는 비구스님들의 뒤에서 묵묵히 실질적인 힘을 위해 정화를 이룩해낸 비구니스님들이 살게 되었다. 서울에서 재정이 튼튼한 사찰중의 하나로 손꼽혔던 개운사는 당시 주지였던 대처승의 횡포가 심하기로 유명했다. 이리하여 개운사의 큰 방에서는 비구니스님들

70) 한국비구니연구소, 『한국비구니수행담록』상, 妙全(1938~2004), 627쪽. 당시 이런 상황에 대한 구술을 소개하면 다음과 같다. 즉 수인스님은 정화이후 팔공산 동화사 비구니 총림에서 운문사로 옮겨오면서 소임을 맡았는데 대처승이 휩쓸고 간 운문사는 폐허가 되었다. 1955년 스님은 운문사 주지직을 맡아 직접 후학의 도제양성을 위해 강원의 도제양성을 위해 강원교육 체제를 신설하면서 각종 불사에 전념하였다. 그러던 중 대처승의 모함과 소송제기로 법정에 세 번이나 서게 되었다. 마지막 재판 대에는 승소한 줄도 모르고 그 자리에서 합장한 채로 관음 주력 삼매에 들었다고 한다. 굴뚝 하나도 온전하지 못했던 운문사를 새로운 청정도량으로 가꾸어가는 데는 수 년의 세월이 걸렸다. (한국비구니연구소, 『한국비구니수행담록』上, 守仁(1899~1997)스님, 114쪽.)

이 발우공양을 하고 대처승들은 사무실 쪽에서 밥을 지어먹으며 살게
되었다. 당시 개운사의 주지소임은 덕수스님의 사형이신 덕문스님이
맡았다.
　덕문스님은 소임을 사는 기간 동안 요사채를 짓고 법당을 짓기 위한 터
를 닦아놓았다. 이는 전후 불교역사에 불사의 원력을 더하여 도량 가꾸
기에 전념을 쏟은 비구니들의 역량을 여실히 반영하는 대목이다. 이렇
게 비구니스님들의 개운사 도량중창의 역사가 이루어지는 동안에도 대
처승들의 횡포는 끊임없이 계속되었다.[71]

　이와 같이 정화운동에 적극적으로 참여하였던 德修의 사형 德文이 대처승
의 횡포속에 비구니도량으로 가꾸어 갔음을 알 수 있다. 그러한 가운데 비구
니 사찰의 주지 취임과 더불어 선원과 강원을 일구기 시작하였다.[72] 선학이 이
미 지적한 바와 같이 비구니들이 강원교육을 받을 수 있는 환경이 조성된 것
은 해방 이후이다. 1956년 경봉스님을 모시고 동학사에 비구니 전문강원을 설
립하면서 비구니 강원교육은 활기를 되찾기 시작하였다. 당시 비구니 강사는
경봉, 호경, 대은 등이었고 거기에서 배출된 비구니들이 다시 비구니 강원을
설립하여 교육을 하게 되었다.[73]
　최초의 비구니 법사인 鄭金龍(1892~1965)은 정식으로 비구로부터 강맥을 받
은 최초의 비구니이고 1958년 자신의 가르침을 광우에게 전수했다. 이는 비
구니가 비구니에게 전한 최초의 강맥이다. 鄭守玉(1902~1966)은 최초로 강사의
지위를 가진 비구니로서 해방전 유일한 비구니 강사였다.[74] 李永春(1894~1993)
은 30세에 당대 최초의 비구니 화엄 법사가 되었고 鄭淨行(1902~)은 최초의

71) 한국비구니연구소, 『한국비구니수행담록』 상, 덕수스님, 477~479쪽.
72) 이에 대해서는 수경스님과 해주스님의 앞의 논문을 참조하기 바람.
73) 수경, 「한국 비구니강원 발달사」, 『한국비구니의 삶과 수행』, 전국비구니회, 2007.
　　17~18쪽.
74) 박포리, 앞의 논문, 126쪽.

비구니 전계사이다.

1956년 李妙嚴(1931~)이 경봉으로부터 전강을 받았는데, 이는 비구니가 처음으로 비구에게 전강을 받은 사례이다. 그 후 鄭泰鏡(1930~)이 1945년 해인사 삼선암에서 비구니 鄭性文에게 출가하여 1957년 운문사에서 만우로부터 전강을 받았다. 全明星(1931~)이 1958년 선암사 성능으로부터 전강을 받았고 韓智賢(1933~)이 1960년 범어사에서 대은으로부터 전강을 받았다.

동학사 강원이 설립된 이후인 1960년대 비구니 강원에서 교육을 받았으며, 비구에게 전강을 받은 비구니는 19명이다. 그 가운데 5대 강원인 동학사(1956)의 鄭一超(1943~), 운문사(1958)의 全明星(1931~), 봉녕사(1974)의 李妙嚴(1931~), 삼선승가대학(1978)의 朴妙洵(1946~), 청암사(1987)의 朴志炯(1947~)이 승가대학을 책임지는 학장으로서 비구니교육을 지휘하고 있다.[75]

그러나 이러한 비구니의 총림건설시도와 사찰운영, 비구니전문 강원과 선원을 설립하는 등 비구니 도량을 중심으로 청정 불교계를 일구어가고 있었지만 대처 측와의 대립은 쉽게 끝나지 않았다. 그 대표적인 사건이 바로 1956년 6월 15일 서울지방법원의 '종헌 등 결의 무효 확인에 관한 판결문(民 제1326호)'으로 비구 측의 제 2종헌이 무효로 선고가 되자 비구 측은 이에 불복하여 서울고등법원에 항소하였던 것이다.

불교 내의 분규재연은 불가피하게 되어 비구 대처 양측의 대결은 심각한 모습을 새로 나타내기 시작하였는데 二十八일로서 비구승들이 입주하고 있던 조계사(曹溪寺)를 점거한 대처승들은 조계사라는 간판을 떼고 태고사(太古寺)라는 간판으로 복구시켜 종무(宗務)를 三十일 부터 개시하였다.[76]

75) 수경, 앞의 논문, 28쪽. ; 해주, 앞의 논문, 138쪽.
76) 「덕수스님, 보인스님, 정화스님 비구니, 잊혀진 정화의 공로자들」(1998년 1월 20일 수덕사 견성암 인터뷰), 『22인의 증언을 통해 본 근현대불교사』, 선우도량 한국불교근현

한편 법원 판결에 의하여 부득이 조계사에서 물러나온 비구승 측은 三十一일 전국 각처에 산재하고 있는 비구승니에게 시급 전보를 치고 급거 상경할 것을 통보하여 대처승 측을 상대로 새로운 각도로 투쟁을 전개할 준비 공작을 취하고 있다. 그런데 이번 재연된 불교분쟁은 비구승측이 일시 불교 주도권 장악하던 一년 전보다 확대된 기세를 보이고 있는데 대처승측은 지난 二十七일자 서울지방법원에서 가처분 결정이 있자 태고사(太古寺)를 비롯한 해인(海印), 통도(通度), 범어(梵魚) 등 三대 사찰과 三十개 본사의 운영권도 장악하게 되어 대처승측 주지를 배치하고 있다는 것이다.

그리고 지방에서 급거 상경 통보를 받은 비구승니들은 三十一일 저녁까지는 전원이 서울에 도착될 것으로 전해지고 있는데 이들 비구승니들은 안국동(安國洞)에 있는 선학원(禪學院)에 일단 집결되어 투쟁방법을 결정할 것이라고 전하여지고 있는 바 이들의 투쟁방법은 관계당국에 해결책을 제시 절충하여 이것이 여의치 못할 경우에는 또 농성(籠城)과 단식(斷食) 투쟁으로 들어갈 것이라 한다.[77]

그후 3년후인 1959년 3월 22일 대법원 판결을 앞두고 비구니도 적극 참여하였다.

정화기초에 수자적 比丘僧(比丘尼)의 천여명 대처승으로 熱戰中 曹溪寺 法堂앞에 얼음 땅에 엎드려 간이 오그라들고 손발이 퉁퉁 부어 올라도 帶妻僧의 잠근 法堂門을 열때까지 꼼짝 않고 종일있던 일이나 六・七일 씩 단식기도중 三百名의 帶妻僧들의 集團습격으로 數十名이 무르팍이 쪼개지고 다리가 부러지며 갈비대가 다함께 우그러져 內出血로

대사연구회, 2002, 271쪽.
77)《조선일보》1956. 7. 31. 대처승 종무를 개시 비구 측은 지방승니 상경 지시.

죽게까지 되었고 대통령의 면회를 위하여 경무대앞 籠城쩍에 뻐스와 騎馬가 발부러 대들어도 五·六百名이 깍지끼고 꼭껴안고 한명도 움직이지 않고 결사적인 태세를 보이던 수도승은 관념적으로라도 생사에 뛰어난 정신이 아니면 그런 집단적 실행은 하지 못하는 것이다.[78]

결국 1960년 11월 23일에 5백여명 승려들이 단식에 다시 돌입하게 되었는데 다음 날인 11월 24일 지방인 부산 시내 중심가인 광복동, 중앙동, 동광동, 창선동 일대에서 비구니들도 비구와 더불어 약 3백여명의 시위가 열렸다.[79] 그 다음 날인 1960년 11월 25일 대법원 판결에 항의하여 비구·비구니들이 대법원 청사에 난입하는 일이 발생하였다. 이에 대해서 당시 일간지는 다음과 같이 적고 있다.[80]

사법사상 전대미문의 混亂惹起 사백여명이 마구 란동 20명부상 경찰, 충돌 끝에 모조리 련행 判決에 불만 품고
'불교분쟁사건'에 대한 대법원판결에 불만을 품은 비구승·비구니 및 신도 四백여명이 二四일 하오 대법원 청사에 난입, 긴급 출동한 경찰관 三百여명과 충돌하여 대법원, 서울고법, 대검, 서울고검 및 서울지검을 포함하고 있는 법원청사는 사법사상 전대미문의 대혼란을 일으켰다. 이 난입사건으로 승려 六명이 할복하여 중상을 입고, 충돌로 경상을 입은 자는 二〇여 명에 달하며 법원, 경찰의 사무는 약 二시간 동안 계속된 수라장 상태로 거의 중단되고 말았다.
이날 하오 三시 二〇분경 극렬분자로 보여지는 비구승 六명이 대법원

---

78) 《동아일보》 1959. 3. 22. 불교정화의 긴급문제…대법원 판결을 앞두고(상). 김일엽도 당시 상황을 신문기고에 같은 내용을 지적한 바 있다.(《동아일보》 1959. 3. 22. 불교정화의 긴급문제…대법원 판결을 앞두고(상)).
79) 《동아일보》 1960. 11. 24. 비구승니 데모 대처승 물러가라고.
80) 《동아일보》 1960. 11. 25. 여섯 명이 할복극.

장실에서 裵廷鉉대법원장 직무대행 대법관을 만나 대법원의 판결에 항
의하려다 면담을 거절당하고 할복 중상을 입자 '승려 一명이 죽었다.'고
와전되어 하오 三시 五〇분경 曹溪寺에서 단식하던 비구승 중 三五〇
여 명과 비구니 및 신도들 五〇여 명. 도합 四백여명이 光化門 시청 앞
을 통과하여 일부는 차로, 일부는 도보로 법원청사까지 집결한 다음 '
우리도 전부 다 같이 죽자. 대법원은 돈먹고 대처승에 유리한 판결을
내렸다.'는 등 구호를 외치며 법원구내에 난입하였던 것이다.
이들 중 약 반수는 법원청사 안으로 난입. 나머지 약 반수는 법원청사
앞마당에서 기타 경찰관에 의하여 제지되어 경찰에 욕설까지 퍼부었던
것이다. 이 사태는 경찰이 이들 전원을 연행함으로써 二시간 후인 하오
五시 반경에 완전히 강제 해산되었다.[81]

　당시 비구 · 비구니들이 법원의 판결에 대항하여 대법원 청사에 진입하였
고, 특히 당일 대법원 진입시 月呑, 도전, 性遇, 권진경, 李道明, 性觀 6명의
비구가 할복을 기도하면서 주장을 펼쳤다.[82] 당시 6비구의 할복소식을 들은
비구와 더불어 비구니들도 서소문 청사로 향하는 등 비구니들도 적극 참여하
였다. 예컨대 비구니 덕수는 3층 사무실로 올라가다가 경찰의 곤봉에 맞아 1
층으로 떨어졌고[83] 거기에 참여한 승려들은 시내 11개 경찰서에 분산 수용되
었는데 경찰서 안에는 승려들로 발 디딜 틈이 없었다고 한다.[84] 특히 나이어
린 비구니 2명과 노쇠한 여신도 2명이 석방되었지만[85] 비구니 현진은 9일간

81)《동아일보》1960. 11. 25. 比丘僧 大法院 廳舍에 闖入.
82) 최근에 할복 6비구 중 한 인물인 성준선사의 열반 30주기 추모학술대회가 신흥사와 계
　 간 불교평론 주최로 설악산 신흥사 열렸던 것은 매우 고무적이라고 하겠다.
83) 한국비구니연구소, 『한국비구니수행담록』 상, 덕수스님. 477~479쪽.
84) 11월 26일 비구 133명에게 영장이 발부되었다고 한다.
85)《경향신문》1960. 11. 27(朝). 四名을 釋放 나이어린 比丘尼等.

이나 감금되기도 하였다.[86)]

그리고 견성암의 덕수(1922~현) 등은 서울 대비원에 주석하면서 비구의 뒷바라지를 하였고[87)] 대처승들과의 싸움에서 제일 앞에 나아가 싸웠다. 덕수는 입적한 덕문과 함께 박정희 대통령의 장모인 대각화보살과 인연이 깊었고 그러한 인연으로 비구승 측의 탄원서를 박대통령에게 직접 전달하는 역할을 하였다.[88)]

박대통령 장모 대각화보살과 덕수의 은사가 친밀하였는데 박대통령에게 탄원서를 제출할 때 덕수와 덕문이 도맡아 하였고 채벽암이 쓴 탄원서를 덕수가 전달하였던 것이다.[89)] 그리고 덕수의 올케 친정동생인 김성한 동아일보 논설위원에게 정화운동의 보도를 의뢰하였다.[90)] 혜춘의 부친이 판사였는데 법원의 문제를 도움받았다.[91)]

그 후 2년이 지난 1962년 2월 21일에 열린 불교재건비상종회에서는 비구 측은 불교의 전통을 살려 종단 구성을 비구 · 비구니 및 신도에 국한하며 대처승은 도저히 승려로 인정할 수 없다고 주장하였다. 그러나 그 밖의 대우 즉 포교사 등으로 인정해 준다고 주장하고 있는데 반하여 대처 측은 종단을 僧尼 및 신도로 구성하고 승니는 수행승과 교화승으로 나누어 대처승을 교화승으로

---

86) 한국비구니연구소, 『한국비구니수행담록』 중, 玄眞(1937~현)스님. 477~478쪽.

87) 위의 책, 현진스님. 현진은 운동의 주동자가 청담이라는 사실을 말했으면 금방 풀려 났을 수 있었음에도 말하지 않아 비구니로서 유일하게 서대문경찰서 유치장에 9일이나 감금되었다. 이렇듯 정화운동의 주역이라고 평가받고 있는 청담을 곁에 시봉한 스님들 가운데 비구니들이 적지 않았다. 그 대표적인 비구니로 도문(1942~) 등을 들 수 있다.(위의 책, 도문스님.)

88) 「덕수스님, 보인스님, 정화스님 비구니, 잊혀진 정화의 공로자들」(1998년 1월 20일 수덕사 견성암 인터뷰), 『22인의 증언을 통해 본 근현대불교사』, 선우도량 한국불교근현대사연구회, 2002, 263쪽.

89) 위의 책. 27~276쪽.

90) 위의 책, 275쪽.

91) 하춘생, 『깨달음의 꽃』 2, 여래, 2001, 67쪽.

인정해야 한다고 주장하였다.[92]

이러한 비구니들의 적극적인 노력으로 1964년 11월 28일 29일 양일에 걸쳐 興天寺에서 열린 중앙종회에서는 정기총회를 열고 남녀교도 출신의원 12명과 비구니의원 5명을 뽑았다.[93]

그러나 정화운동의 막바지에 들어선 1969년 정화운동에 있어서 핵심이자 선봉에 섰던 靑潭淳浩(1902~1971)가 1969년 8월 12일 조계종을 탈퇴하는 일이 벌어졌다.[94] 8월 24일 禪學院 중심의 蔡碧岩(禪學院長 · 東大재단이사장), 耘虛(동 국역경원장), 梵香(불국사 주지), 徐京保(동대불교대학장)와 더불어 수덕사 비구니 金一葉(1896~1971) 등 44명은 전국비구승니대표자대회를 발기로 靑潭淳浩의 종단 탈퇴의 경위 청취, 종단 비상사태의 수습방안 토의, 종단 정화 진전 상황 재검토 등 안건을 놓고 사태수습을 위한 구체적 해결책을 논의하기로 하였다.[95]

이렇듯 정화기에 비구니의 역할은 지대했다고 볼 수 있는데 정화운동과정과 그 후 비구니의 위상의 변화에 대하여 살펴보기로 한다.

우선 정화운동을 전개하는데 있어서 비구를 중심으로 이루어졌다는 것은 전국비구승대회라는 명칭에서 읽을 수 있다. 그러나 비구니의 역할과 그 위상이 중요하게 되면서 제3회에 전국비구 · 비구니대회라고 하여 그 명칭이 바뀌었다가 아예 전국승려대회로 명칭을 변경한 사실에서 단적으로 알 수 있다.

그리고 정화운동기 당시 비구는 400명, 비구니는 2~300명인데 반하여 대처승은 7,000명 정도였기 때문에[96] 수적으로 불리하였을 것이다.

---

92) 《동아일보》 1962. 02. 22. 양측 시안 상반 새 종헌을 심의중인 불교재건비상종회.
93) 《동아일보》 1964. 11. 30. 사부대중도 임원에 조계종 定總서 선출.
94) 《조선일보》 1969. 08. 24. 재연된 불교분쟁 다시 술렁이는 종단 안팎.
95) 《조선일보》 1969. 08. 24. 잡음속 비구승대회.
96) 김광식, 『근현대 불교의 재조명』, 민족사, 2000, 419쪽.

1954. 9. 28 제 2회 전국비구승대회(2일간) 선학원
         146명(비구 116, 비구니 30명)
1954. 12. 27.정화대책안 서명(비구 366, 비구니 441, 합 807명) 익일에
         치안국전달
1955. 5. 16. 조계사 단식
         비구 119, 비구니 179, 신도 50, 합 347명
1955. 8. 2.   전국승려대회 개최
         참석자 비구 350(동의서 44), 비구니 423명(동의서 140),
         합 773명(184명 동의)

제 2회 전국비구승대회에는 전체 146명 가운데 비구니가 30명정도 참여했으나 정화대책안에 서명한 것은 비구니가 75명이나 더 많았으며 조계사 단식 기도에 참여한 것도 비구니가 60명이나 더 많았다. 전국승려대회에서도 마찬가지로 비구니가 더 많이 참여했다.

비구니들의 정화에 대한 적극적인 참여 사례를 들면 다음과 같다. 수덕사 견성암에서는 노쇠한 비구니 외에는 다 참석했다거나[97] 법일과 그 문도가 다 참여했다는 것,[98] 그리고 이인홍과 그 문도들이 다 참여했다는 것이다.[99] 비구니들의 정화운동에 참여한 기록은 근대 이전과 마찬가지로 많이 남아 있지 않아 그 명단을 복원하기 쉽지 않으나 대략 적어 보면 다음과 같다.

觀晶(1937~2004), 金龍(1892~1965), 亘坦(1885~1980), 德修(1922~현), 德

97) 「덕수스님, 보인스님, 정화스님 비구니, 잊혀진 정화의 공로자들」(1998년 1월 20일 수덕사 견성암 인터뷰), 『22인의 증언을 통해 본 근현대불교사』, 선우도량 한국불교근현대사연구회, 2002, 279~280쪽.
98) 위의 책, 279~280쪽. : 한국비구니연구소, 『비구니와 여성불교』 5, 2003, 449~468쪽. ; 한국비구니연구소, 『한국비구니수행담록』 상, 寶仁(1924~2004)스님, 448쪽.
99) 한국비구니연구소, 『한국비구니수행담록』 상, 仁弘(1908~1997)스님, 500~501쪽.

文, 道鍊(1911~현), 道圓(1904~1971), 妙明, 妙雲(1921~1997), 妙典(1915~1954), 妙璨(1926~1954) 심범현, 법령 法一(1904~1991), 법형, 實仁(1924~2004), 本賢, 성경, 性文(1893~1974), 惺牛(1918~2004), 守玉(1902~1966), 守仁(1899~1997), 蓮眞(1909~1996), 仁弘(1908~1997), 一葉(1896~1971), 자호, 長一(1916~1997), 재덕, 정화, 正行, 金淨行(1904~1980), 鄭淨行(1902~2000), 제석, 종수, 종현, 陳快愈(1907~1974), 玄眞, 慧玉(1901~1969), 慧雲(1911~현), 慧眞(1924~현), 賢行(1928~2002), 慧春(1919~1998), 慧陀(1904~1974), 普覺(1904~2004, 신도대표)[100]… 등등.[101]

위의 명단은 정화에 참여한 비구니들이나 당시의 증언처럼 조계종도로서 참여하지 않은 승려는 없었다고 했다.[102] 앞서 언급한 바와 같이 문도들을 이끌고 동참하였고 나이 어린 비구니들노 참여하였다고 하였으므로 비구니들은 정화운동에 적극적으로 참여했음을 알 수 있다. 비구니들은 '일만 잘하면 된다는 생각으로 살았다. 공부는 일 다 해놓고 하겠다는 마음으로 정화의 일만 열심히 하였던 것'이다.[103] 즉 비구니들은 수적인 측면만이 아니라 적극적인 활동으로 비구 못지않게 열렬히 참여했음을 비구니들의 생생한 증언을 통해 알 수 있다. 그 가운데 두 사례를 더 들어보기로 한다.

불사를 하기 위해 우선 절 밑에 움막집을 짓고 부처님을 모시고 쉬지 않

---

100) 보각은 정화운동 당시 신도대표로 정화운동에 참여하고 후에 출가하였다. 보각에 대해서는 다음의 글을 참조하기 바람.(편집부, 「유관순열사와 3.1만세 부르고 독립자금 제공한 보각스님」, 『대중불교』 124, 1993.11. : 한국비구니연구소, 『비구니와 여성불교』 5, 2003, 415~422쪽.)
101) 위의 사항은 『한국비구니명감』과 『한국비구니수행담록』 상 · 중 · 하와 하춘생, 『깨달음의 꽃』 1 · 2, 여래 1998 · 2002를 중심으로 자모순으로 명단을 작성한 것이지만 그 외에 다수의 비구니가 있었을 것이다. 이에 대해서는 후고를 기약하고자 한다.
102) 한국비구니연구소, 『한국비구니수행담록』 상, 實仁(1924~2004)스님, 448쪽.
103) 한국비구니연구소, 1999~2000년 녹취 취재자료. 현진스님.

고 기도정진하여 2년 만에 사리탑 옆에 조그마한 탑전을 짓게 되었다. 그러던 중 비구 대처간의 치열한 분규가 있던 정화에 휩싸이게 되어 약 4여년의 소송 끝에 고등법원에서 승소를 인정받았다. 그러나 깊고 험난한 산골짜기에 불사는 쉽지 않았다. 은사인 법일스님은 발바닥이 부르트도록 탁발을 다니셨고, 총무인 행원은 손발이 얼 정도로 오직 간절한 기도로서 불사를 도왔다. 그렇게 기도를 하는 동안 1980년까지 사리전 및 탑전, 대웅전, 천광전, 원통전, 산신각 등 17여동 3백 20평에 이르는 불사를 완성해서 대원사의 사격을 갖추었다. 불보살의 가피가 아니면 이루기 힘든 일이었다.[104]

18세 때 수덕사 견성암 등 많은 선방에서 참선수행을 하였고, 39세 때는 백련사에 살고 있는 대처승을 내보내고 정화를 하며 들어와서 증·개축의 불사를 하여 현재의 모습을 갖추고 있다.[105]

　그러면서도 '스님은 충남 보덕사에서도 불사를 하시고 정화에도 참여하였으며, 많은 비구니회에도 참여를 하였지만 그저 할 일을 했을 뿐이라고만 一笑한다. 다만, 13년 동안 인조를 직접 짜서 생활에 도움이 되게 했을 뿐'이라고 했다.[106]
　이와 같이 비구니들이 정화운동에 적극적으로 참여하고 활동한 것은 한국불교의 정체성을 회복하고자 하는 일념 때문이었고 그 덕분에 정화후 최초로 비구니총림이 탄생하게 되는 것이다. 정화기 최고의 비구니 고승은 다음과 같이 말해지고 있다.

---

104) 한국비구니연구소, 1999~2000년 녹취 취재자료. 행원스님. : 한국비구니연구소, 『한국비구니수행담록』上, 행원스님, 520쪽.
105) 한국비구니연구소, 1999~2000년 녹취 취재자료. 性坦스님(1911~　). : 위의 책, 160~161쪽.
106) 위와 같음.

평생 참선수행의 정진에 몰두하였던 스님은 1954년에 일어난 불교정화
운동에도 큰 역할을 하였다. 그해 11월 3일 임시종회 참여 비구니로 활
약하였고 1955년 8월에 열렸던 전국승려대회 준비위원으로도 많은 활
동을 하였다. 당시 비구니 지도자로 정금광스님, 정수옥스님, 배묘전스
님, 배묘찬스님, 유해춘스님 그리고 이성우스님 등이 항시 거명된다.
정화운동에 끝까지 애를 쓴 분으로는 수옥스님과 인홍스님, 성우스님
이 거론된다. 또한 정화가 끝나고 대구동화사를 비구니총림으로 잠시
내주었을 때, 인홍스님이 총무부장을 맡고 성우스님이 교무부장을 맡
아 대중을 인도하기도 했다.[107]

그리하여 비구니들은 사찰을 독립적으로 운영하기 시작했으나 결과적으로
비구·대처간의 불통합이 1970년 태고종의 창립을 가져오게 되었다. 비구와
비구니의 불통합 2년뒤인 1975년 세계유일의 비구니 종단인 大韓佛敎普門
宗의 창립으로 이어졌다고 생각된다. 다행히도 1969년 우담바라회(優曇鉢羅會)
의 결성과 그 뒤를 이은 1985년 全國比丘尼會의 창립으로 비구니의 본산역할
을 하게 된 것은 그나마 매우 고무적인 일이라 아니할 수 없다.

4. 맺음말

비구니는 비구와 더불어 승단을 이끌어가는 양 날개였지만 그 존재 기록조
차 찾아보기 힘든 실정이다. 다만 중세 도성에 왕실녀와 귀족사녀의 출가도량
인 淨業院이 비구니도량의 대표적인 사례로 알려져 있을 뿐이다. 그 외에 조
선시대 도성내 20여 도량의 존재가 확인된다.

---

107) 위의 책. 惺牛(1918~2004)스님, 604쪽.

  그 마저도 성리학적 예제가 확산되어가기 시작하였던 조선 성종대 무렵 대부분 폐지되고 말았다. 당시 도심의 비구니들은 숭유억불의 산중불교시대의 도심불교의 마지막 보루이자 불교의 공식적 하한이라고 생각된다. 더욱이 억불시책이 척불시책으로 강화되어 가던 이른바 성리학적 예제시대인 현종대(1641~1674)에는 사찰에 대한 관수급제가 막을 내렸고 승려의 도성출입금지령은 조선후기 불교를 더 이상 도심지에 발을 붙이지 못하게 하였다. 향후 산속의 불교사찰시대로 들어갔다.

  다행히도 조선중기 조선불교의 중흥조로 알려진 淸虛休靜(1520~1604)과 浮休善修(1543~1615)의 문도들이 산중수행으로 불교계의 명맥을 이어갈 수밖에 없었다. 白谷處能(1617~1680)의 간곡한 상소는 이러한 상황의 흐름속에 도심불교의 마지막 보루였던 왕실원당이나 비구니도량의 폐치에 대한 저항이었다.

  다만 조선말 지방의 산속의 사찰에서는 白坡亘璇(1767~1852) 등을 비롯한 선사들의 선풍운동으로 새로운 선풍이 진작되어 가고 있었으며, 비구니들도 이들에게 공부를 배우면서 증가되고 있었고 청정 고승들이 출현하기 시작했다.

  서세동점의 시기에 승려의 도성출입금지 해제로 산중불교시대의 막을 내리는 듯 했으나 곧 일제불교의 침투로 또 다시 조선불교는 주체성과 정체성이 흔들리기 시작했다. 그러한 상황 속에서도 조선말 선풍을 계승한 鏡虛惺牛(1849~1912)와 그의 문도 滿空月面(1871~1946)을 비롯한 선사들의 禪學院을 중심으로 한 조선불교의 정체성 회복운동이자 도심불교시대와 전국불교시대의 개막이었다. 여기에도 비구니들이 동참했다. 예컨대 견성암의 俞法喜(1887~1975)를 비롯한 선풍진작운동, 鄭金光(金龍, 1892~1965), 鄭守玉(1902~ 1966), 朴慧玉(1901~1969) 3대 비구니 강백의 출현과 활동은 향후 비구니 전문 선원과 강원이 개설되는 계기가 되었다.

  해방직후부터 제기된 일제 잔재의 일소를 위한 불교도대회가 열렸을 때 비구니들도 적극 참여하였고 1947년 선풍진작운동의 최고봉을 이루고 있는 봉암사결사의 영향으로 1951년 李仁弘(1908~1997)을 중심으로 하는 비구니결사운동이 열렸다.

그러한 가운데 1950년대 이승만의 정화유시를 계기로 정화운동이 교단차원에서 본격적으로 전개되었다. 여기에서도 비구니들의 절대적 적극적 참여가 있었다. 승려대회 30명의 비구니 참여를 위시하여 경무대 시위시 선봉적 역할이나 비구보다 2배 이상 많은 비구니 참여, 정화대책안에서 비구보다 더 많은 서명 참여, 조계사 단식 정진시 적극적인 참여 등에서 단적으로 알 수 있다.

특히 鄭金光(金龍, 1892~1965), 鄭守玉(1902~1966), 李仁弘(1908~ 1997), 李惺宇(1918~2004), 李蓮眞(1909~1996), 安慧雲(1911~현), 강자호, 裵妙全(1915~2003), 裵妙璨(1926~1989), 劉慧春(1919~1998), 金一葉(1876~1951), 朴慧玉(1901~1969), 金法一(1904~1991), 鄭淨行(1902~2000) 등을 비롯한 지도자들[108]을 중심으로 비구니들의 역할과 참여로 인해 그들의 위상은 점차 높아갔다. 임시종회의원의 추가 선정(10명), 전국승려대회의 준비위원 선정(6명), 비공개간담회에 비구니 대표 참여, 경무대와 문교부 방문시 비구니대표로 참여, 전국승려대회의 종회의원 피선(7명) 등등이다. 당시 九山秀蓮(1909~1983)을 비롯한 고승들이 단적으로 比丘尼叢林의 신설이 교단에서 정식으로 제기되었고 최초의 비구니 교구본사로 동화사가 선정되어 비구니만으로 이루어진 총림운영이 이루어졌던 것은 비구니 역사상 독립된 비구니만의 불교계 운영이라 할 만하다.

다만 아쉬운 것은, 그 후 비구니 叢林인 桐華寺가 雲門寺로 자리를 옮기게 되면서 총림의 자리를 잃어버렸고 한국불교태고종의 분종이나 일부 비구니의 종단 창설(大韓佛敎普門宗)은 통합종단의 분열을 그대로 보여주는 것이었다.

그러나 비구니 전문 강원 및 선원의 확립, 비구니 전계사의 등장, 전국비구니의 창설 및 운영, 비구니 문중 계보의 확립 등등은 근세 이래 비구니 선풍운동과 현대 비구니 정화운동의 참여로 이어져 현대 비구니 불교계의 주체성과 정체성을 일구어 가는 것이라고 하겠다.

---

108) 여기서 말하는 비구니 지도자들(無順)은 대체로 종회의원이나 정화운동기 대표 등 정화운동에 대표적으로 활동했던 비구니들이다. 이들 뿐만 아니라 도연, 덕수, 심범현 등등 정화운동에 적극적으로 활동했던 비구니들도 많았다.

부처님 前上書–제 1信*

◉

法頂(승려, 시인)

───────────────
＊본 글은《大韓佛教》61호(1964년 10월 11일)에 게재된 것이다.

序章

부처님! 아무래도 말을 좀 해야겠습니다. 深山에 樹木처럼 덤덤히 서서 한 세상 없는 듯이 살려고 했는데, 無心한 바위라도 되어 벙어리처럼 默默히 지내려했는데, 이렇게 또 입을 열게 되었습니다. 이 울적한 心懷를 당신에게라도 목소리하지 않고는 답답해 배기어낼 수가 없습니다.

부처님! 먼저 저는 당신 앞에 당신을 욕되게 하고 있는 오늘 韓國佛教徒의 한 사람으로서 엎드려 참회를 드립니다. 당신의 弟子된 使命을 다하지 못하고, 오히려 당신의 이름을 팔아 無爲徒食하고 있다는 處地에서.

오늘 우리들 주변이 이처럼 혼탁하고 살벌한 것도 저희들이 해야 할 일들을 다하지 못하고 있는 데서 綠由한다는 것을 잘 알고 있습니다.

현재 韓國이라는 이 헐벗은 땅덩이 인에서 자비하신 당신의 가르침은 이미 먼 나라로 亡命해 버린 지 오래이고, 빈 절간만 남아 있다는 말이 떠돕니다. 그리고 이른바 당신의 弟子라는 이들은 마치 鬪爭堅固時代의 標木같은 群像들로 채워져 있다고도 합니다.

당신의 가사와 바루를 가진 弟子들이 오늘날 이 겨레로부터 마치 타락한 政治家들처럼 不信을 받고 있는 점에도 충분한 理由가 있을 것 같습니다. 이제 여름이 가고 가을이 짙어지고 있습니다. 가을은 結實과 收穫의 季節이라고들 하는데, 우리에게는 結實할 밑천도 거두어들일 만한 열매도 없습니다. 期待할 수도 없는 일이지만, 이 不毛의 荒蕪地에 맑은 씨앗이라도 뿌려졌으면 하는 간절한 所望에서, 저는 이제 제 주변을 샅샅이 뒤져 헤치는 作業이라도 해야겠습니다. 말하자면, 來日의 건강을 위해서 오늘 앓고 있는 自身의 질환에 대한 診斷같은 作業을──.

教育의 章

부처님!

「大韓佛敎曹溪宗」이라는 旗幟下에서는 걸핏하면 三大事業이 어떻고 하는 말을 자주 듣게 됩니다. 그만큼 그 일은 時急한 저희들의 課業입니다. 그 가운데서도 가장 緊要한 것이 당신의 慧命을 이어 받을 수 있는 人材를 기르는 敎育임은 더 말할 것도 없습니다. 사람이 없다는 이 집안이기 때문에.

그런데 이런 일들은 지금껏 입으로만 呪文처럼 외워지고 있을 뿐 實際로는 거의 無視되고 있습니다. 지금 몇몇 寺院에서 벌리고 있는 講堂이나 禪房이라는 것도 眞正한 意味에서 당신의 뜻을 이어받을 눈 밝은 「人材」를 양성하기 위해서라기보다는, 한낱 道場莊嚴 정도로 차려놓은 것에 不過한 印象들입니다.

그것은 實로 「敎育」이라는 말조차 무색하리만큼 前近代的인 遺物로서, 박물관 진열장으로나 들어가야 할 쓸모없는 몸짓에 지나지 않습니다. 거기에는 妥當한 方法論도 具體的인 計劃性도 不在합니다. 사제교육의 기초기관인 講堂에서 현재 遂行되고 있는 그 方法이란 철저하게 訓話的인, 그러니까 한문서당에서 상투를 틀고 가르치던 그 習俗을 소중하게, 너무나 소중하게 물려받고 있습니다.

한 강사가 여러 클라스를 全擔해가지고 講을 하고 있으니, 全體聽衆을 命令一下에 통솔하기는 편리할지 모르지만, 강사 자신의 육체적인 부담과 精神的인 失墜, 그리고 講 받는 사람들의 섭취할 건덕지가 얼마나 있을는지 뻔한 사실이 아니겠습니까?

그 履歷科目이라는게 李朝中葉에 비롯된 것이라는데, 지금의 형편이나 被敎育者의 知能 따위는 전혀 무리하고 또 時代的인 要求도 아랑곳없이 하나의 타성으로서 無批判하게 답습하고 있을 뿐입니다.

그것이나마 얼마 동안에 배워 마친다는 定해진 其間도 없이—. 이처럼 무모한 〈敎育?〉이 어느 다른 社會에도 있는지 모르겠습니다.

대개의 경우, 가르치는 이나 배우는 사람들이 〈종교〉가 무엇인지, 혼미한 오늘의 현실에 〈종교인〉으로서 어떠한 使命을 해야 할 것인지를, 風聞으로나마 가르치고 배웠다는 말을 들어본 적이 없습니다.

당신의 끼친 목소리를 듣기 위한 훈고적인 文字의 傳達도 필요한 일이겠지만, 적어도 그것이 現代라는 時點에서 소위 一切衆生의 길잡이가 될 인재를 기르기 위한 宗教教育이라면, 生素할 수 있는 使命感을 불러 일으켜주는 것도 哲學이 頭腦의 領城이라면, 종교는 心臟의 領城일 것입니다. 메마른 심장으로서야 自身은 고사하고 어떻게 이웃을 울려줄 수 있겠습니까?

또 당신의 弟子된 사람이 당신의 가르침에는 아예 귀를 기울이려고 하지 않고, 비좁은 자기 나름의 所見에만 固着된 이들이 적잖이 있습니다. 禪房이란 곳에서는 〈不立文字〉의 本來意味를 曲解한 듯 전혀 당신의 가르침에 대한 基礎教育도 없는 이들을 함부로 받아들여 禪 自體에 대한 誤解마저 초래케 하는 수가 흔히 있습니다.

禪이 修行의 究極目的이 아니고, 그것이 깨달음(覺)으로 向한 한낱 方便일진대, 보다 탄력 있는 視野쯤은 갖추어도 좋지 않겠습니까? 더구나 첫 門에 들어선 初發心者에게 있어서는―.

〈莫字知解〉라는 말과 배우지 않아 아무것도 〈모른다〉는 말과는 그 軌가 분명히 다른 줄 압니다.

흔히 習禪者가 禪에 〈感〉하기보다는 禪에 〈着〉하기가 일쑤이고, 따라서 종교인으로서는 상상조차 할 수 없는 배타적이고 獨善的인 壁 속에 스스로를 가두면서도, 그것으로서 오히려 自樂을 삼는 것은 모두 이러한 결함에 그 重要한 원인이 있는 것 같습니다.

부처님!

당신이 만약 오늘 이 社會에 계신다더라도 당신의 제자들을 이렇게 무모한 방법으로 가르치시겠습니까?

어설픈 化身들

이러한 教育以前의 不合理性 때문에 이 나라의 市井에 있는 절간에 가면 奇異한 現象이 있습니다.

젊은 우리 沙彌僧들이 그늘진 表情으로 二重生活을 하고 있는 것을 흔히 목격합니다. 절에서는 치衣를 입고 절문 밖에서는 俗衣를 입는―. 마치 낮과 밤을 사이하여 치장을 달리하는 박쥐라는 動物처럼. 佛前에서 목탁을 치던 한낮의 손이 해가 기울면 學館의 門을 열고 있습니다. 배우고 싶은 一念에서 이처럼 어설픈 化身을 다투게 된 것입니다. 그들의 왕성한 向學의 욕구를 절간에서는 채울 수가 없기 때문입니다.

또 그들 學究의 出路란 대개 떳떳한 것일 수가 없습니다. 三寶에 바친 淨財가 流出될 수도 있을 것이며, 〈낫을 익혀 둔〉 信徒들이 떨치고 간 紙幣에 依存하는 수도 없지 않을 것입니다. 그러나 佛徒가 돈을 쥐어줄 때 그것으로서 世俗의 業을 익히라고 내놓지는 안했을 것입니다. 순수할 수 없는 造業으로 그 健全한 廻向을 바랄 수는 없습니다. 잘못하면 주는 편이나 받는 편이 함께 墮地獄의 業만 익히게 될 것입니다.

부처님!

모처럼 어린 마음으로 求道의 門 안에 들어섰던 그들이 道業을 이루기에 앞서 다시 俗을 기웃거려야 한다는 것은 슬픈 일입니다.

山寺에서 간신히 履修課程을 마친 學人들이 外典을 갖추기 위해서라는 名分 아래 下山한 뒤로는 거의가 不歸의 僧이 되고 맙니다. 이러한 數는 날이 갈수록 늘어만 가고 있습니다. 未來를 期待했어야 할 젊은 世代間에―.

이와 같은 不愉快한 現象이 어찌 그들만의 탓이겠습니까? 이런 일을 언제까지고 모른 체 하고만 지낼 수가 있겠습니까?

잘못된 너무나 잘못된

부처님!

이런 어처구니없는 일도 있습니다. 요즘 한국불교계에는 「急造僧」이란 前代未聞의 낱말이 나돌고 있습니다. 僧侶라며는 一般의 指導的인 立場에 서야 한다는 것은 너무나 당연한 常識입니다. 그런데 그 資質如否는 고사하고 一定한 修業도 거치지 않고 활짝 열려진 문으로 들어오기가 바쁘게 削髮과 衣鉢交替가 너무나 신속하게 進行되고 있습니다.

그래서 당신의 弟子로서의 品位나 威信이 말할 수 없이 진흙탕에 깔리고 말았습니다. 落後된 經濟社會에서 不渡가 나버린 空手票처럼―.

더구나 이들이 寺院을 主管하게 되는 경우가 적지 않으니 그저 한심스러울 뿐입니다. 그들이 언제 修道 비슷한 거라도 지를 겨를이 있었겠습니까? 그러기에 家出以前의 世俗的인 行動擧止가 그대로 殘存될 따름입니다. 그래서 新聞의 三面에서는 가끔 「似而非僧」이란 紀事거리와 더불어 세상의 웃음을 사고 있습니다.

다른 한 편 어떤 寺院에서는 처음 入山하려는 사람의 學歷이 學部出身이거나 좀 머리가 큰 사람이면 더 들을 것도 없이 문을 닫아 버립니다. 무슨 자랑스러운 家風이나처럼.

거절의 理由인 즉 콧대가 세서 말을 잘 안 듣는다는 것입니다. 이것은 表面的인 구실에 지나지 않고 사실은 다루기가 벅차서 일 것입니다. 우선 知的인 수준이 이쪽보다 優勢하기 때문에 하나의 劣等意識에서 拒否하는 것입니다.

그 한 反證으로서 人間的인 기본 교양도 없는 만만한 年少者는, 그나마 勞動力이 필요할 때를 타서 받고 있는 實情이니 말입니다. 부처님! 이와 같이 求道者로서의 資質과 未來像이란 전혀 찾아볼 수도 없는 우매한 고집들이 修道場을 經營하고 있는 동안, 당신의 가르침인 韓國佛敎의 表情은 갈수록 암담할 수밖에 무슨 길이 있겠습니까? 〈惡貨가 良貨를 驅逐한다〉는 그레샴의 법칙이 오늘 우리사회에서는 너무나 肥大하게 설치고 있습니다. 얼마 전에 宗團의 議

決機關인 中央宗會에서는 몇 군데 計劃的인 修道場으로서 叢林을 두기로 했다지만, 이러한 無秩序가 健在하고 있는 素地에서 우리는 무엇을 더 期待할 수 있겠습니까?

부처님 前上書-제 2信*

◉

法頂(승려, 시인)

＊본 글은《大韓佛敎》62호(1964년 10월 18일)에 게재된 것이다.

黃色椅子

부처님!

세상에서는 「벽감투」란 말이 있습니다. 설명할 필요도 없이 資格없는 사람에게 갑자기 얻어걸린 높은 벼슬을 말한 것입니다. 그것이 세속에서는 五慾 중에 하나라는 것도 우리는 잘 알고 있습니다.

그런데 世俗을 여의었다는 당신의 제자들도 그 「높은 자리」에 앉아 버티기를 세속 사람들 못지않게 좋아하는 것을 요즈음 흔히 봅니다. 마치 그런 감투나 뒤집어쓰기 위해 이 門 안에 들어온 것처럼─. 한 번 그 자리를 차지하면 자기 분수도 돌아보지 않은 채 노랗게 탐착하고 있으니 말입니다. 政權을 탐하여 手段과 方法을 가리지 않는 저 마키아벨리즘의 무리들처럼. 말로라도 세상의 欲樂을 떠나 出家修道한다는 이들에게 무슨 「長」이 그리도 많습니까? 그나마도 솔직하지 못한 것은, 그런 일이 전혀 自意 아닌 他意에서 이루어진 것처럼 行勢하고 있다는 점입니다.

물론 個中에는 個人의 修業을 온전히 희생하고 外護에 全力을 다하고 있는 보살의 化現같은 이도 없지 않습니다. 또 오늘날의 社會構造로 보아 本意는 아니나마 그 「긴 의자」에 걸터 앉아야하고 寺院의 運營을 안할 수도 없습니다. 그러기에 기왕 護三寶의 길에 들어섰으면 어디까지나 佛弟子된 분수와 出世間的인 立場에서 사심 없이 公正하게 執務해야 할 것임에도 三寶의 정재를 함부로 탕진하고 나아가서는 승려로서의 本分을 離脫한 채 社會的으로 不美스런 物議를 일으키고 있는 事例를 우리는 그 동안 드물지 않게 보아오고 있습니다. 基本財産이 좀 여유 있거나 樹林이 우거진 절은 서로가 차지하려고 눈에 불을 켜고 날뛰는 꼴을 우리는 불행하게도 많이 보아왔습니다. 그 底意는 얼마 안가서 結果가 증명하고 있었습니다.

喜捨函을 치워라

부처님!

당신의 聖像이 모셔진 法堂에 들어서면 맨 먼저 눈에 뜨이는 것이 자비하신 당신의 〈이미지〉가 아니라, 입을 딱 벌린 채 버티고 있는 불전통(喜捨函)이라는 怪物입니다. 이 怪物의 番地는 바로 당신의 코앞입니다.

市井이나 山中에 있는 절간을 가릴 것 없이 그것은 近來寺院의 무슨 악세사리처럼 굳어져 버렸습니다.

당신이 이것을 내려다보실 때마다 얼마나 難處해 하실까를 당신의 제자들은 눈이 어두워 못보고 있는 상 싶습니다. 뿐만 아니라 한술 더 떠서 어떤 곳에서는 이런 〈看板〉까지 내걸고 있습니다.

『돈을 넣고 복을 비는 데』라고—.

四十九年 당신의 長廣舌 가운데 이런 말씀을 하신 적이 단 한번이라도 계셨습니까? 福德이라는게 화폐로써 척도할 그런 성질의 것이겠습니까?

당신의 가르침이 邪敎가 아닌 無上한 正法임에도—.

누가 보든지 낯간지러운 이 怪物은 時急히 철거되어야겠습니다. 적어도 당신의 像이 모셔진 코앞을 비켜서 만이라도—.

極樂行旅券?

부처님!

極樂行旅券을 發給하고 있는 데가 있다면 세상에서는 무슨 잠꼬대냐고 비웃을 것입니다. 그런데 이것이 저 暗黑의 계절 中世가 아니라, 오늘 당장 이 자리에 있는 일입니다. 그것도 푸닥거리나 일삼는 〈무당집〉에서가 아니라, 이 나라에서도 손꼽는 大刹들에서 버젓이 백주에 거래되고 있으니 어떻게 합니까?

〈다라니〉라는 것을 찍어서 돈을 받고 팔고 있습니다. 夜市場도 아닌데 이런 넋두리까지 걸쳐서.

『極樂으로 가는 車票를 사가시오』하고—.

당신의 옷을 입고 당신이 말씀해놓은 教理를 공부하는 이른바 당신의 제자라는 사람들이, 당신을 파는 이런 짓을 얼굴 표정 하나 구기지 않고 뻔뻔스레 恣行하고 있습니다. 이것은 邪教에서나 있음직한 惑世誣民의 所行이 아니고 무엇입니까?

부처님!

지금이 어느 때라고 이런 샤머니즘이 橫行해야 되겠습니까? 마치 中世 구羅巴에서 한 동안 致富에 餘念이 없던 살찐 가톨릭의 聖職者들이 〈免罪符〉라는 부적을 만들어 팔던 것과 너무나 흡사한 것이 아닙니까?

이것이 그 쪽에서는 宗教政策의 한 불씨가 되었다고 하지만, 오늘 이 고장에서는 이 비슷한 일이 하도 많기 때문에 感觸이 마비되어 버린 것입니다.

이러한 일로 말미암아 당신의 가르침이 이 나라에서는 가끔 억울하게도 迷信과 同系의 푸대접을 받고 있습니다.

실로 낯을 들 수 없는 일입니다.

佛事의 正體

부처님!

佛事라는 行事가 요즘에는 왜 그리도 많습니까? 걸핏하면 「百日기도」「萬人同參기도」「보살戒살림」「가사불사」, 탑에 물방울 정도 튀기는 「洗塔佛事」, 아이들 장난도 아닌데 僞造紙幣까지 發行해가면서 하는 도깨비놀음 같은 「豫修제」 등등… 이 밖에도 일찍이 보고 듣지도 못한 별에 별 희한한 佛事들이 정말 비 뒤의 竹순처럼 여기저기서 잇달아 恣行되고 있습니다. 바야흐로 佛教世界가 到來하는가 싶게—.

佛事라는 본래 뜻은 諸佛의 敎化를 가리킨 것으로서 開眼·上堂·入寂 등에 주로 쓰인 말인데, 요즘에는 흔히 僧侶들의 日用事에도 落着된 感이 없지 않습니다. 물론 지금도 佛事의 본래 뜻에 합당한 佛事가 전혀 없는 것은 아닙니다.

그러나 이 가운데에는 흔히 佛事란 이름을 내걸고 실속은 엉뚱한 데 있는 佛事 아닌「不事」를 자행하고 있는 일이 적지 않습니다. 求道者의 良心에 비추어보아 떳떳할 수 있는 法다운 佛事가 얼마나 될는지 지극히 疑心스럽습니다.

『중이 돈이 아쉬우면 멀쩡한 축대라도 헌다』는 속담이 있습니다. 결코 웃어 넘길 수만 없는 가슴을 찌르는 통절한 아이러니입니다.

그럴듯한 이름을 내건 〈法會〉라는 모임이 있을 때면, 으레 그 끝은 두둑한「勸善册」이 나돌기 마련입니다. 한꺼번에 몇 가지씩. 결코「喜捨」일 수가 없도록 半强要하는 눈초리들…

財貨를 다수 내놓으면 흔히 말하기를『信心이 장하다』고 합니다. 財貨가 信心의 바로미터일 수가 있겠습니까? 佛事라는 美名아래 信徒들은 얻는 것보다는 잃는 것이 너무나 많습니다. 솔직히 말한다면 오늘날 한국불교의 순진한 信徒들은 敎化를 입기보다는 經濟的으로 出血的인 혹심한 搾取를 당하고 있습니다.

이리하여『돈도 없는 사람은 절에도 나갈 수 없더라』는 非佛敎的인 서글픈 탄식이 나오는가 봅니다.

지금 우리나라에 있는 僧侶의 總數가 얼마나 되는지, 그 가운데서 修道에 專念하는 의젓한 求道者가 몇이나 되는지, 關係 機關인 中央總務院에서도 集計를 못하고 있는 實情입니다.

이에 反해서 布敎堂을 비롯해서 信徒들을 자주 접촉하고 있는 절간에서는 信徒의 一覽카아드가 어느 市廳의 戶籍事務 못지않게 질서 정연히 정비되어 있는 데는 놀라지 않을 수 없습니다. 극성스러운 곳에서는 카아드에 金錢出納의 記載欄까지 만들어 놓아 보는 이로 하여금 소름이 끼치도록 하고 있습니다.

부처님!

이런 짓을 布教의 使命처럼 착각하고 있는 두꺼운 顔面神經을 가진 당신의 弟子들이 許多합니다.

佛事라고 당신의 이름을 팔아 恣行되는 그 表面에는 얼마나 셈 빠른 打算이 오르내리는지, 부처님도 아시게 되면 얼굴을 붉히시리다. 속이 유릿속처럼 빤히 들여다보이는데도 이 어설픈 수작들은 休日이 없습니다.

부처님!

그리고 이런 無慈悲한 橫暴도 있었습니다. 市井에서 어떤 모임을 보면 너무나 世俗的인 動作들에 슬퍼지기까지 합니다. 그 숨 막히는 組織社會에 염증이 나서 어쩌다 당신의 門을 두드린 사람들을, 문 안에 들어서기가 바쁘게 다시 組織 속에 얽어매려는 사람들의 橫暴가, 무자비한 橫暴가 있습니다.

모처럼 찾아온 피곤한 나그네에게 앉을 자리는 고사하고 트인 길조차 막아 버려야 하다니! 싱싱하게 이끌어 주어야 할 求道의 길을 짓눌러 버려야 하다니!

더구나 이쪽이 物質的으로 여유 있다는 것을 사람들이 推覺했을 때, 그들의 食慾은 왕성하게 動해 상대방의 의사도 아랑곳없이 감투 뒤집어씌우는 이 노오란 術策! 그 잘난 〈信心〉이라는 코걸이를 미끼로 내세우면서…. 우리는 그러한 모임에서 어떻게 純粹한 宗敎活動을 기대할 수 있겠습니까?

또 요즘 항간에는 이런 어처구니없는 파라독스가 떠돕니다. 〈큰스님〉의 體重이란 法力이나 道德의 比重에 있는 것이 아니라, 돈 많은 信徒들을 얼마만큼 확보하고 있느냐에 달렸다고….

당신의 가르침을 받기 위해 歸依한 純白한 信仰人들을 마치 하나의 財源으로 착각하고 있다니….

부처님!

佛事란 말은 이 以上 더럽혀서는 안되겠습니다. 그것이 〈不事〉이어서는 안되겠습니다. 정말로 時急하고 緊要한 佛事라면, 한시바삐 이 衆生의 탈을 벗고 또한 벗겨주는 일이 아니겠습니까?

부처님 前上書-제 3信*

◉

法頂(승려, 시인)

* 본 글은 《大韓佛敎》 63호(1964년 10월 25일)에 게재된 것이다.

이 獨살이를 보라

寺院이란 그 어느 特定人의 所有거나 個人의 邸宅일 수 없다는 것은 너무나 明白한 常識입니다. 오직 修道者가 道業을 이루기 위해, 한데 모여 서로 탁磨해가면서 精進해야할 淸정한 道場임은 더 말할 것도 없습니다.

이러한 寺院이 少數의 特定人에 依해 修道場으로서 빛을 잃어가고 있는 것이 이제는 하나의 傾向을 이루고 있습니다. 자기네 〈패거리〉의 食性에 맞는 몇몇이서만 도사리고 앉아 굳게 門을 걸어 닫고 外部와의 交通을 차단한 채 肥大해져가고 있습니다. 全體修道者의 廣場이어야 할 이 修道場이―.

따라서 엄연하게 大衆이 모인 會上임에도 大衆의 意思가 無視되기도 茶飯事이며 결코 健全한 것일 수 없는 個人의 협착한 所見이 全體大衆의 이름을 詐稱하여 제멋대로 行使되는 수가 많습니다. 從來로 우리의 淸白家風인 〈大衆公事法〉이 날이 갈수록 그 자취를 감추어가고 있으니 이것은 곧 和合과 淸白性이 희미해지고 있다는 증거입니다. 그래서 圓融한 會衆이어야 할 大衆處所가 〈獨살이〉로 轉落되어 버렸습니다.

이른바 世俗을 떠났다는 이 出世間에서까지 튼튼한 빽이 없이는 방부조차 내밀 수 없게 되었습니다. 부처님!

雲水를 벗하여 훌훌 單身修道에만 專念하려던 납자들이 늙고 병든 몸을 이끌고 定着할 곳이 없어 여기저기 彷徨하고 있는 것을 보십시오. 所謂 獨身修道한다는 이 比丘僧團의 會上에서 淨化以前이나 다름없는 냉대를 받고 있지 않습니까. 寺院은 마땅히 修行하는 이의 집이어야 할 것임에도―. 個人과 椅子(職位)의 限界는 엄연히 區分되어야 할 것입니다. 이것은 法이 선 社會의 秩序입니다. 그런데 어떤 部流들은 이 한계마저 무시하고 個人이 의자의 힘을 빌어 權力같은 것을 神經質的으로 휘두르기가 예사입니다. 생각해보면 저녁 노을 만치도 못한 하잘 것 없는 權勢라는 것을. 더구나 諸行無常을 뇌이고 하는 이 出世間에서―.

그래서 大衆이 모인 會上에서 공부 해보겠다고 마음 내어 모처럼 찾아갔던

初學人들도 발붙일 곳이 없어 되돌아가서는 생각을 고쳐먹고 저마다 〈獨살이〉인 自己領土를 마련하기에 이른 것입니다. 自己 나름의 城廓을 구축하기에 이른 것입니다. 하여 求道의 빛은 바래져가고 使命感도 내동댕이치게 된 것입니다. 그 길이 가야할 길이 아닌 줄 알면서도, 아닌 줄을 분명히 알면서도—.

부처님!

이런 시시한 일들에 탐착하자고 저희들이 문안에 들어선 것이겠습니까? 頭骨의 크기와는 당치도 않은 감투나 뒤집어쓰고 우쭐거리자고 割愛出家한 것이겠습니까?

어서 이 混濁을

부처님!

당신에게 올리는 이 글도 이제는 그만 끝을 맺어야겠습니다. 제 목소리가 너무 높아버렸을지도 모릅니다. 아무 일 없이 조용하기를 즐기는 이들에게는 좀 시끄러웠을 것입니다. 아마 이 글을 읽은 사람이면 대개가 유쾌한 隊列에는 서지 않았을 것입니다. 제 자신부터 유쾌한 기분으로 쓸 수는 없었기에.

하지만, 언젠가는 누구의 입을 빌어서든지 이러한 自己批判쯤은 있어야 한 줄로 믿습니다. 혼탁에서 벗어나기 위해서는 歸촉途의 외침이라도 있어야겠습니다.

求道의 길에서 가장 뗄 수 없는 일이 있다면, 그것은 부질없는 虛勢로써 僞裝할 것이 아니라, 時時로 自己位置를 돌이켜보는 참悔의 作業일 것입니다. 自己反省이 없는 生活에 밝은 未來를 期待할 수는 없기 때문입니다.

오늘날 韓國佛敎가 宗敎로서의 使命을 다하지 못하고 있다는 점은 숨길 수 없는 사실입니다. 時代와 社會에 이바지할 수 없는 종교라면 그것은 何等의 存在價値도 없습니다.

　당신의 가르침이 우리 강토에 들어온 지 千六백년! 오늘처럼 이렇게 병든 적은 일찍이 없었습니다. 그 까닭은 물을 것도 없이 弟子된 저희들 全體가 못 난 탓입니다. 늘 당신에게 罪스럽고 또 억울하게 생각되는 것은 그처럼 뛰어 난 당신의 가르침이 오늘날 저와 같은 弟子를 잘못 두어 빛을 잃고 또 誤解까 지 받고 있다는 사실입니다.

　부처님!

　이 글의 첫머리에서도 밝혔다시피 저의 이러한 作業이 이웃을 헐뜯기 위해 서 한 것은 결코 아닙니다. 〈開口則錯〉이라는 말을 저는 늘 信해 오고 있는 터 입니다. 그러면서도 굳이 口國하여 한량없는 口業을 지은 것, 외람되게나마 眞理를 向해서 道程하고 싶은 저의 信念에서입니다.

　韓國佛敎의 健康은 저희들 弟子의 共通한 悲願입니다. 무關心처럼 비참한 對人關係는 없다고 합니다. 더구니 그 무關心이 求道者의 周邊에 뿌리 내릴 때 그것은 어떤 의미에서 罪악일 수도 있습니다. 一切衆生에게 주어진 당신의 慈悲가 무關心의 所産이 아니라는 것을 우리는 알고 있습니다.

　이러한 뜻에서 주제넘게 高聲으로 지껄인 것입니다. 이 혼탁을 어서 벗겨야 한다는 悲願에서 버릇없이 당신에게 호소한 것입니다.

　언제인가는 과감한 一大改革이 없이는 당신의 가르침이 이 땅에서는 永永 窒息하고 말 것이라는 것을 우리는 똑똑히 알고 있습니다. 당신이 박차고 나 섰던 저 혼미한 브라아만들에 對한 「否定의 決意」가 없고서는─.

　위의 글에서 좀 지나치리만큼 無差別한 사격을 加한 것은 우리들이 當面한 오늘의 現實을 直視하자는 뜻에서였고 또 하나는 그 누구도 아닌 제 自身의 아픈 곳을 向해 自處的인 사격을 加한 것에 지나지 않습니다.

　끝으로 한 가지 밝혀드릴 것은, 얼마 전에 이 글을 쓰다가 부질없는 짓이라 고 스스로 中斷해 버리고 말았는데 이런 사정을 알아차린 저의 한 고마운 道 伴이 격려해준 힘을 입어 다시 쓰게 된 것입니다. 비 개인 그 어느 여름날처럼 당신 앞에 가지런히 서서 業을 같이 하는 道程의 청정한 인연에 조용히 감사 드리고 싶습니다.

大韓佛教曹溪宗의 再建維新의 方案*

◉

李種益(동국대학교 불교대학 교수)

* 본 글은 『居士林』 4집(서울: 曹溪宗 正法會居士林, 1975)에 수록된 것이다.

維新과 革新의 課題

　주어진 主題는 「佛教維新方案」인데 그냥 「佛教維新」이라면 너무나 막연하기에 여기에서 「大韓佛教曹溪宗의 再建維新方案」이라고 문제의 主體性을 밝히게 되었다.

　「維新」이라는 낱말부터 풀이하여 보자! 古典 書經에 보면 「周雖舊邦이나 其命은 維新」이라는 言句가 있다. 곧, 「周」라는 나라는 비록 옛적 나라이지만 天命을 받아 天子國이 되기는 새로웠다는 뜻이다. 그것은 「維新」이란 반드시 오래고 묵은 것은 새롭게 바꾸었다는 뜻이다.

　現, 「大韓佛教曹溪宗」은 가까이는 約 八百年의 歷史를, 멀리는 一千八百餘年의 韓國佛教의 傳統과 文化遺産을 지녀온 오래고도 묵은 宗團이다.

　그러므로 늙을 대로 늙고 낡을 대로 낡았다고 본다. 마치 八十 老人을 아무리 좋은 보약을 써도 다시 젊어지기가 어렵고 五百年의 낡은 木造物을 서까래나 몇 개 갈아 넣는다고 새 집이 될 수는 없는 것과 같이 「曹溪宗」이라는 늙은이를 어떻게 更少年하며 五百年 낡은 建物을 어떻게 維新하겠는가.

　그러므로 우리는 「維新」보다 「革新」을 부르짖고 中興보다 再建을 외치게 되었다.

　「革新」이란 근본적인 革命으로서 옛 것을 조금 뜯어 고치는 것이 아니라 완전히 뜯어버리고 새 것으로 바꾸는 것이니 마치 五百年 낡은 집을 좀 修理하는 것이 아니라 아주 뜯어버리고 그 터 위에 새 집을 建設하는 것이다.

　그와 같은 例로서 現曹溪宗은 그대로 올바른 曹溪宗 노릇을 할 수 없는 여러 가지 조건이 있다.

革新再建의 第一課題

　維新이 아니고 革新이며 中興이 아니라 再建이어야 한다는 하나의 큰 이유를 들기로 한다.

現 曹溪宗은 확실히 五百年 동안 쾌쾌 낡은 建物이다. 그것을 根本的으로 털어 버리고 완전한 새 건축을 해야 한다. 그것은 무릇 한 宗敎가 成立되는 데는 반드시 「敎主·敎理·敎團」이 있는 법이고 한 宗團이 성립되는 데는 반드시 그 「宗祖·宗旨·宗統」이 있는 법이다.

예를 들면 佛敎가 한 宗敎로 성립된 근본조건은 「석가모니부처님」이라는 敎主가 있고 그 부처님이 말씀한 敎理가 있고 그 부처님과 그 信奉하는 敎徒가 있으므로 비로소 한 敎團이 형성되는 것이다. 그것이 곧 「佛·法·僧」이다. 이 세 가지가 하나만 빠져도 佛敎라는 敎團이 성립될 수 없는 것이다.

그런데 現 曹溪宗團은 그 세 가지 조건이 구비되지 못하였다. 宗祖도 임시 꾸어다 놓은 것이고 宗旨도 임시로 몇 사람이 만들어 놓은 것이며 八百年의 歷史的 傳統도 이미 埋沒된 것이다.

이런 뜻에서 보면 現 曹溪宗은 오직, 그 名目뿐 그 內容은 텅 빈 껍질밖에 없는 것이다.

왜냐하면 新羅 道義國師를 宗祖라고 하였는데 道義國師는 曹溪宗이 성립되기 四百年前이며 高麗 太古和尙을 中興祖라고 하였는데 太古和尙은 曹溪宗이 成立된지 百二十年 뒤에 나타났으나 그는 中國臨濟宗十八代 石屋和尙의 法을 받아 臨濟十九代法孫임을 自處하였지 曹溪宗과는 아무런 관계조차 없었다.

그러니 한 宗團의 生命線이 되는 宗祖가 이미 虛僞이며 幽靈的이고 보니 그 宗團이 살아있는 宗團이 될 수 없는 것이며 따라서 宗祖에 의한 宗旨도 없고 보니 그 宗徒의 指導理念이 있을 수 없고 指導理念이 統一되지 못하고 보니 宗徒를 어떻게 지도하며 따라서 一定한 指導體系가 없다보니 올바른 敎育이 있을 수 없고 올바른 敎育體系가 없다보니 秩序와 紀綱이 설 수 없으며 指導體系·敎育體系·命令體系가 없고 보니 宗徒가 千名·萬名이 있어도 百人百色·千人態의 佛敎로서 宗團은 산산히 부서지고 마는 것이다.

그러므로 宗團의 命令體系가 없어지고 行政體系가 무너지며 秩序와 紀綱이 나날이 파멸되어 滅亡의 危機에 빠져가고 있지만 宗團의 指導者나 行政家는 그 까닭조차 究明하지 못하고 있으니 이것이 寒心한 일이다.

　이것은 참으로 宗敎의 成立의 原理와 發展의 原則을 제대로 아는 이가 아니면 이런 말을 듣더라도 모르는 일이니 더욱 답답할 뿐이다.

　宗團의 維新이니 中興이니 하고 아무리 소리를 벼락같이 치더라도 이 基本原理·原則을 바로 잡지 않고는 다 그림자보고 짖는 개가 있는가 하면 그 소리만 듣고 짖는 개가 있듯이 그 宗敎成立·發展의 原理原則을 모르는 指導者, 行政家가 百, 千이 있은들 曹溪宗이 維新되거나 中興된다는 것은 마치 큰 바위 위에서 연꽃이 피기를 기다리는 것과 같을 뿐이라는 것을 三寶와 諸天善神 앞에 證言한다.

　曹溪宗은 五百年 낡은 假建物이다. 무슨 말이냐 하면 李朝初에 抑佛政策으로 太宗七年(西紀 一四·七年)에 前來의 十一宗을 七宗으로 폐합하고 다음 世宗六年(一四二四)에 七宗을 다시 禪·敎兩宗으로 統合하였다. 禪은 曹溪宗으로, 敎는 華嚴宗으로 通稱하였는데 그 뒤에 成宗法難에 僧侶의 沙汰로 인하여 敎宗法脈은 끊어지고 실낱과 같은 曹溪淨脈이 碧溪正心禪師에 의하여 碧松·芙蓉·西山 大師에로 서로 전하여 온 것이 오늘의 曹溪宗團이다.

　그 뒤에 西山·四溟大師가 入寂한 뒤에 碧溪正心禪師 以上의 法統을 잘 모르므로 여기저기에 붙어보다가 내종에 四溟의 弟子되는 中觀海眼이 鞭羊 스님과 상의하고 麗末 太古和尙이 中國에 들어가서 臨濟後十八世 石屋和尙의 法을 받아와서 幻庵混修에 전하고 幻庵은 龜谷覺雲에 전하고 龜谷은 碧松에 傳했다는 法統說을 꾸며내고는 그 말을 後世에 立證하기 위하여 中觀 등은 金剛山과 海南大興寺에 西山大師의 禪을 세우고 그 禪에 太古—幻庵—龜谷—碧溪의 法統說을 石刻하고 또 淸虛集의 글을 뜯어 고치고 그 跋文과 四溟集跋文에도 그런 法統說을 明記하므로 그 뒤에는 太古法統說이 公認되어 오늘에까지 전하고 있다.

　그러나 李朝 五百年 佛敎史上 太古의 法語나 偈頌 한 句도 적용된 데가 없고 高麗 普照國師의 「誡初心學人文」을 비롯하여 그 指導理念인 「法集別行錄節要幷入私記」와 普照國師가 처음 輸入하여 看話禪旨를 밝힌 中國 大慧宗杲의

書狀과 普照國師가 教禪一元論의 台本으로 使用한 唐 圭峯宗密의 「禪源諸詮集都序」를 유일한 指針書로 써왔다. 그것이 오늘에 이르기까지 조계종의 지침서가 되어오는 데도 눈을 감고 조계종과 八寸도 아니되는 太古後孫 노릇을 하여온 한국불교도의 무반성과 盲從이란 참으로 포복할 일이다. 조계종은 西山, 四溟이후 약 오백년 역사를 中觀海岸 등에게 기만당하여 왔다. 어찌 오늘과 같이 과학이 발달되어 역사는 과학적으로 새로 연구되는 이때에 오히려 눈감고 아옹하는 식의 五百年前의 허구를 맹신하겠는가?

새로 발견된 역사적 사실에 의하면 碧溪正心禪師는 고려 普照國師의 第十代法孫임이 드러났다. 曹溪宗祖 佛日普照國師, 二祖 眞覺國師, 三祖 淸眞國師, 四祖 眞明國師, 五祖 慈眞國師, 六祖 慈覺國師, 七祖 覺眞國師, 八祖 拙庵禪師, 九祖 龜谷覺雲王師, 十祖 碧溪禪師이다. 그 근거는 벽계선사는 歸終寺에 제자 碧松스님이 正心禪師의 법통을 묻자 『그 법사는 法難中에 退俗하였으니 멀리 그 노스님인 龜谷스님에게 돌려 잇다』라고 하였다고 口傳하였는데 李穡의 南原勝蓮寺記에 의하면 龜谷覺雲 스님은 拙庵스님의 甥姪로서 출가하여 拙庵의 法嗣가 되었다고 명기되어 있고 中觀說과 같이 幻庵─龜谷相傳說은 전혀 근거가 없을 뿐 아니라 龜谷은 幻庵보다 入室出世上 二十年 先輩였다는 史實이 드러났으므로 太古─幻庵─龜谷 法統說은 中觀 등의 조작임이 白日下에 폭로된 것이다.

이것이 하나의 歷史的 話題인 것 같지만 지나간 歷史에 흘러간 이야기가 아니라 오늘 살아있는 曹溪宗正仙을 바로 찾아내므로 그 宗祖·宗旨·宗統이 바로 잡히게 되어 비로소 名實相符한 曹溪宗을 再建하게 되며 따라서 指導理念體系를 바로 잡고 그에 따르는 命令體系와 教育體系가 바로 잡히고 宗徒는 一定한 主體的 理念이 整立되고 따라서 秩序와 紀綱이 바로 整立되며 宗風이 새로 떨치게 되는 것이다.

이러한 基本課業을 바로 잡은 指導者가 나타나는 것이 曹溪宗再建의 길이며 維新 中興의 歷史的大業인 것이다. 그 다음으로는 다음 같은 課業이 再整立되어야 한다.

一, 안으로 歷史的傳統에 빛나는 修道場을 再建한다.

二, 밖으로 時代와 社會가 要請하는 大衆佛敎를 實現한다. (說明省略)

三, 僧紀, 僧風을 再整立한다.

四, 名實相符한 四部宗團을 實現한다.

五, 僧尼敎育體裁을 再整立한다.

六, 僧尼資格規定과 法階制度를 再整立한다.

七, 修道僧團의 積極外護, 待遇改善制를 實施한다.

八, 僧團의 合理的 運營을 위하여 上座院 大衆院制를 實施한다.

九, 布敎院設置와 布敎師養成의 課業.

一○, 信徒의 敎育과 合法宗徒化의 規制

一一, 寺刹財産運營의 合理化

一二, 宗團經濟對策의 再整立

一三, 國家社會의 福祉와 敎化를 위한 現實積極參與의 과제

一四, 佛敎現代化, 大衆化의 과제

등등의 많은 과제가 있다. 그러나 여기에서 그것을 낱낱이 解說할 수 없다.

이러한 維新中興의 課業이 山積하였으나 그 根本課題는 우선 宗團부터 바로 세워놓은 뒤의 문제이다. 현재에는 아직 宗團이 이름뿐 그 알맹이가 빠져 있다. 곧 혼이 없는 屍體와 같다. 그러니 宗團부터 바로 찾아 제자리에 세워놓은 뒤의 문제이다. 現在와 같은 有名無實한 宗團名目만으로는 무엇이니 무엇이니 하는 것이 전혀 허수아비의 탈춤이 되기 때문이다.

김지효의 꿈, 범어사 총림건설[*]

◉

김광식(동국대학교 교수)

[*] 본 논문은 『불교학보』 49(서울: 동국대학교 불교문화연구원, 2008)에 수록된 것이다.

1. 서언

1960년대는 총림의 시대라고 부를 수 있을 만큼 총림 사찰이 등장하고, 총림이라는 표현이 불교의 다방면에서 회자되었다.[1] 그런데 이는 당시 수좌들이 백장청규를 근거로 한 수행의 도량(총림)을 만들려고 고민하였고, 나아가 그 도량에서 도제양성을 할 수 있다는 구상에서 나온 것이다. 그런데 그런 구상을 하였던 수좌중에 범어사 출신 선사인 김지효가 있었다. 이에 본 고찰에서는 김지효의 총림에 대한 꿈의 개요를 살피고, 그 과정에서 나온 범어사 총림 건설의 개요 및 성격을 조망하려고 한다. 그런데 김지효의 꿈과 1960년대 총림의 등장은 불가불 1950년대 불교계의 주된 흐름이었던 불교정화운동에서 기인한 것이었다.

1950년대 한국불교계의 재정비와 조계종단 재건을 추동한 흐름은 불교정화운동이었다.[2] 이에 그 정화운동은 숱한 역경을 거친 후, 1962년 4월 통합종단의 등장으로 외견상으로는 성사되었다. 그러나 정화운동은 종단 재정비, 비구승단의 정립을 가져 왔지만 부정적인 측면도 적지 않았다. 더욱이 통합종단 출범 직후 대처 측의 퇴진, 별도의 총무원 설립 등은 불교정화의 이념을 근원적으로 부인하는 흐름을 야기케 하였다. 그리하여 그러한 움직임은 정화운동으로 인해 등장한 통합종단 자체를 근원에서부터 위협하였다.

이에 조계종단 내부에서는 대처 측과의 일정한 타협을 통해 종단의 안정을 기하려는 움직임이 있었다. 이러한 흐름에서 등장한 것이 和同委員會의 가동이었다.[3] 그러나 또 다른 세력에서는 그러한 타협의 흐름을 배제하고 정화를 다시 해서라도 정화운동의 이념을 구현하려는 움직임이 있었다. 이 흐름에서 나온 것이 수좌들의 禪林會와 영축회였다. 이 두 단체는 정화이념의 계승을

1) 이에 대해서는 필자가 후속연구를 준비중이다.
2) 김광식, 〈한국 현대불교와 정화운동〉 [한국 현대불교사 연구] 불교시대사, 2006.
3) 김광식, 〈불교정화운동과 화동위원회〉 [불교정화운동의 재조명] 조계종출판사, 2008.

표방하면서 정화이념을 구현하는 실천방안을 모색하였다.[4]

본고찰은 바로 이러한 이질적인 대응 노선이라는 배경에서 당시 수좌들은 어떠한 생각을 하였는가에 대한 의문을 풀려는 과정에서 나온 글이다. 필자가 당시 여러 정황, 기록을 살펴본 바에 의하면 당시 수좌들이 정화이념의 구현을 위해서 공통적으로 고민하고, 주장하고, 실천에 옮기려고 한 것은 총림의 건설, 재건이었다. 총림이라 함은 다양한 의미를 내포하고 있는 대상이지만, 당시 수좌들은 총림을 이상적인 수행도량으로 여기었다. 그래서 총림을 건설하고, 그 총림에서 수좌들이 치열하게 수행을 하면, 그것을 도제양성의 방안으로 여기었다. 이런 토양, 문화가 있었기에 1960년대에는 총림의 시대라고 불리울 만큼 정화운동 주역들은 총림 건설을 역사적 과제로 인식하였다.[5] 그러한 결과로서 나온 것이 1967년 해인사의 해인총림과[6] 뒤이어서 나온 것이 송광사의 조계총림이었다. 그런 역사적 배경하에 조계종단에는 5개의 총림 사찰이 등장하였거니와 그는 해인사, 통도사, 송광사, 수덕사, 백양사이다. 그런데 필자는 근현대불교를 연구하면서 범어사는 왜? 총림 사찰이 되지 않았을까 하는 의아심을 갖게 되었다. 범어사는 1910년대에 선찰대본산이라는 일정한 사격을 갖고 있었을[7] 정도로 근대불교사에서의 범어사의 위상은 뚜렷하였다. 그리고 1950년대에는 정화운동의 근거, 추동 사찰로서도 그 명성이 적지 않았다. 이 같은 범어사 사격과 명성에는 오성월, 백용성, 하동산 등 선지식들의 주석, 수행에서 기인하였으며 나아가서는 범어사의 견실한 경제력과 부산불교의 열렬한 지원도 그를 보완하였던 것이다. 그럼에도 불구하고 범어

4) 김광식, 〈선림회의 선풍진작과 정화이념의 계승〉 [승가교육] 6, 2006. 김광식, 〈제2정화운동과 영축회〉 [정토학연구] 10, 2007.
5) 필자는 이에 대한 내용을 청담의 사례에서 정리, 분석하였다. 김광식, 〈청담의 민족불교와 영산도〉 [민족불교의 이상과 현실] 도피안사, 2007. 김광식, 〈청담의 불교 근대화와 교육 문제〉 [마음사상] 5, 2007.
6) 김광식, 〈해인총림의 어제와 오늘〉 [한국현대불교사연구] 불교시대사, 2006.
7) 졸고, 〈범어사의 사격과 선찰대본산〉 [선문화연구] 2집, 2007.

사는 총림사찰이 되지 못하였다. 이런 역사적인 사실을 유의한다면 본 고찰에
서 김지효가 범어사에 총림을 건설하려고 하였음은 매우 흥미로운 내용이 아
닐 수 없다.

아뭏든 1960년대 수좌들의 현실인식의 중심에 총림이 자리잡고 있었다. 본
고찰에서 다루고 있는 선사인 김지효(1909~1989)는 범어사 출신으로 불교정화
운동의 최일선에 참여하였다. 그는 당시 조계종의 종정을 역임하였던 하동산
의 상좌로서, 선학원과 조계사 일대에서 전개된 정화불사에 열렬히 동참하였
는데, 그 대표적인 사실이 대처 측의 조계사 난입에 강력 저항하였던 '할복'사
태이었다. 그리하여 그의 별칭이 김할복으로 불리울 만큼 그는 정화운동의 역
사에서 결코 지울 수 없는 인물이다.[8] 지금까지 정화운동에 대한 연구는 종단
사, 혹은 하동산, 이청담 등과 같은 고승 중심으로[9] 수행된 감이 적지 않다.
필자는 이러한 고승중심의 연구에서 한발 나아가서 최근에는 정화운동에 참
여한 중견승려들의 고민과 행적을 정리한 바가 있다.[10] 김지효는 정화불사 이

8) 김지효에 대해서는 현재까지 연구가 수행된 바가 없다. 그의 문집, 법어집 등 기초적인
연구자료가 없어 그에 대한 연구를 심화시키기에는 어려움이 있다. 그는 34세가 되던
해인 1943년 범어사로 출가하여 하동산의 상좌가 되었다. 불교정화운동에 적극 참여한
이후에는 조계종단의 총무부장, 재무부장, 감찰원장 등의 소임을 맡았으며 범어사 주지
도 몇차례 역임하였다. 이후에는 석굴암, 천축사, 법흥사 주지 등을 역임하였다. 김지효
에 대한 행적은 그의 상좌였던 김성동이 그의 산문집 [먼곳의 그림내에게](좋은날,
1999)에 수록한 〈영원한 납자 지효스님〉이라는 행장기와 한암이 [월간 붓다] 2000년 3
월호에 기고한 〈절대자의 초상〉이 참고된다.
9) 이청담에 대해서는 문도회와 그의 출신교인 진주산업대와 공동으로 청담사상연구소를
진주산업대에 설립하였다. 그 결과 청담 연구소에서는 매년 [마음사상]을 발간하여 청
담의 생애, 사상, 정화운동을 정리, 연구하고 있다. 하동산에 대해서는 최근까지 이렇다
할 연구가 없었으나, 필자가 〈하동산의 불교정화〉를 범어사에서 개최된 학술세미나
(2007.5.8)에서 발표하였다. 이 논문은 [범어사와 불교정화운동](영광도서, 2008)에 수
록되었다.
10) 이에 대한 필자의 논문은 다음과 같다. 김광식, 〈김서운의 종단정화와 그 특성〉[한국
현대불교사연구] 불교시대사, 2006.김광식, 〈윤월하의 불교정화운동〉[한국현대불교
사연구] 불교시대사, 2006.

후에 어떠한 고민을 하였으며, 그 고민이 어떻게 표출, 전개되었는가를 정리하려는 본 논문도 중견승려들의 연구의 일환에서 나온 것이다.

김지효는 수행자들이 수행을 할 수 있는 도량 건설이 정화운동의 완수라고 보고, 자신이 강구한 그 꿈을 실현하기 위한 노력을 거듭하였다. 그는 자신의 꿈을 조령과 범어사에서 실천에 옮겼으나 좌절을 겪었다. 그러다가 1973년에는 사자산 법흥사에서 복원불사라는 구도에서 다시 한번 실행에 옮겼다. 김지효가 법흥사 주지로 부임하여 법흥사 복원불사와 총림 실현을 동시에 달성하려고 기획하였던 것은 필자의 후일 연구로 남겨두고자 한다.[11]

이 글에서는 바로 위와 같은 배경에서 김지효가 기획하여, 실천에 옮긴 조령과 범어사총림 구상의 전모와 성격을 살펴보려고 한다. 나아가서는 불교정화운동의 심화 및 총림 연구, 그리고 김지효 연구에 초석을 놓으려고 한다. 그러나 관련 문헌자료가 희소하여 논지 전개에 어려움이 있어, 관련 구술 증언을 과감하게 수용하였거니와 미진한 점은 지속적인 보완을 통해 해소하고자 한다. 선학제현의 질정을 바란다.

2. 김지효의 총림 구상과 조령, 범어사에서의 실천

김지효가 총림에 대한 꿈, 구상을 언제부터 구체적으로 갖게 되었는지는 알수 없는 형편이다. 이는 현재 그에 대한 기본적인 자료가 충분하지 않기 때문이다.[12] 그런데 필자는 불교정화운동에 대한 다양한 자료를 뒤적이던 어느날, 1963년도 3월 1일자의 [대한불교]에서 현대적인 총림을 만들어 추진하려는 일

---

11) 본 자료는 김지효의 사제로서 김지효를 지근거리에서 보필하였던 범어사 승려였던 현욱이 소장하고 있었다. 최근 필자는 1970년대 중반에 환속한 현욱(윤현웅)을 만나 그 관련 자료(석명서, 사업개요 등)의 사본을 입수하였다. 자료를 제공해 주신 윤현웅님께 감사의 말씀을 드린다.
12) 현재 그의 문집, 자료집 등에 대한 문헌 기록이 부재하다.

단의 승려들이 있었다는 보도를 접하였다. 그 기사를 읽어 나가면서 그 주역이 김지효라는 사실을 파악하게 되었다. 그 후부터 필자는 김지효가 왜 그러한 총림 재건을 구상하였을까에 대한 탐구를 시작하였다. 그러면 여기에서 그 보도기사 전문을 제시한다.

再建叢林會 設立
模範的인 現代叢林으로

불교재건을 목적으로 하는 叢林이 여러 스님들의 노력으로 설립된다고 한다.

百丈淸規를 현대에 살려서 위축된 禪風을 거양하고 불교중흥을 기하고저 하는 모임이 그동안 석굴암 주지 金智曉스님에 의해 추진되어 왔는데 지난 二月 七日 총무원에서는 大韓佛敎 再建 叢林會의 징관을 인정하였다.

사업계획의 내용을 보며는 년차 五個年 계획으로 1963년부터 시작하여 완성 단계인 1967년에는 황무지 이천여 町步와 藥草 표고 栽培 植樹 등으로 개간될 것이며 僧侶 五百餘 名을 收容할 수 있는 石造建物과 外國 僧侶도 收容할 수 있는 現代式 建物과 圖書館도 건립될 것이라고 한다. 이 會에서는 계속하여 佛敎的 社會事業 奉事會도 설립하여 慈善事業도 竝行할 것이라고 하는데 叢林再建을 위한 예산은 政府當局의 後援과 全國四部大衆의 喜捨金 및 在日僑胞佛敎徒의 獻金으로 充當할 것이라고 한다.

현재 叢林 雄立의 台地는 鳥嶺一帶의 未開墾 山野이며 이 會의 臨時 事務所는 市內 돈암동에 있고 임명된 理事는 다음과 같다.

이사장　　　　　金智曉
이사 및 회장　　　文圭熙
이사 및 부회장 겸임 총무부장 李圭松

감사　　　　　　　徐敎鎭
감사 및 재정부장 겸임 사업부장 金思義
감사 및 사회봉사 사업회장　　　李能嘉

　이러한 내용에 의하면 불교 재건을 목적으로 하는 〈대한불교 재건총림회〉라는 법인체가 김지효의 주도에 의해서 출범하였음을 알 수 있다. 이 내용을 대별해서 이해하면 다음과 같다.

- 재건 총림회는 백장청규를 현대적으로 계승하여 선풍진작, 불교재건을 목적으로 기획하였다.
- 재건총림회는 다수 승려들의 모임에서 추진되었는데, 그 주역은 김지효이었다.
- 재건 총림회는 대한불교 조계종의 사전 승인하에서 추진되었다.
- 총림 대상처는 조령일대이고, 대상부지는 2천여정보의 황무지이었다.
- 대상처는 약초와 표고버섯의 재배, 식수 등으로 개간될 것이다.
- 대상처에는 승려 500여명과 외국 승려가 수행할 수 있는 현대식 건물의 건립을 예정
- 수행과 동시에 사회봉사도 병행 실천
- 자금은 정부의 후원, 전국 사부대중의 희사금, 재일교포 불교도의 헌금 충당 예정

　그런데 이 조직체가 정식으로 출범하여, 실질적인 사업을 전개하였는지는 단언하기 어렵다. 무엇보다도 그에 관한 기록, 증언이 부재하기 때문이다. 그리고 이 사업을 주도한 김지효와 사업에 동참한 대상자에 대한 정보도 풍부하지 않다. 이런 정황을 파악하기 위해 필자는 총림회의 감사로 나오는 이능가

를 만나[13] 그에 대한 배경, 내용 등을 질문하였다. 이에 대해서 이능가는 다음
과 같이 회고하였다.

> 그에 대한 비화가 많아. 내가 청담스님을 모실 때에 나온 것이지. 내가
> 중이 되어 활동을 하다 보니, 청담스님이 이능가가 책 좀 보았다는 소
> 리를 들었는지 하루는 나를 오라고 하였어. 그래 갔더니 하루 저녁 내
> 내, 당신 사상을 나에게 설명하였어. 그것이 청담스님하고 친하게 된
> 단초이지. 그때에 청담스님의 원력이 뭐냐 하면 종합적인 총림을 만드
> 는 것이었어. 청담스님은 처음에는 총림이라고 하지 않고, 영산회상이
> 라는 표현을 하셨어. 청담스님은 영산회상을 해야 종단이, 우리가 산다
> 고 하셨어. 그러시면서 그 이유를 심도있게 이야기 해주셨지. 몇일 후
> 에 청담스님에게 갔더니 나에게 가리방으로 긁은 인쇄물을 주시면서
> 연구해 보라구 그러셔. 그러시면서 당신은 영산회상, 총림을 해인사에
> 서 해야 하겠다고 말씀하셨어.
> 그런데 나는 청담스님이 영산회상이라고 하시지만, 현대적 감각으로
> 받아들여 생각하지. 그래서 나는 승려종합훈련소를 하자는 것이구나고
> 여겼지. 그렇지만 내 생각은 그런 교육원을 만들려면 장소도 문제이지
> 만 만들 사람이 필요한데, 내가 보니 만들 사람이 없는 것이 문제이었
> 어. 그래서 그것은 도저히 불가능한 일이라고 여겼지. 그래서 청담스님
> 에게 이건 조금 늦춥시다고 했어. 그 후에 여러 검토를 해서 종단에서
> 총림회의 정관도 만들고 하였지만 그렇게 꿈만 컸지. 그 사업은 한 걸
> 음도 내딛지 못했어. 그렇게 안된 이유가 또 있어. 청담스님이 그것을
> 추진하자고 하는데, 나는 이해가 되고 그 생각, 사업은 평가를 하였는
> 데 다른 중들은 다, 전부 반대야. 그 반대를 하는 주동자가 월하스님이

---

13) 2008년 1월 12일, 퇴곡정사.

었고, 서운스님도 반대했어.

그러나 나는 다른 중보다는 교육적인 사고 방식, 감각을 갖고 있었고, 민감해서 그랬는지 모르지만 나는 적극 찬성했어요. 그래서 정관도 만들고 그랬지. 나중에는 중앙 차원에서는 안되고 그래서 범어사에서 하려고 하였지.

그때에 나는 대처승하고 합동종단을 한 것은 군사정권이 개입해서 되었던 것이지, 실패한 것이다는 생각을 하였어. 그래 자연적으로 실패할 때를 대비해야 한다고 보았지. 막상 실패하게 되면 또 다시, 비구승과 대처승들이 쌈질이나 하는 방향과 제도로 나가게 되면 불교가 어떻게 해볼 방법이 없다고 본 것이지. 그래서 그 대책을 강구해 보니, 그는 도제양성밖에 없어. 그런데 그것을 하기 위해서는 거점 사찰이 있어야 하는데 어디 안정된 사찰이 없어. 해인사도 그렇고, 통도사와 범어사도 전부 대처승들이 한가닥을 깔고 있었거든. 그러니 안정 사찰이 하나도 없어. 그렇다고 해서 포기할 수는 없다, 이것은 해야 한다, 그러면 어디에 할 것인가를 궁리하였지. 그러면 이것은 예전에 청담스님이 이야기하던 영산회상도를 모델로 해서 어디 한곳에 잡아야 돼. 이렇게 이야기가 시작된 것이지. 총림은 이래서 출발이 되었지.

이런 이야기를 나하고 지효스님이 대각사에서 한 것이지. 나와 지효스님은 대각사 한방에서 10년정도를 같이 지내서 친형제보다 더 친해. 그때에 나는 젊은 편이라 노장들을 설복하는 것은 나에게는 아무래도 한계가 있어. 그래 노장님들은 지효스님이 담당하고 그랬어.

위의 회고에는 총림회가 등장한 배경과 단적인 계기가 나온다. 그 배경은 정화운동을 일선에서 추진한 이청담의 영산회상이라는 부처님 당시와 같은 수행의 구도와 1962년 4월에 출범한 통합종단이 여러 요인으로 인해 대내외적인 모순, 대처 측의 퇴진과 함께 소송 등으로 위기에 처한 것을 타개하려는 계기에서 나온 것이라는 것이다. 이에 김지효와 이능가는 대각사에서 그 대책의 일환으로 도제양성을 구상하고, 이청담의 영산회상도를 모델로 하여서, 불교정화를 추진할 수 있는 총림을 준비하였다고 한다.

이 총림의 대상처로 조령 일대를 정하였는데, 구체적으로는 예천지방이었다고 한다.[14] 그러나 그 자금을 대기로 한 재일교포, 일본 승려와 총무원 직원과의 감정적인 대립으로 전혀 진척이 되지 않았다는 것이다.[15]

이런 제반 정황을 고려할 때에 총림회의 사업은 정상적으로 이행되지는 않았다. 그러나 김지효와 이능가는 총림을 세우겠다는 꿈을 결코 저버리지는 않았다. 이에 그들은 총림을 그 자신의 출가사찰이면서, 근거 사찰인 범어사에서 추진하려고 하였다. 그래서 김지효와 이능가는 총림계획을 그들의 은사이면서 범어사 조실 겸 주지인 하동산에게 보고하여[16] 동의를 받아냈던 것이다. 이에 대한 내용두 이능가의 회고가 주목된다.

> 그때에 그 재일교포 승려를 노장님에게도 인사를 시키고, 총림이 출범하면 노장님을 총책임자로 하기로 하고 그랬지. 그런데 개인 감정 문제로 한발도 나가지 못하고 주춤거리게 되었어. 그 무렵 중앙은 대처승하고 아주 가열이 되었어. 굉장했어 2, 3년간을, 되돌릴 수 없는 상황이 되었어. 이런 것은 내 생각하고 같은 결과였어. 그러니 종단 차원에서는 안 되게 되었으니, 범어사 중심으로 하자, 범어사에서라도 해야지 않느냐고 한 것이지. 그것을 지효스님이 동산스님에게 가서 보고하지는 않았고, 내가 보고를 하였지. 동산스님하고 지효스님하고는 잘 안통

---

14) 이능가 증언. 그곳을 정한 것은 불교와 경상도의 친연성, 예천지방 주민들의 기풍, 봉암사 결사가 있던 곳 등을 종합하였다고 한다. 김지효와 이능가는 그곳을 답사까지 하였다.

15) 이능가 증언.

16) 이능가는 자신이 동산스님에게 보고를 하였다고 하였으나, 현욱은 김지효에게 들은 것을 근거로 김지효도 동산스님에게 보고를 하였다가 혼이 났다고 필자에게 증언했다.

했어. 그때는 우리 스님도 한국불교와 종단이 잘 될줄 알았는데, 점점
못되는 것을 보고서는 우리 스님은 열정적인 분이었기에 그냥 화가 머
리 끝까지 차 있었거든. 그래서 저 청담이가 전부 망쳐 놓았다고 하면
서. 이런 과정에서 나는 대비를 해야 한다는 차원에서 "총림을 범어사
에서라도 해야지 않겠습니까" 하고 동산스님께 말씀드렸어. 그랬더니,
동산스님은 "그거 좋다, 그 방법밖에 없다"고 하셨어.

이렇게 김지효와 이능가는 하동산의 승인을 받아 범어사에서의 총림 건설
을 추진하였다. 그런데 당시 입안, 기획하였던 기획서는 현재 전하지 않고 있
어 그 구체적인 내용을 파악하기는 어렵다. 이에 대해서도 이능가의 증언에
의지할 수밖에 없다.

그 구상은 기본적인 것은 내가 구상하였어. 그러나 나는 총무원에 있었
기에 계획만 해 주고, 총림을 추진하는 범어사 현장을 주관하는 것은
지효스님이 맡아서 하였어. 지효스님의 옆에는 문현구가 있었고. 그래
서 문현구가 실무를 하고 도지사, 구청장 등을 만나고 서류를 제출하는
것을 하였고 그이가 그런 일을 잘하고 다니고 그랬어.
그 구상에는 범어사 화장실에서부터 시작하여, 내원암 근처에 철조망
을 칠 작정이었는데, 그 대상 부지가 당초에는 20만평이나 되었지. 그
리고 총림의 문에는 공부하기 위해 한번 들어가면 나오지 못한다는 것
을 써 붙이고, 그 안에서는 농사를 짓고, 채소 등의 일체를 생산하여 자
급자족하기로 정하였지. 그리고 내원암은 조실채로 하였는데, 그것은
본래 내원이 옛날부터 조실채였기에 그리 하였지. 청련암은 총림의 원
주채로 하기로 했어.
이런 구도를 갖고 개간을 하여서 3만평은 개간을 하였어. 그리고 개간
한 그 위의 2만평에는 선방을 짓고, 그 밑으로 해서 양쪽에는 단계적으
로 승려들이 사는 요사채를 군데 군데 짓기로 하고, 그 전체에다가 철

조망을 쳐서 담을 만들어 공부하는 분위기를 만들려고 하였지. 또한 청 련암 근처에 큰 은행나무 있는 곳에 총림 출입문을 세워서 그곳에는 한 번 들어가면 못나온다고 붙이려고 시작한 것이지.

이 증언에 나오는 총림의 구도는 예전 조령에서 구상한 것과 거의 흡사하다 고 보인다. 범어사 뒷산 20만평을 무대로 선방, 자급자족 농지, 조실채, 요사 채 등을 고려한 총림이었던 것이다. 그러나 이것이 실질적으로 어떻게 추진되 었는가의 문제에 관심이 증폭된다. 이능가에 의하면 종단에서는 큰 지원, 후 원을 받지는 못하고 오히려 비판적인 입장을 받았다고 한다.[17] 범어사 현지에 서 총림 건설을 추동한 인물은 김지효이었고, 그를 옆에서 보좌한 인물은 문 현구이었다. 종단에서 비판적인 입장을 갖고 있었지만 그를 추진할 수 있었던 것은 하동산이라는 위상과 무관할 수는 없다고 본다. 하동산은 조계종단 종정 을 세차례나 역임하였으며, 정화운동을 추동하고, 종단재건의 견인차 역할을 하였던 큰스님이었기에 종단에서도 뚜렷하게 반대, 이의, 제동을 걸기에는 어 려운 형편이었을 것으로 보고자 한다.

이런 배경하에서 범어사는 총림 건설을 추진하였다. 그리고 동시에 범어사 는 도량 정비에 박차를 가하여 선찰대본산이었던 사격을 가진 사찰로서의 면 목을 갖추어 가고 있었다. 그렇다면, 이러한 범어사의 재정비는 김지효의 꿈 인 총림 재건과 밀접한 움직임이라 하겠다. 다시 말하자면 도량정비, 선풍진 작은 김지효가 추진한, 평소 그가 꿈꾸었던 현대적인 총림을 출범시킬 기반으 로 작용할 수도 있는 것이다. 그러면 여기에서 당시 범어사의 도량정비 상황 을 전하는 내용을 살펴 보자.

이 나라 선풍(禪風)의 발원지로 내외에 널리 알려진 이곳 梵魚寺는 숙원이던 총림(梵魚叢林)을 五백七십여만을 투입하여 완성하고 명실공한 선도량(禪道場)으로서 면목을 갖추었다.

梵魚寺는 역사적으로 우리 불교의 방향을 결정하는 중요한 위치를 담당하여 왔고 李朝末 국운이 극도로 쇠잔하고 종풍이 여지없이 기우러져 가는 때도 종풍의 작흥 진작과 국운의 회복을 위해 불교의 진수인 禪 卽 佛心宗의 제창을 결의하고 온갖 힘을 기우려 1899년 초에 金剛선원을 개설하였었다.

19세기 초에는 9개의 선원을 유지하여 종풍을 크게 발흥시키므로 해서 잠자던 당시의 교계에 일대 경종을 울렸고 圓宗總務院派의 賣宗(일본 조동종에 한국불교를 예속시키코저 한 사건)을 분쇄한 한국불교의 전통적 지위에 있는 사찰이다. 이 나라 선풍의 대본산이라는 역사와 전통에 범어사는 2개의 보통선원과 하나의 특별선원 비구니(比丘尼) 선원 연구원 등 5개의 선원과 보수가 진행중인 또 하나의 선원을 합하면 6개의 말쑥하고 웅장한 선원을 가지게 된다. 1백5십여 명에 달하는 대중은 종립 중앙총림의 方丈화상이신 東山大宗師의 영도하에 선풍진작을 위해 꾸준한 정진을 하고 있다.

1962년 이래 범어사는 각 법당 보수비 1백만원 말썽된 주차장 이전비 1백2십만원 계단 보수(戒壇補修)에 2백만원과 三門 등 기타 가람 보수비에 1백5십만원을 들여 현재 계획한 각 부문의 보수를 완전히 끝내고 내년 건설 예산으로 3백5십만원을 책정하고 있다.

전하는 바에 의하면 범어사는 불교의 현대화를 위해 안으로는 자기 충실과 밖으로는 총림(叢林)내에 있는 [現代禪學研究所]를 통해 견밀한 국제 제휴 아래 한국불교를 내외에 크게 선양하리라 한다.[18]

---

18) 《대한불교》 1964.12.27, 〈범어사, 叢林開元코 禪風振作에 先鋒〉.

이렇게 범어사는 1964년 12월 말에는 범어사의 역사와 문화를 계승할 수 있
는 도량 재정비를 완료했다. 이로써 범어사는 근대기 선찰대본산이라는 전통
을 계승하면서 선풍 진작을 통한 수행도량의 품격을 갖추었다고 하겠다. 그런
데 여기에서 나온 총림이라는 개념은 지금과 같은 종합 수도 도량이라기[19] 보
다는 선 수행의 중심처 혹은 다수 수좌들이 집중적으로 모여 참선수행을 할
수 있는 도량으로 인식한 것으로 보인다. 예컨대 동산대종사의 영도하에[20]
150여 명의 수좌가 선풍진작을 위해 정진을 하고 있으며, 선방이 6개에 달하
여 숙원이던 총림을 완성하였다는 저간의 내용에서 그를 짐작할 수 있다. 그
러나 이 기사에 나오는 범어총림은 당초 김지효와 이능가가 구상한 총림 건설
과는 약간은 이질적인 것이었다. 이 기사는 기존 범어사를 보수, 보완하여 총
림사찰로 재정비한 개념이었다.

김지효의 출신 사찰이며 선찰대본산인 범어사가 이렇듯이 선풍신삭을 위해
대대적인 체제 정비를 단행할 때에 김지효는 당초 그가 구상한 총림 건설을
위해 어떤 역할을 하였는지는 전하지 않는다.[21] 하동산의 입적 이전, 범어사

---

19) 지금 조계종단은 선원, 강원, 율원, 염불원 등을 완비한 수행도량을 총림체제라 한다.

20) 《대한불교》 기사에서 동산을 중앙총림의 방장으로 소개하였는데, 이는 1964년 조계
종단에서 해인사에 승려 수련도량으로서의 성격을 갖는 최고 연수기구인 중앙총림의
설립과 연관이 된다. 당시 종단은 중앙총림을 해인사에 세우고, 중견승려 50여 명을
수용하되, 그 책임자인 방장에는 초대정정을 역임한 하동산을 내정한다는 기본 기획
을 결정하였다. 그러나 해인사 총림은 1967년 가을에 출범하였고, 하동산은 1965년 봄
에 입적하였기에 취임과는 무관하였다. 《대한불교》 73호(1965.1.3), 〈1965년 교계 동
향, 3대사업의 전망〉 관련 내용 참조.

21) 이에 대한 기록이 부재하다. 이에 대한 문제에 대해 이능가에게 질문을 하였더니 능가
스님이 동산스님에게 건의하여 동의를 받았다고 한다. 한편 김지효는 1964년 11월 경
에는 석굴암 주지를 하면서 석굴암 재정비를 기하는 사업 계획서를 총무원에 제출하였
다. 그 내용에 의하면 토함산, 석굴암 일대를 성역화 하고, 그 기획에 의거 경내지를 정
화하며, 경내에 동국제일 선원, 상선원(득력자 위주), 국민도량(일반상대)을 신축한다
는 것이었다. 그리고 동국제일선원과 상선원은 도인양성을 목적으로 하며 그 건물도
현대식 개념으로 접근하여 건축하려고 하였다. 《대한불교》 66호(1964.11.15) 〈경주석

에서 새로운 개념의 총림건설이 추진되었을 때에는 김지효보다는 이능가의 주장에 의해서 일단 시도되었다고 보인다.[22] 요컨대 이능가와 문현구가 구상을 하고, 김지효가 집행하였던 총림건설은 범어사 경내의 총림정비와는 별개로 일부는 추진되었다. 이를 지켜본 당사자인 선과의 회고를 보자.

> 지효스님이 총림을 한다고 해서 논 개간을 할 때에 우리가 시작했습니다. 처음에는 조실스님 계실 적인데 행자들하고 같이 했어요. 그것은 박대월이라고 수덕사 문중인데 후에는 진흥이라고 이름을 바꾼 스님이 그것을 맡아서 했지요. 그 스님 소임이 원두, 요새 말로 농감이었는데 그런 것을 좋아했고요, 우리 스님도 그곳에 가보고 좋다고 해서 시작한 것으로 알고 있어요. 하여간 지효스님은 이상론자입니다. 그래서 따라 붙는 사람이 많았어요. 제가 그것을 추진한 계획은 잘 모르고, 노장님은 항상 승려를 교육시켜야 한다는 말씀을 자주 하시고, 교육을 현대적으로 해야 한다, 심지어는 영어를 공부해야 한다고 했어요.[23]

이렇게 하동산이 주지로 근무하였던 1964년 무렵에는 범어사 행자, 젊은 승려들을 이용한 일부의 개간이 되었다. 그런데 범어사가 총림의 기반을 만들어내고, 새로운 선풍을 진작하려던 그 즈음에 범어사의 조실이면서, 산중 어른으로 인식되던 하동산이 1965년 음력 3월 23일에 열반하였다. 하동산 열반후, 김지효는 그 후임 주지로 부임하였다. 이제 그는 그 이전 자신이 구상한 총림건설을 더욱 본격화 시킬 수 있는 기회를 갖게 되었다. 이에 대한 정황을 간접적으로 파악할 수 있는 《대한불교》 1966년 6월 26일 보도기사에는 다음과 같은 내용이 전한다.

굴암 각종 계획세우고, 선원신축 경내지 정화 촉진〉 참조.
22) 김지효는 그 당시 석굴암 주지였던 것을 고려한 것이다.
23) 2008년 1월 11일, 영광도서에서.

사찰의 경제문제 해결이 현 종단의 중요한 과제로 대두된 지는 오래이다. 아직 괄목할 결과를 보지 못하고 있는 이 때에 지난해 통도사의 각종 특수경작용 개간지의 뒤를 이어 이번에는 범어사가 3만평을 개간했다. 논 1만4천평에 이미 벼의 이앙을 끝마쳐 사원경제 확립에 개가를 올리고 있으며 앞으로 1만 6천평에는 특수작물을 재배할 것이라고 한다. 본래의 범어사의 계획은 5만평의 개간을 목표로 했으나 우선 1차로 3만평의 개간을 마치고 이 농원을 중심으로 한 수도원을 창설할 것을 아울러 추진중이다. 추진되고 있는 선원은 농원의 경작을 중심으로 〈一日不作 一日不食〉의 百丈淸規를 [모토]로 완전한 자급자족의 수도원 생활을 구상하고 있다.

이 선원은 자급자족의 원칙으로 하며 외부와의 일체의 교류가 차단되고 범어사 뒷산 전여이 선원에 들어기 일반의 출입도 금지될 것이라고 한다.

이러한 사원 경제의 확립과 百丈淸規에 의한 선원은 한국불교 중흥에 한 모범이 될 것으로 기대되어지고 있다.[24]

하동산의 열반으로부터 1년이 지날 무렵의 상황을 보도한 위의 내용에는 범어사 뒷산에 농지 3만평을 개간하였고, 이 농원을 중심으로 수도원을 세울 계획이 진행되고 있다고 나온다. 이는 상당한 진척이라고 볼수 있다. 일일부작, 일일불식이라는 백장청규를 이념적 모토로 내세운 범어사의 이 실천은 외견상 볼 때에 김지효가 그 이전 조령에서 실천하려고 하였던 재건총림회의 지속인 것이다. 요컨대 1966년 6월에는 범어사 총림건설, 개간사업의 1단계는 완

---

24)《대한불교》1966.6.26,〈寺刹 林野 3萬坪 개간 梵魚寺, 1만4천평엔 移秧끝내, 이 農地에 따른 修道院도 세울 計劃〉. 이 보도기사 하단에는 범어사 뒷산에 개간된 새농지라는 설명하에 개간된 논에서 모를 심고 있는 스님들의 사진이 실렸다.

료되었던 것이다.[25]

그렇지만 현재로서는 범어사에서 단행된 이 기획이 어떤 과정을 거쳐 추진되었는지에 대해서는 파악하기 어렵다. 하동산 입적후 주지로 취임한 김지효가 단독적으로 추진한 것인지, 범어사 내의 공식기구를 통하여 인정받은 사업인지, 조계종단과는 어떤 보고나 승인의 절차가 있었는지 등등에 대한 의아심이 많다.

이에 대해서는 이능가의 증언이 주목된다. 당시 범어사 주지인 김지효는 이용범이라는 사업자와 손을 잡고 그 개간을 추진하였다. 그는 팔송에 있는 범어사 땅을 팔아서, 그 자금을 개간비용으로 충당해 주고, 그 팔송에는 위락시설 같은 것을 만들도록 하고, 그에 대한 이권을 이용범에게 제공한다는 것이었다.[26] 그런데 이런 이면 계약은 김지효와 그 제안자인 문현구만 아는 극비의 사항이었다. 범어사 대중과 조계종단(총무원)에는 전혀 알리지 않고 단행한 것이었다. 이에 대해 이능가는 다음과 같이 회고를 하였다.

그 계약서를 봤지. 그 문제로, 범어사 땅을 판다는 것으로 인해 대중들의 반발이 거세어 지니깐 범어사에 내려와서. 지효스님은 잘 모르니, 내가 문현구에게 직접 물어 보았어. 내가 문현구를 추궁하였지. 그러니깐 그이가 빙그레 웃으면서 "저 이용범이가 돈도 많고, 권력도 많은 사람인데 부처님 사업에 돈 좀 쓰면 어떻냐"고 했어. 이용범이가 돈을 쓰게 하려면, 저 사람에게 호기심이 나게 해야 한다면서, 그 사람을 호기심이 나게 하는 것은, 우리 범어사가 갖고 있는 것은 땅 밖에 없으니, 땅을 팔아 준다고 하면 된다는 것이었지. 그러면서 문현구는 범어사 땅

25) 《대한불교》 150호(1966.6.26)의 3면, 〈10월에 준공〉에서는 3만평의 개간이 완료되었고, 2만평은 1967년에 개간을 끝낼 예정이라고 나온다. 그래서 5만평 개간이 끝나면 곧 선원을 건립하겠다는 기획이 보도되었다.
26) 그 김지효와 이용범과의 이면 계약서는 현전하지 않는다. 그 계약은 보통 팔송의 땅을 팔아, 그를 이용범에게 준다는 것만 많이 알려졌다.

을 파는 것이, 우리 마음대로 되느냐 하면서 저 위에 종단이나 나라에
서 못 팔게 하면 우리는 어떻게 할 수 없는 것 아니냐고 하면서 우리는
선심을 쓰고 팔려고 해도 안된다고 하면 되는 것이라고 하더라구. 그리
고 이용범이가 범어사 일을 하고 300만원을 못 받아도 죽을 놈이냐는
말까지 했어.

그런 문현구의 말을 들어 보니, 그럴듯해. 그것이 아주 고차원의 생각
이야. 그러니깐 그이가 그런 큰일을 마음 턱 놓고 한 것이지. 그때에는
불교재산관리법이 생겨서 사찰의 땅을 팔 수가 없었어. 그런데 이용범
은 문현구 말만 듣고, 지효스님이 도장을 찍어 주니깐, 그걸 믿고, 꼼짝
없이 일을 한 것이지. 문현구의 꾀가 보통이 아냐. 지략이 아주 뛰어나.
문현구가 보기에 이용범도 전략이 보통이 넘는 인물이라는 것이지. 그
러니깐 그런 사람은 당장의 이익보다는 보다 큰 사업적인 이익이 있다
는 것을 제시하면 굉장한 사업으로 보고 100% 가능성이 있다는 것을
보고, 대들어서 일을 한다고 보았어. 즉 범어사 땅을 팔면, 그 곳에서
큰 영업을 할 수 있고, 실현 가능성도 있다고 봤고 그랬던 것이지. 그때
에 이용범은 부산의 경무대라고 불렀고, 정치쪽에 영향력이 대단했어.
그런데 문현구는 그걸 내다 보고 일을 추진한 것이지. 이용범은 그 문
서 하나만 갖고 일을 한 답답한 친구이지. 그때에 범어사가 그런 일을
동의받고 하려면 범어사 대중들이 허가해줄리도 만무고, 또 종무원에
서도 승인할리도 없고, 총무원에서도 승인할 리가 없고, 정부의 문교부
장관이 땅을 팔으라고 도장을 찍을리도 없는 것이지. 한마디로 첩첩산
중이지. 그러니깐 양쪽, 지효스님과 이용범이가 도장을 다 찍은겨.

이렇게 김지효와 이용범이라는 업자의 결합으로 3만평에 대한 개간이 완료
되었던 것이다. 그런데 이렇게 범어사 땅, 3만평이 개간이 성사되니깐 종단
내부에서 서서히 김지효를 비판하는 목소리가 등장하였다. 그 비판은 범어사
내부에서도 일어나고 있어, 총림건설 설명회를 갖기도 하였으나 대중들에게

납득시키지 못하고 오히려 의혹, 비판, 원성은 급증하였던 것이다. 그런데 그
추이나, 당시 범어사 대중들의 입장, 소회, 반응은 어떠하였을까에 대해서는
알 수 없었다.

그러다가 필자는 최근 동산문도회와 결합하여 동산대종사 다시 살려내기
차원의 하동산에 대한 구술사 증언 사업을 추진하는 과정에서[27] 총림에 대한
구술 증언을 접할 수 있었다. 즉 그 대상자는 하동산의 상좌이면서 김지효의
사제였고 현재는 동산문도회 문장인 이능가, 범어사 총무였던 윤현욱[28], 당시
범어사 선방 수좌였지만 범어사 주지를 역임한 대성, 당시는 범어사 교무이었
으며 김지효의 상좌인 오홍선 등으로부터 그 관련 내용을 들을 수 있었다. 이
제 그 증언 내용을 제시하고, 그로부터 진실에 접근해 보려고 한다. 우선 이능
가와 김대성의 회고를 보자.

> 나는 문현구에게 지효스님을 잘 도우라고 하였고, 뒤에서 정치적으로
> 조율하는 입장이었기에 그 일의 가운데 있었어. 팔송의 땅을 판다고 소
> 문은 났지만 전략은 그게 아니었어.
> 그런데 3만평이 거의 개간이 되니깐 종단에서도 조금씩 지효스님에 대
> 한 나쁜 여론이 일기 시작했어. 지효스님이 범어사를 망친다고 하면서.
> 그래도 한 1년을 꿋꿋하게 나갔지. 그런데 대중들의 반대가 워낙 쎄니
> 깐, 총림 설명회를 갖자고 해서 범어사 원응료, 강원을 하였던 큰방에
> 서 범어사 중들 다 모여라고 해서 설명회를 하였지. 그때 나는 내려가
> 려고 하였지만 사정이 생겨서 총무원에 있었고, 보고만 받고 이야기를
> 들었어. 그때에 격렬히 반대한 사람이 광덕스님이야. 그 반대를 할 때
> 에 선두에 있었던 사람이 광덕스님 영향을 받아서 후에는 해인사 선방

27) 그 과정에서 [동산대종사와 불교정화운동](영광도서, 2007)을 동산문도회와 공동으로
발간하였다.
28) 지금은 환속하여 재가 불자운동을 하고 있다.

으로 갔던, 범어사 선방에서는 입승을 보던 사람이었어. 그런데 대중들
의 반대가 걷잡을 수 없었던 모양이야. 연주암의 정관스님도 그때는 젊
을 때였는데 지효스님에게 항의를 하였다는 것도 바로 그 날이여. 그런
데 지효스님이 평안도 사람이라 성질이 왈왈, 대중들이 그런 것을 물으
면 차분하게 납득을 시켜야 하는데 급하니깐 행동이 먼저 앞서는 분이
야. 그러니 얘기가 성립이 안 되지. 거기에다가 신도들이 반대를 하는
데, 신도들은 자연 대중스님들의 편에 서게 되지. 그러다 보니, 지효스
님을 아주 몹쓸 사람을 만들어 놨어.

나는 총무원에서 그런 이야기를 듣고 수습을 하려고 내려왔지. 와 보
니, 대중이 너무 격렬해. 그래서 앞으로는 이용범에 대한 처리문제가
남았어, 그 사람을 데려다 일을 시켰으니깐. 그래 그 이용범이를 몇 번
찾아서 만났는데, 사람은 호인이여. 문헌구스님도 서놈, 나쁜놈이라는
소리를 들어 범어사에 있지를 못하고 나갔어.

제가 알기로는 광덕스님 하고, 우리 스님(동산) 하고, 지효스님 세 분이
범어사의 미래를 위한 불교대학 같은 것을 세워 보자는 이야기가 나온
것으로 알고 있어요. 그래서 그런 것을 해야 하는 것에 대해서 고민을
하였는데 광덕스님은 조금 추진력이 약하시고, 지효스님이 하신 것으
로 알고 있습니다. 지효스님이 어느날 범어사 뒷산 중턱의 천년터를 들
러 보시다가, 천년터 이런 장소에서 만들면 되겠다 하고 여기에서 내가
해야지 하는 생각을 갖으신 것입니다. 그래 그 터에 있는 10년, 15년 된
나무들을 쳐내기만 하면 땅을 고르는 것은 큰 문제없이 할 수 있다는 생
각을 하신 것입니다.

저는 그래서 지효스님이 시작한 것으로 알고 있고요. 그래서 이용범씨
하고도 그것을 하기로 계약같은 것을 한 것입니다. 지효스님은 그 당시
돈이나 이런 사정으로는 수도원 같은 것은 도저히 어려우니, 땅을 고르
면서 농지를 만들자고 했어요. 범어사 대중들이 많은데 먹고 살 수 있

는 것을 만들어 보자고 한 것이 아닌가 해요. 그래서 농사짓는 것을 우
선으로 한 것으로 알고 있고, 농사짓는 실험도 많이 했어요.

위와 같은 이능가, 대성의 회고에서 범어사에서 추진된 총림에 대한 정보의
이질성을 찾을 수 있다. 이능가 회고에는 당시 사태 진전의 추이에 대한 것이
자세히 나온다. 그에 반해서 대성의 회고에서는 그 총림 추진에 대한 불투명
한 정보가 개입되어 있다. 즉 하동산, 김지효, 고광덕의 논의 즉 범어사 미래
를 위한 불교대학 같은 것을 세워 보자는 논의에서 나온 것으로 증언한 내용
은 바로 그것이다. 고광덕은 그 총림 기획에 제일 반대한 당사자이었는데, 그
조율자로 나오는 것이다. 그런데 어떤 계기에 의해서[29] 김지효의 단독적인 추
진으로 전개되었다는 것이다. 다만 대성은 김지효가 농지개간을 할 즈음에
는[30] 수도원까지는 기획하지 않았고 범어사 대중들의 먹고 사는 문제를 해결
하려고 하였다고 회고하였다. 이런 대성의 회고는 김지효가 대중들을 설득할
때의 표현으로 보인다. 그러나 1966년 6월 《대한불교》 기사에 전하는 수도원
의 건립에 대한 포부를 보면 대성의 증언은 김지효 기획의 일단만 알고 있었
음이[31] 은연중 파악이 된다.

이러한 증언과 관련하여 필자는 김지효가 언제부터 총림에 대한 꿈을 갖고
있었는가에 대한 의문을 갖게 되었다. 그래서 필자는 김지효의 상좌로서 학승
인 홍선을 만나 그에 대한 의아심을 풀려고 하였다. 이에 대해서 홍선은 다음
과 같은 귀한 증언을 하였다.

제가 은사스님을 1957년에 지리산 피아골 연곡사의 토굴에서 모시고

---

29) 그는 김지효의 주지 취임이다.
30) 《대한불교》 100호(1965.7.11)의 〈공고〉에는 대학생불교연합회 4차 수련대회 사전 예고
　　내용이 있다. 그에 의하면 대불련 학생들이 범어사에서 수련을 하는 과정에 5일간 개
　　간사업을 할 예정이라고 나온다. 그러나 실제로 작업을 하였는지는 확인하지 못하였다.
31) 당시 그는 선방에 주로 있었기에 정보에는 민감치 못하였을 것이다.

있을 때에 총림에 대한 이야기를 처음 들었어요. 그때 스님은 연곡사에서 500m 떨어진 토굴인 서굴암에서 무비스님 은사인 여환스님과 함께 생식을 하시면서 수행을 하였어요. 그때 제가 듣기로는 스님은 당신의 꿈이라고 하시면서 일본의 문화촌을 같은 것을 만들어 수행자들이 집단으로 모여 공부를 하고, 자급자족을 할 수 있는 도량을 만들어야 한다고 했어요. 심지어는 스님들의 옷도 칡넝쿨에서 뽑은 섬유로 만들어 해 입자고 그랬고, 자가 발전기를 만들어 생활하자고도 그랬어요. 그렇지만 여환스님은 현실성이 없는 것이라고 반대를 하였지만 그 당시 저는 지효스님의 말씀이 그럴듯하게 들렸어요. 그래서 부산까지 와서 그런 것을 할 수 있는 방법을 물어보고, 궁리도 했어.

그리고 스님께서 범어사에 총림을 만들려고 하신 것은 부산이 추후에 성장, 발전을 하게 되면 범어사는 관광사찰이 될 것을 우려한 것에서 나온 것입니다. 등산객과 관광객이 놀러 오는 범어사가 되는 것을 막기 위해서 팔송에다가 위락시설과 호텔 같은 것을 만들어서, 노는 것은 팔송에서 하고, 불자들이 순수하게 참배할 경우에만 절로 오게끔 해야 한다는 복안이 있었어요. 그래서 범어사 뒷산, 금정산 지장암 근처에 화장터를 만들고 범어사는 종교 중심지가 되도록 하고, 수행도량을 확보해야 한다는 것이었지요. 이런 구상에서 범어사에 총림을 만들려고 하신 것으로 저는 들었습니다. 그리고 그것을 추진할 때에 광덕스님은 반대를 하였지만 범어사 그 중턱에 개간을 한다고 신청하였는데 3년 안에 소출이 안되면 문제가 생기기에 지효스님이 그를 과감하게 추진하였어요. 그래서 이용범이가 군부대를 동원해서 1주일만에 농지를 정리했어요.

지효스님하고 이용범이 인연을 맺은 것은 이용범이 사형선고를 받고 감방에 가서 천자문을 떼었을 정도로 큰 인물이라고 인정을 한 것도 작용했어요. 그 이용범이 감방에서 나와 범어사에 놀러 왔다가 스님에게 인사를 드려서 알게 되고, 같이 등산을 갔다가 총림을 세우고, 농지를

만들겠다는 지효스님의 구상에 의기가 투합되어 일을 한 것으로 알고
있습니다. 그리고 당시 범어사 승려들은 팔송에 있는 농지에 나가서 농
사 짓기를 아주 싫어 하였기에 범어사 구내에 농지를 만들면 자연스럽
게 농사에 참여할 것이라는 것도 고려된 것으로 보여집니다.[32]

이와 같은 홍선의 증언은 필자에게 많은 정보를 제공한다. 불교정화운동이
일단락이 되었으나, 정화의 여진이 지속되었던 1957년에 김지효는 공동으로
수행하는 도량을 의미하는 문화촌 건설을 고민하였다는 것이다. 그리고 1964
년 무렵 범어사 총림을 세우겠다는 원대한 기획은 범어사를 관광사찰의 성격
을 차단하려고 하였다는 김지효의 생각과도 연결된다고 보았으며,[33] 또한 범
어사가 기획하여 단행한 산중턱 개간을[34] 당초 정하였던 기간 내에서 하지 못
하고 있었던 것을 이용범과 인연이 되어 과감하게 추진하였다는 내용은 새로
운 정황이다.

그렇지만 김지효가 단행한 총림의 사업, 즉 팔송에 있는 범어사 농지를 팔
고, 그 자금으로 범어사 산중턱에 농지를 만들어서 백장청규의 정신을 실행하
고, 장차는 그곳에 수도원을 세우려는 사업은 중도에 포기되었다. 그는 범어
사 신도들의 반대, 범어사 대중들의 강력한 이의 제기에서 나온 것이다. 이에

---

32) 2007년 12월 14일, 제주시 파라다이스 호텔에서 필자에게 증언.
33) 이에 대해서 능가스님에게 질문을 하였더니, 능가스님은 지효스님도 당신에게 그런 말
을 하였지만, 능가스님은 단호하게 그는 절대로 해서는 안된다고 단호하게 언급하였
다고 회고하였다. 그러면서 지효스님이 살아 있을 적에는 가능하겠지만, 자신과 지효
스님이 입적하면 그런 사업은 모두 망할 것이라고 보았다.
34) 이와 관련하여 일미스님의 귀중한 회고를 필자에게 하였다. 일미스님에 의하면 그가
1964년 일본으로 떠나기 이전에 그는 범어사 서기를 1961년 경부터 보았는데, 그가 서
기를 보면서 동래구청(산림과)에 20번을 왕래하여 범어사 산중턱의 4만평 개간허가 서
류를 접수시키고서 그 허가를 득하였다고 한다. 일미스님도 범어사가 그런 개간을 단
행한 것은 백장청규 정신으로 수도원을 세우고, 농사를 짓고, 선종의 가풍을 일으키려
고, 개간을 하여 벼농사를 지으려는 것으로 필자에게 증언하였다.

대한 증언은 범어사 주지인 대성의 회고가 주목된다.

그때 저는 범어사 선방에 있었는데 범어사 땅이 팔린다는 말을 듣고서는 선방에서 부글부글 끓고 있다가 수좌 몇 명과 함께 지효스님에게 가서 항의를 하게 되었습니다. 범어사 땅을 팔기 위해서 문교부장관에게 처분 허가를 받았다는 것이었어요. 그런데 범어사 신도인 정명화보살의 아들인 이정환이라는 사람이 재무부장관이었어요. 그래 그 보살은 아들을 통해서 범어사 땅이 팔린다는 소리를 듣고, 그 땅이 팔리면 범어사는 망하고 범어사가 먹고 살수가 없다, 동산스님이 얼마나 아끼던 땅이냐면서 큰 걱정을 했어요. 그래 자기 아들에게 그 땅이 팔리게 하면 안된다면서 문교부장관에게 말을 하여 그것을 막으라고 하였던 모양입니다.

그래서 저는 그 소식을 듣고서 저하고 사제인 호연, 일원이 등과 함께 지효스님에게 가서 항의를 하였어요. 그 요지는 범어사 땅이 팔리면 안된다, 그리되면 범어사는 망합니다, 우리 농지가 없으면 어떻게 먹고 살겠냐는 것이었지요. 범어사 재산이 없어지는 것은 말도 안 된다, 다른 대안도 없으시면서 그리 되면 어떻게 되겠느냐면서 지효스님은 범어사에서 나가야 되신다는 것을 말씀드렸어요. 더욱이 동산스님이 애지중지 하던 농지는 안된다면서, 그것이 팔리면 선방수좌는 무엇을 먹고 살면서 공부를 하고, 수좌를 수용할 수 없으면 선찰대본산인 범어사의 체통은 어떻게 지킬 것이냐고 강력히 말씀드렸어요. 그랬더니 지효스님께서 네가 뭘 안다고 그러냐면서 화가 엄청 나시어서 바루를 집어 던졌는데 그것이 그만 깨져 버렸어요. 공양이 끝난 직후에 대중공사가 벌어졌기에 바루를 집어 던진 것이지요. 그러니깐 호연이가 벌떡 일어나면서 "스님은 이제 중노릇을 안하시겠다는 소리가 아닙니까?" 하고 항의를 하니 지효스님께서 그만 답변이 궁색해지고, 곤란해진 것입니다. 그만 명분을 잃어버렸어요. 지효스님께서 바루를 깨트린 것이 수좌

들에게 빌미가 되고, 그것이 결정적인 계기가 되어서 범어사를 나가시
게 된 것입니다.

그렇게 지효스님이 범어사에서 나가시게 되자, 사형님이자 주지스님을
나가게 하였으니 주동한 저희들 세사람도 범어사에 있을 수가 없어서
결제 중인데 그만 걸망을 지고 인천 용화사의 전강스님에게로 가게 되
었습니다. 그리고 선방수좌들이 항의를 하기 몇일 전에도 관음전에서
기도하시던 정관스님이 지효스님에게 가서 항의를 한 것으로 알고 있
어요. 그 훨씬 이전에는 원두스님이 이의제기를 하기도 하였구요.

이 회고에 나오듯이 범어사 신도들의 항의가[35] 있었고, 범어사 대중들의
이의 제기,[36] 범어사 선방에서 수행중인 김지효의 사제들이 집단적으로 항
의를 하였다. 그러면 여기에서 김지효의 사제인 정관으로부터 당시 회고를
들어보자.

나는 그때 범어사 관음전에서 천일기도 부전을 보았어. 그런데 산중 소
문이 지효스님이 범어사 땅을 다 팔았다고 해. 지효스님이 총무원장인
경산스님과 콤비라고 불릴 정도로 친했는데, 경산스님 도장을 맡아서
처분하라는 인가를 맡았다고 그랬어. 그래 나는 기도를 하면서 상상을
하기를, 가만히 생각해 보니 지효스님이 땅을 다 팔았다, 그러면 후일
사람들로부터 "땅이 팔릴 때 너는 뭐했느냐"는 말을 들을 때에 제 자신

---

35) 구전으로는 범어사 신도들이 단체로 버스를 타고 와서 데모하였다고 한다.
36) 그 이의 제기를 한 당사자인 원두스님은 그가 이의를 제기한 원인을 지효스님이 동산
스님의 유물을 나눠나 주었던 것, 범어사 땅을 파는 것, 사형사제들이 범어사를 나가
도록 한 것 등이었다고 회고했다. 원두스님은 지효스님에게 '불손'한 항의를 하였다고
해서 범어사를 떠나 법제사(부산)에 가 있었다. 원두스님은 그 당시 자신이 항의를 할
때에는 범어사에 당신과 지유스님만 남아 있었다고 하였다. 2007년 12월 27일 서울 인
사동 산골물 식당에서 필자에게 증언.

이 떳떳하기 위해서, 그래도 할 말은 해야 안되나는 마음으로 지효스님
방에 뛰어 들어가서 "이거는 아니다, 잘못되었다"고 이의를 제기하였
지. 나는 그 이상은 잘 몰라.

그때는 내 혼자서 지효스님 방에 들어 갔고, 그때는 무슨 용기로 들어
갔는지 몰라. 그런데 지효스님은 정화 때에 배를 갈랐을 정도로 정화주
역이시고, 정화이념을 계승해야 한다는 불교적인 원력을 갖고 있었어.
그래서 늘상 정화이념을 꽃피우려고 노력하였기에, 우리들은 지효스님
을 공상가로 불렀어. 한마디로 지효스님은 이상주의자이었고, 그런 꿈
이 있었고, 꿈이 컸었어.[37]

이렇게 범어사 내부에서 강력한 저항이 나타나자, 김지효는 자신의 꿈인 총
림을 완수할 수 없었다. 그래서 결과적으로 그 외중에서 김지효는 범어사 주
지직을 내놓고, 범어사를 떠났다.[38] 김지효는 범어사를 떠나기 직전에 그가 신
뢰하였던 사제인 현욱을 급히 불러 그 뒷처리를 부탁하였던 것이다. 이에 대
한 정황은 필자가 그 당사자인 현욱을 만나 그 전후사정을 질문하였고, 이에
대한 내용을 다음과 같이 자세하게 고백, 증언한 것에서 파악되었다.

저는 지효스님이 범어사에 총림을 구현한 기획안에 대하여 마지막 실
무 처리를 하였던 당사자였기에 이번에 그를 아는 범위 내에서 밝히
지요.

범어사 내원암 방향 뒷산 중턱에 자리한 4만평 개간의 시작과 계획 당
시 저는 강원도 3교구 본사 건봉사를 문성준 스님을 모시고 설악산 신
흥사로 본사를 이전시키는 계획을 수립하고 그를 추진할 때로 기억합
니다. 그 무렵에 지효스님의 부름을 받고 범어사에 갔는데 당시 주지였

37) 2007년 11월 23일, 연주암에서 필자에게 증언.
38) 그는 무문관이 있던 천축사로 갔다.

던 지효사형께서는 전대중의 불신임과 신도들에게까지 규탄을 받는 곤경에 처해 계셨습니다. 저와 지효스님은 그날 밤을 새워 가며 새벽예불 시간 때까지 이야기를 하였습니다. 그 내용은 기존 범어사 농지는 거리가 멀고 농사짓는 당사자들이 이전 범어사 대처승 계열이어서 추곡 환수가 어렵고 직영 농토의 관리도 대중들이 일하기를 꺼리니 밖에 있는 2만평 토지를 처분하고 그 돈으로 범어사 좌측 위쪽 4만평을 개간하여 자급자족하는 백장청규와 같은 선농일치의 수도원 건립으로 총림을 세워 정화해온 것을 마무리하는 도제양성으로 회향하겠다는 상당히 구체적인 안을 가지고 실천하였다는 것입니다. 그런데 그 안이 안으로는 전대중의 반대와 밖으로는 신도들의 원성으로 더 이상 어찌할 방법이 없으니 저에게 그를 수습, 종결하라는 내용이었지요.

그렇지만 그것을 구상하고 실행에 옮길 때에 지효스님이 은사이신 동산스님에게 상의를 하거나 동의를 구해서 한 것인지는 잘 모르겠습니다. 제가 듣기에는 지효스님이 그 안을 동산스님께 보고를 드리니 절대 불가하다고 하시었고, 두 번째로 다시 찾아 가서 말씀을 드리니 일체 말이 없으셔 지효스님은 그를 묵인하시는 것으로 이해하였다는 말은 지효스님에게 들었던 기억이 이제 나는군요. 하여간에 그것은 지효스님이 범어사의 뒷산에 있는 땅 2만평에 스님들이 자급자족을 하고, 나아가서는 거기에 수도원을 세워, 선농일치를 통한 수행을 해야 한다는 구상, 이념에서 나온 것으로 알고 있어요. 그런데 범어사 4만평이 평지가 아니니깐, 그 산중턱을 정지하는 작업을 위해서 지효스님이 외부 업자인 이용범이라는 사람과 손을 잡은 것입니다. 그때에 작성된 문건이 지효스님이 써준 문서도 있었어요, 거기에 보니 입회인이 나오고 그랬어요.

동산스님이 열반하시고 난 뒤에 그 문제가 불거졌어요. 신도들이 범어사 땅 2만평이 날라 간다고 문제를 제기하였고, 저는 범어사 총무로서 그를 해결하기 위해 엄청 고생을 하였지요. 그 업자라는 사람이 이용범입니다. 그 사람에게 지효스님은 2만평의 대지 정리 작업과 그 시설을 갖추어 주면 범어사 입구에 있는 팔송에 있는 범어사 땅을 포기한다는 각서를 공증까지 하였던 것입니다. 이용범이라는 사람은 자유당 시절 이기붕선생 다음 가는 막강한 정치 실력자로 자유당 재정분과 위원장 등의 요직을 거쳤어요. 그 이는 5.16이 나자, 자유당 시절 정치인들의 부정 축재 등 정치법 위반으로 감방에 구속되었지만 자신의 고향인 밀양에서 옥중 출마까지 한 사람입니다. 그러니깐 당시 박정희 청와대비서실의 수석비서관이 이용범이 수감되어 있는 옥중까지 찾아와서 무릎을 꿇고 사죄를 하였다고 해요. 그래서 출마는 포기하고 대신, 자신은 바로 옥에서 풀려난 거물입니다. 석방된 후 범어사로 와서 지효스님의 수도원 총림 계획에 참여하게 된 것입니다. 그래 이용범이라는 분은 국방부로부터 대민 지원 사업의 일환으로 군 중장비 지원을 받아 내원암 위쪽 문제의 4만평의 산중턱을 정지 작업하여 농토를 완성시키고, 범어사 기존 농지 2만평을 지효스님으로부터 포기각서를 받아 공증을 하게 되었습니다. 바로 전에도 제가 이야기 하였지만 이것이 발단이 되어 범어사 내외가 들고 일어났고, 범어사 존망의 기로에 선 위기 상황을 저는 주지직무 대행의 직함으로 수습에 나섰지요. 참 그리고 4만평을 이용범이 개간할 때에 소용된 기름값은 범어사가 부담했어요.

위의 현욱의 회고에는 당시 그 뒷처리 과정 뿐만 아니라, 김지효가 총림을 강력하게 추진하였던 구상, 고뇌 등이 잘 묘사되어 있다. 현욱은 김지효의 부탁을 받고, 주지 직무대행의 권한을 갖고 그 마무리를 하였다. 그래서 결과적으로는 이용범과 계약한 것을 무효화 시키고, 팔송에 있었던 범어사 땅을 원상 복귀시켰던 것이다. 그러나 현욱의 회고에 의하면 그 과정은 지난한 과정이었다. 원상복구에 반대하는 이용범측의 완강한 반대가 있었다. 그리고 당시 사무장도[39] 현욱이 추진하는 일에 반대 입장에 서 있었다고[40] 한다. 그 과정에서 현욱은 이용범, 사무장 측으로부터 협박, 강압을 받았다. 심지어는 납치, 린치의 위협도 있었다. 그러나 현욱의 원칙적인 일처리, 강력한 추진력 등으로 김지효와 이용범이 맺은 계약을 파기할 수 있었다.[41] 파기 직후 현욱은 즉각 범어사를 떠나,[42] 무문관에서 수행하고 있었던 김지효를 찾아가서 그 결과를 알려 주었다.

이렇게 김지효가 그의 출신 사찰인 범어사에 백장청규 정신에 근거한 수행도량을 만들어 보려는 야심찬 기획은 물거품이 되었다. 그러나 김지효는 1973년 사자산 법흥사 주지로 취임하여 법흥사 복원불사를 추진하면서 동시에 그곳에 범어사에서 이루지 못한 총림 재건의 꿈을 시도하였다. 그러나 법흥사에서도 그의 꿈은 실현되지 못하였다. 원대한 기획을 수립하고, 종단의 승인을 얻어 추진한 법흥사 복원불사도 중도하차되었다. 김지효는 이러한 그의 꿈을 그가 말년에 주석하였던 범어사에서 1983년 경에 약간 변질된 형태로 재현시켰다. 그는 범어사 구내의 한적한 지역에 있었던 금강암에 "평생을 수도하자"

---

39) 현욱은 그를 이용범을 견제하기 위해 데려온 사람이라고 필자에게 증언하였다. 그는 선방 수좌로 범어사에 와 있었으며 김지효와 지근거리에 있었던 문현구가 추천한 사람으로, 부산 경찰이 인척이었기에 일정한 세력을 형성하였다고 한다.

40) 그 이유는 범어사 운영권을 둘러싼 갈등으로 보여진다. 구체적으로는 범어사 운영 자금을 위해 빌린 돈과 이자를 즉각적으로 갚으라는 강요였다.

41) 현욱은 이용범과의 계약을 파기한 후, 그간 공사 과정에 들어간 인건비, 자재값 등의 비용(당시 시가)을 300만원으로 보고, 그를 범어사에서 갚아 줄 돈이 없는 연유로 이용범에게 범어사의 단독 매표권을 5년간 보장하는 권리를 주었다. 현욱은 이 구상을 당시 동래포교당에 주석하였던 고암스님에게 상의하여 승낙을 받았다고 하였다. 그런데 현욱이 범어사를 떠난 이후 범어사 대중들이 5년간 임대는 너무 길다는 여론이 있어 3년만에 종결시켰다고 한다.

42) 그는 이용범과의 계약 파기와 함께 동산스님 사리탑 사업도 성사시켰다. 그래서 그를 추진하면서 거의 단독으로 그 일을 추진함에서 나온 지친 심신과 사형사제들에 대한 서운함 등으로 범어사를 하직한다는 심정으로 범어사를 떠났다고 필자에게 증언하였다.

는 원력을 세우고 평생선원을 세웠던 것이다.[43] 그곳은 휴휴정사 혹은 특별선원으로도 불리웠다. 당시 김지효의 뜻에 동참하여 수행에 동참한 대상자는 대략 10여 명이 넘는 것으로 전한다.[44] 이에 평생수도원은 당시 부산일보에 대서특필되는[45] 등 부산 불교계에 일정한 반향을 일으켰던 것이다. 당시 김지효는 그 수도원에서 80노구를 이끌면서 밤 10시에 취침해서, 새벽 한시 반이면 어김없이 일어나 정진하는 등 하루 15시간을 정진하였다.[46]

3. 김지효의 총림 건설에 나타난 성격

이제부터는 전장에서 살펴본 김지효의 총림 건설의 과정, 전개에 나타난 내용을 유의하면서 그 영향, 배경, 추진에 나타난 성격 등을 대별하여 살펴 보고자 한다. 이로써 우리는 김지효, 범어사, 총림이라는 삼각 구도 속에 숨겨진 역사의 진실, 흐름, 이면사 등을 복원시킬 수 있는 무대로 한발 더 나갈 수 있을 것이다.

우선, 김지효가 조령, 범어사에 총림을 건설하려고 결심한 것에 영향을 준 요소는 무엇이었을까에 대해 들어가 보자. 다시 말하자면 어떤 요인, 사상적 계기에 의해서 김지효는 그렇게 줄기차게 총림을 건설하려고 하였는가를 말하는 것이다. 이것에 대해서는 무엇보다도 위의 보도기사, 여러 증언에서 다수 제기된 바와 같이 중국 선종의 백장청규이었다. 즉 백장청규의 일일부작이

---

43) 범어사 출신 승려인 일미의 증언. 일미에 의하면 정부(동래구청)의 교부세의 일정 금액(8천만원)이 투입되었다고 한다.
44) 그 선원(75평)의 개소 당시에는 입주식을 하였으며, 신도들은 입방하는 수행자들이 선원에 입방하면 다시는 나오지 않을 것이라고 하여 눈물을 흘리기도 하였다.
45) 필자는 아직 내용을 확인하지는 못하였다.
46) 당시 그를 지켜 본 상좌(한암)는 김지효는 졸음이 오면 꽁꽁 언 계곡의 시냇물에 나가 세수를 하고, 코피가 나면 코를 막고 정진하였다고 한다.

면 일일불식이라는 표제가 상징하듯 중국 선종 총림의 청규의 대명사로 지칭하고 하고 있는 승려들의 수행과 노동을 동일하게 해야 한다는 사상인 것이다. 자급자족, 승려의 농사, 신도들에게 의뢰치 않는 생활 등이 바로 그것이었다.

다음으로 김지효에게 영향을 준것은 김지효의 노스님인[47] 백용성의 선농불교 정신이다. 잘 알려진 바와 같이 백용성은 일제하 선농불교 구현자의 대명사로 지칭될 정도로 1926년부터 60대 노구를 이끌고 중국 연변과 경남 함양의 화과원에서 선농불교를 실천에 옮겼다.[48] 때문에 이러한 백용성의 선농불교의 정신은 김지효도 익히 알고 있는 내용이었을 것은 믿어 의심치 않는다. 그리고 김지효가 백용성의 선농불교, 화과원에서의 실천에서 영향받았고, 그를 참고하였다고 발언하였음을 지근거리에서 들었던 승려(홍선, 일미)의 증언은 우리들에게 그에 대한 확신을 더해 준다.

김지효에게 영향을 준 대상자로 거론할 당사자는 김지효와 같이 정화운동 최일선에 서 있었던 이청담으로 보여진다. 이청담은 일제하 당시에도 선방수좌로 수행을 하면서 불교의 미래를 고민할 때부터 시작하여, 그리고 정화운동을 추진하던 그 현장에서도 늘상 총림을 만들어야 한다고 강조하였다.[49] 정화의 1단계가 마감되었던 1955년 직후에는 더욱 더 그런 구상을 갖았으며, 각 道에 하나씩의 叢林을 세워야 한다고 주장하였던 바[50] 이런 그의 생각은 김지효에게 파급되었을 것으로 보는 것은 무리가 아니다. 예컨대 김지효가 이사장으로 있었던 조령 재건총림회의 등장의 이면에는 이청담의 영산회상, 총림에

47) 김지효의 은사는 하동산이고, 하동산의 은사는 백용성이다. 때문에 이를 노스님이라고 표현했다.
48) 김광식, 〈백용성의 선농불교〉[근현대불교의 재조명], 민족사, 2000. 김광식, 〈용성선사의 선농불교〉[노동의 가치, 불교에 묻는다], 도피안사, 2007.
49) 졸고, 〈청담의 민족불교와 靈山圖〉[민족불교의 이상과 현실], 도피안사, 2007.
50) [청담필영](봉녕사승가대학, 2004), 237면. 청담은 총림시설에서 비구승을 양성하려고 하였음이 분명하다. [청담필영], 185면 참조.

대한 강조에서 배태되었음을 증언한 이능가의 회고가 그를 결정적으로 신뢰
케 한다.

한편 김지효의 총림 꿈, 범어사 총림 건설은 이능가, 문현구라는 지근거리
에 있었던 기획자, 조력자가 있었기에 가능한 것이었다고 보인다. 나아가서는
이런 면을 고려한다면 그 3인의 공동작품이라고도 볼 수 있는 것이다.

이렇게 김지효의 총림에 대한 꿈은 그 자신의 고뇌에서 나온 것이겠지만,
거기에는 백장청규, 백용성의 선농불교, 이청담의 영산회상 및 총림에 대한
의지, 이능가와 문현구의 기획력 등이 은연중 영향을 주었다고 보고자 한다.
그러면 김지효가 구상, 실천에 옮긴 총림은 지금의 조계종단 총림과는 어떤
차별성을 갖고 있는가를 살피겠다. 그리고 그런 총림이 왜, 어떤 시대적 배경
으로 1960년대에 집중적으로 제기되었는가도 살펴보자. 그래서 그 구도에서
나온 김지효의 총림재건의 의미를 분석해 보겠다.

현재 조계종단의 총림은 종합수도도량의 성격을 갖는다. 그래서 조계종 종
법(총림설치법)에는[51] 총림은 선원, 강원, 율원, 염불원 등을 두도록 하고 있다.
이런 규정에 의해 해당 사찰은 종합적인 수도도량의 위상과 성격을 갖기 위해
노력하고 있다. 그러나 1960년대, 김지효가 강구한 총림은 이런 종합적인 수
도도량과는 약간의 이질성이 제기된다. 즉 김지효가 강구한 총림은 수행자들
이 집단적으로 모여, 농사를 지으면서, 자급자족을 하고, 철저한 계율을 지키
는 온전한 의미의 중국 선종총림의 지향을 꿈꾸었던 산물이다. 가장 큰 차별
성은 선농일치, 계율수호이다. 그리고 선을 위주로 하는 참선도량의 성격도
나타난다. 그리하여 총림에서 수행하는 것 자체를 이상으로 내세웠다.

이런 의미의 총림을 지향한 시대적 배경은 아무래도 1950년대 불교정화운
동을 거론할 수밖에 없다. 불교정화운동으로 식민지 불교의 잔재, 계율파괴의

---

51) 이 법은 1967년에 제정, 공포되었는데 총림은 해인사로 정하였지만 필요한 곳에 둘 수
있다고 하였다. 그러나 이법은 현재, 1996년 10월 2일의 법규위원회의 위헌 결정을 받
아 법적 효력을 상실하였다.

대명사로 불리운 대처승은 상당부분 사찰에서 나가게 되었다. 그러나 그런 결과를 가져온 과정, 방법, 후유증 등은 각 사찰의 수행도량의 성격을 상당 부분 퇴색케 하였다. 그리고 정화운동의 과정에서 사찰에 유입된 대상자들은 정상적인 교육을 이수하지 않고 정화 일선에 투입되었다. 그래서 그들은 승려로서의 자질 및 소양이라는 면에서 큰 문제점을 야기하였다. 그래서 정화이념과 종단이 나갈 방향이라는 측면에서 도제양성은 가장 중요한 당면 과제로 부각되었던 것이다. 이에 정화를 추동한 종단의 지도자격의 고승들은 도제양성의 성공을 정화운동의 성공으로까지 인식하였다.

한편 1962년 통합종단이 등장한 이후에는 더욱 더 그 문제가 심화되었다. 요컨대 대처승이라는 외적인 요인이 차단되면서, 비구승단 내부에서는 정화운동의 성과물을 챙기려는 행태가 노골화되었다. 그리하여 그 즈음부터 명리추구의 팽배, 신도들의 배척, 수행풍토의 쇠락, 조계종단을 인정한 대처승(화동파)의 종단 유입[52] 등으로 다양한 문제가 잉태되고 있었다. 이에 정화운동을 견인한 고승, 중견승려들은 정화를 다시 해야 한다, 재정화를 해야 한다, 제2정화운동을 추진해야 한다는 목소리가 높아갔다. 그래서 일단의 수좌들은 그에 대한 우려, 대책을 강구하면서 영축회, 선림회라는 단체를 결성하면서[53] 정화이념 계승, 수행풍토 진작을 적극적으로 표방케 되었던 것이다.

김지효의 총림 구상, 실천은 바로 이 같은 1960년대 불교계의 시대적 고뇌에서 잉태된 것이라 하겠다. 정화이념의 계승, 도제양성의 실천, 재정화 및 제2정화운동의 실행[54] 등이 바로 그것이었다. 때문에 김지효의 고뇌, 실행은 비장한 각오에서 단행된 것이라고 볼 수 있다.

52) 졸고, 〈불교정화운동과 하동위원회〉 [불교정화운동의 재조명], 조계종출판사, 2008.
53) 졸고, 〈선림회의 선풍진작과 정화이념의 계승〉 [승가교육] 6, 2006. 졸고, 〈제2정화운동과 영축회〉 [정토학연구] 10, 2007.
54) 김지효의 상좌인 홍선이 1970년대 중반 일본으로 유학을 가기 전에 무문관으로 인사를 하러 가자, 지효스님은 홍선에게 재정화를 해야 한다고 강조하였다고 한다. 이는 홍선이 필자에게 한 증언이다.

지금부터는 김지효가 범어사에서 추진한 총림의 사업의 전개, 추진과정에 나타난 여러 문제를 구체적으로 짚어 보면서 그 진실에 다가가도록 하겠다. 이런 문제에 대해서 가장 먼저 확인할 것은 범어사 총림이 검토, 입안되었을 초기에 나온 기획안에 대한 문제이다. 현재는 그 초기 기획안이 부재하여 그 전모, 성격 등을 전혀 알 수 없다. 1964년 12월에 보도된 대한불교 기사에 나온 '범어총림'의 개념도 곱씹어 볼 대상이다. 범어사 주지인 대성이 회고한 것과 같이 범어사의 미래를 위한 불교대학 같은 것과 여기에 나온 범어총림은 같은 개념인지도 의아스럽다. 필자가 보건대, 대성의 표현은 전달 과정에서 약간은 변질된 것이 아닌가 한다. 하여간에 범어사가 최초로 구상, 강구한 범어총림에 대한 전모, 개념은 추후 자료수집을 통하여 필히 밝힐 대목이다.

그리고 이런 것과 연관하여서 당시 범어사 주지이면서, 조실이었던 하동산은 어떤 구상, 가치판단을 하였는지도 의아스럽다. 이런 기획은 하동산의 승인이 없으면 입안, 추진될 수 없는 것이다. 즉 하동산의 입장은 무엇이었는가이다. 필자가 보건대 초기의 기획은 동의하였을 것이지만, 김지효가 단행한 기획 즉 팔송의 농지 처분과 그 자금으로 4만평 농지개간은 동의하지 않았을 것으로 보인다. 현욱이 증언하는 것과 같이 김지효가 그 설명을 처음으로 할 때에는 완전 반대이었고, 두 번째로 설명을 할 때에는 묵묵무답이어서[55] 김지효는 그를 묵인으로 보고 사업을 추진하였다는 것은 그 예증이다. 그리고 이런 것과 연관하여 김지효가 그를 추진한 시점은 정확히 언제였으며, 그의 소임은 무엇이었나? 다시 말하면 하동산이 입적한 직후에 추진하였는가, 아니면 입적 이전에 추진하였는가이다. 이에 대해서는 추후 세밀한 검토, 확인이 요청된다.

아울러 우리가 유의할 또 하나의 문제는 그것을 김지효가 결정할 때에 김지

55) 묵묵무답은 정상적으로는 이해되지 않는다. 범어사의 운영, 진로에 큰 문제를 야기하는 것에 대해 침묵을 지켰다는 것은 납득이 되지 않는다. 추정하건대 당시 하동산은 입적을 예감하고 모든 것을 방하착하는 자세를 견지하였는지도 모를 일이다.

효 단독의 고뇌, 결단인가 하는 점이다. 필자가 이에 대한 문제를 제기한 결과 그 결단을 촉진케 한 대상자가 있었으니 그는 당시 범어사 선방에 있었던 수좌인 문현구이었을 것이라는 증언이 있다.[56] 그는 김지효와 아주 친근하게 지냈고, 입산 이전 한독당 조직부장을 지냈을 정도로 속세에서도 일정한 기획력을 겸비한 당사자였다.[57] 그래서 필자는 총림 건설 입안, 변화, 추진에 김지효와 함께 상의, 추동한 인물에 대해서도 관심을 가져야 한다고 본다.

다음으로는 김지효가 이런 일을 추진하면서 범어사 내부의 대중, 신도 등과 충분한 상의를 하였가이다. 즉 범어사 소임자들과 상의를 하거나, 그 추진 일정, 이용범과 맺은 계약 내용등을 통보하였는가이다. 신도들에게는 일체의 상의가 없었을 것으로 보인다. 그리고 그를 추진하면서 조계종단 총무원, 감독 관청인 문교부와는 공문으로 보고하였고, 승인은 득하였는가이다. 현재 이에 대해서는 관련 문건이 없다. 동래구청에 산림개간 신청을 하여 허가를 득하였다는 증언은 나와 있지만, 종단 및 문교부와의 연락, 통보, 승인 등에 대한 정보는 없기에 더 이상의 내용은 단언하기 어렵다. 개간은 허락을 득하였다고 보이지만 땅 매각, 이면 계약에 대해서는 절대적으로 비밀로 추진되었다고 보인다.

이제 최종적으로는 김지효가 구상, 실천한 총림 재건은 범어사 사격 및 역사에 어떠한 영향을 주었는가의 문제를 조망해 보겠다. 1965년, 하동산이 입적이전에 강구한 기획은 범어사의 사격과 문화를 고려한 역사 계승의식에서 나온 것으로 보인다. 그러나 김지효가 단행한 수도원의 결단은 그 보다는 수행도량의 정비, 관광사찰의 성격에서 배제 등을 우선한 것이라 하겠다. 달리 말하면 김지효의 구상은 1960년대 총림건설, 도제양성이라는 관점에서 접근한 것이 아닌가 한다.

---

56) 이에 대해서는 원두, 정관, 대성 스님 등이 필자에게 증언하였다.
57) 그는 본래 이청담의 상좌로 조계종단으로 출가하였고, 정화운동 당시에도 종단에 영향력을 행사해 다수 승려들의 비판을 받았다.

그러나 이러한 판단도 신중하게 접근하고, 재고할 여지가 많다. 달리 보면 김지효의 판단, 실천도 하동산 생전에 구상한 기획구도에서 나온 것이었을 것이다. 다만 범어사 내외의 정상적, 원만한 합의, 동의가 부족한 상태에서 추진하였기에 그에 대한 이의, 반발을 극복치 못하고 중도하차하였다. 그래서 이는 실패한 역사로 우리에게 전해지고 있는 것이다.

그러나 김지효의 꿈과 실패는 그간 역사의 뒤안길로 방치되어 있었지만 여기에서 범어사 대중, 그리고 조계종단의 후학들은 역사에서 교훈을 찾아야 할 것이다. 그럴 때에 범어사는 선찰대본산이라는 과거 역사에 나타난 사격과 위상을 재창조 할 수 있을 것이다.

4. 결어

맺는말은 추후 총림, 김지효, 범어사 연구에 유의할 대상 및 내용을 제시하는 것으로 대하고자 한다. 이 점은 필자의 주안점이면서, 이 분야 연구자들도 고려해야 할 내용으로 제안할수 있는 것이다.

첫째, 필자가 본론에서 서술한 여러 내용에 대한 자료수집, 분석을 더욱 철저하게 해야 한다. 김지효가 조령에 개설하려한 재건총림회, 1960년대 초반 범어사에서 강구한 총림의 기획, 부산 금정구청에 제출한 개간의 계획, 휴휴정사의 평생수도원 등등이 바로 그것이다. 이러한 관련자료를 세밀하게 살필 때에 그 전모와 성격이 확연하게 드러날 것이다.

둘째, 김지효가 강구한 조령 및 범어사의 사례와 1960년대 등장한 여타의 총림과의 비교 연구가 요망된다. 범어사는 왜 실패하였고, 해인사와 송광사는 성공하였는가? 이를 단순한, 우연적인 성과로만 보아야만 하는가. 이렇듯이 범어사의 사례를 당시 시대적 상황과 연결지우고, 여타 수좌들이 총림건설을 어떻게 이해하였는가를 아울러 살피면 의외의 진실에 다가설수 있을 것이다.

셋째, 정화운동에 참여한 대상자 연구의 폭을 확대해야 한다. 지금 정화운동은 전체적인 개요와 흐름을 분석하고, 그리고 동시에 그 주역이었던 고승의 연구에 연구자들의 시선이 갔음을 부인할 수는 없다. 이제부터는 정화운동에 참여한 중견승려, 단순 참가한 승려 등등 그 대상의 폭을 넓히고 정화운동이 1970, 1980년대에 이르기까지 전개되었던 불교계 여러 현상과 연결지워서 그 역사적 맥락을 추출해야 할 것이다.

넷째, 범어사에서는 1980년대 후반 총림을 세우려고 범어사 내부, 동산문도회 내에서 다양한 추진을 하였다. 그래서 그에 관련된 수차례의 산중총회, 실무자 회의 등을 거치고 총림법, 규약 등을 다양하게 생산하였다. 그러나 결과적으로는 합일된 의견을 도출하지 못하고, 종단으로부터 총림 지정을 받지 못하였으며, 총림 운영을 시도하지도 못하였다. 왜 이런 현상이 일어난 것일까? 김지효가 그 이전부터 범어사 총림건설을 추진한 역사적 경험이 있는 데에도 불구하고 범어사가 사격 재창조에 실패한 것은 납득하기 어려운 것이다. 요컨대 범어사 대중, 범어사 본말사 대중, 동산문도회 구성원들의 역사 계승의식도 좋은 연구 주제인 것이다.

지금껏 필자는 추후 이 분야 연구 주안점, 대상을 제시하고 그에 연관된 부대 내용을 제시하였다. 필자의 이러한 개진이 범어사 및 총림 연구에 하나의 징검다리가 되길 기대한다.

정화운동의 사회적 결과

- 반동기와 내분기의 제도화를 중심으로* -

◉

유승무(중앙승가대 포교사회학과 교수)

＊본 논문은 『대각사상』 7(서울 : 대각사상연구원, 2004)에 수록된 것이다.

I. 머리말

현대 한국불교의 정체성(Identity)을 이해함에 있어서 정화운동은 가장 결정적인 사건이다. 그 이유는 다음과 같다. 무엇보다도 정화운동 자체가 한국불교 현대사의 가장 중요한 기간의 대부분에 걸쳐서 장기간 진행되었다는 점을 들 수 있다. 때문에 정화운동과의 관련성을 무시하고서 현대 한국불교의 모습을 충분히 이해하는 것은 불가능하다. 둘째, 정화운동은 일제 36년간이라는 긴 세월동안 구조화된 한국불교의 구조 전체를 근본적으로 변화시키는데 성공한 일종의 성공한 사회혁명이었다. 이는 그만큼 정화운동을 통한 변화의 폭과 깊이가 넓고 깊었음을 의미함과 동시에 일본 등지의 불교와의 차별성을 의미한다. 셋째, 정화운동의 주체 혹은 주역들이 이후 한국불교의 전 영역을 주조(鑄造)하였다는 점을 들 수 있다. 뿐만 아니라 그들은 모두 이후 한국불교에서 가장 영향력을 가진 리더로서 존경을 받았고, 또한 그들이 속해 있는 문중이 종단의 전 영역에서 지배력을 행사해 왔다는 것이다. 그 결과 오늘날 한국불교의 정체성에 대한 부정은 곧 그 구성원들과 그들의 스승에 대한 부정과 동일시되기 때문에 현대 한국불교의 정체성은 별다른 변고가 발생하지 않는 한 향후 지속될 것이다. 넷째, 셋째와 결부되어 정화운동의 후유증 혹은 부정적인 결과가 쉽게 치유되거나 극복되지 못하고 그것마저도 한국불교의 정체성의 일부가 되었다. 이는, 비록 그러한 부정적인 결과가 불교의 시대적 대응과 자체 변화 및 발전에 걸림돌로 작용하고 있더라도 쉽게 제거되지 않는 이유이기도 하다.

이렇듯 정화운동이 한국불교의 정체성 형성에 결정적인 영향을 미치고 있음에도 불구하고 혹은 그렇기 때문에 아직까지도 정화운동을 어떻게 이해해야 할 것인가에 대한 논의는 충분하지 못하다.[1] 무엇보다도 정화운동의 시기

---

[1] 아직까지도 정화운동에 대한 전반적인 연구수준은 정화운동과 관련된 일차자료를 발굴하고 수집하는 정도에 머물러 있다. 정화운동 관련 자료와 관련해서는 선우도량 한국불

구분에 대한 학문적 합의조차 이루어지지 않고 있다. 한국불교 근현대사를 집중적으로 연구하고 있는 김광식은 정화운동의 시기를 1947년 2월에서 1970년 5월까지로 한정짓고 그 전개과정을 다섯 단계로 구분하고 있으며(김광식, 2001), 사회학적 시각에서 정화운동을 해석하고 있는 강인철은 그 시기를 1945년에서 1960년까지로 보고 있고(강인철, 2000), 종교사회학자인 박승길은 정화운동을 미군정기부터 1990년대 종단개혁까지로 설정하고 있다(박승길, 2001). 또한 불교근현대사 자료를 집대성했을 뿐만 아니라 불교언론에 오랫동안 몸담은 바 있는 박경훈은 정화과정의 시작에 대해서는 명확하게 밝히고 있지 않지만 1962년 통합종단이 만들어진 것을 정화운동의 종결이라고 분명하게 밝히고 있다(선우도량 한국불교근현대사연구회, 2002, p.295). 다음으로, 정화운동의 원인에 대한 합의도 이루어지지 않은 상태이다. 아직까지 대부분의 연구들은 이승만의 정화유시를 그 시발점으로 이해하고 있는 반면에 최근 일부 연구자들이 불교계 내인론을 주장하고 있다.[2] 마지막으로, 아직까지 정화운동의 종결 및 그 사회적 결과에 대한 연구는 거의 이루어지지 않고 있는 상태이다. 유일하게 박승길(2001)이 정화운동의 사회적 영향이나 정체성 문제를 일부 논의하고 있지만 짧은 논문에서 20세기 전 과정을 다룸으로써 이 문제를 집중적으로 해명하는 데는 이르지 못하고 있다. 더욱이 그는 베버의 인식 틀에 입각하여 정화운동을 부정적인 사건으로 전제함으로써 균형 잡힌 평가라고 보기 어렵다.[3] 정화운동의 과정보다는 그 결과, 즉 제도화가 오늘날 한국불교의 정체성 혹은 그 형성과정에 실제적으로 영향을 미치고 있다는 사실을 고려한다면, 이에 대한 연구가 극히 미흡하다는 사실은 이해하기 어렵다. 이는 과거의 연

교근현대사연구회에서 수집한 기사자료와 구술사 자료가 상당한 가치를 지닌다.
2) 그 대표적인 예로 김광식(2001)은 미군정기 불교계 내부의 여러 요인의 복합적 결과가 정화운동의 원인이 되었음을 주장하고 있다.
3) 베버가 불교를 달인의 종교로 개념화한 것 자체가 서구의 개신교 윤리와 대비되는 부정적 질문의 경험적 근거를 찾고자 하는 노력의 소산이라는 것이 필자의 판단이다. 베버의 이러한 오류에 대한 자세한 논의는 해밀튼(1992)을 참고하기 바란다.

구가 오늘날 및 미래의 교훈으로 이어지지 않을 뿐만 아니라 오늘날의 문제의
식이 과거 연구에 반영되지 않음을 의미한다. 다시 말하면 이는 정화운동의
연구 성과가 오늘날의 불교현실을 이해하고 그 문제점을 해결하는데 결정적
인 실마리를 제공하지 못하고 있음을 의미한다.

이 글의 목적은 부분적이나마 현대 한국불교의 정체성 형성의 근원을 밝혀
보는데 있다. 이를 위해 이 글에서는 정화운동의 사회적 결과를 논의해고자
한다. 보다 구체적으로 말하면 이 글은 현대 한국불교의 현실과 직접적으로
맞닿아 있는 1960, 70년대 한국불교의 흐름을 정화운동과 연관시켜 이해해
보는데 있다. 때문에 이 글의 초점은 정화운동의 원인, 전개과정, 그리고 시
기구분의 문제에 놓여 있는 것이 아니라 정화운동의 종결시점 및 그 사회적
결과에 놓여 있다. 그러나 끝은 처음과 연관되어 있고 결과는 원인과 불가분
의 관계를 지니고 있다. 또한 사회적 결과에 대한 논의는 디소의 평가를 수반
할 수밖에 없는 바, 이를 위해서는 정화운동의 기본성격을 바라보는 이 글의
시각이 제시되어야 한다. 이에 제 2장에서는 이와 관련된 약간의 예비적 논의
를 시도하고 이 글의 시각을 제시할 것이다. 아무쪼록 이 글이 오늘날 한국불
교의 정체성을 이해하고 한국불교의 발전에 미약하나마 시사점을 제공하는데
기여하기를 기대해 본다.

Ⅱ. 예비적 논의

인간사회의 집단생활 속에서 의도적이고 조직적이고 장기적인 집합행동이
발생하였을 때, 우리는 그것을 통상 사회운동(social movement)이라 부른다. 이
렇게 볼 때, 한국불교의 정화운동을 일종의 사회운동으로 간주하는데 별다른
이의가 없을 것이다.

그렇다면 당시 한국불교계 내부에서는 왜 이러한 사회운동이 발생했는가?
대표적인 사회운동론자로 알려진 스멜서(N.J. Smelser)의 부가가치이론(value-

added theory)에 따르면, 사회운동이 일어나는 데에는 다음과 같은 여섯 가지 계기적 결정요인이 선행되어야 한다. 즉, 어떤 집합행동이 일어나는데 필요한 사회구조적·문화적 선행요건인 구조적 유인성(構造的 誘因性; structural conduciveness), 사회적 환경 속에서 어떤 형태의 박탈, 갈등, 규범과 가치관 사이의 모순 내지 괴리가 있는 상태인 구조적 긴장(構造的 緊張; structural strain), 이러한 구조적 긴장 상태에 대해 구성원들이 어떤 공통의 해석, 믿음, 신념을 발생시키고 확산시키는 일반화된 신념(一般化된 信念; generalized belief), 실제로 집합행동을 일으키는 극적인 사건을 가리키는 촉발요인(促發要因; precipitating factors), 사람들의 행동을 조직화하는데 필요한 참여자의 동원(行動을 위한 參與者의 動員; mobilizing of participants for action), 이상의 다섯 가지 요인들에 의해 누적된 사회적 힘을 방해하고 억압하려는 반결정요인(反決定要因; counter-determinant factors) 등이다.[4] 이러한 일반적인 틀[5]에 비추어 볼 때, 서세동점과 일제 이후 서양문명이나 근대화의 충격과 그에 대한 세 가지 반응, 즉 개화론, 수구론, 그리고 동도서기론(東道西器論)과 같은 절충론 사이의 대립은 구조적이고 사회문화적인 유인요인에 해당할 것이다. 다음으로, 일제시대 이후 지속되어 온 대처승의 확대 및 선승(비구승 혹은 수좌)의 심각한 박탈 상태, 그리고 불교 계율의 혼란 등은 구조적 모순의 축적과 구조적 긴장에 해당될 것이다. 셋째, 당시의 선승들은 당시 한국불교의 상황이나 계율이 부처님의 근본 가르침과는 거리가 멀다는 신념과 확신을 가졌고 봉암사 결사 등을 통해 이를 확산시켰는데 이는 일반화된 신념에 해당된다. 게다가 일제의 패망은 한국불교를 정화해야 한다는 확신을 더욱 확고하게 하였다. 넷째, 촉발요인으로는 이승만의 정화유시 등을

---

4) 이에 대한 자세한 논의는 라우어(1992)를 참고할 것.
5) 그러나 필자는 정화운동을 온전히 스멜서(N.J. Smelser)의 이론 틀에 억지로 끼워 맞출 생각은 추호도 없다. 특히 필자는 그의 이론 틀이 지닌 구조기능주의적 측면을 결코 수용하지 않을 것이다. 오히려 필자는 정화운동을 세력들 사이의 정치적 갈등관계로 보는 신그람시학파의 시각을 부분적으로 수용하면서 분석해 나갈 것이다. 여기에서는 다만 스멜서가 제시하는 분석적 요인들을 수용하고자 한다.

꼽을 수 있을 것이며, 다섯째, 당시 선학원에서 진행된 각종 회의와 동원령은 참여자의 동원에 해당된다. 여섯째, 대처 측의 저항이나 물리력 행사, 그리고 법적 고소, 고발 등은 반-결정요인에 해당한다. 만약 이러한 분석이 가능하다면, 한국불교의 정화운동은 이상과 같은 여섯 가지 요인들이 상호 상승작용을 일으켜서 발생한 전형적인 성공한 사회운동으로 간주할 수 있을 것이다.

　이러한 분석은 정화운동의 시대구분과도 밀접하게 연관되어 있다. 무엇보다도 일종의 사회운동으로서의 정화운동의 객관적 조건(사회문화적 변화와 모순의 축적)은 이미 구한말부터 일제시기에 이르는 긴 기간에 걸쳐 서서히 형성된 것이다. 그러나 객관적 조건이 갖추어졌다고 해서 곧 사회운동이 발발하는 것은 아니다. 구성원들이 그러한 조건을 총체적으로 조망하고 인식하며 목적의식적으로 무엇인가를 실천하려고 할 때 비로소 사회운동은 발발하기 시작한다. 그런데 폭압적 사회통제를 구사하고 있었던 일제 하에서는 이러한 실천이 사실상 불가능하였다. 뒤집어서 말하면 이는 일제의 패망으로 비로소 정화운동의 예비단계가 시작될 수 있음을 암시한다. 실제로 해방이 되자 기존의 교단 집행부는 스스로 퇴진하였고 곧이어 과도적인 임시 집행부인 조선불교혁신위원회가 만들어진다. 그리고 약 한달 뒤인 1945년 9월 22~23일 태고사에서 전국승려대회가 개최되었다. 이를 계기로 교단은 새롭게 정비되었다.[6] 그러나 이러한 변화는 제도개혁이나 소수의 인적 청산 이상의 의미를 지니지 못하였고 이러한 한계는 해방직후부터 우후죽순처럼 결성되기 시작한 불교혁신단체들의 저항에 직면하였다. 그리고 기존교단과 혁신세력 사이의 갈등은 지루하게 지속되었고 한국전쟁이 발발하였다.[7] 이렇게 볼 때, 해방직후부터 정화운동의 촉발요인, 즉 이승만의 유시까지는 예비단계에 해당한다.

　그리고 정화유시라는 촉발요인이 정화의 불길에 점화를 하면서 정화운동은

---

6) 1946년 3월 제1회 중앙교무회에서 '조선불교교헌'이 통과됨으로써, 사실상 교단제도는 합법적으로 새롭게 재구성된 것이다.
7) 이에 대한 자세한 논의는 대한불교조계종 교육원(2001)을 참고하기 바란다.

대중화단계에 들어간다. 이 단계에 이르면서 정화운동은 비구 측과 대처 측은 각각 '우리'와 '그들'의 관계, 즉 적대적 관계로 뚜렷하게 양분되었다. 그러나 대중화단계는 길지 않았다. 1955년 8월 12일 전국승려대회를 계기로 정화운동은 공식화 및 조직화단계로 곧바로 진입하기 때문이다. 이 단계에서는 대통령의 유시라는 합법적 근거와 교단 내부의 프로그램에 따라 실제적인 정화과정이 착수되었다.[8] 그러나 1960년 4.19 혁명과 함께 이승만 정부가 붕괴되면서 대처승에 의한 반동(counter-movement)이 시작된다. 그럼에도 불구하고 1962년 통합종단을 성립시킴으로써,[9] 정화운동은 마지막단계인 제도화단계로 들어갔다.

그런데 문제는 이승만 정권의 붕괴와 함께 시작된 반동이 10년 이상 지속되었고 1971년 태고종의 창종으로 일단락되었다는 것이다. 그리고 대처 측의 분종을 계기로 종단은 안정화 단계로 진입하지 않고 기나긴 내분에 휩싸였으며 이는 1970년대로 이어진다는 점이다. 따라서 정화운동의 제도화조차도 크게 반동기인 1960년대의 제도화와 내분기인 1970년대 이후의 제도화로 구분하여 논의하는 것이 불가피하다.[10] 물론 제도화는 80년대 이후까지 지속되지만 여기에서는 70년대에 한정하여 논의하고자 한다.

한편 정화운동의 사회적 결과를 논의하기 위해서는 '정화운동이 어떠한 성격 혹은 유형의 사회운동이었던가?'를 정확하게 이해할 필요가 있다. 운동의 성격에 따라 운동의 결과는 결정적으로 달라지기 때문이다.

일반적으로 사회운동의 성격 및 유형을 복고적 사회운동, 보수주의적 사회

---

8) 이와 관련해서는 김광식(2000)의 「불교정화의 성찰과 재인식」 및 「사찰정화대책위원회의 개요와 성격」을 참고하기 바란다.

9) 1962년 2월 22일 불교재건비상종회가 발족되어 동년 3월 22일 대한불교조계종 종헌을 발표하였고 동월 25일 종헌을 공포하였다. 이는 한국불교 통합종단의 출범을 의미한다.

10) 석림동문회(1997)는 이와 유사한 시각으로 정화운동이 정리되긴 했지만, 10년 단위의 기계적인 시대구분에 따르고 있을 뿐 왜 그러한 시대구분이 가능한가에 대한 별도의 논의는 없다.

운동, 개혁주의적 사회운동, 혁명적 사회운동으로 구분한다면, 정화운동은 당시 종단 질서를 그대로 유지하기를 원했던 사람들이 벌인 보수주의적 사회운동이 아니다. 정화운동은 일제 이후부터 왜색화 되어온 종단질서를 바꾸려는 사람들에 의해서 추동된 사회운동이기 때문이다. 그러나 정화운동은 개혁주의적 사회운동도 아니다. 일반적으로 개혁주의적 사회운동은 기존 사회질서의 큰 골격은 부정하지 않으면서 그 중에서 가장 불만스러운 부분을 바꾸려는 운동인 반면에 정화운동은 당시의 종단 질서를 근본적으로 바꾸려는 운동이었기 때문이다. 그렇다면 혁명적 사회운동인가? 정화운동이 당시 한국불교의 구조 전체를 근본적으로 바꾸려고 했다는 점에서는, 그렇다. 그러나 통상 혁명적 사회운동은 미래지향적 성격을 갖는데 반하여 정화운동은 전통지향적 성격을 가지고 있었다는 점[11]에서는, 그렇지 않다. 후자의 측면에서는 오히려 복고적 사회운동이다. 이렇게 볼 때, 정회운동은 복고적이면서 혁명적인 사회운동이라 할 수 있다.[12]

이렇듯 정화운동을 복고적이고 혁명적인 사회운동으로 규정한다면 그리고 그것이 성공한 혁명이기 때문에, 이러한 성격은 이후 제도화과정이나 종단의 정체성 형성에 지대한 영향을 미치게 된다. 이에 아래에서는 이러한 영향이 제도화과정에 구체적으로 어떠한 영향을 미쳤는지를 보다 구체적으로 살펴볼 것이다.

---

11) 이러한 점에서는 한국의 또 다른 전통종교인 유교의 위정척사론과 유사한 성격을 지니고 있다. 이렇게 볼 때, 정화운동은 한국불교의 왜색화를 극복한다는 점 이외에도 당시 '근대화 = 세속화'로 인한 불교적 가치관 및 계율의 혼란을 우려하여 발발한 운동이라는 성격을 갖고 있다.

12) 김광식(2001)은 정화운동이 복고적 성격을 지니고 있다고 주장하고 있으며 박승길(2002)은 이를 근본주의로 개념화하고 있다. 또한 강인철(2000)은 정화주체세력의 이데올로기적 지형을 보수로 개념화함으로써 정화운동이 일종의 보수적 운동임을 시사하고 있다. 물론 필자가 주장하는 '복고적 성격'이라는 규정도 이러한 논의와 일맥상통한다. 그러나 이러한 논의에서는 정화운동의 혁명적 성격을 강조하지는 않고 있다는 점에서 필자의 견해와는 확연히 다르다.

Ⅲ. 반동기의 제도화 ; 60년대

이승만 정권의 붕괴로 인하여 정화운동은 새로운 국면으로 전환된다. 곧 대처 측에 의한 반동이 시작된 것이다.[13] 그것은 대처 측의 기득권 박탈에 대한 불만을 억눌러 왔던 국가의 강제가 제거되었기 때문이다. 그러나 이러한 반동은 10년 이상 지속되었을 뿐만 아니라 태고종의 창종으로 일단락 되었다. 그렇다면 왜 이토록 반동의 기간이 길었으며 끝내 분종으로 이어질 수밖에 없었는가? 그것은 정화운동의 성격과 깊은 관련성을 지닌다. 다시 말하면 정화운동이 복고적이었을 뿐만 아니라 혁명적 성격의 사회운동이었고 바로 그러한 점에서 대처 측과의 타협의 여지를 완전히 제거했기 때문이라고 생각된다. 그렇다면 통합종단은 어떻게 탄생하였으며 그 의미는 무엇인가를 살펴보자. 그리고 60년대의 제도화의 내용은 구체적으로 무엇이며 그것이 반동과는 또 어떻게 연관되어 있었는지를 보다 구체적으로 살펴보자.

1. 통합종단의 탄생

무엇보다도 비구-대처 사이의 갈등이 통합종단으로 봉합될 수밖에 없었던 것은 5.16 군사정부가 모든 사회단체를 정리하기 위해 등록사업을 펼치면서 불교계에 분쟁해결을 촉구했기 때문이다. 이에 1961년 12월 9일 문교부는 '불교재건위원회조례안'을 제시하고 여기에 찬성한다는 각서와 위원후보명단을 동년 12월 25일까지 문교부에 제출할 것을 요구하였다. 그러나 정부의 개입에 의한 이러한 수습 노력도 비구 측과 대처 측의 커다란 의견 차이로 끝내 수

---

13) "1960년 4월 27일 대처승 측은 조계사 탈취를 기도했고, 이어 부처님 오신날 기념행사 직후 '비구승은 물러가라'는 현수막을 들고 안국동 일대를 누볐다.… 이 때 해인사 · 화엄사 · 통도사 등 큰 사찰과 10여 개의 사찰을 대처승이 다시 점거했다"(석림동문회, 1997).

540 • 승단정화운동의 이념과 방향

포로 돌아갔다.[14]

그 후 문교부는 당국의 불교재건위원회조례안을 철회하고 자율적으로 분쟁을 해결하도록 종용했다. 이에 1962년 1월 18일 양측대표가 문교부에서 만났으며, 동월 20일에는 위원명단을 제시하여 동월 22일 불교재건위원회 결성식을 가졌으며, 이 자리에서 양측 대표는 화동단결할 것을 선언하였다. 그리고 불교재건위원회는 동년 1월 31일 4차 회의에서 새로운 통합종단 구성을 위한 불교재건비상종회칙과 종회의원 30명을 선임하고 발전적 해체를 하였다. 동년 2월 12일 불교비상종회는 새 종단의 명칭을 대한불교조계종으로 하고 교조는 보우국사로 하는 등 종명/종지에 완전히 합의하였다. 그러나 승려 자격 문제에서 비구 측은 '출가독신자에 한함'을 주장하고 대처 측은 '선통합/후재건'을 주장하여 의견이 대립하였다. 이에 또 문교부가 개입하여 갈등을 자율적으로 해결하지 못하면 직접 조치하겠다고 경고하였다. 이에 대처 측에서는 중앙종회 의원을 각 파 반수로 한다는 조건 아래 문교 당국의 견해에 찬동하였고 1962년 3월 25일 '대한불교조계종 종헌'이 공포되었다. 이를 계기로 정화운동은 법적으로는 제도화에 진입하게 되었다. 그리고 동년 4월 1일 불교재건비상종회 9차 회의에서 종정으로 효봉을, 총무원장으로 임석진을 추대하였고 동월 11일에는 종단구성을 완료하였다. 이로써 통합종단은 역사적인 출발을 하였다. 그리고 동월 13일 양측이 새 종단의 간부에게 모든 사무를 인계하였고, 동년 4월 14일 '대한불교조계종'이라는 명칭으로 문교부에 정식 등록함으로써 통합종단 대한불교조계종이 비로소 성립했다. 또한 동년 5월 31일에는 불교재산관리법이 공포되었다(석림동문회, 1997).

---

14) 당시 비구 측은 수정안을 사실상 거부했고 대처 측은 수정안을 제시한 것이다. 비구 측에서는 대처 측과의 통합을 사실상 원하지 않은 반면에, 대처 측이 수정안을 제시한 것은 불교재건위원회조례안 4항에 "대표를 추천할 때는 축첩자 및 분규발생 이후 물의를 일으킨 자와 당파의 간부로 있던 자는 제외한다"는 내용 때문인 것으로 생각된다.

2. 통합종단의 제도화와 반동

어떤 한 사회나 집단을 새롭게 제도화함에 있어서 가장 첫 작업은 법제화이다. 통합종단의 경우에도 제도화의 영순위로서 법제화를 서둘렀고 통합종단이 문교부에 정식으로 등록(1962년 4월 14일)된지 4개월만인 1962년 8월 15일 대한불교조계종 종헌을 공포했다. 그러나 당시 통합종단의 종정이었던 국성우는 이를 불법이라고 주장하고 비구승 측의 효봉스님을 피고대표로 하는 '사찰정화대책위원회 결의 무효소송'을 서울 민사지방법원에 제기하였다. 이런 상황 속에서도 1962년 8월 25일 대한불교조계종 제 1대 중앙종회는 개원되었고 동년 8월 30일까지 열린 제 2회 중앙종회는 전문 11장 95조의 중앙종회법을 통과시켰다. 그러나 동년 9월 10일 종회의원 의석비율(비구승 측 32명, 대처승 측 18명)에 불만을 가진 대처승 측은 비구승과 다시 투쟁할 것을 선언했다. 게다가 대처 측은 동년 10월 4일 비구승 측 청담스님 등 15명을 상대로 서울지법에 '종헌 및 종정추대 무효소송'을 제기했다. 이로써 통합종단은 반년만에 또다시 분규에 휘말리게 되었다. 그 결과는 동년 12월 22일 서울시에 의해 대처승 측의 '대한불교조계종 총무원' 간판을 내리라는 계고장이 발부되기에 이르렀다.[15] 이렇듯 제도화는 그 첫 작업인 법제화에서부터 반동에 직면하였다. 그리고 이 문제는 이후 60년대 말까지 결코 해결되지 않았다.[16] 이처럼 종헌의 효력을 둘러싼 소송이 1969년 말까지 이어졌다는 것은 그때까지도 양측의 갈등이 해결되지 않았음을 의미하는 동시에 반동의 지속을 의미한다. 실제로 1960년대 내내 대처 측에 의한 반동은 치열하고 다각도로 진행되었고 이에 맞서 비구 측도 다양한 방식으로 대응했으며, 국가에 의한 중재노력도 계속되었다. 그리고 이 과정에서 수많은 고소고발 사태가 이어졌다.[17]

---

15) 이상의 내용은 석림동문회(1997)를 요약, 정리한 것이다.

16) 1심에서는 대처 측 승소(1965.6.11), 2심에서는 비구 측 승소(1965.9.7)로 이어졌다. 그래서 이 소송은 대법원으로 지속되어 1969년 10월 23일 비구 측의 승소로 막을 내렸다.

17) 이와 관련된 자세한 내용은 석림동문회(1997)를 참고할 것.

　그렇다면 이렇듯 반동이 지속된 직접적인 원인은 무엇인가? 그것은 비구 측이 대처를 구성원으로 인정하지 않았기 때문인데,[18] 이는 복고적이고 혁명적인 정화운동의 성격과 직결되는 결과이다. 그렇다면 반동은 왜 성공하지 못했는가? 직접적으로는 통합종단의 종헌에 따라 효봉스님을 종정으로 하는 대한불교조계종이 불교재산관리법에 의해 사회단체로 등록되었기 때문이기도 하겠지만, 복고적 사회운동이 성공함으로써 불교의 전통성 및 정통성이 확보되었기 때문이기도 하였다. 그리고 이 두 측면은 모두 대처의 부정을 전제로 하고 있었다. 결국 대처 측에게는 통합종단에서 이탈하거나 별도의 종단을 만들어 스스로의 신분을 인정받던가 혹은 통합종단에 귀속되던가의 선택만이 남아 있었다. 실제로 1969년 3월 26일 대처승 측은 다시 분종을 공포하고 '종권수호 전국불교도대회'를 열어 통합종단 백지화를 재천명하였다. 또한 이 무렵비구 측 내부에서는 청담스님 측과 총무원 진용을 장악하고 있던 경산스님 사이에 종권을 둘러싼 갈등이 발생하였으며, 청담스님의 탈종발표와 원로원장복귀와 같은 내부혼란도 발생했다.[19] 이에 대법원은 1969년 10월 23일 "통합종단 종헌이 유효하다"는 최종판결을 내렸고, 통합종단의 합법성 여부를 둘러싼 비구 측과 대처 측 사이의 갈등은 최소한 법적으로는 종결되었다.[20]

3. 반동기 제도화의 의의

　정화운동의 복고적이고 비타협적 성격은 3대 종책사업을 비롯하여 수행 및교학체계, 복식제도, 사원경제 등의 제도화가 지체되는 데에도 큰 영향을 미

---

18) 당시 비구 측에서는 승려의 자격을 '출가독신자에 한함'으로 규정하였는데 이는 대처를 교단의 구성원으로 인정하지 않겠다는 의사표현에 다름 아니었다. 그리고 이러한 의사표현이 종헌에 삽입되었음을 말할 것도 없고 당시 문교부의 중재안에도 삽입되었다.

19) 이는 사실상 1970년대 종단 내분의 시작이었다. 이에 대한 자세한 논의는 다음 장에서 이루어질 것이다.

20) 석림동문회(1997)를 참고하기 바란다.

첫다. 실제로 당시 대처 측에서는 각 분야의 전문가나 명망가에 의해 3대 종
책사업을 비롯한 다양한 영역의 제도화 방안이 마련되어 있었으나[21] 통합종단
의 제도화과정에서는 철저히 배제되었다. 통합종단에서 제도화시킨 것은 오
직 승려교육의 제도화인데 그것마저도 전통교육의 제도화에 그쳤을 뿐이다.
이는, 당시 한국사회에서 근대식 교육제도가 일반화되어 있었던 상황에 비추
어 볼 때, 복고적 사회운동의 영향과 무관하지 않은 것으로 생각된다. 그 결
과, 역경의 제도화는 운허스님의 개인적 원력에 의해, 그리고 포교는 70년대
말에 제도화되었다.[22] 한마디로 한국불교의 지체된 현대화로의 귀결이었다.[23]

다른 한편, 60년대 제도화는 사실상 제도 그 자체를 둘러싼 운동과 반동의
악순환으로 일관하였다. 이는 제도적 권위(합법적/합리적 권위)의 불신이라는 부
정적 파급효과를 낳았다. 오히려 종단 내부의 갈등이 제도권 내에서 자율적으
로 해결되기보다는 국가나 사법기관의 개입에 의해 해결되었다. 이는 종교의
자율성을 스스로 부정하는 결과를 초래했고 이는 세속기관에의 의존성이나
국가에 의한 식민지성을 강화하는 부정적 파급효과를 낳았다.

이러한 한계에도 불구하고 60년대 제도화는 왜색화의 해소라는 일제 잔재
청산의 의의[24]와 불교전통의 회복이라는 의의[25]를 남김으로써 한국불교의 정

---

21) 이에 대한 구체적인 내용은 현대불교사(1962)를 참고하기 바란다.
22) 유승무(2002)는 통합종단 이후 3대 종책사업의 구체적인 내용에 대한 평가를 시도하
    였다.
23) 1960년대 제도화의 성과에 대한 구체적인 사실은 대한불교조계종 교육원(2001)을 참
    고하기 바란다.
24) 한국불교계는 한국사회에서 유일하게 일제의 완전 청산에 성공한 집단으로 꼽기에 손
    색이 없으며, 국가적 차원에서 일제잔재 청산이 실패로 돌아갔다는 점과 비교할 때, 그
    의의는 적지 않다.
25) 1962년에 제정된 종헌 1조는 '신라 도의국사가 창수한 가지 산문에서 기원하여 고려 보
    조국사의 중천을 거쳐 태고보우국사의 제종포섭으로 조계종이라 공칭하여 이후 그
    맥…'이라고 밝힘으로써 조계종의 정체성이 한국불교의 선불교전통과 맞닿아 있음을
    분명히 한 것으로 해석된다. 특히 이러한 정체성 규정은, 당시 대처 측의 대표적인 이
    론가였던 李南釆가 한국불교를 통불교적 전통을 가진 것으로 해석함으로써 이러한 정

통성을 회복하였고 교리적 정당성을 확보했으며 계율의식을 고취하여 계율을
재정비할 수 있는 계기를 마련하였다. 그리고 이로부터 한국불교계에서는 비
구승 특히 선승들이 존경받고 선불교적 전통이 강화되는 결과도 파생되었다.
이렇게 볼 때 정화운동의 결실은 한마디로 한국불교의 정체성을 확립하고 정
통성을 회복한 데 있다.

Ⅳ. 내분기의 제도화; 70년대

1. 내분의 발생

1970년 5월 8일 대처 측이 '한국불교태고종'을 창종하고 불교재산관리법에
의거하여 문화공보부에 등록하였다. 그리고 1972년 대법원에서 통합종단으
로부터 이탈한 대처 측의 종헌 무효에 대한 상고 모두를 기각 판결을 하였다.
이로써 최소한 법적으로는 비구─대처 사이의 갈등이 종결됨과 동시에 통합종
단의 시대가 종언을 고한 셈이었다. 또한 이는 대한불교조계종이 비구승 단일
종단으로 새롭게 출발함을 의미한다.

그러나 그 새로움은 무색하였다. 이미 내분의 불씨는 지펴져 있었다. 1969
년 7월 6일 당시 장로원장이었던 청담스님이 '불교유신 재건안'을 총무원에 제
의했으나 총무원 측이 거부하였다. 이 사건을 계기로 주로 선학원 측 중진들
인 청담스님 지지파와 당시 총무원을 장악하고 있던 경산스님 지지파들 사이
에 내분이 발생하였다. 그러나 이 내분은 워밍업에 불과했다. 태고종의 창종
으로 정통성 및 정체성과 관련된 법적 시비는 끝났지만 아직도 종단 제도화의

체성을 부정하였다는 점과 비교해 보면, 오늘날 한국불교에서 왜 선불교가 그토록 중
요시되고 있는지를 잘 알 수 있게 한다. 이남채의 논의에 대해서는 현대불교사(1962)
를 참고하기 바란다.

길은 멀기만 한 것이 사실이다. 정화운동의 제도화와 관련하여, 60년대가 한 마디로 대처-비구간의 정통성 및 정체성 시비로 일관했다면 70년대는 종무행정체계의 제도화와 연관된 시비로 일관했다. 중앙집권체제와 지방분권체제 사이의 갈등, 종정 중심제와 총무원장 중심제 사이의 갈등, 조계사파(종정 중심제)와 개운사파(종회) 사이의 시비로 이어진 일련의 내분이 그것이었다. 그렇다면 이러한 내분은 왜 발생할 수밖에 없었으며, 정화운동과는 어떻게 연관되어 있는가?

행정체계란 중앙과 지방 사이의 권력 및 자원 배분뿐만 아니라 입법, 사법, 행정 사이의 권력배분의 제도화를 의미한다. 다시 말하면 행정체계의 제도화는 정치적 이해관계 및 물질적 이해관계와 직결되어 있을 뿐만 아니라 직결되어 있어야 한다. 이는 행정체계의 제도화가 불가피하게도 제 세력들 사이의 갈등을 동반하는 이유이다. 대한불교조계종의 경우도 예외는 아니다. 다만 대한불교조계종의 경우 종정이라는 독특한 행정단위가 있다는 점[26]과 정화운동의 결과 당시(1970년대) 종정의 카리스마적 권위가 매우 높았다는 점이 독특하다. 특히 당시 한국사회의 지배질서가 이미 합법적/합리적 권위에 기초하고 있었음에도 불구하고, 그리고 그렇기 때문에 법적/제도적 권위에 대한 요구가 종단 내부에서도 요구될 수밖에 없었음에도 불구하고, 정화운동의 결과 당시 대한불교조계종에는 카리스마적 권위가 오히려 강화되어 있었다.[27] 이는 1970년대 종무행정의 제도화과정과 그로 인한 갈등의 중심에 종정이 놓여 있었던 이유이다. 이렇게 볼 때, 정화운동은 1970년대 내분에 결정적인 영향을 미친 셈이다.

---

26) 종무행정체계와 권력 배분 사이의 관계에 대한 이론적 논의는 심익섭(1996)과 유승무 (1996)를 참고하기 바란다.

27) 당시 청담스님의 권위가 절대적이었던 것은 그 대표적인 예이다.

2. 내분기의 제도화와 갈등

내분은 이미 1969년부터 시작되었지만, 종무행정체계와 직접적인 관계가 있는 내분은 1971년 초에 발생하였다. 1971년 3월 조계종은 교육 · 역경 · 포교 등 종단 3대 사업을 강력하게 추진할 것을 결의하고 총무원기획위원회(위원장 청담스님)를 소집했다. 원로회의에서는 종정 직속으로 '종정지도위원회'를 설치하고 종무행정 개선을 위해 당해 연도 한 해에 한해서만 세 차례의 종정지도위원회를 개최했다. 그러나 동년 6월 26일 총무원간부들은 동년 7월 5일 임시종회에서 종헌개정안이 통과되지 않으면 총사퇴하기로 결의했다. 그렇다면 기존 종헌의 무엇이 문제였는가? 그것은 종단의 최고 행정수반인 총무원장이 행정력을 발휘하는데 필요한 권력이 제한되어 있었기 때문이다.[28] 게다가 크고 작은 토지매각 사건은 종무행정에 대한 대중들의 불신을 극도로 자극하고 있었다. 바로 이러한 배경에서 제기된 것이 '중앙집권체제의 강화냐' 혹은 '본사중심체제의 지향이냐'의 문제였다.[29]

그러나 이러한 논의가 해결되기도 전에 종무행정체계와 관련된 또 다른 사건이 터졌다. 1973년 5월 29일 당시 총무원장이었던 경산스님이 사회국장 해임안을 종정스님께 제출했는데 종정스님이 이를 거부했기 때문이다. 이 사건은 '종정 중심체제'인가 혹은 '총무원장 중심체제'인가와 관련된 내분의 시작이었다. 이 내분의 결정판은 1975년 서옹스님이 종정으로 추대되면서 시작된 내분이었다. 서옹스님은 종단의 상징적 권위라는 관례를 깨고 '실무종정'으로서의 역할을 시작하였다. 동년 8월 28일 관음사 주지 교체의 건으로 서옹스님은 총무원에 보관하고 있던 종정직인을 반환하고 총무원 감찰원의 국장급 이하 모든 직원들로 하여금 사표를 제출하도록 하고 종정의 재신임을 묻는 긴급종령을 선포했다. 그러나 총무원 측은 4부장의 단합으로 이를 거부하고 종정에게 종령 철회를 건의했다. 이에 종정은 동년 9월 5일 전원 사표를 내지 않으

---

28) 대표적으로 당시 주지 인사권을 종정이 갖고 있었다.
29) 이에 대한 자세한 사실은 석림동문회(1997)를 참고하기 바란다.

면 종정의 임면권을 발동해 전 직원을 새로 임명하겠다고 최후 통첩을 보냈다. 그러나 총무원 측에서는 관례를 무시한 독선이라고 주장하면서 종회에서 이를 해결하자고 요구했다. 이렇듯 갈등이 심화되자 당시 총무원장이었던 경산스님은 동년 9월 12일 구두로 사퇴의사를 표명하고 총무원을 떠났다. 이는 종정이 인사권을 가지고 있음으로 인해 발생한 상징적인 사건이었다.

이 내분은 2년 뒤인 1977년 9월 15일 동화사 주지 경질과 관련해 발생하였다. 이 사건을 계기로 동화사 신도들은 서옹스님의 총무원 인사조치가 재야 측을 지지한 주지에 대한 보복조치라면서 대구 보현사에서 규탄대회를 열었다. 그리고 동년 10월 7일 마침내 해인사에서 열린 제 49회 임시종회에서는 '이서옹 종정추대결의 무효선언'과 '종정 불신임'을 결의했다. 그리고 동년 11월 9일 재야 측 종회의원들은 다시 '종정직위해임 확인청구소송'을 내자 동년 11월 11일 종정 서옹스님은 '불교진흥을 위한 비상종령' 제 37호를 발표하고 종회 해산을 명령하는 동시에 17명의 '중흥종회'를 구성했다. 이때부터 종정 지지세력과 총무원장 지지세력 사이의 내분은 종정 파와 종회 파의 내분으로 전개되기 시작하였다. 이러한 갈등은 마침내 조계사파 총무원과 개운사파 총무원으로 양분되는 극한 상황으로 치달았다. 그리고 이후의 사건들은 사사건건 법정 시비로 비화되었다. 또한 신도회가 개입하기도 하였다. 이러한 내분이 종결된 것은 그 후로도 약 3년의 세월이 흐른 1980년 초였다. 1980년 2월 15일 대법원은 전 종정 서옹스님이 개운사 측을 상대로 항고한 '가처분집행 취소결정'을 다시 기각함으로써 개운사 측이 완승했다.[30] 그러나 그 뒤를 기다린 것은 내분의 원만한 해결이 아니라 세속권력에의 예속성과 같은 60년대와 동일한 문제의 반복, 종무행정 이외 다른 영역의 지체된 제도화[31], 그리고 '10·27 법란'이 기다리고 있었다.

---

30) 이상의 논의는 주로 석림동문회(1997)를 요약, 정리한 것이다.

31) 물론 종단 내분의 와중에도 수행체계 및 교육체계가 갖추어지기 시작하였고, 1977년에는 포교법이 통과되고 포교원이 별원화 되는 등 다소간의 제도화가 이루어졌다. 그러나 이러한 제도화는 당시 한국사회 전체의 비약적 발전과 비교해 볼 때 지체된 현대화의 현주소라고밖에 볼 수 없다.

V. 맺음말

지난 20세기 아시아를 비롯한 제 3세계에서 근대성 혹은 근대화(modern
ization)—종교적 차원에서는 세속화—는 일종의 프로크루스테스의 침대(Procrustean
bed)였다. 한국사회를 비롯한 동아시아도 예외는 아니었다. 이에 대응하는 길
은 크게 세 갈래로 나타났다. 하나는 고유의 전통을 고수하는 길이었으며, 다
른 하나는 근대화의 길로 적극적으로 나아가는 길이었으며, 나머지 하나는 절
충하는 길(중국의 '중체서용론', 일본의 '화혼양재론', 한국의 '동도서기론')이었다. 그런데
한국사회는 36년이라는 긴 세월동안 일본제국의로부터의 식민 상태를 경험하
였다. 때문에 20세기 한국사회는 또 하나의 과제 즉, 일제 식민지로부터의 독
립과 일제 잔재의 청산이라는 과제와 민족분단의 극복이라는 독특한 민족적
과제를 갖게 되었다.

20세기 중 · 후반 한국불교계에서 발발한 정화운동은 이러한 시대적 도전
(challenge)에 대한 일종의 응전(response)이었다. 이는 정화운동 그 자체 혹은 그
사회적 결과가 근현대 한국불교의 정체성 형성에 결정적인 영향을 미칠 수밖
에 없는 사회문화적 · 구조적 이유이다.

정화운동은 복고적이면서도 혁명적인 일종의 사회운동이었다. 정화운동은
한국불교계를 지배하고 있던 일제의 식민지 잔재를 완전히 청산하고 한국불
교의 세속화 물결을 되돌려 놓는데 성공하였다. 그러나 그 과정은 순탄하지
않았다.

해방 직후부터 준비되기 시작한 정화운동은 한국전쟁이 끝나고 이승만의
정화유시가 발표되면서 본격적으로 전개되기 시작하였다. 그러나 그것은 밀
고 밀리는 일종의 전쟁이었다. 대통령의 정화유시가 9차례 발표되기도 하였
다. 그럼에도 불구하고 1950년대 말까지도 한국불교의 정화는 종결되지 않았
고, 1960년 4 · 19 혁명과 함께 정화유시의 촉발요인이자 받침대였던 이승만
정권이 붕괴되면서 대대적인 반동이 시작된 것이다. 이러한 혼란 속에서도 정
화운동은 1962년 통합종단의 탄생과 대한불교조계종 종헌의 공포라는 결정적

인 진지를 확보하였다.

통합종단의 성립과 종헌의 공포는 정화운동이 제도화의 단계로 진입할 수 있는 발판이었다. 그러나 혹은 바로 그랬기 때문에 반동은 강도를 더해갔다. 운동과 반동 사이의 혼란은 정부가 개입할 수 있는 빌미를 제공했다. 사사건건 고소고발사태도 이어졌다. 이러한 상황은 통합종단의 종헌이 유효하다는 대법원의 판결(1969년)까지 지속되었다. 그리고 끝내 분종으로 결말이 났다.

정화운동의 상흔은 결코 적지 않았다. 사원경제의 피폐화는 말할 것도 없고 한국불교의 제도적 규정력이 대내외적 영향으로부터 쉽게 흔들렸다. 세속화·왜색화 경향에 대해서는 단호하고 비타협적인 태도로 일관했지만 세속적 권력에는 오히려 편승했다. 그 결과는 정권에의 예속성이라는 치명적인 약점으로 나타났다. 한국불교의 현대화도 더디게 이루어질 수 없었고 종책사업의 성과는 크지 않았다. 이렇게 볼 때, 정화운동은 한국불교의 정체성 확립이라는 큰 족적을 남겼음에도 불구하고 60년대 한국불교 저발전의 본질적인 원인을 제공했다.

저발전의 끝은 분종이 아니었다. 1970년대의 내분이 불교발전을 가로막고 나섰다. 물론 1970년대의 내분에는 행정체계의 제도화에 따른 이해갈등의 표출이라는 불가피성이 존재한다. 그리고 내분이 쉽사리 종결되지 않고 오히려 격화되고 장기화되고 있었던 데에는 정화운동의 여파, 특히 종정의 절대적 권위와 그의 행정적 개입이 큰 영향을 미쳤다. 이렇게 볼 때, 1970년대의 내분은 왜색화·세속화의 물길을 전통속으로 역류시키는데 성공한 정화운동의 업보다.

이제 정화운동도, 그 운동의 업보도 모두 과거의 역사로 기록될 뿐이다. 문제는 오늘날 한국불교가 프로크루스테스에게 잡혀 다리를 절단당할 것인가 혹은 그 무시무시한 도둑놈을 잡아다가 처단할 것인가의 기로에 놓여있다는 점이다. 정화운동은 비록 무수한 부정적 상흔을 남겼음에도 불구하고 오늘날 한국불교의 정체성을 형성하고 정통성을 회복시켰을 뿐만 아니라 한국불교가 프로크루스테스에 잡혀서 다리가 절단되는 일을 막아 주었다. 바로 이러한 점에서는 더없이 높은 평가를 받아 마땅하다. 이렇게 볼 때, 프로크루스테스를 잡아 처단하는 일과 한국불교를 다시 발전시켜 나가는 일, 즉 두 마리 토끼를 한꺼번에 잡아야 하는 과제가 미래 한국불교의 숙제로 남아 있는 셈이다.

참고문헌

강인철, 2000, 「해방후 불교와 국가 : 1945-1960」, 『사회와 역사』 제57집, 한국사회사학회.

김광식, 2000, 『근현대불교의 재조명』, 시공사.

김광식, 2001, 「정화운동의 전개과정과 성격」, 『교단정화운동과 조계종의 오늘』, 선우도량출판사.

대한불교조계종 교육원, 2001, 『조계종사 -근현대편-』, 조계종출판사.

박승길, 2001, '한국현대사와 정화운동 - 정화운동의 사회적 영향과 조계종단의 정체성', 『교단정화운동과 조계종의 오늘』, 선우도량출판사.

심익섭, 1996, 「중앙종무기관과 본말사 행정」, 『종무행정연구』, 행원.

유승무, 1996, 「종무행정 혁신의 필요성」, 『종무행정연구』, 행원.

_____ , 2002, 「종단 3대 사업의 성찰적 이해」, 『통합종단 출범 40주년 기념 학술 세미나 자료집』.

석림동문회, 1997, 『한국불교현대사』, 시공사.

한국불교근현대사연구회, 2002, 『22인의 증언을 통해 본 근현대불교사』, 선우도량출판부.

현대불교사, 1962, 『현대불교』 제9호.

라우어 지음/정근식 · 김해식 옮김, 1992, 『사회변동의 이론과 전망』, 한울.

해밀튼, 1992, 「왜 중국에서는 자본주의가 존재하지 않았는가? -부정적 질문의 오류와 대안」, 『막스 베버와 동양사회(유석춘 편)』, 나남.

불교정화운동 참고문헌

(저자명 자모순, 발표시기순)
*작성: 김광식 교수

강인철, 「해방후 불교와 국가 ;1945~1960, 비구·대처의 갈등을 중심으로」, 『사회와 역사』 57, 2000.

고광덕, 「신소천 스님의 구세호국 사상」, 『불광』 45, 1978.

고영섭, 「불교정화의 이념과 방법 – 청담순호와 퇴옹성철의 현실인식과 정화인식」 『불교정화운동의 재조명』, 조계종출판사, 2008.

＿＿＿, 「불교 조계종 종합수도장 5대총림 연구」, 『조계종 총림의 역사와 문화』, 조계종출판사, 2008.

＿＿＿, 「탄허 택성의 생애와 사상」, 『한국불교학』 63, 2012.

곽만연, 「하동산 대종사와 범어사 가풍의 불교정신」, 『교수불자연합학회지』 18권 2호, 2012.

권상로, 「불교계의 분쟁」, 『현대불교』 7, 1961.

금오문도회, 『금오스님과 불교정화운동』(2권), 금오선수행연구원, 2008.

김광식, 「일제하 선학원의 운영과 성격」, 『한국독립운동사연구』 8, 1994.

＿＿＿, 「1926년 불교계의 대처식육론과 백용성의 건백서」, 『한국독립운동사연구』 11, 1997.

_____, 「불교혁신총연맹의 결성과 이념」, 『한국근대불교의 현실인식』, 민족사, 1998.

_____, 「교단개혁운동의 명암」, 『불교평론』 1, 1999.

_____, 「불교 '정화'의 성찰과 재인식」, 『근현대불교의 재조명』, 민족사, 2000.

_____, 「전국비구승대표자 대회의 시말」, 『근현대불교의 재조명』, 민족사, 2000.

_____, 「사찰정화대책위원회의 개요와 성격」, 『근현대불교의 재조명』, 민족사, 2000.

_____, 「불교재건위원회의 개요와 성격」, 『근현대불교의 재조명』, 민족사, 2000.

_____, 「전국신도회의 혁신재건안 연구」, 『불교평론』 4, 2000.

_____, 「이청담과 조계종 유신 재건안 연구」, 『불교평론』 7, 2001.

_____, 「오대산수도원과 김탄허 ; 정혜결사의 현대적 변용」, 『정토학연구』 4, 2001.

_____, 「정화운동의 전개과정과 성격」, 『새불교운동의 전개』, 도피안사, 2002.

_____, 「청담스님과 불교정화운동」, 『청담대종사와 현대한국불교의 전개』, 청담문화재단, 2002.

_____, 「한국 현대불교와 정화운동」, 『대각사상』 7, 2004.

_____, 「이청담의 불교정화정신과 조선불교학인대회」, 『마음사상』 2, 2004.

_____, 「이승만은 왜 불교계를 정비하였나」, 『내일을 여는 역사』 17, 2004.

_____, 「대한불교조계종의 성립과 역사적 의의」, 『승가교육』 5, 2004.

_____, 『아! 청담』, 화남, 2004.

_____, 「특별기고 ; 조·태 분규 50년, 미완성의 불교개혁」, 《현대불교》 2004.1.17.

_____, 「이청담의 불교정화 정신과 조선불교학인대회」, 『마음사상』 2, 2004.

_____, 「농지개혁과 불교계의 대응」, 『불교평론』 20, 2004.

_____, 「고불총림과 불교정화」, 『불교사연구』(중앙승가대) 4, 불교시대사, 2004.

_____, 「김탄허의 교육과 그 성격」, 『한국현대불교사연구』, 불교시대사, 2006.

_____, 「청담의 민족불교와 靈山圖」, 『마음사상』 4, 2006.

_____, 「이성철의 불교개혁론」, 『퇴옹성철의 깨달음과 수행』, 예문서원, 2006.

_____, 「김서운의 종단정화와 그 특성」, 『한국현대불교사연구』, 불교시대사, 2006.

_____, 「조선불교 선종과 수좌대회」, 『불교근대화의 전개와 성격』, 조계종출판 사, 2006.

_____, 「봉암사결사의 전개와 성격」, 『한국현대불교사 연구』, 불교시대사, 2006.

_____, 「윤월하의 불교정화운동」, 『한국현대불교사연구』, 불교시대사, 2006.

_____, 「선림회의 선풍진작과 정화이념의 계승」, 『승가교육』 6, 2006.

_____, 『그리운 스승 한암스님』, 민족사, 2006.

_____, 「해인총림의 어제와 오늘」, 『한국현대불교사 연구』, 불교시대사, 2006.

_____, 「제2정화운동과 영축회」, 『정토학연구』 10, 2007.

_____, 「청담의 불교근대화와 교육 문제」, 『마음사상』 5, 2007.

_____, 「하동산의 불교정화」, 『범어사와 불교정화운동』, 영광도서, 2007.

_____, 『동산대종사와 불교정화운동』, 영광도서, 2007.

_____, 『범어사와 불교정화운동』, 영광도서, 2008.

_____, 「유교법회의 전개과정과 그 성격」, 『불교평론』 35, 2008.

_____, 「가야총림의 설립과 운영」, 『조계종 총림의 역사와 문화』, 조계종출판사, 2008.

_____, 「불교 정화운동과 화동위원회」, 『불교정화운동의 재조명』, 조계종출판사 사, 2008.

_____, 「김지효의 꿈, 범어사 총림건설」, 『불교학보』 49, 2008.

_____, 「용성의 건백서와 대처식육의 재인식」, 『선문화연구』 4, 2008.

_____, 「도광의 구도와 보살행」, 『선문화연구』 5, 2008.

_____, 「유교법회(遺敎法會)의 전개 과정과 그 성격」, 『불교평론』 35, 2008.

_____, 「청담의 '나의 고백'과 불교근대화」, 『마음사상』 8, 2010.

_____, 「도의국사의 종조론 시말」, 『도의국사 연구』, 인북스, 2010.

_____, 『오대산의 버팀목 – 만화희찬 선사의 수행과 가르침』, 월정사, 2010.

_____, 「광덕사상, 그 연원의 시론적 소묘」, 『정토학연구』 13, 2010.

_____, 「한국전쟁과 불교계–북으로 간 승려들과 불교혁신운동」, 『불교평론』 43, 2010.

_____, 「'10 · 27 법난'의 발생 배경과 불교의 과제」, 『불교평론』 44, 2010.

_____, 『처처에 나툰 보살행–석암스님의 수행과 기르침』, 석임문도회, 2011.

_____, 「청담의 불교정화운동과 정화이념–단계별, 총괄적 이해를 중심으로」, 『마음사상』 9, 2011.

_____, 「1945~1980년간의 불교와 국가권력」, 『불교학보』 58, 2011.

_____, 「근현대 불교개혁론의 지평」, 『일본불교사 연구』 4, 2011.

_____, 「정금오의 불교정화운동」, 『불교학보』 57, 2011.

_____, 「불교정화운동에 있어서 금오스님의 역할」, 『금오스님과 한국불교』, 금오선수행연구원, 2011.

_____, 「탄허의 시대인식과 종교관」, 『한국불교학』 63, 2012.

_____, 「청담의 계율과 불교정화」, 『마음사상』 9, 2012.

_____, 『보문선사』, 민족사, 2012.

_____, 「탄허의 교육이념과 그 정신」, 『한국불교학』 66, 2013.

_____, 「만암의 불교정화관」, 『선문화연구』 14, 2013.

_____, 『방산굴의 무영수—탄허대종사 탄신백주년 기념 증언집』(2권) 월정사, 2013.

_____, 「근현대 불교 연구, 연구성과와 과제」, 『한국불교학』 68, 2013.

_____, 『불교와 국가』, 국학자료원, 2013.

_____, 「대한불교조계종의 성립과 성격 ; 1941~1962년의 조계종」, 『한국선학』 34, 2013.

_____, 「조계종단 宗正의 歷史像」, 『대각사상』 19, 2013.

_____, 『청백가풍의 표상 – 벽안스님의 수행과 가르침』, 벽안문도회, 2013.

_____, 「조계종단 總務院長 歷史像의 제문제」, 『승가화합과 조계종의 미래』, 혜민 기획, 2014.

_____, 「불교정화운동 연구, 회고와 전망」, 『대각사상』 21, 2014.

_____, 「동산의 法脈과 傳法—용성 · 성철과의 관련을 중심으로」, 『전자불전』 13, 동국대 전자불전연구소, 2015.

_____, 「근현대불교사 연구 50년의 성과와 전망」, 『불교평론』 61, 2015.

_____, 「백용성과 소태산의 同異에 대한 몇가지 문제」, 『원불교사상과 종교문화』 63, 2015.

_____, 「용성과 한암의 행적에 나타난 정체성」, 『대각사상』 23, 2015.

_____, 「고암의 정체성과 용성사상의 계승」, 『대각사상』 24, 2015.

_____, 「韓國 近代佛敎 '帶妻食肉'의 二元的 路線」, 『일본불교문화연구』 13, 2015.

김광식 · 이철교, 『불교정화분쟁 자료 ; 근현대 불교자료전집 68』, 민족사, 1996.

김경집, 「1980년에 발표된 성철스님의 종단개혁론」, 『한국불교 개혁론 100년과 성 철스님의 개혁론』, 백련불교문화재단, 2010.

_____, 「금오선사의 불교정화운동과 불교사적 의의」, 『금오스님과 한국불교』, 금 오선수행연구원, 2011.

_____, 「九山 秀蓮의 정화와 결사운동」, 『선문화연구』 16, 2014.

김남수, 「50년대 분규 발생의 정치적 의미 분석」, 『대승정론』 15, 1997.

김방룡, 「청담대종사의 정화사상과 현대적 구현」, 『마음사상』 9, 2011.

김상영, 「'정화운동' 시대의 종조 갈등 문제와 그 역사적 의의」, 『불교정화운동의
　　　　재조명』, 조계종출판사, 2008.

김선근, 「청담대종사의 정화사상」, 『마음사상』 2, 2004.

_____, 「청담대종사의 정화운동의 역사적 의의」, 『마음사상』 9, 2011.

_____, 「동산대종사의 한국불교사적 위상」, 『교수불자연합학회지』 18권 2호, 2012.

_____, 「대한불교조계종의 토대를 형성한 청담스님의 역할−정화불사를 중심으
　　　　로」, 『마음사상』 12, 2014.

김순미, 「농지개혁과 사찰농지 변동」, 『불교정화운동의 재조명』, 조계종출판사,
　　　　2008.

김순석, 「대한불교조계종과 한국불교태고종의 성립과정」, 『인문과학논총』(순천향
　　　　대) 22, 2008.

_____, 「이승만정권의 불교정책」, 『불교정화운동의 재조명』, 조계종출판사, 2008.

_____, 「해방공간 불교계의 과제와 만암 송종헌의 불교계 정화인식」, 『태동고전
　　　　연구』 27, 2011.

김영태, 「승가 본래의 역사성과 한국불교 교단정화운동의 史的 의의」, 『청담대종
　　　　사와 현대 한국불교의 전개』, 청담문화재단, 2002.

김용환, 『靑潭畢影』, 봉녕사승가대, 2004.

_____, 『香聲』, 봉녕사승가대, 2008.

김용태, 「조계종 종통의 역사적 이해 − 근현대 종명, 종조, 종지 논의를 중심으
　　　　로」, 『조계종사 논문집』, 도서출판 중도, 2013.

김응철, 「청담대종사 정화운동의 근본정신 연구」, 『마음사상』 2, 2004.

_____, 「청담대종사 정화사상의 현대적 활용방안 연구」, 『마음사상』 9, 2011.

김인수, 「한국 불교정화운동의 태동배경과 전개과정」, 『월간 법회』 36~38호, 1988.

김정희, 「백용성의 생애와 불교개혁론」, 『불교평론』 45, 2010.

김종인, 「1960년대 한국불교와 성철의 활동–봉암사 결사와 해인총림」, 『1960년대 전후 상황과 성철스님의 역할』, 백련불교문화재단, 2006.

_____, 「백용성의 근대와의 만남과 불교개혁운동」, 『대각사상』 23, 2015.

김호성, 「탄허의 결사운동에 대한 새로운 조명」, 『한암사상』 3, 2009.

능 가, 「한국불교정화운동의 제문제」, 『범어사와 불교정화운동』, 영광도서, 2007.

대 안, 「태고종사의 재인식, 정화이후 태고종과 조계종의 실태」, 『대한민국 불교역사 재인식』, 미래불교 중흥회, 2006.

덕 산, 「용성문도와 불교정화 이념」, 『범어사와 불교정화운동』, 영광도서, 2007.

마 성, 「백용성의 승단정화 이념과 활동」, 『범어사와 불교정화운동』, 영광도서, 2008.

_____, 「봉암 변월주의 생애와 사상」, 『대각사상』 22, 2014.

목정배, 「청담의 참회정신과 정화불교」, 『청담대종사와 현대 한국불교의 전개』, 청담문화재단, 2002.

민도광, 『한국불교 승단 정화사』, 승단정화사 편찬위원회, 1996.

박부영, 「대법원 육비구 할복(六比丘 割腹) 사건」, 『불교평론』 33, 2007.

_____, 「법인당 벽안 대종사의 생애와 종단관」, 『대각사상』 15, 2011.

박세규, 「청담대종사의 조계종지와 청정승가 전통 회복」, 『마음사상』 12, 2014.

박승길, 「한국 현대사와 정화운동–정화운동의 사회적 영향과 조계종단의 정체성」, 『교단 정화운동과 조계종의 오늘』, 선우도량, 2001.

박재현, 「일제강점기 독립의 한 의미 ; 백용성을 중심으로」, 『한국선학』 38, 2014.

박희승, 「불교정화운동 연구 - 불교정화운동을 보는 한 시각」, 『불교평론』 3, 2000.

_____, 「1980~1990년대 한국불교 정화사」, 『대각사상』 7, 2004.

_____, 「불교정화운동 ; 불교중흥 제일 과제는 교단의 청정성 회복」, 『불교평론』 50, 2012.

배재민, 「불교정화운동의 현재적 조명」, 『불교와 한국사회』 3, 1989.

백   운, 「한국불교 정화운동에 있어서 동산스님과 범어사의 역할」, 『대각사상』 7, 2004.

법   상, 「동산문도의 정화의식과 실천내용」, 『전자불전』 17, 전자불전연구소, 2015.

법   정, 「부처님 前上書」, 《대한불교》 1964.10.11 · 18 · 25(3회).

변월주, 「우리 宗團의 反省의 해로 自己淨化에 于先하기를」, 『불교계』 17, 1968.

불교신문, 『조계종단 50년사』, 2012.

불학연구소, 『봉암사결사와 현대 한국불교』, 조계종출판사, 2008.

서경수, 「정화의 소용돌이 25년」, 『법륜』 25, 1970.

서운스님 외, 『한국불교 정화 20년 ; 어제와 오늘의 진단』, 《대한불교》 1975. 1. 5.

서의현, 「청담, 불교정화이념, 八주기를 맞이하여」, 『여성불교』 7, 1979.

서정주, 「비구승단과 대처승단은 파쟁을 중지하라」, 《현대불교》 7, 1961.

석   정, 「비구 · 대처의 갈등이 낳은 불교정화운동」, 『법륜』 246, 1989.

선우도량 근현대불교사 연구회, 『22인의 증언을 통해 본 근현대 불교사』, 선우도량, 2002.

성철스님 문도회, 『나 홀로 가노라, 만고의 진리를 향해』, 장경각, 2013.

소   운, 「삼학겸수에 입각한 윤월하의 수행정신」, 『대각사상』 24, 2015.

송월주, 「불교정화운동의 재조명-정화운동의 당위성을 중심으로」, 『한국불교 정화이념의 재조명 토론회 자료집』, 석림동문회, 1989.

_____, 「당위성을 중심으로 본 한국 불교정화운동」, 『불광』 1989.3~5.

_____, 「한국불교정화의 당위성」, 『교단정화운동과 조계종의 오늘』, 선우도량, 2001.

_____, 「청담의 구세관과 한국불교의 비구승단 재건」, 『청담대종사와 현대 한국불교의 전개』, 청담문화재단, 2002.

_____, 「한국불교 사찰정화의 당위성과 우리의 과제」, 『금오스님과 불교정화운동』 2, 금오선수행연구원, 2008.

_____, 「금오대선사의 사상과 정화운동」, 『금오스님과 불교정화운동』 2, 금오선수행연구원, 2008.

신규탁, 「한암선사의 승가오칙과 조계종의 신행」, 『조계종사 연구논집』, 도서출판 중도, 2013.

신성현, 「금오태전의 계율관 一考」, 『한국선학』 30, 2011.

신태악, 「우리나라 불교정화운동」, 『교육평론』 29, 1961.

신 철, 「불교정화운동의 시대적 상황과 그 당위적 과제」, 『선우도량』 창간호, 1991.

신화식, 「통일종단 50주년을 맞아 살펴본 청담대종사의 6대사업」, 『마음사상』 12, 2014.

우백암, 「불교가 사회발전의 원동력이 되자」, 『불교의 전통계승과 불교개혁』, 1992.

원의범, 「불교 분규의 법적 초점」, 『현대불교』 7, 1961.

월 암, 「유교법회와 조계종의 오늘」, 『대각사상』 10, 2010.

유승무, 「정화운동의 사회적 결과」, 『대각사상』 7, 2004.

_____, 「종단 3대사업의 성찰적 이해」, 『승가교육』 5, 2004.

_____, 「청담의 불교(교단) 정체성과 정화운동의 전개과정」, 『마음사상』 2, 2004.

윤선태, 「탄허 스님의 구도과정과 인재양성」, 『한국불교학』 66, 2013.

윤승용, 「정화운동과 21세기 한국불교」, 『교단정화운동과 조계종의 오늘』, 선우도
　　　량, 2001.

윤호진, 「佛敎 청론 ; 창조를 위한 世代交替論」, 《불교신문》 1985. 7. 10.

이경순, 「1970년대의 고암대종사」, 『정토학연구』 10, 2007.

_____, 「근현대 불교 구술사 현황과 과제」, 『불교정화운동의 재조명』, 조계종출판
　　　사, 2008.

_____, 「윤월하의 종단정화운동과 개혁활동」, 『대각사상』 15, 2011.

이덕진, 「동산혜일의 선법에 대한 고찰」, 『한국불교학』 43, 2005.

이영호, 「고암대종사의 생애와 행적의 불교사적 의의」, 『대각사상』 20, 2013.

이재헌, 「미군정의 종교정책과 불교계의 분열」, 『불교정화운동의 재조명』, 조계종
　　　출판사, 2008.

_____, 「불교와 대통령 이승만」, 『불교평론』 48, 2011.

_____, 「이승만 대통령의 유시와 불교정화운동의 전개」, 『대각사상』 22, 2014.

이종익, 「韓國佛敎 再建論」, 『불교계』 17~21호(5회), 1968 · 1969.

_____, 「새불교 운동의 현실적 과제」, 『불교』 1호, 1970.

이학종, 「현대 한국불교의 정치참여와 불교」, 『불교평론』 58, 2014.

임혜봉, 「비구승들, 정화의 깃발을 올리다—불교계의 정화운동(1954~1970년)」, 『불
　　　교사 100장면』, 가람기획, 1994.

장상목, 「동산대종사 정화사상의 현재적 조명」, 『교수불자연합학회지』 18권 2호, 2012.

적   멸, 「성준선사의 생애와 사상」, 『대각사상』 13, 2010.

정광호, 「한국 전통 선맥의 계승운동」, 『근대 한일불교 관계사 연구』, 인하대출판
　　　　부, 1994.

정태혁, 「佛敎淨化가 敎團形成에 끼친 影響」, 『법륜』 136, 1980.

＿＿＿, 「한국불교 분규의 재조명과 현재와 미래」, 『불교의 전통계승과 불교개혁』,
　　　　1992.

＿＿＿, 「한국불교의 분규와 조계 · 태고 양종의 분립」, 『한국불교융통사』, 정우서
　　　　적, 2002.

제점숙, 「식민지 조선과 불교-근대기 대처승(帶妻僧) 문제를 둘러싼 한일 불교계
　　　　의 동향」, 『대각사상』 22, 2014.

曹溪山人, 「비구집단 권력 암투기-李某의 佛敎淨化劇 一幕」, 『불교계』 25호,
　　　　1969.

조기룡, 「대한불교조계종, 통합종단 50년의 3대사업 성찰」, 『한국불교학』 63, 2012.

조성택, 「근대 한국불교사 기술의 문제」, 『불교평론』 49, 2011.

조종현, 「불교 분쟁의 지양점」, 《현대불교》 7, 1961.

조지훈, 「韓國佛敎를 살리는 길-주로 종단 분규 해결에 대하여」, 「獨善心의 障壁」
　　　　《동아일보》 1963.8.12~13. 8.30~31.

종   석, 「구도자, 도광스님 연구」, 『대각사상』 18, 2012.

종   성, 「韓國 佛敎淨化와 曼庵大宗師」, 『법회』 13호, 1985.

지   명, 「조계종 제2정화(종단 자체정화)의 필연성」, 『한국불교정화 이념의 재조명
　　　　자료집』, 석림동문회, 1989.

＿＿＿, 「조계종 현 상황에서 승단정화의 방향」, 『선우도량』 창간호, 1991.

＿＿＿, 「해방후의 불교계와 정화운동」, 『한국불교사의 재조명』, 불교신문사, 1994.

진　관,『近代佛敎 淨化運動史 硏究 : 月誕의 割腹 50週年을 中心으로』, 경서원,
　　　2009.

＿＿＿,『동산의 불교계 정화운동 연구』, 운주사, 2014.

진관·각의,『韓國佛敎 淨化運動 硏究 : 金烏 禪師를 中心으로』, 경서원, 2008.

진　욱,「불교정화의 흐름과 10·27 법난」,『승가』3, 1986.

청　담,「하나의 誤解」,「有間有答」(조지훈 글의 비판) ;《동아일보》1963. 8. 20~21.

청　화,「한국현대사 속의 불교정화운동」,『한국불교정화 이념의 재조명 자료집』,
　　　석림동문회, 1989.

최원섭,「청담대종사의 靈山圖와 조계종」,『마음사상』12, 2014.

하춘생,『보살승단의 정체성과 실천이념』, 엔타임, 2006.

＿＿＿,『현대불교사의 이해와 실천사상』, 해조음, 2009.

＿＿＿,「황성기 ; 보살행 없는 불교는 공리공론」,『불교평론』50, 2012.

＿＿＿,「노천 월하의 포교인식과 실천이념」,『선문화연구』17, 2015.

한보광,「백용성선사의 불교정화운동」,『대각사상』7, 2004.

현　담,「불교정화운동의 민족사적 과제」,『법회』21, 1986.

홍　선,「초보사미의 정화견문록」,『동산대종사 문도 교학대회』, 범어사, 2015.

황성기,「한국불교의 나아갈 길」,『불교사상』10, 1962 ;『불교사상의 본질과 한국
　　　불교의 제문제』, 보림각, 1989.

＿＿＿,『韓國佛敎의 再建을 위한 우리의 主張(韓國佛敎再建論)』, 황금출판사, 1966.

황인규,「근현대 비구니와 불교정화운동」,『불교정화운동의 재조명』, 조계종출판
　　　사, 2008.

한일불교유학생교류회 제3기 임원명단
(2014년 3월 12일~2016년 9월 30일)

◆**고문:** 홍윤식 명예교수, 인환스님, 현해스님

◆**상임공동대표:** 홍선스님

◆**공동대표:** 원두스님, 세민스님, 혜남스님, 도경(강동균)스님, 일장스님,
　　　　　　리영자 교수, 이범홍 교수, 이평래 명예교수

◆**총무이사:** 화랑스님

◆**연구이사:** 신규탁 교수

◆**섭외이사:** 김재성 교수, 오인스님

◆**대학별 이사**

　(1)東京大: 인환스님, 강동균 교수, 신규탁 교수, 김재성 교수, 이자랑 교수,
　　　　　　정영식 교수

　(2)佛敎大: 홍선스님, 세민스님, 태원스님, 홍윤식 명예교수, 이범홍 교수,
　　　　　　혜도스님, 양은용 교수, 박광준 교수

　(3)駒澤大: 현해스님, 성본스님, 본각스님, 이평래 명예교수, 이태승 교수,
　　　　　　세등스님, 보련스님

　(4)立正大: 원두스님, 일장스님, 택연스님, 선주스님

　(5)花園大: 종묵스님, 원충스님, 원용스님

　(6)龍谷大: 화랑스님, 법산스님, 성정스님, 김재권 교수

　(7)大正大: 리영자 교수, 종석스님, 종택스님, 김용환 교수, 정진일 교수

　(8)高野山大: 허일범 교수, 혜능스님

　(9)京都大: 조명제 교수

　(10)四天王寺大學: 최종남 교수

승단정화운동의 이념과 방향

2016년 9월 17일 초판 인쇄
2016년 9월 23일 초판 발행

편집인 | 홍선 · 현해 · 화랑 · 김광식
기 획 | 한일불교유학생교류회

펴낸곳 | 도서출판 중도
        서울 종로구 율곡로4길 6(수송동 13) 3층
등 록 | 2007. 2. 7. 제2-4556호
전 화 | 02-2278-2240

값 : 25,000원

ISBN 979-11-85175-16-4-93220

이 도서의 국립중앙도서관 출판예정도서목록(CIP)은 서지정보유
통지원시스템 홈페이지(http://seoji.nl.go.kr)와 국가자료공동
목록시스템(http://www.nl.go.kr/kolisnet)에서 이용하실 수 있
습니다. (CIP제어번호: 2016022496)